全国资产评估专业学位研究生教育指导委员会主办

第一届至第四届 全国资产评估教学案例大赛

获奖作品集

马海涛
李小荣 ◆主编

中国财经出版传媒集团
中国财政经济出版社

图书在版编目（CIP）数据

第一届至第四届全国资产评估教学案例大赛获奖作品集／马海涛，李小荣主编．—北京：中国财政经济出版社，2019.5

ISBN 978－7－5095－8934－2

Ⅰ.①第…　Ⅱ.①马…②李…　Ⅲ.①资产评估－教案（教育）－汇编　Ⅳ.①F20

中国版本图书馆 CIP 数据核字（2019）第 056820 号

责任编辑：闫　娟　　　　责任印制：刘春年
封面设计：陈宇琰　　　　责任校对：黄亚青

中国财政经济出版社 出版

URL：http：//www.cfeph.cn

E－mail：cfeph@cfemg.cn

社址：北京市海淀区阜成路甲 28 号　邮政编码：100142

营销中心电话：010－88191537

北京财经印刷厂印装　各地新华书店经销

787×1092 毫米　16 开　40 印张　1 036 000 字

2019 年 6 月第 1 版　2019 年 6 月北京第 1 次印刷

定价：118.00 元

ISBN 978－7－5095－8934－2

（图书出现印装问题，本社负责调换）

本社质量投诉电话：010－88190744

打击盗版举报热线：010－88191661　QQ：2242791300

编辑委员会

前　言

案例教学是专业学位研究生教育的一种重要教学方法，全国资产评估专业学位研究生教育指导委员会（下文简称“教指委”）大力推进和践行案例教学，主要举措是举办全国资产评估教学案例大赛和案例教学师资培训。全国资产评估教学案例大赛每年举办一次，由全国资产评估专业学位研究生教指委秘书处负责组织实施，2013 年举办第一届，至今已举办六届，有效地提高了全国资产评估案例教学的水平，对提升全国资产评估专业学位研究生教育水平发挥了重要作用。

全国资产评估教学案例大赛的主要工作流程包括：发布通知—接收参赛案例—组织专家匿名评审—教指委会议确定获奖案例—颁奖—教指委网站公布获奖名单，我们本着客观公正、优中选优的原则，每年从参赛案例中选择优秀案例进行表彰，以起到引领示范作用，激励全国资产评估专业教师提升案例教学水平。为了进一步提升全国资产评估案例教学水平，我们选择了第一届至第四届（2013—2016 年）的获奖案例结集出版，让更多的师生阅读到优秀的资产评估教学案例，可能作用有三：（1）应用于教学。由于资产评估学科属于新兴学科，发展历史较短，缺乏案例教学的素材，这本教学案例集汇总了全国资产评估专业教师编写的优秀教学案例，提供了较好的案例教学资料；（2）有助于学生理解知识。不同于教材，案例是鲜活的，将资产评估知识融入现实案例，可以更有效地吸收和掌握知识；（3）进一步推动优秀教学案例的撰写。任何优秀成果的出现都是站在巨人肩膀上，本案例集提供了高质量的“参考文献”，虽然不一定能称上“巨人”，但一定可以作为参考模板，对后续教学案例的撰写有指导作用。

本案例集由全国资产评估教指委秘书长马海涛教授、副秘书长李小荣副教授组织出版，教指委秘书处孟冬、张健两位老师负责具体事宜的沟通、案例的汇总等工作。当然本案例集出版还得力于全国资产评估教指委委员的大力支持、第一至第四届优秀获奖案例作者的智慧贡献和中国财政经济出版社的辛勤编辑工作，在此表示感谢。还需要特别感谢的是国务院学位办的经费支持。需要感谢的人可能有遗漏，在此致歉。另外，需要声明的是，本案例集的每篇具体案例由每篇案例署名作者负责，如有法律责任，由相应案例的署名作者承担。

诚然资产评估的案例教学尚处初级阶段，即使获奖的案例也难免有错误或不妥之处，但我们相信倘若我们抱着宽阔的胸怀、虚心求教的态度，我们的案例教学水平会不断提高，因此希望读者在阅读或使用本案例集的过程中，多提宝贵意见，对我们教指委秘书处开展的案例教学等相关活动有好的建议也非常欢迎大家指出，希冀资产评估的专业学位研究生教育水平在大家的共同努力下，蒸蒸日上。

马海涛　李小荣

2019 年 6 月 1 日

目录
Contents

资产置换估值悬殊，谁的资本盛宴？

刘海云

（河南大学工商管理学院）

摘　要：上市公司中联电气作为资产置出方，置出资产账面净值为 7.8026 亿元，评估值为 7.894 亿元，增值率 1.17%；雅百特作为资产置入方，置入资产的账面净值为 2.986 亿元，评估值为 34.978 亿元，增值率 1 071.28%。这种“大象借小壳”现象引起了多方关注。本案例首先介绍了中联电气和雅百特的基本情况及交易背景，其次描述了置出资产与置入资产的价值评估情况，最后针对资产置换估值悬殊，提出一些可供讨论的问题，引导学生进一步分析资产置换过程中估值偏高或者偏低的原因、动机、方法等的认识。

关键词：资产置换；价值评估；股权转让；收益法；资产基础法

1. 引言

江苏中联电气股份有限公司（以下简称“中联电气”）自 2014 年 10 月 22 日开市起停牌，筹划重大资产重组事项。2015 年 1 月 20 日，中联电气披露《江苏中联电气股份有限公司重大资产置换及发行股份购买资产暨关联交易报告书》（以下简称“关联交易报告书”）。关联交易报告书显示，中联电气拟将其拥有的除 5 000 万元货币资金和对紫金财产保险股份有限公司 2 100 万元投资外的全部资产、负债作为置出资产与瑞鸿投资和纳贤投资拥有的雅百特股权的等值部分进行置换。本次交易完成后，上市公司主营业务将变更为以金属屋面系统和分布式光伏屋面系统为主的金属屋（墙）面围护系统的设计、制作、安装和服务业务，雅百特将成为上市公司的全资子公司，瑞鸿投资、纳贤投资和智度德诚将成为上市公司的股东。

截至 2014 年 12 月 31 日，根据各自的评估机构出具的《评估报告》，本次交易置出资产账面净值为 7.8026 亿元，收益法评估价值为 3.1656 亿元，资产基础法评估价值为 7.894 亿元，最终选取资产基础法估值作为评估结果，即置出资产的评估值为 7.894 亿元，增值率 1.17%；置入资产——雅百特 100% 股权的账面净值为 2.986 亿元，收益法评估价值为 34.978 亿元，资产基础法评估价值为 4.2302 亿元，最终选取收益法估值作为评估结果，即置入资产的评估值为 34.978 亿元，增值率 1 071.28%。该项重组案，恰当地诠释了资本市

① 由于企业保密的要求，在本案例中对有关名称、数据等做了必要的掩饰性处理。本案例只供课堂讨论之用，并无意暗示或说明某种管理行为是否有效。

场上“大象借小壳”的概念，置出资产与置入资产估值悬殊，究竟是谁的资本盛宴？

2. 案例背景

2.1 上市公司的历史及现状

江苏中联电气股份有限公司的前身为盐城市中联电气制造有限公司，于2002年10月21日在盐城市盐都区潘黄宝才工业园区成立。2009年12月18日在深圳证券交易所挂牌交易，股票简称“中联电气”，证券代码：002323。

目前，中联电气的主营业务为矿用变压器及其附属设备、矿用电缆的研发、设计、生产与销售，产品主要面向国内煤矿企业，重点客户为国有大、中型煤矿企业。受宏观经济调控及经济结构调整的影响，煤炭需求增速放缓，给煤炭及相关企业带来较大的困难和风险，企业固定资产新建及改造项目依然呈下降趋势，受此影响公司所处行业增长乏力，需求不旺，给公司业绩带来巨大压力。

上市公司2012—2014年的财务报表已经中审亚太会计师事务所审计（特殊普通合伙），且均被出具了无保留意见的审计报告。近三年简要财务报表数据见表1。

表1 上市公司最近三年合并财务报表主要数据 单位：万元

指标名称	2014年	2013年	2012年
资产总计	97 585.38	99 882.62	96 485.32
负债合计	12 295.29	14 233.92	10 470.79
所有者权益合计	85 290.09	85 648.71	86 014.53
营业收入	39 126.53	31 339.34	29 879.31
营业成本	32 040.50	22 369.49	20 736.07
利润总额	1 501.40	3 676.17	4 897.64
净利润	1 255.20	2 944.58	4 162.42
归属于所有者的净利润	1 255.20	2 944.58	4 162.42
经营活动产生的现金流量净额	-291.80	-1 429.64	365.68
投资活动产生的现金流量净额	-4 380.81	-13 386.23	-3 968.44
筹资活动产生的现金流量净额	-1 705.05	-4 399.53	-4 965.60
现金及现金等价物净增加额	-6 377.66	-19 215.40	-8 568.35

2.2 交易对方——雅百特公司基本情况

（1）雅百特公司的历史沿革。

山东雅百特科技有限公司由自然人股东陆永于2009年4月28日在山东省枣庄市注册设立，法定代表人为陆永。雅百特的具体历史沿革见图1。公司的经营范围：金属屋墙面维护系统安装、设计、研发；金属板定型加工；金属板及配套材料的销售；钛合金等新材料的设计、研发、销售；软件的开发运用及销售；钢结构工程、建筑装修装饰工程、建筑幕墙工程、金属门窗工程的专业承包；钢结构、幕墙配件的安装销售；建筑装饰材料、五金百货的销售；光伏分布式电站系统安装、调试以及组件的销售；建筑工程设计、施工、咨询。

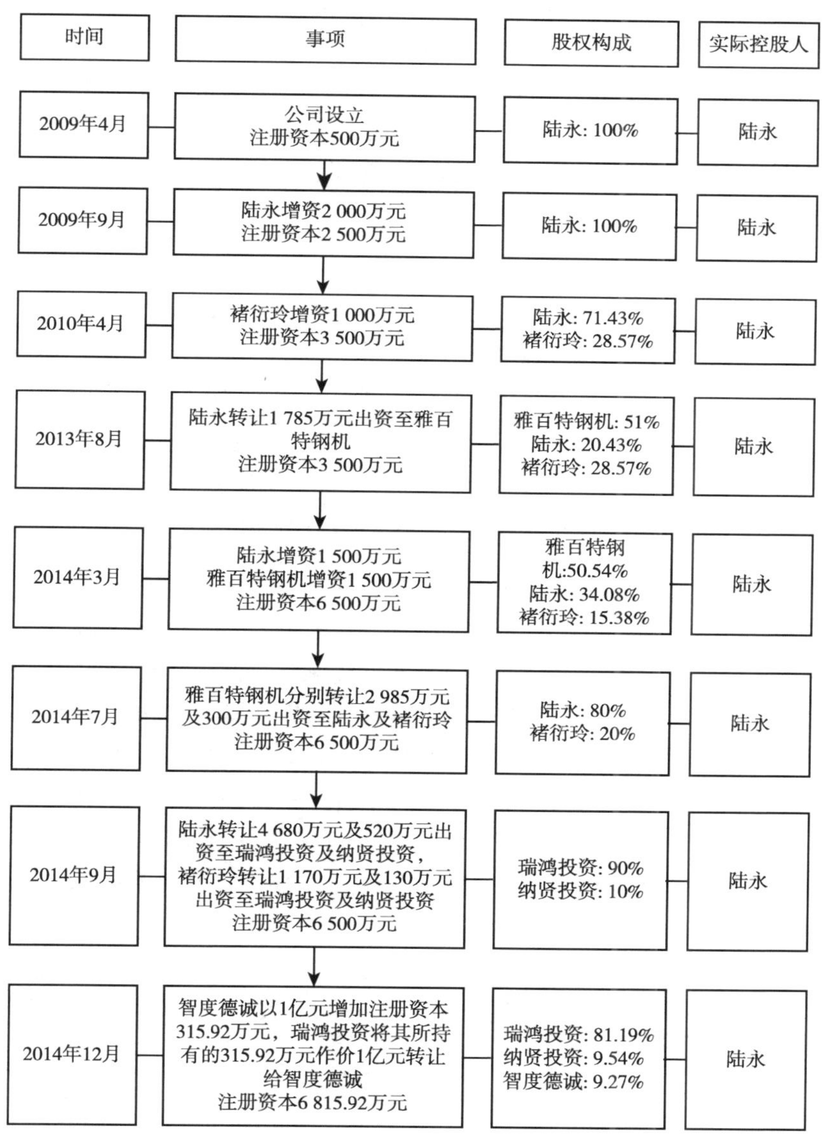

图 1　雅百特的历史沿革

（2）雅百特所属行业分类。

雅百特主要从事以金属屋面系统和分布式光伏屋面系统为主的金属屋（墙）面围护系统的设计、制作、安装和服务业务，根据中国证监会 2012 年 10 月 26 日发布的《上市公司行业分类指引》（2012 年修订），雅百特所处的行业为“E 建筑业”中“E50 建筑装饰和其他建筑业”下细分的金属围护系统子行业。

金属围护系统主要指大型钢结构主体建筑的金属屋面、墙面、檐口等建筑外围的组成部分，是建筑物的重要组成部分。金属围护系统主要实现以下基本功能：（1）遮蔽功能：用来挡风遮雨雪、隔绝噪音、光线等，与外界空间环境进行分隔；（2）保护功能：为建筑物提供一个舒适（保温、隔热、防风、抗震等）的环境；（3）视觉功能：增强建筑物的视觉效果和美感，提升建筑物的品质，为建筑物带来附加值。

（3）雅百特所处产业链位置。

金属围护系统行业，其上游行业为金属卷材、吸音棉、保温防水等原材料行业；下游行业主要为包括大型体育馆、会展中心、展览馆、机场航站楼、高铁火车站、大型商业设施、物流中心等公共建筑、工业建筑和住宅建筑等建筑业。雅百特于产业链中所处的位置如图 2 所示。

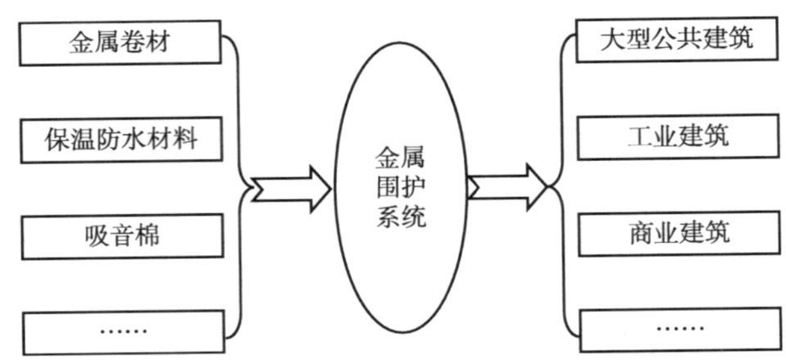

图 2　雅百特于产业链中所处的位置

我国金属围护系统行业是伴随着钢结构建筑蓬勃发展而逐渐兴起的。目前，钢结构建筑主体结构设计重点在于结构承重性能的设计测算，这就需要具备针对建筑特点深化设计能力的专业金属围护系统企业对建筑物的抗风、防水、保温、隔热、隔声等围护功能及分布式光伏一体化屋面进行二次深化设计。同时，钢结构建筑的施工通常是由建筑主体的施工单位来负责，但施工单位大多相对缺乏金属围护系统的技术设计和实施的能力，这就需要对金属围护产品性能理解透彻、项目管理经验丰富的专业金属围护系统企业来承建。

光伏屋面系统作为雅百特金属屋（墙）面围护系统中的重要产品，于 2010 年使用于京沪高铁虹桥站光伏电站屋面工程项目，该项目涵盖了金属屋面系统和分布式光伏屋面系统。屋面分布式太阳能电站产业链情况见图 3。

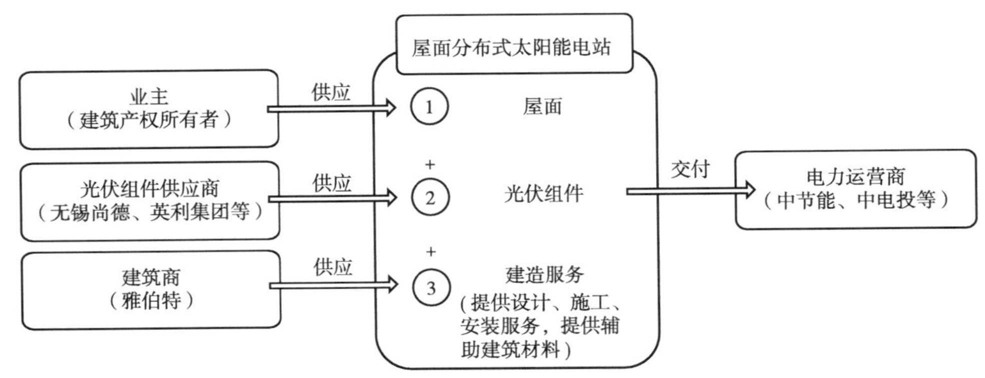

图 3　雅百特屋面分布式太阳能电站产业链情况

屋面分布式太阳能电站是基于业主提供屋面，光伏组件供应商提供光伏组件的基础上，由雅百特负责屋面与光伏组件相关的施工和系统集成，包括设计、施工、安装及提供辅助建筑材料，并进行保修及维护服务。在工程完工后，由雅百特交付电力运营商投入使用。

（4）雅百特的股权结构。

本次交易对方为雅百特的全体股东，包括瑞鸿投资、纳贤投资、智度德诚3名股东，无自然人股东。截至本报告书签署日，雅百特的股权结构如图4所示。

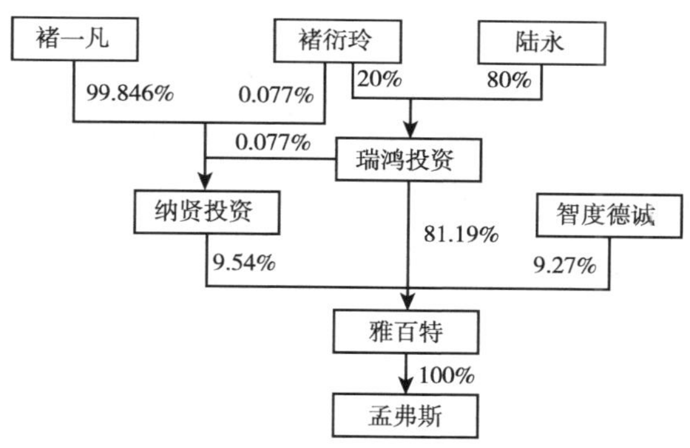

图4　雅百特的股权结构图

瑞鸿投资由陆永、褚衍玲夫妇出资设立，于2014年9月12日在西藏自治区拉萨市达孜县注册成立，瑞鸿投资成立时注册资本为5 850万元。纳贤投资由瑞鸿投资、褚衍玲、褚一凡出资设立，于2014年9月22日在拉萨市达孜县工业园区注册成立。智度德诚由西藏智度投资有限公司、程浩、柯旭红等出资设立，于2014年7月21日在西藏自治区拉萨市注册成立，智度德诚成立时注册资本为37 000万元。瑞鸿投资、纳贤投资和智度德诚的主营业务均为对外投资，截至本报告书签署日，三者除对雅百特股权投资以外，均未进行其他对外投资。

纳贤投资的执行事务合伙人为褚衍玲女士，是纳贤投资的实际控制人；瑞鸿投资实际控制人为陆永；智度投资有限公司为一人有限责任公司，其实际控制人为吴红心。

2.3　政策背景及行业发展状况

自2006年北京奥运会场馆建设筹备开始，我国承办世界级体育盛事、会议、展览等大型活动越加频繁。同时伴随着我国经济的快速发展，以钢结构为主体的工业厂房、高铁火车站、机场航站楼、体育场馆及城市标志性建筑等不断增加，以金属屋（墙）面围护系统为代表的一些新兴建筑行业迅速崛起。金属屋（墙）面围护系统凭借其所具备的耐污、防尘、自清洁等多种优势，在体现建筑艺术效果的同时，还能够满足建筑围护结构所需的防风、保温、防水、隔热、隔声等功能，从而在建筑领域得到了大量的推广与应用，符合我国节能环保、绿色建筑的发展方向，金属屋（墙）面围护系统已经成为主流围护结构，产品越来越受到市场的认可和青睐，未来市场非常广阔。

近几年，太阳能发电技术进步很快，产业规模持续扩大，发电成本不断下降，在全球已实现较大规模应用。同时，随着技术的进步，光伏发电成本不断下降。目前，光伏逆变器产品价格将进入平缓的下降期，预计到2015年底将跌破0.4元/瓦。在国家《能源发展战略行动计划（2014—2020年）》中，明确提出要优化能源结构，加快发展太阳能发电，到2020

年光伏装机达到1亿千瓦左右，光伏发电与电网销售电价相当。尤其是《国务院关于促进光伏产业健康发展的若干意见》发布以来，国家加强了分布式光伏发电应用规划工作，鼓励开展多种形式的分布式光伏发电应用，将促进分布式光伏屋面电站的快速发展。分布式光伏屋面系统作为金属屋（墙）面围护系统的主要组成部分，将太阳能与金属屋面、墙体集成一体化，既能减少建筑成本，达到防水、遮阳的效果，也能与建筑融为一体，达到更好的外观效果与节能作用。太阳能光伏产业与金属屋（墙）面围护系统的结合将成为金属围护系统行业未来重要的发展方向。

3. 本次交易方案概述

3.1 资产置换与发行股份

上市公司拟将其拥有的除0.5亿元货币资金和对紫金财产保险股份有限公司0.21亿元投资外的全部资产、负债作为置出资产与瑞鸿投资、纳贤投资拥有的雅百特股权的等值部分进行置换。置入资产作价超出置出资产作价的差额部分，即27.0839亿元，由中联电气向雅百特全体股东定向发行股份的方式购买，资产折股数不足一股的余额，计入中联电气资本公积。中联电气发行股份的价格为定价基准日前20个交易日均价，即19.21元/股。据此计算，公司向全体交易对方合计发行股份14 098.86万股。本次交易对上市公司股权结构的影响见表2。

表2 交易前后上市公司股权结构变化情况

序号	股东名称	股东性质	本次交易前		本次交易后	
			持股数量（股）	持股比例	持股数量（股）	持股比例
1	季奎余	上市公司交易前股东	32 115 200	29.85%	32 115 200	12.92%
2	上市公司交易前其他股东		75 472 800	70.15%	75 472 800	30.36%
3	瑞鸿投资	本次交易对方	—	—	111 059 792	44.68%
4	纳贤投资		—	—	13 049 765	5.25%
5	智度德诚		—	—	16 878 995	6.79%
合计			107 588 000	100%	248 576 552	100%

截至本报告书签署日，季奎余持有中联电气股份32 115 200股，占中联电气总股本的29.85%，为中联电气控股股东、实际控制人。

本次交易完成后，季奎余持有上市公司的股份比例将下降至12.92%；瑞鸿投资将持有上市公司44.68%的股份，成为本公司控股股东；陆永将通过瑞鸿投资控制上市公司44.68%的股份，陆永将成为上市公司的实际控制人。

3.2 置出资产的具体安排

为便于本次重组置出资产的交割，首先由中联电气新设及既有的全资子公司作为资产的承接主体，承接中联电气在置出资产交割前的全部资产、负债。自置出资产承接日起，承接主体成为置出资产的权利人，中联电气通过持有承接主体股权方式间接持有置出资产。中联电气最终将通过转让承接主体股权至参与置换的雅百特的股东瑞鸿投资和纳贤投资所指定的承接方季奎余的名下，最终完成置出资产的交割。自置出资产交割日起，季奎余成为置出资产的权利人，中联电气完成置出资产的交割义务。置出资产的具体安排如下。

（1）置出资产承接主体。

在中联电气本次重大资产重组获得中国证监会审核通过后，根据《重组协议》的协定，中联电气将设立一家全资子公司，该子公司与中联电气原有全资拥有的江苏中联电气电缆有限公司（以下简称“中联电缆”）、江苏华兴变压器有限公司（以下简称“华兴变压器”）共同作为全部置出资产的承接主体，按照业务相关性原则，分别承接母公司的业务及资产、中联电缆业务及资产和华兴变压器业务及资产。因此，在中联电气本次重组获得中国证监会审核通过后，中联电气持有的中联电缆、华兴变压器的股权保持不变，中联电气母公司的主要资产、负债、人员、业务将转移至新设的全资子公司，中联电气将其持有的除上述作为承接主体的两家子公司以外的子公司股权转移至中联电气新设立的全资子公司名下。母公司部分由中联电缆使用的土地厂房资产将由中联电缆承接。上述新设及既有的全资子公司同为置出资产的承接主体。

（2）置出资产的交割。

在中联电气本次重大资产重组获得中国证监会审核通过后，根据《重组协议》等文件约定，中联电气以股权转让的方式将承接主体股权变更登记至承接方，即瑞鸿投资和纳贤投资指定的第三方季奎余名下，并办理完毕相关的工商变更登记手续以及与承接主体股权转移相关的一切步骤。季奎余以三亿元为对价自瑞鸿投资和纳贤投资处购买承接主体，各方应就置出资产交割事宜共同签署置出资产交割确认书。置出资产交割确认书签署日即为置出资产交割日。资产交割完成后，季奎余直接持有三家承接主体的全部股权，是置出资产的所有权人。置出资产的承接和交割的过程示意图如图 5 所示。

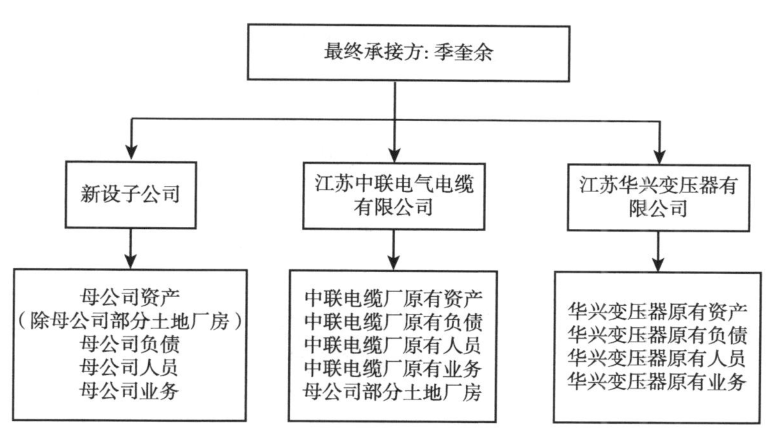

图 5　置出资产的承接和交割过程示意图

（3）责任承担方式。

根据《重组协议》，置出资产的责任和风险承担方式如下。

自置出资产承接日起，承接主体成为置出资产的权利人。置出资产因过户手续、程序及批准未能及时办理完毕，不影响置出资产承接的完成，置出资产承接日后，与置出资产相关的全部权利、义务、风险、责任等转移至承接主体。

自置出资产交割日起，置出资产承接方成为置出资产的权利人，与置出资产相关的一切权利、义务均由置出资产承接方承担或享有，中联电气完成置出资产的交割义务。经中联电气确认，所确定的承接主体能按照上述承接方案的意图实现置出资产的交割和承接，并且承接方季奎余承诺自承接主体股权变更登记至其名下之日起，与承接主体、置出资产相关的一切权利和义务均由其享有和承担，不论相应的义务和责任是否在变更登记日前已经具有或产生。

(4) 与资产相关的人员安排。

本次交易各方同意，本次重组过程中，本着“人随资产走”的原则，由承接主体自行负责解决与置出资产相关的职工安置问题。与中联电气控股或全资子公司签订劳动合同的职工，继续履行既有劳动合同。与中联电气签订劳动合同的职工，与中联电气解除劳动合同，与承接主体重新签署劳动合同。

与置出资产相关的中联电气全部员工，和与该等员工有关的养老、医疗、社保、档案等所有关系（包括但不限于员工的档案管理、工作安排、养老、失业及医疗等各项社会保险及其他依法应向员工提供的福利、应支付欠付的工资薪酬等）及其存在或潜在的纠纷等，在置出资产交割日后均由承接主体或置出资产承接方安置和承担。置出资产承接日后，中联电气原有员工向中联电气主张偿付的所有工资及福利、社保、经济补偿金等一切费用，承接主体或置出资产承接方在接到甲方通知之日起十日内负责偿付。若因承接主体或置出资产承接方未能及时清偿该等负债，导致甲方因承担了该等负债及相关费用而造成损失，承接主体或置出资产承接方在收到甲方通知之日起十日内，就甲方因清偿该等负债而造成的全部损失，向甲方承担赔偿责任。

3.3 本次交易的资产估值情况

(1) 雅百特的资产估值情况（收益法）。

对照2014年雅百特已经实现的营业收入，预测其未来5年的营业收入见表3。

表3 **雅百特营业收入预测** 单位：亿元

项　目	2014年（已实现）	2015年	2016年	2017年	2018年	2019年
营业收入合计	4.9561	11.5	16.16	21.1675	23.73	24.67
金属围护项目	4.8002	7.1	9.59	11.99	13.19	13.59
材料销售收入	0.1559	0.1	0.12	0.14	0.16	0.18
光伏屋面项目	0	4.3	6.45	9.0375	10.38	10.9

本次雅百特营业成本的预测根据各业务板块的毛利水平进行，其中金属围护业务参考历史平均毛利水平，分布式光伏屋面业务主要参考已签合同的项目预期盈利水平进行，且同时考虑了市场盈利水平及金属围护业务的盈利水平，具体盈利预测情况见表4，营业成本预测见表5。

表4 雅百特的盈利水平

项　目	2012年	2013年	2014年	新签合同	收益法采用
金属围护项目毛利	39%	36%	39%	38.5%	38.5%
光伏屋面项目毛利	—	—	—	41%	41%

表5 雅百特的营业成本预测 单位：亿元

项　目	2015年	2016年	2017年	2018年	2019年
营业成本合计	6.9738	9.7877	12.8043	14.3485	14.9153
金属围护项目成本	4.3665	5.8978	7.3738	8.1118	8.3578
材料销售成本	0.0703	0.0843	0.0984	0.1124	0.1265
光伏屋面项目成本	2.5370	3.8055	5.3321	6.1242	6.4310

明确的预测期内自由现金流的预测见公式1。

企业现金流＝息税后净利润＋财务费用（税后）＋折旧及摊销－资本性支出－营运资金追加额＋其他 （公式1）

经测算，企业自由现金流量及营业性资产价值见表6，各年净现金流量折现值合计为10.1384亿元。

表6 企业自由现金流量及营业性资产价值 单位：亿元

项　目	2015年	2016年	2017年	2018年	2019年
营业现金流量	0.3977	1.7175	2.9775	4.6252	5.4045
折现率（%）	12.98	12.98	12.98	12.98	12.98
折现期（年）	0.50	1.50	2.50	3.50	4.50
折现系数	0.9408	0.8328	0.7371	0.6525	0.5775
营业现金流现值	0.3742	1.4303	2.1948	3.0178	3.1213

将永续期的企业净现金流量折为现值。如上分析，永续期的企业年净现金流量为5.5754亿元，折现计算如下：

现值＝5.5754÷12.98%÷(1＋12.98%)5.00＝24.8154（亿元）

企业营业性资产价值＝10.1384＋24.8154＝34.9538（亿元）

雅百特的资产价值＝34.9538＋0＋0.0132＋0－0＝34.967（亿元）

（2）雅百特的资产估值情况（资产基础法）。

雅百特采用资产基础法具体评估结果详见表7。

表7 资产基础法评估结果汇总表

项　目	账面价值（万元）	评估价值（万元）	增减额（万元）	增值率（%）
	A	B	C＝B－A	D＝C/A×100%
一、流动资产	45 493.92	45 493.92	—	—
二、非流动资产	2 205.20	3 728.21	1 523.01	69.06

续表

项　目	账面价值（万元）	评估价值（万元）	增减额（万元）	增值率（%）
	A	B	C = B − A	D = C/A × 100%
其中：长期股权投资	1 325.49	1 405.37	79.88	6.03
固定资产	655.68	678.82	23.14	3.53
无形资产	2.62	1 422.60	1 419.98	54 278.44
资产总计	47 699.12	60 137.90	12 438.78	26.08
三、流动负债	17 836.21	17 836.21	—	—
四、非流动负债				
负债总计	17 836.21	17 836.21	—	—
净资产	29 862.91	42 301.69	12 438.78	41.65

（3）中联电气的资产估值情况（收益法）。

对中联电气未来营业收入与成本的估算，以其最近三年的经营历史为基础，根据国家宏观政策、行业状况，企业的发展规划和经营计划、优劣势和风险等，以及企业所面临的市场环境和未来的发展前景及潜力等，经过综合分析进行预测的未来销售收入。销售成本主要由外购原材料、燃料动力、工资、福利费、折旧、修理费和其他费构成。对于外购的原材料、燃料动力、工资、福利费、修理费和其他费等项目预测基本以公司历史数据和设计数据为基础，对于折旧的预测我们按固定资产原值、折旧年限来进行预测并分摊到成本中去。依据上述预测数据，我们可得到未来年度销售收入和销售成本的预测数据，如表 8 所示。

表 8　　未来销售收入和销售成本汇总表　　单位：亿元

项　目	2014 年	2015 年	2016 年	2017 年	2018 年	2019 年	永续年
干式变压器	0.4253	0.4253	0.4253	0.4253	0.4253	0.4253	0.4253
移动变电站	1.8944	1.8944	1.8944	1.8944	1.8944	1.8944	1.8944
电缆	1.4134	1.3979	1.3979	1.3979	1.3979	1.3979	1.3979
其他	0.1796	0.1951	0.1951	0.1951	0.1951	0.1951	0.1951
销售收入合计	3.9127	3.9127	3.9127	3.9127	3.9127	3.9127	3.9127
干式变压器	0.2710	0.2710	0.2710	0.2710	0.2710	0.2710	0.2710
移动变电站	1.3919	1.3919	1.3919	1.3919	1.3919	1.3919	1.3919
电缆	1.4047	1.4047	1.3626	1.3217	1.2953	1.2823	1.2823
其他	0.1365	1.078	0.1077	0.1077	0.1077	0.1077	0.1077
销售成本合计	3.2041	3.1754	3.1332	3.0923	3.0659	3.0529	3.0529

明确的预测期内自由现金流的预测见公式 2。

权益自由现金流量 = 税后净利润 + 折旧与摊销 − 资本性支出 −
净营运资金变动 − 偿还债务本金 + 新增债务　　（公式 2）

经测算，企业自由现金流量及营业性资产价值如表 9 所示。

表 9 **企业自由现金流量及营业性资产价值** 单位：万元

项　目	2015 年	2016 年	2017 年	2018 年	2019 年	（永续年）
权益现金流量	1 539.95	1 885.45	2 220.34	2 437.95	2 546.18	2 546.18
折现率（%）	8.6912	8.6912	8.6912	8.6912	8.6912	8.6912
折现系数	0.9200	0.8465	0.7788	0.7165	0.6592	7.5849
权益现金流现值	1 416.81	1 595.98	1 729.17	1 746.82	1 678.48	19 312.46

联电气的资产价值 =2.74797 +0 +0.4176 +0 =3.1656（亿元）

（4）中联电气的资产估值情况（资产基础法）。

中联电气采用资产基础法，具体评估结果详见表 10。

表 10 **资产评估结果汇总表**

	账面价值（万元）	评估价值（万元）	增减额（万元）	增值率（%）
	A	B	C = B − A	D = C/A ×100%
流动资产	44 707.74	45 023.96	316.22	0.71
非流动资产	41 560.80	42 000.32	439.52	1.06
其中：长期股权投资	24 300.00	22 597.06	−1 702.94	−7.01
固定资产	15 124.84	16 011.53	886.69	5.86
在建工程	7.00	7.00	—	—
无形资产	1 792.52	3 048.29	1 255.77	70.06
递延所得税资产	336.44	336.44	—	—
资产总计	86 268.54	87 024.28	755.74	0.88
流动负债	7 155.81	7 155.81	—	—
非流动负债	1 087.25	928.09	−159.16	−14.64
负债合计	8 243.06	8 083.90	−159.16	−1.93
净资产	78 025.48	78 940.38	914.90	1.17

（5）雅百特和中联电气的资产估值情况比较。

评估基准日为 2014 年 12 月 31 日，本次评估分别采用收益法和资产基础法。置入资产和置出资产估值情况比较见表 11。

表 11 **置入资产和置出资产估值情况比较**

	雅百特	中联电气
收益法下具体模型的选择	企业自由现金流折现模型，即： 置入资产价值 = 置入经营性资产价值 + 置入溢余资产价值 + 置入非经营性资产负债价值 − 置入付息债务价值	企业权益自由现金流折现模型，即： 置出资产价值 = 置出经营性资产价值 + 置出溢余资产价值 + 置出非经营性资产价值
总资产账面价值	4.7699 亿元	9.0485 亿元
净资产账面价值	2.986 亿元	7.8026 亿元
收益法评估结果	34.978 亿元	3.1656 亿元

续表

	雅百特	中联电气
资产基础法评估结果	4.2302 亿元	7.894 亿元
本次交易选取的评估结果	收益法，34.978 亿元，增值率高达 1071.4%	资产基础法，7.894 亿元，增值率仅为1.17%

3.4 轻舟将过万重山

雅百特公司属于轻资产、重设计研发的运作模式，因此称之为“轻舟”。2015 年 7 月 21 日，中联电气收到中国证监会对本次重大资产重组事项的核准批复。2015 年 7 月 23 日，山东省工商行政管理局核准了雅百特的股东变更，并签发了新的《企业法人营业执照》，本次交易的标的资产雅百特 100% 股权已过户至中联电气名下，相关工商变更登记手续已办理完毕，本次变更后，中联电气为雅百特的唯一股东，雅百特成为中联电气的全资子公司。

2015 年 7 月 27 日，中国证券登记结算有限责任公司深圳分公司出具了《股份登记确认书》，中联电气向交易对方发行股份购买资产总计发行的 140 988 522 股人民币普通股（A 股），发行股票价格为19.21 元/股，股份登记到账后将正式列入上市公司股东名册。股票上市时间为 2015 年 8 月 5 日，拉萨瑞鸿投资管理有限公司、拉萨纳贤投资合伙企业（有限合伙）、拉萨智度德诚创业投资合伙企业（有限合伙）认购的本次发行股份自上市之日起三十六个月内不得转让，可上市流通时间为 2018 年 8 月 5 日。雅百特借壳上市完成后借助资本市场期望跨越式发展，轻舟将过万重山？

There is A Big Difference about Assets Valuation, Whose Capital Feast?

Abstract: The Shell company is Jiang Su Zhong Lian Electric Co. , Ltd. Seller's the book value of net assets value is RMB 780. 26 million yuan. Its evaluation value is 789. 4 million yuan and value added rate is 1. 17% . Backdoor party is JiangSu Yabaite Technology CO. , LTD. That's the book value of net assets value is RMB 298. 6 million yuan, but its evaluation value is 3497. 8 million yuan, unrealistically high valuations. This transaction has attracted much attention. Firstly we introduce basic information and trading background about this case. Secondly we describe the Value assessment of Buy Assets and Sell assets. Finally we put forward some questions about valuation disparity that People can think about. This case can lead students to further analysis reasons, motives and methods of valuation of high or low in the asset replacement process.

Key Words: Asset Replacement; Value Evaluation; Transfer of Shares; Income Approach; Asset based Method.

案例使用说明

资产置换估值悬殊，谁的资本盛宴？

一、教学目的与用途

1. 本案例主要适用于《资产评估》《高级财务管理理论与实务》等课程。

2. 本案例的教学目的：认识资产评估的工作程序；了解整体资产评估和单个资产评估应该注意的关键问题；掌握资产评估在股权转让、资产重组、破产清算等过程中的作用以及资产评估的方法选择；通过认识本次交易中资产置换双方估值悬殊，进一步思考资产估值的目的是什么？谁在主导资产估值的结果？资产估值是结果导向型还是过程导向型？

二、启发思考题

1. 本次交易的目的是什么？

2. 本案中分别采用了资产基础法与收益法对交易双方进行了评估，两种评估方法得到的评估结果差别很大，为什么？

3. 雅百特的盈利预测能否实现？如果盈利预测能够实现，其关键影响因素是什么？

4. 第三大股东智度德诚 2014 年 12 月买入雅百特 9.27% 的股份，当时雅百特的估价为 21.6 亿元。而雅百特与中联电气交易的估价却是 34.978 亿元，短短一个月的时间同一个公司估价差别之大，如何解释？

5. 同样采用收益法评估，评估结果中置入资产大幅增值，而置出资产却是贬值，为什么？

6. 本次交易中，一方面是高价置入资产，另一方面是低价置出资产，估值悬殊，是谁的资本盛宴？新的大股东、旧的大股东，还是中小投资者的？

7. 雅百特的三大股东为什么“火线入股”？他们分享到本次资本盛宴了吗？

三、分析思路

教师可以根据自己的教学目标（目的）来灵活使用本案例。这里提出本案例的分析思路，仅供参考。

1. 利益相关方共赢促成本次交易的实现。

通过本次交易，将上市公司在当前经济形势下盈利能力相对较低的矿用变压器及其附属设备、矿用电缆的研发、设计、生产与销售业务置出，同时置入盈利能力较强、发展前景广阔的以金属屋面系统和分布式光伏屋面系统为主的金属屋（墙）面围护系统业务，实现上市公司主营业务的彻底转型，从根本上改善公司的经营状况，增强公司的持续盈利能力和发展潜力，提高公司的资产质量，以实现上市公司股东的利益最大化。同时，本次交易完成后，雅百特可实现与 A 股资本市场的对接，进一步推动雅百特的业务发展，并有助于提升企业的综合竞争力和行业地位。借助资本市场平台，雅百特将拓宽融资渠道，提升品牌影响力，为后续发展提供推动力，实现利益相关方共赢的局面。

2. 置出资产估值偏低涉嫌利益输送。

中联电气将设立一家全资子公司，该子公司与中联电气原有全资拥有的江苏中联电气电缆有限公司（以下简称“中联电缆”）、江苏华兴变压器有限公司（以下简称“华兴变压器”）共同作为全部置出资产的承接主体，按照业务相关性原则，分别承接母公司的业务及资产、中联电缆业务及资产和华兴变压器业务及资产。中联电气以股权转让的方式将承接主体股权变更登记至承接方，即瑞鸿投资和纳贤投资指定的第三方季奎余名下，季奎余以三亿元为对价自瑞鸿投资和纳贤投资处购买承接主体，资产交割完成后，季奎余直接持有三家承接主体的全部股权，是置出资产的所有权人。

如果按照上市公司的市值来看，以其停牌前 20 日内的最低股价 17.82 元/股和 10 758.80 万股本计算可得其净资产市值为 19.1722 亿元，扣除 0.5 亿元现金和 0.21 亿元对外投资后还剩余 18.4622 亿元，与本次交易方案提出的置换价 7.894 亿元相比，相当于旧的大股东季奎余仅以 42.75% 的对价就可以把原上市公司的大部分资产收入囊中。置出资产估值偏低是否存在向旧的大股东利益输送值得怀疑。

3. 置入资产 10 倍溢价，超高估值存忧患。

置入资产雅百特成立仅 5 年多，账面价值不到 3 亿元，收益法估值 34.978 亿元，以超高的盈利承诺支撑起 1071.4% 的估值溢价。雅百特 2012 年至 2014 年净利润分别为 0.1288 亿元、0.2010 亿元和 1.0247 亿元，而 2015 年度、2016 年度、2017 年度的承诺净利润数分别为 2.55 亿元、3.61 亿元和 4.76 亿元，这组数字远高于其过往的业绩表现。对于如此大幅的资产增值，公告解释称，未来金属围护系统行业和光伏新能源行业市场前景十分广阔，加上雅百特凭借技术优势、运营优势在行业内建立了优势地位，未来将有较好的获利能力。但是，雅百特资产作价对应的毛利率为 39% 左右，远高于行业标准。在同行业中作对比发现，浙江东南网架股份有限公司是一家设计、制造、安装一体化建筑钢结构企业，主营业务为钢结构，具有钢结构工程专业承包一级资质，根据东南网架的财务数据显示其 2011 年至 2014 年毛利率仅为 13% 左右。另外，分布式光伏屋面系统业务预估值采用 41% 的毛利率，而 2015 年 7 月交易报告书修订稿中显示有关的光伏屋面项目均处于未开工状态，具体情况见表 1。如此这样，2015 年度盈利预测如何实现？

表 1　　雅百特及其子公司正在履行的重大工程合同情况

合同项目	金额（元）	开工状态
太阳能光伏屋面系统施工工程合同	837 500 000.00	未开工
江苏上水创业园 10MWp 分布式光伏发电项目 EPC 合同	70 000 000.00	未开工
溧阳盛翔 10MWp 分布式光伏发电项目 EPC 总包合同	75 000 000.00	未开工

4. 雅百特的三大股东存在“火线入股”嫌疑。

雅百特仅有的三个股东：智度德诚、瑞鸿投资和纳贤投资，主营业务均为对外投资，分别成立于 2014 年 7 月 21 日、2014 年 9 月 12 日和 2014 年 9 月 22 日，三个股东入股雅百特的时间分别为 2014 年 9 月、2014 年 9 月和 2014 年 12 月，截至 2015 年 7 月 22 日（既本次重大资产置换及发行股份购买资产暨关联交易报告发布日），三者除对雅百特股权投资以外，均未进行其他对外投资，而上市公司停牌时间是 2014 年 10 月 22 日至 2015 年 1 月 21 日复牌。经过对比发现，三个股东入股雅百特的时间和上市公司停牌时间基本重合，所以雅百特的三大股东存在“火线入股”嫌疑。“火线入股”的股东能够共享本次资本盛宴吗？

四、本次交易的重大风险提示

1. 交易标的资产估值风险。

雅百特股东权益的账面价值（母公司口径）为 29 862.91 万元，净资产评估价值为 349 779.39 万元，评估增值 319 916.48 万元，增值率 1 071.28%。如果未来国家政策及国际大环境变化，以及行业战略规划实施变化、国家以投资驱动的经济增长模式发生转变，公共建筑等基础投资规模下降，或者工程项目受总体工程进度安排等具体因素影响，导致施工时间进度延缓，雅百特经营业绩可能受到影响，可能导致未来实际经营成果与业绩承诺存在差异，未来盈利达不到资产评估时的预测，导致出现标的资产的估值与实际情况不符的情形。

2. 拟出售资产债务转移的风险。

本次重组涉及拟置出资产债务的转移，债务转移须取得债权人的同意。本次交易需履行通知债务人等法定程序，并取得债权人出具的债务转移同意函。截至本报告书签署日，中联电气已取得的债权人出具的债务转移同意函或已偿还的债务明细如表 2 所示。

表 2　　中联电气债务情况明细表

项　目	2014 年 12 月 31 日账面价值（元）	已偿还或已取得债权人同意函部分	
		金额（元）	占比（%）
应付票据	23 790 000.00	23 790 000.00	100.00
应付账款	33 954 187.24	26 970 924.41	79.43
预收款项	3 820 079.20	0.00	0.00
其他应付款	3 053 582.68	1 208 775.00	39.59
其他流动负债	43 880.83	0.00	0.00
合　计	64 661 729.95	51 969 699.41	80.37

中联电气尚未收到该等债务之债权人明确表示不同意本次重组情况的要求或权利主张。中联电气有两家银行债权人，为民生银行盐城分行和江苏银行文峰支行。截至重组报告书签署日，中联电气对两家银行债权人的相关债务已经偿还完毕。

根据《重组协议》，置出资产承接日后，未向上市公司出具债务转移同意函的债权人向上市公司主张权利时，承接主体或置出资产承接方在收到上市公司书面通知后向债权人承担一切责任及费用，并放弃向上市公司追索的权利；若上市公司已经因此承担了任何责任及费用，承接主体或置出资产承接方在接到上市公司书面通知及相关承担责任凭证之日起五个工作日内向上市公司做出全额现金补偿。

3. 主要原材料价格波动的风险。

雅百特所使用的主要原材料包括铝镁锰合金材料、钢制品、保温防水材料等，该等原材料在公司采购总额中的占比较高，报告期内铝镁锰合金材料、钢制品占采购总额的比例超过 50%。

受国际国内经济形势、国家宏观调控政策及市场供求变动等因素的影响，钢制品、铝材的市场价格有所波动，报告期原材料价格整体下行趋势明显。为应对原材料价格的波动风险，公司通过与供应商建立了长期合作关系、重视材料深化设计、合理安排施工现场的物料衔接和材料采购计划等方式降低原材料价格波动风险。但对于实施周期较长的项目，如原材料价格发生较大波动，将可能对公司经营业绩产生不利影响。

4. 政策及行业发展风险。

拟注入资产涉及的分布式光伏屋面系统业务的未来经营业绩，会受益于国家对新能源产业特别是分布式光伏能源的有利政策以及相关配套措施的出台进度等因素影响。未来如果相关政策及配套措施有重大不利变化，也可能对拟注入资产的经营带来一定影响。

雅百特专业从事以金属屋面系统和分布式光伏屋面系统为主的金属屋（墙）面围护系统的设计、制作、安装和服务，铁路车站、机场、会展中心、大型商业设施、物流基地、城市综合体等功能性建筑的项目业主或总承包商是雅百特的主要用户和客户。公司业务发展的速度和规模取决于国家及各省市基础设施的规划和投资建设发展状况、商业物流等景气程度以及分布式光伏一体化建筑的推广程度。如果相关行业发展增速放缓，将对雅百特的经营状况和盈利能力产生较大的影响。

五、关键要点

1. 收益法评估资产，科学预测企业未来自由现金流量是关键。

对于目标企业的内外部环境分析分别从国家、行业、企业自身三方面进行具体分析，结合相关统计数据，分析企业现状，预测企业未来发展情况，从而更为准确地预测企业未来自由现金流量，做到有理有据，使估值结论更为合理。

2. 股权转让、资产重组应该站在企业的角度，科学合理的评估交易双方的价值，不能为了某些大股东的利益而损害了企业和中小投资者的利益。

六、建议课堂计划

本案例可以作为专门的案例讨论课来进行。如下是按照时间进度提供的课堂计划建议，仅供参考。

整个案例课的课堂时间控制在 120 分钟左右。

课前计划：提出启发思考题，请学员在课前完成阅读和初步思考。

课中计划：简要的课堂前言，明确主题（10 分钟）；

分组讨论并告知发言要求（45 分钟）；

小组发言（每组 5 分钟，控制在 45 分钟）。

方正东亚信托股权转让与价值评估

刘海云

（河南大学工商管理学院）

摘　要：原计划以增发股份形式收购方正东亚信托40%股份的中国高科，2014年8月2日发布公告，称将终止该资产重组，并将交易方案更改为拟以不超过6亿元现金收购方正东亚信托12.5%股权。此前，方正证券拟联合子公司方正和生出资28.55亿元收购方正集团旗下方正东亚信托70%的股权。由方正东亚信托引发的三次股权收购议案，被收购股份比例依次降低。本案例首先介绍了方正东亚信托的基本情况及交易背景，其次描述了两次价值评估的情况，最后针对两次价值评估提出一些可供讨论的问题，引导学员进一步分析方正东亚信托股权转让过程中两次价值评估的相关问题。

关键词：信托公司；价值评估；股权转让；收益法；资产基础法

1. 引言

近20个月内，方正系对方正东亚信托股权转让开出了三个方案。

2013年1月，方正证券宣布将联合方正和生投资有限公司共出资28.55亿元，收购方正集团所持有的方正信托70.01%股权。根据当时的《资产评估报告》，方正信托将在2013年、2014年、2015年分别实现净利润5.64亿元、6.53亿元和7.04亿元。后宣布该方案作罢，改为吞并民族证券。2012年12月31日评估基准日，方正东亚信托净资产账面价值为14.843亿元，收益法评估为40.785亿元，较账面价值增值25.941亿元，增值率为174.77%。

2014年2月，同为方正集团控股的中国高科宣布，筹划非公开发行股票，拟向公司控股股东方正集团购买其持有方正信托40%的股权，交易价格不高于20亿元。2013年12月31日评估基准日，方正东亚信托净资产账面价值为21.789亿元，收益法评估为46.386亿元，较账面价值增值24.597亿元，增值率为112.89%。

2014年8月2日，中国高科宣布此前计划的非公开发行股票收购计划，受政策的不确定性影响，被迫变为竞购。拟使用不超过6亿元自有资金购买竞购控股股东方正集团手中方正信托12.5%的股权，对方正东亚信托的控股计划也落为参股。股票于8月4日复牌时，停

① 由于企业保密的要求，在本案例中对有关名称、数据等做了必要的掩饰性处理。本案例只供课堂讨论之用，并无意暗示或说明某种管理行为是否有效。

牌近6个月的中国高科强势涨停。

2. 案例背景

2.1 方正东亚信托历史沿革

方正东亚信托的前身为武汉国际信托，2010年1月，北大方正集团完成了对武汉国投的整合，方正东亚信托于2010年9月正式开业。当时公司的注册资本为3亿元，其中方正集团出资70.01%，东亚银行出资19.99%，武汉经济发展投资集团出资10%。方正集团对应出资金额为2.1亿元。此后3年间，方正东亚信托进行了3次增资。2011年9月，公司原股东以货币按原出资比例增资3亿元。2012年11月，公司股东再次按比例将方正东亚信托注册资本由6亿元增至10亿元。2013年，公司进行第三次增资，以属于股东的未分配利润转增实收资本，注册资本增至12亿元。本次增资后股东出资额及持股比例如表1所示。

表1　　截至2014年7月25日方正东亚信托股东出资额及持股比例

股东名称	出资比例（%）	出资金额（人民币亿元）
北大方正集团有限公司	70.01	8.4012
东亚银行有限公司	19.99	2.3988
武汉经济发展投资（集团）	10.00	1.2
合　计	100.00	12

2.2 方正东亚信托组织构架

方正东亚信托组织构架见图1。

2.3 方正东亚信托经营业务范围与主要经营业绩

方正东亚信托主营业务包括自营业务和信托业务两部分，自营业务主要投向融资贷款领域和信托产品投资，信托资金投向主要分七大类，包括工商企业、基础产业、房地产业、证券市场、债券市场、金融机构及中小企业贷款。

方正东亚信托秉承“稳健创新、规范进取”的经营理念，坚持“宁失效益、不失风控”的风险管理原则，紧紧抓住市场需求，加大产品创新力度，形成了鲜明的业务特色和产品品牌效应。经过三年多的持续发展，方正东亚信托受托管理资产规模由36亿元递增到1 106.27亿元，综合实力由业内新兵上升到现在的排名第30名左右。2013年度，公司实现营业收入12.789亿元，与上年同期相比增加5.253亿元，增幅69.7%；实现净利润70 191.26万元，与去年同期相比增加30 572.25万元，增幅77.17%。至评估基准日2013年12月31日，公司存续信托项目327个，存续受托资产规模1 106.27亿元，其中集合类信托372.48亿元，单一类信托658.08亿元，财产权信托75.71亿元。

截至2013年12月31日，方正东亚信托固有资产会计报表资产总额252 284.89万元，负债总额34 394.70万元，净资产217 893.19万元；2013年实现业务收入127 888.87万元，

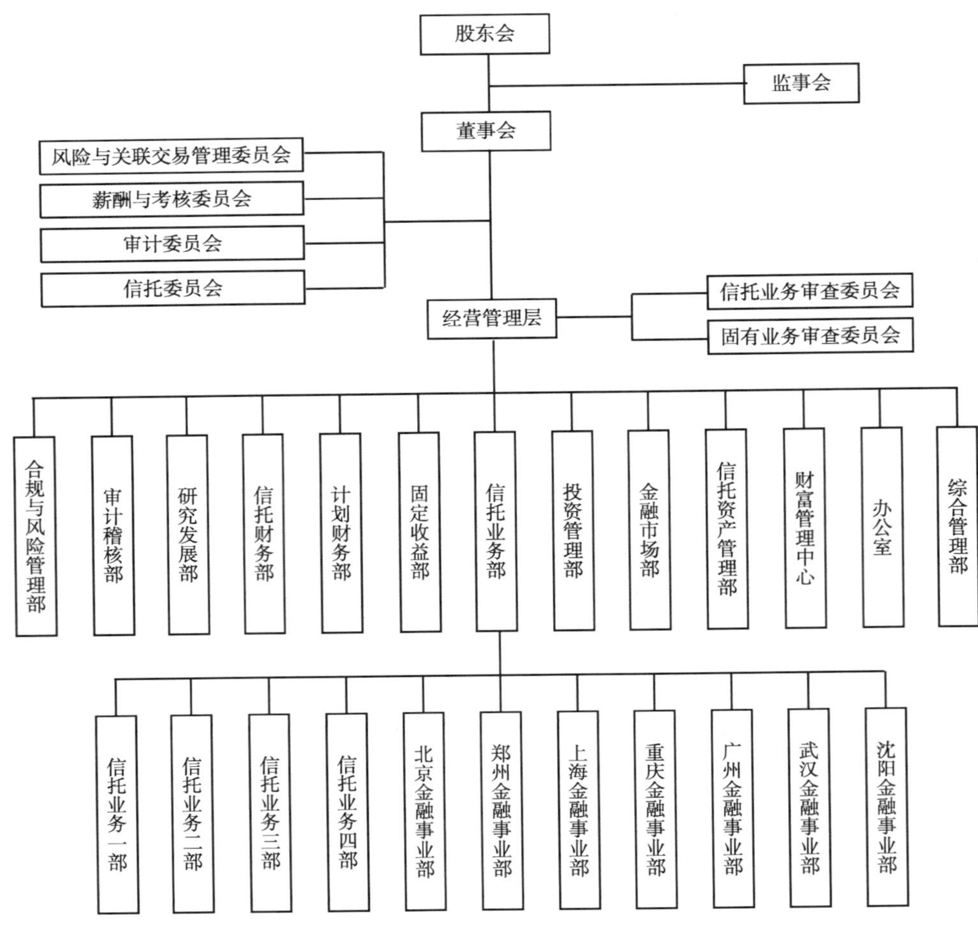

图 1　方正东亚信托组织结构图

净利润 70 191. 26 万元。方正东亚信托 2011 年 12 月 31 日至 2013 年 12 月 31 日的财务状况和经营情况详见表 2 和表 3。

表 2　　方正东亚信托 2011 年 12 月 31 日至 2013 年 12 月 31 日的财务状况表

金额单位：万元（人民币）

项　目	2011 年 12 月 31 日	2012 年 12 月 31 日	2013 年 12 月 31 日
现金及存放同业款项	43 620. 74	117 964. 84	44 710. 59
交易性资产	1 562. 40	1 299. 20	1 257. 20
应收利息	75. 93	1 150. 87	1 896. 27
发放贷款和垫款	15 480. 37	15 481. 39	50 619. 54
可供出售金融资产	—	4 975. 65	4 865. 00
应收款项投资	16 385. 00	37 948. 00	134 350. 00
固定资产	518. 44	565. 67	872. 48
无形资产	351. 09	369. 17	447. 43

续表

项　目	2011 年 12 月 31 日	2012 年 12 月 31 日	2013 年 12 月 31 日
递延所得税资产	21.78	635.31	717.49
其他资产	2 279.87	11 393.95	12 548.60
资产总计	80 295.60	191 784.05	252 284.89
负债总计	11 424.70	45 948.92	34 391.70
净资产	68 870.90	145 835.13	217 893.19
资产负债率（%）	14.23	23.96	13.63

表 3　　方正东亚信托 2011 年 12 月 31 日至 2013 年 12 月 31 日的经营情况表

金额单位：万元（人民币）

项　目	2011 年度	2012 年度	2013 年度
一、营业收入	24 094.58	75 361.68	127 888.87
利息收入	1 781.22	5 263.76	5 514.65
手续费及佣金收入	24 635.92	67 533.13	111 255.78
投资收益	108.43	2 849.70	11 453.95
公允价值变动收入	-2 114.00	-263.20	-42.00
汇兑收益	-317.00	-21.71	-293.51
二、营业支出	11 616.31	23 235.58	33 153.43
营业税金及附加	1 592.06	4 910.95	6 270.04
业务及管理费	8 234.56	18 272.04	26 193.43
资产减值损失	-13.05	52.59	689.96
其他业务成本	1 802.74	—	—
三、营业利润（亏损以“-”号填列）	12 478.27	52 126.10	94 735.44
加：营业外收入	3.14	100.00	1 724.56
减：营业外支出	—	1.84	84.46
四、利润总额（亏损总额以“-”号填列）	12 481.41	52 224.26	96 375.54
减：所得税费用	3 710.46	12 605.25	26 184.27
五、净总额	8 770.95	39 619.01	70 191.26
六、净资产收益率（%）	17.72	36.91	38.60

2011 年、2012 年、2013 年财务状况和经营情况已经众环海华会计师事务所有限公司审计，并出具众环审字（2012）252 号、（2013）010003、（2014）010476 号无保留意见审计报告。

2.4　方正东亚信托综合实力比较

2013 年方正东亚信托主要指标增长情况如表 4 所示。

表 4　　2013 年方正东亚信托主要指标增长情况表　　单位：亿元

	注册资本	同比(%)	信托资产	同比(%)	净资产	同比(%)	营业收入	同比(%)	利润总额	同比(%)
全行业	1 116.55	14	109 071.11	46	2 255.18	11	832.60	30	568.61	29
平均	16.42	11	1 603.99	42	33.16	8	12.24	27	8.36	25
方正	12.00	20	1 118.16	53	21.79	47	12.79	70	9.64	85

数据来源：信托业协会、方正东亚信托。

2.5　经济形势分析

2013 年我国经济“整体平稳、稳中有进、稳中向好”。全年 GDP 为 56.88 万亿元，同比增长 7.7%，与 2012 年持平；固定资产投资（不含农户）43.65 万亿元，名义增长 19.6%；全年进出口总额 4.16 万亿美元，同比增长 7.6%。全年 CPI 同比上涨 2.6%，PPI 同比下降 1.9%。我国经济稳定增长的基础还不稳固，增长动力有待加强，结构性问题严重。但宏观政策稳定、改革红利释放，以及外需逐渐恢复，都为经济平稳增长提供了支撑，预计 2014 年 GDP 增速在 7.5% 左右。

与此同时，中央经济工作会议指出：做好 2014 年经济工作，最核心的是要坚持“稳中求进，改革创新”。可见，改革创新是 2014 年的重要主题。从政策层面看，2013 年是改革的总体规划年，2014 年将会是细则落实年。信托公司的主要业务领域都受到越来越严格的监管，但并不是“一刀切”，未来的发展关键是要找准契合点。

2.6　金融形势分析

2013 年我国金融体系运行平稳，货币信贷和社会融资规模适度增长。2013 年 M2 余额 110.65 万亿元，同比增长 13.6%，比 2012 年低 0.2%；全年社会融资规模为 17.29 万亿元，是年度历史最高水平，比上一年多 1.53 万亿元。其中人民币贷款增加 8.89 万亿元，同比多增 6 879 亿元；信托贷款增加 1.84 万亿元，同比多增 5 603 亿元。与此同时，银行间市场出现流动性紧张局面，货币市场和债券市场利率中枢明显上升，还曾于 6 月中旬和 12 月出现两次高利率的情况。

央行发布的《2013 年第四季度货币政策执行报告》中明确，下一阶段仍将继续实施稳健的货币政策，坚持“总量稳定、结构优化”的取向，改善和优化融资结构和信贷结构，实现货币信贷和社会融资规模合理增长。随着美国逐步退出量化宽松政策，国内长期利率可能继续上升。一方面，在我国稳增长、调结构、促改革和防风险的主基调下，信贷政策和规模会呈现结构性差异，2014 年资金成本上行压力较大。另一方面，在利率市场化和互联网金融的快速推进背景下，金融机构降杠杆、稳兑付和保持流动性的压力进一步加大。

3. 案例主要内容

3.1　两次股权转让与资产评估逻辑关系图

两次股权转让的出资情况以及股份出让比例、两次资产评估的委托方与被评估方之间的逻辑关系如图 2 所示。

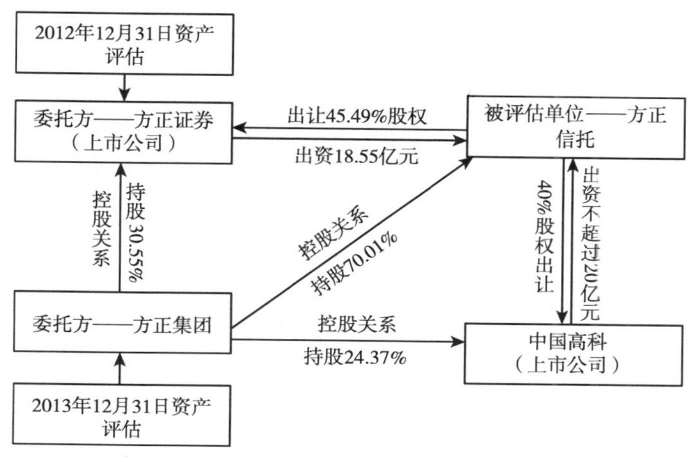

图 2　两次股权转让与资产评估逻辑关系图

3.2　评估对象和评估范围

评估对象为方正东亚信托的股东全部权益市场价值，涉及的评估范围为方正东亚信托申报的于评估基准日经审计后的全部资产和负债，凡列入申报表内并经过方正证券和方正东亚信托确认的资产、负债项目均在本次评估范围内。各类委托评估资产、负债在 2012 年 12 月 31 日评估基准日的账面价值见表 5，在 2013 年 12 月 31 日评估基准日的账面价值见表 6。

表 5　2012 年 12 月 31 日各类委托评估资产、负债的账面价值　金额单位：元（人民币）

资产种类	账面值	占总资产比例（%）	负债种类	账面值	占负债比例（%）
现金及存放中央款项	30 032.25	0.002	应付职工薪酬	78 934 502.18	18.21
存放同业款项	1 179 618 386.93	61.51	应付税费	145 450 311.49	33.55
交易性金融资产	12 992 000.00	0.68	其他负债	209 107 248.62	48.24
应收利息	11 508 689.54	0.60	负债合计	433 492 062.29	100.00
发放贷款和垫款	154 813 916.62	8.07			
可供出售金融资产	49 756 500.00	2.59			
应收款项类投资	379 480 000.00	19.79			
固定资产	5 656 746.69	0.29			
无形资产	3 691 660.02	0.19			
递延所得税资产	6 353 093.34	0.33			
其他资产	113 939 477.50	5.94			
资产总计	1 917 840 502.89	100.00	净资产	1 484 348 440.60	

表 6　　**2013 年 12 月 31 日各类委托评估资产、负债的账面价值**　金额单位：元（人民币）

资产种类	账面值	占总资产比例（%）	负债种类	账面值	占负债比例（%）
货币资金	447 105 860. 67	17. 72	应付职工薪酬	93 490 115. 35	27. 18
交易性金融资产	12 572 000. 00	0. 50	应交税费	76 787 294. 13	22. 33
应收利息	18 962 695. 46	0. 75	预计负债	25 997 150. 00	7. 56
发放贷款和垫款	506 195 369. 87	20. 06	递延所得税负债	6 499 287. 50	1. 89
可供出售金融资产	48 650 000. 00	1. 93	其他负债	141 143 135. 18	41. 04
应收款项类投资	1 343 500 000. 00	53. 25	负债合计	343 916 982. 16	100. 00
固定资产	8 724 826. 49	0. 35			
无形资产	4 477 262. 73	0. 18			
递延所得税资产	7 174 864. 47	0. 28			
其他资产	125 485 983. 91	4. 97			
资产总计	2 522 848 863. 60	100. 00	净资产	2 178 931 881. 44	

3. 3　评估目的、评估价值、评估方法及评估假设

评估目的、评估价值、评估方法及评估假设汇总如表 7 所示。

表 7　　**评估工作情况汇总表**

<table>
<tr><td>评估工作日</td><td>2013. 1. 3—2013. 1. 10</td><td>2014. 2. 25—2014. 7. 25</td></tr>
<tr><td>评估基准日</td><td>2012 年 12 月 31 日</td><td>2013 年 12 月 31 日</td></tr>
<tr><td>评估目的</td><td>确定方正东亚信托有限责任公司股东全部权益评估基准日的市场价值，为方正证券股份有限公司拟实施股权收购事宜提供参考意见。该经济行为已于 2012 年 12 月 31 日在方正证券股份有限公司总办会召开会议，公司经营管理层内部一致通过了收购方正东亚信托的决议。</td><td>确定方正东亚信托有限责任公司股东全部权益评估基准日的市场价值，为北大方正集团有限公司拟实施股权转让事宜提供参考意见。该经济行为已经北大方正集团有限公司临时董事会决议通过。</td></tr>
<tr><td>评估价值</td><td colspan="2">两次均评估采用持续经营、缺少流通前提下的市场价值作为选定的价值类型。市场价值类型与其他价值类型相比，更能反映交易双方的公平性和合理性，使评估结果能满足本次评估目的之需要。
市场价值是指自愿买方和自愿卖方在各自理性行事且未受任何强迫的情况下，评估对象在评估基准日进行正常公平交易的价值估计数额。
持续经营在本报告中是指被评估单位的生产经营活动会按其现状持续下去，并在可预见的未来，不会发生重大改变。
缺少流通是指被评估股权不可以在中国证券交易市场竞价交易。但可以依法采用其他方式转让、交易，即被评估股权不是国内上市公司的流通股权。</td></tr>
</table>

续表

<table>
<tr><td>评估方法</td><td>企业价值评估的基本方法包括资产基础法、收益法和市场法。根据本次评估目的、评估对象、价值类型、资料收集情况等相关条件，分析收益法、市场法和资产基础法三种资产评估基本方法的适用性，恰当选择一种或者多种资产评估基本方法。
由于我国目前市场化、信息化程度尚不高，难于收集到足够的同类企业产权交易案例；根据本次评估的资产特性，在沪深两市上市公司中信托行业只有三家，并且均不是单独的信托业务，不具有可比性，因此不宜采用市场法；因此本次评估确定主要采用资产基础法和收益法进行评估。
企业价值评估中的资产基础法，是指以被评估企业评估基准日的资产负债表为基础，根据各项资产的具体情况选用适当的评估方法合理评估企业表内及表外各项资产、负责价值，确定评估对象价值的评估方法。即将构成企业的各种要素资产的评估值加总减去负债评估值求得企业股东权益（净资产）的价值。
基本公式如下：净资产评估值 = 各单项资产评估值之和 - 负债评估值之和
企业价值评估中的收益法，是指通过将被评估企业预期收益资本化或折现以确定评估对象价值的评估思路。
收益法的基本公式为：
$$P = \sum_{i=1}^{n} \frac{R_i}{(1+r)^i}$$
式中：
P——评估对象的经营性资产价值；
R_j——评估对象未来第 i 年的预期收益（自由现金流量）；
r——折现率；
n——评估对象的未来经营期。
评估采用分段法对企业的现金流进行预测，即将企业未来现金流分为明确预测期期间（详细预测期）的现金流和明确预测期之后（永续期）的现金流。详细预测期的现金流是指逐年明确地预测未来一段有限时间（预测期为 5 年）委估企业产生的净现金流量。</td></tr>
<tr><td>评估假设</td><td>（1）无重大变化假设：是假定国家有关利率、汇率、赋税基准及税率、政策性征收（或返还）的费用等不发生重大变化。
（2）简单再生产假设：是假定方正东亚信托每年计提的固定资产折旧可以满足企业维持固定资产规模所需投入的更新支出，此种措施足以保持企业的经营能力得以持续。
（3）现金流稳定假设：是假定方正东亚信托现金流在每个预测期间的中期产生，并能获得稳定收益，且 5 年后的各年收益总体平均与第 5 年相同。
（4）方向一致假设：是假定方正东亚信托在现有的管理方式和管理水平的基础上，经营范围、方式与目前方向保持一致，不考虑未来可能由于管理层、经营策略调整等情况导致的经营能力变化。
（5）股利不分假设：是假定收益预测期内所产生的盈利不分配，始终保留在企业作为现金流周转。
（6）评估范围仅以委托方及被评估单位提供的评估申报表为准，未考虑委托方及被评估单位提供清单以外可能存在的或有资产及或有负债。</td></tr>
</table>

3.4 评估结论

（1）2012 年 12 月 31 日评估结果。

经实施评估程序后，于评估基准日，方正东亚信托股东全部权益评估结果见表 8、表 9。

（2）2013 年 12 月 31 日评估结果。

经实施评估程序后，于评估基准日，方正东亚信托股东全部权益评估结果见表 10、表 11。

表 8

2012 年 12 月 31 日资产基础法评估结果

资产评估结果汇总表

被评估单位：方正东亚信托有限公司

项目	账面价值（万元）	评估价值（万元）	增减额（万元）	增值率（%）
	A	B	C = B − A	D = C/A × 100%
现金及存放中央银行	3.00	3.00	0.00	0.00
存放同业款项	117 961.84	117 961.84	0.00	0.00
交易性金融资产	1 299.20	1 299.20	0.00	0.00
应收利息	1 150.87	1 156.65	5.78	0.50
发放贷款和垫款	15 481.39	15 481.39	0.00	0.00
可供出售金融资产	4 975.65	4 975.65	0.00	0.00
应收款项类投资	37 948.00	37 948.00	0.00	0.00
固定资产	565.67	665.64	99.96	17.67
无形资产	369.17	450.61	81.44	22.06
递延所得税资产	635.31	619.84	−15.47	−2.44
其他资产	11 393.95	11 450.06	56.11	0.49
资产总计	191 784.05	192 011.87	227.82	0.12
负债合计	43 349.21	43 349.21	0.00	0.00
净资产	148 434.84	148 662.67	227.82	0.15

表 9

2012 年 12 月 31 日收益法评估结果

资产评估结果汇总表（收益表）

被评估单位：方正东亚信托有限公司

项　目	账面价值（万元）	评估价值（万元）	增减额（万元）	增值率（%）
	A	B	C = B − A	D = C/A × 100%
现金及存放中央银行	3.00			
存放同业款项	117 961.84			
交易性金融资产	1 299.20			
应收利息	1 150.87			
发放贷款和垫款	15 481.39			
可供出售金融资产	4 975.65			
应收款项类投资	37 948.00			
固定资产	565.67			
无形资产	369.17			
递延所得税资产	635.31			
其他资产	11 393.95			
资产总计	191 784.05			
负债合计	43 349.21			
净资产	148 434.84	407 847.42	259 412.58	174.77

表 10

2013 年 12 月 31 日资产基础法评估结果

资产评估结果汇总表

被评估单位：方正东亚信托有限公司

项　目	账面价值（万元）	评估价值（万元）	增减额（万元）	增值率（%）
	A	B	C = B − A	D = C/A × 100%
货币资金	44 710. 59	44 710. 59	0. 00	0. 00
交易性金融资产	1 257. 20	1 257. 20	0. 00	0. 00
应收利息	1 896. 27	1 905. 80	9. 53	0. 50
发放贷款和垫款	50 619. 54	51. 390. 39	770. 86	1. 52
可供出售金融资产	4 865. 00	4 865. 00	0. 00	0. 00
应收款项类投资	134 350. 00	134 350. 00	0. 00	0. 00
固定资产	872. 48	1 072. 45	199. 97	22. 92
无形资产	447. 73	587. 18	139. 45	31. 15
递延所得税资产	717. 49	638. 55	−78. 94	11. 00
其他资产	12 548. 60	12 824. 50	275. 91	2. 20
资产总计	252 284. 89	253 601. 66	1 316. 77	0. 52
负债合计	34 391. 70	34 391. 70	0. 00	0. 00
净资产	217 893. 19	219 209. 96	1 316. 77	0. 60

表 11

2013 年 12 月 31 日收益法评估结果

资产评估结果汇总表（收益表）

被评估单位：方正东亚信托有限公司

项　目	账面价值（万元）	评估价值（万元）	增减额（万元）	增值率（%）
	A	B	C = B − A	D = C/A × 100%
货币资金	44 710. 59			
交易性金融资产	1 257. 20			
应收利息	1 896. 27			
发放贷款和垫款	50 619. 54			
可供出售金融资产	4 865. 00			
应收款项类投资	134 350. 00			
固定资产	872. 48			
无形资产	447. 73			
递延所得税资产	717. 49			
其他资产	12 548. 60			
资产总计	252 284. 89			
负债合计	34 391. 70			
净资产	217 893. 19	463 862. 83	245 969. 64	112. 89

（3）资产基础法评估结果与收益法评估结果的差异分析。

两次评估，都分别采用收益法和资产基础法两种方法，通过不同途径对委估对象进行估值。2012 年 12 月 31 日，资产基础法的评估值为 148 662.67 万元；收益法的评估值为 407 847.42 万元，两种方法的评估结果差异 259 184.75 万元，差异率为 174.34%。

2013 年 12 月 31 日，资产基础法的评估值为 219 209.96 万元；收益法的评估值为 463 862.83 万元，两种方法的评估结果差异 244 652.87 万元，差异率为 111.61%。

资产基础法是从资产重置成本的角度出发，对企业资产负债表上所有单项资产和负债，用市场价值代替历史成本；收益法是从未来收益的角度出发，以经风险折现后的未来收益的现值之和作为评估价值，反映的是资产的未来盈利能力。方正东亚信托 2010—2013 年经营收入和净利润均呈现跨越式、高速度增长，盈利能力显著提高，营业净利率、资产净利率和净资产收益率逐年提升。经营业绩的提升既有宏观经济环境、行业发展过快等外围因素影响，公司规范的内部管控模式也为企业快速发展提供了坚实的基础。因此，方正东亚信托有着较强的盈利能力，且未来增长预期良好，收益法评估结果与资产基础法评估结果之间的差异是收益法能够体现出未来的这种盈利能力。

基于上述情况，采用收益法和资产基础法得到的评估结果之间存在差异是正常的，且在合理范围之内。

（4）最后取定的评估结果。

考虑到一般情况下，资产基础法模糊了单项资产与整体资产的区别。凡是整体性资产都具有综合获利能力。资产基础法仅能反映企业资产的自身价值，而不能全面、合理的体现企业的整体价值，并且采用资产基础法也无法涵盖诸如客户资源、业务渠道、商誉、人力资源及特殊经营资质等无形资产的价值。评估师经过对方正东亚信托财务状况的调查及历史经营业绩分析，依据资产评估准则的规定，结合本次资产评估对象、评估目的，适用的价值类型，经过比较分析，认为收益法的评估结果能更全面、合理地反映方正东亚信托的股东全部权益价值，因此选定以收益法评估结果作为方正东亚信托的股东全部权益价值的最终评估结论。

方正东亚信托有限责任公司 2012 年 12 月 31 日股东全部权益评估价值为 407 847.42 万元。2013 年 12 月 31 日股东全部权益评估价值为 463 862.83 万元。

Transfer of Shares and Value Evaluation of The Founder BEA Trust Co. , Ltd

Abstract: China Hi – Tech Group Co. , Ltd. Announced on August 2, 2014, that it will terminate the assets reorganization, the original plan to buy shares of Founder group held 40% of the Founder BEA Trust Co. , Ltd. It will change the deal by no more than RMB 600 million exchange 12. 5% stake of the Founder BEA Trust Co. , Ltd. Previously, Founder Securities and subsidiary of founder invested 2. 855 billion exchanged 70% of the Founder BEA Trust Co. . Three share purchase bill, acquired stake reduced in turn. This case firstly introduces the basic situation of the Founder BEA and trading background, and then describes the two value evaluation, the finally put forward some questions to discussing about two value evaluation. It guide the students to further analysis of problems of evaluation related issues.

Key Words: Trust Company; Value Evaluation; Transfer of Shares; Income Approach; Asset based Method

方正东亚信托股权转让与价值评估

一、教学目的与用途

1. 本案例主要适用于资产评估课程。

2. 本案例的教学目的：认识资产评估的工作程序；了解信托公司资产评估应该注意的关键问题；掌握资产评估在股权转让、资产重组、破产清算等过程中的作用以及资产评估的方法选择。

二、启发思考题

1. 方正集团的战略构想是什么？

2. 方正东亚信托公司三次股权转让和两次资产评估有什么异同？与方正集团的战略有什么关系？

3. 你认为本案中资产基础法与收益法的评估结果之间的差异正常吗？

4. 你如何思考本案例两次资产评估都选定收益法的评估结果？

5. 整体资产评估与单项资产评估在选择评估方法时需要注意什么？

三、分析思路

教师可以根据自己的教学目标（目的）来灵活使用本案例。这里提出本案例的分析思路，仅供参考。

1. 两次股权转让、两次资产评估最终都没有实现，原因何在？

2. 随着制度红利消失、大额资金管理抢夺业务时代到来、监管政策收紧等，信托公司如何转型？

3. 通过对方正东亚信托公司两次资产评估了解资产评估的基本方法。

4. 理解股权转让与资产评估的实施步骤。

四、理论依据及分析

1. 交易的背景。

（1）金融业发展政策和产业升级各项规划使非银行金融业面临重大发展机遇。

《金融业发展和改革“十二五”规划》（以下简称“规划”）指出，“十二五”期间要着力推动经济结构调整，通过健全金融机构体系和市场体系、增强金融服务能力，推动经济结构调整和经济发展方式转变，并明确提出要“大力发展资产管理机构，壮大多元化机构投资者队伍”、“继续积极稳妥推进金融业综合经营试点”。

党的十八大报告指出，要“深化金融体制改革，健全促进宏观经济稳定、支持实体经济发展的现代金融体系”、“完善金融监管，推进金融创新”，并明确要“推进经济结构战略性调整，加快转变经济发展方式，以改善需求结构、优化产业结构、促进区域协调发展、推进城镇化为重点，着力解决制约经济持续健康发展的重大结构性问题”。

这些政策的落实都需要金融发挥其重要的投融资、资产管理和创新作用，同时通过自身积累和合理的资本补充机制，做强做大金融机构，不断提升竞争力。根据“十二五”规划关于“到‘十二五’期末，非金融企业直接融资占社会融资规模比重提高至15%以上”的目标，非银行金融业务面临重大发展机遇。

（2）非银行金融业发展迅猛，未来发展前景良好。

近年来，我国非银行金融机构发展迅猛。根据中国信托业协会统计数据，截至2013年底，信托公司信托资产总规模为10.91万亿元，与2010年底的3.04万亿元相比，增长了2.59倍，2010年至2013年平均增长率达到86.29%。2013年，信托行业的利润总额为568.61亿元，较2010年的158.76亿元相比增长了2.58倍，2010年至2013年平均增长率为86.05%。截至目前，信托公司的信托资产规模已突破10万亿元，成为金融行业仅次于银行业的第二大子行业，信托已被越来越多的投资者认识、接纳和信任。

信托行业发展最深厚的基础是我国日益成长的资产管理市场，从美国和日本等发达国家的经验来看，资产管理的规模与GDP的规模成正相关关系，一般为GDP规模的两倍左右。截至2013年末，我国信托资产规模约为10万亿元，银行理财规模约为10万亿元，基金业管理资产规模为4.2万亿元，证券公司受托资产规模为5.2万亿元，保险资产管理规模为8.3万亿元，资产管理总额不足40万亿元，整体仍有较大的发展空间。相对于我国资产管理市场的容量，信托资产规模还非常小，未来信托业仍具有良好的发展前景。

2. 方正东亚信托盈利能力介绍。

2013年全行业68家信托公司年报数据显示，2013年信托行业平均资本利润率为20.16%，高于同年商业银行平均资本利润率19.2%。方正东亚信托年报数据显示，公司2013年资本利润率为38.25%，远远高于行业均值，位列全行业第三位。

众所周知，资本利润率指企业净利润与平均资本的比率，因此，资本利润率水平的变化受净利润直接影响。方正东亚信托自2010年底开业以来，秉承“稳健创新、规范进取”的经营理念，紧紧抓住市场需求，形成了鲜明的业务特色和产品品牌效应。2013年度，公司全年实现营业收入12.8亿元，比上年同期增加5.25亿元，增幅69.7%；全年利润总额9.52亿元，同比增长82%。全年实现净利润和人均净利润分别为7.02亿元和439万元，同比增长77%和186%。

从行业数据来看，68家信托公司平均净资产37.58亿元，平均实收资本16.42亿元，全年行业实现平均营业收入12.24亿元，平均利润总额8.36亿元，平均人均净利润371万元。也就是说，方正东亚信托在净资产及资本金低于业界平均值的情况下，公司营业收入、利润总额及人均利润均高于业界均值，盈利能力拔群。

3. 方正东亚信托资金运用情况。

根据方正东亚信托2013年年报《信托资产运用与分布情况表》显示，2013年公司信托资产分别投向基础产业、房地产、实业、金融机构、证券市场等，其中基础产业占比为32.37%，实业占比为35.53%。

相比业内部分信托公司对房地产信托的依赖，房地产在方正东亚的资金运用占比仅为10.3%，而2012年及2011年的占比分别为15.56%及24.97%，占用比例逐年减少。经过三年多的持续发展，方正东亚信托受托管理资产规模由36亿元递增到1 106.27亿元。

而在信托产品规模大幅增长、产品类型不断丰富的同时，方正东亚信托的信托报酬率并未受到影响，且始终高于市场平均值。从2013年信托公司年报披露情况来看，全行业2013年平均信托报酬率为0.9%。方正东亚信托2013年信托报酬率为0.91%，与去年同期相比持平。其中，2013 年已清算结束的主动管理型信托项目中，股权投资类和融资类信托项目的加权平均实际年化信托报酬率为 1.52% 和 1.34%，分别同比增长了 90% 和 69.6%。

公司在 2013 年报中还表示，2014 年将在巩固传统信托业务的基础上，实现融资转投资，推动投资类信托、固定收益部、房地产基金和基金化产品的发展。

4. 方正东亚信托发展的有利因素。

2013 年信托资产规模成功突破 10 万亿元，成为金融行业中的第二位。2014 年是十八届三中全会改革决定的落实之年，也是信托公司转型落实之年。

公司业务发展面临的外部有利因素主要有：国民经济的快速发展使得高净值人群不断增多，综合金融服务需求及私人理财需求迅速膨胀；监管机构着力构造影子银行的监管体系，明确了信托业治理体系建设的八大机制，积极引导促进信托业的发展；信托行业逐渐适应了金融创新的客观需要，各类业务创新推进较快，信托公司自身能力和社会影响力在发展中不断提升。

内部有利因素主要有：股东的金融资源背景和雄厚资本实力，对公司的资本扩张和业务协同有很好的支持；公司高级管理层和业务审查委员会等已经形成了以制度带动流程化的高效决策机制，能够根据市场变化迅速做出反应，更快适应新的发展环境；公司经过三年的发展，始终坚持“宁失效益、不失风控”的原则，业务稳健发展，达到行业中游水平，也为转型奠定了基础。

5. 方正东亚信托发展的不利因素。

随着制度优势逐渐丧失、竞争日渐加剧，信托公司的信托资产规模增速也在 2013 年呈下滑趋势，信托公司也面临转型的问题。

公司业务发展面临的外部不利因素主要有：2014 年仍是稳健的货币政策，且货币供应不再宽松，市场资金成本压力较大；券商资管、基金子公司、银行资管、保险（放心保）资管等对信托公司业务的抢占还在继续，“余额宝”“理财通”等互联网金融产品进一步加剧了竞争；传统融资业务受压，创新业务短期难以大规模负责，且盈利模式尚不清晰；信托行业在房地产、矿产、能源等类型的信托风险事件不断爆发，信托公司面临的兑付压力较大。

内部不利因素主要有：公司注册资本规模偏小，一定程度上限制业务开展和创新业务资格；公司缺乏资源优势，核心竞争力有待培养和增强，品牌影响力有待提升；公司资金获取能力有待提升，项目后续管理能力亟须加强。

6. 方正集团的战略。

作为持续为股东带来利润增长的资产，又具有投资融资灵活性，这张信托牌照在集团中的作用也逐渐凸显出来，与其握在手里，集团更希望打出这张牌。集团希望将其整合到旗下公司当中，子公司也同样有收购方正东亚信托的意愿。

方正证券是最初的选择。证券收购信托是方正金融在战略的考虑。不同类型的金融牌照之间会产生协同作用，证券是协同这些牌照比较好的选择。

在方正证券收购遇阻之后，方正东亚信托的股权收购转向旗下另一上市公司中国高科。这是在前一次收购终止后才进行重新考虑的。中国高科本身有转型发展需求，而信托在发展到一定阶段时，上市公司中成熟的业务和制度模式，也有利于信托公司继续成长。

方正集团副总裁李国军曾介绍，方正集团将分三阶段实现综合金融平台的搭建：第一阶段，方正旗下的金融企业之间将展开业务合作和协同，实现局部信息与业务分享；第二阶段，通过多种手段，整合旗下金融牌照，形成统一平台，并进一步实现各金融产品之间的交叉销售；第三阶段，完成中后台整合，打破各金融业务之间的隔阂，实现金融业务在客户—渠道—产品之间的全线贯通。

7. 信托公司曲线上市之路。

因营业模式不清晰、信息披露有待加强、资金投向不明确等诸多原因，目前实现 IPO 的信托公司只有安信信托和陕国投两家。信托公司发了很多信托产品，但这些产品很多信息不披露，例如有些信托合同的委托人、受益人是谁都不得而知，说是要保密，这对于强调信息披露的资本市场而言有些格格不入。

尽管 IPO 通道受阻，但近年来信托公司以借壳或通过上市公司吸收合并实现曲线上市的情况屡有发生。有业内人士认为，借壳上市的审批程序较为简单，操作周期较短，上市条件灵活，费用也比较低，但是需要处理的法律问题较多，并且无法达到直接融资的效果。但因国内许多信托公司都具有地方政府、财政、大集团等特殊的股东背景，信托公司有可能以较低的成本获得合适的壳资源。

五、关键要点

1. 企业价值评估及评估方法的选择要与评估目的相结合。
2. 关联方交易与非关联方交易股权转让、价值评估需要关注哪些问题？

六、建议课堂计划

本案例可以作为专门的案例讨论课来进行。如下是按照时间进度提供的课堂计划建议，仅供参考。

整个案例课的课堂时间控制在 120 分钟左右。

课前计划：提出启发思考题，请学员在课前完成阅读和初步思考。

课中计划：简要的课堂前言，明确主题（10 分钟）；
分组讨论并告知发言要求（45 分钟）；
小组发言（每组 5 分钟，控制在 45 分钟）；
引导全班进一步讨论，并进行归纳总结（20 分钟）。

课后计划：如有必要，请学员采用报告的形式给出更加具体的解决方案，为后续章节内容做好铺垫。

参考文献

[1] 方正证券股份有限公司拟实施股权收购事宜涉及的方正东亚信托有限责任公司股东全部权益价值项目 资产评估报告 中铭评报字〔2013〕第 10001 号.

[2] 北大方正集团有限公司拟实施股权转让事宜涉及的方正东亚信托有限责任公司股东全部权益价值项目 资产评估报告 中铭评报字〔2014〕第 10004 号.

[3] 吕江涛. 重组终止热情仍在，中国高科欲借并购通道进入信托业 [N]. 证券日报，2014-8-8.

[4] 朱熹妍. 方正信托股份转让再生变 中国高科“收购”变“竞购” [N]. 经济观察网，2014-8-5.

[5] 方正东亚信托有限责任公司 2013 年年报.

[6] 中国高科：方正东亚信托有限责任公司 2014 年半年度审计报告.

附表一

收益法评估结果汇总表

评估基准日：2012 年 12 月 31 日

被评估单位名称：方正东亚信托有限责任公司　　单位：万元（人民币）

项目	2013 年	2014 年	2015 年	2016 年	2017 年	永续期
营业收入	104 140.00	119 905.00	129 854.65	133 227.19	136 373.38	136 373.38
营业支出	28 914.38	32 891.26	36 039.84	38 455.07	41 031.30	40 856.30
营业利润	75 225.62	87 013.74	93 814.81	94 772.12	95 342.08	95 517.08
营业外收入	0.00	0.00	0.00	0.00	0.00	0.00
营业外支出	0.00	0.00	0.00	0.00	0.00	0.00
利润总额	75 225.62	87 013.74	93 814.81	94 772.12	95 342.08	95 517.08
所得税	18 806.41	21 753.43	23 453.70	23 693.03	23 835.52	23 879.27
净利润	56 419.21	65 260.31	70 361.11	71 079.09	71 506.56	71 637.81
减：所得税调整	55.55	31.25	31.25	37.50	43.75	0.00
加：折旧和摊销	467.91	825.41	825.41	825.41	825.41	825.41
减：资本性支出	2 084.90	825.41	825.41	825.41	825.41	825.41
加：贷款损失准备（扣除所得税后）	166.65	93.75	93.75	112.50	131.25	0.00
营运资金追加额	0.00	0.00	0.00	0.00	0.00	0.00
净现金流量	54 913.31	65 322.81	70 423.61	71 154.09	71 594.06	71 637.81
折现年限	0.5	1.5	2.5	3.5	4.5	
折现率	18.14%	18.14%	18.14%	18.14%	18.14%	18.14%
折现系数	0.9200	0.7788	0.6592	0.5580	0.4723	2.6036
自由现金流现值	50 521.84	50 870.90	46 422.22	39 701.83	33 813.54	186 517.09
营业性资产价值	407 847.42					
企业价值	407 847.42					
减：有息债务评估值	0.00					
股东权益价值	407 847.42					

附表二

资产基础法评估结果汇总表

评估基准日：2012 年 12 月 31 日

被评估单位名称：方正东亚信托有限责任公司

项　目	账面价值（万元）	评估价值（万元）	增减额（万元）	增值率（%）
	A	B	C = B - A	D = C/A × 100%
现金及存放中央银行	3.00	3.00	0.00	0.00
存放同业款项	117 961.84	117 961.84	0.00	0.00
交易性金融资产	1 299.20	1 299.20	0.00	0.00
应收利息	1 150.87	1 156.65	5.78	0.50
发放贷款及垫款	15 481.39	15 481.39	0.00	0.00
可供出售金融资产	4 975.65	4 975.65	0.00	0.00

续表

项　目	账面价值（万元）	评估价值（万元）	增减额（万元）	增值率（%）
	A	B	C = B − A	D = C/A × 100%
应收款项类投资	37 948.00	37 948.00	0.00	0.00
固定资产	565.67	665.64	99.96	17.67
无形资产	369.17	450.61	81.44	22.06
递延所得税资产	635.31	619.84	−15.47	−2.44
其他资产	11 393.95	11 450.06	56.11	0.49
资产总计	191 784.05	192 011.87	227.82	0.12
负债合计	43 349.21	43 349.21	0.00	0.00
净资产	148 434.84	148 662.67	227.82	0.15

附表三

资产负债表（资产）

会企 01 表

编制单位：方正东亚信托有限责任公司　　　　单位：元（人民币）

资　产	附注	2014 年 6 月 30 日	2013 年 12 月 31 日
资产：			
贷币资金	（四）1	716 186 338.91	447 105 860.67
存放同业款项			
贵金属			
拆出资金			
交易性金融资产	（四）2	64 465 000.00	12 572 000.00
洐生金融资产			
买入返售金额资产			
应收利息	（四）3	41 199 496.84	18 962 695.46
发放贷款及垫款	（四）4	453 100 000.00	506 195 369.87
可供出售金融资产	（四）5	49 750 000.00	48 650 000.00
持有至到期投资			
应收款项类投资	（四）6	1 365 300 000.00	1 343 500 000.00
长期股权投资			
投资性房地产			
固定资产	（四）7	8 245 008.07	8 724 826.49
在建工程			
无形资产	（四）8	4 574 614.07	4 477 262.73
递延所得税资产	（四）9	6 417 527.12	7 174 864.47
其他资产	（四）10	231 342 035.99	125 485 983.91
资产总计		2 940 580 021.00	2 522 848 863.60

附表三续 资产负债表（负债及股东权益）

会企01表

编制单位：方正东亚信托有限责任公司 单位：元（人民币）

负债和所有者权益	附注	2014年6月30日	2013年12月31日
负债：			
向中央银行借款			
同业及其他金融机构存放款项			
拆入资金			
交易性金融负债			
衍生金融负债			
卖出回购金融资产款			
吸收存款			
应付职工薪酬	（四）12	68 655 589.51	93 490 115.35
应交税费	（四）13	100 890 569.71	76 787 294.13
应付利息			
预计负债	（四）14	25 997 150.00	25 997 150.00
应付债券			
递延所得税负债	（四）9	6 499 287.50	6 499 287.50
其他负债	（四）15	155 393 869.96	141 143 135.18
负债合计		357 436 466.68	343 916 982.16
所有者权益：			
实收资本	（四）16	1 200 000 000.00	1 200 000 000.00
资本公积	（四）17	19 310 362.50	18 485 362.50
减：库存股			
盈余公积	（四）18	118 644 366.89	118 644 366.89
一般风险准备	（四）19	89 267 919.15	89 267 919.15
未分配利润	（四）20	1 155 920 905.78	752 534 232.90
外币报表折算差额			
归属于母公司的所有者权益合计		2 583 143 554.32	2 178 931 881.44
少数股东权益			
所有者权益合计		2 583 143 554.32	2 178 931 881.44
负债和所有者权益总计		2 940 580 021.00	2 522 848 863.60

附表四 利润表

会企02表

编制单位：方正东亚信托有限责任公司 单位：元（人民币）

项　目	附注	2014年1—6月	2013年度
一、营业收入	（四）21	716 109 418.69	1 278 888 656.52
利息净收入		35 011 957.39	55 146 460.52
利息收入		35 031 957.39	55 146 460.52

续表

项　目	附注	2014 年 1—6 月	2013 年度
利息支出		20 000. 00	
手续费及佣金净收入		591 248 846. 11	1 112 557 755. 23
手续费及佣金收入		591 248 846. 11	1 112 557 755. 23
手续费及佣金支出			
投资收益（损失以“－”号填列）		86 970 424. 47	114 539 501. 74
公允价值变动净收益（损失以“－”号填列）		2 296 000. 00	－420 000. 00
汇兑收益（损失以“－”号填列）		582 190. 72	－2 935 060. 67
其他业务收入			
二、营业支出		177 020 582. 22	331 534 261. 61
营业税金及附加	（四）22	35 624 728. 99	62 700 343. 20
业务及管理费	（四）23	141 568 241. 87	261 934 294. 62
资产减值损失	（四）24	－172 388. 64	6 899 623. 79
其他业务成本			
三、营业利润（亏损以“－”号填列）		539 088 836. 47	947 354 394. 91
加：营业外收入	（四）25	38 522. 40	17 245 550. 57
减：营业外支出	（四）26	12 996. 63	844 595. 22
四、利润总额（亏损总额以“－”号填列）		539 114 362. 24	963 755 350. 26
减：所得税费用	（四）27	135 727 689. 36	261 842 746. 92
五、净利润（净亏损以“－”号填列）		403 386 672. 88	701 912 603. 34
六、每股收益：			
（一）基本每股收益（元）			
（二）稀释每股收益（元）			
七、其他综合收益		825 000. 00	18 667 987. 50
八、综合收益总额		404 211 672. 88	720 580 590. 84

附表五　　**现金流量表**

会企 03 表

编制单位：方正东亚信托有限责任公司　　单位：元（人民币）

项　目	附注	2014 年 1—6 月	2013 年度
一、经营活动产生的现金流量：			
客户存款和同业存放款项净增加额			
向中央银行借款净增加额			
向其他金融机构拆入资金净增加额			
收取利息、手续费及佣金的现金		533 222 047. 60	1 156 651 964. 65
收到其他与经营活动有关的现金	（四）28	10 347 809. 80	23 943 534. 94
经营活动现金流入小计		543 569 857. 40	1 180 595 499. 59

续表

项　目	附注	2014 年 1—6 月	2013 年度
客户贷款及垫款净增加额		-54 565 314.78	358 312 052.80
存放中央银行和同业款项净增加额			
支付手续费及佣金的现金		41 308 768.19	67 331 674.29
支付给职工以及为职工支付的现金		83 361 282.73	91 097 798.92
支付的各项税费		147 335 712.25	395 109 830.41
支付其他与经营活动有关的现金	（四）28	46 568 082.67	130 591 320.88
经营活动现金流出小计		264 008 531.06	1 042 442 677.30
经营活动产生的现金流量净额		279 561 326.34	138 152 822.29
二、投资活动产生的现金流量：			
收回投资收到的现金		314 500 000.00	470 580 000.00
取得投资收益收到的现金		64 796 438.52	107 048 038.51
收到其他与投资活动有关的现金			16 300.00
投资活动现金流入小计		379 296 438.52	577 644 338.51
投资支付的现金		385 897 000.00	1 434 600 000.00
购建固定资产、无形资产和其他长期资产支付的现金		3 801 091.36	10 804 658.34
支付其他与投资活动有关的现金			
投资活动现金流出小计		389 698 091.36	1 445 404 658.34
投资活动产生的现金流量净额		-10 401 652.84	-867 760 319.83
三、筹资活动产生的现金流量：			
吸收投资收到的现金			
发行债券收到的现金			
收到其他与筹资活动有关的现金			
筹资活动现金流入小计			
偿还债务支付的现金			
分配股利、利润或偿付利息支付的现金			
支付其他与筹资活动有关的现金			
筹资活动现金流出小计			
筹资活动产生的现金流量净额			
四、汇率变动对现金等价物的影响		-79 195.26	-2 935 060.97
五、现金及现金等价物净增加额	（四）28	269 080 478.24	-732 542 558.51
加：期初现金及现金等价物余额	（四）28	447 105 860.67	1 179 648 419.18
六、期末现金及现金等价物余额	（四）28	716 186 338.91	447 105 860.67

蒙牛乳业收购雅士利国际集团的价值评估

屠巧月　曹　月

（河南大学工商管理学院）

摘　要：我国资本市场随着经济的迅速发展而不断完善，兼并收购也日益频繁，行业间的并购正在成为一种趋势。而并购成功与否，很多时候取决于收购价格的合理性，过高或者过低的定价都有可能导致并购的最终失败。如何正确地、科学地评估目标企业的价值已成为兼并与收购活动成功的关键。本文以乳制品行业的并购整合为切入点，以乳制品行业最大规模并购案——蒙牛乳业集团收购雅士利国际集团为案例，以2012年7月1日起实施的《资产评估准则——企业价值》为依据，分析国家、行业、企业的经济环境，运用企业自由现金流量法（FCFF）评估目标企业价值，详细介绍估值过程、估值参数的选择与计量，以期为并购双方及评估机构提供一个实用有效的估值模型，为未来乳制品行业并购整合中评估目标企业价值提供帮助和借鉴。

关键词：企业价值评估；FCFF模型；动态资本成本

1. 背景

自“三聚氰胺”事件以来，国内乳制品行业经历了一次又一次的危机，婴幼儿配方奶粉问题，香港奶粉限购令等一系列问题严重打击了消费者的信心，再加上全球范围内金融海啸的影响，我国乳品行业进入冰冻时期。而行业整合以及并购重组将是国内乳制品行业重新崛起的一条捷径。2013年5月，工信部向国务院提交了《推动婴幼儿配方乳粉行业企业兼并重组工作方案》，引起行业内的广泛关注与讨论。该方案表示，为了鼓励企业间的合并收购，加强国内乳粉行业的集中度，促进行业健康有序的发展，国家将出台一系列相关政策和指导方案，为乳业发展提供便利。方案还表示，在未来5年之内，力争使行业集中度达到80%，年销售收入超过50亿元的大型企业集团数量增至3—5家，同时形成具有自主知识产权和国际竞争力的知名品牌。

本文选取的案例——蒙牛乳业（集团）收购广东雅士利国际控股有限公司，是国内乳制品行业最大规模并购案。此次并购对于乳制品行业以及并购双方都意义重大。

① 本案例采用该公司公开发布的收购信息及公司年报的数据完成，未曾经过掩饰处理。本案例只供课堂讨论之用，并无意暗示或说明某种管理行为是否有效。

1.1 并购双方企业概况

中国蒙牛乳业有限公司是一家乳制品生产企业，总部设于内蒙古和林格尔县盛乐经济园区，是国内牛奶、酸奶和乳制品生产企业的领头羊之一，是国家农业产业化重点龙头企业。蒙牛集团始建于1999年8月，注册于开曼群岛，2004年成功于港交所上市。2009年7月，中粮集团以61亿港元购得蒙牛乳业20%的股权，入主蒙牛，成为其第一大股东。2012年，蒙牛乳业原总裁杨文俊卸任，蒙牛总裁一职由孙伊萍接任，自此，蒙牛彻底进入中粮时代，蒙牛集团大范围的扩张拉开序幕。

近几年，面对假奶粉事件、婴幼儿配方奶粉问题，香港奶粉限购令等事件对国内乳制品行业的冲击，蒙牛集团开始寻求化解危机和进一步发展的出路。对于乳制品行业，由于其奶源带和渠道的不易获取的特性，兼并收购和战略合作是最好的快速扩张方式。收购上下游企业，联合竞争对手——蒙牛集团五年中引进了国际先进的管理技术，增加了对上游奶源的控制力度，扩大了市场份额，实现了强强联合。表1为作者搜集资料总结而成的蒙牛近年来较为大型的兼并收购行为。

表1 蒙牛近年兼并收购行为

合作日期	合作对象	内　容
2010年11月22日	君乐宝	蒙牛斥资4.69亿元人民币收购君乐宝51%股权
2012年6月15日	丹麦爱氏晨曦	爱氏晨曦22亿港元入股蒙牛，持股约5.9%
2013年5月8日	现代牧业	蒙牛31.75亿港元增持现代牧业股份至28%
2013年5月20日	法国达能集团	达能斥26亿元与蒙牛组建合资公司从事酸奶业务

资料来源：蒙牛集团2010—2013年年报。

蒙牛集团一直力图为消费者提供高质量的产品。经过十几年的快速发展，蒙牛逐步形成了液态奶、奶粉、奶酪、乳制品原料和冰激凌五大系列400多个品牌，构成了一个全方位、立体化的乳制品矩阵。

2013年，工信部力推乳制品行业企业间的兼并重组，提高行业集中度。与此同时，蒙牛也确定了未来五年的战略目标——确保超过500亿元营业收入，跨入世界乳业10强的行列。在中粮集团强大的财力物力支持下，和以往蒙牛集团强强合作的良好态势下，兼并收购必将成为未来蒙牛集团迅速扩张自身实力，抢占市场份额的一条捷径。

雅士利国际控股有限公司成立于1983年，总部位于广东潮州市，经过30多年的磨砺与蜕变，已经成长为一家成熟的资产额达到数十亿元的现代乳制品企业。雅士利国际集团主要从事营养食品的研发与生产，其业务重点是婴幼儿产品的研发。集团现已在潮州、广州、黑龙江齐齐哈尔、山西朔州、河南郑州先后建立了5个大型生产基地，总占地面积超过1 000亩。集团主打的四大系列产品：奶粉、麦片、豆奶、米粉等畅销全国各地，深受广大消费者的青睐。

雅士利国际控股有限公司是中国婴幼儿配方奶粉产品的领导企业。连续多年获得国内婴幼儿奶粉十大品牌之一的荣誉。集团旗下针对不同消费群体，开发了两大产品系列：雅士利和施恩。其中雅士利产品系列主要面对中端消费群体，而施恩则是针对高端消费者。雅士利国际集团的销售与分销网络十分庞大，几乎覆盖中国大陆所有地区。拥有超过 1 500 家的一级经销商，直接或间接控制超过十万家零售点，对其旗下产品进行销售和推广。雅士利国际集团不仅注重对一、二线城市的渗透，同时尤为重视二、三线城市的市场开拓。近几年，雅士利不断加强对二、三线城市及乡镇渠道的拓展，取得了较大优势，在该级市场上处于领先优势和地位。

1.2 并购战略目标

蒙牛集团此次并购雅士利的主要意图是弥补其在奶粉领域的业务短板。根据蒙牛集团的年报显示，公司营业总收入中，90%的收入都是液态奶业务所贡献，奶粉业务的收入占比仅为1.60%。尽管2012年公司的营业总收入超过360亿元，奶粉业务仍是其短板所在。蒙牛近几年大力发展奶粉业务，2012年引入欧洲乳业巨头爱氏晨曦，也旨在进一步扩大奶粉市场占有率。但是2012年奶粉业务的全年销售总额也仅为5.7亿元左右，这与同为国内乳业巨头的伊利集团差距明显。据伊利集团2012年年报显示，伊利集团其他乳制品收入贡献率达到10.92%，销售额高达45.85亿元。随着市场竞争的加剧，蒙牛集团在奶粉领域的劣势进一步扩大。

意图弥补其在婴幼儿配方奶粉方面的短板是此次蒙牛邀约收购雅士利的重要原因之一。蒙牛在婴幼儿奶粉领域的市场份额占有率仅有0.2%。而雅士利国际集团则是婴幼儿配方奶粉领域的领军企业，是中国第七大婴儿配方奶粉供应商，连续多年被评为国内婴幼儿配方奶粉十大品牌之一，在奶粉市场拥有4.7%的份额。蒙牛乳业并购雅士利奶粉之后的市场份额占有率与伊利10%的市场份额差距将明显缩小。

由表2的数据我们可以很清晰地看到蒙牛奶粉业务和雅士利集团之间的差距。表2由蒙牛集团和雅士利国际集团所公布的2011年年报、2012年年报，2013年中期报告所提供的数据整理得到。其中，为了对比方便，蒙牛集团的销售净利率、资产负债率等指标均指其旗下的“其他乳制品经营分部”而非集团总体报表数据。

表2　　并购双方财务比率分析

项　目	2013年上半年		2012年		2011年		三期平均	
	蒙牛	雅士利	蒙牛	雅士利	蒙牛	雅士利	蒙牛	雅士利
销售净利率	-7.38%	13.72%	-15.31%	12.87%	-3.61%	10.43%	-8.77%	12.34%
资产负债率	56.31%	46.10%	62.88%	26.77%	43.02%	18.11%	54.07%	30.33%
总资产周转率	0.93	0.78	1.44	0.72	1.15	0.65	1.17	0.71
权益资产报酬率	-15.77%	19.73%	-59.25%	12.58%	-7.27%	8.26%	-27.43%	13.52%

注：食品行业中，资产负债率以小于70%为佳，总资产周转率以等于0.8为佳。

从表2中可以看出，雅士利国际集团在婴幼儿配方奶粉业务上，无论是盈利能力、偿债能力还是资产管理水平，都优于蒙牛集团。

此次并购如果顺利实施，雅士利集团增长前景良好的奶粉业务，将能有效补充蒙牛的乳业产业链。同时，蒙牛旗下的爱氏晨曦、欧氏蒙牛，与雅士利婴幼儿配方奶粉的市场定位不同，消费群体、销售渠道也存在差异化优势。蒙牛与雅士利两大乳业巨头联手后，可以通过资源整合、产品升级，使蒙牛快速步入奶粉行业第一梯队的序列。

1.3 并购方案及结果

蒙牛乳业2013年6月19日公布邀约公告，宣布向包括张氏国际和凯雷投资在内的所有雅士利股东发出股票收购要约。公告中提供了两种方案。

1. 现金方案：每股3.50港币的现金。

2. 现金加股份方案：每股2.82港币的现金加上0.68股由蒙牛乳业专门为持有雅士利股票而设立的一家非上市控股公司的股票。

2013年8月14日，雅士利、蒙牛联合发布公告显示，此次要约收购圆满结束，共涉及31.97亿股雅士利股份，占雅士利已发行股本的89.82%。由此可以估计目标企业——雅士利的企业整体价值为98.44亿元人民币。

2. 目标企业估值分析

使用企业自由现金流量折现模型的好处是无须考虑和付息债务相关的现金流，当被评估企业资本结构变化很大或存在各种可能的变化时，运用企业自由现金流量折现模型会比较简单。同时，对于多业务公司，企业自由现金流量折现模型也可以大大简化评估测算工作；另外，采用企业自由现金流量折现模型还便于直接比较可比公司的企业整体价值。本文对目标企业——雅士利国际控股有限公司的估值采用企业自由现金流折现模型（FCFF），下面对决定企业最终价值的各个因素分别进行分析预测。

2.1 企业自由现金流量折现法（FCFF）估价模型

本文所采用的估值模型如下：

$$V = \sum_{t=1}^{n} \frac{CF_t}{(1+r)^t} + \frac{FCF_n \times (1+g)}{(r-g) \times (1+r)^n} \qquad \text{（公式1）}$$

其中：$r = \text{WACC} = R_e \times \dfrac{E}{D+E} + R_d \times \dfrac{D}{D+E} \times (1-T)$；

$$R_e = R_g + (R_f - R_g) \times \beta$$

2.2 收益期的预测

雅士利国际控股有限公司于2010年11月1日在香港成功上市。由于上市时间较短，我们仅能搜集到2007年至今的集团财务数据。由历史数据可以看出，在上市之前的2007—2009年，雅士利国际集团的营业收入处于无增长甚至负增长的状态。而自2010年上市成功后至今，三年的平均增长率达到两位数。而2012年的营业收入同比增长率达到了23.55%（见表3）。在被蒙牛集团收购之后，摆脱家族企业管理模式的桎梏，借助中粮集团的良好平台，相信雅士利国际集团未来的发展前景是十分良好的。故而其营业收入的增长率也将会保持高增长的态势。2012年食品制造业全行业平均销售（营业）增长率为15.40%，而一般来说，高于行业正常水平的增长率会在3—10年之内恢复到正常水平，因此我们选择预测期限为5年（即$n=5$），之后我们预计雅士利进入一个平稳的永续增长期。

表 3　　雅士利历年营业收入

项　目	2007 年	2008 年	2009 年	2010 年	2011 年	2012 年
营业收入（千元）	2 892 161	2 751 593	2 585 973	2 954 370	2 957 818	3 655 143
营业收入增长率（%）		-4.83	-5.97	14.34	0.13	23.55

数据来源：雅士利 2007—2012 年财务报表。

通常来讲，在永续增长期内企业的营业收入增长率保持在与宏观经济增长率水平相当的情况。发达国家两年内的 GDP 增速将分别达到 1.8% 和 1.9%，而发展中国家将达到 4.9% 和 5.2%，2014 年和 2015 年全球经济总体将增长 2.6% 和 2.8%[①]。鉴于我国的 GDP 增速在逐年放缓，我们保守估计雅士利国际集团永续增长率为 4%（即 $g=4\%$）。

2.3　自由现金流量的预测

由企业自由现金流量的定义可以得到：

企业自由现金流量 = 息税前利润 × (1 - T) + 折旧与摊销 - 资本性支出 - 净营运资金变动　　（公式 2）

其中：息税前利润(EBIT) = 营业总收入 - 营业成本 - 销售、管理费用 + 其他业务收支

资本性支出 = 当期固定资产净值 - 上期固定资产净值　　（公式 3）

净营运资金变动 = 当期营运资金净值 - 上期营运资金净值　　（公式 4）

当期营运资金净值(NOWC) = 经营流动资产 - 经营流动负债
= (经营资金 + 应收账款 + 预付账款 + 存货 + 其他流动资产) - (应付账款 + 其他应付费用)　　（公式 5）

由上述公式可以看出，对于 FCFF 的预测以企业的息税前利润（EBIT）为起点，而对于 EBIT 的预测是以企业的当期营业总收入为基础的。

又因企业绝大部分的财务数据都同营业总收入息息相关。故而，在本案例中对于企业自由现金流量（FCFF）的预测，以对雅士利国际集团未来五年的营业总收入的预测为起点，而后进一步推测出营业成本、销售费用、管理费用和其他业务收支、经营流动资产、经营流动负债等指标在未来五年内的预测值。

表 4 为雅士利国际集团 2007—2012 年各项会计科目的历史数据。

（1）营业总收入预测。

要了解一家企业的营业总收入，首先应该关注该企业营业收入的构成。根据雅士利 2007—2012 年年报显示，其主营业务主要有几大板块：雅士利婴幼儿配方奶粉产品，施恩婴幼儿配方奶粉产品，营养品及其他。通过对其主营业务收入各组成部分未来发展趋势的预测，从而估计得到更准确的营业总收入增长率（见表 5）。

① 数据来源：汇丰银行。

表 4 雅士利各会计科目历年数据 单位：千元（人民币）

项　目	2007 年	2008 年	2009 年	2010 年	2011 年	2012 年
营业收入	2 892 161	2 751 593	2 585 973	2 954 370	2 957 818	3 655 143
主营业务成本	1 637 091	1 463 677	1 095 617	1 272 624	1 419 512	1 693 452
销售费用	709 001	1 059 101	891 938	957 468	1 061 861	1 222 745
管理费用	66 590	137 272	129 078	182 823	185 454	202 104
其中：折旧和摊销	21 515	50 059	69 567	75 438	79 157	81 811
财务费用	-3 193	13 480	18 666	1 115	-62 393	-86 945
其他业务收支	11 244	-779 939	20 613	49 113	22 005	22 537
货币资金	118 777	311 738	680 323	2 801 583	2 654 019	2 984 742
应收账款	66 556	49 887	79 059	192 312	52 344	26 779
预付账款	261 847	85 586	125 186	53 988	66 024	64 166
存货	424 170	369 066	292 008	390 815	577 731	652 922
其他流动资产	67 903	39 868	39 791	49 468	253 940	272 412
短期借款	164 000	327 340	230 000	158 440	31 359	330 912
应付账款	162 932	374 640	274 824	242 545	287 807	410 757
其他应付费用	723 995	1 184 178	391 364	295 169	487 135	709 227
固定资产	627 332	776 359	806 964	778 302	805 859	855 867
无形资产	85 155	119 480	116 879	143 580	138 713	134 369
其他长期净经营资产	17 889	30 138	16 010	19 867	17 891	498 597

数据来源：雅士利 2007—2012 年财务报表。

表 5 雅士利营业总收入构成 单位：千元（人民币）

项　目	2007 年	2008 年	2009 年	2010 年	2011 年	2012 年
营业收入						
雅士利产品	1 415 196	1 511 809	1 540 420	1 816 133	1 825 525	2 478 269
增长率（%）		6.83	1.89	17.9	0.52	35.76
施恩产品	912 825	754 968	521 283	624 344	608 627	653 426
营养品	506 496	454 184	507 599	466 719	473 312	489 445
其他	97 802	30 632	16 671	47 174	50 354	34 003
终止经营业务	-40 158	—	—	—	—	—
合计	2 892 161	2 751 593	2 585 973	2 954 370	2 957 818	3 655 143
收入构成						
雅士利产品（%）	48.93	54.94	59.57	61.47	61.72	67.80
施恩产品（%）	31.56	27.44	20.16	21.13	20.58	17.88
营养品（%）	17.51	16.51	19.63	15.80	16.00	13.39
其他（%）	3.38	1.11	0.64	1.60	1.70	0.93
终止经营业务（%）	-1.39	0.00	0.00	0.00	0.00	0.00
合计（%）	100	100	100	100	100	100

数据来源：雅士利 2007—2012 年财务报表。

根据表5的数据显示，雅士利婴幼儿配方奶粉产品是雅士利国际集团的主营业务收入，其历年销售收入占总营业收入的比重达到60%左右。从其年报上可以看出，二三线城市是雅士利主营业务收入的主要贡献地区。其中，雅士利婴幼儿配方奶粉主要占据三线城市，此市场对其收入的贡献率为50%；而占据二线城市，主打高端品牌路线的施恩婴幼儿配方奶粉，二线市场对其收入的贡献率达到65%。

如图1所示，雅士利婴幼儿配方奶粉销售收入在2012年占总营业收入的67.80%，其余产品销售收入总和占总营业收入的三分之一左右。

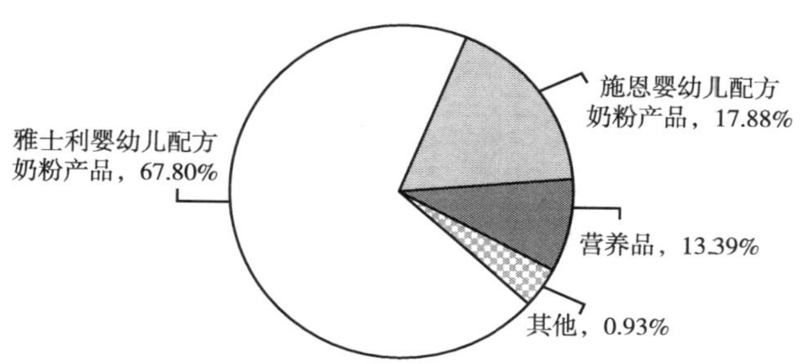

图1 营业收入构成比

数据来源：雅士利国际集团2012年财务报表。

而2010年、2012年雅士利婴幼儿配方奶粉的年增长率达到两位数，2012年更是达到35.76%的高度，远远超过施恩婴幼儿配方奶粉和其他营养品的增长速度。根据雅士利国际集团公布的财务数据，其在上市之前的2007—2009年，雅士利国际集团的营业收入处于无增长甚至负增长的状态。而自2010年上市成功开始至今，三年的平均增长率达到两位数。2012年的营业收入同比增长率达到了23.55%。2013年中期业绩报显示，截至2013年6月底，雅士利国际上半年营业额21.53亿元人民币，比去年同期增长27.5%，超过中国奶粉行业同期10%的增速，已迫近去年全年营业额的60%；纯利2.94亿元人民币，比去年同期增长34.1%。同时，根据所搜集的数据显示，2012年食品制造业全行业平均销售（营业）增长率为15.4%，其中优秀企业达到31.00%，良好值达到23.10%。而在被蒙牛集团收购之后，摆脱家族企业管理模式的桎梏，借助中粮集团的良好平台，相信雅士利国际集团未来的发展前景是良好的，故而其营业收入的增长率也将会保持高增长的态势。

因此，我们对雅士利国际集团2013—2017年的营业收入增长率的预测分别是25.00%、28.00%、31.00%、25.00%以及19.00%，由此预测得到的2013—2017年的营业总收入值见表6。

表6　　雅士利营业总收入预测值　　单位：千元（人民币）

项　目	2013年	2014年	2015年	2016年	2017年
营业总收入增长率（%）	25.00	28.00	31.00	25.00	19.00
营业总收入预测值	4 568 929	5 848 229	7 661 180	9 576 475	11 396 005

因为企业绝大部分的财务数据都同营业总收入息息相关，故而在对未来五年的营业总收入进行预测之后，我们根据各会计科目的历史数据，计算得出2007—2012年雅士利国际集

团主营业务成本、销售费用、管理费用等各指标占历年营业总收入的比重。雅士利各会计科目占营业收入比重的历年数据见表7。

表7　　雅士利各会计科目占营业收入比重历年数据

项　目	2007年	2008年	2009年	2010年	2011年	2012年
主营业务成本/营业收入	56.60%	53.19%	42.37%	43.08%	47.99%	46.33%
销售费用/营业收入	24.51%	38.49%	34.49%	32.41%	35.90%	33.45%
管理费用/营业收入	2.30%	4.99%	4.99%	6.19%	6.27%	5.53%
其中：折旧和摊销	0.74%	1.82%	2.69%	2.55%	2.68%	2.24%
财务费用/营业收入	-0.11%	0.49%	0.72%	0.04%	-2.11%	-2.38%
其他业务收支/营业收入	0.39%	-28.34%	0.80%	1.66%	0.74%	0.62%
货币资金/营业收入	4.11%	11.33%	26.31%	94.83%	89.73%	81.66%
应收账款/营业收入	2.30%	1.81%	3.06%	6.51%	1.77%	0.73%
预付账款/营业收入	9.05%	3.11%	4.84%	1.83%	2.23%	1.76%
存货/营业收入	14.67%	13.41%	11.29%	13.23%	19.53%	17.86%
其他流动资产/营业收入	2.35%	1.45%	1.54%	1.67%	8.59%	7.45%
短期借款/营业收入	5.67%	11.90%	8.89%	5.36%	1.06%	9.05%
应付账款/营业收入	5.63%	13.62%	10.63%	8.21%	9.73%	11.24%
其他应付费用/营业收入	25.03%	43.04%	15.13%	9.99%	16.47%	19.40%
固定资产/营业收入	21.69%	28.21%	31.21%	26.34%	27.25%	23.42%
无形资产/营业收入	2.94%	4.34%	4.52%	4.86%	4.69%	3.68%
其他长期净经营资产/营业收入	0.62%	1.10%	0.62%	0.67%	0.60%	13.64%

在排除个别特殊年份对比例的影响之后，通过回归预测分析、估计取整，可以得到未来5年内各指标占营业总收入的比重。具体数据见表8。

表8　　雅士利各会计科目占营业收入比重预测值

项　目	2013年	2014年	2015年	2016年	2017年
营业收入增长率	25.00%	28.00%	31.00%	25.00%	19.00%
主营业务成本/营业收入	48.00%	48.00%	48.00%	48.00%	48.00%
销售费用/营业收入	35.00%	35.00%	35.00%	35.00%	35.00%
管理费用/营业收入	5.60%	5.60%	5.60%	5.60%	5.60%
其中：折旧和摊销	2.10%	2.10%	2.10%	2.10%	2.10%
财务费用/营业收入	-1.50%	-1.50%	-1.50%	-1.50%	-1.50%
其他业务收支/营业收入	0.70%	0.70%	0.70%	0.70%	0.70%
货币资金/营业收入	85.00%	85.00%	85.00%	85.00%	85.00%
应收账款/营业收入	2.70%	2.70%	2.70%	2.70%	2.70%
预付账款/营业收入	2.70%	2.70%	2.70%	2.70%	2.70%
存货/营业收入	15.00%	15.00%	15.00%	15.00%	15.00%

续表

项　目	2013 年	2014 年	2015 年	2016 年	2017 年
其他流动资产/营业收入	1.70%	1.70%	1.70%	1.70%	1.70%
短期借款/营业收入	8.00%	8.00%	8.00%	8.00%	8.00%
应付账款/营业收入	10.00%	10.00%	10.00%	10.00%	10.00%
其他应付费用/营业收入	15.00%	15.00%	15.00%	15.00%	15.00%
固定资产/营业收入	22.00%	22.00%	22.00%	22.00%	22.00%
无形资产/营业收入	4.00%	4.00%	4.00%	4.00%	4.00%
其他长期净经营资产/营业收入	0.70%	0.70%	0.70%	0.70%	0.70%

根据以上的分析计算，预测雅士利国际集团的营业总收入、主营业务成本、销售费用、管理费用等各会计指标未来五年内的准确数额。得到结果见表 9。

表 9　　雅士利各会计科目预测值　　单位：千元（人民币）

项　目	2013 年	2014 年	2015 年	2016 年	2017 年
营业收入	4 568 929	5 848 229	7 661 180	9 576 475	11 396 005
主营业务成本	2 193 086	2 807 150	3 677 366	4 596 708	5 470 082
销售费用	1 599 125	2 046 880	2 681 413	3 351 766	3 988 602
管理费用	255 860	327 501	429 026	536 283	638 176
其中：折旧和摊销	95 948	122 813	160 885	201 106	239 316
财务费用	-68 534	-87 723	-114 918	-143 647	-170 940
其他业务收支	31 983	40 938	53 628	67 035	79 772
货币资金	3 883 589	4 970 994	6 512 003	8 140 003	9 686 604
应收账款	123 361	157 902	206 852	258 565	307 692
预付账款	123 361	157 902	206 852	258 565	307 692
存货	685 339	877 234	1 149 177	1 436 471	1 709 401
其他流动资产	77 672	99 420	130 240	162 800	193 732
短期借款	365 514	467 858	612 894	766 118	911 680
应付账款	456 893	584 823	766 118	957 647	1 139 600
其他应付费用	685 339	877 234	1 149 177	1 436 471	1 709 401
固定资产	1 005 164	1 286 610	1 685 460	2 106 824	2 507 121
无形资产	182 757	233 929	306 447	383 059	455 840

（2）息前税后利润预测。

根据雅士利国际集团的历年财务报告，估计所得税税率为 25%。预测结果见表 10。

表 10　　雅士利息前税后利润预测值　　单位：千元（人民币）

项　目	2013 年	2014 年	2015 年	2016 年	2017 年
营业总收入	4 568 929	5 848 229	7 661 180	9 576 475	11 396 005
减：营业成本	2 193 086	2 807 150	3 677 366	4 596 708	5 470 082

续表

项　目	2013 年	2014 年	2015 年	2016 年	2017 年
销售费用	1 599 125	2 046 880	2 681 413	3 351 766	3 988 602
管理费用	255 860	327 501	429 026	536 283	638 176
其他业务收支	31 983	40 938	53 628	67 035	79 772
息税前利润	552 840	707 636	927 003	1 158 753	1 378 917
减：所得税（25%）	138 210	176 909	231 751	289 688	344 729
息前税后利润	414 630	530 727	695 252	869 065	1 034 187

（3）资本性支出和净营运资金变动预测。

营运资金净值（NOWC）＝经营流动资产－经营流动负债
＝（经营资金＋应收账款＋预付账款＋存货＋其他流动资产）－（应付账款＋其他应付费用）　（公式 6）

净营运资金变动＝当期营运资金净值－上期营运资金净值　（公式 7）

资本性支出＝当期固定资产净值－上期固定资产净值　（公式 8）

经营资金是指企业在经营活动中对现金的需求，并非企业全部的货币资金。一般来讲，企业并不会透露他们经营需要多少现金。为了估计经营资金数量，我们考察了大部分国内公司，发现大部分公司最少的现金余额略低于销售额的 15%①。故而我们按照营业收入的 15% 来估计经营资金。预测结果见表 11。

表 11　雅士利资本性支出和净营运资金变动预测值　单位：千元（人民币）

项　目	2012 年	2013 年	2014 年	2015 年	2016 年	2017 年
经营流动资产						
经营资金	548 271	685 339	877 234	1 149 177	1 436 471	1 709 401
应收账款	26 779	123 361	157 902	206 852	258 565	307 692
预付账款	64 166	123 361	157 902	206 852	258 565	307 692
存货	652 922	685 339	877 234	1 149 177	1 436 471	1 709 401
其他流动资产	272 412	77 672	99 420	130 240	162 800	193 732
合计	1 564 550	1 695 073	2 169 693	2 842 298	3 552 872	4 227 918
经营流动负债						
短期借款	330 912	365 514	467 858	612 894	766 118	911 680
应付账款	410 757	456 893	584 823	766 118	957 647	1 139 600
其他应付费用	709 227	685 339	877 234	1 149 177	1 436 471	1 709 401
合计	1 119 984	1 142 232	1 462 057	1 915 295	2 394 119	2 849 001
营运资金净值（NOWC）	444 566	552 840	707 636	927 003	1 158 753	1 378 917
净营运资金变动		108 274	154 795	219 367	231 751	220 163
固定资产	855 867	1 005 164	1 286 610	1 685 460	2 106 824	2 507 121

① 戴书松. 公司价值评估［M］. 北京：清华大学出版社，2009.

续表

项　目	2012 年	2013 年	2014 年	2015 年	2016 年	2017 年
折旧	81 811	95 948	122 813	160 885	201 106	239 316
固定资产净值	774 056	909 217	1 163 798	1 524 575	1 905 718	2 267 805
资本性支出		135 161	254 581	360 777	381 144	362 087

（4）企业自由现金流量（FCFF）预测。

企业自由现金流量 = 息前税后利润 + 折旧与摊销 − 资本性支出 − 净营运资金变动　（公式 9）

预测结果见表 12。

表 12　雅士利集团自由现金流量预测值　单位：千元（人民币）

项　目	2013 年	2014 年	2015 年	2016 年	2017 年
息前税后利润	414 630	530 727	695 252	869 065	1 034 187
加：折旧与摊销	95 948	122 813	160 885	201 106	239 316
减：净营运资金变动	108 274	154 795	219 367	231 751	220 163
资本性支出	135 161	254 581	360 777	381 144	362 087
企业自由现金流量	267 143	244 164	275 993	457 277	691 254

2.4　资本成本的计算

与企业自由现金流量计算口径相一致，故本案例采用加权平均资本成本（WACC）作为折现率 r。

$$r = \mathrm{WACC} = R_e \times \frac{E}{D+E} + R_d \times \frac{D}{D+E} \times (1-T) \qquad (公式 10)$$

（1）资本结构。

在传统的 FCFF 模型中，折现率是固定不变的，通常采用现期的 WACC 作为各预测期自由现金流量的折现率。

前文中已对这种静态模型存在的漏洞进行了分析，并提出了改进方案。故在下文的案例分析中，将采用动态的资本结构，预测出未来各期的动态资本成本，从而更准确地预测企业的自由现金流量。雅士利经营性长期资产（负债）历史数据见表 13。

表 13　雅士利经营性长期资产（负债）历史数据　单位：千元（人民币）

项　目	2007 年	2008 年	2009 年	2010 年	2011 年	2012 年
营业总收入	2 892 161	2 751 593	2 585 973	2 954 370	2 957 818	3 655 143
经营性长期资产	713 544	1 026 678	991 083	972 662	1 021 620	1 070 251
占总收入比重（%）	24.67	37.31	38.33	32.92	34.54	29.28
经营性长期负债	16 000	40 000	37 045	54 592	33 269	36 627
占总收入比重（%）	0.55	1.45	1.43	1.85	1.12	1.00

数据来源：雅士利 2007—2012 年财务报表。

利用对营业成本的会计科目的预测估计的方法，得到经营性长期资产未来五年的预测值。由于历史经营性长期负债占总收入比重的变动趋势不明朗，因此本文直接取2007—2012年的平均值36 256千元作为未来5年的经营性长期负债的值（见表14）。

表14　　雅士利经营性长期资产（负债）预测值　　单位：千元（人民币）

项　目	2013年	2014年	2015年	2016年	2017年
营业收入	4 568 929	5 848 229	7 661 180	9 576 475	11 396 005
经营性长期资产	1 553 436	1 988 398	2 604 801	3 256 001	3 874 642
经营性长期负债	36 256	36 256	36 256	36 256	36 256

净经营资产＝经营营运资本＋净经营长期资产

＝(经营流动资产－经营流动负债)＋(经营性长期资产－经营性长期负债)（公式11）

雅士利未来5年经营资产预测值见表15。

表15　　雅士利净经营资产预测值　　单位：千元（人民币）

项　目	2013年	2014年	2015年	2016年	2017年
经营流动资产	1 695 073	2 169 693	2 842 298	3 552 872	4 227 918
减：经营流动负债	1 142 232	1 462 057	1 915 295	2 394 119	2 849 001
等于：经营营运资本	552 840	707 636	927 003	1 158 753	1 378 917
经营性长期资产	1 553 436	1 988 398	2 604 801	3 256 001	3 874 642
减：经营性长期负债	36 256	36 256	36 256	36 256	36 256
等于：净经营长期资产	1 517 180	1 952 142	2 568 546	3 219 746	3 838 386
净经营资产总计	2 070 021	2 659 778	3 495 548	4 378 499	5 217 303

雅士利借款总额历史数据及未来预测值见表16。

表16　　雅士利借款总额历史数据及未来预测值　　单位：千元（人民币）

项　目	2008年	2009年	2010年	2011年	2012年	平均值
借款总额	367 340	230 000	158 440	31 359	330 912	
营业总收入	2 751 593	2 585 973	2 954 370	2 957 818	3 655 143	
借款额占比	13.35%	8.89%	5.36%	1.06%	9.05%	7.54%
项　目	2013年	2014年	2015年	2016年	2017年	
营业收入预测值	4 568 929	5 848 229	7 661 180	9 576 475	11 396 005	
借款预测值	344 686	441 198	577 969	722 462	859 730	

注：以历年借款额占比的平均值7.54%为基础预测未来5年的借款额。

净经营资产＝债务筹资额（借款总额）＋权益筹资额

雅士利资本结构预测结果见表17。

表 17　　雅士利资本结构预测值　　单位：千元（人民币）

项　目	2013 年	2014 年	2015 年	2016 年	2017 年
净经营资产总计	2 070 021	2 659 778	3 495 548	4 378 499	5 217 303
减：债务筹资额	344 686	441 198	577 969	722 462	859 730
等于：权益筹资额	1 725 335	2 218 580	2 917 579	3 656 037	4 357 573
债务资本比	16.65%	16.59%	16.53%	16.50%	16.48%
权益资本占比	83.35%	83.41%	83.47%	83.50%	83.52%

（2）债务资本成本。

雅士利国际控股有限公司经营良好，违约风险率较低。故而本案例中选择的债务资本成本 R_d 是 2012 年底中国人民银行发布的 3—5 年贷款利率 6.4%。

即：$R_d = 6.4\%$。

（3）权益资本成本。

本文中采用资本资产定价模型（CAPM）对权益资本成本进行估计。权益资本成本的计算公式如下：

$$R_e = R_g + (R_f - R_g) \times \beta \qquad \text{（公式 12）}$$

式中：R_g 为无风险市场利率，R_f 为股票市场平均风险收益率；$R_f - R_g$ 表示风险溢价；β 为个别股票的系统风险。

①无风险市场利率（R_g）。

一般而言，将无风险利率定义为国债利率。由于我们假设雅士利在未来至少 10 年内持续经营，故在计算过程中取 2012 年底发行的 10 年期的国债收益率作为无风险市场利率较为合适。由表 18 可以得出 $R_g = 3.61\%$。

表 18　　2012 年 12 月 31 日发行各年期国债收益率

序　号	期限（年）	利率（%）	利差（bp）
1	0.5	2.8065	49.42
2	1	2.8932	40.56
3	3	3.0911	23.89
4	5	3.2298	13.63
5	7	3.5108	-1.43
6	10	3.6102	-5.3
7	15	3.9409	-7.12
8	20	4.2675	-3.76
9	30	4.3818	-1.99

数据来源：Wind 咨询。

②风险溢价（$R_f - R_g$）。

本案例中，被并购方雅士利国际在香港上市，故而我们选取香港恒生综合指数作为基础来计算股票市场平均风险收益率。

本文收集了香港恒生综指2003—2012年各月末收盘指数（附录2），以恒生综指收盘指数表示股票市场平均收益值，继而计算得到股票市场的平均风险收益率 $R_f = 10.61\%$，风险溢价 $R_f - R_g$ 的值为7.00%（见表19）。

表19　　2003—2012年香港恒生综合指数平均风险收益率

指数名称	成分个数	期间平均收益率（%）	期间收益标准差（%）	年化收益率（%）	年化波动率（%）	β 值	标准差系数
恒生综指	50	10.61	29.40	10.61	29.40	0.94	2.77

数据来源：根据附录2数据计算得出。

③个别股票的系统风险值（β 值）。

本案例中，我们采用回归直线法来计算雅士利的个别股票系统风险，即 β 值。由于雅士利是2010年11月1日正式上市，故而我们对其数据的收集始点为2011年1月1日，截止日期为2012年12月31日。以周为单位，分别收集得到恒生综合指数收盘数和雅士利国际集团复权后的股票收盘价两组数据，具体数据见附录3。

个别股票的 β 值表示的是单一股票投资对市场系统风险的敏感程度，可以由单一股票收益率与市场总的收益率的线性回归方程系数来表示，根据所收集数据（详见附录3）运用线性回归方程求得线性回归系数，即雅士利国际的 $\beta = 0.9126$。

故而雅士利国际的权益资本成本为：

$$R_e = 3.61\% + (10.61\% - 3.61\%) \times 0.9126$$
$$= 10.00\%$$

则根据上文中求得的各项指标代入公式：

$$\text{WACC} = R_e \times \frac{E}{D+E} + R_d \times \frac{D}{D+E} \times (1-T) \qquad \text{（公式 13）}$$

可以计算得出未来5年雅士利国际集团的企业自由现金流量的动态资本成本，见表20。

表20　　雅士利国际集团动态资本成本WACC预测值

项　目	2013年	2014年	2015年	2016年	2017年
权益资本占比 $E/(D+E)$	83.35%	83.41%	83.47%	83.50%	83.52%
债务资本比 $D/(D+E)$	16.65%	16.59%	16.53%	16.50%	16.48%
R_e	10.00%	10.00%	10.00%	10.00%	10.00%
$R_d \times (1-T\%)$	4.80%	4.80%	4.80%	4.80%	4.80%
动态资本成本 WACC	9.13%	9.13%	9.14%	9.14%	9.14%

2.5 目标企业价值估算

雅士利国际集团企业价值 = 预测期企业价值现值 + 后续期企业价值现值

$$V = \sum_{t=1}^{n} \frac{CF_t}{(1+r)^t} + \frac{FCF_n \times (1+g)}{(r-g) \times (1+r)^n} \quad (公式 14)$$

由前述分析，我们保守估计雅士利国际集团在后续期的永续增长率为4%（即 $g = 4\%$）。

将预测得到的企业自由现金流量 FCFF 和改进后的动态资本成本 r（WACC）（见表 21）代入上述公式，可以得到 $V = 1\ 430\ 805 + 9\ 032\ 213 = 10\ 463\ 018$（千元）。

表 21　　雅士利国际集团 FCFF 及 WACC 预测值　　单位：千元（人民币）

项　目	2013 年	2014 年	2015 年	2016 年	2017 年
企业自由现金流量预测 FCFF	267 143	244 164	275 993	457 277	691 254
动态资本成本预测 WACC	9.13%	9.13%	9.14%	9.14%	9.14%

本案例中所有的数据都是以 2012 年 12 月 31 日为基准计算的，得出的企业价值也是 2012 年底雅士利国际的企业价值。而雅士利国际在 2013 年 3 月 25 日和 5 月 5 日先后两次派息共计 1 060 382 千元人民币。将上文中得到的 2012 年底的企业价值按照预测的 2013 年的资本成本折现到并购日，并减去并购之前的分红派息从而得到并购日的企业价值。

$$\begin{aligned} V &= 10\ 463\ 018 \times (1 + 9.13\% \times 170 \div 365) - 1\ 060\ 382 \\ &= 10\ 907\ 986.46 - 1\ 060\ 382 \\ &= 9\ 847\ 604.46(千元) \end{aligned}$$

故目标企业价值——雅士利国际估价 98.48 亿元人民币。

3. 结论分析

3.1 研究结论

本文通过案例分析，最终计算出雅士利集团企业整体价值 98.48 亿元，与其被并购时股票市值的差异在合理范围之内，同时也证明了蒙牛收购雅士利的溢价水平在可接受范围之内。

对于企业整体价值的评估并不能等同于对其价值的计算，因为各项参数都存在着预测估计的成分，又鉴于认识水平和成本的限制，对于企业价值最终得到的估计值必然会与真实数值存在偏差。雅士利国际发行在外股数为 35.59 亿股，而最后交易日的收盘价为 3.20 港元，由此得出的雅士利市场价值为 90.01 亿元人民币。而国内的资本市场并不是完全有效的资本市场，故而其对企业价值的估计也存在着偏差。

本案例在计算企业价值的过程中，对每一个参数都尽量进行了合理估计，最终得到的雅士利企业价值为 98.48 亿元人民币，本文认为这一评估结果与雅士利国际的市场价值 90.01 亿元人民币所存在的偏差处于合理的范围之内。

根据联交所的数据显示，雅士利国际（1230. HK）在最后交易日的收市价为3. 20港元，紧接最后交易日（包括该日）前最后20个交易日在联交所所报之平均收市价为3. 61港元，紧接最后交易日（包括该日）前最后60个交易日在联交所所报之平均收市价为3. 08港元①。相较于雅士利的最后收市价，蒙牛对其要约价格3. 500港元溢价9. 40%，而对比当期我们对雅士利国际企业整体价值的估算价格3. 501港元每股，这一收购价格的溢价水平是在合理范围之内的（见表22）。

表22　雅士利国际集团每股价格及企业整体价值

项　目	每股价格（港元）	企业整体价值（亿元人民币）
估算结果	3. 501	98. 48
收购价格	3. 500	98. 44
收购日市场价值	3. 200	90. 01

注：采用2013年6月19日港币兑人民币汇率：1港币 =0. 7903元人民币。

3. 2　创新与不足

在案例计算过程中，以企业详尽的内外部环境分析和历年营业收入为基础进行合理预期，通过搜集数据、构建回归模型等方式进行计算，从而使得到的最终结论是准确的、有效的。而详尽的计算过程，使读者可以快速地套用该模型计算目标企业价值。

对FCFF模型存在的漏洞进行了改进，在评估过程中采用了动态的资本结构。但是传统的FCFF模型存在的静态缺陷不仅仅是资本结构，其债务资本成本和权益资本成本都是静态的。为了使评估模型更加科学，上述参数都必须考虑其进一步动态化的可能性，从而弥补FCFF模型的固有缺陷，最终得到了合理的企业估值。

提出了动态的FCFF模型，但由于能力有限和数据搜集限制，只能在预测资本结构时进行动态化，而股权资本成本、债券资本成本等仍采用静态数据。同时，本文由于能力所限，分析预测都较为浅显，只是尽可能的考虑全面，最终结论也是大致估计结果而非精确数据。

随着乳制品行业并购重组方案的出台，国内乳制品行业开始了新一轮的整合并购浪潮。蒙牛集团一年之内四起收购案，圣元国际重组育婴博士奶，飞鹤奶粉全面收购吉林艾蓓特乳业等案例，让各大龙头企业的并购布局逐步展现。今后两年内乳制品行业必将迎来并购重组的高峰。而在这种形势下，本文希望通过此案例的研究和分析，建立更为完善的、行之有效的估值模型，可以为并购双方和其他利益相关者在未来乳制品行业并购整合中评估目标企业价值提供些许帮助和便利。

① 蒙牛要约公告。

附录 1

年份	国内生产总值（亿元）	比上年增长（%）	社会消费品零售总额（亿元）	比上年增长（%）
2002	120 333	9.1	48 135	11.8
2003	135 823	10	52 516	9.1
2004	159 878	10.1	59 501	13.3
2005	184 937	11.3	68 353	14.9
2006	216 314	12.7	79 145	15.8
2007	265 810	14.2	93 572	18.2
2008	314 045	9.6	114 830	22.7
2009	340 903	9.2	132 678	15.5
2010	401 513	10.4	156 998	18.3
2011	473 104	9.3	183 919	17.1
2012	519 470	7.7	210 307	14.3
2013	568 845	7.7	234 380	13.1

数据来源：2002—2013 年国民经济和社会发展统计公报。

年份	城镇居民人均可支配收入（元）	比上年增长（%）	农村居民人均纯收入（元）	比上年增长（%）
2002	7 703	13.4	2 476	4.8
2003	8 472	9	2 622	4.3
2004	9 422	7.7	2 936	6.8
2005	10 493	9.6	3 255	6.2
2006	11 759	10.4	3 587	7.4
2007	13 786	12.2	4 140	9.5
2008	15 781	8.4	4 761	8
2009	17 175	9.8	5 153	8.5
2010	19 109	7.8	5 919	10.9
2011	21 810	8.4	6 977	11.4
2012	24 565	9.6	7 917	10.7
2013	26 955	7	8 896	9.3

数据来源：2002—2013 年国民经济和社会发展统计公报。

附录 2

香港恒生综合指数 2003—2012 年各月末收盘指数

日期	收盘价（元）	日期	收盘价（元）	日期	收盘价（元）	日期	收盘价（元）
2003－01－30	9 258.95	2005－07－29	14 880.98	2008－01－31	23 455.74	2010－07－30	21 029.81
2003－02－28	9 122.66	2005－08－31	14 903.55	2008－02－29	24 331.67	2010－08－31	20 536.49
2003－03－31	8 634.45	2005－09－30	15 428.52	2008－03－31	22 849.2	2010－09－30	22 358.17
2003－04－30	8 717.22	2005－10－31	14 386.37	2008－04－30	25 755.35	2010－10－29	23 096.32
2003－05－30	9 487.38	2005－11－30	14 937.14	2008－05－30	24 533.12	2010－11－30	23 007.99
2003－06－30	9 577.12	2005－12－30	14 876.43	2008－06－30	22 102.01	2010－12－31	23 035.45
2003－07－31	10 134.83	2006－01－27	15 753.14	2008－07－31	22 731.1	2011－01－31	23 447.34
2003－08－29	10 908.99	2006－02－28	15 918.48	2008－08－29	21 261.89	2011－02－28	23 338.02
2003－09－30	11 229.87	2006－03－31	15 805.04	2008－09－30	18 016.21	2011－03－31	23 527.52
2003－10－31	12 190.1	2006－04－28	16 661.3	2008－10－31	13 968.67	2011－04－29	23 720.81
2003－11－28	12 317.47	2006－05－30	15 857.89	2008－11－28	13 888.24	2011－05－31	23 684.13
2003－12－31	12 575.94	2006－06－30	16 267.62	2008－12－31	14 387.48	2011－06－30	22 398.1
2004－01－30	13 289.37	2006－07－31	16 971.34	2009－01－30	13 278.21	2011－07－29	22 440.25
2004－02－27	13 907.03	2006－08－31	17 392.27	2009－02－27	12 811.57	2011－08－31	20 534.85
2004－03－31	12 681.67	2006－09－29	17 543.05	2009－03－31	13 576.02	2011－09－30	17 592.41
2004－04－30	11 942.96	2006－10－31	18 324.35	2009－04－30	15 520.99	2011－10－31	19 864.87
2004－05－31	12 198.24	2006－11－30	18 960.48	2009－05－29	18 171	2011－11－30	17 989.35
2004－06－30	12 285.75	2006－12－29	19 964.72	2009－06－30	18 378.73	2011－12－30	18 434.39
2004－07－30	12 238.03	2007－01－31	20 106.42	2009－07－31	20 573.33	2012－01－31	20 390.49
2004－08－31	12 850.28	2007－02－28	19 651.51	2009－08－31	19 724.19	2012－02－29	21 680.08
2004－09－30	13 120.03	2007－03－30	19 800.93	2009－09－30	20 955.25	2012－03－30	20 555.58
2004－10－29	13 054.66	2007－04－30	20 318.98	2009－10－30	21 752.87	2012－04－30	21 094.21
2004－11－30	14 060.05	2007－05－31	20 634.47	2009－11－30	21 821.5	2012－05－31	18 629.52
2004－12－31	14 230.14	2007－06－29	21 772.73	2009－12－31	21 872.5	2012－06－29	19 441.46
2005－01－31	13 721.69	2007－07－31	23 184.94	2010－01－29	20 121.99	2012－07－31	19 796.81
2005－02－28	14 195.35	2007－08－31	23 984.14	2010－02－26	20 608.7	2012－08－31	19 482.57
2005－03－31	13 516.88	2007－09－28	27 142.47	2010－03－31	21 239.35	2012－09－28	20 840.38
2005－04－29	13 908.97	2007－10－31	31 352.58	2010－04－30	21 108.59	2012－10－31	21 641.82
2005－05－31	13 867.07	2007－11－30	28 643.61	2010－05－31	19 765.19	2012－11－30	22 030.39
2005－06－30	14 201.06	2007－12－31	27 812.65	2010－06－30	20 128.99	2012－12－31	22 656.92

附录3

香港恒生综合指数每周收盘数及雅士利国际集团复权后的每周股票收盘价

日期	雅士利	恒生指数	日期	雅士利	恒生指数	日期	雅士利	恒生指数
2011-1-9	-0.34	2.83	2011-8-28	1.43	0.94	2012-5-6	2.48	1.66
2011-1-16	-5.08	2.52	2011-9-4	-1.41	3.22	2012-5-13	-4.03	-5.32
2011-1-23	-2.86	-1.67	2011-9-11	-3.57	-1.71	2012-5-27	2.52	-1.26
2011-1-30	-3.68	-1.09	2011-9-18	-2.96	-2.07	2012-6-3	8.07	-0.83
2011-2-6	2.67	1.24	2011-9-25	-12.98	-9.18	2012-6-10	-4	-0.3
2011-2-13	-1.86	-4.52	2011-10-2	0.88	-0.43	2012-6-17	-0.83	3.95
2011-2-20	-1.89	3.36	2011-10-9	3.48	0.65	2012-6-24	-2.52	-1.24
2011-2-27	0.39	-2.47	2011-10-16	0.84	4.49	2012-7-1	2.59	2.35
2011-3-6	-3.85	1.72	2011-10-23	-1.67	-2.57	2012-7-8	5.04	1.85
2011-3-13	-5.6	-0.68	2011-10-30	8.47	11.06	2012-7-15	-0.8	-3.58
2011-3-20	-3.39	-4.08	2011-11-6	4.69	-0.88	2012-7-22	-3.23	2.87
2011-3-27	18.86	3.85	2011-11-13	-5.97	-3.56	2012-8-5	-0.83	2.03
2011-4-3	5.54	2.78	2011-11-20	-7.94	-3.38	2012-8-12	4.2	2.39
2011-4-10	0.7	2.5	2011-11-27	-0.86	-4.34	2012-8-19	9.68	-0.1
2011-4-17	4.17	-1.59	2011-12-4	4.35	7.64	2012-8-26	6.62	-1.17
2011-4-24	-8.33	0.54	2011-12-11	-0.83	-2.39	2012-9-2	-0.69	-2
2011-5-1	-6.55	-1.73	2011-12-18	0.84	-1.62	2012-9-9	4.86	1.64
2011-5-8	-0.39	-2.37	2011-12-25	-1.67	1.88	2012-9-16	2.65	4.18
2011-5-15	3.52	0.51	2012-1-1	-0.85	-1.05	2012-9-23	-1.94	0.51
2011-5-22	-4.15	-0.33	2012-1-8	1.71	0.86	2012-9-30	-3.29	0.51
2011-5-29	-6.69	-0.35	2012-1-22	0.84	4.72	2012-10-7	2.04	0.83
2011-6-5	-2.18	-0.73	2012-1-29	3.33	1.95	2012-10-14	3.33	0.59
2011-6-12	-17.41	-2.31	2012-2-12	6.45	0.13	2012-10-21	9.03	1.96
2011-6-19	2.16	-3.23	2012-2-19	3.03	3.41	2012-10-28	2.96	-0.03
2011-6-26	-4.76	2.2	2012-2-26	8.09	-0.39	2012-11-4	8.05	2.63
2011-7-3	1.67	1.02	2012-3-4	2.04	0.73	2012-11-11	-1.6	-3.29
2011-7-10	7.1	1.47	2012-3-11	-1.33	-2.21	2012-11-18	0.54	-1.05
2011-7-17	-10.2	-3.74	2012-3-18	-6.08	1.1	2012-11-25	10.22	3.57
2011-7-24	-0.57	2.6	2012-3-25	-10.07	-3.04	2012-12-2	11.71	0.53
2011-7-31	-13.71	-0.02	2012-4-8	-0.8	0.18	2012-12-9	-7.42	0.73
2011-8-7	-7.95	-6.66	2012-4-22	-0.81	1.5	2012-12-16	-0.47	1.87
2011-8-14	0.72	-6.33	2012-4-29	-1.63	-1.28	2012-12-23	-2.84	-0.44

Value Evaluation of Mengniu Dairy Group Acquired Yashili

Abstract: China's capital market with the rapid economic development and continuous improvement, mergers and acquisitions have become increasingly frequent, inter industry mergers and acquisitions is becoming a trend. But the success of mergers and acquisitions, many reasonable time depends on the price, too high or too low pricing are likely to lead to the final failure of M&A. How to correctly, scientifically assessed the value of the target enterprise has become the key to the success of M&A activities to achieve. Based on the integration of the dairy industry as the breakthrough point, to the dairy industry's largest merger—Mengniu Dairy Group acquired the international group for example, assets appraisal standards in July 1, 2012 since the implementation of the "—the enterprise value" as the basis, analysis of the national, industry, enterprise economic environment, the enterprise free cash flow method (FCFF) assessment of the target enterprise value, selection and calculation in detail the valuation process, parameter estimation, intended to provide a simple and effective model for the acquisition of both valuation and assessment agencies, for the future of dairy industry mergers and acquisitions provide some help and convenience of value assessment of target enterprise integration.

Key Words: Enterprise Value Assessment; FCFF Model; Dynamic Capital Cost

案例使用说明

蒙牛乳业收购雅士利国际集团的价值评估

一、教学目的与用途

该案例适用于《资产评估理论与方法》和《公司价值评估》课程的教学，教学对象是资产评估专业硕士、会计专业硕士和各种课程班、研习班或讨论班的非在校学员。

案例的教学目标：通过该案例教学让学生了解企业内在价值的评估方法，尤其是企业自由现金流折现法的应用，包括科学设计评估程序、正确预测估值参数、得出比较准确的估值结果。

二、启发思考题

1. 你认为蒙牛并购雅士利的动机是什么？
2. 使用 FCFFG 评估模型评估目标企业价值的优点是什么？
3. 使用 FCFFG 评估模型，模型中的参数如何计量？
4. 你认为影响目标企业价值的主要因素是什么？
5. 你如何评价乳制品行业的并购重组？

三、分析思路

案例分析从并购双方背景入手，分析国家、行业、企业的经济环境，运用企业自由现金流量法（FCFF）评估目标企业价值，详细介绍估值过程、估值参数的选择与计量，为并购双方及评估机构提供一个简单有效的估值模型，为未来乳制品行业并购整合中评估目标企业价值提供些许帮助和借鉴。

四、理论依据与分析

在西方发达国家，企业价值评估已经有近百年的发展，取得了很大的成就，形成了多种企业价值评估方法和技术。理论界与实务界公认的三种基本评估方法分别是成本法、收益法和市场法，进而衍生出来的一系列具体的评估技术都是以这三种方法为基础的。随着金融理论在近几年的发展，实物期权法、EVA 法等新方法也在逐步改善。但是在这众多的评估方法中，最成熟、科学的方法就是收益法，而收益法之中运用最广泛的模型就是企业自由现金流量折现模型。

与其他估值方法相比，企业自由现金流量折现法能够更有效地预测企业的价值创造能力。由于外国资本市场较为发达，竞争充分；政府监管机制较为完善，信息披露完全，为该模型的运用提供了良好的环境，因而企业自由现金流量折现法在国外的应用更为广泛。但是企业自由现金流量（FCFF）折现模型适用的前提条件较为苛刻，所以目前该方法在我国的运用较少。同时资本市场不发达，监管机制不完善，相关中介机构还不成熟等也是阻碍企业自由现金流量折现模型在我国广泛应用的原因。随着改革的深入，我国的资本市场必将不断发展与完善，2010 年新会计准则的颁布也标志着我国企业在会计准则、信息披露等方面进一步与国际接轨，FCFF 模型在我国的适用条件正在逐步改善。

五、背景信息

自“三聚氰胺”事件以来，国内乳制品行业经历了一次又一次的危机。婴幼儿配方奶粉问题，香港奶粉限购令等一系列问题严重打击了消费者的信心，再加上受全球范围内金融海啸的影响，我国乳品行业进入冰冻时期。而行业整合以及并购重组将是国内乳制品行业重新崛起的一条捷径。2013 年 5 月，工信部向国务院提交了《推动婴幼儿配方乳粉行业企业兼并重组工作方案》，引起行业内的广泛关注与讨论。该方案表示，为了鼓励企业间的合并收购，加强国内乳粉行业的集中度，促进行业健康有序的发展，国家将出台一系列相关政策和指导方案，为乳业发展提供便利。方案还表示，在未来 5 年之内，力争使行业集中度达到 80%，年销售收入超过 50 亿元的大型企业集团数量增至 3 家到 5 家，同时形成具有自主知识产权和国际竞争力的知名品牌。

本文选取的案例——蒙牛乳业（集团）收购广东雅士利国际控股有限公司，是国内乳制品行业最大规模并购案。此次并购对于乳制品行业以及并购双方都意义重大。

六、关键要点

1. 科学预测企业未来自由现金流量。

本文依据《资产评估准则——企业价值》的要求，对于目标企业的内外部环境分析分别从国家、行业、企业自身三方面进行具体分析，结合相关统计数据，分析企业现状，预测企业未来发展情况，从而更为准确的预测企业未来自由现金流量，做到有理有据，使估值结论更为合理。同时，对乳制品行业的未来发展情况的整体分析和预测，对于评估机构和企业人员做出评估和决策都有借鉴意义。

2. 改进模型，运用动态折现率法。

估值模型中参数的确定往往是难度最大的地方。本文并非笼统的介绍估值模型，简单地将案例代入模型计算得出结论。相较于以往论文只有评估方法和模型，但是面对具体问题却无从解决的情况，本文详细叙述估值模型中所有参数的选择、取得和计算的过程，力图为评估机构工作人员和企业并购决策者提供有价值的参考。同时，针对传统的静态折现模型中存在的缺陷，本文提出了通过使资本结构动态化，从而将折现率动态化的设想，由此改进传统模型，并将改进后的模型应用于具体案例之中，进行企业价值评估。

3. 改进模型应用于企业价值评估，得到了合理的估值。

使用自由现金流量折现法对实际案例——蒙牛乳业收购广东雅士利集团进行具体研究分析，通过一系列的分析和估值的过程，确定目标企业价值，同时强调了收益法评估模型参数预测可能出现的问题及改进办法，希望在国内的并购整合浪潮中，为并购双方及评估机构提供些许帮助和借鉴，也为当前的理论研究做进一步的补充。

七、建议课堂计划

对该案例建议的教学方式是：学员课前独立阅读并思考；课堂组织小组讨论、小组代表发言，并引导全班讨论，对学员讨论问题进行归纳总结。

整个案例课的课堂时间控制在 80—90 分钟。

课前计划：提出启发思考题，请学员在课前完成阅读和初步思考。

课中计划：简要的课堂前言（2—5 分钟）；
分组讨论并告知发言要求（30 分钟）；
小组发言（每组 5 分钟，控制在 30 分钟）；
引导全班进一步讨论，并进行归纳总结（15—20 分钟）。

八、案例的后续进展

随着乳制品行业并购重组方案的出台，国内乳制品行业开始了新一轮的整合并购浪潮。蒙牛集团 1 年之内四起收购案，圣元国际重组育婴博士奶，飞鹤奶粉全面收购吉林艾蓓特乳业等案例，让各大龙头企业的并购布局逐步展现。今后两年内乳制品行业必将迎来并购重组的高峰。而在这种形势下，本文希望通过此案例的研究和分析，建立更为完善的、行之有效的估值模型，可以为并购双方和其他利益相关者在未来乳制品行业并购整合中评估目标企业价值提供些许帮助和借鉴。

九、相关附件

见案例附录 1，附录 2，附录 3。

十、其他教学支持材料

对于案例教学有支持作用的手段和资料包括：1. 计算机的支持。支持这一案例的计算机软件有 Word2010、Excel2010 等，这些软件可以从网上下载或购买，主要用于文字编辑和数据处理。2. 视听辅助手段支持。可得到的、能与案例一起使用的电影、录像带、剪报、幻灯片和其他材料。

高科技成长性公司智飞生物价值评估

王诗才　付少学　谢婷婷
岳鹏博　谭艳秋
（华中科技大学管理学院）

摘　要： 高新技术企业价值评估一直是价值评估的难点，作为高新技术的生物医药行业具有典型的“高成长、高回报、高风险”特征，评估生物医药行业的公司价值将是本案例探讨的问题。本案例以智飞生物为实例，通过三阶段现金流量法对企业未来现金流做出预测，并针对生物医药行业的“三高”特征，选取市盈增长率（PEG）法来估算企业的市场价值。公司价值评估是财务管理课程的重要与核心内容，通过本案例的学习可以为高成长性的高新技术企业的价值评估提供借鉴和参考。

关键词： 高新技术企业；企业价值评估；“三阶段”法；PEG估值法

1. 引言

价值评估是证券市场的基础，没有估值就没有上市发行，更不存在市场交易。只有对企业估值进行理性的引导才能发挥证券市场的作用。无论是机构投资者还是个人投资者，只有正确地评估创业板企业的内在价值，才能评价上市企业股票和合理价格，从而做出正确的投资决策。

20世纪90年代末，美国信息技术高速发展，各种网络公司如雨后春笋一般涌现。同时，在股票市场上，以网络股为代表的高科技股票成为20世纪末美国股市最有想象空间的投资热土。据托马斯金融证券的统计数据显示，1999年网络原始股平均涨幅为230%，这些网络公司在资本市场的激情表演，刺激了人们对网络股进一步的非理性追捧。然而随着2000年网络神话的破灭，全球互联网产业进入了严冬时期，众多投资者被深度套牢。经济学家罗伯特·希勒在2000年出版的《非理性繁荣》中指出，网络股基于基本面的估值根本无法支撑起他们的股价，其市场回调是必然的。同时，从网络股价的飙升与跌落中可以看出，对高成长性、高不确定性的公司进行估值是一项非常艰难的工作。

生物医药产业作为我国七大战略支柱产业之一，具有明显的高成长、高收益、高风险的“三高”特征。在过去的十年间，我国的生物医药行业产值的年均复合增长率高达23.1%。

① 由于企业保密的要求，在本案例中对有关名称、数据等做了必要的掩饰性处理。本案例只供课堂讨论之用，并无意暗示或说明某种管理行为是否有效。

同时，生物医药产业也存在着较高的风险，具体表现在研发和生产技术难度大、设备要求高、工艺路线复杂、对生产环境的要求严格、研发周期长等方面。正是由于生物医药的高成长性和高不确定性使得对于生物医药企业的价值评估充满很高的挑战。

本案例研究的重庆智飞生物制品股份有限公司于2010 年9 月在深圳证券交易所上市，是一家典型的生物医药企业。自上市以来，智飞生物便一直吸引着众多投资者的目光，其股价也是跌宕起伏。从2012 年4 月10 日到12 月10 日的8 个月时间里，智飞生物的股价一路飙升，从21. 80 元/股涨至33. 33 元/股，涨幅高达52%，市盈率高达68（见图1）。对于智飞生物的市场估值，市场看法不一，众说纷纭。那么智飞生物的企业价值到底如何？本案例以智飞生物为研究对象，采用PEG 估值法对其企业价值进行评估，本案例具有如下的现实意义：有利于指导投资者进行正确的企业价值评估；有利于管理者在企业日常经营过程中有针对性的创造企业价值。

2. 智飞生物公司简介

2. 1　智飞生物的历史

重庆智飞生物制品股份有限公司（以下简称“智飞生物”，股票代码：300122）于2002 年投入生物制品行业，2009 年完成股份改制，2010 年9 月在深圳证券交易所发行上市，注册资金40 000 万元，现有员工900 余人，主营产品为人用疫苗，旗下三家全资子公司分别分布于北京、安徽、重庆三地。公司系一家集研发、生产、销售疫苗等为一体的高新技术产业公司。

智飞生物致力于预防卫生事业十余年，坚持“社会效益第一，企业效益第二”的经营宗旨，使“智飞”系列品牌具有良好的市场形象。同时，智飞生物先后将数十种预防各类疾病的疫苗产品导入市场，创造了较好的经济效益。经过十余年的发展，智飞生物形成了“研发实力”与“营销能力”并驾齐驱的企业核心竞争力。一方面，公司逐步形成了独具特色、领先市场的核心竞争力，建立了国内疫苗行业最大、覆盖最健全的全天候市场营销网络（覆盖全国32 个省、自治区、直辖市，包括330 余个地市，2 300 余个县，14 000 余个乡镇）；另一方面，公司建立了领先的技术体系，该体系涵盖疫苗研发、生产和质量管理全过

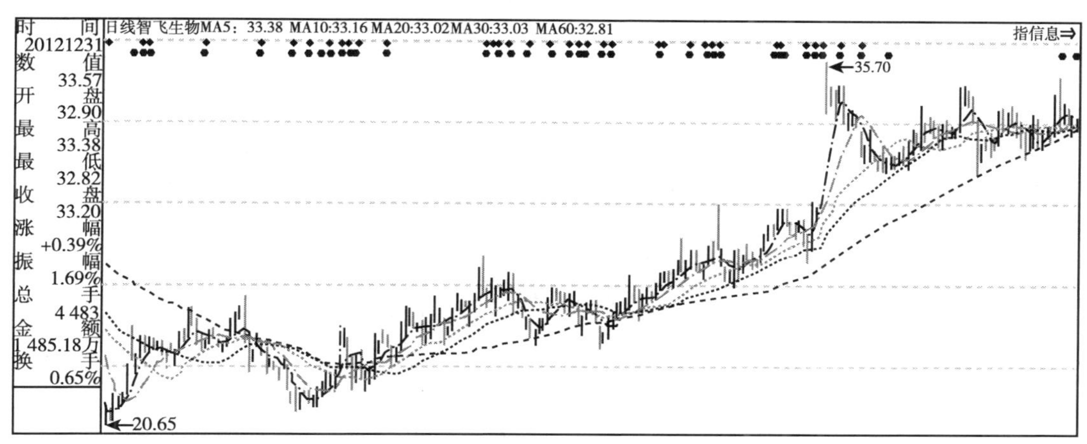

图1　智飞生物（300122）2012 年12 月31 日之前的股价走势图

程，以市场为导向，确保了研发投入的有效性。

智飞生物自上市以来，一直牵动着众多投资者的神经，特别是从2012年的2月起，其股价一直处于上涨的通道之中，对于未来的智飞生物股价走势如何，目前的市场态度分为两派，一派观点是智飞生物的估值过高，未来的经营业绩充满不确定性，股价泡沫化严重；另一派的观点则是基于对于智飞的未来成长性的预期，认为股价还有很大的上升空间。

2.2 智飞生物主营业务介绍

由表1和图2可以看出，在智飞生物的业务结构中，其代理销售的B型流感嗜血杆菌疫苗、23价肺炎疫苗、麻腮风三联疫苗、冻干甲型肝炎减毒活疫苗这四款产品所占公司业务比重很大，四款代理产品收入占总营业收入比值为76.56%，这充分说明了智飞生物在2012年的营业收入的依赖性很强。其自主研发销售的其他三款产品ACYW135群脑膜炎球菌多糖疫苗、微卡、B型流感嗜血杆菌疫苗，虽然销售收入占比只有23.44%（见图2），但三款产品的利润率却很高，这显示了自主研发产品的优势所在，即相对于代理其他公司产品，自主研发生产产品能够获取高额的利润率。

表1 智飞生物2012年各产品销售情况统计表

产　品	主营收入（万元）	收入比例	利润（万元）	利润率
B型流感嗜血杆菌疫苗（兰州所生产）	44 709.01	52.60%	8 218.66	18.38%
23价肺炎疫苗－美国默沙东	15 020.23	17.67%	2 530.33	16.85%
ACYW135群脑膜炎球菌多糖疫苗（四价苗）	13 481.07	15.86%	6 682.16	49.57%
注射用母牛分枝杆菌（微卡）	6 025.63	7.09%	3 027.24	50.24%
麻腮风三联疫苗（默尔康）	2 759.85	3.25%	326.92	11.85%
冻干甲型肝炎减毒活疫苗（代理）	2 580.92	3.04%	791.14	30.65%
B型流感嗜血杆菌疫苗（绿竹生产）	414.97	0.49%	124.23	29.94%
总　额	84 991.68	100%	21 794.39	—

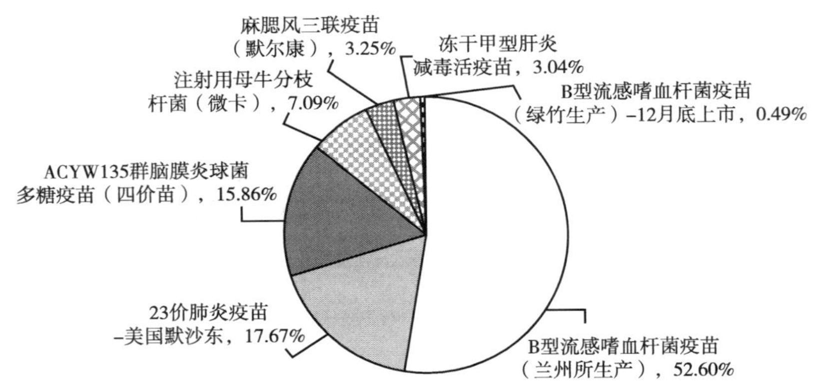

图2 2012年智飞生物各产品收入占比图

2.3 智飞生物未来业绩增长点

根据公司发展战略，实行研发能力与市场能力双驱动，自主业务与代理业务相结合，优势互补原则下发展合作或整合资源的企业发展战略。智飞生物公司2012年年报及相关文件显示，公司未来几年的最重要两大增长点如下。

（1）HPV重磅药即将推出：一年将创收19亿元。

根据2012年9月27日，智飞生物同默沙东药厂股份有限公司签署的《供应、经销与共同推广协议》，默沙东生产的抗癌疫苗佳达修自在中国取得上市许可之后起，将连续三年向智飞生物供应佳达修。基础采购计划如下：第一年度约11.4亿元，第二年度约14.83亿元，第三年度约18.53亿元。根据佳达修过去销售历史以及我们对智飞生物的能力研究来看，智飞生物代理佳达修将可能获取40%以上的营业利润。该疫苗产品进一步丰富了其疫苗产品品种，是智飞生物未来业绩最重要的增长点之一。

（2）自主研发HIB疫苗上市：核心产品毛利率将提高一倍至90%。

根据智飞生物2012－50号公告披露，2012年8月22日，公司首批自主HIB疫苗已通过国家食品药品研究检定院质量检定，获得生物制品批签发合格证。2011年公司同类代理产品销售收入约3.16亿元，毛利率约45%；自产Hib疫苗毛利率预计90%左右，具有高毛利率优势，这款产品的推出将极大地提升智飞生物的盈利能力，但最终能实现的销售收入尚有待市场检验。

【讨论思考题】：

（1）对于这种业绩将出现爆发式增长的公司，应该采用何种估值方法进行估值？

（2）智飞生物的企业价值驱动因素包括哪些内容？这些因素是如何影响企业的价值的？

3. 生物医药行业介绍

3.1 生物医药行业进入高速成长时期

生物医药产业具有高壁垒、长周期、高投入、高回报的产业特点，盈利能力较为稳定。中国生物医药市场由于巨大的人口数量、医疗保障体系的建设完善、人民群众的健康需求逐步释放等因素的驱动，正在成为全球药品消费，尤其是生物药品消费增长最快的地区之一，有望在2020年以前成为仅次于美国的全球第二大药品市场。图3为生物医药行业销售收入及营业利润的增长情况。

由图3可以看出，在过去的十年间，生物医药行业的销售收入呈高速增长之势。据中国经济统计数据库资料，2003—2012年生物医药行业收入复合增长率高达23.1%，可以预期在未来的一段时间内，生物医药产业将保持高速的增长趋势。

3.2 生物医药行业产品介绍

血液制品以人血为原料，但血液中用于生产药品的有效成分含量较低，控制血液和提高利用率是企业控制成本的有效方法（见表2）。人血资源同样具有稀缺性，采浆站数量影响

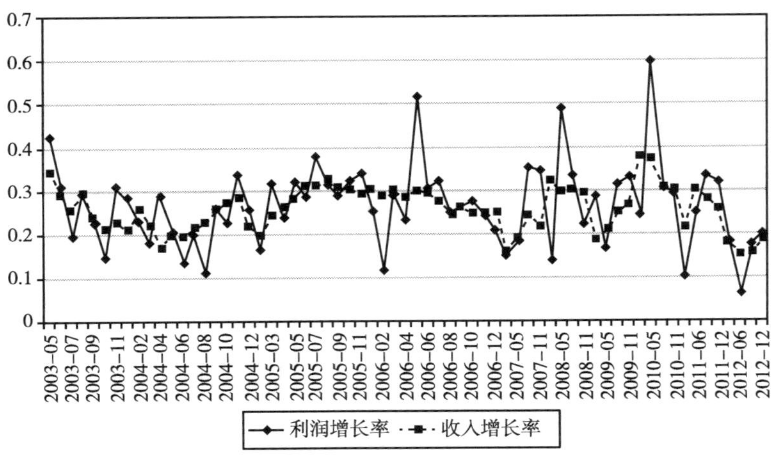

图 3　生物医药行业历年收入及利润增长情况

企业获取资源的能力。除控制血源外，生产工艺和技术的发展是提高资源利用率的有效方法。对生产血液制品的企业来说，研发主要集中在生产技术的改进方面，从而提高资源利用率，降低生产成本。

表 2　生物制品分类

产品种类	定　义	代表药物
血液制品	血液制品指各种人血浆蛋白制品，其主要原料是健康人血液、人血液中 92%—93% 的是水，仅有 7%—8% 是蛋白质；血液制品是采用生物工艺或分离纯化技术制备的生物活性制剂。	人血白蛋白、丙种球蛋白、凝血因子
疫苗制品	疫苗是针对疾病的致病原或其蛋白（多肽、肽）、多糖或核酸，以单一实体或通过载体经免疫接种进入机体后，能够诱导产生特异的体液和细胞免疫，从而使机体获得预防该病的免疫生物物质。	乙肝疫苗、流感疫苗、狂犬疫苗
诊断试剂	诊断试剂按用途分为体内诊断试剂和体外诊断试剂两大类，除用于体内诊断的如旧结核菌素、布氏菌素、锡克氏毒素等皮内用的诊断试剂外，大部分为体外诊断试剂。	诊断用抗原、诊断用抗体、肿瘤标志物试剂
基因工程药物	基因工程药物是先确定某种疾病有预防和治疗作用的蛋白质，然后将控制该蛋白质合成过程的基因取出来，经过一系列基因操作，最后将该基因放入可以大量生产的受体细胞中去，这些受体细胞包括细菌、酵母菌、动植物或动植物细胞，在受体细胞不断繁殖过程中，大规模生产具有预防和治疗这些疾病的蛋白质及基因工程药物。	重组人干扰素、重组人红细胞生成素、重组人粒细胞集落刺激因子、重组人白细胞介素、重组人生长素

血液制品需求巨大，影响行业的主要因素是原料的供给，血源的主要来源是采浆站。2006 年 4 月出台的《关于单采血浆站转制的工作方案》改变了行业结构，原来的采浆站基本由卫生部设置，改制后转为血液制品生产企业设置。原本隔断的产业量上下游打通，未来血源市场化程度的深入有助于解决目前的血液制品供不应求的局面。

中国是疫苗的生产大国和消费大国，根据2005年发布的《疫苗流通和预防接种管理条例》的规定，疫苗可分为一类疫苗和二类疫苗。一类疫苗是政府免费向公民提供的，二类疫苗由公民自愿接种，生产企业对于二类疫苗拥有价格自主权。目前，智飞生物所生产的7种疫苗产品均为二类疫苗。

诊断试剂按用途分为体内诊断试剂和体外诊断试剂两大类，除用于诊断的如旧结核菌素、布氏菌素、锡克氏毒素等皮内用的诊断试剂外，大部分为体外诊断试剂。我国的体外诊断试剂市场规模仅有35亿—45亿元，相比数千亿元的药品市场，规模较小。随着我国医疗体制改革的推进，医疗服务需求的快速增长，与医疗服务相辅助的诊断试剂市场具有一定的增长空间。

基因工程是自1953年以来生物技术发展的新领域，基因工程药物技术的优势逐渐被人们所认识，解决了多个传统药物无法解决的难题。目前，我国能生产的重组蛋白类药物主要有重组人干扰素、重组人红细胞生成素、重组人粒细胞集落刺激因子、重组人白细胞介素、重组人生长素等，多为仿创药，研发能力不足。

4. 智飞生物公司财务状况分析

为了更好地了解智飞生物公司的财务状况和行业地位，我们从横向和纵向两个方面对智飞生物的财务状况进行分析（见图4）。在纵向上，我们对其2009—2012年的主要财务指标进行了对比分析。横向上选取行业内的沃森生物、长春高新和华兰生物作为对比公司，对他们2012财年的主要财务数据进行了分析比较。

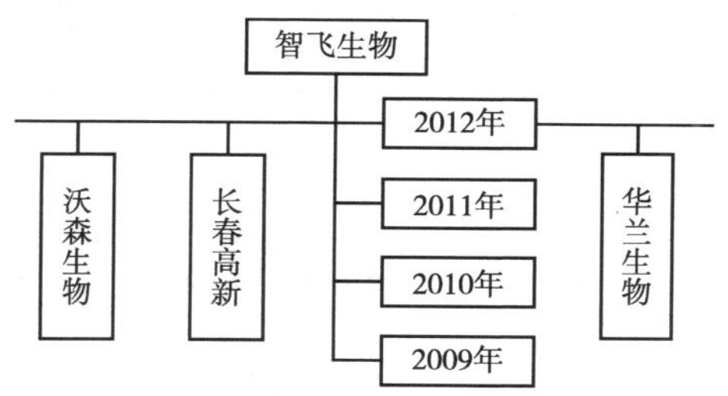

图4 财务分析的基本框架

4.1 主要财务指标对比

（1）资产结构。

表3显示了智飞生物自上市以来的四年资产及结构变化情况。结合表3和图5可以看出，智飞生物的资产规模在2010年度增长较快，原因在于2010年的成功上市取得了大量的融资；资产构成中明确显示出生物医药行业的“轻资产”特性，流动资产占比最大，2012年度流动资产占比为74.38%，固定资产规模较小，2012年度仅有3.68%；公司的资产负债率一直处于较低水平，公司没有很好地利用财务杠杆，但同时也说明了公司拥有较强的融资潜力。

表 3　　2009—2012 年资产结构　　单位：百万元

项　目	2009 年	2010 年	2011 年	2012 年
固定资产	66	72	76	93
无形资产	60	69	231	241
流动资产	348	2 010	1 962	1 872
其他资产	44	58	136	311
总资产	518	2 209	2 404	2 516
资产负债率（%）	12.80	3.10	6.10	5.60

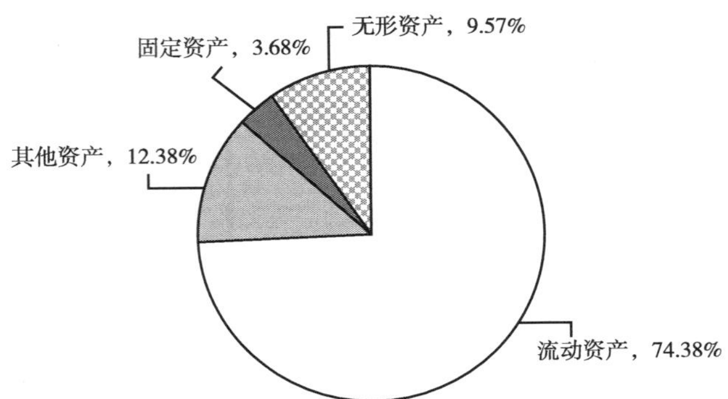

图 5　2012 年智飞生物资产构成比例图

（2）盈利能力。

从表 4 和图 6 可以看出，2010 年公司上市后净资产收益率和总资产收益率均大幅下滑，随后降幅趋缓；销售利润率缓慢下降，可见公司近几年的盈利能力逐步变差。管理层需要采取相应的措施来提升公司的盈利水平。

表 4　　2009—2012 年主要盈利能力指标

指　标	2009 年	2010 年	2011 年	2012 年
净资产收益率（ROE）	51.3%	12.0%	8.7%	9.2%
总资产收益率（ROA）	44.7%	11.6%	8.2%	8.7%
销售利润率	38.3%	34.8%	31.2%	28.5%

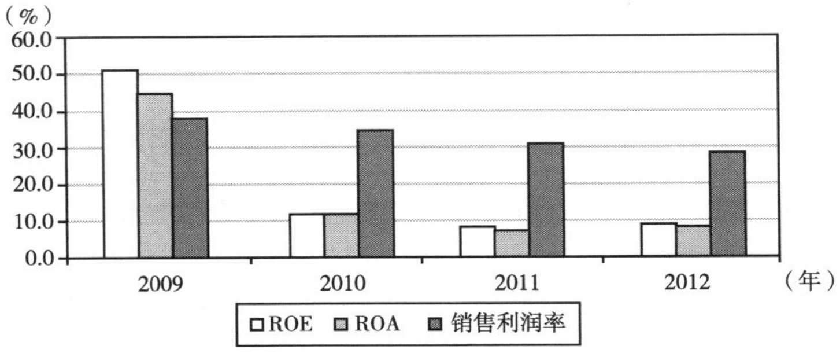

图 6　2009—2012 年主要盈利指标

（3）营运能力。

从表5和图7可以看出，公司2010年上市后应收账款周转天数保持稳定，约为148天；存货周转天数逐年增加，且上升较快，这表明公司近年来的营运能力变差。

表5　　2009—2012年主要运营能力指标

指　标	2009年	2010年	2011年	2012年
应收账款周转天数	43.42	147.74	149.71	147.08
存货周转天数	31.42	62.85	128.18	149.82

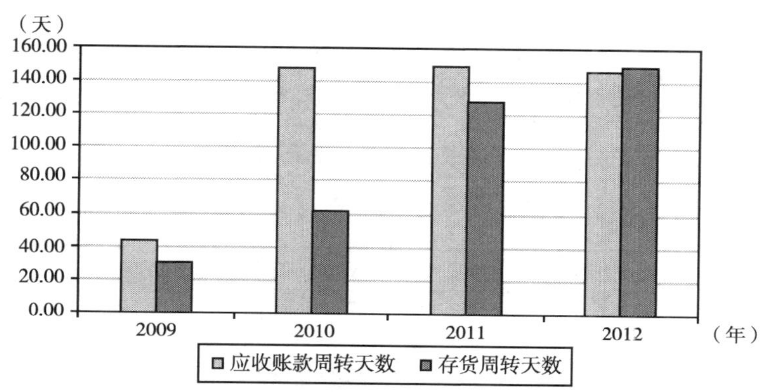

图7　2009—2012年主要运营能力指标

（4）偿债能力。

作为轻资产公司，公司负债率基本稳定且保持较低水平，流动比率和速动比率数值均较大，充分说明了公司具有很强的偿债能力（见表6和图8）。

表6　　2009—2012年主要偿债能力指标

指标	2009年	2010年	2011年	2012年
资产负债率（%）	12.80	3.10	6.10	5.60
流动比率	6.78	38.60	15.22	16.08
速动比率	6.20	37.13	14.02	15.62

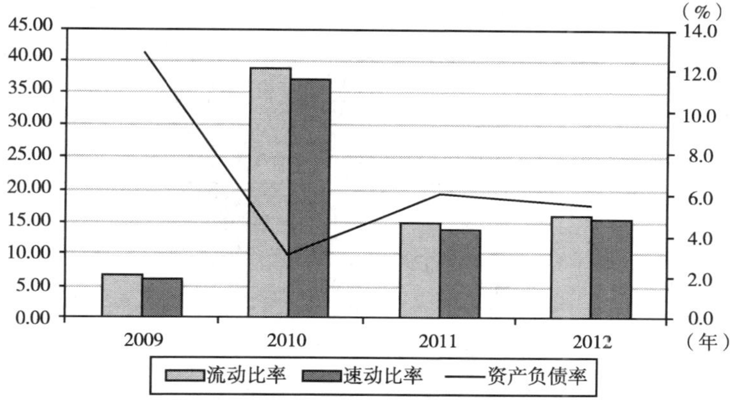

图8　2009—2012年主要偿债能力指标

4.2 2012年智飞生物与同行业其他公司财务指标对比

为了充分了解智飞生物的财务状况，我们选取了生物医药板块中的其他三家具有代表性的公司作为参照公司，充分考虑了这些公司的业务模式，公司价值驱动因素以及公司规模、地域等相关因素。这三家对比公司分别是：沃森生物、长春高新、华兰生物。其财务对比分析如下。

（1）盈利能力分析。

从表7可以看出，2012年公司主要盈利指标较同行明显偏低，销售利润率均大于20%，公司盈利能力有待进一步提高。

表7　2012年各公司盈利指标对比

公司	净资产收益率（ROE）	总资产收益率（ROA）	销售利润率
沃森生物	7.1%	5.1%	41.9%
智飞生物	9.2%	8.7%	28.5%
长春高新	30.8%	17.4%	22.8%
华兰生物	11.1%	10.6%	32.3%

（2）运营能力分析。

在应收账款方面，长春高新和华兰生物表现出明显的优势，智飞生物需要进一步提升应收账款管理水平。智飞生物的存货管理处于行业中等水平，有待进一步提升（见表8）。

表8　2012年各公司运营能力指标对比　单位：天

公　司	应收账款周转天数	存货周转天数
沃森生物	299.00	253.11
智飞生物	147.08	149.82
长春高新	45.98	122.41
华兰生物	47.35	176.45

（3）偿债能力分析。

从表9中可以看出，除长春高新外的其他三家生物医药公司的偿债能力均较强。长春高新负债率异常，高出行业水平，这与其公司业务结构有关，其房地产业务（非主营业务）利用了较高的财务杠杆。智飞生物的流动比率和速动比率大于其他对比公司，表明其流动性充裕，显示出公司当前没有较好的项目投入，但也为未来的新药研发提供了重要的资金储备支持。

表9　2012年各公司偿债能力指标对比

公　司	流动比率	速动比率	资产负债率
沃森生物	2.34	2.15	4.9%
智飞生物	16.08	15.62	5.6%
长春高新	1.42	0.96	43.7%
华兰生物	13.59	11.21	4.4%

（4）增长能力比较。

由图 9 可以看出，智飞生物近三年的净资产增长率在行业内一直处于较低水平，其中 2011 年净资产呈负增长态势。同行业内的长春高新近三年的净资产快速增长，在 2012 年度，智飞生物同沃森生物的增长率较为接近。

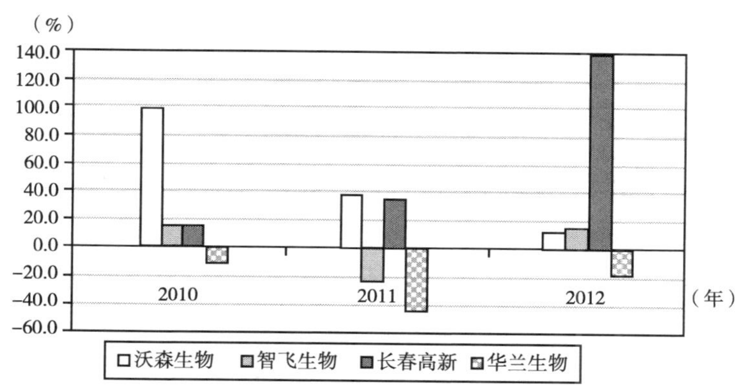

图 9　各公司历年净资产增长率比较图

5. 智飞生物财务预测

5.1　重磅药抗癌疫苗佳达修的财务预测

（1）佳达修疫苗相关知识介绍。

佳达修为四价人乳头状瘤病毒重组疫苗，该产品是全球第一个，也是唯一一个获准上市的用于预防由 HPV 6、HPV 11、HPV 16 和 HPV 18 型引起的宫颈癌和生殖器官癌前病变的癌症疫苗，目前已在全球 124 个国家和地区上市销售。

宫颈癌是妇科常见的恶性肿瘤之一，发病率仅次于乳腺癌，位居第二位。全球每年有 46. 6 万新发病例，亚洲 23. 5 万例，中国估计有近 10 万新发病例，约占世界新发病例总数的 1/5。近 10 年来，宫颈癌的发病率呈上升和年轻化趋势。流行病学研究表明，HPV 感染者发展为宫颈癌的概率为 0. 2%。

目前，国内市场尚无同类疫苗产品上市销售，根据我国可能的适用对象及接种程序计算，预计市场容量约为数千万支/年。目前全球仅有两种 HPV 疫苗上市，分别是默沙东的四价（6 型、11 型、16 型、18 型）HPV 疫苗和葛兰素史克公司的二价（16 型、18 型）HPV 疫苗。

（2）财务预测。

基于佳达修在国外的成功，我们假定 2014 年佳达修在中国能够获得生产许可并上市。我们采用三阶段现金流量法对佳达修未来的财务数据进行预测。三阶段分别划分为 2014—2016 年，2017—2019 年，2019—2023 年。由于第一阶段三年的采购计划已经合同化，我们判断智飞生物在第一阶段能够成功完成采购任务。根据佳达修在国外的销售历史数据，我们假定在第一阶段产品的利润率可达 40%；第二阶段由于成本的增加以及市场竞争的加剧，利润率下降至 30%；在第三阶段，产品的利润率进一步下降至 20%。第二阶段的收入平均

增长率为 -6.77%。第三阶段销售收入不变。由此，我们预测出的 HPV 疫苗产品财务数据见表 10 和图 10。

表 10 HPV 疫苗产品财务数据预测表

年份	销售成本（亿元）	销售收入（亿元）	利润率（%）	利润（亿元）
2014	11.4	19.0	40	7.6
2015	14.8	24.7	40	9.9
2016	18.5	30.9	40	12.4
2017	17.3	28.8	30	8.6
2018	16.1	26.8	30	8.1
2019	15.0	25.0	30	7.5
2020	12.4	23.8	20	4.8
2021	12.4	23.8	20	4.8
2022	12.4	23.8	20	4.8
2023	12.4	23.8	20	4.8

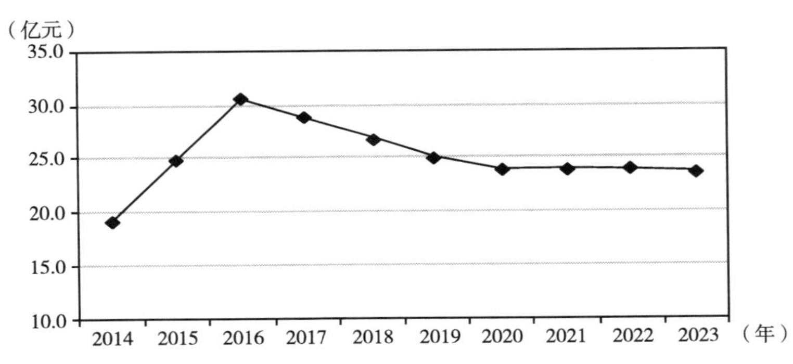

图 10 HPV 疫苗佳达修销售收入预测图

5.2 自主研发 HIB 疫苗的财务预测

表 11 是 2008—2012 年 5 年间 HIB 疫苗的批签发情况。通过对 HIB 市场的竞争分析，我们将 HIB 市场的企业分为四股力量，其中兰州所、沃森、智飞和其他公司分别代表四种力量，每种力量均具有一定的核心竞争力，我们推测在未来的 10 年内，这四股力量会达到均衡状态。所以假设智飞生物在未来的 10 年间所能销售的自主 HIB 将达到 HIB 批签发总量的 1/4，相应的销售收入将达到 11 亿元。

我们对于智飞生物自主 HIB 疫苗的销量也采用三阶段现金流量法进行预测。第一阶段的增长率取最近 5 年的 HIB 批签发的复合增长率 10.7%，通过计算得出第二阶段的复合增长率为 -12.3%，第三阶段为稳定销售阶段，其中第一年的销售收入以最近 5 年 HIB 的平均销售收入的 1/4 为基准。由此得出，智飞生物的自主 HIB 疫苗未来 10 年的财务数据，见表 12 和图 11。

表 11　　　　HIB 疫苗历年批签发数量表　　　　单位：万支

公司	2008 年	2009 年	2010 年	2011 年	2012 年
兰州所	1 009	1 141	930	1 065	1 219
沃森	223	368	467	833	716
葛兰素	323	650	347	149	452
赛诺	446	489	502	271	371
默克	0	0	0	0	0
诺华	0	0	0	86	158
智飞	0	0	0	0	82
合计	2 001	2 648	2 246	2 404	3 002

表 12　　　　智飞生物自产 HIB 疫苗财务数据预测表

年份	销售收入（亿元）	销售利润（亿元）	利润率（%）
2014	11. 0	5. 5	50
2015	12. 1	6. 1	50
2016	13. 4	6. 7	50
2017	11. 8	4. 1	35
2018	10. 3	3. 6	35
2019	9. 1	3. 2	35
2020	7. 9	1. 6	20
2021	7. 9	1. 6	20
2022	7. 9	1. 6	20
2023	7. 9	1. 6	20

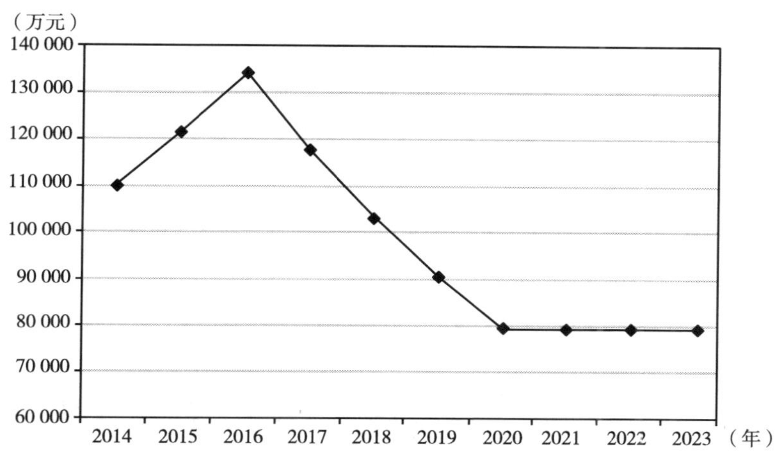

图 11　智飞生物自主 HIB 疫苗销售收入预测图

5.3 公司整体财务预测

对于公司其他的疫苗产品来讲，由于受到未来产品重心转向的影响，假定智飞生物的其他 5 款疫苗产品在未来的 10 年中的营业收入和利润均不发生变化。因此，公司在未来的 10 年内的财务数据将会如表 13 所示。

表 13　智飞生物未来十年销售预测表　单位：亿元

年份	其他产品销售收入	佳达修销售收入	自主 HIB 疫苗销售收入	总收入
2014	2.6	19.0	11.0	32.6
2015	2.6	24.7	12.1	39.5
2016	2.6	30.9	13.4	47.0
2017	2.6	28.8	11.8	43.2
2018	2.6	26.8	10.3	39.8
2019	2.6	25.0	9.1	36.7
2020	2.6	23.8	7.9	34.3
2021	2.6	23.8	7.9	34.3
2022	2.6	23.8	7.9	34.3
2023	2.6	23.8	7.9	34.3

由表 13 数据，计算可以得出，在未来的 10 年，智飞生物的总收入的平均增长率 g_1 为 29.4%。

同样，由表 14 计算可以得出，在未来的 10 年，智飞生物的净利润平均增长率 g_2 为 50.1%。

计算企业业绩复合增长率 $g=\sqrt{(1+g_1)\times(1+g_2)}-1$；可以得到 g 为 39.4%。

表 14　智飞生物未来 10 年净利润预测表　单位：亿元

年份	其他产品销售利润	佳达修销售利润	HIB 疫苗销售利润	总利润
2014	1.0	7.6	5.5	14.1
2015	1.0	9.9	6.1	17.0
2016	1.0	12.4	6.7	20.1
2017	1.0	8.6	4.1	13.8
2018	1.0	8.1	3.6	12.7
2019	1.0	7.5	3.2	11.7
2020	1.0	4.8	1.6	7.4
2021	1.0	4.8	1.6	7.4
2022	1.0	4.8	1.6	7.4
2023	1.0	4.8	1.6	7.4

6. 智飞生物价值评估及敏感性分析

6.1 智飞生物企业价值评估

考虑到智飞生物的高成长性，我们采用市盈增长率 PEG 法对其进行价值评估。该方法在市盈率法的基础上，考虑了公司未来的盈利增长能力。在具体的公司价值估值运算过程中，该方法同时包含了市盈率和增长率这两个关键指标，两者在一定程度上决定了公司股票的价值。因此，PEG 估值法比较适合高成长的公司。具体计算公式如下：

$$PEG = \frac{P}{EPS \times g} \quad （公式 1）$$

式中：P 为股票价格，EPS 为每股净利润，g 为增长率。

在本案例中，公司的增长率 g 取自复合增长率，复合增长率 g 公式如下：

$$g = \sqrt{(1+g_s)\times(1+g_i)} - 1 \quad （公式 2）$$

式中：g_s为公司销售收入增长率，g_i为公司净利润的增长率。

智飞生物所属板块为生物医药制造，截至 2012 年 12 月 31 日已有上市公司 23 家。在这 23 家上市公司里，经研究发现，沃森生物同智飞生物主营业务相似，同时公司规模相当。通过财务数据的对比可以发现，两家公司的价值驱动因素具有高度相关性。因此，可以将沃森生物作为智飞生物的一个对比公司。

同时，在对生物医药板块 23 家上市公司做了一个统计后发现，有 12 家上市公司主营业务同智飞生物类似，同是研发生产生物医药企业，其企业价值驱动因素一致。其他的 11 家上市公司在主营业务方面同智飞生物差异较大，价值驱动因素差异较大。将这 12 家上市公司整体作为一个参照对象。

生物医药板块中同智飞生物业务结构相似的全部 12 家上市公司的历年销售情况见表 15 和表 16。

表 15　　12 家相关公司历年销售收入数据表　　单位：万元

项　目	2008 年	2009 年	2010 年	2011 年	2012 年
天坛生物	68 270	110 025	120 226	139 440	150 235
博雅生物	9 017	11 972	14 182	19 672	22 726
安科生物	15 649	19 064	22 793	26 792	33 794
东诚生化	32 339	37 646	66 363	85 757	58 775
千红制药	47 164	74 380	113 377	73 765	72 859
上海莱士	30 986	38 752	48 336	56 739	66 268
达安基因	23 895	31 960	36 997	45 756	58 269
ST 生化	57 880	46 591	46 982	46 107	54 567
智飞生物	59 034	60 405	73 731	62 874	76 462

续表

项目	2008年	2009年	2010年	2011年	2012年
沃森生物	18 406	23 913	35 879	47 381	53 756
长春高新	80 416	102 359	116 596	129 459	176 119
华兰生物	47 516	122 049	126 162	96 140	97 246
总收入	490 572	679 116	821 624	829 882	921 077
增长率		38.4%	21.0%	1.0%	11.0%

表16　　12家上市公司的历年销售利润表　　单位：万元

项目	2008年	2009年	2010年	2011年	2012年
天坛生物	13 338	21 166	17 492	23 335	30 491
博雅生物	1 071	3 148	4 998	6 523	7 515
安科生物	3 455	4 457	5 198	6 332	7 395
东诚生化	1 507	3 199	5 064	12 793	10 506
千红制药	1 507	3 199	5 064	12 793	10 506
上海莱士	1 507	3 199	5 064	12 793	10 506
达安基因	1 742	3 481	4 741	3 257	2 524
ST生化	20 201	233	2 923	4 071	3 257
智飞生物	19 005	23 159	25 679	19 638	21 794
沃森生物	3 470	7 633	15 442	20 754	22 536
长春高新	2 009	13 110	12 659	16 485	40 163
华兰生物	18 726	75 219	69 527	38 553	31 403
总收入	87 538	161 203	173 850	177 329	198 595
增长率		84.2%	7.8%	2.0%	12.0%

由表15和表16可以得到12家相关公司整体的销售收入增长率 $g_s=17.85\%$，利润增长率 $g_i=26.50\%$，整体平均复合增长率 $g=22.10\%$。

由表17可以得出，12家相关公司整体的平均市盈率为44.46。

沃森生物在2012年的销售收入增长率为13.6%，净利润增长率为8.6%，经计算可得沃森生物复合增长率为11%。

根据PEG法，智飞生物股价计算公式如下：

$$P=\mathrm{PE}'\times \mathrm{EPS}\times g/g' \qquad \text{（公式3）}$$

式中：PE′为参照对象的市盈率（沃森生物和行业相关平均分别为28.68和44.46），EPS为智飞生物2012年每股利润（0.54），g'为参照对象的平均复合增长率（沃森生物和行业相关平均分别为11%和22.10%），g为智飞生物的未来预测的复合增长率（39.4%）。

表 17　　12 家上市公司 2012 年的市场数据表

公司名称	股价（元）	EPS（元/股）	PE
天坛生物	12.44	0.59	21.03
博雅生物	34.93	0.99	35.23
安科生物	11.46	0.38	30.05
东诚生化	23.65	0.97	24.31
千红制药	20.8	1.01	20.57
上海莱士	13.62	0.46	29.63
达安基因	7.6	0.22	35.07
ST 生化	19.33	0.11	180.28
智飞生物	33.2	0.54	60.96
沃森生物	37.35	1.28	28.68
长春高新	61.1	2.28	26.76
华兰生物	21.04	0.52	40.44
均值	—	—	44.46

这样，我们估算智飞生物的合理价格区间为［40.19，55.47］，2012 年 12 月 31 日，智飞生物的股价为 33.20，我们认为其股价被低估，还有一定的上涨空间（见表 18）。

表 18　　PEG 估值法计算输出结果

公司	市盈率	增长率	股价
智飞生物	—	39.4%	33.20
沃森生物	28.68	11%	55.47
行业相关平均	44.46	22.10%	42.80

6.2　敏感性分析

由于智飞生物未来 10 年的复合增长率的数值容易受到市场不确定因素的影响，我们为智飞生物进行了另外两种情景下的估值。假定在乐观情景下，其年均复合增长率可达 41.4%，在悲观情景下，其年均复合增长率可达 34%。依据这三种情景，我们参照沃森生物和行业相关平均分别得出如下结果，见表 19。

表 19　　敏感性分析表

项　目		沃森生物	行业相关平均
智飞生物未来 10 年增长率	乐观（41.4%）	58.29	44.97
	基准（39.4%）	55.47	40.19
	悲观（35.5%）	49.98	38.56

可以看出，在乐观情景下，智飞生物的合理股价在［44.97，58.29］；在悲观的情景下，智飞生物的合理股价在［38.56，49.98］；在正常情况下，其合理估值为［40.19，

55.47]。该结果做案例教学参考之用，不作为评判智飞生物市场价格的依据。

7. 结束语

高新技术企业的价值评估是一项挑战性极大的工作，其难点在于：(1) 选择合适的可比公司作为参照对象难度较大。(2) 高新技术企业成长性很高，但相应的风险也极大，因此对其未来的财务预测也显得尤为困难。本文在通过对相关资料的整理和研究之后，做了以下工作：(1) 通过对相关公司的财务研究，找出影响公司价值的价值驱动因素。(2) 通过三阶段现金流量法对企业未来的销售收入和净利润进行预测，从而得出企业未来增长率。(3) 选取 PEG 估值法对智飞生物的企业价值进行评估。

从整个案例的研究思想来看，我们始终围绕发现企业价值驱动因素来展开价值评估。本案例的研究思想和研究方法对于投资者进行高成长性公司的价值评估而言具有一定的参考和研究意义。

8. 附录

8.1 影响生物制药企业发展的重要因素

(1) 新药的研发能力。

高科技企业本身是技术密集型企业，大多数企业的创立就是基于一项新技术的研发或者新思想的产生。高科技企业的研发投入是企业赖以生存、保持市场地位的主要手段，因此对于高新技术行业来讲，科技研发能力显得至关重要。生物医药作为高新技术企业的代表，科技研发的地位不言而喻。

目前的生物医药的巨额利润主要来自于新药研发所带来的高附加值。新药主要分为专利药和非专利药。

专利药，是指在全世界最先提出申请，并获得专利保护的药品。今天，专利药进入国人的视线，多是在一些重病、大病领域，它们往往和“高价”联系在一起。很多专利药“比黄金还贵”。更大的“重磅炸弹”，还当属新型抗肿瘤药——格列卫，它是用于治疗慢性粒细胞性白血病、胃肠间质瘤的靶向抗肿瘤药，1 瓶售价 25 500 元，折合成克约相当于 6 倍黄金价格；泰素帝 20 毫克售价 2 000 元，价格约是黄金的 314 倍。

非专利药，顾名思义，就是不受专利保护，或者专利已经失效的药品。它主要有两类：第一类是原研药，主要是指过了专利保护期的进口药；第二类是仿制药，即专利药过了保护期，其他企业均可仿制相同的药品。仿制药含有和专利药相同的药物成分、剂量和活性成分比例，疗效也相当，但却比专利药便宜得多。我国的新药研发力量较为薄弱，国内的制药企业以生产相对便宜的仿制药为主。许多发展中国家和欠发达国家的情况与我国相似。

我国对药品实行专利保护，并把专利的保护期限从 15 年延长到 20 年。新药研发具有“一长三高”的特点：一长——周期长；三高——风险高、投入高、收益高。制药行业普遍的共识是，一种新药从研发之日起，到能够应用于临床至少需要 10 年的历程，研发成本在

10亿美元以上。而且，从候选药到最终产品上市，成功率只有一成。尤其在癌症等重大疑难疾病领域，新药的研发难度更大，风险和成本更高，需要有雄厚的科技实力和财力支持。

目前，智飞生物公司取得 GSP 证书 2 项，GMP 证书 5 项，药品注册批件 5 项，拥有发明专利 9 项，正在申请专利 4 项，现有在研项目 18 项，疫苗产品线层次比较丰富，产品涉及流脑类系列疫苗、肺炎类疫苗、乙肝类疫苗、结核类疫苗、宫颈癌疫苗等。

（2）市场销售能力。

目前，我国的基层疾控中心可以自主购进二类疫苗产品，而省级疾控中心不再参与批销过程，因此，生产厂家面对的是国内分布广泛的基层疾控中心。同时，国家药监局对整个疫苗生产、冷链化运输储藏及批发销售等环节进行一条龙式的监管。这项改革的实施将导致中国疫苗市场最终彻底放开，一批适应市场的专业的疫苗销售公司将获得更大的成长空间。

目前，我国生物医药行业的渠道形式主要包括直销、代理、经销和投标等。不同企业在渠道的选择上各有侧重，渠道的合理设计与管理是企业产品销售增加的主要因素之一。

直销，顾名思义是直接销售的意思，把产品或服务直接提供给消费者的营销方式才是真正意义的直销。这种渠道的最大优点就是不需要中间环节，但需要讲究规模经济，需要企业有较强的综合实力。

在代理渠道方面，通过代理经销商已有的销售网络有利于实现产品在全国市场的推广。因此，培养经销商的忠诚度，调动经销商的积极性是这类渠道形式的关键。

投标是疫苗行业重要的销售渠道，由于医院对疫苗的采购数量较大，因此一般情况下医院会对需要采购的疫苗进行招标，这种渠道可以使投标企业充分展示产品的技术水平、产品质量及其性价比，同时医院等单位也可以从不同程度上了解各个生产企业的产品情况，做出最合适的选择。

目前，智飞生物公司拥有相对强大的市场营销体系。公司建立了国内疫苗行业最大、覆盖最健全的全天候市场营销网络（覆盖全国 32 个省、自治区、直辖市，包括 330 余个地市，2 300 余个县，14 000 余个乡镇）。强大的营销能力成为智飞生物同其他医药公司竞争与合作的重要砝码。

8.2 企业价值评估方法——相对估值法的介绍

美国达蒙德理认为通过寻找确定可比较资产，在比较资产中体现企业的价值，借助可比较资产的价值来估计标的资产的价值。比较的内容包括市场估值和业务增长等，这是相对估价方法在实践中的重要指导意义。

（1）市盈率估价法（P/E）。

市盈率是指公司股票的市场价格与其每股净收益之比，集中反映了股票的价值和市场前景。它将股票价格与当前公司盈利状况结合得非常直观，计算方法简单，评估价值较高。但是使用 P/E 估值时也存在一些问题：由于资本市场的特殊性，当每股收益为负值时，也就使市盈率的计算结果为负数；对周期性公司而言，其经营状况出现长时间的较大波动，会引起市盈率在不同时期出现戏剧性的变动，其表现对于公司经营的预期具有不确定性，市盈率只是一个单一的相对指标，在反映企业价值中需要跟其他方面的指标结合起来。

（2）市净率估价法（P/B）。

在资本市场的价值评估实践中，市净率估价法的使用频率较高。首先，市净率的计量是直观和简易的，提供了一种合理的跨公司的比较标准。其次，即使是盈利为负，在具体的评估操作实务中，可以使用P/B比率进行估价。针对企业经营环境波动的问题，市净率也适用于用账面价值进行估价，账面价值体现了企业的发展前景和经营状况。市净率P/B一般表示为：

$$市净率\ P/B = 股价 \div 普通股每股账面价值$$

但市净率P/B估价法在使用中也存在一些局限性，相对于其他方法，它容易受会计政策的影响，只能体现账面价值，无法反映净资产的产出能力；不同公司的资产结构可能存在显著差异，此时用P/B法估价可能会产生误导；公司为低市净率或市净率为负值时，无法进行比较；物价上涨、技术进步等因素，使得市净率在企业会计实务中缺乏可比性。

（3）市销率（P/S）。

随着企业价值评估手段的丰富，研究人员越来越多地使用市销率（P/S）来进行估价，在具体的计量模型中，其表示为：

$$市销率\ P/S = 股价 \div 每股销售收入 \quad （公式4）$$

市销率指标存在如下优点：收入数据很难人为调整，当企业净利润和净资产为负时也可以计算，销售收入不受折旧、存货等所采用的会计政策的影响。这点与利润和账面价值不同，企业销售收入不像市盈率指标那样容易变动，该方法在实践中具有一定的操作价值。但市销率也存在一些局限性，该方法反映的企业价值缺乏全面性，例如它无法鉴别企业在经营管理上的优劣，对于企业管理者的指导价值有限，尤其是对负利润和负账面值的处境艰难的公司进行估价时，该方法无法如实反映企业的价值。所以需要结合P/E和P/B等指标综合判断，才能取得较好的评估效果。

（4）PEG市盈增长率估价法。

在我国对于资本市场现状的分析表明，很多公司的市盈率高于市场平均市盈率。这体现了用市盈率评价公司价值的局限性，这时候就需要用市盈增长率法来补充传统市盈率估价法的不足。

市盈增长率法认为，增长型企业的价值在市盈率估值模型的计量中等于企业的长期增长率与利率乘以企业的净利润，它们之间的关系是线性相关的，公式为：

$$市盈增长率(PE/G) = 市盈率 \div (净利润增长率 \times 100) \quad （公式5）$$

在公司市盈率的计算公式中，如果结果小于或等于1，则表明这个企业值得购买。尽管这种方法只是一种粗略估计法，但它在公司的价值计量中应用较多，它在市盈率法的基础上，考虑了公司未来的盈利增长能力。在具体的公司价值估值运算过程中，该方法同时包含了市盈率和增长率这两个关键指标，两者在一定程度上决定了公司股票的价值，一方面衡量股票内在投资价值的重要指标——市盈率，这是衡量股票价值的重要指标，另一方面衡量企业发展前景的指标——增长率，因此该项指标比较适合高度成长的公司。

（5）相对估值法的优点。

按照以上对于公司价值评估的理论分析，相对估值法的主要优点有：在操作上具有相对的简易性，采用的数据是市场公开信息；在一定程度上反映了公司市场价值。相对估值法的主要缺点有：需要参照公司，但由于高成长上市企业的特性，很难找到合适的可比公司；企业内外环境变化太快不利于评估；会计政策可能造成估值结果差异较大。

8.3 生物医药行业竞争格局与发展趋势

生物制药行业的上游产业主要包括化工、养殖、生物技术服务行业等。血液行业的上游产业比较特殊，主要是采浆站，血液制品的生产企业一般都有自己的采浆站。近年来，血浆的供应量不足，采浆成本上升。培养基和化学试剂是疫苗生产的主要原材料，在疫苗生产成本中占8%—10%，由于培养基和化学试剂行业相对比较成熟、产品的技术含量不高、竞争充分、供应能力强，所以对疫苗行业的控制力不高。加之疫苗行业中二类疫苗实行自主定价，行业利润率较高，因此原材料价格对疫苗行业影响较小。部分基因重组药物受上游的影响也较大，由于部分的蛋白提纯难度较高，成本因此也较高。

生物制药的下游产业主要是医院、结防所等医疗机构，下游议价能力强，削弱了行业利润。

国药中生股份、上市民企和跨国巨头仍然呈现“三足鼎立”的市场竞争格局，三方各具难以复制的竞争优势，又各有不易克服的自身局限。上市民企具有灵活应对市场的能力，但因发展历程较短，技术积累相对不足，风险管理和风险承担能力相对有限，尤其是在疫苗生产这样的长周期、高壁垒行业，想在短期内取得竞争优势十分困难。跨国巨头具有技术优势、资金实力和资源整合能力，但对中国市场的理解和把握能力较弱。因此，业务模式创新、产业整合以及企业间的互补合作将成为今后不断续写和深化的主题。“营销渠道的把控”和“创新产品的投放”将决定市场未来竞争格局的走向。

生物行业对研发费用的需求较高，对新进入者的资本要求很高，随着行业标准的提高，成本也会逐渐增加，行业门槛也会逐渐提高。生物制药直接影响人们的生命健康与安全，国家通过颁布实施一系列法律、法规、条例、制度，涵盖《药物非临床研究质量管理规范》（GLP）、《药物临床试验质量管理规范》（GCP）、《药品注册管理办法》、GMP认证及驻厂监督员制度、批签发制度、《药品经营质量管理规范》（GSP）及疫苗流通管理条例等，对疫苗产品的研发、生产、销售和接种等环节实行严格监管。疫苗行业的政策壁垒较高。总的来看，疫苗行业具有较高的政策壁垒、技术壁垒和资金壁垒。

尽管生物制药具有优势，但化学制剂不可能被马上取代，中药也对生物制品也具有部分替代性。

自2010年生物医药被纳入我国战略型新兴支柱产业以来，“十二五”规划系列鼓励政策相继出台，配套的科技及产业化扶持政策及激励措施为提升产品研发和生产能力提供了有力的支持。伴随新医改的推进、医疗保障体制和医疗卫生服务体系的健全，尤其社区、乡镇基层医疗卫生服务体系的健全和服务水平的提高，为生物医药产品的市场开发与服务的快速发展创造了更好的基础条件。中国生物医药产业在积极开放的政策背景下向做大做强迈进。

Biological Value Assessment of High – tech Growth Company Zhifei

Abstract: Value evaluation of high – tech enterprises has always been the difficulty of value evaluation methods. As a high – tech biopharmaceutical industry, it has the typical characteristics of "high growth, high return, high risk". Evaluating the company value of the biopharmaceutical industry will be the issue discussed in this case. Taking Zhifei Biology as an example, this case predicts the future cash flow of enterprises by three – stage cash flow method. According to the "three – high" characteristics of biopharmaceutical industry, the market value of enterprises is estimated by P&E growth rate method (PEG). Corporate Value Assessment is Modern Financial Management

Key words: High-tech Enterprises; Enterprise Value Evaluation; Three – stage Method; PEG Valuation Method

案例使用说明

高科技成长型公司智飞生物价值评估

一、教学目的与用途

1. 本案例主要适用于《财务管理》《高级财务管理》课程的公司价值评估知识点教学。

2. 本案例的教学目的是通过智飞生物价值评估案例的讨论学习，使学员认识并掌握以下主要内容。

（1）成长性较高的公司，应该采用何种估值方法进行估值？

（2）生物医药企业的价值驱动因素以及这些因素影响企业价值的方式。

（3）采用三阶段法预测高成长性公司的未来财务现金流。

二、启发思考题

根据课程的教学目的，本案例将设定学员从公司管理层、投资者、债权人立场分别考虑各自利益和相应的运作方式，以透彻思考并充分了解生物医药行业价值评估相关理论及实践。

1. 如你是公司管理层，应该从哪几个方面提升公司价值？智飞生物公司的核心竞争力在哪里？

2. 作为投资者，怎样理解高新技术企业和传统行业不同的价值驱动因素？如何评估高成长型公司价值？如何选择可比对象？

3. 作为一名债权人，如何根据公司财务状况和结构评估债务风险？如何正确认识和评估高成长、高回报伴随的高风险？

三、分析思路

教师可以根据自己的教学目标（目的）来灵活使用本案例。这里提出本案例的分析思路见图1，供参考。

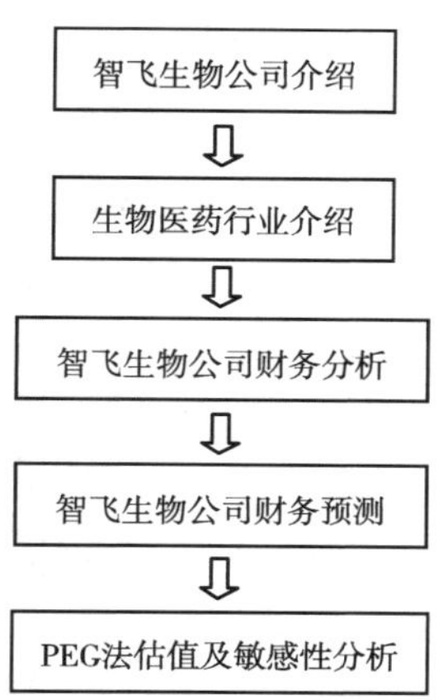

图1　智飞生物公司价值评估分析思路

1. 公司财务状况分析框架。

关注公司长期动态的财务指标演变规律，并与同行业其他公司的财务指标进行比较，从而评价公司内、外环境的匹配性及价值（见图2）。

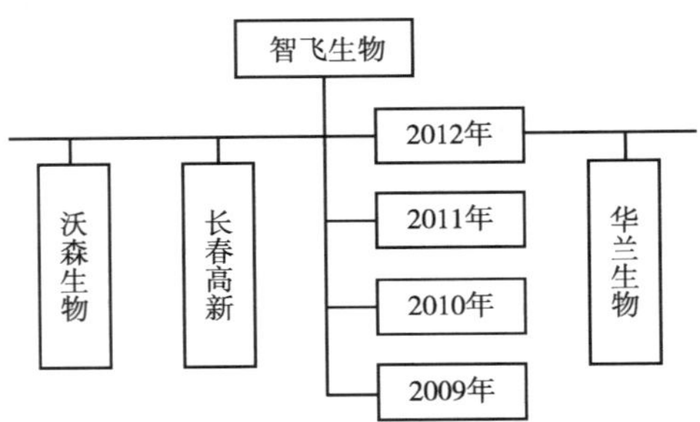

图2 企业财务指标分析框架

2. 高成长性公司未来现金流预测模型。

以智飞生物为代表的生物医药行业具有典型的“高成长、高收益、高风险”特征，与传统行业可稳定预测的现金流模式十分不同，其研发战略和其他特殊经营模式带来的现金流可能呈现爆发式增长，在一段时间后随竞争加剧逐渐呈下降趋势，最后达到市场均衡状态，其产品生命周期随专利保护到期而结束。自产品投入市场开始，总体呈现出“三阶段”特征。基于历史数据、市场环境和部分假设，通过对公司不同研发产品上市后在不同阶段的现金流进行预测，为价值评估提供数据支持（见图3）。

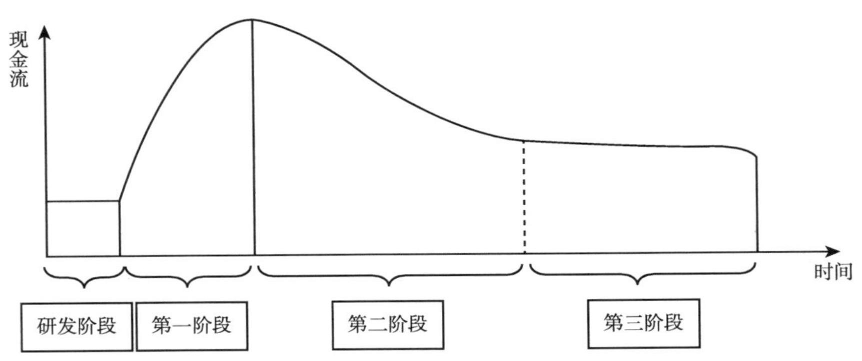

图3 “三阶段”现金流模型

3. 高成长性公司的价值评估方法—PEG法。对我国资本市场现状的分析表明，很多公司的市盈率高于市场平均市盈率。体现了用市盈率评价公司价值的局限性，这时候就需要用市盈增长率法来补充传统市盈率估价法的不足。

市盈增长率法认为增长型企业的价值，在市盈率估值模型的计量中等于企业的长期增长率与利率乘以企业的净利润，它们之间的关系是线性相关的，公式为：

$$\text{市盈增长率}(PE/G)=\text{市盈率}\div(\text{净利润增长率}\times 100)$$

在公司市盈率的计算公式中，如果结果小于或等于1，按照市盈增长率的计算方法表明，这个企业就值得购买。这个方法在公司的价值计量中应用较多，尽管这只是一种粗略估计法，它在市盈率法的基础上，考虑了公司未来的盈利增长能力。在具体的公司价值估值运算过程中，该方法同时包含了市盈率和增长率这两个关键指标，两者在一定程度上决定了公司股票的价值，一方面通过衡量股票内在投资价值的重要指标——市盈率；另一方面通过衡量企业发展前景的指标增长率，因此该项指标比较适合高度成长的公司。

四、理论依据及分析

1. 企业价值评估方法体系。

企业价值评估是一项综合性的资产、权益评估，是对特定目的下企业整体价值、股东全部权益价值或部分权益价值进行分析、估算的过程。目前国际上通行的评估方法主要分为收益法、成本法和市场法三大类。

收益法通过将被评估企业预期收益资本化或折现至某特定日期以确定评估对象价值。其理论基础是经济学原理中的贴现理论，即一项资产的价值是利用它所能获取的未来收益的现值，其折现率反映了投资该项资产并获得收益的风险的回报率。收益法的主要方法包括贴现现金流量法（DCF）、内部收益率法（IRR）、CAPM 模型和 EVA 估价法等。

成本法是在目标企业资产负债表的基础上，通过合理评估企业各项资产价值和负债从而确定评估对象价值。理论基础在于任何一个理性人对某项资产的支付价格将不会高于重置或者购买相同用途替代品的价格。主要方法为重置成本（成本加和）法。

市场法是将评估对象与可参考企业或者在市场上已有交易案例的企业、股东权益、证券等权益性资产进行对比以确定评估对象价值。其应用前提是假设在一个完全市场上相似的资产一定会有相似的价格。市场法中常用的方法是参考企业比较法、并购案例比较法和市盈率法。

2. 公司估值影响因素。

依据以上估值理论，估值影响因素包括现金流、贴现率、可比公司等。实践中，估值受公司所处宏观、中观、微观因素共同影响，主要因素有：（1）公司基本面。公司规模、市场占有率、盈利能力、现金流量、资本结构、公司治理等都会影响公司估值。这些因素决定了公司在行业的地位与竞争力高低。规模大、市场占有率高、盈利能力强、公司治理完善的公司具备较强定价主动权与较低经营风险。现金流充足、资本结构合理的公司具有较低财务风险。这些都会迅速提升公司价值，获得市场对公司较高的估值。（2）行业因素。行业类型、行业生命周期、行业竞争态势等直接决定了行业盈利模式与竞争结构。自然垄断或政策垄断行业可以获得稳中有升的利润、现金流增长快、风险较小、资金成本较低、市场预期良好，从而估值水平较高。那些充分竞争传统产业，行业盈利能力低下、经营风险高、现金流不稳定、投资者要求较高回报率、市场将会降低估值预期。（3）宏观经济因素。利率、通胀率、汇率等是影响估值的外在基础因素。宏观经济处于繁荣上升阶段时，公司经营环境良好，社会需求上升，有助于拉高公司估值水平。宏观经济衰退时，社会需求不足、公司盈利下降、投资者将调低公司估值水平。同时，利率、通胀率、汇率变化将通过影响资金成本与投资回报率来影响贴现率从而改变估值大小。（4）心理预期。预期是一种综合因素反映，投资者综合考虑交易制度、宏观经济因素、历史交易信息等因素的影响，主要包括投资者对投资未来现金流与必要报酬率的估计。

五、背景信息

本案例的背景信息主要包括智飞生物公司的资料、外部行业环境、公司 2009—2012 年度财务指标、2012 年同行业部分可比公司财务资料。教师可根据以上背景信息，加深学员对本案例的透视和了解。

1. 公司资料。

重庆智飞生物制品股份有限公司（以下简称智飞生物，股票代码：300122）于 2002 年投入生物制品行业，2009 年完成股份改制，2010 年 9 月在深圳证券交易所发行上市，注册资金 40 000 万元，现有员工 900 余人，主营产品为人用疫苗，旗下三家全资子公司分别分布于北京、安徽、重庆三地。公司系一家集研发、生产、销售疫苗等为一体的高新技术产业公司。

智飞生物致力于预防卫生事业十余年，坚持“社会效益第一，企业效益第二”的经营宗旨，使“智飞”系列品牌具有良好的市场形象。同时，智飞生物先后将数十种预防各类疾病的疫苗产品导入市场，创造了较好的经济效益。经过十余年的发展，智飞生物形成了“研发实力”与“营销能力”并驾齐驱的企业核心竞争力。一方面，公司逐步形成了独具特色，领先市场的核心竞争力。建立了国内疫苗行业最大、覆盖最健全的全天候市场营销网络（覆盖全国 32 个省、自治区、直辖市，包括 330 余个地市，2 300 余个县，14 000 余个乡镇）；另一方面，公司建立了领先的技术体系，该体系涵盖疫苗研发、生产和质量管理全过程，“以市场为导向”，确保了研发投入的有效性。

在智飞生物的业务结构中，其代理销售的 B 型流感嗜血杆菌疫苗、23 价肺炎疫苗、麻腮风三联疫苗、冻干甲型肝炎减毒活疫苗这四款产品所占公司业务比重很大，四款代理产品收入占总营业收入比值为 76.56%。

公司发展战略明确，即研发能力与市场能力双驱动，自主业务与代理业务相结合，优势互补原则下发展合作或整合资源，推进企业快速发展，成为行业领跑者。

2. 行业环境。

生物医药产业具有高壁垒、长周期、高投入、高回报的产业特点，盈利能力较为稳定。中国生物医药市场由于巨大的人口数量、医疗保障体系的建设完善、人民群众的健康需求逐步释放等因素的驱动，正在成为全球药品消费，尤其是生物药品消费增长最快的地区之一，有望在 2020 年以前成为仅次于美国的全球第二大药品市场。

生物制药行业的上游产业主要包括化工、养殖、生物技术服务行业等。血液行业的上游产业比较特殊，主要是采浆站，血液制品的生产企业一般都有自己的采浆站。近年来，血浆的供应量不足，采浆成本上升。培养基和化学试剂是疫苗生产的主要原材料，在疫苗生产成本中占 8%—10% 左右，由于培养基和化学试剂行业相对比较成熟、产品的技术含量不高、竞争充分、供应能力强，所以对疫苗行业的控制力不高。加之疫苗行业中二类疫苗实行自主定价，行业利润率较高，因此原材料价格对疫苗行业影响较小。部分基因重组药物受上游的影响也较大，由于部分的蛋白提纯难度较高，成本也因此较高。

生物制药的下游产业主要是医院、结防所等医疗机构，下游议价能力强，削弱了行业利润。

国药中生股份、上市民企和跨国巨头仍然呈现“三足鼎立”的市场竞争格局，三方各具难以复制的竞争优势，又各有不易克服的自身局限。上市民企具有灵活应对市场的能力，但因发展历程较短，技术积累相对不足，风险管理和风险承担能力相对有限，尤其是在疫苗这样的长周期、高壁垒行业，想在短期内取得竞争优势十分困难。跨国巨头具有技术优势、资金实力和资源整合能力，但对中国市场的理解和把握能力较弱。因此，业务模式创新、产业整合以及企业间的互补合作将成为今后不断续写和深化的主题；“营销渠道的把控”和“创新产品的投放”将决定市场未来竞争格局的走向。

生物行业对研发费用的需求较高，对新进入者的资本要求很高，随着行业标准的提高，成本也会逐渐增加，行业门槛也会逐渐提高。生物制药直接影响人们的生命健康与安全，国家通过颁布实施一系列法律、法规、条例、制度，涵盖《药物非临床研究质量管理规范》(GLP)、《药物临床试验质量管理规范》(GCP)、《药品注册管理办法》、GMP 认证及驻厂监督员制度、批签发制度、《药品经营质量管理规范》(GSP) 及疫苗流通管理条例等对疫苗产品的研发、生产、销售和接种等环节实行严格监管。疫苗行业的政策壁垒较高。总的来看，疫苗行业具有较高的政策壁垒、技术壁垒和资金壁垒。

尽管生物制药具有优势，但化学制剂不可能被马上取代，中药也对生物制品也具有部分替代性。

3. 公司历年财务数据。

(1) 资产结构。

项　目	2009 年	2010 年	2011 年	2012 年
固定资产（元）	65 848 105. 7	72 390 128. 5	75 888 557. 1	92 627 375. 7
无形资产（元）	60 099 241. 3	69 110 608. 2	230 996 578. 9	240 700 168. 1
流动资产（元）	347 762 485. 6	2 010 224 718. 1	1 961 556 005. 8	1 871 521 350. 8
其他资产（元）	44 314 844. 4	57 541 426. 5	135 847 714. 0	311 395 661. 3
总资产（元）	518 024 677. 1	2 209 266 881. 4	2 404 288 855. 9	2 516 244 556. 1
资产负债率（%）	12. 80	3. 10	6. 10	5. 60

(2) 盈利能力。

指　标	2009 年	2010 年	2011 年	2012 年
净资产收益（ROE）（%）	51. 3	12. 0	8. 7	9. 2
总资产收益（ROA）（%）	44. 7	11. 6	8. 2	8. 7
销售利润率（%）	38. 3	34. 8	31. 2	28. 5

(3) 营运能力。

指　标	2009 年	2010 年	2011 年	2012 年
应收账款周转天数（天）	43. 42	147. 74	149. 71	147. 08
存货周转天数（天）	31. 42	62. 85	128. 18	149. 82

(4) 偿债能力。

指　标	2009 年	2010 年	2011 年	2012 年
资产负债率（%）	12. 80	3. 10	6. 10	5. 60
流动比率	6. 78	38. 60	15. 22	16. 08
速动比率	6. 20	37. 13	14. 02	15. 62

4. 对比公司主要财务指标。

（1）盈利能力。

公　司	净资产收益率（ROE）(%)	总资产收益率（ROA）（%）	销售利润率（%）
沃森生物	7. 1	5. 1	41. 9
智飞生物	9. 2	8. 7	28. 5
长春高新	30. 8	17. 4	22. 8
华兰生物	11. 1	10. 6	32. 3

（2）运营能力指标。

公　司	应收账款周转天数（天）	存货周转天数（天）
沃森生物	299. 00	253. 11
智飞生物	147. 08	149. 82
长春高新	45. 98	122. 41
华兰生物	47. 35	176. 45

（3）偿债能力。

公　司	流动比率	速动比率	资产负债率（%）
沃森生物	2. 34	2. 15	4. 9
智飞生物	16. 08	15. 62	5. 6
长春高新	1. 42	0. 96	43. 7
华兰生物	13. 59	11. 21	4. 4

六、关键要点

1. 公司实用发明专利产品，在临床试验阶段和审批阶段的风险评估。
2. “三阶段”现金流模型中增长率和现金流的预测合理性。
3. 不同价值评估方法对公司价值的影响。
4. PEG 价值评估法中参数选取和敏感性问题。

七、建议课堂计划

本案例可以作为专门的案例讨论课来进行。以下是按照时间进度提供的课堂计划建议，仅供参考。

整个案例课的课堂时间控制在 80—90 分钟。

课前计划：提出要求，请学员在课前完成阅读和初步思考。

课中计划：智飞生物公司和生物医药行业发展状况介绍（10 分钟）。

分组讨论并告知发言要求（30 分钟）。

小组代表发言（每组 5 分钟，控制在 30 分钟）。

引导全班进一步讨论，并进行归纳总结（15—20 分钟）。

课后计划：可以让学生写一份案例分析报告。可以围绕以下问题展开延伸。

（1）公司未来现金流预测还有更好的方法吗，采用一种不同的方法进行预测并对比优缺点。

（2）讨论 PEG 方法的优缺点，若采用其他价值评估方法会有什么结果？试采用另一种方法来评估智飞生物的价值。

八、相关附件

下面的参考资料（文献）可能能对提高本案例的使用效果提供帮助。

[1] 周孝华，吴江林．创业板高科技公司估值与定价 [J]．统计与信息论坛，2010 (11).

[2] 周孝华，唐健，陈娅莉．创业板公司估值模型研究 [J]．经济与管理研究，2009 (8).

[3] 吴可夫．高新技术企业估值方法探讨 [J]．经济师，2004 (1).

[4] 单炳亮．公司价值评估理论的发展 [J]．当代经济科学，2004 (1).

[5] Sharpe William F. Capital asset prices: A theory of market equilibrium under conditions of risk [J]. Journal of Finance, 1964 (19).

[6] Gompers Paul A, Ishii Joy L, Andrew Metrick. Corporate governance and equity prices [J]. Quarterly Journal of Economics, 2003 (1).

[7] Ibboston Roger G. Price performance of common stock new issues [J]. Journal of Financial Economics, 1975 (2).

[8] Rock, Kevin. Why new issues are under priced [J]. Journal of Financial Economics, 1986 (15).

[9] 孔玉生，王忠杰．新股上市首日定价预测模型研究 [J]．中国管理科学，2003 (1).

[10] 刘入领，卢兴前，邓良生．中国创业板市场的股票发行与定价方式研究 [J]．证券市场导报，2000 (12).

[11] 房四海，王成．创业企业定价的复合实物期权模型 [J]．数量经济技术经济研究，2003 (9).

[12] 赵志君．股票价格对内在价值的偏离度分析 [J]．经济研究，2003 (10).

[13] 智飞生物年报，2010—2012.

[14] 沃森生物年报，2009—2012.

[15] 华兰生物年报，2009—2012.

[16] 长春高新年报，2009—2012.

| 案例正文 |

银泰百货收购鄂武商的企业价值评估

王诗才　姚　森　董雯丽

（华中科技大学管理学院）

摘　要：公司价值评估是现代财务管理和资产评估的重要与核心课程。公司经过并购事件后股权价值如何变化是本案例讨论的重要内容。鄂武商是湖北省最大的商业上市公司，亦被称为“中国商业第一股”。近年来，以民营资本为主的浙江银泰系与武商联集团为代表的“国资系”为争夺鄂武商控股权展开了激烈的争斗，控股地位屡遭更迭，成为全流通时代以来资本市场股权之争的首例，为我国证券投资者与金融各界广泛关注。本案例以银泰系举牌收购鄂武商为背景，描述及探讨了市场经济条件下我国上市公司的并购理论、反并购措施与运作。值得深思的是，在“国退民进”环境下，“国资”如何与“民企”展开公平竞争与并购？并购与反并购如何最大化提高公司价值并实现双赢？

关键词：公司并购；价值评估；反并购；举牌；要约收购

【场景一】激烈的股权之争引发的资本市场悬念

2011 年 3 月 28 日晚上 8 点，武汉国际广场 8 层 4 号会议室灯火通明。在这里，临时召开了鄂武商集团执行董事及各部门负责人紧急会议。会议室内气氛紧张，空气里弥漫着一种压抑、不安的氛围。会议的议题仅为一项：如何应对公司第二大股东浙江银泰突然发起的举牌收购。就在 28 日当天，即鄂武商 2010 年年报公布仅 2 天，浙江银泰通过二级市场增持股票，使得银泰系持股比例达到 22.71%，一跃成为鄂武商第一大股东。按《上市公司收购管理办法》规定，上市公司第二天应予停牌，并由原第一大股东即武汉国资系的武商联寻求对策。

面对浙江银泰方面来势汹汹的举牌收购，参加会议的各部门负责人及执行董事都议论纷纷，并形成了不同的意见和观点。招商部经理刘洪波认为，浙江银泰系我国资本市场的举牌高手，这次举牌收购，看似突然，实则是浙江银泰几年来处心积虑的“有意”为之，背后有浙江民资强大的资金储备。况且，浙江银泰已于两年前在鄂武商公司大楼对面寻找场地，开发建成了“银泰百货”，打擂台竞争的氛围早已形成。对于这次银泰举牌收购，与其做强力抵抗，最后可能落得两败俱伤的后果，还不如就此引入银泰系做第一大股东，看看浙江民企入主国资控股的百货业后，如何把华中地区的百货业做大做强。

而公司执行董事、财务部经理涂敏则不同意这样的观点。他说，如果这样，则相当于开门引“狼”，“鄂武商”不仅是一家国有控股公司，更是广大武汉市民心中的一个口碑，大多数武汉市民都难以接受这么多年形成的本地优质无形资产流落他方，由外地商人控股、经营。因此，我们有责任去精心保护好武汉市这一著名品牌的价值，应该及时并迅速地强力反击浙江银泰的“恶意”举牌收购，击退他控股鄂武商的企图。同时，这也符合湖北省政府关于武汉商业重组计划中保持国有资本主导地位的原则精神。而要反击收购就要行动快。浙江银泰既然用市场化的手段来收购，我们也必须用市场化的手段来反收购。而当前在资本市场中最快捷、最低成本的方式就是迅速寻找与我们目标一致的“一致行动人”，组成战略联盟，并以公司公告形式广而告之，狙击银泰系的举牌收购。

【讨论思考题】

（1）如果你是鄂武商的一名普通股股东，将如何看待浙江银泰的举牌收购？

（2）在公司应对举牌收购措施方面，你是同意招商部刘经理的意见还是财务部涂经理的意见？请分析并说明理由。

（3）何为“一致行动人”？如何在我国资本市场反收购中实施“一致行动人”战略？

1. 引言

2011 年，中国资本市场上演了一出民营资本浙江银泰系二次“逼宫”，欲收并购控股上市公司鄂武商，而控股大股东——“国资系”武商联“誓死”捍卫控股权，通过寻找一致行动人增持股份，险胜银泰系，保住第一大股东地位的控股权争夺大戏。

股权之战的高潮发生在 2011 年 3 月至 8 月，延宕整个春夏之交的中国资本市场，这是股权分置改革完成后，我国民企收购国有控股上市公司的首例。公司控股股东武汉国资系动用 5.38 亿元现金，并以浮亏过亿元的代价，勉强守住自己公司控股人的地位。

对民企浙江银泰系举牌收购鄂武商的并购事件，证券市场与金融界业内人士都表现出极大的兴趣和广泛关注。

“从某种角度来讲，鄂武商这场‘民企’对‘国资’的股权之争，可以看作是国内上市公司股权之争的第一例”，有关人士对《证券日报》记者表示。

“如果银泰系能够成功当选成第一大股东，那么将为鄂武商引入更有效率的管理方式”，长江证券分析师如是说。

“可以说，有武汉国资委支持的武汉武商联集团，已经创下了我国资本市场的一个奇迹，为保住第一大股东地位，在极短的时间内寻找到 7 位一致行动人来狙击并购。”

“一致行动人的数量总归是有限的，而以资本运作著称的银泰系，则更为灵活。”——融通基金投行部。

“以鄂武商现有的市场和总资产规模来看，拥有鄂武商的控股权实在是一项很值得的投资。”——广发证券大客户部。

“作为民企，也是外企，银泰系显然对市场行为更为倚重，即使最终不能拥有控股权，选择在配股前增持上市公司股份，意味着其将会以更低的成本去获得公司股权。也即，银泰系无论如何，都立于不败之地。”——国泰君安研究所。

在这场引起金融界与证券界人士广泛关注的“民企”“国资”并购事件中，留下来几个重要的并购问题与悬念，值得资本市场及金融理论界分析、研究和探讨。

（1）强大的国资与脆弱的民企如何在我国资本市场中同台竞争、公平并购，以实现财富与价值“双赢”？

（2）我国A股历史上第一次因争夺上市公司控制权而发起的要约收购的探讨与解读——如何实现要约收购？如何定价与信息披露？

（3）面临敌意收购时，如何引入“一致行动人”与“白马骑士”等方式实施资本市场的反并购？

（4）公司并购是否向市场传递了信号以及传递了什么信号？

（5）如何对目标公司的价值进行评估？

2. 上市公司鄂武商与收购方银泰集团

2.1 鄂武商的历史

武汉武商集团股份有限公司是湖北省最大的综合性商业零售企业之一。其前身是创建于1959年的中苏友好商场（后更名武汉商场），是全国闻名的十大商场之一。其发展历史如表1所示。

1986年，武商在全国同行业中率先进行股份制改造。1992年“鄂武商A”（000501）在深圳上市，成为中国第一家异地上市的商业公司，第一家湖北省的上市公司。股份制改造成功，将武商带入资本营运的快车道。

2006年4月，武商完成股权分置改革。公司总股本5.07亿元，总资产42.8亿元，净资产12.9亿元。拥有员工近3万名，属下拥有子公司、分公司14个。其中，先后与马来西亚、中国香港等国家和地区合资兴办了5家合资合作企业。经营领域涉及商业零售批发、房地产开发、物业管理、旅游餐饮及进出口贸易等。

到2009年，武商集团已成为中国百货业的龙头企业，并再次名列中国企业500强和中国零售企业10强。

2011年9月，武商摩尔城盛大揭幕，成为武汉最高端的百货购物中心。

表1　鄂武商发展历史

时　间	事　件
1956年	武汉国资成立武汉市百货公司试验商店，即武汉商场的前身。
1959年	更名为友好商场，营业面积7400平方米，是武汉当时最大的综合百货商场。
1966年	更名为武汉商场。
1981年	成为第一个亿元商场。
1985年	武商大楼第一次大规模改扩建竣工，开业第一年销售总额突破2亿元大关，实现了一个商场变两个商场的夙愿。
1986年	武汉商场股份有限公司正式宣告成立，开创了全国大型商业企业股份制改造的先河。
1991年	武商的第二次改扩建开始实施。
1992年	“鄂武商A”在深圳证券交易所挂牌上市。
1996年	武广大厦建成。位于1—8层，营业面积达8万平方米的武汉广场购物中心胜利落成。

续表

时　间	事　件
1997 年	集团成功地创办了省内第一家量贩店——武商百盛量贩店。
1999 年	世贸广场购物中心开业迎宾。
2001 年	武商、武广、世贸三座大型购物中心连接成一体，成为我国第一个“摩尔”商城。
2002 年	武商集团通过租赁的方式与亚贸广场实现强强联合。
2006 年	武商完成股权分置改革。
2007 年	武汉国际广场如期开业迎宾，开辟本土民族商业向国际化发展的新篇章。
2008 年	武商集团实现年销售总额 115 亿元，成为百亿元销售的商业航母。
2009 年	公司以 13 077. 18 万元全额收购十堰人商 2 500 万股股权。
2011 年	新的武商摩尔城盛大揭幕，成为武汉最高端的百货购物中心。

目前，武商集团公司辖下购物中心 7 家，百货连锁初具规模，市场地位在华中地区已不为他人所替代。与此同时，宜昌、恩施、黄石等地购物中心项目也正在进行紧锣密鼓的选址规划中。武商量贩公司形成武汉、襄樊、宜昌“金三角”网络框架，营业面积近 50 万平方米，成为中国连锁 20 强企业。

2. 2　鄂武商公司控股关系和控制链条

鄂武商公司控股关系和控制链条具体如图 1 与图 2 所示。

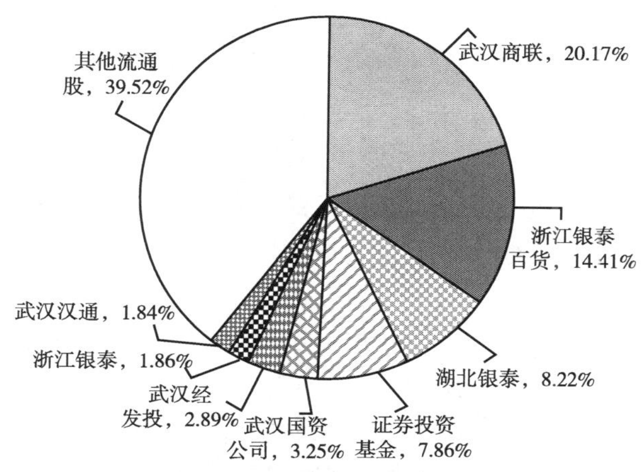

图 1　鄂武商流通股比例分布图（控股关系）

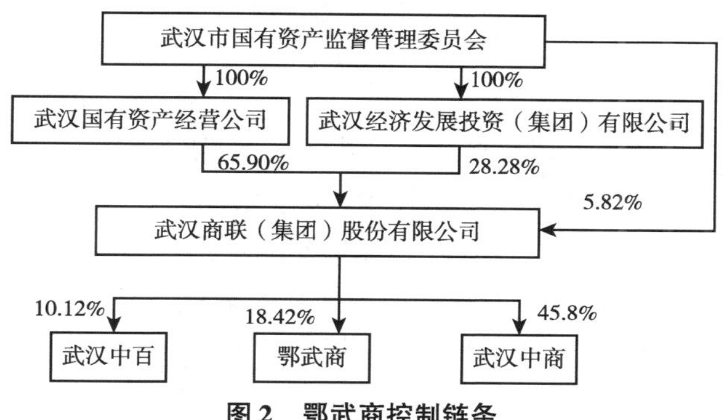

图 2　鄂武商控制链条

2.3 解构银泰系——资本市场举牌高手

2011 年，波澜起伏的鄂武商股权收购，让中国资本市场的投资者见识了股市中长袖善舞的举牌高手——浙江银泰系。在火热的夏天股权争夺正酣之际，银泰系掌门人沈国军却似乎置身事外。

7 月下旬，沈国军正在肯尼亚旅行者罕至的遥远村落旅行，享受着非洲的原始和落日景致。对于并购事务，沈国军转请银泰百货（01833，HK）CEO 陈晓东代劳。

"我的想法很简单，就是两个诉求。"说起银泰系举牌鄂武商，陈晓东称，一是希望鄂武商把主业做好；二是把重组做完。

不过，对于希望"在行业里面有地位"的银泰系来说，上述诉求可能并不是其最终目的。一位银泰系的高层人士曾表示，银泰百货是想参与鄂武商的百货业务。

梳理银泰系的当家人，不难发现其都是资本型的高手。不管是当时的邱中伟，还是后来的周明海，现在的陈晓东，以及银泰系的最终掌门人沈国军，均非百货专业人士。邱中伟留学美国，擅长并购，在收购宁波华联、科学城（000975，SZ）项目上都有其精彩手笔；周明海是管理行家，2005 年为银泰引进华平投资；陈晓东加盟银泰前就职于光大集团资产管理部，2004 年加盟银泰系，2007 年组织银泰百货在香港上市，2009 年接替周明海成为公司的 CEO。

在这些资本高手的运作下，银泰系将如何商海弄潮，又将并购的旗帜与航船驶向何方？

在国内资本市场，举牌上市公司已经很平常，但在几年内数次举牌收购的，则非银泰系莫属。

2005 年，银泰系以战略投资者身份进入资本市场。当年 10 月 21 日，银泰系子公司武汉银泰百货有限公司从长江经济联合股份有限公司手中收购后者持有的鄂武商法人股；之后的 11 月 2 日，武汉银泰通过司法拍卖程序竞得武汉国际信托投资公司持有的鄂武商法人股。

此后，银泰系又在二级市场悄悄收购流通股股份。及至 2006 年 1 月 6 日，银泰系首次举牌鄂武商时，其持有的股份直逼第一大股东。

"当时，武汉的国资系步步被动"，一位武汉国资的高层人士这样表示。仓促之下，武汉国资系联合一些一致行动人才击退了银泰系的第一次举牌。

与此同时，银泰系又在杭州举牌浙江省著名百货上市公司——百大集团（600865，SH）。

百大集团旗下的杭州百货大厦位置得天独厚，其镇守延安路、体育场路路口，总营业面积 2.2 万平方米，集百货、餐饮、娱乐于一体，颇有引领杭州商业风潮之势，而且与银泰百货武林店毗邻而居。

对于图谋浙江百货霸主地位的银泰百货而言，"一山岂容二虎"。从 2005 年 9 月开始，银泰系开始收购百大集团法人股以及在二级市场上增持流通股份。而竞争对手西子联合集团依靠良好的当地政府关系，获得了百大集团第一大股东位置。不过其控股地位遭到银泰系的强势狙击。当年西子联合董事长王水福在一次内部会议上曾对记者表示，银泰系举牌的速度超过了西子方面的想象，一度很被动。2008 年 3 月 1 日，双方签订协议，结束了长达两年半的股权纷争，银泰百货获得了百大集团杭州百货大楼 20 年经营权。而竞争对手西子联合稳居第一大股东之位，可谓各取所需。

银泰系这两次举牌都是悄悄地收购股份，在不经意间进行的举牌，使得控股大股东们措手不及。

正因为银泰系在鄂武商和百大集团两次著名的举牌，掌门人沈国军被财经界及各路媒体评选为“中国十大并购人物”。

银泰集团（全称“中国银泰投资有限公司”）是一家由中大环保投资集团公司、海南银泰置业股份有限公司等五家公司共同投资组成，于1996年成立的跨行业、跨地区的大型股份制全国性投资机构。公司主要从事资本经营、资产托管、股权投资、房地产投资、证券投资、大型商业企业投资与经营、基础设施开发建设、投资咨询等业务，与国内外数百家客商建立了稳固的业务关系。目前，银泰集团旗下的产业主要分为三大块：百货、商业地产、能源。其下属控股公司主要有银泰百货集团（1833，HK）、银泰控股股份有限公司（600683，国内A股上市公司）、北京银泰置业有限公司、北京银泰雍和房地产开发有限公司、北京银泰置地房地产开发有限公司等数十家企业和上市公司，形成了国内知名度相当高的“银泰系”，旗下银泰百货的控股关系如图3所示。

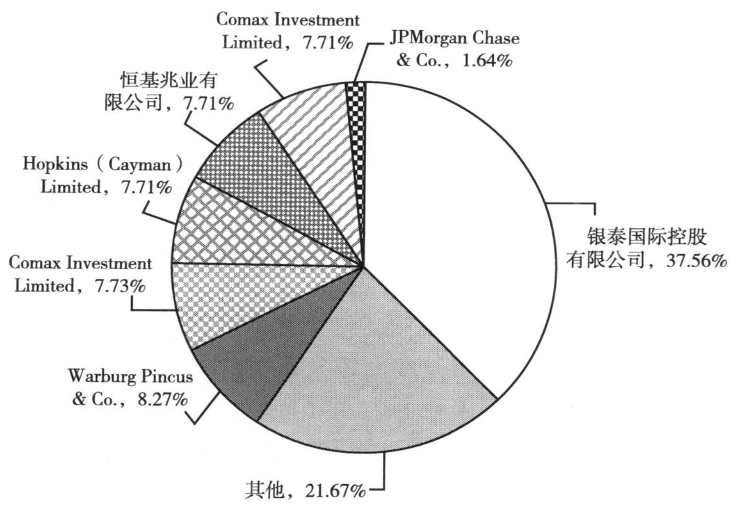

图3　银泰百货流通股比例分布图（控股关系）

银泰集团以资产运作为核心，以资本经营为基础，通过资源组合、战略利益联盟、兼并与收购等资本扩张的有效方式，推动企业发展。

图4　沈国军　银泰董事长兼总裁

沈国军，1960年出生，浙江宁波人。中国企业家，银泰集团董事长兼总裁，北京浙江商会会长（见图4）。1997年任海南银泰控股的中国银泰投资有限公司董事长兼总裁。1998年，斥资4亿元人民币，创立浙江银泰百货（现银泰集团）。2001年9月25日，沈国军的私人公司北京国俊成立，2002年8月8日，北京国俊从海南银泰等股东手中收购了中国银泰股份，从而使沈国军成功完成管理层收购，控股了中国银泰。2004年，银泰百货的销售额逾25亿元，成为中国本土零售业巨头之一。银泰百货奉行走向全国战略，向多领域延伸，横跨房地产、金融、能源、零售等领域，沈国军因此被称为“银泰系掌门人”。此后，以中国银泰作为资本运作平台，沈国军控制下的“银泰系”频频上演“资本大戏”。

3. 浙江银泰三次“逼宫”举牌收购鄂武商的原委与始末

3.1 第一次“逼宫”举牌收购——壮志未酬

2005 年 4 月，作为“银泰系”与鄂武商大股东武汉国资公司合作载体的武汉银泰正式成立。成立后，“银泰系”发动了对鄂武商的并购。“银泰系”采取的是流通股与法人股双线收购的策略，由浙江银泰系在二级市场收购流通股，武汉银泰系则针对法人股协议收购。浙江银泰系买入流通股的价格为 2.89—3.78 元，这是多年来鄂武商股价最低的时候，股市正处于牛熊交替时期，选择这样的时机开始收购，非常有利于减少收购成本。同时，由于鄂武商尚未完成股改，流通股含权，银泰系大量收购流通股时机非常恰当。

2006 年 11 月，浙江银泰系及一致行动人共持有鄂武商股份 13.11%，其中流通股占 4.6%。不过，这个时候，银泰系并未暴露争夺鄂武商控股权的意图。在 2006 年 2 月的股东大会上，鄂武商董事长曾十分明确的表示，银泰系已成为公司的战略投资者，而武汉银泰亦称，银泰系将不再谋求成为鄂武商第一大股东。

不久，鄂武商启动了股权分置改革程序。改革过程异常顺利，鄂武商一路绿灯走过“股改关”，并且鄂武商的股改方案明显对银泰系有利，即非流通股向流通股股东每 10 股送 3.5 股，对价支付颇为丰厚；同时股改对价完全由武汉国资公司等发起人股东支付，其余的非流通股股东则无须支付对价也可获流通权，这就意味着武汉银泰系并不需要支付股改对价。由于前面低调而获得优厚股改对价方案的银泰系对这一“天上掉馅饼”的事当然是求之不得。这样一来就进一步降低了银泰系的收购成本。2006 年 4 月 3 日，鄂武商股改方案实施后，由于武汉国资公司支付股改对价，其持股比例由 29.75% 降至 17.23%，股权结构进一步分散。而银泰系在股改复牌当天大手笔增仓 800 万股，占总股本的 1.58%，再次体现了银泰系对收购时机的把握能力。加上股改对价流通股份，共持有鄂武商 16.30%，股权比例仅落后大股东武汉国资公司不到 1%。

其后几天，银泰系继续增持鄂武商，并寻求一致行动人华汉投资 2.43% 尚未过户股权，持股总比例达到 18.11%，超过武汉国资公司。由于银泰系成为鄂武商第一大股东，触发了信息披露义务，并由上市公司鄂武商公布了银泰系收购报告书，在报告书中，银泰系表达了志在控股的决心。

针对银泰系的行动，武汉国资公司迅速做出了反应。该公司当天与天泽控股等两位股东签署《战略合作协议》，成为一致行动人。武汉国资公司及其一致行动人合计持有鄂武商 22.68% 的股份，再次恢复第一大股东身份。

2006 年 12 月，湖北省政府批复武汉商业重组计划，由武汉国资公司发起成立武汉商联（集团）股份有限公司，主要目的就是保持国有资本的主导地位。银泰系暂时放弃了与武汉国资的股权争夺战。不过，2007 年年报显示，银泰系已经委任两名成员进入鄂武商的董事会，对鄂武商有重大影响，因此，对鄂武商的投资列为“联营公司之权益”。这说明，银泰系对鄂武商的影响力正逐步增加。第一次股权之争即举牌收购之后，银泰系和武商联持有的鄂武商股份比例非常接近，鹿死谁手尚难定论，潜伏着第二次、第三次举牌收购的伏笔。

3.2 2011 年一年内两次举牌逼宫——硝烟弥漫

2011 年 3 月 8 日，一场民营与国资的股权争夺大战在江城武汉上演并渐入高潮。股权争夺过程中具体情况如图 5 与表 2 所示。

鄂武商第二次的控股权之争始于 2011 年 3 月底。在这之前的几年间，控股权之争曾一度风平浪静。但在平静的表面之下却暗潮涌动。在鄂武商大本营对面，银泰斥资 2.8 亿元购地筹建银泰百货华中旗舰店。而距武商亚贸百货仅千余米，银泰百货江南店也已开工。事实上，2010 年年底鄂武商配股融资无法上会，主要原因就是银泰系咄咄逼人的同业竞争。

和谐的关系通常不会引发一方的突然增持行为。3 月 28 日，在鄂武商 2010 年报公布仅 2 天，银泰系突然举牌鄂武商。当日，浙江银泰通过二级市场增持股票，使得银泰系持股比例达到 22.71%，一跃成为鄂武商第一大股东，在平静几年后形成第二次举牌“逼宫”。3 月 29 日，鄂武商停牌。

事实上，银泰系如此增持的风险很大。通过二级市场增持、收集筹码却不和上市公司以及控股股东充分沟通，要达到控制上市公司的地位在国内外资本市场都是非常难的，这种情况可被视为恶意收购，一般很难成功。

29 日即停牌当天，鄂武商控股股东武商联结盟武汉经济发展投资（集团）公司，通过一致行动人方式，将武汉国资的持股比例由当初的 22.69% 提高到 22.81%，以微弱优势超越银泰系。

4 月 6 日，浙江银泰再次增持鄂武商，持股达到 22.83%，再居第一。4 月 7 日，鄂武商再度停牌。

两天之后，武商联与武汉开发投资公司等股东闪电签署《战略合作协议》，武商联及其一致行动人合计持有鄂武商的股份上升到 23.99%，实现反超。4 月 13 日，银泰系与其关联方连续增持后，占股为 24.48%，再度超过彼时武汉国资方面 23.99% 的持股比例，形成一年内二次逼宫举牌的态势。4 月 14 日，鄂武商三度停牌。

鄂武商复盘后的 6 月 9 日，武商联及其一致行动人，耗资 5.28 亿元，再次增持 2 536.25 万股股份，持股比例达 29.67%，再次反超银泰系。几经拉锯，武汉国资方面终于拉开与银泰系方面的差距，保住了对鄂武商的控股地位（见图 5 和表 2）。

7 月 15 日，武汉国资委在采取一致行动人策略后，又抛出“要约收购”杀招。当天鄂武商公告称，第一大股东武商联及其一致行动人正在筹划对公司实施部分要约收购事项。

所谓部分要约是指，收购人在公开市场上向目标公司所有股东承诺以某一特定价格购买一定比例或数量的股份。相对于全面要约收购，大股东通过部分要约收购可以在保持公司上市地位前提下增强公司控制力。

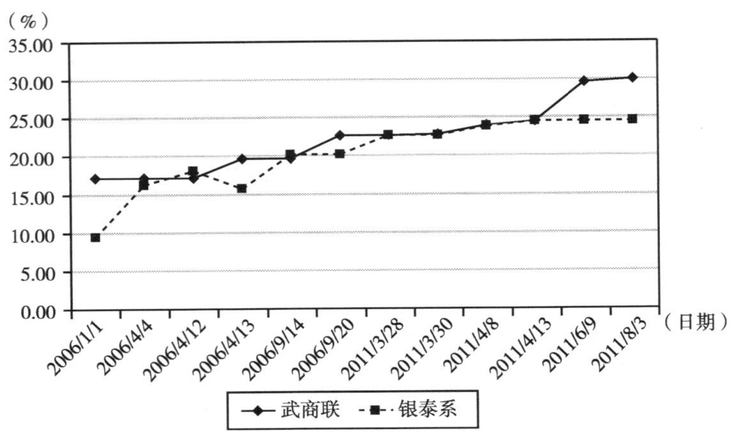

图 5　2006 年 1 月至 2011 年 8 月武商联与银泰系持股比例变化图

表 2　武商联与银泰系在 2006—2011 年三次股权之争回顾

时间	武商联	银泰系	手　段
2006. 1. 1	17. 23%	9. 44%	银泰系首次举牌鄂武商，成为第二大股东
2006. 4. 4	17. 23%	16. 30%	银泰系再度举牌，通过在二级市场上买入 800 万股，点燃鄂武商的控股权之争
2006. 4. 12	17. 23%	18. 11%	银泰系通过增持鄂武商流通股及尚未办理完相关转让手续的华汉投资公司所持鄂武商 2. 43% 的股份，成为武商的第一大股东
2006. 4. 13	19. 66%	15. 68%	国资委称华汉投资为国资委的控股子公司，故其股份为国资委所有
2006. 9. 14	19. 66%	20. 24%	银泰系的两个一致行动人（中信信托及卓和贸易）增持鄂武商股权达到 20. 24%
2006. 9. 20	22. 68%	20. 24%	国资委与鄂武商的第四大股东（天泽控股，3. 02%）达成协议，成为一致行动人
2011. 3. 28	22. 68%	22. 70%	银泰系在二级市场上增持公司股份，使股权达到 22. 7%
2011. 3. 30	22. 81%	22. 70%	武商联（2007 年 5 月，武商联正式挂牌成立，国资委为其幕后大股东）与武汉经济发展投资公司签署协议，成为一致行动人
2011. 4. 8	23. 99%	23. 83%	银泰系在二级市场增持，合计持有 23. 83% 股份；武商联与武汉开发投资有限公司签署协议，成为一致行动人，共持有 23. 99% 股份
2011. 4. 13	24. 52%	24. 48%	银泰系在二级市场增持，共持有鄂武商 24. 48% 股权；武商联找到四家一致行动人，共持有 24. 52% 股权
2011. 4. 14	24. 52%	24. 48%	鄂武商进入长达一个多月的停牌期
2011. 6. 9	29. 67%	24. 48%	武商联及其一致行动人在复牌首日增持其股份，达到 29. 67%
2011. 8. 3	29. 99%	24. 48%	武商联从机构投资者手中以 21. 16 元/股买入股份

武商联的强硬态势让银泰方面有些错愕，一度被认为是市场化收购手段的“要约收购”方式，被武商联捷足先登。而此前，银泰系原来计划为浙江银泰及一致行动人先通过二级市场将持有股份增持到 29. 99%，其次准备动用 80 亿元资金，全面要约收购鄂武商，一度志在必得。

8 月 2 日，鄂武商发布公告称，武汉国资委旗下的武商联、武汉国资公司及武汉经发投集团一起向全体股东发出要约收购申请，将以21.21元/股的价格，计划再次增持鄂武商5%的股权，使武汉国资方控股鄂武商的比例提高到34.99%。“这样一来，武商联就能彻底摆脱与银泰系方面的纠缠。”武商联的一位高层人士如此表示。如果要约收购成功，武汉国资系将总计付出10.66亿元来保住自己第一大股东的控制地位。21.21元/股的要约收购价，较鄂武商收购停牌前收盘价19.99元/股溢价6.1%。波澜起伏的2011年A股市场收购大戏暂时告一段落。这期间鄂武商股价起起伏伏，武汉国资系一度因收购而浮亏过亿。

【场景二】

2011年7月31日晚上7点，火炉之城武汉的盛夏之夜，天气异常闷热。在鄂武商集团总部的大会议室里，中央空调吹出习习凉风，却掩盖不了会议室中与会人员那如窗外闷热空气般的焦虑与燥热。

这是鄂武商集团自3月打响反收购战以来多次例会中的一次，也是半年来最重要的一次董事局全体会议。自一个月前的6月9日，控股股东武商联及其一致行动人动用5亿多元现金，在二级市场增持鄂武商股份达29.67%以来，已与竞争对手浙江银泰拉开了5%的持股差距。但这5%的差距，对于有意控股的收购方和竞争对手而言，并不是难以逾越的鸿沟。他们完全可以持续增持而重新收购、控股。如何摆脱浙江银泰在收购问题上的纠缠，保持武汉国资系在鄂武商上的控股地位，成为此次会议的中心议题。

参加会议的各位董事局成员，都意识到控股股东武商联的持股比例29.67%已位于我国《上市公司收购管理办法》的一个重要门槛之下。按该法第24—26条规定，收购人持有上市公司已发行股份30%的，继续增持股份，应当采取要约方式进行，发出全面要约或部分要约。预定收购的股份比例不得低于该公司已发行股份的5%，并且应当公平对待被收购公司的所有股东。

要有效狙击浙江银泰的进一步收购，武商联按《管理办法》的规定，必须实施要约收购。而要约收购是一个市场化收购行为，需要对诸如定价、实施期限、信息披露、支付方式、竞争对手的再次出价等方面制定详尽、完备的方案，编制要约报告书，报送中国证监会。为编制要约收购方案，董事局成员热烈讨论，畅所欲言，各抒己见，不知不觉间，大家的讨论已通宵达旦，窗外东方天空已出现了朝霞初升的鱼肚白……

【讨论思考题】

（4）你赞成控股股东武商联以市场化行为的要约收购来狙击浙江银泰吗？

（5）如果你是董事局成员，请针对要约收购方案的实施细节，如定价、实施期限、支付方式等提出具体的实施意见。

4. 鄂武商股权之争的原因分析

4.1 原因分析

（1）鄂武商蛋糕诱人。

2011年，摩尔城盛大开幕。若摩尔城招商完成，鄂武商无疑会迎来经营业绩的新拐点，其核心商圈的地产价值更加凸显，况且百货企业大量稳定的现金流在货币紧缩的环境中对谁都是巨大的诱惑。鄂武商2010年财报显示，销售收入超过百亿元，净利润接近3亿元，两者增速分别达到了32%与26%。2010年，鄂武商完成了武广商圈三个门店的品类调整；2011年，建二商场、十堰人商、襄樊购物中心、摩尔城都已经进入盈利期；2013年，国家广场的少数股东权益将被收回。这些都给武商联、银泰系与二级市场投资者描绘了一幅美好的盈利前景图。

一般而言，制约百货经营成功的因素很多，其中最关键的是地段。拥有核心商业地段，那么百货经营就成功了一半。但从以往发展轨迹来看，核心商圈都是从传统的商业中心演变而来，即使豪掷千金也不一定能买到，可见其资源的紧俏程度之高。而对于百货公司而言，不断上调的租金已然成为其不能承受之重。因此，收购具有核心商圈资源的百货公司是解决上述两个问题的一个很好的选择。

鄂武商旗下位于武广商圈的三家门店加上摩尔城，合计建筑面积近48万平方米，按武广商圈其他的物业均价2万元/平方米估算，其价值高达96亿元，高于目前鄂武商88亿元的市值，这还没有加上其他门店的估值。除了商业地产的价值，鄂武商充沛而稳定的现金流也是其备受争夺的焦点。2010年，鄂武商的每股经营现金流就有3.2元/股。核心商圈资源加上稳定的现金流，将会是一个绝佳的组合。

（2）银泰系的并购版图。

为应对国内零售业的激烈竞争，以及国外零售业大举进入中国市场的新形势，进一步确立银泰百货的行内领先地位，银泰百货将按照“积极参与重组国营百货店，有条件开设新的百货店”的战略发展方向，通过自营式发展和投资式发展，打造商业旗舰，发挥规模经济，使银泰百货成为中国一流时尚连锁百货集团和在亚太地区有一定影响力的地区零售龙头企业。

对于银泰来说自己买地皮建商场的速度显然太慢，因而更愿意选择通过兼并收购快速扩张。在重要核心城市占据控制稀有的最佳商业网点，创造无法复制的竞争优势。鄂武商A是湖北省最大的商业上市公司，亦被称为“中国商业第一股”，入主鄂武商A，即可迅速夺得当地商业霸主的地位。鄂武商拥有购物中心、量贩连锁超市、家电连锁三大战略平台，针对连锁、量贩业态未来良好的发展潜力，在2005年，鄂武商在中国零售企业销售100强里排名27位。

同时，在2004年，鄂武商新的管理层上任后，在当年将坏账一次性提足，造成当年年报的巨亏。相应的，鄂武商在二级市场也是大跌，在普通投资者眼中，鄂武商是亏损的公司，但是却是银泰系眼中的香饽饽。仅以商业地产而论，在鄂武商的财务报表上，地产价值是以原值计算的，但目前鄂武商的位置，是武汉的黄金地段，仅地产升值就有暴利可图。

（3）武商联的重组之梦。

2007年，武汉国资系效仿上海的百联模式，成立武商联优化本地百货资源，解决鄂武商、武汉中百、武汉中商三家百货超市的同业竞争问题，最终实现集团整体上市。四年之后，重组一直不太明朗。现阶段，鄂武商退出了重组，并打算在鄂武商解决股权之争之后，再进入中百及中商的重组进程，进行最后的整合。然而，鄂武商与武汉中百的实力差距越来越小，内部的利益调整无疑增加了难度。加上两者的股权结构相对分散，在股东大会层面的操作并不容易，而且武商联在鄂武商与武汉中百的控制权还时常受到来自外界的挑战，国有控股权的地位并不稳定。为了将整合后企业的控制权牢牢掌握在手中，国资委必须掌握鄂武商的第一把交椅。同时鄂武商作为一家优秀的武汉本土企业，国资委是不会让其第一大股东的位置落入外来投资者手中。可见，武汉政府的国有资本在面对市场资本或产业资本的冲击时，依然显得耿耿于怀，就像股权分置改革前国家担心外资控股导致国有资产流失一样。换句话说，武汉政府不想“没面子”。在这种情况之下，银泰的增持或将只能成为一个预案，很难笑到最后。那么举牌的背后，可能就是一种施压，以此为筹码，换取其他的利益。

（4）银泰系收购鄂武商的如意“算盘”。

总体而言，银泰系收购鄂武商，是基于以下如意“算盘”。

首先，银泰系是为了获得鄂武商丰厚的现金储备的使用权。年报显示，鄂武商2010年营业收入105.37亿元，净利润2.94亿元。截至报告期末，公司共持有19.84亿元货币资金。一直在资本市场风生水起的银泰系，自五年前举牌百联集团和鄂武商之后，一直陷入资金紧张的泥沼。如果能够以1亿元的增持成本获得近20亿元资金的使用权，就足以促使缺钱的银泰系争夺控股权。

其次，银泰系更想拿到鄂武商在武汉成熟商圈的物业。鄂武商门店多在核心商圈且具自有物业的优势，在地价持续上涨的今天尤为明显。而银泰百货今年初表示要在5年内于湖北开20家门店；另外，银泰系在武汉还有众多的商业地产项目。如果能够控制鄂武商，银泰系还能借此打压竞争对手。

第三，银泰系借此和武汉国资委进行利益博弈。鄂武商是武汉国资委打造武汉商业航母的重要组成部分，如果拿到了鄂武商的控股权，就可以与武汉国资委进行利益博弈。例如获得武汉的政策支持，为其在湖北的发展提供契机或便利。

第四，银泰系觊觎借壳鄂武商回归国内。银泰系作为一家在港上市的企业，对国内而言，其身份是家外资企业，这样就对其投资活动有着极大的限制，银泰系希望夺取鄂武商第一把交椅的位置，以回归国内，为以后的投资带来便利。

4.2 股权之争的延续——要约收购的二级市场反应

2011年8月3日，武商联及其一致行动人发出要约收购，延续着对鄂武商的股权之争。自武商联及一致行动人提出的要约收购方案公布以后，鄂武商A股的股价总体上呈下降趋势变化，如图6所示。

鄂武商股价的下跌，向市场传递了什么信号？一般而言，并购的信号传递作用反映在股价和收益率的变化中。国内外学者对于成熟的资本市场采用事件研究法来研究并购前后目标公司股价的变化，进而探讨并购的信号传递作用。研究发现，成功的并购会给目标公司带来正的收益，即传递的信号是积极的。如Schwert（1996）研究了1975—1991年间1841个并购案例，发现目标公司股东的累积平均异常收益增幅较大，高达35%。Bruner（2002）发现目标公司股票价格上涨，超额收益达10%—30%。与国外相似，我国学者也采用市场研究法对我国发生的并购事件做了相应的实证研究。结果表明，目标公司一般可以在并购事件中获得正的累积超额收益，甚至超出国际平均水平，如张新（2003）对1993—2002年我国上市公司的1 216个并购重组事件做了实证分析，发现并购中目标公司的平均股票溢价达到29.05%，超过20%的国际平均水平。然而，武商联公布要进行要约收购后，鄂武商的股价在二级市场上的反应并没有达到要约收购预期的股价超常收益。

综合多家券商的判断，鄂武商A合理目标价格可达22—24元，表示大股东溢价要约收购，体现的是中长期信心。然而，公告日当天鄂武商A股的收盘价20.29元，而此次公布的要约收购价格为21.21元，对股民缺乏足够的吸引力。从武商联及其一致行动人提出的要约收购方案的鄂武商A股股价反应来看，要约收购除了能实现武商联稳固其第一大股东地位的愿望之外，并不能给鄂武商的发展带来相应的要约收购正效应，故此，投资者并不看好这次要约收购的价值和作用。

尽管自要约收购方案公布后，鄂武商A股的股价起起落落，但是总体上来说，要约收购给鄂武商A股带来的是股价的下滑。具体如图6所示。

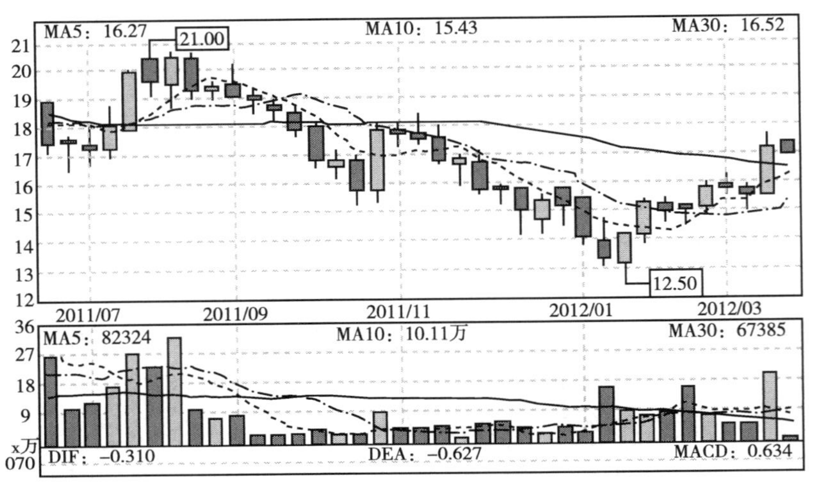

图6　鄂武商（000501）股权之争时股价走势图（周K）

【场景三】

2011年4月14日，招商证券武汉市珞瑜路营业部。股民刘洪波问股民老郭："最近鄂武商的股权之争真是愈演愈烈啊，估计这将是一场持久战了。你是这家公司的老股东了，假如银泰系最终成功控股鄂武商，你还打算继续持有鄂武商的股票吗？"老郭说："当然，银泰系在百货零售业具有充分的经验，而鄂武商又是我们湖北最大的综合性商业企业，倘若银泰系最终控股鄂武商，强强联手必然有利于公司今后的长期发展，因此我将继续持有他们公司的股票。"这时，一直在一旁若有所思的小王开口了："那倒未必，此次银泰敌意并购鄂武商，倘若最终成功，其必然在组织的整合上花费巨大的成本，到底能否产生正的协同效应还是一个未知数。前些年联想并购IBMPC业务，TCL并购汤姆逊公司手机业务都是因组织整合而以失败告终，这些都是前车之鉴。

【讨论思考题】

(6) 你更认同谁的看法？如果你手中持有鄂武商的股票，你会做出怎样的决策？

5. 股权之争后的公司价值评估

在鄂武商激烈的股权争夺战中，核心问题是公司估值也即公司价值评估问题。只有物有所值、物超所值的东西，才会引起买卖双方激烈的缠斗，不惜血本和代价，去赢得最后的胜利。这就使人们不禁要问，鄂武商的公司价值究竟何在？为此，我们进行了深入的探讨，以解开我国资本市场这次重大并购事件的公司估值之“谜”。

根据公司实际情况，我们将采取自由现金流法（FCFF）和相对估值法（市场法）对鄂武商进行评估。我们从鄂武商的行业特点着手，分析公司当前的财务报表，着重预测未来五年的公司现金流量，探讨重要参数的取值，以此来估算并推出鄂武商的公司价值。

5.1 零售业的特点及发展趋势

中长期来看，中国消费增长的黄金时代才刚刚开始，消费升级趋势明显。短期来看，社会消费品零售总额的增速会随着 GDP 增速下滑而放缓，但仍能体现出高于 GDP 的增长，具备防御性。国内的商业零售行业主要呈现以下几个特点。

（1）大市场。

我国人口众多，市场规模庞大，但目前商品流通渠道仍很落后，零售企业在今后将取得长足发展。

（2）小企业。

我国零售行业属于完全竞争型行业，市场集中度低，单个企业规模均较小。在经济较为发达的国家，各零售业态前三位的零售商大约能占据 60% 以上的市场份额，而我国除家电零售业外，百货和超市业的市场份额均较为分散。

（3）高增长。

近年来我国零售业增长速度一直高于 GDP 增长速度以及居民收入增长速度（见图 7—图 9）。

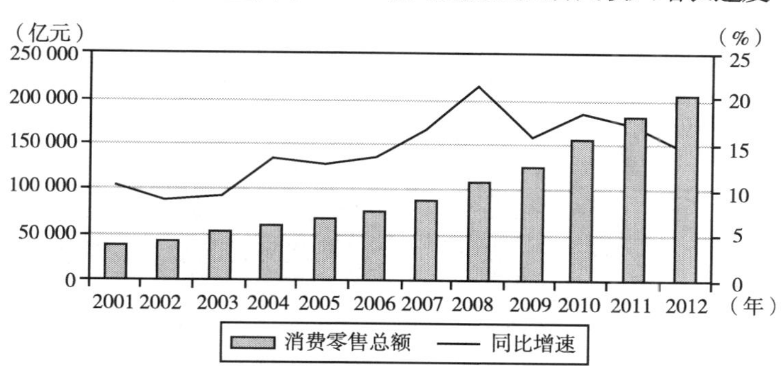

图 7　10 年来消费零售总额走势图

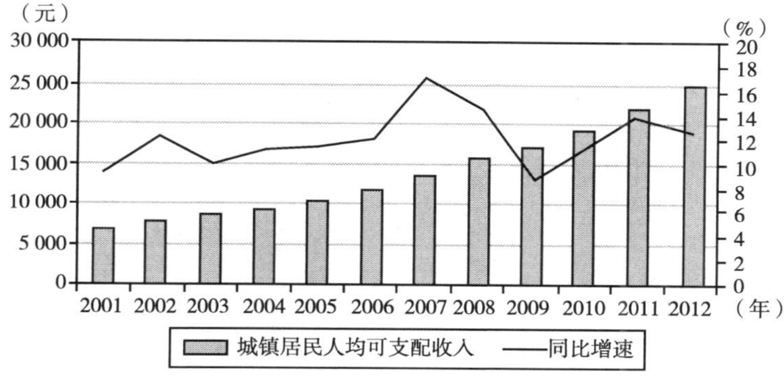

图 8　10 年来城镇居民人均可支配收入走势图

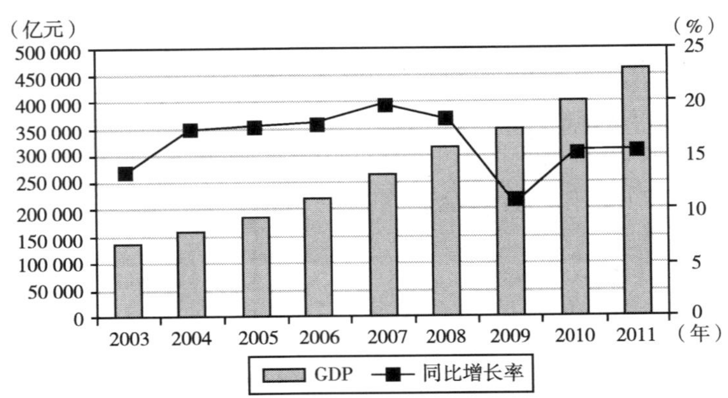

图 9　10 年来 GDP 走势图

（4）竞争激烈。

一方面是国内企业之间的相互竞争，另一方面是国内企业与外资之间的竞争。不同业态参与竞争的双方也有所不同，超市业主要是内资与外资之间的竞争，家电业则主要是内资之间的竞争。

（5）电子商务快速发展，对行业冲击较大。

5.2　鄂武商的竞争优势

（1）经营优势。

公司以购物中心、量贩连锁双业态发展的优势明显，在竞争日益激烈以及经济不景气的背景下，公司业绩始终保持逐年稳步增长。同时，公司是业内最早推进业态升级的公司之一，过去三年新开项目全部为城市型 & 社区型购物中心，较好抵御了网络零售带来的冲击。

（2）品牌优势。

公司在经营规模、业态升级、品牌资源等方面均遥遥领先于同类公司，先后被评为中国零售百强企业、中国连锁百强企业前 20 名，成为湖北省乃至全国家喻户晓的企业，品牌的影响力和号召力进一步扩大。

（3）团队优势。

公司制定了人才梯队建设、考核制度，培养、储备了一批专家技能型管理人才，金牌店长等，为公司规模扩张，不断发展奠定了人才基础。

（4）自有物业优势。

公司在武汉市核心商圈以及二、三线城市拥有的自有物业，对公司下一步的发展过程中的业绩提升具有较大优势，进一步提升了公司的抗风险能力。

总结来看，鄂武商 2012 年以后的发展可以分为两个阶段：2012—2016 年处于增长的第一阶段，其增长率线性下降；第二阶段从 2017 年开始，增长率保持稳定不变。

5.3　鄂武商的经营分析

（1）运营业务分析。

武汉武商集团股份有限公司是湖北省最大的综合性商业零售企业之一。其前身是创建于

1959年的中苏友好商场（后更名武汉商场），是全国闻名的十大商场之一。

公司总股本5.07亿元，总资产42.8亿元，净资产12.9亿元。拥有员工近3万名，属下拥有子公司、分公司14个。其中，先后与马来西亚、中国香港等国家和地区合资兴办了5家合资合作企业。经营领域涉及商业零售批发、房地产开发、物业管理、旅游餐饮及进出口贸易等。

目前，武商集团公司辖下购物中心7家，百货连锁初具规模，市场地位已不为他人所替代。与此同时，宜昌、恩施、黄石等地购物中心项目也正在进行紧锣密鼓的选址规划中。武商量贩公司形成武汉、襄樊、宜昌"金三角"网络框架，营业面积近50万平方米，成为中国连锁20强企业。

公司主要的业务如表3所示。

表3　　鄂武商的业务情况　　单位：亿元

业务名称		总收入	收入比例	营业成本	成本比例	利润比例	毛利率
按行业	百货	72.159	56.84%	57.296	56.48%	58.28%	20.59%
	量贩	54.783	43.16%	44.144	43.52%	41.72%	19.42%
按产品	百货	72.189	56.69%	57.299	56.40%	57.85%	20.63%
	超市	55.033	43.22%	44.394	43.69%	41.33%	19.33%
	其他	2.052	1.61%	0.161	0.16%	7.35%	92.18%
	内部抵销	-1.935	-1.52%	-0.253	-0.25%	-6.53%	0.00%
按地区	湖北	127.339	100.00%	0	—	100.00%	0.00%

（2）财务分析。

我们对鄂武商2008—2012年这5年的年报进行了摘录，如表4所示。

表4　　鄂武商的财务数据（2008—2012年）

成长能力指标	2012-12-31	2011-12-31	2010-12-31	2009-12-31	2008-12-31
营业收入（亿元）	149	127	105	79.4	66.3
毛利润（亿元）	29.0	24.6	20.0	15.3	13.4
扣非净利润（元）	3.99	3.31	2.82	1.93	1.90
营业收入同比增长（%）	17.02	20.85	32.75	19.73	25.16
归属净利润同比增长（%）	21.47	12.87	22.94	32.35	81.39
扣非净利润同比增长（%）	20.43	17.66	45.74	1.92	122.31
营业收入滚动环比增长（%）	4.39	4.69	6.77	5.47	3.92
归属净利润滚动环比增长（%）	12.21	-7.12	3.17	1.73	15.33
扣非净利润滚动环比增长（%）	11.95	-4.82	—	—	—
盈利能力指标	2012-12-31	2011-12-31	2010-12-31	2009-12-31	2008-12-31
加权净资产收益率（%）	18.00	17.67	18.78	17.77	15.23
摊薄净资产收益率（%）	16.41	16.24	16.46	13.68	14.87
摊薄总资产收益率（%）	4.72	4.59	5.07	5.43	5.30

续表

盈利能力指标	2012 - 12 - 31	2011 - 12 - 31	2010 - 12 - 31	2009 - 12 - 31	2008 - 12 - 31
毛利率（%）	19.47	19.30	19.00	19.28	20.17
净利率（%）	2.70	2.60	2.79	3.01	2.72
实际税率（%）	28.76	26.21	28.09	25.72	26.80
盈利质量指标	2012 - 12 - 31	2011 - 12 - 31	2010 - 12 - 31	2009 - 12 - 31	2008 - 12 - 31
预收款/营业收入	0.22	0.20	0.16	0.12	0.09
销售现金流/营业收入	1.16	1.24	1.23	1.21	1.20
经营现金流/营业收入	0.15	0.14	0.15	0.12	0.13
运营能力指标	2012 - 12 - 31	2011 - 12 - 31	2010 - 12 - 31	2009 - 12 - 31	2008 - 12 - 31
总资产周转率（次）	1.44	1.49	1.58	1.44	1.41
应收账款周转天数（天）	0.24	0.41	0.66	0.86	0.69
存货周转天数（天）	26.88	27.56	22.81	23.08	21.62
财务风险指标	2012 - 12 - 31	2011 - 12 - 31	2010 - 12 - 31	2009 - 12 - 31	2008 - 12 - 31
资产负债率（%）	76.09	76.96	75.20	73.40	70.32
流动负债/总负债（%）	97.67	95.98	93.73	88.21	84.53
流动比率	0.55	0.54	0.55	0.56	0.85
速动比率	0.44	0.41	0.43	0.44	0.73

从表中我们可以清晰地看到，鄂武商的近五年来的发展趋势良好，主营业务收入与利润逐年增加，现金流一直很充足并且呈增长趋势。良好的经营使每股收益与净资产收益率均为上升趋势。

5.4 自由现金流法估值

为了更准确地为鄂武商进行企业价值评估，我们使用两阶段的自由现金流法对其进行评估。

公司价值 = 明确预测期间现金流量现值 + 连续价值期间现金流量现值

$$P = \sum_{t=1}^{t=n} \frac{\mathrm{FCFF}_t}{(1+\mathrm{WACC})^t} + \frac{\mathrm{FCFF}_{n+1} \div (\mathrm{WACC} - g_n)}{(1+\mathrm{WACC})^n} \quad \text{（公式 1）}$$

式中：FCFF_t 为公司第 t 年公司自由现金流量；g_n 为永续增长率。

（1）营运收入预测。

我们根据 2005—2011 年的历史数据进行了预测分析，主要的财务指标预测如表 5 所示。

表 5　2013—2017 年鄂武商的财务指标预测

预测指标	2012 年（实际值）	2013 年（预测）	2014 年（预测）	2015 年（预测）	2016 年（预测）	2017 年（预测）
营业收入（亿元）	149.02	171.95	200.46	225.64	254.41	276.38
营业收入增长率（%）	17.02	15.39	16.57	14.57	12.75	12.46

续表

预测指标	2012 年（实际值）	2013 年（预测）	2014 年（预测）	2015 年（预测）	2016 年（预测）	2017 年（预测）
利润总额（亿元）	7.31	8.11	9.37	10.55	13.65	14.72
净利润增长率（%）	21.47	12.87	16.69	16.71	12.95	12.90
每股现金流（元）	4.27	3.05	3.32	2.86	3.20	3.44
每股净资产	4.79	5.71	6.73	8.29	7.37	8.15
净资产收益率（%）	16.41	16.02	16.05	15.42	16.03	16.28

（2）WACC 估计。

①估计权益资本成本。

权益资本成本主要包括普通股成本和保留盈余成本，有多种确定方法，一般采用资本资产定价模型（CAPM）确定。

权益资本成本 = 无风险利率 + 股票的 β 系数 × 风险溢价

= 无风险利率 + 股票的 β 系数 ×（市场平均收益率 − 无风险利率）　（公式 2）

关键是确定无风险利率和风险溢价、计算股票的 β 系数。

a. 无风险利率。选长期国债利率作为无风险利率。我国长期国债的平均利率为 3.43%，即无风险利率为 3.43%。

b. 风险溢价。用 SPSS 软件得到统计量，见表 6。

表 6　统计量参数

指标名称	道琼斯统计量	深指统计量
均值	0.009	0.108
标准差	0.045	0.733

根据纽约大学教授阿斯沃思·达蒙德理提出的世界各国金融市场风险补偿表，美国市场平均风险溢价为 5.5%，因此，中国资本市场的风险溢价 = 5.5% × [（0.733 ÷ 0.108）−（0.045 ÷ 0.009）] = 9.83%。

c. β 系数。β 系数是度量公司相对于市场指数的风险，由三个变量决定：公司的业务类型、公司的经营杠杆水平和公司的财务杠杆。

设定回归方程为：$y = a + bx$，其中 y 表示某一股票的收益率，x 表示市场收益率（市场指数），方程的斜率 b 就是该股票的贝塔系数。

根据同花顺的数据，鄂武商的贝塔系数为 1.25。

d. 估计权益资本成本。

$K_s = R_f + \beta \times (R_m - R_f) = 3.43\% + 1.25 \times (9.83\% - 3.43\%) = 11.43\%$

②估计债务资本成本。

本文采用中国人民银行公布的短期年贷款利率和中长期贷款利率作为税前单位债务资本

成本率，并根据央行每年调息情况加权平均。

由此得到的短期贷款利率为6.15%；中长期贷款利率为6.48%。

计算债务平均成本率：

$$K_d = K_{dl} W_{dl} + K_{ds} W_{ds} \quad \text{（公式 3）}$$

式中：

K_d——债务资本成本；

K_{dl}，K_{ds}——长、短期平均贷款利率；

W_{dl}，W_{ds}——长、短期债务占的权重。

根据公司2012年年报中的数据，流动负债716 095.97万元，长期借款28 147.73万元，计算如下：

$W_{ds} = 28\ 147.73 \div 716\ 095.97 = 96.07\%$

$W_{dl} = 1 - W_{ds} = 3.93\%$

套用前面的公式3：

$K_d = K_{dl} W_{dl} + K_{ds} W_{ds} = 6.55\% \times 3.93\% + 6\% \times 96.07\% = 6.163\%$

公司企业所得税税率为25%，计算得出债务资本成本：

$K_i = K_d(1 - T) = 6.35\% \times (1 - 25\%) = 4.76\%$

③计算鄂武商的资本成本。

对公司的历史数据进行分析可以发现，有息负债、所有者权益与销售收入存在一定的线性关系，因此运用一元线性回归进行预测，根据趋势方程计算可得负债比率为55%、权益比率为45%。

因此，计算得出鄂武商的WACC为：

$\text{WACC} = K_i W_i + K_e W_e = 4.76\% \times 55\% + 11.43\% \times 45\% = 7.76\%$

（3）估计公司价值。

①增长率的选取。

任何公司都不可能长期持续高速增长，必将受到宏观经济及企业内部各因素的制约。世界经济正向一体化方向发展，中国经济与世界经济联系越来越紧密，凯迪电力所处的经济环境是世界整体环境，因此，预测公司自由现金流量永续增长率时，应考虑世界宏观经济预期增长率。尽管美国和日本的经济活动正趋活跃，但是世界经济和贸易发展的增速急剧放缓。世界银行对2012年和2013年的全球经济增长率的预测从2011年6月的3.6%调低至2012年增速2.5%，2013年增速3.1%。高收入国家2012年的经济增速为1.4%（欧元区国家为-0.3%，其他国家为2.1%），2013年增速为2%，而之前的预测分别是2.7%和2.6%。对发展中国家2012年和2013年的经济增速预测分别从6.2%和6.3%下调至5.4%和6%。

中国近些年约为8%的增长率，但是不可能长期这样高速增长。中国是世界的一部分，世界经济必然会影响中国经济的增长率。假设这个公司可以长期存在，那么他的增长率保守来说应该趋同世界经济增长率。永续增长率的绝对上限是宏观经济的长期增长率加上预期通货膨胀率，世界经济增长率约为2.5%，考虑3%通货膨胀的问题（2012年数据），将公司自由现金流量永续增长率 g_n 调整到4.5%。

②计算FCFF（见表7）。

表7 **自由现金流量预测** 单位：亿元

指　标	2013年	2014年	2015年	2016年	2017年
息税前利润（EBIT）	7.62	7.88	8.47	9.06	9.65
息税前利润（1－税率）	6.47	6.69	7.21	7.71	8.21
加：折旧与摊销	5.66	5.87	6.33	6.79	7.26
减：资本性支出	9.59	9.69	9.91	10.12	10.35
减：营运资本增加额	－0.73	－0.31	－0.34	－0.38	－0.43
自由现金流量	3.28	3.19	3.97	4.75	5.54
贴现后的自由现金流	3.04	2.75	3.19	3.55	3.38

③估计公司价值。

根据公式1计算鄂武商公司价值，其中 $WACC = 7.76\%$，$g = 4.5\%$，$n = 4$，则 $V = 81.72$（亿元）。

截至2012年12月31日，公司总股本50724.859万股，可得出每股16.11元。

5.5 相对估值法（市场法）

相对估值法是挖掘那些具有扎实基础但是市场价值相对比较低的公司的一种简单的方法。因此，投资者一直都用可比较的倍数像市盈率、企业倍数、股价与账面价值比率来评定上市公司的相对价值和绩效，并判断买卖的时机。

相对估值法的理论依据是替代原则，以市场上的实际交易价格为评估基准，其假设前提为：行业中其他公司与目标公司具有可比性，股票市场是成熟有效的，股票市场越发达，企业的价值评估结果就越准确。

这里我们选择市盈率估值方法，为了尽量保证企业间的可比性，同时考虑到内地资本市场和商业百货行业的历史性变革，以及鄂武商在行业中的竞争优势，我们认为公司有较高的成长性，而且增长会持续较长的时间。我们选择4家与鄂武商有着相似规模及发展速度的商业百货类上市公司进行比较，如表8所示。

表8 **市盈率估值法**

公司名称	最近年度摊薄每股收益（元）	股价（元）	市盈率（%）
鄂武商	0.6351	17.44	26.83
浙江东方	1.11996	11.11	9.92
王府井	1.920143	16.11	8.39
海越股份	0.440036	14.64	33.27
九州通	0.275232	11.59	42.11
江苏国泰	0.399938	12.93	32.33

2012年，商业百货类上市公司市盈率处在25到35之间，鄂武商在商业百货中处于领

军地位，是鄂中区域龙头企业。综合考虑，我们认为给予公司28—37倍PE是合理的，2012年末鄂武商每股收益为0.53元，因此对应2013年目标股价为14.84—19.61元。

5.6 综合分析与公司最终估值

鄂武商控制权之争开始后，鄂武商股价起起落落，有涨有跌。但根据鄂武商在2013年3月26日公布的2012年年报以及多家研究机构给出的评级，我们可以据此评估给出的是买入或增持的投资评级。鄂武商旗下总建筑面积27万平方米的摩尔城于2011年9月29日开业，成为武汉商业地标。目前招商理想、底层国际名品均已签署意向。据中金公司测算，完全成熟后可获得3.8亿元/年的利润，是2010年公司净利润的1.3倍。摩尔城项目的乐观前景或许是“银泰系”再次争夺鄂武商控制权的一个重要原因。据中金公司分析，物业价值将成为股价的有效支撑。与其他零售商相比，公司拥有一座摩尔城。扣除摩尔城约54亿元的物业价值，鄂武商目前市值仅对应现有零售业务2011年净利润近11倍的市盈率。不过，我们也可以发现，公司的主要风险也在于摩尔城项目，如果项目培育期延长，将导致公司前期成本居高不下，影响到2012年和2013年的盈利预期。

总体而言，根据我们用自由现金流量法对公司未来的预测，以及用市场法（市盈率法）的相关修正，参考了国内外著名券商和金融机构对该公司未来前景的展望、判断，我们最终对鄂武商的估值是：近期（2013—2015年）公司的价值为12—16元，波动率为6.6%—10.3%；远期（2016—2023年）公司的价值为18—24元，波动率为12.7%—18%。

6. 尾声

鄂武商是国内股改以来全流通时代控股权之争的首例，而且武商联与银泰系双方争夺的是一家优质国有控股上市公司的控股权在民企与国资间的激烈争夺博弈，自然引起业界的广泛关注。此外，该案例更给人们带来了对国有控股上市公司股权如何管理、公司并购与反并购等命题更多、更广泛的思考。

全流通时代，并购与反并购的概念与活动将会更加频繁地出现在中国资本市场上，成为一种常态。诺贝尔经济学奖获得者乔治·斯蒂格勒曾指出：“没有一个美国大公司不是通过某种程度、某种方式的兼并而成长起来的。”对于并购，特别是恶意收购，我们本性存在排斥，但在现代资本市场发展过程中，并购是一家公司成长或扩张过程中一种很常用的资本运作手段。通过并购与反并购，目标公司的价值将会被市场重估，资源配置效率得到提高，是一种合理的市场行为。特别是国内股权分置改革使并购的难度锐减不少，并购与反并购将会成为中国资本市场的常态，我们不必排斥与恐慌，而应淡然处之。

面对层出不穷的并购，我们要深入研究其客观规律、相关手段或操作，并结合中国的资本市场结构与法律环境，借鉴西方国家很多已经很成熟的收购方法，制定自身的并购与反并购策略。在出现并购事件之后，考虑并购事件对于公司价值的影响，重新有效地评估公司的市场价值，做好各种有效措施，主动出击，结合自身战略与市场走势，善于利用并购把自己做强做大。

【场景四】

2013年3月27日，正处武汉春季来临之际，多少还可以感受到一点冬日的寒意，鄂武商公司大楼也不例外。当日，鄂武商接到大股东武商联的通知，武商联已经向中国证监会提出延期提交要约收购反馈意见回复材料。换言之，本来蓄势待发的要约收购计划被迫搁置。在办公楼一面临街的窗台边，刘江超——武商集团的董事长，正远眺这边繁华沸腾的中心城区，目光并没有聚焦，而是通向了不远的未来。毕竟，鄂武商依然欠市场一个爽快而明晰的答复。鄂武商这个品牌，是多少武汉市民心中的骄傲，其在刘江超心里的位置与意义就更是不言而喻了。在他的统筹指导下，鄂武商成为武汉市优质的上市公司，难免引来了浙江银泰沈国军的虎视眈眈。面对竞争对手的觊觎，特别是对鄂武商的多次举牌收购，刘江超时刻绷紧神经，为保卫武商联的控股地位出谋划策。然而，并购事件的市场影响如何，公司的股价将如何变动，在那或近或远的不确定的未来，等着刘江超的将会是多少个不眠的夜晚呢？夜色渐浓，刘江超拉上百叶窗，转身，似乎他已经提前感受到了黎明的亮光。

【讨论思考题】

（7）如果你是刘江超，你该如何分析当前并购事件对公司的影响，如何有效地进行公司价值评估？

硝烟落尽是春天。2011 年我国资本市场波澜起伏，广泛关注的首起股权争夺战由于大股东的强力反击而硝烟渐尽，告一段落。但民企与国资的进退之争仍将持续，并购与反并购之战也将不断在我国资本市场上演。银泰系或许在积蓄力量，期望卷土重来？武商联可能在资产重组，布局着鄂武商未来的发展大计。收购与股权之争带来的是公司机制的转换和资本市场的繁荣和发展。我们期待鄂武商公司焕发出美好的春天。

Enterprise Value Assessment of Yintai Department Store Acquisition of Hubei-Wuhan shopping mall

Abstract: Corporate valuation is an important and core course in modern financial management and asset valuation. How the equity value of the company changes after the merger and acquisition event is an important content of this case discussion. Wuhan shopping mall are the largest commercial listed companies in Hubei Province, also known as "the first share of Chinese commerce". In recent years, there has been a fierce struggle between the "state-owned" system represented by Yintai Series of Zhejiang Province and Wushu Business Association Group for the control of Ewu Businessmen. The status of control has been changed repeatedly, which has become the first case of the equity struggle in the capital market since the full circulation era, and has attracted wide attention from securities investors and financial circles in China. This case is based on the background of Yintai's brand-raising acquisition of Ewu merchants. It describes and discusses the M&A theory, anti-M&A measures and operation of Listed Companies in China under market economy. What is worth pondering is how to launch fair competition and mergers and acquisitions between "state-owned enterprises" and "private enterprises" under the environment of "national retreat and civil advancement"? How can M&A and anti-M&A maximize corporate value and achieve win-win results?

Key words: Mergers and Acquisitions; Value Evaluation; Anti-mergers and Acquisitions; Raising the Brand; Offer Acquisition

案例使用说明

银泰百货收购鄂武商的企业价值评估

一、教学目的与用途

1. 本案例主要适用于《财务管理》《高级财务管理》课程的公司并购、公司价值估值知识点教学。

2. 本案例的教学目的是通过鄂武商股权之争案例的讨论学习，使学员认识并掌握五项主要内容：

1）我国上市公司发起并购活动的意义及方式。

2）公司并购的市场反应以及对公司价值的影响。

3）公司价值评估的方法及各种方法的优缺点。

4）要约收购与“一致行动人”战略的运作方式。

5）公司应对敌意并购可以采取的反并购措施及适用性。

二、启发思考题

根据课程的教学目的，本案例将设定学员从收购方与反收购方，即浙江银泰与鄂武商控制人方面，分别考虑自身的立场、观点与战略运作方式，以透彻思考并充分了解并购与反并购的相关理论以及运用各种估值方法对公司进行价值评估在我国资本市场的实践。

1. 如你是收购方浙江银泰董事会成员，在发起对鄂武商的收购活动中，有几种收购方式可供选择？举牌收购的备选方案是什么？各种收购方式的利弊何在？

——收购方式

2. 从公司价值角度分析并购是否增加了鄂武商的投资价值？公司价值评估的方法有哪些？这些方法有何优缺点？如何评估鄂武商的公司价值？

——评估目标公司价值

3. 解释一下什么是“一致行动人”，如果你是鄂武商董事会一员，你赞成实施“一致行动人”战略吗？若赞成，你的实施计划是什么？

——反收购战略：“一致行动人”

4. 假设你是鄂武商董事会一员，你对以市场化行为的要约收购来狙击浙江银泰作何分析？针对要约收购方案的实施细节如定价、实施期限、支付方式等，你有哪些可选方案？这些方案分别是基于什么假设来设置的？

——反收购战略：部分要约收购

5. 如果你是银泰系掌门人，在竞争对手抛出“杀手锏”要约收购面前，你会有哪些应对方案？在这些可行方案中，你倾向于哪种，为什么？

——反收购战略对收购方的影响

三、分析思路

教师可以根据自己的教学目标（目的）来灵活使用本案例。这里提出本案例的分析思路，供参考。

本案例的逻辑路径如图 1 所示。

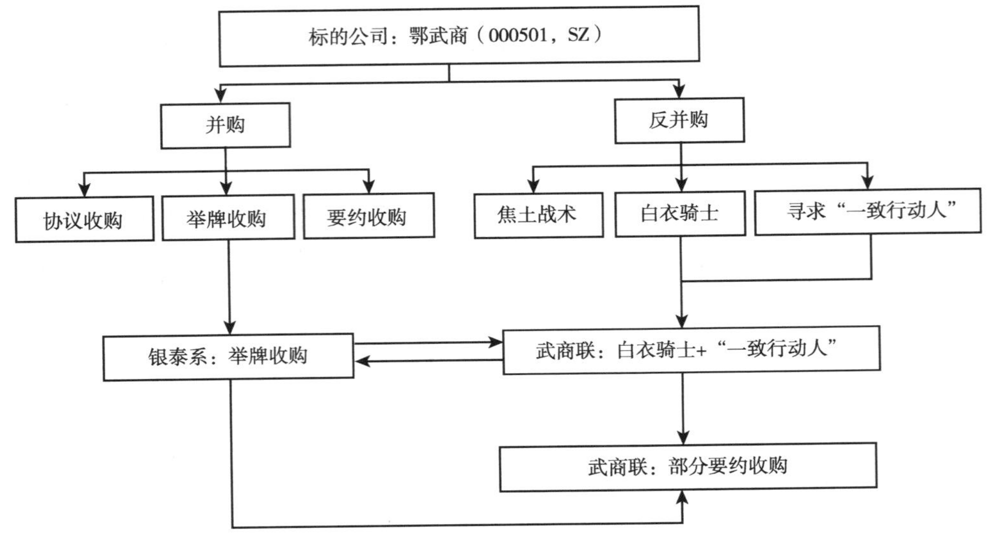

图 1　逻辑分析框架

本案例中银泰系与武商联就鄂武商的控制权展开并购与反并购的博弈，这也正是本案例的核心所在。银泰系这一“举牌高手”通过举牌收购方式意图获得鄂武商的控制权，然而武商联却不会自缚手脚而是通过“白衣骑士”和”一致行动人”方式展开迅速的反并购，与银泰系方面在股权方面拉开差距，保住了对鄂武商的控股地位。最后武商联又使出“要约收购”的杀招，以增强其对鄂武商的控制力。此时，武商联在争夺鄂武商控制权方面扭转局面处于主动位置，然而银泰系接不接招还是未知。在本案例中，将一致行动人设立为两类并详解其区别，是鄂武商并购案例中反并购的全新探索与实践。

具体分析思路如下：

（1）浙江银泰举牌收购——收购方式的选择。目前，我国收购上市公司的三大主要方式有协议收购、要约收购与举牌收购。举牌收购，是指在二级市场连续收购流通股从而实现对上市公司控股的目的而进行的行为。从主观意愿的角度来说，浙江银泰本次举牌收购属于恶意收购，而从国外近百年的收购历史来看，恶意收购成功的概率低于 10%（见图 2）。

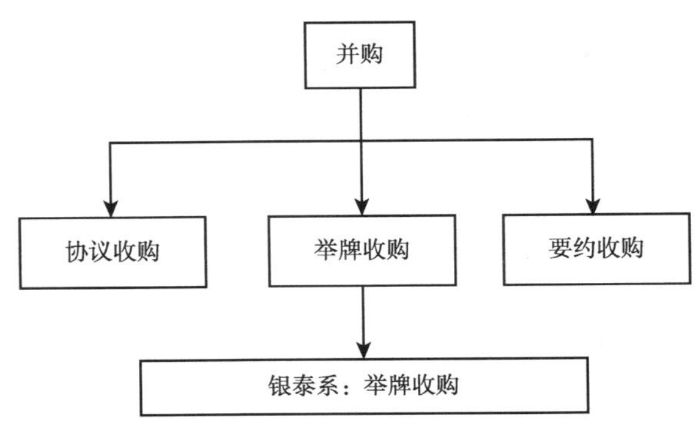

图 2　银泰系并购方式分析思路

既然如此，为什么浙江银泰还是选择了举牌收购，而不是协议收购与要约收购呢？假设学员是案例中的主要决策人，在这些可选择方案中，学员会倾向于哪个方案，为什么？选择后，具体有什么实施计划呢？学员可以从三个可选方案的区别、适用范围、实施效果及实施成本等方面来分析。协议收购，是指投资者在证券交易所之外与目标公司的股东就股票价格、数量等方面进行私下协商，购买目标公司的股票，以期达到对目标公司的控股或兼并目的。而要约收购是指收购人通过向目标公司的股东发出购买其所持有该公司股份的书面意思表示，并按照依法公告的收购要约中所规定的收购条件、价格、期限以及其他规定事项，收购目标公司股份的收购方式。考虑到控股股东武商联的态度，浙江银泰要实施协议收购不太具备可行性；要约收购相对协议收购更市场化，但其要经过较多的环节，操作程序比较繁杂，收购方的收购成本较高，国内市场一般很少主动使用要约收购，除非是达到法律的门槛不得不去实施。综合以上因素，浙江银泰考虑到举牌收购的市场化程度及其背后资金支持，选择了举牌收购。

（2）目标公司的价值评估分析。在公司并购活动中，合理评估目标公司的价值是并购活动的关键因素。公司价值评估的方法主要有贴现现金流法和相对估值法。贴现现金流法的基本思想是企业的价值产生于其未来现金流量的现值，通过对公司未来现金流、公司增长率以及资本成本的合理预测，从而运用贴现现金流模型计算公司价值。相对估值法是利用类似企业的市场定价来估计目标企业价值的一种方法，通常选择的比较标准有市盈率、市净率等。通过运用各种方法对鄂武商公司进行价值评估，促使学员掌握公司价值评估的原理以及各种方法的优缺点。

（3）武商联寻找一致行动人——反并购战略选择之一。针对浙江银泰的举牌收购，武商联提出反收购方案，比较切实可行的方案有白衣骑士、寻找一致行动人与二级市场增持。假设学员是当中的决策人，最倾向于哪种方案呢，为什么？若选择了该方案，具体怎么实施呢？前提是我们要针对三个方案进行比较分析，然后结合武商联的实际条件做出选择。

白衣骑士，是相对恶意收购者“黑衣骑士”而言的。即选择一家关系密切且实力雄厚的公司，以更优惠条件如财产锁定达成善意并购，以共同抵御恶意收购者。后者是指公司管理层号召股东不接受收购要约，可认为是委托书反并购策略。一致行动人，根据2008年修订的《上市公司收购管理办法》规定，是指通过协议、合作、关联方关系等合法途径扩大其对一个上市公司股份的控股比例，或者巩固其对上市公司的控制地位，在行使上市公司表决权时采取相同意见表示的两个及以上的自然人、法人或者其他组织。二级市场增持，即直接从二级市场进行买入股票。

相对于二级市场增持而言，武商联选择白衣骑士与寻找一致行动人的实施效果更明显，且耗费时间短，实施成本较低。武商联可直接寻找武汉市政府的帮助，方便而又直接。此外，其一致行动人分为核心一致行动人与外围一般行动人，前者是指持股比例较大，与武商联有紧密联系的武汉经发投、武汉开发投、武汉国资公司及全资子公司汉通投资；后者是指持股比例不大，与大股东不大紧密或产业区分较大的类别股东，如与鄂武商签署《战略合同协议》的武钢实业、市总工会、阿华美制衣、武汉地产、中南电力设计院等。武商联在本次寻找一致行动人的并购反击战中，时机准确，出手迅速。针对浙江银泰举牌收购的反击，武商联选择白衣骑士与一致行动人取得了阶段性的成功，背后很大的支撑是武汉市政府及其掌控的资源（见图3）。

（4）武商联要约收购——反并购战略选择之二。要约收购是目前我国资本市场上三大主要收购方式之一，包括全面要约收购与部分要约收购。所谓部分要约收购是指收购人在公

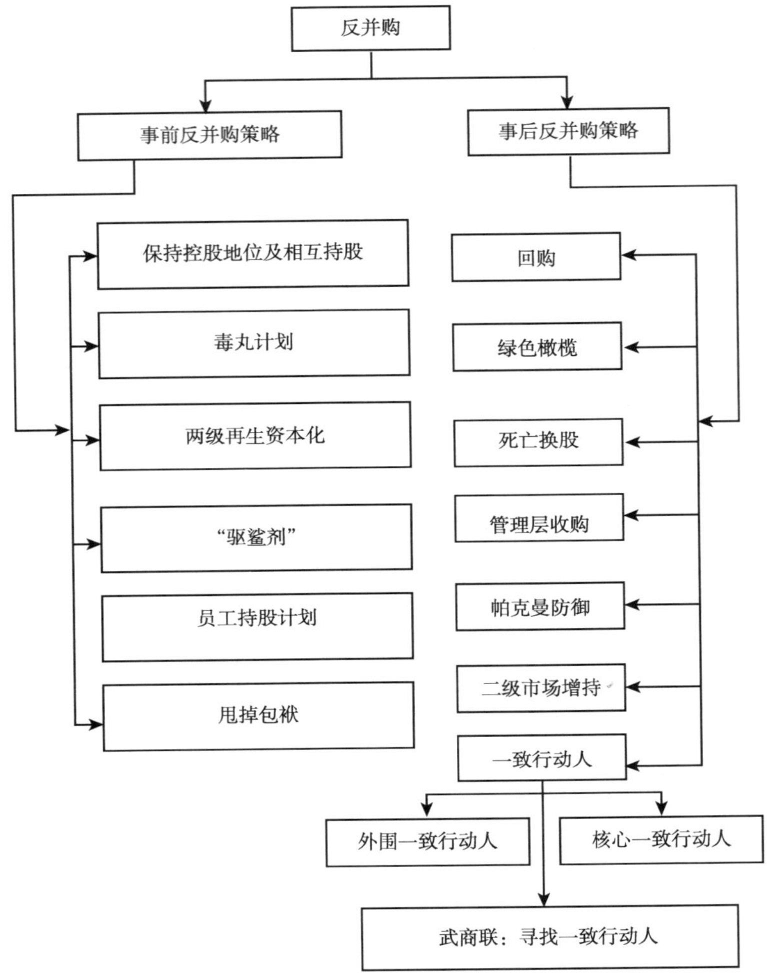

图3　武商联反并购战略选择一：寻找一致行动人

开市场上向目标公司所有股东承诺以某一特定价格购买一定比例或数量股份的收购。相对于全面要约收购，大股东通过部分要约收购可以在保持上市公司地位的前提下增强公司控制力（见图4）。

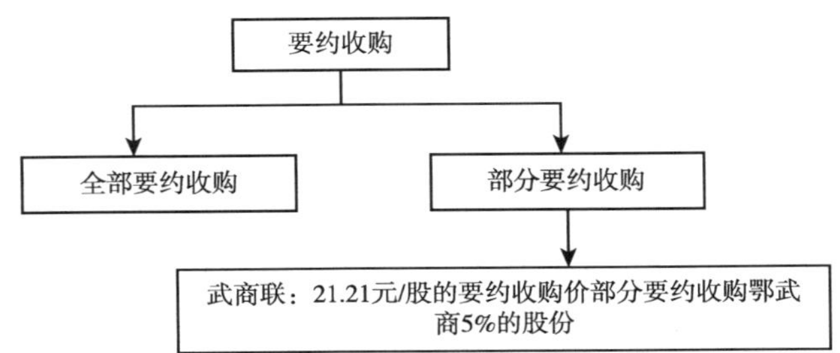

图4　武商联反并购战略选择之二：部分要约收购

2011年6月9日，控股股东武商联及其一致行动人动用5亿多元现金，在二级市场增持鄂武商股份达29.67%，已与竞争对手浙江银泰拉开了5%的持股差距。但这5%的差距，对于有意控股的收购方和竞争对手而言，并不是难以逾越的鸿沟。他们完全可以持续增持而重新收购、控股。为摆脱浙江银泰的纠缠，武商联提出了要约收购，基于以下两点原因。

一是我国资本市场的局限性。在我国，由于上市公司股权结构的特殊性，使得全面要约收购几乎不可能发生，造成协议收购的大量盛行。协议收购特别容易导致内幕交易的盛行，侵害中小股东的权益。因此，公开市场收购很大程度上需要部分要约收购来促进实现，以最大限度地体现公平。同时，部分要约收购有利于降低收购成本，实现资源的优化组合。

二是法律的规定。《上市公司收购管理办法》规定，允许持有控制一个上市公司的股份低于该公司已发行30%的收购人，以要约收购方式增持该上市公司股份的，在预定收购的股份比例不低于5%，预定收购完成后不得超过30%的幅度内可自由收购。

除了原因分析，学员还可以就要约收购方案的具体细节如定价、实施期限、支付方式等进行设计及分析。

（5）浙江银泰行动策略分析——反并购战略对收购方的影响。2011 年 10 月 27 日，鄂武商接到大股东武商联的通知，武商联已经向中国证监会提出延期提交要约收购反馈意见回复材料。换言之，本来蓄势待发的要约收购计划被迫搁置。如果武商联提出的要约收购得以实施，浙江银泰将如何应对呢？

假设学员是浙江百货的掌门人沈国军，可以提出哪些可选择的方案呢？在这些备选方案中，最倾向于哪种，为什么，具体的实施计划又是怎样呢？以上设计的方案是否有实施前提或假设，如武商联的不同反应措施？总的来说，针对武商联的部分要约收购，浙江银泰主要有两种方案，一是提出竞争性要约收购，以进为退，为银泰系布局江城武汉百货业而向武汉市政府索取更多的政策优惠或其他竞争筹码和话语权；二是就此罢手而退出股权之争，获取二级市场股票增值。学员还可以提出其他方案，以对浙江银泰与武商联的根本目的及其资金或资源情况的分析为基础，讨论浙江银泰的反击之战（见图 5）。

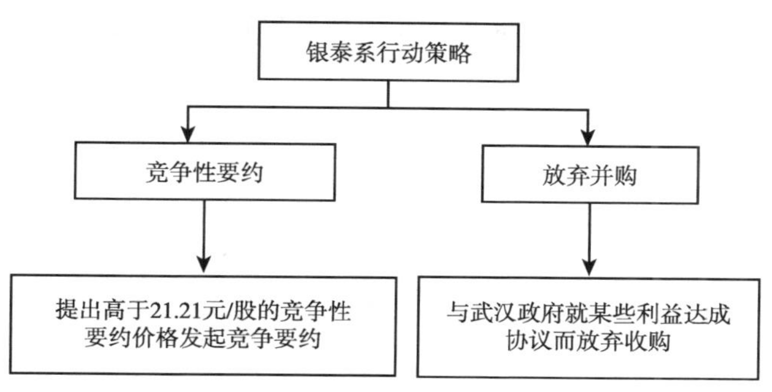

图 5　银泰系行动策略分析思路

四、理论依据及分析

1. 并购理论。

对于企业并购活动的动机，理论界存在不同的看法，主要可分为两大流派：效率理论学派和代理理论学派。其中，效率理论学派认为公司并购的动机是为了提高公司的经营效率，由此带来潜在的经济效益包括公司经营业绩的提高或获得某种形式的协同效应，即“1＋1＞2”。而代理理论认为并购是公司管理人员的代理行为或市场约束代理行为所致。还有一些学者认为，通过并购实现避税也是重要动机之一，即税收优惠假说。主要并购理论如表 1 所示。

表1 主要并购理论

效率理论	代理理论
1. 差别管理效率假说	1. 制约代理问题假说
2. 无效管理者替代假说	2. 管理主义假说
3. 经营协同效应假说	3. 管理层自负假说
4. 多元化经营假说	4. 自由现金流量假说
5. 财务协同效应假说	
6. 战略重组假说	
7. 价值低估假说	

美国著名的并购问题研究专家高根（2004）归纳了并购的5个战略动机：发展、协同效应、多元化、经济动机和其他动机。而著名财务学家希金斯（2004）认为，企业并购的动机主要是加快企业增长的速度。曹玉珊（2007）的研究发现，企业并购的动机是在实现速度目标和价值目标，但是倾向于实现速度目标，也就是说企业并购主要是为了加快其发展的速度。史永东、朱广印则从行为金融的角度进行研究，发现一个管理层的过度自信与公司的并购有显著的正相关关系。

2. 并购与要约收购。

并购有狭义与广义之分。狭义的并购指吸收合并和新设合并，广义的合并还包括为控制或施加重大影响的股权收购或资产购买，如收购（acquisition）或接管（take over）。

并购按目标公司股份是否受到法律规范强制划分为协议收购与要约收购。协议收购是指并购公司在场外与目标公司的控股股东达成股份收购协议，取得公司股份达到一定比例并获得公司控制权的并购行为。与协议收购不同，要约收购（Tender Offer或Takeover Bid）是一种法律强制性的义务，即当并购公司持有目标公司股份达到一定比例时要对目标公司所有股东发出收购要约，并以特定出价购买股东手中所持的目标公司股份。

在英国、美国、加拿大等一些比较成熟的证券市场，要约收购是上市公司控制权转移的主要方法。与日本、德国类似，我国的股权结构相对集中，要约收购使用得比较少，主要以协议收购为主，大部分收购股权超过30%的协议收购获得了强制要约收购豁免。要约收购的本质是对控制权的收购。若收购公司并非自愿发出要约收购，而是触发强制要约收购的启动点不得不按法律规定申请要约收购，且其对控制权的欲望并不强烈，那么这些公司很有可能会选择最低的法定收购价格，从而达到收购失败的目的。

在我国，由于上市公司股权结构的特殊性，使得全面要约收购几乎不可能发生，造成协议收购的大量盛行。银泰系曾在股权之争开始之初酝酿发起全面要约收购，但囿于成本，力不从心，而最终放弃。而协议收购特别容易导致内幕交易的盛行，侵害中小股东的权益。因此，公开市场收购很大程度上需要部分要约收购来促进实现，以最大限度地体现公平。同时，部分要约收购有利于降低收购成本，实现资源的优化组合。

控股股东武商联提出的部分要约收购方案，体现了当前资本市场的特点与现状：第一，它避免了全面要约收购这一并购方式门槛高、代价高且不易操作的特点。第二，也是最重要的，本次部分要约收购有效地喝止了银泰系的进一步逼宫收购行为。第三，溢价要约收购体现出控股大股东中长期信心。第四，两大竞争股东博弈利好于流通股股东。第五，公司中长期基本面改善预期增强，有望较大提升盈利空间。第六，给中小流通股股东有较大无风险套利空间。

3. 反并购策略。

反并购是并购的逆操作行为，是指目标企业管理层为了防止公司控制权转移而采取的，旨在预防或挫败收购者收购本公司的行为。它基于并购行为而产生，与并购行为相容相存。反并购的核心在于防止公司控制权的转移，直接目的在于阻止恶意被收购行为的发生和发展，尽量保持企业的现有状态不变。目标企业的反并购策略可以分为事前的反并购策略和事中的反并购策略，前者包括保持控股地位及相互持股、毒丸计划、两极再生资本化、修改公司章程，增加“驱鲨剂”条款、员工持股计划和甩掉包袱等，后者包括回购、绿色橄榄、死亡换股、管理层收购、寻求“白衣骑士”或股东支持、帕克曼防御、资产重估与缓兵之计等。

事实上，反并购措施在保护现有管理者利益的同时，究竟是增加了公司价值还是减少了公司价值，目前理论上还存在很大的争论。但对于国内上市公司而言，时刻保持反并购的意识与提前做好反并购措施仍是当务之急。

武商联采用的是“白衣骑士”及寻找“一致行动人”的反并购措施，后者是一个新的尝试，实施效果较好、实施成本较低，特别是武商联背后是国资系背景，拥有丰富的可动用资源。在这次并购反击战中，鄂武商寻找并拉拢“一致行动人”的措施有重要的三个特点：一是时机准确，出手迅速。事实上，并购与反并购在资本市场上不断上演、发生。关键就在并购期那并不长的时间窗口期双方的斗智斗勇和心理博弈。反应迅速而出手果断的一方可具有某种心理优势，实证研究也表明最终往往也是获胜者，这在鄂武商并购大战中得到典型体现。二是核心一致行动人。在这次并购大战中，武商联将临时组建的一致行动人队伍分成两类，即内层的核心一致行动人和外围的一般行动人。这次核心行动人是指持股比例较大，与武商联有紧密联系的武汉经发投、武汉开发投、武汉国资公司及全资子公司汉通投资。三是外围一般行动人。此类行动人是指持股比例不大，与大股东不大紧密或产业区分较大的类别股东。这两类一致行动人的设立与区别是鄂武商并购案例中反并购的全新探索与实践。

五、关键要点

1. 有关公司并购活动动机的几种并购理论：效率理论学派和代理理论学派。
2. 列举公司并购的方式及其各自运用环境，特别关注举牌收购与要约收购。
3. 探讨要约收购方案具体的定价、实施期限、支付方式等。
4. 运用贴现现金流法和相对估值法评估公司价值。
5. 有关公司反并购措施的分析、研究，特别关注“白衣骑士”与寻找“一致行动人”。
6. 武商联的百货重组计划及浙江银泰资本运作背景对各自采取的并购及反并购措施的影响。

六、教学组织方式

本案例可以作为专门的案例讨论课来进行。以下是按照时间进度提供的课堂计划建议，仅供参考。

整个案例课的课堂时间控制在 80—90 分钟。

课前计划：提出启发思考题，请学员在课前完成阅读和初步思考。

课中计划：鄂武商股权之争的背景介绍（10 分钟）；

拟定主题如下：

鄂武商公司与银泰系背景简要介绍；

鄂武商公司股权之争历史回顾；

鄂武商股权之争的市场反映与金融理论界的分析、评述；

鄂武商公司采取的应对措施及最新进展。

分组讨论并告知发言要求（30 分钟）；

小组发言（每组 5 分钟，控制在 30 分钟）；

引导全班进一步讨论，并进行归纳总结（15—20 分钟）。

课后计划：可以让学生写一份案例分析报告。报告可以参考以下结构。

（1）公司并购是否向市场传递了信号及传递了什么信号？

（2）如何评估鄂武商该公司的价值？

（3）设计鄂武商公司可行的反并购措施。

课堂导入方式：

（1）先与学生一起列出可能的要约收购方案，请学生举手，看学生各选择什么方案，再讨论启发性问题。

（2）从启发性问题入手，再讨论并购对公司各利益方的影响及各利益方的最优化选择。

七、相关附件

下面的参考资料（文献）可能能对提高本案例的使用效果提供帮助。

[1] 蒋荣健，姜巍，商国发．我国上市公司控股权更迭动因、形式及二级市场反映实证研究［J］．中国社会科学院研究生院学报，2004（3）．

[2] 刘晔．中国上市公司并购绩效实证研究［D］．南京农业大学，2007．

[3] 孙建平．上市公司控股权对企业价值影响研究［J］．商业时代，2010（5）．

[4] 郑炳金，段彦．ST 兴业控股与控制权争夺战及其反思［J］．国际商务财会，2010（2）．

[5] 余光，杨荣．企业并购股价效应的理论分析和实证分析［J］．当代财经，2007（7）．

[6] 包明华．并购经济学前沿问题研究［M］．北京：中国经济出版社，2005．

[7] 冯根福，吴林江．我国上市公司并购绩效的实证研究［J］．经济研究，2001（1）．

[8] 帕特里克·A·高根．兼并、收购与公司重组（第 3 版）［M］．朱宝宪，等译．北京：机械工业出版社，2004．

[9] 曹玉珊．企业增长速度的成因与中国上市公司的证［J］．当代财经，2007（4）．

[10] 罗伯特·希金斯．财务管理分析（第 6 版）［M］．沈艺峰，等译．北京：北京大学出版社，2004．

[11] 史永东，朱广印．管理者过度自信与企业并购行为的实证研究［J］．金融评论，2010（2）．

[12] 张新．并购重组是否创造价值：中国证券市场的理论与实证研究［J］．《经济研究》，2003（6）．

[13] Schwert，G. William，Markup Pricing in Mergers and Acquisitions［J］，Journal of Financial Economics. 1996（41）．

[14] Mrgginson，W. L.，Morgan，A.，Nail，L. Changes in Corporate Focus，Ownership

Structure, and Long - Run Merger Returns. University of Oklahoma working paper. 2000.

[15] Healy PM, K G Paepu, R S Ruback. Does Corporate Performance Improve after Mergers [J]. Journal of Financial Economics. 1992.

[16] Brunner, R. F., Chapter 3: Does M&A Pay? A Survey of Evidence for the Decision - maker [J]. Journal of Applied Finance. 2002.

[17] 鄂武商公司年报，2007—2012.

A公司一种解决社会保险信息化业务的软件著作权价值评估案例

杨飞虎 余炳文 胡梅根 张三静 张 昌

（江西财经大学经济学院，中铭国际资产评估公司江西分公司）

摘 要：本案例描述了A公司所拥有的社会保险信息化软件著作权价值评估，其评估的目的是质押贷款，案例采用了收益法测算评估对象的价值，评估思路是首先测算委估对象产生的销售收入，然后采用对比公司方法测算软件的折现率，最后根据收益法公式测算出委估软件的价值，在测算委估软件价值时，由于A公司属于非上市公司，而对比公司属于上市公司，所以案例中考虑了非流通性和流通性之间存在的差异，测算了A公司由于存在非流通性的折扣问题。

关键词：软件著作权；价值评估；收益法；非流通性折扣；案例研究

1. 引言

本案例来源于评估实践的真实案例，本案例实施开始于2011年10月，评估人员按照资产评估准则的要求，与行业专家、高校学者及A公司的相关人员进行了必要沟通和咨询，经过一系列的操作程序和测算，形成了本案例的主体内容。它反映了无形资产评估中软件著作权价值评估的特点，具有一定的典型性和代表性。在使用该案例之前，需要先对无形资产、著作权、软件著作权及著作权产品与服务等基本概念有一个基本的认识，对著作权的种类，内涵，权利状况，注册时间、地点，应用领域，所属领域以及公司过去、现在和未来的发展情况有所了解，这样才能客观合理评估出委估对象的价值。软件著作权的评估通常采用收益法，具体方法有许可使用费法、超额收益法、分成率法等，需要对这些方法的使用条件和前提有一个大致的了解，为案例的使用做好准备。

案例充分展示了软件著作权评估的关键问题、知识点以及需要掌握的基本操作技能，选用该案例作为教学案例比较适中。

① 本案例由江西财经大学杨飞虎、余炳文、胡梅根、张三静和张昌采选，来源于评估实践，是真实的资产评估案例，为了保护委托方的信息和权利，本案例对委托方公司名称及其他的一些相关信息做了替换处理，但并不影响本案例的真实性和有效性。

2. 相关背景介绍

本案例的评估委托方为 A 公司，它是一家专门以计算机应用为主的公司，成立至今一直致力于交通、社保行业应用软件开发及行业解决方案的设计为主的企业，它是 R 省高新技术企业，也是省软件企业，微软的认证合作伙伴。公司承担了多个国家火炬计划项目、省市科技计划项目和高技术产业化项目，公司通过了 CMMI3 级的认证，拥有一套完善的软件质量体系。公司凭借多年来在交通、社保行业的不懈努力，积累了大量的系统实施经验和业务知识，所开发的产品以专业化程度之深、系统构架之先进、数据规划之科学，赢得了用户的信任，并以及时、周全的售后服务获得了用户的赞誉，在行业内树立了良好的品牌形象。

为了进一步扩大软件应用范围和市场占有领域，A 公司拟收购本地区一家软件企业，该企业与 A 公司的经营性质类似，业务领域主要集中在电力、银行等部门的软件应用，由于经营管理不善，处于亏损状态，但该企业的技术研发能力较强，大部分的软件人员具有研究生以上学历，有较成功的实战经验，对 A 公司未来的发展具有较好的推动和补充作用。A 公司为了筹集必要的收购资金，拟将本公司所拥有的软件著作权进行质押，获取银行贷款，以弥补收购资金的不足，为了了解软件著作权的公开市场价值，委托 × × 评估机构对委估对象的价值进行评估，并形成了本报告的主体内容。

3. 主体内容

3.1 评估的基本事项

（1）委托方简介。

A 公司位于 N 市东城区开发区工业园，该公司成立于 1994 年，注册资金 2 000 万元人民币，营业面积 8 000 多平方米，是中部地区规模较大的软件企业之一，也是 R 省高新技术企业、双软认证企业。A 公司以其全新的经营理念，培养和吸收了一批年轻、务实、专业技术强的人才，形成一支富有创新精神的稳定团队，为项目的成功实施提供了可靠的保证。以行业应用软件作为公司产品发展方向，最终成为交通、社保行业中软件生产和咨询服务的领导者。

（2）评估目的。

本次评估的目的是 A 公司以其拥有的软件著作权为质押物向银行申请贷款，为合理确定软件著作权的市场价值提供参考意见。

（3）价值类型。

根据评估目的和评估对象的特点，考虑市场条件及评估对象的使用等并无特别限制和要求，因此确定本次评估结论的价值类型为市场价值。

（4）评估对象和范围。

本次评估对象为 A 公司所拥有的软件著作权；评估范围为 A 公司于评估基准日的全部资产及相关负债。

A 公司计算机软件仅包括著作权或版权，没有专利权、专有技术和商标权。即评估具体对象一是计算机软件程序的源程序和目标程序；二是相关文档。即指用来描述程序的内容、组成、设计、功能规格、开发情况、测试结果及使用方法的文字资料和图表等，包括程序设计说明书、流程图、用户手册等。

（5）评估基准日。

项目资产评估基准日为2011年12月31日。评估基准日由委托方确定，确定的理由是评估基准日有利于评估目的实现，本次评估以评估基准日的价格为取价标准。

3.2 资产清查简要说明

（1）资产清查的组织及方案。

接受评估委托后，评估人员进驻A公司，指导企业财务和资产管理人员填写资产评估申报明细表及准备资产评估资料；然后由企业财务对评估范围的资产和负债按资产评估申报明细表的内容进行全面清查核实，并填写资产评估申报明细表，同时按评估资料清单要求准备相关的产权证明、历史成本支出明细、资产质量状况、其他财务和经济技术指标等相关评估资料。并听取企业相关人员介绍待评估资产的历史和现状；对企业提供的资产评估申报明细表进行核对，对申报评估明细表中资产构成不明确的内容，以实际清查结果调整评估申报明细表；按评估申报明细表对各项资产进行现场清查核实，并验证相关评估资料。

（2）清查核实的方法。

针对各类资产具体情况分别选择全面清查法、分类清查法、账目核对法和函证询问法。对房屋建筑物、在建工程、土地使用权逐项核实；对银行存款、应收票据、长期待摊费用、应付利息、应付职工薪酬、应交税费等项目进行总账、明细账与原始凭证的核对；对应收账款、预付账款、其他应收款、借款、应付账款、其他应付款等采用发询证函并结合抽查会计凭证的方式进行核实。

（3）资产清查结论。

通过以上资产清查核实程序，评定委估的各项资产、负债产权、数量、质量产权清晰、数量正确，各项资产使用和运行情况正常，满足了“账表相符、账实相符”的评估要求。

3.3 本案例的评估思路

本次评估采用的是收益法途径，具体方法是首先评估出拥有软件著作权产品的销售收入，再通过委估对象的折现率和收益期限，并在此基础上测算出具有流通性软件著作权的价值，考虑非流通性折扣后，最终确定委估软件著作权的价值。收益途径分析方法的具体步骤为：（1）确定软件的经济寿命期，预测在经济寿命期内软件产品的销售收入；（2）预测在经济寿命期内软件产品的销售成本；（3）计算软件对销售收入的贡献；（4）采用适当折现率将软件对销售收入的贡献折成现值。折现率应考虑相应的形成该现金流的风险因素和资金时间价值等因素；（5）将经济寿命期内软件对销售收入的贡献的现值相加，确定软件的公平市场价值。上步估算出的委估对象价值包含计算机软件程序的源程序和目标程序，以及与该计算机软件相关的文档等。

3.4 评估技术说明

（1）评估方法的选择与确定。

资产评估通常采用三种方法，结合本次评估的无形资产特点，本案例确定采用收益途径的方法。收益途径的方法是指分析评估对象预期未来的业务收益情况来确定其价值的一种方法。运用收益途径的方法是用无形资产创造的现金流折现价值来确定委估无形资产的公平市场价值。本次评估目的是企业将软件著作权质押，实质上是对软件著作权的盈利能力的价值评估，即根据委估著作权未来的预期收益折现，然后根据软件著作权所在企业 A 公司非上市公司的特点，采用一定的非流通性折扣的方法确定委估软件著作权的市场价值，即采用收益法的技术路线进行评估。需要说明的是本次评估的计算机软件目前销售的方式是直接销售或间接销售。所谓直接销售型是指软件直接销售给客户使用；所谓间接销售型是指将软件集成于硬件产品中与硬件产品一并销售。

通过上述分析，无论是直接销售型还是间接销售型，软件的收益方式可以认定为销售收益型模式，软件收益为：

软件收益 = 销售收入 - (业务成本 + 销售费用 + 管理费用) × (1 + 行业成本费用机会成本率) + 著作权软件相关增值税返还

这里的销售收入是指软件对应的纯粹收入，它是软件全部销售收入的组成部分。

这里的软件成本费用包含软件业务成本、销售费用和管理费用。由于企业运行中销售被评估软件仅为其一种业务，企业还有其他相关业务，因此上述成本费用需要在被评估著作权软件业务和其他业务之间进行分摊。我们考虑采用历史数据和未来预测销售收入数据为基础，按委估软件销售收入占全部软件业务销售收入或全部业务销售比例来分析确定分摊比例。这里的行业成本费用机会成本率采用对比公司平均加权资金成本，即税前 WACC 的平均值。这里收入增加所谓“增值税返还”是由于本次评估的著作权软件是一个软件包，因此一般情况下可以使得获得该软件包的企业获得软件企业认定，根据国家相关规定，软件企业实际增值税税负不超过 3%，企业超额部分给予返还。这也是软件著作权的贡献组成部分。

（2）评估程序实施过程及情况。

根据国家有关部门关于资产评估的规定，按照资产评估业务约定书，评估人员已实施了对被评估单位提供的法律性文件与会计记录以及相关资料的核对，对资产进行实地查看与核对，并取得了相关的产权证明文件复印件，进行了必要的评估调查工作，以及我们认为有必要实施的其他资产评估程序。资产评估的过程如下：①接受委托阶段；②清查核实阶段；③评定估算阶段；④汇总并审核阶段；⑤出具报告阶段。

3.5 评估值测算过程

（1）软件著作权经济寿命确定。

一般认为计算机版权是有经济寿命周期的，根据国家《计算机软件保护条例》的规定，计算机版权的保护期不超过 50 年。但对于一项计算机软件其使用性一般不会有 50 年，因此其经济寿命一般会短于其版权法定保护期。按目前的规律，计算机技术发展十分迅速，一般技术的更新换代时间最长为 3—5 年，因此对于一般的软件，其经济寿命也会相应地与计算机技术同步。但本次委估的计算机软件属于社会保险领域内的用户软件。由于社会保险领域内的软件对可靠性、普及性的要求极高，因此软件竞争相对受到一定限制，该软件的使用寿命要比一般的其他领域里的软件的寿命要长。另一方面，由于本次评估的软件内涵包括源程序和相关文档，受让方可以进一步升级、完善甚至再开发，如果考虑进行两次再开发，每次开发可以延长约2年寿命，则我们认为该等软件的经济寿命应该可以达到10年，也就是评估基准日至寿命期结束还有7年的时间。从目前现实市场状况来看，也与上述分析相符。即从评估基准日计算，评估的软件至少可以使用到2018年年底。

（2）软件产品销售收入预测。

①国家政策走势和行业的市场分析。

新型农村合作医疗信息系统是实现国家医改政策的一部分，该项目早在2006年就已经全面启动，并在未来几年将进入全面覆盖阶段。我国新型医疗体制改革的目标是到2011年实现在全国建立基本覆盖农村居民的新型农村合作医疗制度。同时，我国新医改实施方案中提出了用3年时间建成比较完善的基层医疗卫生服务体系。预计在2015年，公司新农合系统全国市场占有率超过10%，较2010年市场占有率1.5%有较大增长。随着公司营销体系的完善和产品开发能力的加强，公司新农合系统的市场占有率有望进一步提高。

预计在2015年，公司城乡医疗救助系统全国市场占有率超过10%，较2010年市场占有率1.0%有较大增长。随着公司营销体系的完善和产品开发能力的加强，公司城乡医疗救助系统的市场占有率有望进一步提高。

未来5年信息化继续投入计算：人劳厅省级中心与系统平台建设与升级服务费1 000万元；100多家管理机构县级中心系统建设与升级服务费平均100万元，约需1亿元；定点机构接口与服务费0.5亿元；参保新增100万张，每张按15元计，约1 500万元；增值服务按人均每年2元计算，为1亿元。则5年内合计投入超过2.3亿元，其中软件与技术服务、信息服务超过1.5亿元。

②软件产品销售收入预测。

企业的软件产品销售收入来源于企业各类自由软件的销售收入。根据对企业经营现状和历史，以及目标市场的分析，自由软件历史年度皆在低层次水平上徘徊。2011年，随着国家政策导向，软件收入出现了较大幅度的增长，预计今后仍将保持高位增长势头。但委估软件在2016年后会由于新软件著作权的出现而使现有软件著作权逐步被新软件替代，因此被评估的著作权软件产品的销售收入会逐步下降。根据公司2009—2011年的经营状况，销售增长率取前三年的平均历史增长率3%，至2016年出现零增长，随着市场竞争的加剧和同类新软件的出现，市场增长率会逐步，预测2017年和2018年的增长率分别为-10%和-20%。预测的销售收入见表1。

表1　2012—2018年公司软件、硬件及增值服务收入预测　单位：万元

序号	业务名称	历史业绩		未来预测						
		2010年	2011年	2012年	2013年	2014年	2015年	2016年	2017年	2018年
一	软件销售收入	4 614.05	4 660.19	4 800.00	4 944.00	5 092.32	5 245.08	5 245.08	4 720.57	3 776.46
1	管理系统业务收入	1 849.28	1 941.75	2 000.00	2 060.00	2 121.80	2 185.45	2 185.45	1 966.91	1 573.53
2	电子政务软件收入	961.26	970.87	1 000.00	1 030.00	1 060.90	1 092.73	1 092.73	983.46	786.77
3	医院管理软件收入	865.14	873.79	900	927	954.81	983.45	983.45	885.11	708.09
4	其他软件收入	865.14	873.79	900	927	954.81	983.45	983.45	885.11	708.08

续表

序号	业务名称	历史业绩		未来预测						
		2010 年	2011 年	2012 年	2013 年	2014 年	2015 年	2016 年	2017 年	2018 年
二	硬件销售收入	1 922.52	1 941.75	2 000.00	2 060.00	2 121.80	2 185.45	2 185.45	1 966.91	1 573.52
三	软件服务收入	769.01	776.70	800	824	848.72	874.18	874.18	786.762	629.41
四	收入合计	—	—	7 600.00	7 828.00	8 062.84	8 304.71	8 304.71	7 474.24	5 979.39

（3）软件产品销售成本预测。

①业务成本预测。

业务成本分摊，根据委估软件销售收入与全部软件业务收入比例，计算出分摊系数。用预测期各年业务成本乘以分摊系数，计算出委估软件业务对应的业务成本。根据历史经营中成本与销售收入的关系进行测算，其中硬件成本约占硬件销售收入的 81%，服务成本约占服务销售收入的 13.79%，软件成本约占软件销售收入的 4.52%，经过计算，2012—2018 年公司的软件、硬件及增值服务成本预测如表 2 所示。

表 2　2012—2018 年公司软件、硬件及增值服务成本预测　单位：万元

序号	费用明细项	未来预测						
		2012 年	2013 年	2014 年	2015 年	2016 年	2017 年	2018 年
1	硬件成本	1 627.68	1 676.51	1 726.81	1 778.61	1 778.61	1 904.16	1 941.13
2	服务成本	110.33	113.64	117.05	120.56	120.56	129.07	131.58
3	软件成本	216.78	223.29	229.99	236.89	236.89	258.37	268.89
3.1	人工费	158.91	163.68	168.59	173.65	173.65	189.39	197.10
3.2	差旅费	23.57	24.28	25.01	25.76	25.76	28.10	29.24
3.3	办公费	4.31	4.44	4.57	4.71	4.71	5.14	5.35
3.4	其他费用	29.99	30.89	31.82	32.77	32.77	35.74	37.20
4	合　计	1 954.79	2 013.44	2 073.85	2 136.06	2 136.06	2 291.60	2 341.60

②管理费用销售费用和分摊。

管理费用和销售费用分摊，根据委估软件销售收入与全部业务收入比例，计算出分摊系数。用预测期各年管理费用和销售费用乘以分摊系数，计算出委估软件业务对应的管理费用和销售费用。根据历史经营中管理费用、销售费用与销售收入的关系进行测算，经测算管理费用约占软件销售收入的 7.02%，销售费用约占销售收入的 10.1%，则 2012—2018 年公司的软件、硬件及增值服务的管理费用与销售费用预测如表 3 所示。

表 3　2012—2018 年管理费用和销售费用预测　单位：万元

项　目	2012 年	2013 年	2014 年	2015 年	2016 年	2017 年	2018 年
管理费用	381.52	392.97	404.75	416.90	416.90	375.21	300.17
销售费用	539.60	555.79	572.46	589.63	589.63	530.67	424.54
合　计	921.12	948.75	977.22	1 006.53	1 006.53	905.88	724.70

（4）机会成本的确定。

根据 WACC 模型，取对比公司平均投资回报率。根据测算，对比公司税前平均回报率为 13.40%。详见折现率中的相关描述。

（5）增值税返还。

根据著作权软件销售收入情况和国家有关税收的规定估算增值税，并且按 4% 的比例作为返还比例。

（6）确定软件对收入的贡献。

对于本次评估的软件，其产品年销售收入的贡献为：

软件对收入的贡献 = 软件产品年收入 -（业务成本 + 管理费用 + 销售费用）×（1 + 销售成本费用机会成本率）+ 相关增值税返还

具体的测算结果见表 4。

表 4　**2012—2018 年委估软件著作权收入预测**　单位：万元

项　目	2012 年	2013 年	2014 年	2015 年	2016 年	2017 年	2018 年
销售收入	4 800.00	4 944.00	5 092.32	5 245.08	5 245.08	4 720.57	3 776.46
成本	1 954.79	2 013.44	2 073.85	2 136.06	2 136.06	786.76	629.41
管理费用	533.52	549.53	566.01	582.99	582.99	524.69	419.75
销售费用	767.60	790.63	814.35	838.78	838.78	754.90	603.92
机会成本	589.32	607.00	625.21	643.97	643.97	374.01	299.21
税收返还	672.00	692.16	712.92	734.31	734.31	660.88	528.70
软件著作权对销售收入贡献合计	1 626.77	1 675.57	1 725.82	1 777.60	1 777.60	2 941.09	2 352.87

（7）折现率的估算。

折现率，又称期望投资回报率，是基于收益法确定评估价值的重要参数。本次评估的折现率采用对比公司的无形资产投资回报率作为技术评估的折现率。

①对比公司的选取。

在本次评估中对比公司的选择标准如下：

对比公司近年为盈利公司；

对比公司必须有至少有两年的上市历史；

对比公司只发行人民币 A 股；

对比公司所从事的行业或其主营业务为软件和信息技术行业。

根据上述四项原则，选取了用友软件、浪潮软件、浙大网新、恒生电子和金证股份 5 家上市公司作为对比公司，以上 5 家公司需通过股票波动与沪深 300 指数波动相关性的 t 检验测试，经过 EVIEWS4.0 软件的 t 检验，相关 t 检验数据和结论如表 5 所示。

由于 t 检验通过，我们可以认定上述 5 个对比公司的股票波动与股票市场沪深 300 指数波动存在相关关系，因此为以下 CAPM 的估算奠定了基础。

②加权资金成本的确定（WACC）。

WACC 代表期望的总投资回报率。它是期望的股权回报率和所得税调整后的债权回报率

表5　对比公司股票波动于沪深300指数的相关性检验　单位：万元

对比公司名称	股票代码	自由度（$n-2$）	t 检验统计量	t 检验结论
用友软件	600845. sh	78	47. 6	通过
浪潮软件	600756. sh	76	46. 3	通过
恒生电子	600570. sh	57	14. 6	通过
浙大网新	600588. sh	82	14. 9	通过
金证股份	600446. sh	57	11. 6	通过

的加权平均值。在计算总投资回报率时，第一步需要计算截至评估基准日股权资金回报率和利用公开的市场数据计算债权资金回报率。第二步，计算加权平均的股权回报率和债权回报率。

a. 股权资金回报率的确定。为了确定股权回报率，利用资本定价模型（CAPM）。CAPM是通常估算投资者收益要求并进而求取公司股权收益率的方法。它可以用下列公式表述：

$$R_e = R_f + \beta \times \text{ERP} + R_s \quad \text{（公式 1）}$$

分析CAPM采用了以下几个步骤：

第一步，确定无风险收益率及ERP。选取从评估基准日到国债到期日剩余期限超过10年期的国债，并计算其到期收益率，取所有国债到期收益率的平均值作为本次评估无风险收益率，以上述国债到期收益率的平均值4. 35%作为本次评估的无风险收益率。

通过估算1999—2008年每年的市场风险超额收益率 ERP_i，结果如表6所示。

表6　市场超额收益率ERP估算表

年份	R_m 算术平均值	R_m 几何平均值	无风险收益率 R_f	ERP = R_m 算术平均值 − R_f	ERP = R_m 几何平均值 − R_f
1999	-20. 65%	9. 87%	3. 60%	-24. 25%	6. 27%
2000	32. 47%	26. 92%	3. 46%	29. 01%	23. 47%
2001	15. 06%	11. 15%	2. 92%	12. 14%	8. 23%
2002	7. 49%	1. 93%	2. 79%	4. 70%	-0. 86%
2003	9. 80%	3. 89%	3. 27%	6. 53%	0. 63%
2004	7. 69%	1. 93%	4. 71%	2. 98%	-2. 78%
2005	4. 49%	-0. 78%	3. 14%	1. 36%	-3. 91%
2006	23. 86%	13. 23%	3. 18%	20. 68%	10. 05%
2007	52. 60%	30. 32%	4. 03%	48. 57%	26. 30%
2008	44. 28%	9. 68%	3. 42%	40. 86%	6. 26%
平均值	17. 71%	10. 82%	3. 45%	14. 26%	7. 36%

由于几何平均值可以更好地表述收益率的增长情况，因此我们采用由几何平均值计算的 C_n，并进而估算的ERP = 7. 36%作为目前国内市场超额收益率。

第二步，确定对比公司相对于股票的市场风险系数 β（Levered Beta）。本次评估选取该公司公布的β计算器计算对比公司的β值，股票市场指数选择的是沪深300指数。采用对比公司基准日前53个月（可比公司中上市日期离评估基准日最近月数）的历史数据计算β值。经计算各可比公司的β值分别为0.8602、0.8535、0.8316、0.5663和0.7354。

第三步，估算公司特有风险收益率R_s。对沪、深两市的1 000多家上市公司1999—2006年的数据进行了分析研究，最后选择了700多家样本数据，经过分析后将样本点按调整后资产账面价值进行排序并分组，得到表7数据。

表7　国内公司规模与投资回报率测算关系

组别	样本点数量	规模指标范围（亿元）	规模超额收益率（原始Beta）	股东权益（亿元）
1	7	0—0.5	3.22%	2.28
2	20	0.50—1.0	2.79%	2.04
3	28	1.0—1.5	2.49%	2.47
4	98	1.5—2.0	2.27%	3.08
5	47	2.0—2.5	2.02%	3.56
6	53	2.5—3.0	1.78%	4.43
7	88	3.0—4.0	1.49%	5.62
8	83	4.0—5.0	1.31%	6.37
9	57	5.0—6.0	0.99%	8.35
10	47	6.0—7.0	0.84%	10.09
11	34	7.0—8.0	0.64%	10.16
12	41	8.0—10.0	0.54%	11.11
13	79	10.0—15.0	5.05%	16.63
14	35	15.0—20.0	5.90%	24.52
15	35	20.0—	7.41%	60.36

从表7和图1中可以看出规模超额收益率在净资产规模低于10亿元时呈现下降趋势，当净资产规模超过10亿元后不再符合下降趋势。根据表8中的数据，我们可以采用线性回归分析的方式得出超额收益率与净资产之间的回归方程如下：

$$R_s = 3.139\% - 0.2485\% \times NA \qquad \text{（公式2）}$$

其中：R_s为公司规模超额收益率；NA为公司净资产账面值（$NA \leqslant 10$亿元）。因此可以

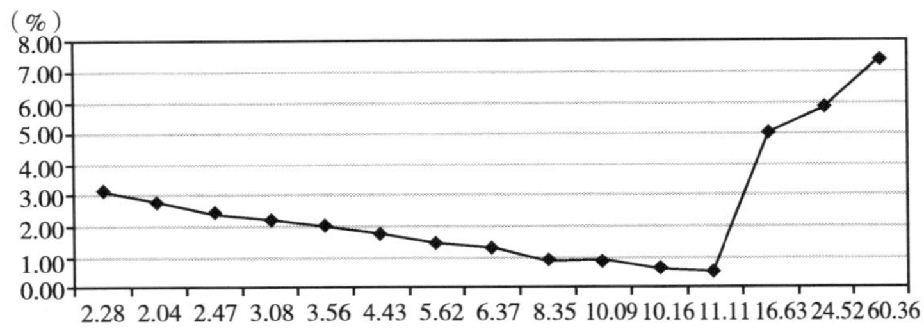

图1　国内公司规模与投资回报率测算关系图

将这些公司的净资产代入 R_s 公式中进行测算。这些公司的净资产分别为7.84亿元、13亿元和5.86亿元，所以代入上述公司后其 R_s 分别为1.19%、-0.09%和1.68%。对于资产超过10亿元的公司，规模超额收益按照最高的7.41%测算。

第四步，测算现行股权收益率。为了使得收益现金流与折现率口径保持一致，需要估算税前的股权期望投资回报率，采用如下公式计算税前股权资本成本（CAPM）。

$$\text{税前 CAPM} = \text{税后 CAPM} \div (1 - T) \quad \text{（公式3）}$$

其中：T 为适用所得税率按照25%测算。测算结果见表8。

表8　　对比公司税前股权收益率测算表

对比公司名称	无风险收益率 R_f	风险收益率 ERP	风险系数 β	超额规模收益率 R_s	股权收益率	税率	税前股权收益率
用友软件	4.35%	7.36%	0.8602	7.41%	18.09%	25%	24.12%
浪潮软件	4.35%	7.36%	0.8535	1.19%	11.82%	25%	15.76%
浙大网新	4.35%	7.36%	0.8316	7.41%	17.88%	25%	23.84%
恒生电子	4.35%	7.36%	0.5663	-0.09%	8.43%	25%	11.24%
金证股份	4.35%	7.36%	0.7354	1.68%	11.44%	25%	15.26%

b. 债权回报率的确定。根据Wind资讯数据，国内债权交易市场上距到期日10年以上的债权投资到期收益率情况分析，债券信用评级不同，其到期收益率存在明显差异。被评估企业的期望投资回报率应该与A级相当，即为7.85%。

c. 总资本加权平均回报率的确定。股权期望回报率和债权回报率可以用加权平均的方法计算总资本加权平均回报率。权重评估对象实际股权、债权结构比例。税前总资本加权平均回报率可以利用以下公式计算：

$$\text{税前 WACC} = \frac{R_e}{1 - T}\ \frac{E}{D + E} + R_d \frac{D}{D + E} \quad \text{（公式4）}$$

其中：WACC为加权平均总资本回报率；E 为股权价值；R_e 为期望股本回报率；D 为付息债权价值；R_d 为债权期望回报率；T 为企业所得税率。测算结果见表9。

表9　　对比公司税前WACC测算

对比公司名称	税前股权收益率	权益占比	税前债权收益率	债权占比	WACC（税前）
用友软件	24.12%	55.49%	7.85%	44.51%	16.88%
浪潮软件	15.76%	66.44%	7.85%	33.56%	13.11%
浙大网新	23.84%	43.96%	7.85%	56.04%	14.88%
恒生电子	11.24%	74.29%	7.85%	25.71%	10.37%
金证股份	15.26%	52.79%	7.85%	47.21%	11.76%
平均值			13.40%		

③无形资产投资回报率的确定。

上述计算的 WACC 可以理解为投资企业全部资产的期望回报率，企业全部资产包括流动资产、固定资产和无形资产。WACC 可以用下式表述：

$$WACC = W_c \times R_c + W_f \times R_f + W_i \times R_i \quad \text{（公式 5）}$$

其中：W_c为流动资产（资金）占全部资产比例；W_f为固定资产（资金）占全部资产比例；W_i为无形资产（资金）占全部资产比例；R_c为投资流动资产（资金）期望回报率；R_f为投资固定资产（资金）期望回报率；R_i为投资无形资产（资金）期望回报率。

取一年内平均银行贷款利率 7.47%（税前利率）为投资流动资产期望回报率。投资固定资产所承担的风险较流动资产高，因而期望回报率比流动资产高，取银行 5 年以上平均贷款利率 7.83%（税前利率）为投资固定资产的期望回报率。

将上式变为

$$R_i = \frac{WACC - W_c \times R_c - W_f \times R_f}{W_i} \quad \text{（公式 6）}$$

计算 R_i为投资无形资产的期望回报率。

对于流动资产我们在估算中采用企业营运资金，计算公式如下：

营运资金 = 流动资产合计 − 流动负债合计 + 短期银行借款 +
其他应付款等 + 一年内到期的长期负债等

在估算中，固定资产采用固定资产账面净值和长期投资账面净值。

计算对比公司无形资产期望回报率的平均值为 30.62%，取该平均值作为无形资产折现率。需要说明的是，我们这里估算的无形资产折现率是税前、现金流口径的折现率。具体计算见表 10。

表 10　对比公司无形资产收益率测算（税前）

对比公司名称	流动资产占比	R_c	固定资产占比	R_f	无形资产占比	WACC（税前）	无形资产收益率（税前）
用友软件	51.10%	7.47%	14.58%	7.83%	34.32%	16.88%	34.73%
浪潮软件	49.83%	7.47%	29.66%	7.83%	20.51%	13.11%	34.44%
浙大网新	63.52%	7.47%	8.04%	7.83%	28.44%	14.88%	33.42%
恒生电子	50.91%	7.47%	28.29%	7.83%	20.80%	10.37%	20.90%
金证股份	62.88%	7.47%	18.02%	7.83%	19.10%	11.76%	29.59%
平均值				30.62%			

（8）对比公司缺少流通折扣率估算。

①不可流通性对股权价值的影响。

不可流通性影响股票价值这一事实是普遍存在的，有很多这方面的研究。表 11 给出一些比较著名的美国研究结论。

表 11　美国不可流通性折扣研究的情况

研究报告	研究时期	平均折扣率（%）
SEC Overall Average	1966—1969 年	25.8
SEC Nonreporting OTC Companies	1966—1969 年	32.6
Gelman	1968—1970 年	33.0
Trout	1968—1972 年	33.5
Moroney	1969—1972 年	35.6
Maher	1969—1973 年	35.4
Standard Research Consultants	1978—1982 年	45.0
Willameette Management Assocs. , Inc	1981—1984 年	31.2
Emory	1980—1981 年	60.0
Emory	1985—1986 年	43.0
Emory	1987—1989 年	45.0
Emory	1989—1990 年	45.0
Emory	1990—1992 年	42.0
Emory	1992—1993 年	45.0
Emory	1994—1995 年	45.0

上述研究可以有力证明如下一个观点，即缺少变现能力或缺少流通性，对股票的价格有较大的减值影响。这种影响如果与可流通股相比较存在减值折扣率，折扣率一般为30%—45%。

对于股票缺少流通性的减值研究，国内还没有这方面的专项研究，但如果对国内法人股的交易情况略加注意，也可以发现上述类似情况。中国股市中法人股是不可流通的，基于此可以通过对法人股转让价格与流通股交易价格之间的关系研究流通性对价格的影响。对1998—2005 年发生的法人股交易案例进行了研究，得到法人股交易价格与流通股价格的比例，结果如表 12 所示。

表 12　中国公司不可流通性折扣研究的情况

法人股交易年度	案例数量	法人段交易价格/流通股价格（%）
1998 年度	70	19.3
1999 年度	74	24.27
2000 年度	189	18.5
2001 年度	1 100	23.6
2002 年度	252	21.75
2003 年度	259	26.54
2004 年度	363	36.5
2005 年度	107	36.2
合计/平均	2 414	25.83

上述研究证明，不可流通性对股票价格的影响在中国也是存在的。在进行企业整体价值

评估时需要考虑上述差异对评估价值的影响。

②不可流通折扣率的估算。

近年来，中国上市公司进行了大范围的股权分置改革，股权分置改革的基本方式是持有上市公司非流通股（或称法人股）的股东通过支付给流通股股东股权对价“换取”流通股股东同意非流通股股东所持有的股权可以在一定时期之后解除流通限制，成为可流通股权。

通过上述介绍，我们可以看出股权分置改革的核心就是非流通股东通过支付对价来换取自身的股权流通。因此，我们可以通过分析估算非流通股东由不可流通到流通需要支付的对价成本来估算缺少流通的折扣率。

进一步分析国内股权分置改革的实质，还可以看到，上市公司非流通股为了获得自身股票的可流通，需要经过两个步骤：第一，支付给流通股东一定数额的对价，以取得自身股权在未来一个限制期限后可以流通；第二，非流通股东股权支付一定的对价后获得的是在一个限制期限后开始流通，这个流通性需要在一定时期后才可以实施，因此从其流通性上分析，限制流通的全流通性之间仍然存在差异，因此两者之间还存在一个缺少流通性的折扣问题。

为了估算从现实可流通股权与现实完全不可流通股权两者在价值上的差异，我们分两个步骤进行估算，并进而估算整个缺少流通性的折扣率。

第一，由存在一定期限限制的“流通股权”到完全不可流通股权之间的缺少流通折扣率ξ_1。我们通过对国内上市公司股权分置改革实质的分析可以了解到，股权分置改革就是非流通股股东支付给流通股股东对价以换取自身股权的限制性流通，因此认为以非流通股股东每股支付给流通股股东对价为基础计算的“每股送出率”指标就是从不可流通转为限制流通的一个价值差异：

$$送出率=\frac{非流通股每股支付对价折合价值}{流通股股票交易收盘价}$$

上述指标就是缺少流通性的折扣率ξ_1。

第二，由完全流通到存在一定期限限制流通股权之间的缺少流通折扣率ξ_2。

完全流通股权与存在一定期限限制流通股权相比两者之间差异仅为一个可流通的时间限制，如果限制流通股股东在持有限制流通股股权的同时还拥有一个与限制期限长度相同的股票卖方期权，并且限制期期满后执行价格与现实股票转让价格一致，则可以认为上述持有限制流通股权加一个期权的效果与持有现实完全流通的股权的效果是相当的，因此可以理解为限制流通股实际上相当于股东放弃了一个卖方期权，因此该卖方期权价值代表限制流通股价值与完全流通股价值之间的差异。

通过上述分析，我们可以通过估算一个时间长度与限制股权限制期相同，并且期满后执行价格与现实股价相同的卖方期权的价值来估算由现实完全流通到存在一定期限限制流通股权之间的价值差异，以估算缺少流通折扣率ξ_2。

我们采用 Black - Scholes 期权定价模型计算上述卖方期权。其测算公式为：

$$P_0 = Xe^{-rT}N(-d_2) - SN(-d_1) \qquad (公式7)$$

式中，P_0分别代表卖方期权的价值；e^{-rT}代表连续复利下的现值系数；S为标的资产评估基准日价值；σ为标的资产评估波动率；X为期权的行权价格；T为行权期限；r为无风险收益率。N（d_1）和 N（d_2）分别表示在标准正态分布下，变量小于 d_1 和 d_2 时的累计概率。d_1 和 d_2 的取值如下：

$$d_1 = \frac{\ln(S/X) + (r + \sigma^2/2)T}{\sigma\sqrt{T}} \quad \text{（公式 8）}$$

$$d_2 = \frac{\ln(S/X) + (r - \sigma^2/2)T}{\sigma\sqrt{T}} = d_1 - \sigma\sqrt{T} \quad \text{（公式 9）}$$

第三，由现实流通到不可流通的折扣率 ξ_3。

由一定期限的限制流通股权到不可流通股权之间的缺少流通折扣率为 ξ_1，由完全流通到一定期限限制流通股权之间的缺少流通折扣率为 ξ_2，因此由完全流通到不可流通的折扣率 ξ_3 为：

$$\xi_3 = 1 - (1 - \xi_1) \times (1 - \xi_2) \quad \text{（公式 10）}$$

通过上述计算我们可以得到五个对比公司的缺少流通折扣率平均为 23.90%，具体测算结果见表 13。

表 13　　对比公司缺少流通性折扣率测算①

对比公司名称	ξ_1	ξ_2	$\xi_3 = 1 - (1 - \xi_1) \times (1 - \xi_2)$
用友软件	21.10%	7.40%	26.94%
浪潮软件	15.83%	8.23%	22.76%
浙大网新	13.52%	13.07%	24.82%
恒生电子	15.91%	10.47%	24.71%
金证股份	12.88%	8.47%	20.26%
平均值	23.90%		

（9）评估结果。

根据收益法的公式，将该公司软件著作权未来的销售收入进行折现，求取评估值，各年的未来现金流折现值得测算过程见表 14，最后再扣除缺少流通性折扣，以此求取软件著作权的评估值为 1 203.34 万元。

表 14　　委估软件著作权未来的评估测算表　　单位：万元

项　目	2012 年	2013 年	2014 年	2015 年	2016 年	2017 年	2018 年
软件著作权对销售收入贡献	1 626.77	1 675.57	1 725.82	1 777.60	1 777.60	2 941.09	2 352.87
折现率（%）	30.62	30.62	30.62	30.62	30.62	30.62	30.62
折现系数	0.77	0.59	0.45	0.34	0.26	0.20	0.15
折现值	5 034.91						
缺少流通性折扣（%）	23.90						
软件著作权评估值	1 203.34						

① 本案例在编著过程中，发现有的数据不全面，所以采用了虚拟数字代替，但并不影响案例的使用和说明。

故委估对象在评估基准日条件下的市场价值为 1 203.34 万元，取整数为 1 203 万元。

3.6 评估结论

经评定估算，企业软件著作权在2011 年12 月31 日的市场价值为1 203 万元，人民币大写为壹仟贰佰零拾叁万元整。

4. 结尾

本案例中的计算机软件的评估实质上是软件著作权的评估，计算机软件是把作者创意用计算机语言表示出来，具有智力成果性的特性。一般计算机软件种类按程序代码分为执行程序、源代码程序。计算机软件评估涉及的相关权利主要有著作权、专利权（专有技术）等，计算机软件的评估可能不仅仅涉及著作权，也有可能涉及专利权（专有技术），在跟委托方沟通评估事项时，可能要涉及评估对象界定的问题。如日常的财务管理软件，管理流程比较简单，只是利用计算机实现程序化，没有太多的创新内容，也就没有专利技术或者专有技术。软件著作权的收益方式既有直接的方式，也有间接的方式，如 Windows 8 如果直接销售，可以产生经济效益，也可以与计算机硬件进行捆绑销售，即个人电脑一起销售，也会产生经济效益，但一般许可使用只能是间接的方式。

这里需要关注软件著作权的使用期限，我国自然人的软件著作权的保护期为自然人终生极其死亡后五十年，截止于自然人死亡后第五十年的 12 月 31 日；如果软件是合作开发的，其保护期截止于最后死亡的自然人死亡后第五十年的 12 月 31 日，但计算机软件的期限较短，一般只有三五年时间，本案例确定的八年是存在这样的一种事实，因为社保软件不同于一般的应用软件，社保软件在之前会进行较多的测试和比较，在选定某一家公司的软件后就会长期使用。社会机构如果变更公司的使用软件，就会产生较高的成本，所以最终确定是大约连续两个使用期限，这是比较保守的估计。

Value Case of the Copyright Valuation of A Co. 's a Software to Informationize the Social Insurance Business

Abstract: This case describes the copyright valuation of a software to informationize social insurance business owned by A co. , that the purpose of its evaluation is for secured loans. The case uses the income method to estimate the value of the software copyright. First, we measure the sales revenue produced by the software, then we use the comparison method to estimate discount rate of the software company, finally we measure the value of the software according to the income approach formula. We take care that A co. is a company belonging to non – listed companies, while the compared companies belong to listed companies, so considering of differences between non – tradable and tradable, we estimate the discount in A co, 's software copyright valuation due to the presence of non – negotiability.

Key Words: Software Copyrights; Valuation; Income Method; Non – liquidity Discount; Case Study

案例使用说明

A公司一种解决社会保险信息化业务的软件著作权价值评估案例

一、教学目的与用途

1. 适用的课程：本案例主要适用于资产评估案例分析课程，也适用于无形资产评估、著作权价值评估以及其他相关价值评估课程。

2. 适用对象：资产评估研究生、普通本科生、专科生以及各类资产价值评估培训学员。

3. 教学目的：通过此案例的教学，使学生对无形资产评估特别是软件著作权价值评估有一个全面的认识，对软件著作权价值评估的评估目的、价值类型、评估对象和范围、评估基准日、评估方法、评估假设等评估基本事项的确定有一个比较全面的了解，掌握软件著作权折现率的含义以及测算方法，特别是折现率风险的具体测算过程，理解收益法中净收益的测算过程和参数的确定，理解和掌握非流通性公司折价和流通性公司溢价的内涵，具备著作权价值评估基本分析问题和解决问题能力。

二、启发思考题

1. 本案例是有关软件著作权的价值评估，请具体说明软件著作权包含的内容，软件著作权与一般作品著作权的差异在哪里？软件著作权与著作权、商标权的差异是什么？影响软件著作权价值的主要因素有哪些？在评估软件著作权价值过程中，需要对著作权评估进行哪些描述或者信息披露，以及软件著作权评估的主要途径和方法有哪些？

2. 著作权资产评估的前提条件是什么？软件著作权评估本质上是指什么的评估？超额收益法的本质含义是什么？测算软件著作权所创造的超额收益的方法有几种，请具体说明。

3. 软件著作权价值评估方法有哪几种？它与一般作品著作权价值评估的差异是什么？评估基准日资产负债表中的财务数据在收益法运用中会起到什么作用？软件著作权获取收益的方式有哪些？国家宏观经济政策和产业政策等分析在著作权价值评估中需要考虑吗？如果需要分析那么该如何进行分析呢？

4. 如果采用收益法进行评估，净收益额可以采用哪些收益指标？这些收益指标与折现率的口径应该存在怎样的对应关系？

三、分析思路

本案例A公司软件著作权价值评估，著作权从评估的角度可以分为两大类，一类是以作品为载体的著作权，如图书、数据库、视频等；另一类是计算机软件著作权。这两类著作权评估考虑的因素存在一定的差异，图书、数据库、视频等以作品为载体的著作权需要借助某类题材或者故事、以有形的载体呈现在读者或者观众面前；而计算机软件是以功能的实现为主，更多的是解决生产或者经营管理中的某类问题，具有隐形性，价值体现在软件本身的适用性和稳定性等方面。因此，软件著作权的评估需要考虑软件的适用性和应用范围，重要的是市场应用前景和未来的客户关系稳定性。

本次评估采用的是收益法途径，具体方法是首先评估出软件著作权对A公司带来的销售收入，其次是预测软件著作权的收益期限和折现率，最后在考虑A公司非流通性折扣的基础上，确定委估对象的价值（见图1）。评估过程中的重点有三个方面：一是软件著作权折现率的测算；二是软件著作权对销售收入的贡献；三是非流通性折扣率的测算。

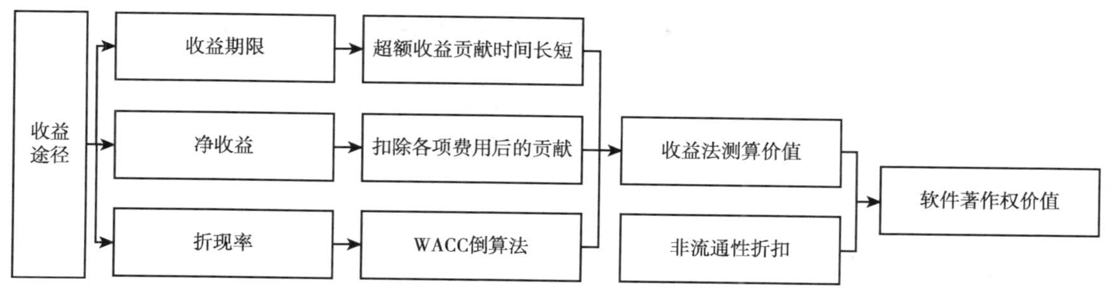

图1　分析思路图

四、理论依据与分析

1. 收益法的预期收益原则。

本案例中预期收益原则是以著作权的形式概括出资产及其资产价值最基本的决定因素；软件著作权之所以有价值是因为它能够为其拥有者或控制者带来未来经济利益，软件著作权价值的高低主要取决于它能够为其所有者或控制者带来的预期收益量的多少。

本案例评估需要测算A公司软件著作权的价值，由于A公司是在既有条件下正常生产经营，采用预期原则测算软件著作权在各年份为其带来的净收益，再通过折现的方式将价值折算到评估基准日，即可得到企业软件著作权的价值，在考虑缺少流通性情况下价值即为在评估基准日的公开市场价值。

2. 无形资产软件著作权的贡献原则。

一个企业产品或者服务在市场中的竞争力，很大程度上取决于该企业拥有无形资产的数量和质量，企业无形资产越丰富、质量越好，则其获利能力越强。本案例中A公司的软件产品有较强的竞争力，是因为该公司具有较好的软件产品，能够满足社会保险机构的需要。其中软件著作权是A公司的核心资产之一，具有性能稳定、可靠性高、兼容性好、操作方便等特点，它在A公司的生产经营中发挥了较大的作用，如果A公司失去了这类软件资产，则其价值就会大大降低。因此，衡量一项资产价值的大小，主要看该资产在企业生产经营中发挥作用的大小，即资产价值大小主要不是看资产数量，而是看资产对企业价值的贡献程度。

3. 非流通性资产价值折扣。

这里可以类比股票市场进行分析，从交易成本的角度分析，与流通股相比，非流通股流动性差，由于非流通股交易成本高以及不能以最优价格及时退出而会产生机会成本。这里的交易成本包括：搜寻交易对手，谈判及交付结算等各个环节的成本，与非流通股相比，流通股的交易成本基本为零。交易成本取决于市场的组织和成熟度，流通的法律条件及可能阻碍交易的寻租成本等因素，交易成本对非流通股折价的影响可以通过估计未来现金流量的方式计算。机会成本引起的损失是指受交易规则限制或法律合同约束在一定的时期内能流通，而可能丧失最佳的成交价格，由此所产生的机会成本，可以通过期权计算机会成本引起的非流通股折价的上限进行分析，机会成本引起非流通股折价取决于限制或禁止销售的期限长短及流通股的价格波动。因此，非流通性资产会存在一定的折价问题。

五、背景信息

该案例属于无形资产评估项目，在案例使用过程中需要提供以下几点背景资料。

1. A公司相关状况。

A公司是R省的高科技企业、双软认证企业，2009年12月，A公司被R省认定为“高科技企业”。2010荣获R省“软件产业重点企业”“高科技龙头企业”等荣誉。并已先后申报了三项国家软件创新产品开发项目，其中《电力变压器高压投切计算机自动控制系统》已通过省级立项，目前处于试生产阶段。

2. A公司软件著作权的认识。

本评估对象为应用性的计算机软件，该软件是为了解决社会保险信息化业务而设计的专业化信息管理软件，是解决社会保险管理的重要工具。软件设计原则是对社会保险进行全方位的信息化管理，将社会保障管理部门、经办机构、定点医疗机构、参保单位、参保家庭、参保人、金融机构、监督机构之间的信息融为一体，便于社会保险工作的最优化发展。

“社保软件”通过为市、省、中央三级网络及资源数据库提供数据源完成三级数据网建设。“社保软件”按社会保险业务划分，核心平台包括养老、失业、医疗、工伤、生育五个子系统，各子系统既可单独运行，也可任意组合。“社保软件”与参保单位、银行、税务、定点医疗机构、定点零售药店等信息系统需要进行信息交互，因而核心平台设计了与这些外部系统的数据接口，以便于进行数据交换。

截止到2011年年底，社会保险管理信息系统V6.0软件已经在R省市场取得了良好的应用，其中“社保软件”中的医疗子系统更是成为公司主要营业收入来源之一。医疗子系统中的“新型农村合作医疗信息管理平台”于2008年通过政府采购被R省卫生厅指定为唯一省级平台，服务于全省108个县区3 500万的参保农民。

3. A公司软件著作权的质押。

为了进一步发挥A公司的范围经济，A公司拟将本公司所拥有的软件著作权进行质押，收购本地的一家类似软件企业。著作权质押是债务人或第三人将其权利移交债权人占有，将该权利作为债权的担保，当债务人不履行债务时，债权人有权依法就该动产卖得价金优先受偿。A公司只是将权利证书移交给质押银行占有，未经银行同意而转让或者许可他人使用已出质权利的，应当认定为无效，由此给银行或者第三人造成损失的，应由A公司承担民事责任，但在质押期间，A公司仍然可以享受软件著作权的使用权，获得由此带来的收益。因此，只有A公司偿还完贷款、解除质押后，才能重新对软件著作权的占有。

六、案例分析的关键要点

1. 本案例分析的关键点。

（1）对评估对象的认识。

案例的评估对象为A公司拥有的软件著作权，著作权属于无形资产范畴，计算机软件著作权是指软件的开发者或者其他权利人依据有关著作权法律的规定，对于软件作品所享有的各项专有权利。就权利的性质而言，它属于一种民事权利，具备民事权利的共同特征。著作权是知识产权中的例外，著作权的取得无须经过个别确认，适合自动保护原则。软件经过登记后，软件著作权人享有发表权、开发者身份权、使用权、使用许可权和获得报酬权等权利。

软件著作权资产评估对象是指著作权中的财产权益以及与著作权有关权利的财产权益。这里的著作权资产的财产权利形式指A公司作为著作权人享有的权利。

（2）评估方法的运用。

案例是对软件著作权的价值评估，无形资产的评估通常采用收益法，本案例也不例外。从大类上，著作权可以分为具有作品属性的著作权和计算机软件著作权两类。对具有作品属性的著作权，我国资产评估准则中规定采用收益法评估时，应当根据著作权资产对应作品的运营模式合理估计评估对象的预期收益，并关注运营模式法律上的合规性、技术上的可能性、经济上的可行性。也需要合理确定资产的剩余经济寿命，剩余经济寿命的确定需要综合考虑法律保护期限、相关合同约定期限等因素。同时需要综合考虑评估基准日的利率、资本成本，以及著作权实施过程中的技术、经营、市场、生命周期等方面的风险因素，合理确定折现率，著作权资产折现率口径应当与预期收益的口径保持一致。对计算机软件著作权，则可以单独根据软件著作权资产产生的收益，这种收益分为三部分：一是仅软件产生的收益，二是软件与硬件捆绑销售产生的收益，三是软件产品服务产生的收益，具体可以参照具有作品属性的著作权进行评估。

（3）收益法测算关键点。

一是A公司经营项目未来收益与费用的预测。应用收益法比较关键的环节就是分析测算收益期限内的收益，需要分别预测出未来若干年的产品销售收入、成本、费用及税金、管理费用、销售费用及财务费用等，求出由软件著作权带来的现金流。具体的测算还需要特别关注销售成本费用的机会成本和相关增值税的返还，这两项要结合本案例的具体情况进行分析。

二是折现率的确定。折现率是一种期望投资报酬率，是指投资者在投资风险一定的情况下，对投资所期望的回报率。折现率是收益法评估中的关键参数，在评估无形资产时，折现率需要与无形资产的风险相对应，也要与现金流的测算口径相一致。一般在运用收益法评估企业价值时，使用的是加权平均资金成本作为折现率，即加权平均资金成本 = 债权资本权重 × 债权资金成本 + 权益资本权重 × 权益资金成本，但本案例采用的是对比公司倒算法测算无形资产的折现率。

三是收益期限的确定，收益期限的长短决定了企业价值的大小，本案例确定的收益期限为8年，理由有两点：一是计算机软件的更新速度较快，2—3年就会出现新的软件；二是该社会保险软件的服务对象为社保局等单位，具有固定的客户，且A公司对软件处于更新、维护当中，谨慎估计可以延长2—3个周期，在考虑其他因素综合条件基础上，确定A公司软件著作权的收益期限是8年。

（4）缺少流通性折扣系数的测算关键点。

A公司是非上市公司，其股权没有在股票交易市场上交易，这种不可流通性对其价值存在折扣问题。资产评估准则规定，对非上市公司评估时，如果采用的参数来自证券市场，则必须要考虑缺少流通性带来的影响。这里有两种思路来测算折扣系数，一是直接借用美国不可流通性折扣系数来测算我国企业的缺少流通性折扣；二是测算适合我国市场和企业特点的缺少流通性折扣系数。本案例是采用后一种方法，即利用我国资本市场的特点来测算委估对象公司的缺少流通性折扣系数。

（5）企业财务报表资产组成的分类。

财务报表分析是企业价值评估和无形资产评估的基础，需要十分熟悉和了解资产负债表各科目所包含的内容，以及所代表的资产、负债和所有者权益的类别，掌握科目之间的勾稽关系。在测算折现率时，掌握资产负债表中资产的分类方法，企业的总资产的构成既可以按照股权和债权来划分，也可以按照固定资产、无形资产和流动资产来划分，这种灵活的划分方法为利用 WACC 公式创造了条件，以便能够测算出无形资产的折现率。

2. 关键知识点及能力点。

（1）评估范围和对象。

能够认识到本案例的评估对象属于软件著作权无形资产，能够区分传统著作权、软件著作权及著作权产品与服务的差异，对软件著作权的应用领域和范围，以及需要匹配的软硬件环境有清晰的认识，对软件著作权评估需要描述和披露的内容如软件著作权名称、登记时间，软件著作权的状态、保护期限、产品功能、软件的特性以及相比同类软件的先进性、可靠性、稳定性等有比较分析和了解，对该行业未来发展趋势，以及软件的作用大小、软硬件配套的状况等有较全面的理解。

（2）评估方法的运用。

能够熟练运用收益法评估无形资产的价值，能够分析软件著作权产生收益的方式、所依附产品或者服务的领域、软件的用途和功能、未来存在的风险等，特别是需要结合软件的应用领域，未来被替代的可能性、技术的先进性与可靠性、后续研发的技术力量等方面，这些方面将直接影响到软件未来的收益能力，也就决定了软件著作权的价值大小。

（3）软件收益的测算。

软件著作权产生的收益依附于其产品上，本案例中的社保信息管理系统被广泛应用于 R 省各地社保部门，其收益有三种形式：软件销售、软件与硬件捆绑销售以及服务收益。需要注意的是这里的收益仅指软件带来的收益，非软件带来的收益不应包含在内。同时，当软件与硬件捆绑销售时，需要合理区分收入中各自的贡献比例。本案例中，需要关注著作权软件相关增值税返还问题，根据国家相关规定，软件企业实际增值税税负不超过 3%，企业超额部分给予返还，认定 A 公司是软件企业，就是因为该公司拥有社保信息管理的软件，因此可以将税收返还部分归因于软件著作权的贡献。

（4）对比公司的选取。

对比公司一般选取我国 A 股市场上的上市公司，对比公司与委估对象的公司应该具有相似性，即在公司的资产规模、盈利水平、主营业务收入、所属行业等方面具有可比性，相似性越强的企业，其可比程度越高，测算出的参数也就越可靠。当然，不同行业的企业选取的可比因素侧重点不一样，资本密集型企业选取反映资本权重的指标，而高科技企业选取反映技术等无形资产权重的指标。

（5）WACC 模型和 CAPM 模型含义与测算。

WACC 代表的是投资者所期望的总投资回报率，它是期望的股权回报率和所得税调整后的债权回报率的加权平均值。这里需要掌握从两个角度分析 WACC 的方法，一种是加权的股权回报率和加权的债权回报率之和；另一种是不同资产所要求的加权回报率之和，且两者计算结果应该相同。CAPM 是测算股权回报率的模型，它等于无风险报酬率加上风险溢价率，无风险报酬率通常采用国债到期收益率表示，而风险溢价率需要根据市场风险溢价率和企业与市场风险相关性，并在考虑企业规模等因素的基础上确定。在测算股权风险溢价时，可以采用 A 股市场指数确定，算法通常有算术平均值法和几何平均值法，相比较而言，几何平均值法更可靠。

（6）对比公司缺少流通性折扣率测算。

缺少流通性折扣率测算是本案例的重点，A 公司是非上市公司，其股权没有在股票交易市场上交易，这种不可流通性对其价值存在折扣问题。案例采用的是两步法测算缺少流通性折扣率，具体为：第一步借助国内股权分置改革，由存在一定期限限制的"流通股权"到完全不可流通股权之间的缺少流通折扣率 ξ_1，第二步是由完全流通到存在一定期限限制流通股权之间的缺少流通折扣率 ξ_2。在前两步的基础上，根据公式 $\xi_3 = 1 - (1-\xi_1) \times (1-\xi_2)$ 测算出由流通到不可流通的折扣率 ξ_3。在测算 ξ_1 时，将以非流通股股东每股支付给流通股股东对价为基础，计算的"每股送出率"指标就是从不可流通转为限制流通的一个价值差异；在测算 ξ_2 时，借助 Black – Scholes 期权定价模型，将完全流通股权与存在一定期限限制流通股权相比两者之间差异仅为一个可流通的时间限制，如果限制流通股股东在持有限制流通股权的同时还拥有一个与限制期限长度相同的股票卖方期权，并且限制期期满后执行价格与现实股票转让价格一致，因此该卖方期权价值代表限制流通股价值与完全流通股价值之间的差异。再利用公式 $\xi_3 = 1 - (1-\xi_1) \times (1-\xi_2)$ 即可测算出由完全流通到不可流通的折扣率。

七、建议课堂计划

1. 课时安排。

总课时为6课时。第1课时为案例介绍讲解，第3、4、5、课时小组讨论，第6课时做讨论总结。

2. 黑板板书布置与投影仪使用。

黑板板书分三个版面：第一版面是案例背景介绍和启发性思考题的列示；第二版面是关键问题的列示，主要包括评估思路、评估方法、参数选择、评估基本事项确定等；第三版面是小组问题讨论的结果以及对讨论问题的点评，这里分小组逐项列示，以便各小组成员能够对问题有更清晰的认识和更准确的理解。

投影仪可以将背景和问题分别列示出来，在总结阶段，关键知识点以提纲的形式列示。

3. 学生背景了解。

案例教学开始阶段就需要学生掌握有关的案例背景，有关的材料可以在1、2节课时让学生熟悉，边讲解边解答学生提出的问题，核心问题可以采用启发式、追问式等教学方式，按照本案例的相关背景介绍、评估目的、评估方法、评估假设、评估测算、评估结果逐项列示主要的背景情况，也可以将评估的基本要素逐项罗列，逐一介绍分析，在介绍过程中，有意识引导学生就上述的评估主要基本事项进行独立思考。

4. 小组分组。

本案例以25人班级为宜，分为5个小组，每小组5人。

5. 小组讨论内容。

（1）市场法、成本法、收益法各自的特点，以及对于本案例适用的评估方法。

（2）本案例评估的对象、目的、价值类型、假设条件、评估基准日如何确定及理由。

（3）本案例的评估受到哪些假设条件的限制？

（4）软件、著作权、作品著作权、软件著作权的差异；软件产品与服务对象、领域及分类情况；软件著作权属状态、登记时间等。

（5）影响软件著作权价值的因素，常用评估软件著作权无形资产价值的方法，本案例可以采用的评估方法。

（6）A公司产业发展情况、宏观经济环境分析和行业分析内容。

（7）A公司净收益、折现率、受益期限的确定及理由。

（8）A公司软件著作权折现率可以采用什么方法进行测算，如果采用对比公司方法从市场中提取，该如何选择对比公司？

（9）WACC 模型与 CAPM 模型的含义是什么，本案例中哪些地方可能要用到这些模型？

（10）缺少流通性会导致资产价值折扣，本案例采用上市的对比公司，需要考虑缺少流通性折扣问题吗？如果需要考虑，又该如何求取折扣率？

6. 案例开场白和结束总结。

开场白：本案例是评估实务中的真实案例，是关于 A 公司拥有的社保信息管理软件的著作权价值的评估，其评估的目的是为该软件著作权质押贷款提供价值参考。A 公司是一家致力于交通、社保行业应用软件开发及行业解决方案的设计为主的高科技企业，其开发的产品应用在交通、社保等领域，受到用户较好的评价，市场占有率位居 R 省前列。现在 A 公司拟收购本地区一家软件企业，该企业与 A 公司的经营性质类似，业务领域主要集中在电力、银行等部门的软件应用，由于经营管理不善，处于亏损状态，但该企业的技术研发能力较强，大部分的软件人员具有研究生以上学历，有较成功的实战经验，对 A 公司未来的发展具有较好的推动和补充作用。

对软件著作权进行评估，首先需要对评估对象有一个清晰的认识，在了解了相关的背景资料后，依据资产评估准则的相关要求，明确本次评估的软件产品的使用领域、产权状况、产生收益的方式等内容，并逐项确定评估目的、评估基准日及评估方法和假设条件等事项。然后确定评估的技术路线，采用收益法测算软件著作权的价值，其中的主要参数如收益期限、销售收入贡献和折现率等需要分析本案例的实际情况逐项测算。最后是评估报告书的撰写，这里要求每小组的评估报告按照完整的评估报告书的规范撰写，基本事项的先后排列顺序、确定依据要清晰、完整、有据可查，在此基础上提交评估报告。

结束总结：本案例主要介绍了采用收益法评估软件著作权价值，即通过收益法测算软件产生的销售收入，在采用适当的折现率进行折现测算该软著作权的价值。本案例有三点值得深入考虑和学习：一是软件产生收益的测算，收益法方式除了直接销售软件外，还包括软件与硬件的捆绑销售、软件服务的收入，同时还需要考虑基于软件因素带来的高科技企业税收返还，将该部分的款项作为软件收入的一部分；二是对 WACC 模型的灵活运用，它既可以采用加权股权回报率和加权债权回报率之和测算，也可以按照不同资产的加权回报率测算，两者测算的结果相同，本案例根据两者之间的关系来测算折现率；三是缺少流通性折扣率的测算，本案例充分运用我国股权分置改革的特点，分三步测算缺少流通折扣率，第一步是测算由存在一定期限限制的“流通股权”到完全不可流通股权之间的缺少流通折扣率 ξ_1，第二步是由完全流通到存在一定期限限制流通股权之间的缺少流通折扣率 ξ_2，第三步是在前面测算的基础上，根据 $\xi_3 = 1 - (1 - \xi_1) \times (1 - \xi_2)$ 公式由现实流通到不可流通的折扣率 ξ_3，这样就可以测算出缺少流通带来的折扣率。在各小组提交案例后，根据各小组案例撰写的情况，就其主要思路和测算过程进行评价，内容包括评估目的、评估对象、价值类型、评估假设、评估基准日、评估方法和参数选择确定依据，以及整个报告的撰写规范、文字表述、用词规范、逻辑结构等方面，并指出其合理的地方以及存在的不足，以后在实务当中应该关注的问题等。

7. 案例的组织引导。

在开场白和相关资料介绍之后，可以组织每小组对案例的背景进行讨论，明确评估需要关注的问题，并提出各个小组的评估技术路线，这是案例评估把握正确方向的关键。然后对案例的具体材料进行分析，确定可采用的评估方法以及如何选择评估方法，通过小组讨论的形式确定评估方法，并要求比较各种方法的适用条件。再就评估的有关事项进行小组讨论，如评估步骤、评估基准日、评估对象和范围、假设和限制条件、评估参数确定等，对于像评估参数确定这样的关键点可以让学生充分讨论，提出自己的观点，然后综合比较点评。接下来是宏观经济分析、行业分析和和收入、成本和费用有关问题的预测，根据时间和学生水平的高低，可以让学生分组，可以让每小组讨论一到两个方面问题，也可以让每个小组讨论整个案例的问题。最后是按照标准评估报告要求，要求每小组撰写一份完整的评估报告。

小组讨论可以将讨论内容分给不同的小组，各小组内容可互不相同，也可以每个小组完成整个报告的内容，具体视人数和学生水平高低来确定。

八、案例的后续进展

案例在课堂进行讨论后，各小组可以单独完成评估报告内容，也可以每个小组完成评估报告的一部分，规定在一定时期内上交，并课后点评，并在下一届学生上案例课程时进行改进。

九、其他教学支持材料

1. 计算机支持。计算机能够接通互联网，具备供至少 5 个小组同时上网的接线工具。

2. 技术支持。参与案例小组的学生能够熟练使用 Word、Excel 等常用办公软件，能够熟练查询各类资源的方法。

3. 查询功能支持。教学单位具备上网查阅 Wind 金融数据库或者是巨灵金融服务平台有关信息的条件。

4. 多媒体教学设施设备支持。可以通过 PPT 等形式播放案例的背景资料、启发性问题等内容，增进学生对案例材料的理解。

运用市场法评估某证券公司股东部分权益价值的案例

纪益成　丘开浪

（厦门大学）

摘　要：本案例是对某证券股份企业采用市场法的上市公司比较法进行评估的案例，其评估目的是为委托方股权转让提供参考。本案例较为完整地介绍了上市公司比较法的运用过程，并重点介绍了价值比率的修正和非上市公司流动性折扣率的估算过程，这也是本案例最具参考价值之处。其中，价值比率的修正主要采用风险及增长因素修正法进行计算，而对缺乏流动性折扣率的估算，则是以国内 A 股上市公司股权分置改革的一些对价方案为基础做相应分析测算得出的。

关键词：证券公司价值评估；上市公司比较；股东部分权益价值

1. 引言

针对资产规模巨大、经营网点众多的证券公司而言，对其少数股权进行评估，如果采用资产基础法，在付出繁重的工作量和高昂的评估成本的同时，也未必能换来合理的估值，更重要的是，表外无形资产是否能够完整识别和合理估值还未可知。若采用收益法进行评估，可能面临被评估单位未来财务信息预测数据的可靠来源问题，需要被评估单位的主动支持。市场法在证券公司的少数股权评估适用性方面具有天然优势，本案例采用市场法中的上市公司比较法进行评估，而横亘在上市公司比较法面前的流动性折扣问题能否得以合理解决，是运用上市公司比较法的关键环节。

2. 相关背景介绍

某投资公司持有某证券股份企业（该证券企业是非上市公司）（以下简称：XY 证券）部分股权（持股比例为 0.5%，持股数量为 33 578 800 股）。因进行股权转让的需要，委托方委托评估机构对其持有 XY 证券股权的市场价值进行评估。评估基准日为 2013 年 12 月 31 日。评估对象和评估范围为委托方持有 XY 证券的股权（持股比例为 0.5%，持股数量为

① 本案例是以评估实例为蓝本，先按保密的要求对案例中的有关名称、数据等信息做了必要的处理，再按教学科研案例的基本格式进行系统的整理、补充和理论提升。

33 578 800 股)。委托方对其持有的 XY 证券股权采用成本法进行财务核算，截至评估基准日，委托方持有 XY 证券股权的账面余额为 192 792 348. 53 元。

XY 公司及其合并子公司主要从事证券经纪业务、融资融券业务、证券自营业务、证券承销与保荐业务、受托投资管理业务、基金管理业务、期货经纪业务及直接投资业务等。近年来 XY 证券的财务状况见表 1。

表 1　　近年来 XY 证券财务状况　　金额单位：万元（人民币）

指标名称	2010 - 12 - 31	2011 - 12 - 31	2012 - 12 - 31	2013 - 11 - 30
资产总计	6 021 487. 00	4 900 914. 40	4 917 556. 13	6 463 722. 06
负债合计	4 540 838. 99	3 351 334. 24	3 239 639. 56	4 692 320. 25
所有者权益合计	1 480 648. 01	1 549 580. 16	1 677 916. 57	1 771 401. 81
指标名称	2010 年度	2011 年度	2012 年度	2013 年 1—11 月
营业收入	621 732. 55	416 181. 47	401 103. 47	436 448. 46
利润总额	378 856. 52	215 321. 59	181 091. 37	203 115. 31
净利润	283 460. 29	161 721. 49	134 488. 53	154 425. 83

3. 评估方法及选择

根据《资产评估准则——企业价值》第二十二条规定，企业价值评估业务应当根据评估目的、评估对象、价值类型、资料收集情况等相关条件，分析收益法、市场法和成本法（资产基础法）三种资产评估基本方法的适用性，恰当选择一种或者多种资产评估基本方法。收益法是企业整体资产预期获利能力的量化与现值化，强调的是企业的整体预期盈利能力。市场法是以现实市场上的参照物来评价估值对象的现行公平市场价值，它具有估值数据直接取材于市场，估值结果说服力强的特点。资产基础法是指在合理评估企业各项资产价值和负债的基础上确定评估对象价值的思路。

本案例评估的经济目的是股权收购。资产基础法从企业构建角度反映了企业的价值，虽然为经济行为实现后企业的经营管理及考核提供了依据，但难以对被评估单位的表外无形资产进行完整识别和准确评估，因此本案例不适宜选择资产基础法进行评估。

由于委托方为 XY 证券的小股东，持有股权比例仅为 0.5%，并不能对 XY 证券的经营产生重大影响，其投资收益取决于 XY 证券股利分配。从历史上看，XY 证券的股利分配政策很不稳定，对未来年度 XY 证券的股利分配政策无法了解和把握，进而难以对其未来股权收益做出合理的预测。另一方面，委托方无法取得 XY 证券的充分配合，无法取得 XY 证券未来财务信息预测资料。因此，本案例也不适宜选择收益法进行评估。

被评估单位所处的证券行业具有众多 A 股上市公司，能够找到与被评估单位具有可比性的参照企业（可比上市公司），因此，本案例选择市场法进行评估。

此外，根据委托方所提供的相关信息和经了解和掌握的资料分析，本次的股权转让的股权价值评估基本不存在或涉及“控股权”的问题，即无须考虑被评估对象的“控股权”价值问题。

4. 评估技术说明

4.1 市场法的运用前提及具体方法选择

（1）市场法的应用前提。

①必须有一个充分发展、活跃的资本市场。

②存在相同或类似的参照企业。

③参照企业与被评估企业的价值影响因素明确且可以量化，相关资料可以搜集。

（2）市场法中具体方法的选择。

在企业价值评估中，市场法常用的具体方法主要是以上市公司为参照企业的上市公司比较法和企业交易案例为参照对象的交易案例比较法。因目前我国市场上不存在一个可以共享的企业交易案例资料库，被评估单位所在行业的并购案例较难取得，或即便可以取得并购案例的交易价格，但并购标的的财务数据往往无法完整取得，无法满足分析对比的要求。更重要的是，我们无法了解并购案例是否存在影响其交易价格的非市场因素，无法进行交易情况修正。因此，不选用企业交易案例比较法进行评估。

本次评估对 XY 证券采用上市公司比较法。即从 XY 证券所属行业的上市企业中收集、筛选多个具有明显可比的证券上市公司作为参照企业，并按市场比较法的相关程序和步骤对被评估单位的资本规模、营业规模、市场份额，成长潜力、收益能力等财务指标、价值比率、流动性折扣，以及与企业价值有关的其他因素和内容进行比较和修正，最终确定 XY 证券部分股权的评估价值。

4.2 评估程序

（1）明确 XY 证券的基本情况，包括企业性质、资本规模、业务范围、营业规模、市场份额，成长潜力等。

（2）搜集我国 XY 所在行业上市公司信息，了解该行业上市公司的经营业务范围、主要目标市场、收入构成、公司规模、盈利能力。

（3）选择可比企业。

通过对 XY 证券所在行业各上市公司的业务情况和财务情况的分析比较，以选取具有可比性的参考企业。

（4）财务报表的分析调整。对 XY 证券和可比企业的财务报表进行必要的分析和调整，以合理反映企业的财务状况和盈利能力。

（5）分析、比较 XY 证券和可比企业的主要财务指标。主要包括涉及资产规模、盈利能力、营运能力、偿债能力、成长能力等多方面的财务指标。

（6）价值比率的确定。在对 XY 证券和可比企业财务数据进行分析后，需要选择合适的价值比率，如企业价值倍数（EV/EBITDA）、市盈率（P/E 比率）、市净率（P/B 比率）、市销率（P/S 比率）等权益比率。

（7）价值比率的修正。对初步计算得出的价值比率进行必要分析调整，得出修正后价值比率。

（8）对流动性折扣进行扣除，确定被评估企业市场法评估结杲。

4.3 可比公司的选择

根据 XY 证券的经营业务及其特点，在上市公司中选取与其在营运上和财务上“相似”或“相近”的上市公司作为对比公司。选取对比公司的标准一般包括：（1）经营业务相同或相似；（2）企业经营规模相近、产品相似；（3）近年经营业绩相似，资本结构相近；（4）评估基准日近期股票交易活跃、平稳，没有非正常的价格波动；（5）经营业务成熟度相似。根据上述五项原则，我们选取了 4 家上市公司作为对比公司。

4.4 财务报表的分析调整

对 XY 证券和可比企业的财务报表进行必要的分析和调整，以合理反映企业的财务状况和盈利能力。分析和调整事项通常包括：（1）财务报表编制基础；（2）非经营性收入和支出；（3）非经营性资产、负债和溢余资产及其相关的收入和支出。

本案例中，分析和调整事项具体为对非经营性资产和非经营性负债的调整。经分析，XY 证券和可比企业的非经营性资产主要包括投资性房地产、递延所得税资产，XY 证券和可比企业的非经营性负债主要为递延所得税负债。经上述调整后，近三年对比公司和 XY 证券的主要资产状况如表 2 所示。

表 2　近三年对比公司和 XY 证券的主要资产状况　　单位：万元（人民币）

指标名称	2011－12－31	2011－12－31	2011－12－31	2011－12－31	2011－12－31
	XY 证券	可比上市公司 A	可比上市公司 B	可比上市公司 C	可比上市公司 D
资产总计	4 900 914.40	3 917 674.74	6 201 919.54	2 676 025.36	7 469 954.33
负债合计	3 351 334.24	1 807 999.83	3 796 313.84	1 539 969.54	4 472 587.07
所有者权益合计	1 549 580.16	2 109 674.91	2 405 605.70	1 136 055.82	2 997 367.26
减：非经营性资产净值	－6 535.30	64 327.22	8 042.18	11 295.89	20 407.92
经营性净资产	1 556 115.46	2 045 347.69	2 397 563.52	1 124 759.94	2 976 959.34
指标名称	2012－12－31	2012－12－31	2012－12－31	2012－12－31	2012－12－31
	XY 证券	可比上市公司 A	可比上市公司 B	可比上市公司 C	可比上市公司 D
资产总计	4 917 556.13	5 344 208.54	6 900 762.83	2 948 508.76	6 941 791.03
负债合计	3 239 639.56	3 165 839.21	4 387 074.90	1 745 666.16	3 874 569.49
所有者权益合计	1 677 916.57	2 178 369.32	2 513 687.93	1 202 842.60	3 067 221.54
减：非经营性资产净值	－4 053.42	35 373.32	6 629.51	2 637.73	15 490.56
经营性净资产	1 681 969.99	2 142 996.00	2 507 058.42	1 200 204.87	3 051 730.98
指标名称	2013－11－30	2013－9－30	2013－9－30	2013－9－30	2013－9－30
	XY 证券	可比上市公司 A	可比上市公司 B	可比上市公司 C	可比上市公司 D
资产总计	6 463 722.06	4 494 895.08	7 568 076.79	2 868 638.26	9 020 232.55

续表

指标名称	2013－11－30	2013－9－30	2013－9－30	2013－9－30	2013－9－30
	XY 证券	可比上市公司 A	可比上市公司 B	可比上市公司 C	可比上市公司 D
负债合计	4 692 320.25	2 251 345.93	4 978 684.09	1 623 867.38	5 855 255.28
所有者权益合计	1 771 401.81	2 243 549.15	2 589 392.70	1 244 770.88	3 164 977.27
减：非经营性资产净值	－3 908.08	29 171.24	9 821.35	－965.80	59 961.14
经营性净资产	1 775 309.89	2 214 377.90	2 579 571.35	1 245 736.68	3 105 016.12

近三年对比公司和 XY 证券的主要经营状况如表 3 所示。

表 3　　近三年对比公司和 XY 证券的主要经营状况　　单位：万元（人民币）

指标名称	2011－12－31	2011－12－31	2011－12－31	2011－12－31	2011－12－31
	XY 证券	可比上市公司 A	可比上市公司 B	可比上市公司 C	可比上市公司 D
营业收入	416 181.47	411 218.55	474 470.48	161 118.82	385 298.52
利润总额	215 321.59	219 771.43	236 112.44	54 423.64	183 468.61
净利润	161 721.49	170 969.78	184 113.80	42 120.87	139 243.76
扣除非经常损益后的净利润	157 085.80	162 814.70	183 880.16	33 605.04	137 024.91
指标名称	2012－12－31	2012－12－31	2012－12－31	2012－12－31	2012－12－31
	XY 证券	可比上市公司 A	可比上市公司 B	可比上市公司 C	可比上市公司 D
营业收入	401 103.47	291 147.14	431 780.23	209 661.66	441 579.04
利润总额	181 091.37	125 164.07	186 877.50	87 523.29	169 584.23
净利润	134 488.53	100 547.08	167 027.89	73 693.92	137 785.95
扣除非经常损益后的净利润	132 878.38	90 906.62	166 543.01	68 218.16	137 175.42
指标名称	2013－11－30	2013－09－30	2013－09－30	2013－09－30	2013－09－30
	XY 证券	可比上市公司 A	可比上市公司 B	可比上市公司 C	可比上市公司 D
营业收入	436 448.46	232 600.90	400 167.03	204 291.94	442 374.85
利润总额	203 115.31	53 581.37	179 967.02	106 141.79	209 597.31
净利润	154 425.83	46 738.41	145 453.78	83 180.17	161 463.33
扣除非经常损益后的净利润	150 213.27	42 177.16	145 399.81	82 614.96	159 104.51

因评估基准日为 2013 年 12 月 31 日，出具报告前仅能取得对比上市公司 2013 年度三季报以及 XY 证券 2013 年 11 月的财务报表，因此，需根据已取得的财务资料，将其年化为 2013 年度数据。2013 年度的年化数据如表 4 所示。

表 4 **2013 年对比公司和 XY 证券的财务年化数据** 单位：万元（人民币）

指标名称	2013 年/2013 年 12 月 31 日	2013 年/2013 年 12 月 31 日	2013 年/2013 年 12 月 31 日	2013 年/2013 年 12 月 31 日	2013 年/2013 年 12 月 31 日
	XY 证券	可比上市公司 A	可比上市公司 B	可比上市公司 C	可比上市公司 D
经营性净资产	1 788 965.64	2 228 436.96	2 628 037.95	1 273 275.00	3 158 050.96
营业收入	476 125.59	310 134.54	533 556.04	272 389.26	589 833.14
扣除非经常损益后的净利润	163 869.02	56 236.22	193 866.42	110 153.28	212 139.34

4.5 分析比较 XY 证券和可比企业的主要财务指标

对 XY 证券和可比企业的股本、经营性每股净资产、扣除非经常损益后的每股收益、收入净利率、净资产收益率、总资产报酬率等指标进行对比分析，结果见表 5。

表 5 **近三年对比公司和 XY 证券的主要财务指标**

指标名称	2011－12－31	2011－12－31	2011－12－31	2011－12－31	2011－12－31
	XY 证券	可比上市公司 A	可比上市公司 B	可比上市公司 C	可比上市公司 D
股本	671 576.00	341 800.00	466 109.98	237 123.38	560 000.00
经营性每股净资产（元）	2.32	5.98	5.14	4.74	5.32
扣除非经常损益后的每股收益（元）	0.23	0.48	0.39	0.14	0.24
收入净利率（%）	37.74	39.59	38.75	20.86	35.56
净资产收益率（%）	10.14	7.72	7.64	2.96	4.57
总资产报酬率（%）	4.39	5.61	3.81	2.03	2.46
指标名称	2012－12－31	2012－12－31	2012－12－31	2012－12－31	2012－12－31
	XY 证券	可比上市公司 A	可比上市公司 B	可比上市公司 C	可比上市公司 D
股本	671 576.00	341 800.00	466 109.98	237 123.38	560 000.00
经营性每股净资产（元）	2.50	6.27	5.38	5.06	5.45
扣除非经常损益后的每股收益（元）	0.20	0.27	0.36	0.29	0.24
收入净利率（%）	33.13	31.22	38.57	32.54	31.06
净资产收益率（%）	7.92	4.17	6.63	5.67	4.47
总资产报酬率（%）	3.68	2.34	2.71	2.97	2.44
指标名称	2013－12－31	2013－12－31	2013－12－31	2013－12－31	2013－12－31
	XY 证券	可比上市公司 A	可比上市公司 B	可比上市公司 C	可比上市公司 D
股本	671 576.00	341 800.00	466 109.98	237 123.38	560 000.00
经营性每股净资产（元）	2.66	6.52	5.64	5.37	5.64
收入净利率（%）	34.42	18.13	36.33	40.44	35.97
扣除非经常损益后的每股收益（元）	0.24	0.16	0.42	0.46	0.38

续表

指标名称	2013－12－31	2013－12－31	2013－12－31	2013－12－31	2013－12－31
	XY 证券	可比上市公司 A	可比上市公司 B	可比上市公司 C	可比上市公司 D
净资产收益率（%）	9.16	2.52	7.38	8.65	6.72
总资产报酬率（%）	3.14	1.19	2.38	3.70	2.32

4.6 价值比率的选择

价值比率是指将可比公司权益价值或企业整体价值（也称“全投资口径企业价值”）除以可比公司的盈利指标、资产指标、收入指标以及其他特定指标得出的比率。相应地，根据被除数所对应的价值范畴，价值比率可区分为权益价值比率和企业整体价值比率，权益价值比率也可称为股权投资口径价值比率，企业整体价值比率也可称为全投资口径价值比率。

受 XY 证券所在行业运营特征的影响，XY 证券及各可比企业在资本结构方面相差不大，资产负债率都很低，主要资本投入为股权资本，因此采用股权投资口径价值比率（也称为权益价值比率）。

权益价值比率中常用的价值比率为市盈率、市净率、市现率、市盈率与增长比率（PEG）、市销率以及其他特定比率。本案例中，根据 XY 证券及所处行业的特点，选择市盈率、市净率作为价值比率。

市盈率指权益价值与每股净利的比值（P/E），市净率指权益价值与净资产账面值的比值（P/B）。

根据调整后的各可比上市公司财务报表，计算各可比上市公司的 P/B 及 P/E 比值，结果见表 6。

表 6　　近三年对比公司的市盈率和市净率

公司名称	(P/E)			
	2011－12－31	2012－12－31	2013－12－31	三年平均值
可比上市公司 A	21.41	53.01	52.30	42.24
可比上市公司 B	25.80	29.53	30.44	28.59
可比上市公司 C	50.45	32.67	22.40	35.17
可比上市公司 D	31.96	40.01	23.37	31.78
公司名称	(P/B)			
	2011－12－31	2012－12－31	2013－12－31	三年平均值
可比上市公司 A	1.70	2.25	1.32	1.76
可比上市公司 B	1.98	1.96	2.25	2.06
可比上市公司 C	1.51	1.86	1.94	1.77
可比上市公司 D	1.47	1.80	1.57	1.61

注：各可比上市公司 2013 年 12 月 31 日数据按当年三季报进行年化处理。

4.7 价值比率的修正

（1）P/E 价值比率的修正系数。

本案例中，P/E 价值比率的修正系数计算公式如下：

$$\text{P/E 修正系数} = \frac{\dfrac{X_0}{r_0 - g_0}}{\dfrac{X_a}{r_a - g_a}} \qquad \text{（公式 1）}$$

式中：

X_0——被评估单位股权自由现金流 FCFE 与净利润 E 的比值；

X_a——可比企业股权自由现金流 FCFE 与净利润 E 的比值；

r_0——被评估单位的权益折现率；

r_a——可比企业的权益折现率；

g_0——被评估单位的长期增长率；

g_a——可比企业的长期增长率。

本案例忽略了 XY 证券和各可比企业股权自由现金流 FCFE 与净利润 E 的区别，即 X_0 和 X_a 均为 1，且假设 XY 证券和各可比企业的未来收益均保持平稳，即假设 g_0 和 g_a 为零。基于这些前提和假设，本案例的 P/E 价值比率的修正系数公式简化如下：

$$\text{P/E 修正系数} = \frac{\dfrac{X_0}{r_0 - g_0}}{\dfrac{X_a}{r_a - g_a}} = \frac{r_a}{r_0}$$

（2）P/B 价值比率的修正系数。

本案例中，P/B 价值比率的修正系数计算公式如下：

$$\text{P/B 价值比率的修正系数} = \frac{\dfrac{Y_0}{r_0 - g_0}}{\dfrac{Y_a}{r_a - g_a}} \qquad \text{（公式 2）}$$

式中：

Y_0——被评估单位股权自由现金流 FCFE 与净资产 B 的比值；

Y_a——可比企业股权自由现金流 FCFE 与净资产 B 的比值；

r_0——被评估单位的权益折现率；

r_a——可比企业的权益折现率；

g_0——被评估单位的长期增长率；

g_a——可比企业的长期增长率。

本案例忽略了 XY 证券和各可比企业股权自由现金流 FCFE 与净利润 E 的区别，即 Y_0 和 Y_a 分别为 XY 证券和各可比企业的净资产收益率，且假设 XY 证券和各可比企业的未来收益均保持平稳，即假设 g_0 和 g_a 为零。基于这些前提和假设，本案例的 P/B 价值比率的修正系数公式简化如下：

$$\text{P/B 价值比率的修正系数} = \frac{\frac{Y_0}{r_0 - g_0}}{\frac{Y_a}{r_a - g_a}} = \frac{\frac{Y_0}{r_0}}{\frac{Y_a}{r_a}}$$

（3）权益折现率 r_0 和 r_a 的确定。

本案例中的权益折现率采用资本资产定价模型（CAPM）确定，计算公式如下：

$$r = R_f + \beta(R_m - R_f) + a \qquad \text{（公式 3）}$$

式中：

R_f——无风险报酬率；

R_m——市场预期收益率（投资者期望的报酬率），$R_m - R_f$ 即为市场风险溢价；

β——权益资本的预期市场风险系数；

a——企业特定风险调整系数。

①无风险报酬率 R_f。

无风险报酬率 R_f 取评估基准日剩余年限 10 年及以上期国债到期收益率平均值，经计算，无风险报酬率 R_f 为 4.27%。

②β 值。

各可比上市公司的 β 值是通过查询 Wind 资讯的计算结果得出，XY 证券的 β 值按各可比上市公司 β 值的算术平均值确定。

③股权市场超额风险收益率（$R_m - R_f$）。

股权市场超额风险收益率是对于一个充分风险分散的市场投资组合，投资者所要求的高于无风险收益率的回报率。股权市场超额风险收益率的确定既可以依靠历史数据，又可以基于事前估算。本案例中股权市场超额风险收益率的确定采用证券市场上的公开资料分析计算得出。

a. 市场期望报酬率（R_m）的确定。借助 Wind 资讯的数据系统，采用沪深 300 指数中的成分股投资收益的指标来进行分析，采用几何平均值方法对沪深 300 成分股的投资收益情况进行分析计算，得出各年度平均的市场风险报酬率。

b. 确定 1999—2013 年各年度的无风险收益率（R_{f2}）。采用 1999—2013 年各年度年末距到期日 10 年以上的中长期国债的到期收益率的平均值作为长期市场预期回报率。

c. 按照几何平均方法分别计算 1999 年 12 月 31 日至 2013 年 12 月 31 日期间每年的市场风险溢价，即（$R_m - R_f$），采用其平均值 7% 作为股权市场超额风险收益率。

④特有风险调整系数 a。

各可比上市公司的特有风险调系数 a 主要考虑公司经营规模、业务结构等因素进行测算。对 XY 证券特有风险调系数 a，除考虑公司经营规模、业务结构等因素以外，因 XY 证券为非上市企业，还应考虑 XY 证券在融资条件、资本流动性等方面与可比上市公司的差异性所可能产生的特性个体风险。

⑤经过上述过程，各可比上市公司和 XY 证券的权益折现率计算见表 7。

表 7　　可比公司和 XY 证券的权益折现率

公司名称	无风险报酬率	贝塔系数	市场风险溢价	特有风险调整系数	权益折现率
可比上市公司 A	4.27%	1.3091	7%	1.13%	14.70%
可比上市公司 B	4.27%	1.3639	7%	0.75%	14.73%
可比上市公司 C	4.27%	1.2355	7%	1.37%	14.40%
可比上市公司 D	4.27%	1.3471	7%	1.04%	14.90%
XY 证券	4.27%	1.3214	7%	2.34%	16.01%

（4）P/E 价值比率的修正过程及结果。

根据 P/E 修正系数 $= \frac{r_a}{r_0}$ 的计算公式，各可比上市公司的 P/E 价值比率修正系数见表 8。

表 8　　可比公司的 P/E 价值比率修正系数

企业名称	P/E 价值比率的修正系数
可比上市公司 A	0.9185
可比上市公司 B	0.9201
可比上市公司 C	0.8994
可比上市公司 D	0.9307

（5）P/B 价值比率的修正过程及结果。

各可比上市公司和 XY 证券的净资产收益率见表 9。

表 9　　可比公司和 XY 证券的净资产收益率

企业名称	净资产收益率			
	2011 年	2012 年	2013 年	三年平均
可比上市公司 A	7.72	4.17	2.52	4.80
可比上市公司 B	7.64	6.63	7.38	7.22
可比上市公司 C	2.96	5.67	8.65	5.76
可比上市公司 D	4.57	4.47	6.72	5.25
XY 证券	10.14	7.92	9.16	9.07

根据 P/B 价值比率的修正系数$\frac{y_0/r_0}{y_a/r_a}$的计算公式，各可比上市公司的 P/B 价值比率修正系数见表 10。

表 10　　可比公司的 P/B 价值比率修正系数

企业名称	P/B 价值比率的修正系数			
	2011－12－31	2012－12－31	2013－12－31	三年平均
可比上市公司 A	1.2065	1.7430	3.3340	1.7343
可比上市公司 B	1.2203	1.0998	1.1425	1.1569

续表

企业名称	P/B 价值比率的修正系数			
	2011－12－31	2012－12－31	2013－12－31	三年平均
可比上市公司 C	3.0822	1.2558	0.9523	1.4165
可比上市公司 D	2.0639	1.6481	1.2692	1.6072

4.8 修正后各可比上市公司的价值比率

经上述修正过程后，各可比上市公司修正后的 P/B 及 P/E 比值见表 11。

表 11　　对比公司修正后的 P/B 和 P/E

公司名称	(P/E)				(P/B)			
	2011－12－31	2012－12－31	2013－12－31	三年平均值	2011－12－31	2012－12－31	2013－12－31	三年平均值
可比上市公司 A	19.67	48.70	48.04	38.80	2.06	3.92	4.40	3.05
可比上市公司 B	23.74	27.17	28.00	26.31	2.42	2.16	2.57	2.39
可比上市公司 C	45.37	29.39	20.14	31.63	4.65	2.33	1.85	2.50
可比上市公司 D	29.75	37.24	21.75	29.58	3.04	2.96	1.99	2.59

4.9 XY 证券股权价值（经营性）计算

在各可比上市公司修正 P/B 及 P/E 比值基础上，通过加权平均求取 XY 证券的 P/B 及 P/E 比值。因可比上市公司 A 与 XY 证券在资产规模、收入规模、行业排名等方面均最为接近，因此，在计算 XY 证券的价值比率时，取可比上市公司 A 价值比率的权重为 33%，其他各可比上市公司价值比率的权重相同，即均为 22.33%。则 XY 证券的股权价值计算结果见表 12。

表 12　　XY 证券的股权价值

企业名称	净利润比率乘数（P/E）				净资产比率乘数（P/B）			
	2011 年	2012 年	2013 年	三年平均	2011 年	2012 年	2013 年	三年平均
各可比上市公司价值比率的加权平均值	28.57	37.02	31.46	32.35	2.93	2.96	2.88	2.68
XY 证券每股的对应参数值	0.24	0.24	0.24	0.24	2.66	2.66	2.66	2.66
XY 证券股权（经营性）单价（元/股）	6.97	9.03	7.68	7.89	7.81	7.88	7.68	7.13

4.10 缺乏流动性的折扣率

因 XY 证券为非上市公司，可比企业均为上市公司，因此，需计算缺乏流动性折扣率。

本案例对缺乏流动性折扣率的计算是借助股权分置改革的对价方案，做相应分析测算得出的，具体过程如下：

股权分置改革的实质就是非流通股股东支付给流通股股东对价，以换取自身股权的限制性流通。非流通股股东向流通股股东给付的对价类型主要包括送股、缩股、派发现金、派发权证以及各种对价类型的组合给付方式。缩股、派发现金、派发权证以及各种对价类型的组合给付方式均可折算为送股。在送股对价给付过程中，非流通股股东所持股份总数减少的同时，流通股股东所持股份总数相对增加。根据股权分置改革的实质，在股权分置改革前后，非流通股股东的市值、流通股股东的市值以及全部股东市值均应保持不变。因此，在股权分置改革前后，非流通股股东的市值与流通股股东的市值的比率应保持不变，则：

（1）不考虑限售因素。

在不考虑股权分置改革后原非流通股股份出售存在的时间限制这一因素前提下，以下等式成立：

$$\frac{S_n \times P_n}{S_c \times P_c} = \frac{(S_n - S_c \times R) \times P}{(1+R) \times S_c \times P}$$

即：

$$\frac{W \times S}{(1-W) \times S} \times \frac{P_n}{P_c} = \frac{[W \times S - (1-W) \times S \times R]}{(1+R) \times (1-W) \times S} \times \frac{P}{P}$$

得出：

$$\frac{P_n}{P_c} = \frac{W \times S - (1-W) \times S \times R}{(1+R) \times (1-W) \times S} \times \frac{(1-W) \times S}{W \times S} = \frac{W \times S - (1-W) \times S \times R}{(1+R) \times W \times S}$$
$$= \frac{W - (1-W) \times R}{(1+R) \times W}$$

$\frac{P_n}{P_c}$为非流通股股票单价与流通股股票单价的比值，则：

$$\text{缺乏流通性折扣率} = 1 - \frac{P_n}{P_c} = 1 - \frac{W - (1-W) \times R}{(1+R) \times W} = \frac{R}{(1+R) \times W}$$

式中：

S_n——非流通股股本数量；

S_c——流通股股本数量；

S——总股本数量；

W——非流通股股本数量与总股本数量的比率，即 $W = S_n/S$；

P_n——股权分置改革前的非流通股单价；

P_c——股权分置改革前的流通股单价；

P——股权分置改革后的复盘后股票单价；

R——对价率。对价率指折算成送股的对价类型时每股流通股所能获得的送股数。

不过，以上公式没有考虑股权分置改革后原非流通股股份的出售仍存在一定的时间限制这一因素。根据《上市公司股权分置改革管理办法》第二十七条的规定，改革后公司原非流通股股份的出售应当遵守下列规定：自改革方案实施之日起，在十二个月内不得上市交易或者转让；持有上市公司股份总数百分之五以上的原非流通股股东，在前项规定期满后，通过证券交易所挂牌交易出售原非流通股股份，出售数量占该公司股份总数的比例在十二个月内不得超过百分之五，在二十四个月内不得超过百分之十。因此，对股权分置改革后，原流通股股份的市值应考虑限售因素的影响，即：

（2）在考虑限售因素前提下，以下等式成立。

$$\frac{S_n \times P_n}{S_c \times P_c} = \frac{(S_n - S_c \times R) \times P \times (1-\varepsilon)}{(1+R) \times S_c \times P}$$

即：

$$\frac{W \times S}{(1-W) \times S} \times \frac{P_n}{P_c} = \frac{[W \times S - (1-W) \times S \times R] \times (1-\varepsilon)}{(1+R) \times (1-W) \times S} \times \frac{P}{P}$$

得出：

$$\begin{aligned}\frac{P_n}{P_c} &= \frac{[W \times S - (1-W) \times S \times R] \times (1-\varepsilon)}{(1+R) \times (1-W) \times S} \times \frac{(1-W) \times S}{W \times S} \\ &= \frac{[W \times S - (1-W) \times S \times R] \times (1-\varepsilon)}{(1+R) \times W \times S} \\ &= \frac{[W - (1-W) \times R] \times (1-\varepsilon)}{(1+R) \times W}\end{aligned}$$

$\frac{P_n}{P_c}$为非流通股股票单价与流通股股票单价的比值，则：

$$\text{缺乏流通性折扣率} = 1 - \frac{P_n}{P_c} = 1 - \frac{[W - (1-W) \times R] \times (1-\varepsilon)}{(1+R) \times W}$$

式中：

S_n——非流通股股本数量；

S_c——流通股股本数量；

S——总股本数量；

W——非流通股股本数量与总股本数量的比率，即 $W = S_n/S$；

P_n——股权分置改革前的非流通股单价；

P_c——股权分置改革前的流通股单价；

P——股权分置改革后的复盘后股票单价；

R——对价率，对价率指折算成送股的对价类型时，每股流通股所能获得的送股数；

ε——股权分置改革后原非流通股股份限售因素产生的流通性折扣系数。

（3）利用股权分置改革的对价测算缺乏流动性折扣率的计算过程。

对 XY 证券的缺乏流动性折扣率的计算，选择证券行业下列七家上市公司的股权分置改革方案为基础，根据下列 7 家上市证券公司股权分置改革的对价，区分是否考虑股权分置改革后原非流通股股份的出售仍存在一定的时间限制这一因素，分别测算缺乏流动性的折扣率。

①7 家上市证券公司的股权分置改革方案（见表 13）。

表 13　　7 家上市证券公司的股权分置改革方案

证券代码	证券简称	对价类型	对价方案摘要	折算成送股的对价
000562. SZ	宏源证券	送股	非流通股东向流通股东每 10 股送 3. 2 股。	3. 20
000686. SZ	东北证券	送股，回购，资产重组	定向回购并注销中油锦州所持公司全部股份，以新增股份吸收合并东北证券，非流通股东向流通股东每 10 股送 4 股，上市公司向全体股东每 10 股转增 8 股（本方案相当于流通股每 10 股获送 2. 22223 股）。	2. 22
000728. SZ	国元证券	送股，回购，资产重组	北京化二定向回购东方石化持有其的 24 121 万股非流通股股份并注销；北京化二向东方石化整体出售其拥有的全部资产和负债。以新增股份吸收合并国元证券在回购并注销东方石化所持公司全部股份时，本公司将以新增股份吸收合并国元证券。公司被吸收方（国元证券）的全体股东按其持股比例将共计 2 080 万股送给流通股股东，流通股股东每 10 股获送 2 股。	2. 00
000750. SZ	国海证券	送股，资产重组	以新增股份吸收合并国海证券形成的新非流通股股东和本公司原非流通股股东南宁市荣高投资有限公司一致同意向流通股股东按照相同的支付比例送股作为对价安排，以换取其持有的非流通股份的流通权。非流通股东向流通股东每 10 股送 2. 00 股。	2. 00
600030. SH	中信证券	送股	非流通股东向流通股东每 10 股送 3. 5 股。	3. 50
600369. SH	西南证券	送股	上市公司向全体流通股东每 10 股转增 10 股（相当于流通股股东每 10 股获得 4. 07 股的对价）。	4. 07
600837. SH	海通证券	送股	非流通股东向流通股东每 10 股送 3 股。	3. 00

②股权分置后原非流通股股份限售因素对应的限制流通折扣率的计算。

对存在限售期的限制流通折扣率，可根据限售股股东购入卖方期权价值除以无流通限制的股票价格进行确定，该卖方期权可以完全对冲由于股票限售可能产生的投资损失的风险。即：限制流通折扣率 = 可对冲由于股票限售可能产生的投资损失的风险的卖方期权价值 ÷ 无流通限制的股票价格。可完全对冲由于股票限售可能产生投资损失风险的卖方期权，具体为：假设限售股股东按照市场价格购买以限售股股份为合同标的、约定价格与股票当前价格相同（或约定价格按无风险报酬率折算的现值与股票当前价格相同）、合同期限与股权限售期限相同的卖方期权（看跌期权）。

卖方期权的价值可以使用期权模型来估计，最为常见的模型为布莱克—舒尔斯模型（Black - Scholes model），其运用过程如下。

使用布莱克—舒尔斯模型计算卖方期权，应首先确定股票当前价格（S）及其波动率（σ）、期权行权价格（X）、行权期限（T）、连续复利计算的无风险收益率（r）等参数。在不考虑分红因素前提下，卖方期权价值计算公式如下：

$$\text{卖方期权价值}\, P = X \times e^{-rT} \times N(-d_2) - S \times N(-d_1) \qquad \text{（公式 4）}$$

其中，e^{-rT}是利率 r 到期时间为 T 情况下连续复利的现值系数；N( ) 为指定平均值和标准偏差的正态分布函数，也称标准正态密度函数。d_1 和 d_2 的计算公式如下：

$$d_1 = \frac{\ln(S \div X) + (r + \sigma^2 \div 2)T}{\sigma \sqrt{T}} \quad (公式5)$$

$$d_2 = \frac{\ln(S \div X) + (r - \sigma^2 \div 2)T}{\sigma \sqrt{T}} = d_1 - \sigma \sqrt{T} \quad (公式6)$$

其中，σ 的计算公式为：

$$\sigma = \sqrt{\frac{\sum_{t=1}^{n} (u_t - \bar{u})^2}{n-1}} = \sqrt{\frac{1}{n-1}\sum_{t=1}^{n} u_t^2 - \frac{1}{n(n-1)}\left(\sum_{t=1}^{n} u_t\right)^2}$$

$$u_i = \ln \frac{s_t}{s_{t-1}} = \ln(s_t) - \ln(s_{t-1})$$

$$\bar{u} = \frac{\sum_{t=1}^{n} u_t}{n}$$

式中：u_i 代表第 i 期的标的资产收益率，s_{t-1} 和 s_t 分别为标的资产上期及本期价格，ln（s）表示以 e 为底的自然对数，n 为观察值的数量。

假设无风险报酬率取4%，波动率取各上市公司股权分置改革方案获准公告日期前的最近60个月（不足60个月的，取最近24个月数据）的年化波动率，在不考虑分红因素前提下，各上市公司限售期为1年，考虑货币时间价值（考虑时间价值时，股票期权行权价格 = 股票当前价格 ×（1 + 无风险报酬率）限制流通年数），采用布莱克—舒尔斯模型计算限售股的限制流通折扣率情况，结果见表14。

表14　　7家上市公司限售股的限制流通折扣率

证券代码	证券简称	获准公告日期	年化波动率（σ）	现行价格（S）	执行价格（X）	行权期限（T，年）	无风险收益率（r）	卖方期权价值	限售期对应的限制流通折扣率
000562. SZ	宏源证券	2006－05－08	47. 79	1	1. 04	1	4%	0. 1884	18. 84%
000686. SZ	东北证券	2006－12－11	50. 18	1	1. 04	1	4%	0. 1976	19. 76%
000728. SZ	国元证券	2006－12－30	58. 93	1	1. 04	1	4%	0. 2313	23. 13%
000750. SZ	国海证券	2008－11－24	37. 56	1	1. 04	1	4%	0. 1485	14. 85%
600030. SH	中信证券	2005－06－20	40. 53	1	1. 04	1	4%	0. 1601	16. 01%
600369. SH	西南证券	2006－06－12	42. 67	1	1. 04	1	4%	0. 1685	16. 85%
600837. SH	海通证券	2005－09－26	43. 42	1	1. 04	1	4%	0. 1714	17. 14%

表14中，限售期按1年确定，原因在于：根据《上市公司股权分置改革管理办法》的规定，改革后公司原非流通股股份的出售应当遵守下列规定：自改革方案实施之日起，在十二个月内不得上市交易或者转让；持有上市公司股份总数百分之五以上的原非流通股股东，

在前项规定期满后，通过证券交易所挂牌交易出售原非流通股股份，出售数量占该公司股份总数的比例在十二个月内不得超过百分之五，在二十四个月内不得超过百分之十。也就是说，原非流通股股东，不论持股比例大小，自股权分置改革后十二个月内均不得交易或转让，该十二个月即为限售期；而对于持股比例大于百分之五的原非流通股股东，股权分置改革后十二个月的期限届满后可挂牌交易，但其可挂牌交易的比例在一定时期内仍存在一定的限制，这可视为大宗交易限制，不追加计入限售期。

③利用股权分置改革的对价测算缺乏流动性折扣率的计算结果（见表15）。

表15　　7家上市公司的缺乏流动性折扣率

证券代码	证券简称	对价率（R）	非流通股股本数量与总股本数量的比率（W）	缺乏流通性折扣率（不考虑限售因素）	限售因素对应的限制流通折扣率	缺乏流通性折扣率（考虑限售因素）
000562. SZ	宏源证券	0. 3200	0. 60	40. 40%	18. 84%	51. 63%
000686. SZ	东北证券	0. 2220	0. 57	31. 87%	19. 76%	45. 33%
000728. SZ	国元证券	0. 2000	0. 70	23. 81%	23. 13%	41. 43%
000750. SZ	国海证券	0. 2000	0. 43	38. 76%	14. 85%	47. 85%
600030. SH	中信证券	0. 3500	0. 84	30. 86%	16. 01%	41. 93%
600369. SH	西南证券	0. 4070	0. 58	49. 87%	16. 85%	58. 32%
600837. SH	海通证券	0. 3000	0. 75	30. 77%	17. 14%	42. 64%
平　均		0. 2856	0. 6386	35. 19%	18. 08%	47. 02%

（4）利用股权分置改革的对价测算缺乏流动性折扣率的修正。

股权分置改革基本是在2005年和2006年完成的，2005年4月29日，中国证监会发布《关于上市公司股权分置改革试点有关问题的通知》，股改试点工作正式启动，至2006年10月，A股市场股权分置改革基本完成，历时约一年半。股权分置方案的对价反映了当时流通股与非流通股市价的差异程度，当时流通股价格高出非流通股价格的幅度越大，非流通股股东给付的对价也应越大。但股权分置改革时的流通股与非流通股市价的差异程度，可能与评估基准日的流通股与非流通股市价的差异程度不同。因此，有必要对利用股权分置改革的对价测算缺乏流动性折扣率做出进一步的修正。

为反映流通股市价与非流通股市价之间的差异程度在不同时点间的区别，首先要选择能够体现流通股市价与非流通股市价之间的差异程度的指标，通常情况下，可选择市盈率、市净率、市现率、市销率等价值比率。本案例中，根据评估对象所处行业的特征，选择市净率作为衡量流通股市价与非流通股市价之间的差异程度的指标。然后，分别计算股权分置改革时点和评估基准日的市净率水平，将评估基准日的市净率水平除以股权分置改革时点的市净率水平，得出修正系数。最后，将修正系数乘以利用股权分置改革的对价测算缺乏流动性折扣率，得出修正后的缺乏流动性折扣率。具体见表16。

表 16　　7 家上市公司修正后的缺乏流动性折扣率

证券代码	证券简称	缺乏流通性折扣率（考虑限售因素）	获准公告日期	获准公告日市净率（匹配上年年报）	评估基准日市净率（匹配当年年报）	修正系数	修正后缺乏流通性折扣率
A	B	C	D	E	F	G = F/E	H = C * G
000562. SZ	宏源证券	51. 63%	2006 - 05 - 08	3. 9541	2. 2062	55. 80%	28. 81%
000686. SZ	东北证券	45. 33%	2006 - 12 - 11	3. 2962	2. 0824	63. 18%	28. 64%
000728. SZ	国元证券	41. 43%	2006 - 12 - 30	3. 9626	1. 2912	32. 58%	13. 50%
000750. SZ	国海证券	47. 85%	2008 - 11 - 24	2. 6575	4. 2747	160. 85%	76. 97%
600030. SH	中信证券	41. 93%	2005 - 06 - 20	2. 7337	1. 6019	58. 60%	24. 57%
600369. SH	西南证券	58. 32%	2006 - 06 - 12	3. 0328	2. 1317	70. 29%	40. 99%
600837. SH	海通证券	42. 64%	2005 - 09 - 26	3. 8525	1. 7640	45. 79%	19. 52%
平均		47. 02%		3. 3556	2. 1932	69. 58%	33. 29%
中位数		45. 33%		3. 2962	2. 0824	58. 60%	28. 64%

表 16 中，7 家股改上市公司的修正后缺乏流通性折扣率中，剔除最大和最小的两项，其余 5 家股改上市公司修正后缺乏流通性折扣率的算术平均值为 28. 51%，与 7 家股改上市公司的修正后缺乏流通性折扣率的中位数非常接近。因此，缺乏流通性折扣率最终按 28. 51% 确定。

（5）XY 证券缺乏流通性折扣率。

应考虑股权分置后原非流通股股份限售因素的影响并进行修正，即，缺乏流通性折扣率（考虑限售因素）为 28. 51%。

4. 11　非经营性资产

根据对 XY 证券财务报表的分析，XY 证券的非经营性资产为递延所得税资产和投资性房地产，非经营性负债为递延所得税负债。XY 非经营性资产净值为 -0. 006 元/股。

4. 12　XY 证券股权价值的测算

为减少各年股价波动对股权公允价值的影响，对通过 P/E、P/B 价值比率得出的 XY 证券股权价值（见表 17），取 2011 年、2012 年、2013 年三年算术平均值，并对 P/E 三年平均值和 P/B 三年平均值再作算术平均，得出 XY 证券的股票单价。即：

XY 证券的股票单价评估值 =（5. 637 + 5. 092）÷2 = 5. 3645（元/股）

委托方持有 XY 证券的持股数量为 33 578 800 股，则委托方持有 XY 证券 33 578 800 股股权的评估值合计 = 33 578 800 ×5. 3645 = 18 013. 35（万元）。

表 17　　XY 证券股权价值计算结果

企业名称	P/E				P/B			
	2011 年	2012 年	2013 年	三年平均	2011 年	2012 年	2013 年	三年平均
XY 证券股权经营性价值（元/股）	6.97	9.03	7.68	7.89	7.81	7.88	7.68	7.13
不可流通折扣（%）	28.51	28.51	28.51	28.51	28.51	28.51	28.51	28.51
折扣后价值（元/股）	4.984	6.457	5.488	5.643	5.587	5.633	5.488	5.098
非经营性资产净值（元/股）	-0.006	-0.006	-0.006	-0.006	-0.006	-0.006	-0.006	-0.006
XY 证券股权公允价值单价（元/股）	4.978	6.451	5.483	5.637	5.581	5.628	5.483	5.092

5. 评估结论与分析

评估基准日为 2013 年 12 月 31 日，委托方持有 XY 证券股权（持股比例为 0.5%，持股数量为 33 578 800 股）的账面余额为 19 279.23 元。根据《资产评估准则——企业价值》及本案例经济行为的具体特点，本案例运用市场法进行了评估，评估值叙述如下：

截至 2013 年 12 月 31 日，在公开市场及被评估单位持续经营的前提下，在本报告有关假设条件下，在本报告特别事项说明和使用限制下，并基于市场价值的价值类型，经本报告程序和方法，委托方持有 XY 证券股权（持股比例为 0.5%，持股数量为 33 578 800 股）评估值为 18 013.35 万元。评估值比账面余额少 1 265.88 万元，评估减值率为 6.57%。评估减值的原因主要是近期资本市场中证券公司股价比较低迷，使得委托方 XY 证券股权的价值略低于其原始持股成本。

6. 尾声

证券行业上市公司较多，与被评估单位具有可比性的上市公司也较多，这为本案例的上市公司比较法运用提供了案例基础。在此基础上，上市公司比较法运用过程的关键环节分别为价值比率的选择、价值比率的修正和流动性折扣系数的确定，本案例对这些关键环节均做出了较为详细的介绍。那么，对这些关键环节的处理应遵循哪些理论原理、采用怎样的逻辑思路、注意哪些现实问题等将指引我们深入思考上市公司比较法运用的实质。

Evaluating Partly Shareholder Equity Values on Marketing Method: A Case Study of a Securities Company

Abstract: This case is evaluating a securities company on listed company's comparison method. This case completely introduces the application of listed company's comparison method, focuses on value ratio correction and valuation of non – listed company liquidity discount rate, which are the most of reference value in this article. Value correction mainly adopts risk and growth factor correction to calculate. While lack of liquidity discount rate valuation is based on consideration strategy of stock equity detachment reform in China, then through analysis, finally get the valuation result.

Key Words: Securities Company Value Evaluation; Listed Company Comparison; Partly Shareholder Equity Values

案例使用说明

运用市场法评估某证券公司股东部分权益价值的案例

一、教学目的与用途

1. 本案例主要适用于市场法中的上市公司比较法在企业价值评估中的运用等课程。
2. 本案例的授课对象为资产评估或相关专业硕士生或博士生。
3. 本案例的教学目标包括：

（1）熟悉上市公司比较法的基本运用过程；
（2）掌握价值比率选择的定性分析法和定量分析法；
（3）掌握价值比率的修正方法；
（4）掌握缺乏流动性折扣率的量化方法。

二、启发思考题

1. 权益价值比率和企业整体价值比率的选择标准是什么？
2. 选择盈利比率、资产比率、收入比率和其他特定比率应遵循哪些原则？
3. 如何运用定量分析法选择合适的价值比率？
4. 上市公司比较法中对价值比率进行修正通常需要对哪些内容做出修正？
5. 对可比企业与被评估单位的内部因素进行修正的方法主要有哪两种？
6. 如何理解采用风险及增长因素修正法对被评估单位内部因素做出修正的实质？
7. 股权分置改革的对价水平能够用于测算流动性折扣率。股权分置改革基本是在2005年和2006年完成的，以当时的股权分置改革对价测算得出的流动性折扣率，现在能否直接利用？请说明理由。若不能直接利用，请阐述具体的修正调整办法。
8. 通过对比新股发行定价与上市后交易价格估算流动性折扣的方法存在哪些不足之处？该如何弥补这些不足？
9. 通过对比非上市公司并购市盈率与上市公司市盈率估算流动性折扣的方法存在哪些不足之处？有哪些解决之道？

三、分析思路

在上市公司比较法运用过程中，价值比率的选择、价值比率的修正以及流动性折扣率的计算是影响评估结果可靠性的关键因素。本案例中的价值比率选择市盈率和市净率，这也是较为常用的两种价值比率。那么，价值比率的选择应遵循怎样的理论原理？本案例分析过程中将首先解析价值比率选择的定性分析法和定量分析法。

本案例中对市盈率的修正是通过对比被评估单位和可比企业的权益折现率而做出的；对市净率的修正是通过对比被评估单位和可比企业的权益折现率、净资产收益率等指标后计算得出的。这种修正方法称为风险及增长因素修正法。本案例仅列出了运用风险及增长因素修正法对市盈率和市净率做出修正的具体计算公式。在案例分析中，对风险及增长因素修正法的推导过程及其实质原理做了详细介绍，此外，也对价值比率进行修正的其他方法做了对比探讨。

非上市公司缺乏流通性折扣率的计算问题是制约上市公司比较法运用的最突出因素。本案例借助同行业相关上市公司股权分置改革方案中原非流通股股东向流通股股东支付的对价水平，基于非流通股市值与流通股市值的比率在股改前后不变的原理，测算缺乏流动性的折扣率，且考虑了原非流通股股东在股权分置改革后的限售期因素，并对股权分置改革时点和评估基准日的流通股市价与非流通股市价差异程度的不同做出合理修正，这种做法值得借鉴。在案例分析中，针对非上市公司缺乏流通性折扣率，对常用的确定缺乏流通性折扣率的方法进行了对比分析。

四、理论依据及分析

1. 价值比率选择的定性分析法和定量分析法。

（1） 价值比率选择的定性分析法。

①权益价值比率和企业整体价值比率的选择。

在运用市场法评估企业价值过程中，可比企业的权益价值可以直接获得，而整体价值为权益资本价值与债权资本价值之和，因此权益价值比率的计算过程更为便捷。不过，计算过程的便捷与否并不能构成权益价值比率和企业整体价值比率的选择标准。从权益价值和企业整体价值的构成分析，企业的资本结构对权益价值产生着影响，但并不影响企业整体价值。因此，权益价值比率和企业整体价值比率的选择标准为可比企业与被评估单位的资本结构是否存在差异，或资本结构差异对企业价值的影响能否通过修正得到调整。若可比企业与被评估单位的资本结构、举债环境及融资成本相似，则选择权益价值比率和企业整体价值比率均可；若可比企业与被评估单位的资本结构存在明显差异，且无法对资本结构的差异做出合理量化修正，则宜选择企业整体价值比率，不宜采用权益价值比率。

②盈利比率、资产比率、收入比率和其他特定比率的选择。

选择盈利比率、资产比率、收入比率和其他特定比率应遵循两大原则：

第一，价值比率内在适用性原则。价值比率作为衡量企业价值的“标尺”，实质是企业价值反映在某参数上的“单价”。在一个企业中，对企业价值实施着影响的因素往往很多，且各因素对企业价值的影响过程错综复杂、影响程度也存在差异，对于某一项价值比率而言，该项价值比率是以对应价值比率参数为单位测算得出的企业价值单价，该项价值比率完全体现了该价值比率对应参数对企业价值的影响，但无法涵盖其他因素对企业价值产生的影响。因此，从价值比率所指向的企业价值影响因素分析，每一项价值比率均具有各自的特征和适用条件，也均具有天然的局限性。

第二，价值比率环境适应性原则。从对企业价值进行计量的角度分析，每一项价值比率均有特定的适用条件，兼具适用性和局限性，集优点及缺点于一体。在剖析每一项价值比率的适用性及局限性基础上，需要将价值比率置于特定的运用环境中进行考察。在特定的运用环境中，若某项价值比率的局限性暴露，则提示该项价值比率并不适用于该特定环境中；若某价值比率的局限性不暴露，则说明在该特定环境中该项价值比率具有充分适用性，宜选择该项价值比率作为比准比率。价值比率的运用环境包括所处行业及特定企业两个维度。对所处行业环境的考察，通常是通过对所处行业的周期性特征、资产结构特征及行业发展阶段特征进行剖析而得以进行的；对特定企业环境的考察，通常是基于对企业的自身状况及企业所处的生命周期进行分析而做出判断的。

选择盈利比率、资产比率、收入比率和其他特定比率应注意三大事项：

第一，应注意保持口径一致。计算价值比率时应保持口径一致，具体包括：可比企业与被评估单位指标数据口径应当一致；在同一个评估项目中，对各可比企业运用的价值比率及其计算口径和权重口径均应是一致的；计算价值比率的数据的时间口径应保持匹配；计算价值比率时除数和被除数内涵的匹配性。

第二，应当考虑相对数计算特征的影响。各项价值比率均系相对数，以权益价值或企业整体价值除以各项指标得出，因此，在计算可比企业和被评估企业的各项价值比率时，若作为除数的指标值为负值，价值比率呈现负值，这显然是不合适的；若作为除数的指标绝对值很小，得出的价值比率很大，也可能是不合适的。

第三，应注意甄选次序的考虑。各种价值比率在反映企业价值的功能上存在差异，有些价值比率与企业价值之间存在高度正相关关系，而有些价值比率对具体的被评估单位可能并不完全适用，因此，应当按价值比率与企业价值之间的相关程度由高到低排序，首先选择对被评估单位企业价值影响最大的价值比率，然后依次甄选其他价值比率，最终剔除对被评估单位企业价值基本不产生影响的价值比率。

（2）价值比率选择的定量分析法。

①定量分析样本的选择。

在多层次资本市场中，场内股票市场交易最为活跃，信息披露最为及时和完整，因此，通常选择上市公司数据进行价值比率选择的定量分析。为特定的被评估单位价值比率选择所做的定量分析，分析样本通常可选择该被评估单位所在行业的上市公司。不过，更为妥当的做法是选择行业大类中与被评估单位具有可比性的上市公司，组成可比公司集合，对可比公司集合做价值比率选择的实证分析，这样得出的实证分析结论更加契合被评估单位。

②价值比率的行业相关程度。

对各行业（或行业内的可比公司集合）价值比率的行业相关程度进行比较和研究的主要步骤为：首先，计算该行业内各上市公司一定年期的各项价值比率，剔除价值比率为负值的项目，并做其他合理筛选后形成有效参数；然后，分别计算该行业有效样本的价值比率于各年度的算术平均值和标准差；最后，将标准差除以算术平均值，得出标准差系数。标准差系数越小，表示该行业该价值比率的分散程度越小，说明该价值比率在该行业中具有较强的相关程度，具有更强的代表性；标准差系数越大，表示该行业该价值比率的分散程度越大，说明该价值比率在该行业的相关程度和代表性较弱。

③价值比率相关程度的稳定性分析。

不同行业的价值影响因素存在差异，且这些价值影响因素对企业价值的影响程度和影响方式可能会随时间推移而发生变化。因此，不同行业中的不同价值比率相关程度的稳定性也存在差异。对每一价值比率在各个行业的稳定程度进行比较和研究的主要步骤为：首先，计算各行业内各项价值比率在一定年期内的各年度标准化系数；然后，在各年度标准化系数基础上计算标准差系数的算术平均值和标准差；最后，将标准差系数的标准差除以标准差系数的算术平均值，得出标准差系数的标准差系数（简称为：相关程度的波动系数）。相关程度的波动系数越小，表示该行业该价值比率相关程度的波动性越小，该价值比率对企业价值的解释能力处于较平稳状态；相关程度的波动系数越大，表示该行业该价值比率对企业价值的衡量能力处于波动状态。

④行业相关程度及其稳定程度的综合运用。

价值比率的行业相关程度反映了价值比率与企业价值之间的内在关系，相关程度越高的价值比率越能作为合理衡量企业价值的标尺。价值比率相关程度的稳定程度揭示了价值比率在反映企业价值过程中所呈现的波动程度，波动程度越小的价值比率具有更高的可靠性和代表性。在运用市场法过程中，对价值比率的选择，不仅要考虑其行业相关程度，还要关注该行业相关程度的稳定性。在优先考虑顺序方面，首先要考虑的是行业相关程度，其次才是相关程度的稳定程度。行业相关程度较强但行业相关程度的稳定性较弱的价值比率，仍是可选择的，只是应通过加权平均等手段降低波动性对企业价值的影响；不过，对于行业相关程度的稳定程度较强但行业相关程度本身较弱的价值比率，则不宜选用。

2. 价值比率的修正。

在上市公司比较法中，可比企业的价格是在证券交易所挂牌上市交易的价格，成交情况较为活跃，交易价格已排除非市场因素的影响，且取得的比准价格是在评估基准日有效的，交易价格是少数股权的公开市场交易价格，并不涉及控制权调整及价值类型修正，因此，通常无需进行交易情况修正、交易日期修正、控制权修正以及价值类型修正。因此，在上市公司比较法中，对价值比率进行的修正主要为内部因素修正。

对可比企业与被评估单位的内部因素进行修正的方法主要有分项修正法和风险及增长因素修正法。

（1）分项修正法。

分项修正法是指对可比企业与被评估单位之间存在差异的事项分别进行修正的方法。从本质上看，对企业价值产生着影响、但尚未在价值比率中得以反映的因素，均应做出适当修正，考虑到影响企业价值的因素纷繁复杂，通常对尚未在价值比率中得以反映且对企业价值产生着重要影响的因素进行修正。根据所处行业和企业具体情况的不同，应修正的内部因素也存在差异。

实务中较常采用的修正系数包括资产增速指数、收益增速指数、风险防范能力指数和资本发展潜力指数等。与各项价值比率对企业价值的适合程度和重要程度往往存在差异类似的是，上述各项修正指数代表的因素对企业价值的影响程度和重要性也往往不一致。因此，对上述各项修正指标应分别确定其影响价值效率，影响价值效率以百分率表示。确定影响价值效率的方法主要有模拟试算法和综合分析法。模拟试算法适用于能够对指标差异产生的收益差异值进行合理计算的情形。对某些修正指标而言，其指标差异带来的收益差异无法通过计算得出，而应采用综合分析法，通过对影响企业价值的各类因素按重要性进行排序和对比分析，判断某项指标对企业价值影响的重要程度，进而拟定该指标的影响价值效率值。综合分析法过程中既可运用德尔菲法做出分析，也可以凭借评估人员的丰富经验做出判断。

（2）风险及增长因素修正法。

风险及增长因素修正法是指运用收益折现思路，将被评估单位与可比企业之间所面临风险及预期增长率方面的差异进行修正的方法。风险及增长因素修正法的主要步骤是：首先，分别建立被评估单位和可比企业单阶段收益折现模型，并分别计算出某一种价值比率；然后，分别测算被评估单位和可比企业的投资回报率和长期增长率；最后，将被评估单位与可比企业在投资回报率和长期增长率方面的差异做出修正，将可比企业的价值比率修正为被评估单位的价值比率。本案例中对价值比率的修正就是采用风险及增长因素修正法。下面分别以 P/FCFE 价值比率和全投资价值比率为例，系统地介绍风险及增长因素修正法的运用过程，并探究该修正法的实质原理及注意事项。

①P/FCFE 价值比率的修正系数。

在单阶段资本化模型中，被评估单位和可比企业股东全部权益价值的计算公式为：

$$被评估单位股东全部权益\ P_0 = \frac{FCFE_0}{r_0 - g_0} \quad （公式1）$$

$$可比企业股东全部权益\ P_a = \frac{FCFE_a}{r_a - g_a} \quad （公式2）$$

上式中，r 指权益折现率，g 为评估基准日后的长期增长率。

由可比企业股东全部权益价值单阶段资本化模型可以得出：

$$\frac{P_a}{FCFE_a} = \frac{1}{r_a - g_a},$$

$\frac{P_a}{FCFE_a}$ 即为可比企业权益价值比率中的 $P/FCFE$ 比率。

如果以可比企业上述 $P/FCFE$ 比率计算被评估单位的股东全部权益价值，则被评估单位股东全部权益 $P_0 = FCFE_0 \times \frac{P_a}{FCFE_a} = FCFE_0 \times \frac{1}{r_a - g_a} = \frac{FCFE_0}{r_a - g_a}$

因此，仅以可比企业上述 $P/FCFE$ 比率计算被评估单位的股东全部权益价值，其反映的风险水平和增长趋势是可比企业的数据，并非体现被评估单位所面临的风险和预期增长趋势，如果被评估单位与可比企业在其所面临的风险及未来增长趋势方面存在明显差异，则应当对这些差异进行修正。

$$P/FCFE\ 价值比率的修正系数 = \frac{\frac{1}{r_0 - g_0}}{\frac{1}{r_a - g_a}} = \frac{r_a - g_a}{r_0 - g_0} \quad （公式3）$$

将以可比企业上述 $P/FCFE$ 比率计算被评估单位的股东全部权益价值再乘以上述修正系数，则：

$$\begin{aligned} 被评估单位股东全部权益\ P_0 &= FCFE_0 \times \frac{P_a}{FCFE_a} \times \frac{r_a - g_a}{r_0 - g_0} \\ &= FCFE_0 \times \frac{1}{r_a - g_a} \times \frac{r_a - g_a}{r_0 - g_0} = \frac{FCFE_0}{r_0 - g_0} \end{aligned}$$

因此，将可比企业的 $P/FCFE$ 比率乘以被评估单位的 FCFE 再考虑修正系数 $\frac{r_a - g_a}{r_0 - g_0}$，能够还原出被评估单位的股东全部权益价值折现模型。r_a、g_a 的取值方式决定着上述市场法及修正过程的实质。

当 r_a、g_a 的取值并非通过资本成本模型和几何增长模型测算得出，而是基于 $\frac{1}{r_a - g_a} = \frac{P_a}{FCFE_a}$ 的等式倒推得出的，则将可比企业的 $P/FCFE$ 比率乘以被评估单位的 FCFE 再考虑修正系数 $\frac{r_a - g_a}{r_0 - g_0}$，本质是采用股权自由现金流折现模型得出的股东全部权益价值。在这种情况下，采用市场法并经过修正最终又回到了收益法，采用市场法已无实际意义。

事实上，r_a、g_a 的取值通常并非基于 $\frac{1}{r_a - g_a} = \frac{P_a}{FCFE_a}$ 的等式倒推得出，而是通过资本成

本模型和几何增长模型测算得出。在这种情形下，将可比企业的 $P/FCFE$ 比率乘以被评估单位的 FCFE 再考虑修正系数 $\frac{r_a - g_a}{r_0 - g_0}$，是在市场法的价值比率基础上对影响企业价值的风险报酬率和长期增长率做出修正，而被评估单位和可比企业风险报酬率和长期增长率的对比过程，反映了绝对估值法中风险报酬率和长期增长率对企业价值的影响过程。因此，将可比企业的 $P/FCFE$ 比率乘以被评估单位的 FCFE 再考虑修正系数 $\frac{r_a - g_a}{r_0 - g_0}$ 的过程，实质是相对估值法思路和绝对估值法理论的统一。

②全投资价值比率的修正系数。

在单阶段资本化模型中，被评估单位和可比企业的整体价值的计算公式为：

$$\text{被评估单位整体价值 } EV_0 = \frac{\mathrm{FCFF}_0}{\mathrm{WACC}_0 - g_0} \qquad \text{（公式 4）}$$

将企业自由现金流 FCFF 与特定指标（设为 A）的比值定义为 Q，

$$\text{即 } Q = \frac{\mathrm{FCFF}}{A},$$

则：

$$\text{被评估单位整体价值 } EV_0 = \frac{\mathrm{FCFF}_0}{\mathrm{WACC}_0 - g_0} = \frac{A_0 \times Q_0}{\mathrm{WACC}_0 - g_0}$$

$$\text{可比企业整体价值 } EV_a = \frac{\mathrm{FCFF}_a}{\mathrm{WACC}_a - g_a} = \frac{A_a \times Q_a}{\mathrm{WACC}_a - g_a}$$

$$\frac{EV_a}{A_a} = \frac{Q_a}{\mathrm{WACC}_a - g_a},$$

$\frac{EV_a}{A_a}$ 即为可比企业全投资口径价值口径项下的 EV/A 比率。则该价值比率的修正系数的计算公式如下：

$$EV/A \text{ 价值比率的修正系数} = \frac{\dfrac{Q_0}{\mathrm{WACC}_0 - g_0}}{\dfrac{Q_a}{\mathrm{WACC}_a - g_a}} \qquad \text{（公式 5）}$$

将以可比企业上述 EV/A 比率计算被评估单位整体价值的初步评估值基础上，再乘以上述修正系数，则：

$$\text{被评估单位整体价值 } EV_0 = A_0 \times \frac{EV_a}{A_a} \times \frac{\dfrac{Q_0}{\mathrm{WACC}_0 - g_0}}{\dfrac{Q_a}{\mathrm{WACC}_a - g_a}} = A_0 \times \frac{Q_a}{\mathrm{WACC}_a - g_a} \times \frac{\dfrac{Q_0}{\mathrm{WACC}_0 - g_0}}{\dfrac{Q_a}{\mathrm{WACC}_a - g_a}}$$

$$= A_0 \times \frac{Q_a}{\mathrm{WACC}_a - g_a} \times \frac{Q_0 \times (\mathrm{WACC}_a - g_a)}{(\mathrm{WACC}_0 - g_0) \times Q_a} = \frac{A_0 \times Q_0}{\mathrm{WACC}_0 - g_0}$$

$$= \frac{\mathrm{FCFF}_0}{\mathrm{WACC}_0 - g_0}$$

上述各式中：

Q_0——被评估单位企业自由现金流 $FCFF_0$ 与特定指标（设为 A_0）的比值；

Q_a——可比企业的企业自由现金流 $FCFF_a$ 与特定指标（设为 A_a）的比值；

$WACC_0$——被评估单位的加权平均资本成本；

$WACC_a$——可比企业的加权平均资本成本；

g_0——被评估单位的未来预期增长率；

g_a——可比企业的未来预期增长率。

因此，将可比企业的任何价值比率乘以被评估单位的相应参数值再考虑修正系数 $\frac{\frac{Q_0}{WACC_0 - g_0}}{\frac{Q_a}{WACC_a - g_a}}$，能够还原出被评估单位的整体价值折现模型。$r_a$、$g_a$ 的取值方式决定着上述市场法及修正过程的实质。

而将可比企业的任何价值比率乘以被评估单位的相应参数值再考虑修正系数 $\frac{\frac{Q_0}{WACC_0 - g_0}}{\frac{Q_a}{WACC_a - g_a}}$，推导得出 $\frac{A_0 \times Q_0}{WACC_0 - g_0}$，而 $\frac{A_0 \times Q_0}{WACC_0 - g_0} = \frac{FCFF_0}{WACC_0 - g_0}$。这足以说明，不论采用何种价值比率（即不论采用哪一种参数），修正后计算得出的被评估单位的评估值均完全相等。因此，在采用风险及增长因素修正法对价值比率进行修正，则只需选择一种价值比率，且该种价值比率可以是任何一种价值比率，价值比率的选择成为次要问题，关键在于能否合理计算特定的价值比率指标与现金流指标的比值。这也同时说明，任何价值比率都不如 P/FCFE 或 EV/FCFF 来得优越。因此，在采用风险及增长因素修正法时，被评估单位和可比企业在风险报酬率和长期增长率方面的差异对企业价值的影响，体现了绝对估值法下现金流折现模型中的风险报酬率和长期增长率对企业价值影响的规律，则现金流指标就是最佳的价值比率指标，甚至是唯一的价值比率指标。

（3）分项修正法和风险及增长因素修正法的比较。

①风险及增长因素修正法的实质。

风险及增长因素修正法虽然具有严密的理论基础，但从风险及增长因素修正法的全过程来看，可比企业的风险报酬率及长期增长率的取值方式，决定着采用风险及增长因素修正法进行修正的市场法的实质。

当可比企业的风险报酬率及长期增长率的取值是基于收益法估值模型倒推得出，并非通过资本成本模型、几何增长模型或其他合理方法测算得出的，则采用风险及增长因素修正法进行修正的市场法的实质是运用收益折现模型求取价值的过程。也就是说，表面上是采用上市公司比较法这一相对估值法，但修正系数体现的是收益法中风险及增长因素与企业价值的内在关系，且可比企业的风险报酬率及长期增长率的取值是基于收益法估值模型倒推得出的，通过该修正过程，事实上已将市场法还原为绝对估值法中的收益法，采用市场法并经过修正最终又回到收益法，采用市场法已无实际意义。

通过绝对估值法下的单阶段现金流资本化模型，理论上能够将可比企业的市场价值还原出包含现金流、风险报酬率、长期增长率因素的单阶段现金流资本化模型。当现金流指标能够采用合理方法计算得出时，能够倒推出风险报酬率与长期增长率之差；当风险报酬率与长期增长率之差能够采用合理方法计算得出时，能够倒推出现金流。不过，基于可比企业市场价值还原出的资本化模型倒推得出的理论现金流并不适用于对可比企业实际现金流的检验，倒推得出的理论现金流与可比企业的实际现金流的差异正是企业市场价值与内在价值的差异所在，如果倒推得出的理论现金流等于可比企业的实际现金流，则说明可比企业的市场价值刚好体现了其内在价值。

相应地，可比企业的风险报酬率及长期增长率的取值并不能基于收益法估值模型倒推得出，而是要通过资本成本模型、几何增长模型或其他合理方法测算得出。在这种情形下，价值比率的修正过程是在市场法的价值比率基础上，对影响企业价值的风险报酬率和长期增长率做出修正，而被评估单位和可比企业在风险报酬率和长期增长率方面的对比过程，反映了绝对估值法中风险报酬率和长期增长率对企业价值的影响过程。因此，采用风险及增长因素修正法进行修正的市场法的实质是相对估值法思路和绝对估值法理论的统一。

②分项修正法和风险及增长因素修正法运用条件的比较。

分项修正法较为简单，需要计算的参数较少，但分项修正法的关键是确定各项因素的影响价值效率，而影响价值效率的确定有时需通过主观判断方可得出，这对评估师具有较高的要求。

风险及增长因素修正法相对更为严谨，具有更强的理论基础，提示了价值比率与企业经营风险以及预期永续增长率有关。但因需分别确定可比企业和被评估单位收益折现模型中的各参数，应分别对可比企业和被评估单位进行预测，其工作量较大，适用前提也更为复杂。如果无法对可比企业未来收益进行预测，则会限制风险及增长因素修正法的运用。此外，在风险及增长因素修正法下，现金流指标就是最佳的价值比率指标，甚至是唯一的价值比率指标，这对市场法的运用也产生限制。

3. 非上市公司缺乏流动性的折价。

目前，对非上市公司缺乏流动性折扣的分析计算通常有三种途径。

（1）利用股权分置改革的对价测算缺乏流动性的折扣率。

股权分置改革的实质，就是非流通股股东支付给流通股股东对价，以换取自身股权的限制性流通。利用股权分置改革的对价测算缺乏流动性的折扣率，包括以下三种具体方法：第一种，直接通过送达率或送出率计算缺乏流动性折扣率。股权分置改革方案中，对以股份作为对价支付方式的方案，在表达对价水平时存在两种不同的方式，即“送达率”和“送出率”。送达率是指流通股股东最终实际获得的对价，换算为流通股股东单位股份所获得的送股率。送出率是指非流通股股东为了实现流通，实际支付给流通股股东的股份，换算成非流通股股东单位股份所支出的送股率。第二种，基于股改前后上市公司总权益价值不变的原理测算缺乏流动性的折扣率。基于股改前后上市公司总权益价值不变的原理，测算缺乏流动性的折扣率，其关键在于推算出上市公司股权分置改革前非流通股价格，然后将非流通股价格与流通股股价进行对比，求出缺乏流动性折扣率。第三种，基于非流通股市值与流通股市值的比率在股改前后不变的原理测算缺乏流动性的折扣率。本案例中对流动性折扣率的计算采用第三种方法。

（2）通过对比新股发行定价与上市后交易价格估算流动性折扣的方法。

新股发行定价估算方式就是通过研究国内上市公司新股 IPO 的发行定价与该股票正式上市后的交易价格之间的差异来研究缺少流动性折扣的方式。通过对比新股发行定价与上市后交易价格估算得出的流动性折扣率，只匹配于“新股发行—上市自由流通”这一流动性对比口径，并不适用于“非上市—新股发行”“非上市—上市限售”“非上市—上市自由流通”“新股发行—上市限售”“上市限售—上市自由流通”等流动性对比口径。“新股发行—上市自由流通”流动性折扣率，一般运用于以可比上市公司股价为对照、采用上市公司比较法对新股发行价格或老股发售价格进行评估等经济行为中，并不能在采用上市公司比较法对非上市公司进行评估时使用；而“新股发行—上市自由流通”的流动性溢价率主要用于基于新股发行价格预测上市后自由流通股的价格。

（3）通过对比非上市公司并购市盈率与上市公司市盈率估算流动性折扣的方法。

通过对比非上市公司并购市盈率与上市公司市盈率估算流动性折扣的方法，其存在的不足之处和解决办法如下。

①行业中样本数量不足。相比于上市公司的数量，有些行业非上市公司并购样本很少，少量的样本数据无法反映行业平均水平。可延长定量研究周期，使定量研究采用的非上市公司并购样本数量更多，以尽量消除个别并购案例数据的异常影响，具有平滑作用。

②未反映非上市公司所处的流动性状态。非上市状态还可具体细分为未股改、已股改、已辅导、已实质具备上市条件并制作申报材料、已提交申报材料等待发行审核等五个细分状态。随着企业上市进程的推进和上市条件的逐步具备，企业距离上市的差异也逐步缩小，企业的流动性水平逐步提高（或者说，企业从缺乏流动性成为具备流动性的不确定性逐步降低）。受定量研究采用的非上市公司并购样本数量及样本信息完整性的双重制约，目前要将非上市公司并购价值按其所处的细分流动性状态进行区分研究，暂缺乏可操作性，但我们不能因此而忽略企业在上市前各阶段流动性的差异。随着我国证券市场的健康和可持续发展以及市场化进程的不断推进，随着大数据时代的逐步来临，对流动性折扣的定量研究必将往精确化、纵深化发展。

③价值比率的代表性问题。不同行业之间，具有不同的价值比率适用特征。对于一些行业，市盈率并非衡量其企业价值的有效参数，企业价值与企业盈利的相关性并不高，采用该行业非上市公司并购市盈率与上市公司市盈率相比的方法估算流动性折扣，难以准确反映真实的流动性折扣水平。根据实证研究，在区分具体行业情形下，优先选择某一价值比率的行业大类数量从多到低排序分别为：市净率（24 个行业大类）、企业价值倍数（19 个行业大类）、市销率（9 个行业大类）、市盈率（3 个行业大类）、市现率（2 个行业大类）、历史 PEG（1 个行业大类）。因此，对不同的行业而言，采用该行业非上市公司并购价格与该行业上市公司股价的差异求取流动性折价率时，应当优先选择与该行业价值相关程度最高的价值比率。

④非上市公司并购价格与上市公司股价的交易时点存在差异。上述通过对比非上市公司并购市盈率与上市公司市盈率估算流动性折扣，是在收集 2011 年 500 多个非上市公司的少数股权并购案例和截至 2011 年底的 1 800 家上市公司市盈率基础上进行的，没有对非上市公司并购交易时点作期日修正。一种可行的方法是，针对每一个非上市公司并购交易案例，分别计算其交易时点对应同行业上市公司的价格水平，得出每一个非上市公司并购交易案例对应的流动性折扣率，然后将这些流动性折扣率进行均值化处理，得出该行业流动性折扣率参考值。

五、背景信息

本项目系对委托方持有 XY 证券的 0.5% 的少数股权进行评估，被评估单位客观上无法给予全面的配合（比如提供详细的未来财务信息预测），因此，市场法无疑是本项目最为合适的评估方法。此外，本项目在运用上市公司比较法过程中，对价值比率的选择、价值比率的修正和缺乏流动性折扣率的确定方面，具有较强的理论支撑和现实依据。

本项目评估报告取得了委托方及其上级主管部门的高度认可。

六、关键要点及分析结论

在价值比率的选择上，本案例选择市盈率和市净率，市盈率属于权益价值比率项下的盈利比率，市净率为权益价值比率项下的资产比率。本案例在选择价值比率过程中考虑了所在行业的属性、具体价值比率的适用条件、被评估单位和可比企业的实际情况、相对性计算特征等因素，选择过程合理。

对可比企业与被评估单位的内部因素进行修正的方法主要有分项修正法和风险及增长因素修正法。本案例选择风险及增长因素修正法，对可比企业的市盈率和市净率进行了修正，这种修正方法具有严密的理论基础，揭示了价值比率与企业经营风险以及预期永续增长率有关。对被评估单位和可比企业的企业经营风险以及预期永续增长率进行分析量化，是风险及增长因素修正法的运用难点，本案例对被评估单位和可比企业的企业经营风险以及预期永续增长率的判断依据略显不足，具有一定的提升空间。

在计算非上市公司缺乏流动性折扣的三种途径中，通过对比新股发行定价与上市后交易价格估算流动性折扣的方法，存在对比口径不匹配的问题。通过对比非上市公司并购市盈率与上市公司市盈率估算流动性折扣的方法也存在着非上市公司并购交易样本数量不足、价值比率代表性有限以及非上市公司并购价格与上市公司股价的交易时点存在差异等问题，还有待进一步优化完善。利用股权分置改革的对价测算缺乏流动性折扣率的方法，具有较为丰富的数据支持，且考虑了股权分置改革后原非流通股股东的限售因素和股权分置改革时点与评估基准日的市场溢价水平差异的影响，这种方法计算得出的缺乏流动性折扣率说服力较强。

七、建议课堂计划

1. 本案例可在企业价值评估主题课中参考，也可以用于专门的案例讨论课。

因本案例涉及了市场法评估企业价值过程中的若干难点问题，建议首先了解学生是否具备企业价值评估方法的基础理论，若不具备，建议先行向学生讲授基础理论后再使用本案例。

2. 因整个案例课涉及知识要点较多，课时安排约为 150 分钟。具体的教学简案见表 1。

表 1　　课程教学简案

时间（分钟）	内容概述	方法和解释	直观教具	参考资料
8	介绍案例背景及课程目标	讲课	投影	《案例正文》《企业价值、著作权、商标、实物期权评估准则讲解》《上市公司并购重组市场法评估研究》《资产评估》
10	上市公司比较法的运用过程及关键环节的介绍	讲课	投影	
40	价值比率的选择	讲课及讨论，讨论时间为 8 分钟，讨论结束后代表发言	投影及白板	
40	价值比率的修正	讲课，并运用 1 次头脑风暴法（需 3 分钟）	投影及卡纸	
40	缺乏流动性折扣率的确定	讲课及讨论，讨论时间为 8 分钟，讨论结束后代表发言	投影及白板	
12	总结	请学生回顾授课要求	—	

3. 建议的开场白。

从以下角度切入本课程的主题和目标：当评估对象为持股比例非常小的少数股权，且该股权对应的被投资单位的资产规模又很大时，收益法和资产基础法的运用受到很大制约，使得市场法的优势突显。

4. 结束词及课后思考的引导。

市场法因评估所需信息的数据均取值于市场，具有较高的说服力，且市场法在解释评估成果方面具有优势。不过，市场法的运用很容易陷入评估过程粗糙以及对企业价值决定因素的分析和修正不够深入等麻烦中，从而面临着各种质疑。因此，市场法的运用还有很多基础事项需要深入研究。

课后可着重思考或进一步展开研究的问题包括：

（1）在采用市场法评估企业价值过程中，关于价值比率的数量有何要求？采用单一价值比率和非单一价值比率对市场法的运用过程产生着怎样的影响？单一价值比率与非单一价值比率，孰优孰劣？

（2）在“我国股票市场至多属于弱式有效层级”的观点成立前提下，我国股票市场所处的效率层级对上市公司比较法的运用产生着怎样的影响？

（3）如何对企业价值的价值内涵做出准确定义？在采用市场法评估企业价值过程中，如何构建完整的价值比率修正体系？

（4）在企业价值评估的三种基本方法中，市场法具有评估过程直观、评估数据直接取材于市场、评估结果说服力强的特点。那么，随着市场经济的不断发展、市场法评估技术的不断完善，市场法是否将逐步替代收益法，收益法的作用是否将逐步消失？为什么？

（5）在被评估对象明显存在“控股权”的事实或将成为“控股权”的情况下，是否还需考虑被评估对象的“控制权”价值？

参考文献

［1］中国资产评估协会．企业价值、著作权、商标、实物期权评估准则讲解［M］．北京：经济科学出版社，2013.

［2］赵立新，刘萍等．上市公司并购重组市场法评估研究［M］．北京：中国金融出版社，2012.

［3］中国资产评估协会．资产评估［M］．北京：经济科学出版社，2011.

| **案例正文** |①

基于 PPP 模式下的企业权益价值评估案例

纪益成　丘开浪

（厦门大学）

摘　要：PPP（Public-Private Partnerships）是在境外产生并自 20 世纪末以来广泛应用于基础设施和公共项目建设的一种带有体制机制创新和较强融资等功能的经济运行新模式。近些年来，这种经济运行新模式在国内快速发展起来，并成为中央和地方政府对公共项目、公益性项目和相关投资建设项目开展投融资体制改革、机制创新的重要抓手②。在 PPP 模式下，无论是在其 BOT、TOT、BOO 等具体运营模式中，还是在其项目的物有所值评价过程中，也都涉及需要进行价值评估及其相关的事宜。然而，在 PPP 模式下的企业价值评估却因受多种因素的影响，如：其在决策和运行过程明显受到公共政策目标的影响，相关契约的约束以及其具体运营前提和时空条件等限制，使其呈现出诸多不同于非 PPP 模式下的企业价值评估的特征，这些决定了 PPP 模式下的企业价值评估与非 PPP 模式下的企业价值评估必然有所不同。所以，无论是从贯彻落实发展混合所有制经济、支持和适应 PPP 经济新模式的发展需要，还是进一步发挥资产评估在 PPP 模式下的积极作用、拓展资产评估业务新领域、探讨 PPP 模式下的企业权益价值评估问题等方面，PPP 模式下的企业价值评估都具有重要意义和一定的创新意义。

按政府与私营部门在合作中的投资和参与的程度不同划分，PPP 大致可分为外包类、特许经营类、私有化类三大类。而在每一大类中，可根据不同的情况分别采用 BOT（Build-Operate-Transfer）、TOT（Transfer-Operate-Transfer）、BOO（Build-Own-Operate）等多种具体的融资形式③。本案例旨在探讨 PPP 模式下的 BOT 形式中涉及企业权益价值评估相关问题，摸索这类企业权益价值评估具体在风险量化、收益途径方法的应用，以及对由 BOT 合同产生的企业发展选择期权的价值评定等方面的评估新思路。本案例借鉴 PPP 项目物有所值评价中的风险承担成本的计算方法，量化 PPP 模式企业承担的风险成本对应的现金流（CFRC），并将 CFRC 与股权自由现金流（FCFE）合并形成企业无风险现金流，再采用无风险报酬率进行

① 本案例是以评估实例为蓝本，先按保密的要求对案例中的有关名称、数据等信息做了必要的处理，再按教学科研案例的基本格式进行系统的整理、补充和理论提升。

② 据国家发改委网站的信息，截至 2015 年上半年，全国共有 1043 个 PPP 项目，总投资规模约 1.97 万亿元。

③ 严格意义上说，在 PPP 出现之前，BOT、TOT、BT 等项目融资形式就存在，但那时的这些项目融资形式功能主要还是融资，PPP 出现之后，仍在采用这些具体融资形式，但其不仅使这些融资形式的应用范围迅速扩大，融资功能更加强大，而且使其与这些具体融资形式融合形成体制机制创新的重要功能，成为发展混合所有制经济的重要投融资形式。

折现，这改变了在非 PPP 模式下采用收益法对企业可能面临的风险通过风险报酬率进行调整量化的传统做法，并关注收益期为有限年期时最后一期自由现金流的确定方法。同时，本案例还提出了在 PPP 模式下由 BOT 合同条款产生并归属于企业权益的“发展选择期权”概念，并尝试采用期权定价模型对这种由 BOT 产生的“发展选择期权”的价值进行评估。

关键词：PPP 运营模式；风险承担成本；实物期权；企业权益价值评估

1. 引言

PPP 在基础设施和公共服务项目中运用广泛，并遵循着“伙伴关系、利益共享、风险共担”的原则，基于此构建的合同体系中，政府和社会资本各自分担着 PPP 项目的部分风险。对各自分担的风险进行准确识别和合理量化是基于 PPP 模式下的企业权益价值评估的重点和难点。在 PPP 模式下通常约定了项目公司的有限收益期，需要考虑收益有限期及到期后资产移交方式对估值的影响。同时，在 PPP 合同体系中，往往也存在为保证投资合理收益或补偿性搭配的附带项目给予社会资本的发展选择权、捆绑开发项目，以及其他后续项目等条款约定，这些约定都是构成 PPP 模式下企业的权益而需要对这些权益的价值进行合理评估。这些均是基于 PPP 模式下的企业权益价值评估的特别之处。

PPP 有广义和狭义之分。广义 PPP 是泛指各种公私合作的投融资模式。狭义的 PPP 是指由政府与私人部门组成特殊目的机构（SPV），引入社会资本，共同设计开发，共同承担风险，全过程合作，期满后再移交政府的公共服务开发运营方式。狭义的 PPP 更加强调合作过程中的风险分担机制和项目的资金价值（王灏，2004）。无论是广义 PPP 还是狭义的 PPP，在 PPP 模式下，投资者或特别目的公司都可以通过银行贷款、企业债、项目收益债券、资产证券化等市场化方式举债并承担偿债责任，并根据不同情况采用 BOT、TOT、BOO、BT（Build-Transfer）、ROO（Rehabilitate-Own-Operate）、DBFO（Design-Build-Finance-Operate）等一系列具体的项目融资形式。本案例仅是 PPP 模式下的 BOT 项目涉及的企业权益价值评估案例。在本案例中的企业权益价值是分别由《企业价值评估准则》中的企业股东全部权益价值和由 BOT 合同条款产生的企业发展期权（在当地新建 60 万千瓦机组电厂的优先选择权）价值共同构成。

2. 案例相关背景介绍

本案例中的被评估单位是一家采用 BOT 模式建设和运营的企业，被评估单位成立于 1998 年 12 月，企业类型为有限责任公司，注册资本为人民币 5 亿元，被评估单位的股权均由社会资本持有。在被评估单位成立前，被评估单位的股东作为社会资本一方与政府签署了 BOT 系列协议。根据该 BOT 协议，电厂的商业运行期截止日为 2026 年 7 月 31 日，商业运行期满，被评估单位电厂资产全部无偿移交当地政府。此外，被评估单位拥有在当地新建 60 万千瓦机组电厂的优先选择权。

被评估单位的股东拟向其他社会资本转让部分股权（该经济行为已得到政府的批准），委托评估机构对拟转让股权价值进行评估，评估基准日为2014年3月31日，评估对象为被评估单位的股东全部权益。评估范围为被评估单位的全部资产及负债，主要资产为两台装机容量均为320千千瓦的燃煤发电机组及其辅助设施、连接设施、卸煤设施、循环水系统、电厂建筑物和附着物、备品备件。截至评估基准日2014年3月31日，被评估单位的资产负债表上列示的资产及负债具体如表1所示。

表1 被评估单位的资产负债表 金额单位：万元

科目名称	账面价值
流动资产	84 374.04
非流动资产	237 127.63
固定资产	232 609.38
在建工程	3 374.06
无形资产	820.48
长期待摊费用	323.69
资产总计	321 501.67
流动负债	34 403.36
非流动负债	173 488.81
负债总计	207 892.17
净资产	113 609.50

3. 评估方法及选择

根据《资产评估准则——企业价值》第二十二条规定，企业价值评估业务应当根据评估目的、评估对象、价值类型、资料收集情况等相关条件，分析收益法、市场法和成本法（资产基础法）三种资产评估基本方法的适用性，恰当选择一种或者多种资产评估基本方法。

企业价值评估中的收益法，是指将预期收益资本化或者折现，确定评估对象价值的评估方法。收益法的具体方法包括股利折现法和现金流量折现法。收益法适用的前提条件是：（1）被评估对象的未来预期收益可以预测并可以用货币衡量；（2）资产拥有者获得预期收益所承担的风险也可以预测并可以用货币衡量；（3）被评估对象预期获利年限可以预测。被评估单位能够满足上述收益法的适用条件，因此，采用收益法中的现金流量折现法进行评估。

企业价值评估中的市场法，是指将评估对象与可比上市公司或者可比交易案例进行比较，确定评估对象价值的评估方法。市场法常用的两种具体方法是上市公司比较法和交易案例比较法。在该案例中因在公开市场上无法找到与被评估单位具有可比性的上市公司或交易案例，因此，不能选用市场法进行评估。

企业价值评估中的资产基础法，是指以被评估企业评估基准日的资产负债表为基础，合理评估企业表内及表外各项资产、负债价值，确定评估对象价值的评估方法。在 PPP 模式下，由于很多项目的建设目标和性质是公共性、公益性，所以其中多数是低盈利、微利，甚至是只有社会效益没有经济利益的项目。从这个意义上讲，资产基础法比收益法和市场法有更适用于 PPP 模式下的价值评估的基础。然而，在本案例中，因发电机组系整体进口，被评估单位生产用非流动资产账面价值系根据中介机构的报告做出分拆，该拆分的合理性无从考究，且工程的原始资料缺乏，施工中的价格资料、图纸、审查、验收等资料不齐全，无法对其工程的各组成部分进行账面或实物的准确核对，无法满足重置核算法的评估要求，因而对燃煤机组的各组成设备进行单项评估不具有可行性，且被评估单位类似容量的机组在国内电厂的投资中较少见，亦无进口的同容量机组；此外，基于 BOT 协议，被评估单位的收益年期是有限的，采用资产基础法难以准确考虑该因素的影响。因此，本案例也不适宜选择资产基础法进行评估。

4. 评估技术说明

4.1 收益法简介

收益法是本着收益还原的思路对企业的整体资产进行评估，即把企业未来经营中预计的净收益还原为基准日的资本额或投资额。具体评估办法是通过估算被评估资产在未来的预期收益，并采用适当的折现率或资本化率折现成基准日的现值，然后累加求和，得出被评估资产的评估值。

收益法是从决定资产现行公平市场价值的基本依据——资产的预期获利能力的角度评价资产，符合资产的基本定义，同时被评估单位能够提供未来一定年限的财务信息预测，因此，对被评估单位采用收益法进行评估。采用的具体模型是股权自由现金流折现模型（即 DCF－FCFE 模型），根据被评估单位剩余经营期限财务状况和经营成果的预测，计算出剩余经营期限各年度的股权自由现金流量和经营期结束时点可收回的股权自由现金流量，同时计算出剩余经营期限各年度的风险承担成本对应的现金流量，将股权自由现金流量和风险承担成本对应的现金流量进行加总，然后折现得出被评估单位的内在价值，再依据公司实际情况进行修正，得出最后的评估结果。

我们对其中企业股东全部权益价值评估使用的 DCFE 模型基本公式如下：

$$EV = \sum \frac{(\mathrm{FCFE} + \mathrm{CFRC})_n}{(1 + R)^n} + \sum C_i \qquad \text{（公式 1）}$$

式中：

FCFE_n——预期第 n 年的股权自由现金流；

CFRC_n——预期第 n 年的风险承担成本对应的现金流；

R——折现率；

EV——股东全部权益价值；

ΣC_i——基准日存在的非经营性、溢余资产的价值；

n——企业收益年限（在PPP模式下，收益法的收益期都是有限期的，在现有的制度规定中，PPP项目的期限最长不超过30年）。

4.2 收益法评估假设

（1）现时我国的政治、法律、财政、市场或经济情况将无重大变化。

（2）被评估单位的营运及业务将不会受任何不可抗力事件或不能控制的不可预测因素的影响而严重中断，包括但不限于出现战争、军事事件、自然灾害或大灾难（如水灾及台风）、疫症或严重意外等。

（3）被评估单位的经理管理层是尽职尽责的，现有经营范围不发生重大变化，被评估单位的内部控制制度是有效且完善的，风险管理措施是充分且恰当的。

（4）委托方及被评估单位提供的基础资料和财务资料是真实、准确、完整的；纳入评估范围的各项资产是真实、准确的，其权属清晰、合法并完整地均归属于被评估单位；被评估单位出具的资产权属证明文件合法有效；被评估单位各项资产的减值准备计提充分。

（5）被评估单位已完全遵守现行的国家及地方性相关的法律、法规；被评估单位资产使用及营运所需由有关地方、国家政府机构、团体签发的一切执照、使用许可证、同意函或其他法律性或行政性授权文件于评估基准日时均在有效期内正常合规使用。

（6）被评估单位对所有有关的资产所做的一切改良是遵守所有相关法律条款和有关上级主管机构在其他法律、规划或工程方面的规定的。

（7）所有重要的及潜在的可能影响价值的因素都已由委托方或被评估单位向我们充分揭示。

（8）不考虑通货膨胀因素的影响。

（9）未来财务信息预测中所采用的会计政策与被评估单位以往各年及撰写本报告时所采用的会计政策在所有重大方面一致。

（10）被评估单位所执行的税赋、税率等政策无重大变化。

（11）《国务院办公厅关于深化电煤市场化改革的指导意见》（国办发〔2012〕57号）中包括完善煤电价格联动机制在内的各项意见能够切实履行。煤价波动对火电企业的影响可因煤电价格联动机制的实施相应调整上网杠杆电价而基本得以消除。

（12）被评估单位能保持机组处于正常运营状态。

（13）生产组织技术、材料消耗结构、电力销售方式在未来年份内保持相对稳定。

4.3 宏观经济分析

（略）。

4.4 行业分析

对火电发电行业的分析，通过以下方面展开。具体内容略。

（1）我国电力生产企业近年发展状况。

①我国发电企业装机容量分析。

②我国发电企业发电利用小时分析。

③我国发电企业发电量分析。

（2）影响我国电力生产企业发展的主要外部因素。

①近十年我国电力需求变化分析。

②电力输送。

③电煤价格。

④电价。

⑤煤电联动制度。

4.5 收益年限的确定

采用 BOT 模式建设和运营的企业，其收益年限通常是有限年期。本案例中，根据该 BOT 协议，被评估单位的电厂的商业运行期截止日为 2026 年 7 月 31 日。则收益年限为 2014 年 4 月 1 日至 2026 年 7 月 31 日。

4.6 被评估单位的股权自由现金流预测情况

经预测，被评估单位的财务信息预测情况具体见表 2—表 6。

因被评估单位电厂采用 BOT 模式运作，经营期结束时，被评估单位资产负债表项下的非流动资产不再归属于被评估单位，均应无偿移交当地政府指定接管部门。但流动资产及负债均应由被评估单位享有和承担。经营期结束时可收回的股权自由现金流量 = 评估基准日所需最低现金 + 经营期结束时除货币资金之外的流动资产 - 经营期结束时的流动负债。

其中，经营期结束时点货币资金实际上由三部分构成：（1）评估基准日所需最低现金的留存，该金额作为营运资产进入企业经营，企业经营结束后应当收回；（2）评估基准日溢余货币资金的留存，这部分金额已作为溢余资产加回，不作为企业经营结束后可收回资产；（3）剩余经营期各年度净增加的现金，这部分金额已在各经营年度的自由现金流中考虑，不作为企业经营结束后可收回资产。

4.7 被评估单位的风险承担成本对应的现金流预测情况

（1）风险的识别。

①风险的定性识别。

被评估单位电厂采用 BOT 模式运作，在 BOT 模式中，电厂的建设运营客观上存在着风险，该等风险指一种不确定状况，一旦发生会对项目时间、费用、范围或者质量产生消极影响。在 BOT 项目中，按风险层级可将被评估单位可能承担的风险区分为国家层级风险、市场层级风险和项目层级风险；按风险承担主体区分，则国家层级偏向于由政府一方承担，市场层级风险总体趋于由政府及社会资本共同承担，项目层级的风险总体偏向于由社会资本承担。被评估单位作为 BOT 项目公司，在其评估过程中，只需要考虑被评估单位承担或分担的风险，无须考虑由政府承担的风险。

根据被评估单位股东与政府签署的《运营及购电协议》以及政府引入社会资本（即被评估单位股东）过程中的招标文件等内容，被评估单位承担或分担的风险具体如表 7 所示。

表 2

主营业务收入预测表

项　目	2014 年 4—12 月	2015 年	2016 年	2017 年	2018 年	2019 年	2020 年	2021 年	2022 年	2023 年	2024 年	2025 年	2026 年 1—7 月
电厂机组平均容量（千千瓦）	640	640	640	640	640	640	640	640	640	640	640	640	640
发电利用小时（机组平均）（小时）	4 063.81	5 100.00	5 100.00	5 100.00	5 100.00	5 100.00	5 100.00	5 100.00	5 100.00	5 100.00	5 100.00	5 100.00	2 550.00
发电量（千千瓦时）	2 600 840.69	3 264 000.00	3 264 000.00	3 264 000.00	3 264 000.00	3 264 000.00	3 264 000.00	3 264 000.00	3 264 000.00	3 264 000.00	3 264 000.00	3 264 000.00	1 632 000.00
发电厂自用电率（%）	0.0705	0.0705	0.0705	0.0705	0.0705	0.0705	0.0705	0.0705	0.0705	0.0705	0.0705	0.0705	0.0705
自用电量（千千瓦时）	183 359.27	230 112.00	230 112.00	230 112.00	230 112.00	230 112.00	230 112.00	230 112.00	230 112.00	230 112.00	230 112.00	230 112.00	115 056.00
供电量（千千瓦时）	2 417 481.42	3 033 888.00	3 033 888.00	3 033 888.00	3 033 888.00	3 033 888.00	3 033 888.00	3 033 888.00	3 033 888.00	3 033 888.00	3 033 888.00	3 033 888.00	1 516 944.00
变电损失率（%）	—	—	—	—	—	—	—	—	—	—	—	—	—
变电损失量（千千瓦时）	—	—	—	—	—	—	—	—	—	—	—	—	—
售电量（千千瓦时）	2 417 481.42	3 033 888.00	3 033 888.00	3 033 888.00	3 033 888.00	3 033 888.00	3 033 888.00	3 033 888.00	3 033 888.00	3 033 888.00	3 033 888.00	3 033 888.00	1 516 944.00
不含税销售单价（元/千千瓦时）	425.19	430.03	430.6	430.6	387.01	387.01	387.01	387.01	387.01	387.01	387.01	387.01	387.01
主营收入合计（万元）	102 787.73	130 465.83	130 638.70	130 638.70	117 414.06	117 414.06	117 414.06	117 414.06	117 414.06	117 414.06	117 414.06	117 414.06	58 707.03

表3

主营业务成本预测表

项目名称	2014年4—12月	2015年	2016年	2017年	2018年	2019年	2020年	2021年	2022年	2023年	2024年	2025年	2026年1—7月
发电量（千千瓦时）	2 600 840.69	3 264 000.00	3 264 000.00	3 264 000.00	3 264 000.00	3 264 000.00	3 264 000.00	3 264 000.00	3 264 000.00	3 264 000.00	3 264 000.00	3 264 000.00	1 632 000.00
售电量（千千瓦时）	2 417 481.42	3 033 888.00	3 033 888.00	3 033 888.00	3 033 888.00	3 033 888.00	3 033 888.00	3 033 888.00	3 033 888.00	3 033 888.00	3 033 888.00	3 033 888.00	1 516 944.00
燃料费（万元）	55 262.32	69 352.42	69 353.98	69 354.82	69 355.27	69 355.51	69 355.64	69 355.71	69 355.75	69 355.77	69 355.78	69 355.79	34 677.90
水费（万元）	149.06	191.02	191.02	191.02	191.02	191.02	191.02	191.02	191.02	191.02	191.02	191.02	95.51
外购电费（万元）	—	—	—	—	—	—	—	—	—	—	—	—	—
材料费（万元）	1 293.51	1 619.21	1 617.75	1 617.75	1 617.75	1 617.75	1 617.75	1 617.75	1 617.75	1 617.75	1 617.75	1 617.75	808.88
工资（万元）	3 292.64	3 992.69	4 124.45	4 260.56	4 401.16	4 546.40	4 696.43	4 851.41	5 011.51	5 176.89	5 347.72	5 524.20	5 706.50
福利费（万元）	—	—	—	—	—	—	—	—	—	—	—	—	—
折旧费（万元）	18 134.52	19 430.60	19 627.40	19 791.34	19 969.64	20 059.30	20 204.52	20 340.26	20 542.63	20 829.82	21 228.80	21 957.90	12 109.73
折旧费（在建）（万元）	—	293.4	293.4	293.4	293.4	293.4	293.4	293.4	293.4	293.4	293.4	293.4	146.7
摊销费（万元）	78.47	94.17	94.17	94.17	94.17	94.17	94.17	94.17	94.17	94.17	94.17	94.17	29.86
修理费（万元）	5 386.86	5 919.16	5 140.95	5 431.96	5 431.96	5 431.96	7 060.46	7 060.46	5 431.96	5 431.96	5 431.96	7 060.46	2 715.98
排污费（万元）	306.16	158.09	158.51	150.17	150.17	150.17	150.17	150.17	150.17	150.17	150.17	150.17	66.77
其他费用（万元）	401.74	518.86	529.58	529.58	530.37	530.37	530.37	530.37	530.37	530.37	530.37	530.37	264.79
主营业务成本合计（万元）	84 305.30	101 569.61	101 131.20	101 714.77	102 034.91	102 270.05	104 193.92	104 484.72	103 218.73	103 671.31	104 241.14	106 775.22	56 622.60
发电单位燃料成本（元/千千瓦时）	212.48	212.48	212.48	212.48	212.49	212.49	212.49	212.49	212.49	212.49	212.49	212.49	212.49
单位发电成本（元/千千瓦时）	324.15	311.18	309.84	311.63	312.61	313.33	319.22	320.11	316.23	317.62	319.37	327.13	346.95
单位售电成本（元/千千瓦时）	348.73	334.78	333.34	335.26	336.32	337.09	343.43	344.39	340.22	341.71	343.59	351.94	373.27

表 4 预测的利润表

单位：万元

项　目	2014 年 4—12 月	2015 年	2016 年	2017 年	2018 年	2019 年	2020 年	2021 年	2022 年	2023 年	2024 年	2025 年	2026 年 1—7 月
一、主营业务收入	102 787.73	130 465.83	130 638.70	130 638.70	117 414.06	117 414.06	117 414.06	117 414.06	117 414.06	117 414.06	117 414.06	117 414.06	58 707.03
减：主营业务成本	84 305.30	101 569.61	101 131.20	101 714.77	102 034.91	102 270.05	104 193.92	104 484.72	103 218.73	103 671.31	104 241.14	106 775.22	56 622.60
主营业务税金及附加	811.41	1 043.27	1 046.21	1 046.21	821.39	821.39	821.39	821.39	821.39	821.39	821.39	821.39	410.7
二、主营业务利润	17 671.02	27 852.95	28 461.28	27 877.72	14 557.76	14 322.62	12 398.74	12 107.95	13 373.94	12 921.35	12 351.53	9 817.45	1 673.73
加：其他业务利润	321.11	390.84	390.84	390.84	390.84	390.84	390.84	390.84	390.84	390.84	390.84	390.84	195.42
减：营业费用	—	—	—	—	—	—	—	—	—	—	—	—	—
管理费用	1 540.41	1 964.70	1 994.22	2 023.19	2 063.16	2 104.46	2 147.12	2 191.20	2 236.74	2 283.79	2 332.40	2 382.62	1 217.25
财务费用	6 775.16	6 962.50	4 508.65	2 441.59	967.71	-569.89	-1 150.06	-1 323.60	-2 067.88	-2 842.97	-3 630.94	-4 421.30	-2 553.98
资产减值损失	—	—	—	—	—	—	—	—	—	—	—	—	—
加：公允价值变动收益	—	—	—	—	—	—	—	—	—	—	—	—	—
加：投资收益	—	—	—	—	—	—	—	—	—	—	—	—	—
三、营业利润	9 676.57	19 316.58	22 349.25	23 803.78	11 917.72	13 178.89	11 792.52	11 631.18	13 595.92	13 871.38	14 040.91	12 246.97	3 205.88
加：营业外收入	—	—	—	—	—	—	—	—	—	—	—	—	—
减：营业外支出	—	—	—	—	—	—	—	—	—	—	—	—	—
四、利润总额	9 676.57	19 316.58	22 349.25	23 803.78	11 917.72	13 178.89	11 792.52	11 631.18	13 595.92	13 871.38	14 040.91	12 246.97	3 205.88
减：所得税	2 419.14	4 829.15	5 587.31	5 950.94	2 979.43	3 294.72	2 948.13	2 907.80	3 398.98	3 467.84	3 510.23	3 061.74	801.47
五、净利润	7 257.43	14 487.44	16 761.94	17 852.83	8 938.29	9 884.17	8 844.39	8 723.39	10 196.94	10 403.53	10 530.68	9 185.23	2 404.41

表 5　　**预测的经营活动产生的现金流量表**　　单位：万元

项　目	2014 年 4—12 月	2015 年	2016 年	2017 年	2018 年	2019 年	2020 年	2021 年	2022 年	2023 年	2024 年	2025 年	2026 年 1—7 月
税后利润	7 257.43	14 487.44	16 761.94	17 852.83	8 938.29	9 884.17	8 844.39	8 723.39	10 196.94	10 403.53	10 530.68	9 185.23	2 404.41
加：固定资产折旧	18 173.26	19 771.66	19 968.47	20 132.41	20 310.71	20 400.37	20 545.58	20 681.33	20 883.70	21 170.89	21 569.87	22 298.97	12 280.26
加：无形资产摊销	56.6	67.92	67.92	67.92	67.92	67.92	67.92	67.92	67.92	67.92	67.92	67.92	16.71
加：长期待摊费用的摊销	21.87	26.24	26.24	26.24	26.24	26.24	26.24	26.24	26.24	26.24	26.24	26.24	13.15
加：财务费用	6 775.16	6 962.50	4 508.65	2 441.59	967.71	-569.89	-1 150.06	-1 323.60	-2 067.88	-2 842.97	-3 630.94	-4 421.30	-2 553.98
加：营运资金净变动	4 708.33	119.44	1.06	-17.64	922.86	-7.11	-58.16	-8.79	38.27	-13.68	-17.23	-76.61	5 696.94
其中：应收账款的减少/增加	3 485.90	-24.56	-12.19	—	932.54	—	—	—	—	—	—	—	4 139.73
存货的减少/增加	493.08	487.22	44.84	-59.69	-32.75	-24.05	-196.79	-29.75	129.5	-46.3	-58.29	-259.21	5 268.77
应付账款的增加/减少	704.73	-313.22	31.59	42.05	23.07	16.94	138.63	20.95	-91.22	32.61	41.06	182.6	-3 711.56
应付工资的增加/减少	24.62	—	—	—	—	—	—	—	—	—	—	—	—
经营活动产生的现金流量合计	36 992.65	41 435.21	41 334.29	40 503.36	31 233.74	29 801.70	28 275.92	28 166.49	29 145.20	28 811.93	28 546.55	27 080.45	17 857.49

表 6 预测的股权自由现金流

单位：万元

项　目	2014 年 4—12 月	2015 年	2016 年	2017 年	2018 年	2019 年	2020 年	2021 年	2022 年	2023 年	2024 年	2025 年	2026 年 1—7 月	经营期结束时可收回
经营活动现金流	36 992.65	41 435.21	41 334.29	40 503.36	31 233.74	29 801.70	28 275.92	28 166.49	29 145.20	28 811.93	28 546.55	27 080.45	17 857.49	—
减：资本性支出	9 807.72	3 580.23	1 783.47	1 068.85	1 278.85	1 145.58	1 302.18	1 330.00	1 075.58	1 291.41	1 122.87	1 129.42	1 128.08	—
减：税后利息费用	5 662.73	5 999.43	4 078.78	2 350.62	1 327.68	418.22	26.55	—	—	—	—	—	—	—
加：当期债务净增减	-20 303.71	-19 725.20	-43 865.42	-31 655.92	-20 826.40	-16 776.83	-24 383.43	-16 255.62	—	—	—	—	—	—
股权自由现金流量（FCFE）	1 218.49	12 130.35	-8 393.39	5 427.97	7 800.81	11 461.08	2 563.76	10 580.88	28 069.62	27 520.52	27 423.68	25 951.03	16 729.41	9 621.97

表7　　被评估单位承担或分担的风险

风险名称	风险的承担或分担	风险含义
法律变更	被评估单位与政府分担	由于法律、法规及其他政府宏观经济政策的变化而引起项目成本增加、收益降低等后果
利率风险	被评估单位与政府分担	指市场利率变动的不确定性给PPP项目造成的损失
汇率风险	被评估单位与政府分担	指外汇汇率变化风险和外汇能否兑换风险
通货膨胀	被评估单位与政府分担	指整体物价水平上升，货币的购买力下降，导致项目成本增加等其他后果
融资风险	被评估单位承担	指融资结构不合理、金融市场不健全、融资的可及性等因素引起的风险，其中最主要的表现形式是资金筹集困难
完工风险	被评估单位承担	指出现工期拖延、成本超支、项目投产后达不到设计时预定目标等情形，从而导致现金流不足、不能按时偿还债务等
供应风险	被评估单位承担	指原材料、资源、机器设备或能源的供应不及时给项目带来损失
技术风险	被评估单位承担	指所采用技术不成熟，难以满足预定的标准和要求，或者适用性差，迫使私营机构追加投资进行技术改造
运营成本超支	被评估单位承担	指非运营商因素导致的运营成本上升，如原材料价格、能源价格的上升使运营商的成本超支
市场需求变化	被评估单位承担	指由于宏观因素、社会环境、人口变化、法律法规调整等其他因素导致的市场需求变化
收费变更	被评估单位与政府分担	指PPP产品收费价格不合理、收费调整弹性滞后导致项目公司的运营收入不如预期
不可抗力风险	被评估单位与政府分担	指合同一方无法控制，在签订合同前无法合理防范，情况发生时又无法回避或克服的事件或情况

对于表7中列出的由被评估单位承担或分担的12项风险，我们进一步分析风险发生的概率和风险的危险程度，识别出被评估单位的关键风险。其中，法律变更风险、利率风险、汇率风险以及通货膨胀风险，其风险发生的概率较低或风险的危险程度较低或通过电价联动机制可基本消除其影响，可视为次要风险；融资风险、完工风险、供应风险、技术风险，因被评估单位电厂建成运营多年，这些风险因素已得到现实消除；不可抗力风险因难以量化，也将其列为次要风险。

因此，被评估单位的关键风险具体有三项，分别是：运营成本超支风险、市场需求变化风险、收费变更风险。在本项目中，运营成本超支风险，具体指因燃料价格、人工成本上升导致的运营成本超支；市场需求变化风险，主要指发电利用小时变化导致的收入下降；收费变更风险，指煤电价格联动的滞后或弹性不足产生的风险。

②风险的定量识别。

通过上述定性分析，被评估单位的关键风险分别为运营成本超支风险、市场需求变化风险、收费变更风险。对被评估单位这三项关键风险，我们进一步采用层次分析法对其风险重要程度进行定量分析。

层次分析法（Analytic Hierarchy Process，AHP）是将决策有关的元素分解成目标、准则、方案等层次，在此基础之上进行定量分析的决策方法。

运用层次分析法建模，大体上可按下面四个步骤进行：第一，建立递阶层次结构模型；第二，构造出各层次中的所有判断矩阵；第三，层次单排序及一致性检验；第四，层次总排序及一致性检验。

应用 AHP 分析决策问题时，首先要把问题条理化、层次化，构造出一个有层次的结构模型。在这个模型下，复杂问题被分解为元素的组成部分。这些元素又按其属性及关系形成若干层次。上一层次的元素作为准则对下一层次元素起支配作用。这些层次可以分为三类：最高层（目标层）、中间层（准则层）和最底层（方案层）。

a. 建立递阶层次结构。

根据对被评估单位风险承担成本的分析和 AHP 的方法原理，以及运营成本超支风险、市场需求变化风险、收费变更风险对风险承担成本的影响路径，建立递阶层次结构如图 1 所示。

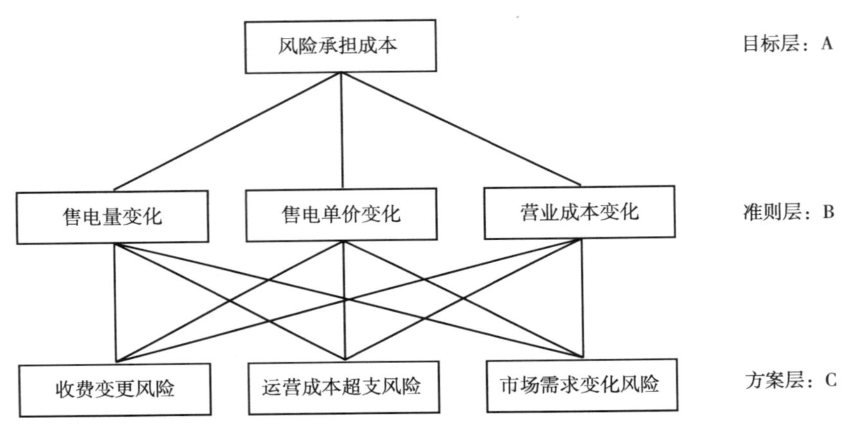

图 1 递阶层次结构图

b. 构造各层次因素的判断矩阵。

通过分析被评估单位的售电量变化、售电单价变化和营业成本变化对风险承担成本的影响，并进行两两比较，得到准则层判断矩阵如表 8 所示。

表 8 准则层判断矩阵

风险承担成本	售电量变化	售电单价变化	营业成本变化
售电量变化	1	0.33	0.5
售电单价变化	3	1	0.67
营业成本变化	2	1.49	1

通过分析被评估单位的收费变更风险、运营成本超支风险和市场需求变化风险分别对售电量变化、售电单价变化和营业成本变化的影响和贡献，并进行两两比较，得到方案层判断矩阵如表 9 所示。

表 9　　方案层判断矩阵

售电量变化	收费变更风险	运营成本超支风险	市场需求变化风险
收费变更风险	1	0.1429	0.1111
运营成本超支风险	7	1	0.7778
市场需求变化风险	9	1.2857	1

c. 层次排序及一致性检验。

经对上述判断矩阵采用计算机软件进行归一化计算，均通过一致性检验。根据层次总排序结果，被评估单位收费变更风险所占权重为 0.0588，运营成本超支风险所占权重为 0.4118，市场需求变化风险所占权重为 0.5293。具体计算结果如表 10 所示。

表 10　　三项关键风险的排序结果

A 层 / B 层	售电量变化	售电单价变化	营业成本变化	B 层总排序值
	0.1692	0.3880	0.4427	
收费变更风险	0.0588	0.0588	0.0588	0.0588
运营成本超支风险	0.4118	0.4118	0.4118	0.4118
市场需求变化风险	0.5294	0.5294	0.5294	0.5293

因此，通过层次分析法的定量分析，被评估单位三项关键风险按重要程度从高到低排列依次是市场需求变化风险、运营成本超支风险、收费变更风险。

（2）风险承担成本对应现金流的计算。

①风险承担成本量化的方法。

在风险识别基础上，对被评估单位三项关键风险（市场需求变化风险、运营成本超支风险、收费变更风险）的承担成本对应的现金流进行预测。具体采用概率法对风险承担成本进行量化。概率法通过设定有利、基本、不利、较差、最坏等不同情景下的风险后果值，对每种情景的发生概率进行测算，加权得出风险承担成本。

计算公式如下：

$$\text{风险承担成本} = \sum(\text{某情景风险后果值} \times \text{某情景发生概率}) \qquad \text{（公式 2）}$$

②风险承担成本量化的结果。

根据测算，预测期各年度风险承担成本对应的现金流预测如表 11 所示。

③风险承担成本量化的示例。

以市场需求变化风险为例，介绍其风险承担成本对应的现金流计算过程。市场需求变化风险，主要指发电利用小时变化导致的收入下降的风险，对该风险采用概率法估计其风险承担成本。在预测股权自由现金流过程中，各年度的发电利用小时均为 5 100 小时，通过设定有利、基本、不利、较差、最坏等不同情景下的风险后果值，测算当各年度的发电利用小时在不同情景下的风险后果值，再估计各种情景下风险后果值的发生概率，加权计算后得出市场需求变化风险承担成本对应的现金流。具体过程如表 12 所示。

表 11　预测期各年度风险承担成本对应的现金流预测结果

单位：万元

项　目	2014 年 4—12 月	2015 年	2016 年	2017 年	2018 年	2019 年	2020 年	2021 年	2022 年	2023 年	2024 年	2025 年	2026 年 1—7 月	经营期结束时可收回
市场需求变化风险承担成本对应的现金流	-1 559.06	-2 078.75	-2 078.75	-2 078.75	-2 078.75	-2 078.75	-2 078.75	-2 078.75	-2 078.75	-2 078.75	-2 078.75	-2 078.75	-1 212.60	—
运营成本超支风险承担成本对应的现金流	-1 248.99	-1 665.33	-1 665.33	-1 665.33	-1 665.33	-1 665.33	-1 665.33	-1 665.33	-1 665.33	-1 665.33	-1 665.33	-1 665.33	-971.44	—
收费变更风险承担成本对应的现金流	-514.66	-686.22	-686.22	-686.22	-686.22	-686.22	-686.22	-686.22	-686.22	-686.22	-686.22	-686.22	-400.29	—
风险承担成本对应的现金流（CFRC）	-3 322.71	-4 430.30	-4 430.30	-4 430.30	-4 430.30	-4 430.3	-4 430.3	-4 430.3	-4 430.3	-4 430.3	-4 430.30	-4 430.30	-2 584.33	—

表12　　不同情景下的风险后果值及其发生概率和加权值　　单位：万元

情景假设	具体情景	风险后果	发生概率	风险后果的加权值
有利	年发电利用小时5 200	815	5%	40.75
基本	年发电利用小时5 100	0	10%	0
不利	年发电利用小时4 900	-1 630	50%	-815
较差	年发电利用小时4 700	-3 260	25%	-815
最坏	年发电利用小时4 500	-4 895	10%	-489.5
风险后果加权值的合计				-2 078.75

因此，各年度市场需求变化风险（年发电利用小时）承担成本对应的现金流为-2 078.75万元。

4.8　FCFE+CFRC的计算

根据前述过程，已分别预测得出各预测年度的股权自由现金流（FCFE）和风险承担成本对应的现金流（CFRC），则各年度的FCFE+CFRC的合计现金流情况如表13所示。

4.9　折现率的确定

在企业价值评估中，对股东权益通常采用资本资产定价模型（CAPM）计算权益报酬率，采用权益报酬率对股权自由现金流（FCFE）进行折现；企业整体价值通常采用WACC计算加权资本成本，以加权资本成本对企业自由现金流（FCFF）进行折现。不论是权益报酬率还是加权资本成本，均包含了对自由现金流存在的风险因素进行量化这一考虑，也就是说，自由现金流预测的风险是通过折现率中的风险回报率得以反映的。

因被评估单位在预测期面临的主要风险均已量化其风险承担成本对应的现金流情况，股权自由现金流（FCFE）和风险承担成本对应的现金流（CFRC）的合计现金流，可视为无风险现金流。因此，对股权自由现金流（FCFE）和风险承担成本对应的现金流（CFRC）的合计现金流进行折现过程中，其采用的折现率不应再包含风险回报率因素，应采用无风险报酬率作为其折现率。

无风险利率是指将资金投资于某一项没有任何风险的投资对象而能得到的利息率。无风险利率的选取有以下三种观点：(1) 即期短期国债利率；(2) 即期长期国债利率；(3) 以即期短期国债利率作为第一期（年）的无风险利率，同时利用期限结构中的远期利率估计远期的无风险利率。

本项目中，无风险利率采用截止于评估基准日2014年3月31日的十年期国债的到期收益率4.5004%，取整按4.5%计算。

4.10　经营期折现价值合计

根据以上预测结果及拟定的参数，计算过程如下：

$$\text{经营期折现价值合计} = \sum \frac{(FCFE + CFRC)_n}{(1+R)^n} = 77\ 303.83(\text{万元})$$

表 13　预测期各年度 FCFE + CFRC 的合计现金流情况

单位：万元

项　目	2014 年 4—12 月	2015 年	2016 年	2017 年	2018 年	2019 年	2020 年	2021 年	2022 年	2023 年	2024 年	2025 年	2026 年 1—7 月	经营期结束时可收回
股权自由现金流量（FCFE）	1 218.49	12 130.35	-8 393.39	5 427.97	7 800.81	11 461.08	2 563.76	10 580.88	28 069.62	27 520.52	27 423.68	25 951.03	16 729.41	9 621.97
风险承担成本对应的现金流（CFRC）	-3 322.71	-4 430.30	-4 430.30	-4 430.30	-4 430.30	-4 430.30	-4 430.30	-4 430.30	-4 430.30	-4 430.30	-4 430.30	-4 430.30	-2 584.33	—
FCFE + CFRC	-2 104.22	7 700.05	-12 823.69	997.67	3 370.51	7 030.78	-1 866.54	6 150.58	23 639.32	23 090.22	22 993.38	21 520.73	14 145.08	9 621.97

4.11 溢余资产价值

截至2014年3月31日，被评估单位的资产负债中，非经营性资产具体为企业发展选择期权，溢余资产具体为溢余货币资金。溢余货币资金的计算公式为：

溢余货币资金 = 货币资金余额 - 所需最低现金 （公式3）

截至评估基准日，被评估单位货币资金为59 633.32万元。评估基准日所需最低现金以当年度付现成本除以现金周转次数计算得出，根据被评估单位的实际情况，现金周转次数按12拟定。2014年度被评估单位付现成本预计为104 141.77万元，具体计算结果见表14。

表14　2014年度被评估单位付现成本计算　单位：万元

项　目	2014年1—3月	2014年4—12月	2014年度
年度付现成本	26 542.09	77 599.68	104 141.77
营业成本	28 559.33	84 305.30	112 864.62
营业税金及附加	327.46	811.41	1 138.87
营业费用	—	—	—
管理费用	594.27	1 540.41	2 134.68
财务费用	2 120.85	6 775.16	8 896.01
所得税		2 419.14	2 419.14
减：折旧、摊销	5 059.82	18 251.74	23 311.56

因此：

评估基准日所需最低现金 = 2014年年度付现成本 ÷ 12 = 8 678.48(万元)

则：

评估基准日溢余货币资金 = 货币资金余额 - 所需最低现金 = 50 954.84(万元)

4.12 对由BOT合同带来的被评估单位发展选择期权价值的评估

在本案例中，被评估单位的“发展选择期权”是由其BOT合同中约定形成的（在PPP模式下，为保证合作的社会资本投资人的合理收益或作为低回报合作项目的合理补偿等需要而在其合同或协议中约定给予的一些权益。其与非PPP模式下的企业价值中的具有相应的期权性质的价值有所不同。），其具有相应的期权性质的价值，但该价值不是本案例中的收益法公式所能覆盖的，所以，必须单独采用期权法（本案例具体采用B - S模型）评估其价值。

（1）被评估单位拥有的发展选择期权。

根据被评估单位与当地政府签署的BOT合同体系，被评估单位拥有在当地新建60万千瓦机组电厂的优先选择权。据了解，截至评估基准日，被评估单位已完成拟新建60万千瓦机组电厂的可行性研究。被评估单位拥有的在当地新建60万千瓦机组电厂的优先选择权，其实质是实物期权中的增长期权，是被评估单位的发展选择期权。因在对被评估单位采用收益法评估过程中，尚未考虑该发展选择期权对其收益产生的直接或间接的影响，因此，可将该发展选择期权视为一项非经营性资产。

实物期权，是指附着于企业整体资产或者单项资产上的非人为设计的选择权，即指现实中存在的发展或者增长机会、收缩或者退出机会等。拥有或者控制相应企业或者资产的个人或者组织在未来可以执行这种选择权，并且预期通过执行这种选择权能带来经济利益。增长期权是买方期权，是在现有基础上增加投资和资产，从而扩大业务规模或者扩展经营范围的期权。

（2）发展选择期权价值的评估。

对被评估单位拥有的发展选择期权，采用布莱克—舒尔斯模型（Black – Scholes model）进行估计。布莱克—舒尔斯模型（Black – Scholes model）也称为布莱克—舒尔斯—默顿模型（Black – Scholes – Merton Model），针对无红利流量情况下欧式期权的价值评估，考虑了标的资产评估基准日价值（S）及其波动率（σ）、期权行权价格（X）、行权期限（T）、无风险收益率（r）五大因素以确定期权价值。不含分红派息的买方期权 C（Call Option）的计算公式如下：

$$C = S\mathrm{N}(d_1) - Xe^{-rT}\mathrm{N}(d_2) \qquad \text{（公式 4）}$$

式中：C 为不含分红派息买期权（看涨期权）；X 为期权执行价；S 为标的资产现实价格；r 为连续复利计算的无风险收益率；T 为期权到期时间；e^{-rT}是利率 r 到期时间为 T 情况下连续复利的现值系数；N( ) 为指定平均值和标准偏差的正态分布函数，也称标准正态密度函数。d_1 和 d_2 的计算公式如下：

$$d_1 = \frac{\ln(S \div X) + (\mathrm{r} + \sigma^2 \div 2)T}{\sigma\sqrt{T}} \qquad \text{（公式 5）}$$

$$d_2 = \frac{\ln(S \div X) + (\mathrm{r} - \sigma^2 \div 2)T}{\sigma\sqrt{T}} = d_1 - \sigma\sqrt{T} \qquad \text{（公式 6）}$$

其中，σ 的计算公式为：

$$\sigma = \sqrt{\frac{\sum_{t=1}^{n}(u_t - \bar{u})^2}{n-1}} = \sqrt{\frac{1}{n-1}\sum_{t=1}^{n}u_t^2 - \frac{1}{n(n-1)}\left(\sum_{t=1}^{n}u_t\right)^2} \qquad \text{（公式 7）}$$

$$u_i = \ln\frac{s_t}{s_{t-1}} = \ln(s_t) - \ln(s_{t-1}) \qquad \text{（公式 8）}$$

$$\bar{u} = \frac{\sum_{t=1}^{n}u_t}{n} \qquad \text{（公式 9）}$$

式中：u_i 代表第 i 期的标的资产收益率，s_{t-1} 和 s_t 分别为标的资产上期及本期价格，ln(s)表示以 e 为底的自然对数，n 为观察值的数量。

S 代表标的资产现实价格，在本项目中具体指新建的 60 万千瓦机组的新建电厂在建成后，其股权在基准日所表现的市场价值。具体根据 60 万千瓦新建机组的可研报告采用股权自由现金流折现模型（即 DCF – FCFE 模型）估算，预测 60 万千瓦新建机组建成后经营期限各年度的股权自由现金流量和经营期结束时点可收回的股权自由现金流量，同时计算出剩余经营期限各年度的风险承担成本对应的现金流量，将股权自由现金流量和风险承担成本对应的现金流量进行加总，然后折现得出评估基准日的现值。经测算，新建 60 万千瓦机组的新建电厂在建成后，其股权在基准日所表现的市场价值为 184 500 万元。

X 为期权执行价（也称为行权价格），是指实物期权行权时，买进或者卖出标的资产支付或者获得的金额。增长期权的行权价格是形成标的资产所需要的投资金额。本项目中，期权执行价具体指 60 万千瓦机组全部建设成本或全部投资的终值，参照被评估单位提供的可行性研究报告进行估算，新建 60 万千瓦机组全部建设成本或全部投资的终值为 265 980 万元。

r 为连续复利计算的无风险收益率，是指不存在违约风险的收益率，可以参照剩余期限与实物期权行权期限相同或者相近的国债到期收益率确定。本项目中具体采用一年期国债到期收益率 3.0901%，取整按 3.09% 计算。

T 为期权到期时间（也称为行权期限），是指评估基准日至实物期权行权时间之间的时间长度。实物期权通常没有准确的行权期限，可以按照预计的最佳行权时间估计行权期限。在本项目中，该项期权到期时间具体采用从评估基准日到 60 万千瓦新建机组完成并投资发电所需要的时间，即期权到期时间按 2 年计算。

σ 为股票波动率，是指预期标的资产收益率的标准差。波动率可以通过类比风险相近资产的波动率确定，也可以根据标的资产以往价格相对变动情况估计出历史波动率，再根据未来风险变化情况进行调整确定。本项目中，波动率具体指被评估单位投资 60 万千瓦火力发电机组所能获得股权回报率的标准差，具体按 A 股可比火力发电企业的平均股票波动率 45% 计算。

基于以上参数，经计算，被评估单位拥有的发展选择期权（新建 60 万千瓦机组电厂的优先选择权）的评估价值为 27 300 万元。

4.13 本案例的评估结论

基于：

PPP 模型下被评估单位的全部权益价值

= 用收益法评估单位的股东全部权益价值（含溢余资产价值）+ 用 B－S 模型的期权法评估由 BOT 合同带来的发展选择权价值

=（经营期折现价值合计 + 溢余货币资金）+ 发展选择期权价值 = 155 560（万元）（取整）

经评估，在评估基准日和持续使用前提下，采用收益法评估的被评估单位的股东全部权益价值和采用 B－S 模型的期权定价模型评估的企业发展选择期权价值，共计为 155 560 万元。

5. 评估结论与分析

评估基准日为 2014 年 3 月 31 日，被评估单位账面净资产为 113 609.50 万元，根据《资产评估准则——企业价值》及本案例经济行为的具体特点，本案例运用收益法进行了评估，被评估单位的全部权益的评估值为155 560万元，评估值比账面值高出41 950.50万元，高了36.93%。评估值比账面值高的原因主要包括：（1）根据BOT协议，被评估单位拥有BOT火力发电项目的特许经营权，但该特许经营权在账面未完整体现（账面仅反映了BOT电厂的构建成本）；（2）根据BOT协议，被评估单位拥有在当地新建60万千瓦机组电厂的优先选择权，该选择权的实质系实物期权中的增长期权，具有一定的价值，但原账面并未体现其价值。

6. 尾声

PPP模式在我国的运用开始于20世纪90年代初，历经了1994年前的探索阶段、1994年至2002年的试点阶段、2002年至2008年的推广阶段、2009年至2012年的反复阶段后，于2013年进入全新发展阶段。当前，PPP已成为落实国家战略的重要工具，基于PPP模式下的企业权益价值的评估与非PPP模式下的企业价值评估之间存在着明显的区别，基于PPP模式下的企业面临风险的识别和量化、发展选择期权价值的测算，均是基于PPP模式下的企业价值评估的关键环节。对这些关键环节的处理，应遵循哪些理论原理、采用怎样的逻辑思路、注意哪些现实问题，指引我们深入思考基于PPP模式下的企业权益价值评估的特殊之处，从而不能简单套用非PPP模式下的企业价值评估的范式。

另外值得一提的是，在大的分类中，PPP大致分为外包类、特许经营类及私有化类三大类，而且在每个大类具体实施过程中，除了采用BOT形式以外，还可能采用TOT、BOO、BT等不同的具体融资形式，PPP这些不同的大类和具体采用的融资形式都有所差异并直接或间接影响着PPP模式下的企业权益的价值。因此，也决定了在开展基于PPP模式下的企业权益价值的评估时不能千篇一律，还必须根据PPP类别和所采用具体融资形式的不同，以及各合同条款的约束等情形，开展具体情况具体分析。只有这样，才能做好基于PPP模式下的企业权益价值评估工作。

A Case of Enterprise Equity Value Valuation: Based on PPP Model

Abstract: The purpose of this case is to discuss some questions of the enterprise equity value valuation in the form of BOT based on the PPP (Public-Private Partnerships) model, and the specific application of risk quantification and income approach about the enterprise equity value valuation. This case also puts forward the concept of "development option" in PPP model, which is produced by the BOT contract clause and belongs to the enterprise equity, and try to use the option pricing model to evaluate the value of the "development options" generated by BOT.

Key Words: PPP Operation Model; Risk Taking Cost; Real Options; Enterprise Equity Value Valuation

基于PPP模式下的企业权益价值评估案例

一、教学目的与用途

1. 本案例主要适用于收益法中的现金流量折现法在基于PPP模式下的企业价值评估中的运用等课程。

2. 本案例的授课对象为资产评估或相关专业硕士生或博士生。

3. 本案例的教学目标包括：

（1）熟悉现金流量折现法的基本运用过程；

（2）熟悉基于PPP模式下的企业与一般公司的企业价值评估的差异；

（3）掌握基于PPP模式下的企业承担或分担风险的识别评价与量化；

（4）掌握基于PPP模式下的企业的实物期权中的增长期权的评估方法；

（5）熟悉股权自由现金流计算过程中的若干注意事项。

此外，在区别PPP模式下的企业权益价值评估与非PPP模式下的企业价值评估的差异的同时，还应注意PPP模式的物有所值评估（VFM）与PPP模式下的企业权益价值评估的差异。

二、启发思考题

1. 在采用收益法评估股东全部权益价值过程中，应如何识别非经营性资产、非经营性负债和溢余资产？

2. 在计算股权自由现金流过程中，股利分配政策、预测期内追加权益资本或股东减资行为对股权自由现金流产生着怎样的影响？

3. 基于PPP模式下的企业与一般公司的企业价值评估存在哪些差异？基于PPP运营模式的企业价值评估中的重点和难点是什么？

4. 如何对基于PPP模式下的企业承担或分担的风险进行识别和评价，可采用什么方法对这些风险进行量化？

5. 如何评估实物期权中的增长期权？增长期权和退出期权评估方法的差别是什么？

6. 如何识别企业的非经营性资产、非经营性负债和溢余资产？

三、分析思路

我们重点分析基于PPP模式下的企业的特别之处，主要包括：基于PPP模式下的企业承担或分担的风险的识别与评价、基于PPP模式下的企业最后一期自由现金流的确定方法等；此外，我们对采用股权自由现金流折现模型（DCF－FCFE）运用过程中的重点问题也进行分析，例如：股权自由现金流测算过程中的若干问题，以及非经营性资产、非经营性负债和溢余资产的识别方法。同时，也要注意PPP模式下由其合同、协议产生的企业发展选择权等相应的权益价值。

四、理论依据及分析

1. PPP模式的风险分配及风险评价。

（1） PPP模式的风险分配。

在PPP模式中，政府和社会资本基于“伙伴关系、利益共享、风险共担”的PPP三原则，实现政府与社会资本的风险和利益合理分担。对基于PPP模式下的企业的股东全部权益价值进行评估的过程中，只需要考虑由社会资本承担的风险，但即便如此，我们还是需要了解在PPP模式中，政府与社会资本应如何对PPP项目的风险进行合理分配。

对PPP项目风险在政府与社会资本间进行分配的标准，在于那一方是最有能力控制管理风险、管理风险成本最低、管理风险最有效率。项目风险在政府与社会资本间进行分配的原则包括：①最优化风险分配原则。分配方案应能最大程度提高物有所值，并激励社会资本提供效率高、效果好的公共服务，转移给社会资本的风险太少将限制物有所值的实现，转移给社会资本的风险太多将推高社会资本报价。②风险与收益对等原则。即关注合同主体对于风险管理成本和风险损失的承担，尊重其获得与风险相匹配的收益水平的权利。③风险有限容忍原则。应设定政府和社会资本风险损失承担上限，不能由某一方单独承担超过其承受能力的风险。

值得注意的是，基于不同的出发点对风险偏好存在差异。在不同行业中，风险分担偏好可能存在差异，在一个PPP项目的不同阶段，风险并非一成不变。在具体的基于PPP模式下的企业的股东全部权益进行评估过程中，对基于PPP运营模式的企业承担或分担的风险进行识别，主要基于政府与社会资本签署的协议做出区分判断。

（2） 基于PPP模式下的企业的风险评价。

在PPP模式风险分配基础上，对基于PPP模式下的企业的股东（即社会资本）而言，只需考虑由社会资本承担或分担的风险。对基于PPP模式下的企业进行评估的过程中，无需对政府承担或分担的风险进行考虑。对基于PPP模式下的企业承担或分担的风险进行评价，识别项目公司面临的关键风险因素，可基于vague集构建基于PPP模式下的企业风险评价模型，具体介绍如下：

第一步，建立风险层级结构，对各风险指标评分。构建基于PPP模式下的企业的风险层级结构，建立目标、准则、方案等层次，并对各指标进行综合评分。假设风险评价的目标矩阵为 A，$A=\{A_1,A_2,\cdots,A_i,\cdots,A_m\}^T$，各列中的最优指标为 A_j，$i\in[1,m]$，$j\in[1,n]$，对目标矩阵 A 的 j 个指标进行评价，评分值越大表示风险越大，即

$$A_j=\{A_{1j},A_{2j},\cdots,A_{ij},\cdots,A_{mj}\}^T$$

以vague值作为评分值，即用［0，1］上的小区间表示该风险指标的评价范围。设 $A_i=\{B_1,B_2,\cdots,B_k\}$，$k\in[1,k]$，利用专家评分法对每个 B_k 进行评估，估算其三维指标体系的最大值（最小值），形成目标矩阵 B，即 $B_k=\{[t_{bkx},1-f_{bkx}],[t_{bky},1-f_{bky}],[t_{bkz},1-f_{bkz}]\}^T$

第二步，计算各指标权重值。目标层 A 的因素对准则层 B 有支配关系，可以建立以 A 为准则的两两比较判断矩阵 B_k，即：

$$A_{ij}=\begin{bmatrix} a_{11} & a_{12} & \cdots & a_{1n} \\ a_{21} & a_{22} & \cdots & a_{2n} \\ a_{31} & a_{32} & \cdots & a_{3n} \\ \cdots & \cdots & \cdots & \cdots \\ a_{m1} & a_{m2} & \cdots & a_{mn} \end{bmatrix},\begin{pmatrix} i=1,2,3,\cdots,m \\ j=1,2,3,\cdots,n \end{pmatrix}$$

其中：A_{ij}为项目的目标；a_{ij}为 a_i与 a_j相比的重要程度。

基于决策判断的定量考虑，形成上述数值判断矩阵，采用1—9 标度方法，具体见表 1。

表 1　　矩阵标度的含义

相对重要标度	含　义	理　解
1	两元素具有相同重要性	对于同一问题两个要素贡献相同
3	一个元素比另一元素稍微重要	认为一个要素比另一要素贡献稍微大一些
5	一个元素比另一元素明显重要	认为一个要素比另一要素贡献明显大一些
7	一个元素比另一元素强烈重要	认为一个要素比另一要素贡献强烈大
9	一个元素比另一元素极端重要	认为一个要素比另一要素贡献极端大
2、4、6、8	作为上述相邻判断的插值	—

通过以上方法可以成功地建立两两比较判断矩阵。然后，利用公式 $w_i=\dfrac{\sqrt[n]{\prod_{j=1}^{n}a_{ij}}}{\sum_{k=1}^{n}\sqrt[n]{\prod_{j=1}^{n}a_{ij}}}$，$i=1,2,3,\cdots,m$，即可得到各指标权重值，进而构建指标权重矩阵 W，$W=\{W_1, W_2, \cdots, W_i, \cdots, W_m\}$，$i\in[1, m]$。

第三步，计算目标矩阵风险值及项目公司总风险值。$A_i=B_k\times W_k$，$i\in[1, m]$，$k\in[1, k]$，以此得出目标矩阵 A，$A=\{A_1, A_2, \cdots, A_i, \cdots, A_m\}$，$i\in[1, m]$。进而得出项目目标总风险值 P。

$$P=A\times W=\{A_1,A_2,\cdots,A_i,\cdots,A_m\}^T\times\{W_1,W_2,\cdots,W_k\}$$

2. 收益期为有限年期时，最后一期自由现金流的确定。

（1）持续经营期与最后一期的收益口径。

在采用股利折现法时，其收益指标采用的是股利，当收益期为有限年期时，最后一期可分得的“股利”等于最后一期会计报表净资产（其中，在评估基准日已作为非经营性资产、负债和溢余资产的项目，应从净资产中剔除出去）。因此，在股利折现法中，不论是持续经营期，还是最后一期，其收益口径均为股东实际收回的金额。

与股利折现法不同的是，在采用自由现金流折现法时，持续经营期的收益口径是自由现金流，而最后一期的收益口径却是股东可实际回收的金额，自由现金流的本质是可由企业或股东“自由支配”的现金流，其与向股东实际做出分配是不同的，因此，在采用自由现金流折现法且收益期为有限年期时，会出现持续经营期和最后一期收益口径不一致的情形。

（2）在运用自由现金流折现法对企业价值进行评估过程中，企业的股利分配政策并不直接影响企业自由现金流和股权自由现金流，因此，在收益期为有限年期时，企业的股利分配政策也不应该直接影响最后一期股东可实际回收的金额，具体如下。

①若持续经营期不分红，则随着企业每年自由现金流的创造和实现，企业现金及现金等价物（主要体现为货币资金）每年持续增加，滚存累积于最后一期的货币资金当中。因此，在计算最后一期股东可实际回收的金额时，并不能将最后一期的货币资金全部作为可实际回收金额的构成内容，而应将持续经营期随自由现金流的创造而增加的货币资金剔除。最后一期的货币资金中，只有相当于评估基准日必要现金（不必要现金已作为溢余资产）的那部分金额可作为最后一期的可回收金额，超过评估基准日必要现金的那部分金额均为持续经营期产生的自由现金流，而各持续经营年度产生的自由现金流已折现至企业价值当中。

②若持续经营期按最大限度进行分红，在满足一定条件（如，除资本性支出外无其他投资活动现金流，除付息负债增减和财务费用支出以外无其他融资活动现金流）的前提下，股权自由现金流与企业净现金流量基本等价，如果企业每年都将新增的净现金流（相当于货币资金的增加额，亦即自由现金流增加额）进行分配（假设不考虑因折旧因素导致净利润小于净现金流，受会计制度限制只能对净利润进行分配这一因素），则最后一期的货币资金即为评估基准日的必要现金（不必要现金已作为评估基准日的溢余资产）。

因此，不论持续经营期是否分红，最后一期的货币资金中，只有相当于评估基准日必要现金的金额可作为回收金额，货币资金中超过评估基准日必要现金的那部分金额属于持续经营期产生的现金流，不能重复计算。

（3）最后一期的付息负债。

如果选择股权自由现金流折现模型，在计算最后一期的股权自由现金流过程中，应扣除最后一期的全部付息负债金额，相当于未偿还付息负债应在最后一期全部偿还。当然，如果在持续经营期已偿还这些负债，则在偿还当年已体现为股权自由现金流的扣减项，最后一期已无付息负债了。如果采用企业自由现金流折现模型，其最后一期企业自由现金流的计算过程中，并不需再扣除付息负债金额，这是因为，评估基准日的付息负债金额已在经营期企业自由现金流折现值的基础上做了扣除。因此，不论是股权自由现金流折现模型，还是企业自由现金流折现模型，最后一期的付息负债通常都已在前述评估程序中做了考虑，因此，在计算最后一期可收回金额时，通常不涉及付息负债项目。

（4）最后一期的非经营性资产、负债和溢余资产。

在评估基准日已作为非经营性资产、负债和溢余资产的项目，应从评估基准日资产负债表中进行剥离，而不应将其继续纳入财务信息预测的范畴。当然，如果对企业的财务信息预测时，并未将评估基准日已作为非经营性资产、负债和溢余资产的项目进行剥离，通常可假设在持续经营期这些非经营性资产、负债和溢余资产项目保持不变，并结转至最后一期的资产负债表中，那么，在这种情况下，以最后一期资产负债表为基础计算可回收金额时，应当将资产负债表当中的上述非经营性资产、负债和溢余资产项目一一剔除，否则会出现重复计算的错误。

（5）最后一期可回收金额的计算。

基于以上观点，在采用自由现金流模型时，最后一期可回收金额的计算公式如下：

最后一期可回收金额 = 评估基准日货币资金 + 除货币资金之外的流动资产 − 除短期借款之外的流动负债 + 非流动资产的变现值　　（公式1）

上式中，“除货币资金之外的流动资产”应根据最后一期的期末资产负债表进行取值，且应剔除非经营性资产和溢余资产，还应减去预计的坏账金额。“除短期借款之外的流动负债”也系根据最后一期的期末资产负债表进行取值，且应剔除非经营性负债，并剔除预计无需支付的流动负债。“非流动资产的变现值”系最后一期的期末资产负债表中的非流动资产的清算价值或残余价值。

当然，如果最后一期的期末资产负债表的“除货币资金之外的流动资产”以及“除短期借款之外的流动负债”均为零，则在最后一期的营运资金计算中，应相应考虑这些项目在最后一期清理完毕对最后一期营运资金的影响。

在采用BOT模式的基础设施企业，随着特许经营期届满，基础设施通常由政府无偿收回，而基础设施通常对应于资产负债表中的非流动资产，因此，该类企业最后一期可回收金额一般不包含非流动资产的变现值，除非这些企业的非流动资产中包含了可由企业股东收回的资产。

3. 计算股权自由现金流（FCFE）的若干难点问题。

（1）股利分配政策对股权自由现金流的影响。

股权自由现金流可在企业自由现金流基础上，根据以下公式得出：

$$\begin{aligned}\text{股权自由现金流} &= \text{企业自由现金流} - \text{债权自由现金流量} = \text{企业自由现金流} - \\ &\quad \text{税后利息费用} + \text{新发行债务} - \text{偿还本金} = \text{企业自由现金流} - \\ &\quad \text{税后利息费用} - \text{债务净偿还}\end{aligned} \qquad \text{（公式2）}$$

如上述公式，股权自由现金流系在企业自由现金流基础上减去税后利息费用和债务净偿还金额后得出的，因此，企业的股利分配政策对企业自由现金流的影响同样适用于股权自由现金流。

从以上公式可以看出，股利分配政策并不直接影响税后利息费用和债务净偿还金额。但另一方面，股利分配与否可能影响企业新发行债务或偿还债务的计划，股东分配股利，使得企业现金减少，使得企业被迫推迟偿还债务或举借新债务；企业盈利后股东不分配股利，可使企业现金增加，企业将能够提前偿还债务。因此，股利分配政策会通过影响企业新发或偿还债务的金额和时间，进而对相关年度的股权自由现金流产生影响，但这是否会进一步影响采用股权自由现金流折现模型得出的评估结论，要根据从预测期企业债务变化是否会影响评估基准日股东全部权益价值的视角进行分析。

不论预测期是新发债务，还是偿还本金，或何时新发或偿还多少本金，上述“税后利息费用+当期债务净偿还”以债务资本成本作为折现率计算得出的折现值，均应等于评估基准日付息负债的价值。另一方面，在正确计算折现率的前提下，企业自由现金流折现模型与股权自由现金流折现模型可完全等价，基于这两个模型计算得出的股东全部权益价值是相等的。因此，股利分配与否可能影响企业新发行债务或偿还债务的计划，但并不因此对股东全部权益价值产生直接影响。

因此，股利分配政策会通过影响企业新发或偿还债务的金额和时间，进而对相关年度的股权自由现金流产生影响，但在折现过程中，股利分配政策对相关年度股权自由现金流产生的影响值的折现值可基本对抵。因此，企业的股利分配政策对采用股权自由现金流折现模型的影响，与其对企业自由现金流折现模型的影响是一致的。

（2）预测期内追加权益资本对股权自由现金流的影响。

在股权自由现金流折现模型下，如果追加权益资本当期，将追加权益资本金额作为当期股权自由现金流的增加项，则上述权益资本扣除观点是正确的；但如果追加权益资本当期，未将追加权益资本金额作为当期股权自由现金流的增加项，则上述权益资本扣除观点是错误的。理由如下：

第一，对于企业而言，可以将“股东追加的权益资本金”在本质上视为无限期的无息负债（该无息负债在企业终止经营时通过清算由股东收回），基于这样的理解，在取得“追加的权益资本金”的当期（视同为“无息举债”的当期）增加股权自由现金流，在此前提下，再作“在追加权益资本金的年份，将新增的资本价值在最终折现到评估基准日时扣除”这一处理才是相匹配的。

第二，除营运资金减少可增加当期现金流入以外，预测期企业的资金来源还包括举债和股东投入。若采用举债，举债当期增加股权自由现金流，以后各期通过支付利息及偿还本金，相应减少自由现金流，从举债全过程看，举债当期增加的自由现金流与之后支付利息及偿还本金减少自由现金流的折现值刚好对抵，也就是说，企业并不因为举债事项本身改变企业股东权益价值。而在股东投入情形中，若仅做“在追加权益资本金的年份，将新增的资本价值在最终折现到评估基准日时扣除”这一处理，而不在股东追加权益资本金的年份相应增加当期自由现金流，则会出现“股东追加投资多少金额，股东全部权益价值就减少多少金额（当然考虑了时间价值），股东追加投资越多，股东全部权益价值就越少”这一错误现象。

第三，按股权自由现金流的计算口径，评估基准日原股东在预测期内追加的权益资本，属于原股东可自由支配的“自由现金”流入，因此需要根据追加权益资本金相应在当期增加股权自由现金流；与此同时，原股东在未来预测期需追加的权益资本，相对于评估基准日这个时点而言，是原股东未来预计需承担的一项“支付义务”，因此需在原股东追加权益资本金的年份，将追加的权益资本折现到评估基准日时扣除。

第四，从预测期权益资本追加的来源结构上看，除评估基准日原股东追加投入外，还包括新增股东采用增资扩股的方式追加权益资本。对于新增股东在预测期新增投入的权益资本，一方面因该新增注入的权益资本属于新老股东自由支配的“自由现金”流入，应根据新增注入的资本金额相应在当期增加股权自由现金流；另一方面，预测期新增股东的增资行为将在当期稀释原股东的股权，对于评估基准日的原股东而言，该股权稀释过程可视为原股东在新股东增资当期需承担的一项“支付义务”，而在公平交易条件下，该“支付义务”对应的“支付金额”应基本等同于被稀释股东价值。

因此，在股权自由现金流折现模型下，预测期权益资本增加的，不论是评估基准日原股东追加投资还是新增股东注入资本，若在追加权益资本当期将追加权益资本金额作为当期股权自由现金流的增加项，则相应地，应将预测期追加的权益资本价值从追加年份折现至评估基准日，再将该权益资本的折现值从评估结论中扣除。在风险对等前提下，为简便起见，在股权自由现金流折现模型下，预测期权益资本增加的，若在追加权益资本当期不将追加权益资本金额作为当期股权自由现金流的增加项，相应地也不应将预测期追加权益资本的折现值从评估结论中扣除。在后者的简便方式中，评估基准日原股东在预测期的追加权益资本行为对自由现金流的影响，本质与因预测期不分红而产生的“留存收益”对自由现金流的影响是一致的。

（3）预测期内股东减资行为对股权自由现金流的影响。

在股权自由现金流折现模型下，预测期股东减资的，若在减资当期将减资金额作为当期股权自由现金流的减少项，则相应地，应将预测期减少的权益资本价值从减资年份折现至评估基准日，再将该减资价值的折现值加计至评估结论中。在风险对等前提下，为简便起见，在股权自由现金流折现模型下，预测期股东减资的，若在减资当期不将减资金额作为当期股权自由现金流的减少项，相应地也不应将预测期减资金额的折现值加计至评估结论中。

4. 非经营性资产、非经营性负债和溢余资产的识别。

（1）非经营性资产和非经营性负债的识别方法。

在采用收益法评估企业价值过程中，经营性资产和非经营性资产的划分和判断应紧扣企业预期收益口径，凡是在企业预期收益口径中已经包含其影响或贡献的资产，均应界定为经营性资产；凡是对企业预期收益不产生任何直接或间接影响的资产，应界定为非经营性资产。因此，在采用收益法评估企业价值过程中，识别经营性资产和非经营性资产的唯一标准，是企业未来收益及具体评估折现模型中是否已直接或间接考虑资产的贡献。在实务操作中，检验某项资产是否属于非经营性资产，可运用模拟抽离法，即在企业未来收益预测及具体的评估模型中，将某项资产模拟抽离该企业，分析抽离行为是否会影响企业未来收益或其他评估参数，若抽离该资产对企业未来收益预测值或评估模型的相关参数不产生任何影响，则该项资产属于非经营性资产，否则为经营性资产。

非经营性负债的识别方法与非经营性资产的识别方法类似。在采用收益法对企业价值进行评估过程中，非经营性负债的识别和判断也应围绕企业预期收益口径，与企业在评估基准日后的收益口径及具体的评估模型相匹配。若在评估基准日后的收益预测或具体评估模型中已考虑了某项负债的偿还义务，则该项负债为经营性负债，否则即认定为非经营性负债。非经营性负债与非经营性资产之间并无必然对应关系，非经营性负债对应的资产可以是非经营性资产，也可以为经营性资产。如果某项非经营性负债对应的资产为经营性资产，其实质是，在企业收益中考虑了该项资产对收益带来的影响但并未将该项资产涉及负债的偿还义务纳入收益测算范畴。模拟抽离法也同样适用于非经营性负债的识别。

（2）溢余资产的识别方法。

由于经营性资产和非经营性资产之和构成了企业的全部资产，若将溢余资产作为与经营性资产和非经营性资产并列的一类资产，违反了不同分类层级的资产不能加总的逻辑，可能因此出现重复或遗漏的错误，且没有现实意义，溢余资产要么属于经营性资产，要么属于非经营性资产。溢余资产与非经营性资产之间应有清楚的界限，一项资产不应该既可界定为非经营性资产，又可界定为溢余资产。因此，为合理识别溢余资产，应以资产经营属性为一级维度，以资产配置属性为二级维度，建立区分层次的二维分类体系。企业的所有资产首先区分为经营性资产和非经营性资产，然后再根据资产规模与企业经营规模的配置关系，将经营性资产细分为必备的经营性资产和溢余的经营性资产。必备的经营性资产是企业现时或未来持续生产经营活动所需的资产，溢余的经营性资产是指超过了企业现时或未来持续生产经营活动必备规模的资产。对于非经营性资产，因其与企业现时及未来生产经营活动无关，在理论上难以根据资产规模与企业经营规模的配置关系将其进一步分解为必备的非经营性和溢余的非经营性资产，且非经营性资产已作单独列示和评估，再对非经营性资产进行细分已无实际意义。溢余资产本质上是经营性的，只是相对于预测的收益规模是多余的，溢余资产和非经营性资产之间不存在包含或被包含的关系。因此，我们所称的溢余资产通常指溢余的经营性资产。

溢余资产的表现形态通常是某项经营性资产的一部分，即某项经营性资产中现时及未来预计处于闲置状态的那部分。如果某项资产的全部在现时及未来预计均处于闲置状态，则该项资产应界定为非经营性资产。溢余资产中存在于各种资产当中，认为溢余资产就是富余现金的观点有失偏颇。在实践中较为常见的溢余资产主要为溢余货币资金、溢余的土地使用权、溢余的厂房等。

（3）计算溢余货币资金应注意的问题。

衡量和计算被评估单位的溢余货币资金，系将被评估单位在评估基准日的货币资金余额，与被评估单位在评估基准日因经营所需而留存的最低现金保有量进行对比，前者大于后者，表示被评估单位在评估基准日存在溢余货币资金，两者差额即为溢余货币资金的金额，但若前者小于后者，则表示被评估单位在评估基准日的账面货币资金无法满足基本经营周转需要，出现“货币资金缺口”。

特别要注意的是，上述最低现金保有量是指经营所需的现金保有量，而针对预测期拟进行筹资活动（主要指偿还借款）或投资活动（主要指追加投资）而准备的现金，并不包含在最低现金保有量中。被评估单位在预测期拟进行的偿还借款和追加投资，会相应减少预测期的股权自由现金流，但并不因此减少评估基准日的溢余货币资金。应当区分现金保有量与为预测期筹资或投资活动而准备的现金之间的时点差异及内涵差异，现金保有量是在评估基准日这一时点基于经营活动所需的最基本留存现金，最低现金保有量在评估基准日这一时点可视为股东的“不自由”现金；而为预测期拟进行的筹资或投资活动而准备的现金，是指评估基准日已储备、待预测期支取使用的资金，对于评估基准日而言，这部分储备的资金仍是股东“自由”支配的，待预测期实施筹资或投资活动时再作“现金流出”，如果将这部分储备的资金不作为评估基准日溢余货币资金的构成项目，其实质是在评估基准日和预测期重复计算“现金流出”。因此，在评估基准日这一时点，为预测期拟进行的筹资或投资活动而准备的现金应包含在评估基准日的溢余货币资金中。

此外，评估基准日的溢余货币资金对于企业而言是独立存在的，在对企业采用收益法进行评估过程中，不能将溢余货币资金在预测期预计可产生的利息收入包含在企业的收益预测当中。评估基准日的溢余货币资金余额及其预测期预计可产生的利息收入是同一项资产的两种价值表现形式，前者是以取得成本口径反映的资产价值，后者是按收益途径反映的资产价值，两者不可重复计算。如果在对企业预测期的收益进行预测过程中包含了溢余货币资金对应的利息收入，此利息收入可视为企业“经营”这些溢余货币资金而产生的“经营收入”，这些溢余货币资金实质上已转换为经营性资产，不能再按“溢余资产”单独计算。

五、背景信息

本项目对基于PPP模式下的企业面临的主要风险进行了识别和风险承担成本的量化，并将量化的风险承担成本对应的现金（CFRC）作为基于PPP模式下的企业的自由现金流的构成内容，同时，采用无风险报酬率对已包含风险承担成本的自由现金流进行折现，这有别于传统评估方法中将风险因素量化在折现率之中的做法，使企业的风险量化以及风险对企业价值的影响更为直观，有利于促进企业增加风险控制措施、提高风险管理水平。另外，对被评估单位拥有的发展选择期权的价值进行了合理估算，客观体现了被评估单位拥有的表外无形资产的价值。

本案例蓝本的项目评估报告取得了委托方及其相关当事方的完全认可和较高的评价。

六、关键要点及分析结论

在PPP模式风险分配基础上，对基于PPP模式下的企业的股东（即社会资本）而言，只需考虑由社会资本承担或分担的风险。对基于PPP模式下的企业进行评估过程中，无需对政府承担或分担的风险进行考虑。对基于PPP模式下的企业承担或分担的风险进行评价，识别项目公司面临的关键风险因素，可基于vague集构建基于PPP模式下的企业风险评价模型。

在采用自由现金流模型时，最后一期可回收金额＝评估基准日货币资金＋除货币资金之外的流动资产－除短期借款之外的流动负债＋非流动资产的变现值。在采用BOT模式的基础设施企业，随着特许经营期届满，基础设施通常由政府无偿收回，而基础设施通常对应于资产负债表中的非流动资产，因此，该类企业最后一期可回收金额一般不包含非流动资产的变现值。

股利分配与否可能影响企业新发行债务或偿还债务的计划，但并不因此对股东全部权益价值产生直接影响。在股权自由现金流折现模型下，预测期权益资本增加的，不论是评估基准日原股东追加投资还是新增股东注入资本，若在追加权益资本当期将追加权益资本金额作为当期股权自由现金流的增加项，则相应地，应将预测期追加的权益资本价值从追加年份折现至评估基准日，再将该权益资本的折现值从评估结论中扣除。在股权自由现金流折现模型下，预测期股东减资的，若在减资当期将减资金额作为当期股权自由现金流的减少项，则相应地，应将预测期减少的权益资本价值从减资年份折现至评估基准日，再将该减资价值的折现值加计至评估结论中。

在采用收益法评估企业价值过程中，经营性资产和非经营性资产的划分和判断，应紧扣企业预期收益口径，凡是在企业预期收益口径中已经包含其影响或贡献的资产，均应界定为经营性资产；凡是对企业预期收益不产生任何直接或间接影响的资产，应界定为非经营性资产。非经营性负债的识别方法与非经营性资产的识别方法类似。评估基准日的溢余货币资金对于企业而言是独立存在的，在对企业采用收益法进行评估过程中，不能将溢余货币资金在预测期预计可产生的利息收入包含在企业的收益预测当中。

七、建议课堂计划

1. 本案例可在企业价值评估主题课中参考，也可以用于专门的案例讨论课。因本案例涉及了基于PPP模式下的企业承担或分担风险的识别评价以及量化、实物期权中的增长期权的处理，也涉及收益法中的现金流量折现法评估企业价值过程中的若干难点问题，建议首先了解学生是否具备企业价值评估方法的基础理论、PPP基础理论以及实物期权基础理论，若不具备，建议先行向学生讲授基础理论后再使用本案例。

2. 因整个案例课涉及知识要点较多，课时安排约为150分钟。具体的教学简案如表2所示。

表2　　　　课程教学简案

<table>
<tr><th>时间（分钟）</th><th>内容概述</th><th>方法和解释</th><th>直观教具</th><th>参考资料</th></tr>
<tr><td>8</td><td>介绍案例背景及课程目标</td><td>讲课</td><td>投影</td><td rowspan="5">《案例正文》《企业价值、著作权、商标、实物期权评估准则讲解》《PPP模式手册》《资产评估》</td></tr>
<tr><td>50</td><td>收益法中的现金流量折现法的运用过程及关键环节的介绍</td><td>讲课</td><td>投影</td></tr>
<tr><td>40</td><td>PPP项目概况，基于PPP运营模式的企业的风险识别、评价与风险成本的量化</td><td>讲课，并运用1次头脑风暴法（需3分钟）</td><td>投影及白板</td></tr>
<tr><td>40</td><td>实物期权中的增长期权的评估</td><td>讲课及讨论，讨论时间8分钟，讨论结束后代表发言</td><td>投影及卡纸</td></tr>
<tr><td>12</td><td>总结</td><td>请学生回顾授课要求</td><td></td></tr>
</table>

3. 建议的开场白。

政府与社会资本合作模式不仅是融资工具，更是转变政府职能、建立现代财政制度的一种模式。近期，中央和地方密集出台了一系列政策，PPP 模式在我国推动力度和速度前所未有。对基于 PPP 模式下的企业权益价值评估有别于非 PPP 模式下的企业价值评估，值得我们关注和研究。

4. 结束词及课后思考的引导。

基于 PPP 模式下的企业权益价值评估，其重点和难点主要为：对项目公司承担或分担的风险进行准确识别和合理量化，以及对实物期权中的增长期权的评估。本案例创新地将项目公司风险承担成本对应的现金流与股权自由现金流合并计算，然后，采用无风险利率进行折现，得出股东全部权益价值。不过，对风险承担成本的量化仍存在较大的主观判断，容易面临各种质疑。因此，对风险承担成本的量化，还有很多基础事项还需要深入研究。基于 PPP 模式下的企业权益价值评估，与一般的企业价值评估相比，其特别之处不仅体现在风险量化、收益期限、发展选择期权等方面，可能还表现在其他方面，值得开展更为系统的研究。

课后可着重思考或进一步展开研究的问题包括：

（1）对基于 PPP 模式下的企业采用现金流量折现法评估过程中，若并非如本案例将企业承担或分担的风险量化并入现金流中，而是在折现率中反映企业的风险因素，那么，与一般企业的折现率相比，基于 PPP 模式下的企业的折现率有何异同之处？

（2）如何运用风险的蒙特卡罗模拟对风险承担成本进行定量估计？

（3）对于持续经营的火电厂，在没有与政府签署优先发展新增电厂前提下，是否也存在未来发展的选择实物期权呢？

参考文献

［1］王灏．PPP（公私合伙制）的定义和分类探讨［J］．都市快轨交通，2004（10）．

［2］纪益成．论资产评估业在发展混合经济中面临的机遇和挑战［M］．北京：经济科学出版社，2015．

［3］陈辉．PPP 模式手册——政府与社会资本合作理论方法与实践操作［M］．北京：知识产权出版社，2015．

［4］中国资产评估协会．企业价值、著作权、商标、实物期权评估准则讲解［M］．北京：经济科学出版社，2013．

［5］财政部政府和社会资本合作中心．国外 PPP 案例选编［M］．北京：中国商务出版社，2014．

［6］柯永建，王守清．特许经营项目融资（PPP）——风险分担管理［M］．北京：清华大学出版社，2011．

［7］袁竞峰，李启明，邓小鹏．基础设施特许经营 PPP 项目的绩效管理与评估［M］．南京：东南大学出版社，2013．

［8］财政部政府和社会资本合作中心．PPP 物有所值研究［M］．北京：中国商务出版社，2014．

轻资产公司价值评估：JX 公司拟收购 GJRX 文化传媒公司 100%股权案例分析

陈　蕾　王生龙　张丹蕾

（首都经济贸易大学）

摘　要： 本案例描述的是评估机构对 GJRX 文化传媒公司（以下简称“GJRX 公司”）100%股权价值评估的完整过程。JX 公司为满足企业战略发展需求拟收购 GJRX 公司。不同于传统企业价值评估，GJRX 公司属于文化传媒类企业。通过对其业务状况和资产状况进行分析，该公司具有轻资产公司的性质。而纵观整个市场，此类企业正处于快速发展时期，其价值评估也具有特殊性。面对这种情况，本案例通过对企业及市场的全面分析，对其未来发展做出客观预测，并分别使用收益法和市场法两种评估方法对 GJRX 公司进行价值评估，最后根据本案例的评估目的，选择相对更合理的收益法评估结果作为本次评估结论并进行解释说明。

关键词： 企业价值评估；案例分析；文化产业；轻资产公司

1. 引言

随着我国文化产业的蓬勃发展，针对文化传媒企业的资产评估业务越来越多。本案例起始于 2013 年 12 月。2013 年 7 月，JX 公司董事会确定了公司发展战略。为满足发展战略需求，公司拟转型进入文化传媒产业。在经过管理层讨论及战略分析后，JX 公司最终拟定收购 GJRX 传媒公司 100%股权。2013 年 11 月，委托方召集本项目各中介协调会，有关各方就本次评估的目的、评估基准日、评估范围等问题协商一致，并制订出资产评估工作计划。其中，特别针对评估对象、评估范围、评估方法、评估结果选择等关键问题进行讨论、分析及确定。

不同于传统企业价值评估，GJRX 公司这类文化传媒类企业具有轻资产公司性质，其价值评估也具有特殊性。在评估过程中两种方法的使用，从不同的角度诠释了此类企业的价值，其中既有传统的评估思路，又有创新的评估想法。因此，本案例具有一定的代表性，较适合作为企业价值评估方面的教学案例使用。

---

① 本案例由首都经济贸易大学陈蕾（副教授、硕士生导师）、王生龙（研究员、校外硕士生导师，同时任中联资产评估集团高级副总裁）、张丹蕾（2013 级资产评估专业硕士研究生）采选，来源于评估实践，是真实的资产评估案例。为了保护委托方的信息和权利，本案例对委托方公司名称及其他的一些相关信息做了替换处理，但并不影响本案例的真实性和有效性。

2. 相关背景

2.1 宏观经济与文化传媒行业层面

从宏观经济看，该项目发生当年，我国宏观经济有所放缓、市场略有回落。进入 2013 年，国内经济增速在第一季度出现放缓态势，一季度全年国内生产总值 118 855 亿元，按可比价格计算，同比增长 7.7%；二季度 GDP 进一步降至 7.5%。2013 年国内经济增速的回落，首先是我国潜在生产率下降的一种客观反映，同时复杂严峻的国际环境也未发生明显改善，最后政府的主动调控也是重要原因。未来一段时间里，上述三个因素不大可能有大的变化，因此，国内经济增速维持在目前水平甚至略有回落是市场的一种基本判断。但就文化传媒行业市场分析而言，市场需求逐渐增加，加之政府政策支持与互联网行业的快速发展，使其面临新的机遇和良好的发展前景。不过盗版猖獗现象，以及当时国家对电影、电视剧引进及制作的严格控制，又成为该行业发展的不利因素。

2.2 JX 公司层面

2013 年，JX 公司董事会确定了公司发展战略，公司将由单一的旅游行业转变为旅游和影视文化两个主业协同发展。一方面公司将借助资本和产业优势保持和扩大现有旅游产业；另一方面将借助资本平台收购影视文化企业，进入影视文化行业，实现公司旅游景区资源和影视文化的有机结合和协同发展，最终形成大休闲文化产业发展目标。与此同时，董事会拟收购信息放出后，JX 公司股票市场也受到影响。受进军影视业利好消息刺激，JX 公司 2013 年 12 月 18 日开盘一字涨停，报价 6.92 元。

2.3 GJRX 公司层面

GJRX 公司成立于 2010 年 7 月 12 日，其主营业务为影视剧拍摄及投资。公司的战略伙伴有 GF 公司，协议约定 GJRX 公司对 GF 公司拍摄的影片均有投资权。此外，根据评估基准日的财务报表披露，GJRX 公司账面资产总额 5 564.88 万元，负债 1 645.85 万元，股东权益合计 3 919.03 万元。具体包括流动资产 4 798.05 万元，非流动资产 766.83 万元，流动负债 1 645.85 万元。其中，纳入评估范围内的实物资产账面值仅为 18.28 万元，占评估范围内总资产的 0.33%，且主要为电子设备。相关财务报表见附表 1 和附表 2。

3. 主题内容

3.1 评估基本事项

（1）委托方。

JX 公司是一家以地方旅游为主导产业，涵盖旅游景点、宾馆饭店、旅游产品、百货批发和建筑装饰等不同行业的综合性上市公司。一直以景区经营管理和酒店管理服务的旅游业为公司的主业和发展方向。

（2）被评估方。

GJRX 公司是于 2010 年 7 月 12 日在北京成立后，经过四次股权的变动，最终在 2013 年 1 月 21 日所形成的现有公司。公司以组织文化艺术交流活动（不含演出）、设计、制作、代理、发布广告为主要经营范围。

（3）评估目的。

本案例的评估目的，是为 JX 公司拟收购 GJRX 文化传媒公司 100% 股权之经济行为提供价值参考依据。

（4）评估对象。

评估对象是 GJRX 公司的股东全部权益。

（5）评估范围。

评估范围为 GJRX 公司在评估基准日的全部资产及相关负债。

（6）价值类型。

依据本次评估目的，确定本次评估的价值类型为市场价值。

市场价值是指自愿买方和自愿卖方在各自理性行事且未受任何强迫的情况下，评估对象在评估基准日进行正常公平交易的价值估计数额。

（7）评估基准日。

本项目资产评估的基准日是 2013 年 11 月 30 日。此基准日是委托方在综合考虑被评估企业的资产规模、工作量大小、预计所需时间、合规性等因素的基础上确定的。

3.2 评估技术说明

（1）评估方法的选择。

依据资产评估准则的规定，企业价值评估可以采用收益法、市场法、资产基础法三种方法。

收益法是通过估算评估对象在未来的预期收益，并采用适宜的折现率折算成现值，然后累加求和，得出评估对象的评估值的方法。可视为是企业整体资产预期获利能力的量化与现值化，强调的是企业的整体预期盈利能力。由于被评估企业在未来年度其收益与风险可以估计，因此，本次评估可以选择收益法进行评估。

市场法按照市场替代的原则，根据市场上类似资产的价格间接地评价资产的价值。该方法通常适用于待评估的资产存在充分活跃有效的交易市场，该市场上能够找到与待评估资产相同或相似的资产或交易事项，从而能够通过调整得到待评估资产的价值。影视传媒行业众多的上市企业为此次评估提供了丰富的可比案例，因此，本次评估可以选择市场法进行评估。

资产基础法是在合理评估企业各项资产价值和负债的基础上确定评估对象价值的评估思路。该方法一般对于以实物资产为主或清算假设下的企业价值评估较为适用。GJRX 公司属于文化传媒类企业，无形资产构成其主要资产；并且根据其财务报表分析可知，评估对象 GJRX 公司纳入评估范围内的实物资产账面值占评估范围内总资产的比例极低，所以资产基础法并不适用于本案例。

综上，本次评估确定采用收益法和市场法进行评估。

（2）评估假设。

①交易假设。交易假设是假定所有待评估资产已经处在交易的过程中，评估师根据待评估资产的交易条件等模拟市场进行估价。交易假设是资产评估得以进行的一个最基本的前提假设。

②公开市场假设。公开市场假设是假定在市场上交易的资产，或拟在市场上交易的资产，资产交易双方彼此地位平等，且都有获取足够市场信息的机会和时间，以便于对资产的功能、用途及其交易价格等做出理智的判断。公开市场假设以资产在市场上可以公开买卖为基础。

③持续经营假设。资产持续经营假设是指评估时需根据被评估资产按目前的用途和使用的方式、规模、频度、环境等情况继续使用，或者在有所改变的基础上使用，相应确定评估方法、参数和依据。

④国家现行的宏观经济、金融以及产业等政策不发生重大变化。

⑤评估对象在未来经营期内所处的社会经济环境以及所执行的税赋、税率等政策无重大变化。

⑥评估对象在未来经营期内管理层尽职、核心人员稳定，维持现状按预定的经营目标持续经营。

⑦评估对象制定的各项经营计划、资金计划及投资计划等能够顺利执行。

⑧评估对象经营活动、预计影视剧产品的市场需求状况、票房收入、投资规模、分账比例等在正常范围内变动。

当上述条件发生变化时，评估结果一般会失效。

3.3 收益法

（1）评估思路。

①对纳入报表范围的资产和主营业务，按照基准日前后经营状况的变化趋势和业务类型等分别估算预期收益（净现金流量），并折现得到经营性资产的价值；

②对纳入报表范围的长期投资，根据长期投资单位的具体情况采用适宜的评估方法单独估算其价值；

③对纳入报表范围，但在预期收益（净现金流量）估算中未予考虑的诸如基准日存在货币资金、其他应收款、其他应付款等流动资产（负债），定义其为基准日存在的溢余或非经营性资产（负债），单独测算其价值；

④由上述各项资产和负债价值的加总，得出评估对象的企业价值，经扣减基准日的付息债务价值后，得到评估对象的权益资本（股东全部权益）价值。

（2）评估模型。

①本次评估的基本模型为：

$$E = B - D \qquad \text{（公式 1）}$$

式中：

E——评估对象的股东全部权益价值；

B——评估对象的企业价值。

$$B = P + I + C \quad \text{（公式 2）}$$

式中：

P——评估对象的经营性资产价值。

$$P = \sum_{i=1}^{n} \frac{R_i}{(1+r)^i} + \frac{R_{n+1}}{r(1+r)^n} \quad \text{（公式 3）}$$

式中：

R_i——评估对象未来第 i 年的预期收益（自由现金流量）；

r——折现率；

n——评估对象的未来经营期；

I——评估对象基准日的长期投资价值；

C——评估对象基准日存在的溢余或非经营性资产（负债）的价值。

$$C = C_1 + C_2 \quad \text{（公式 4）}$$

式中：

C_1——基准日流动类溢余或非经营性资产（负债）价值；

C_2——基准日非流动类溢余或非经营性资产（负债）价值；

D——评估对象付息债务价值。

②收益指标。

本次评估，使用企业的自由现金流量作为评估对象投资性资产的收益指标，其基本定义为：

$$R = \text{净利润} + \text{折旧摊销} + \text{扣税后付息债务利息} - \text{追加资本} \quad \text{（公式 5）}$$

根据评估对象的影片拍摄规划以及未来市场发展等，估算其未来预期的自由现金流量。将未来经营期内的自由现金流量进行折现处理并加总，测算得到企业的经营性资产价值。

③折现率。

本次评估采用资本资产加权平均成本模型（WACC）确定折现率 r：

$$r = r_d \times w_d + r_e \times w_e \quad \text{（公式 6）}$$

式中：

W_d——评估对象的长期债务比率；

W_e——评估对象的权益资本比率；

r_d——所得税后的付息债务利率；

r_e——权益资本成本，按资本资产定价模型（CAPM）确定权益资本成本 r_e。

W_d、W_e 和 r_e 的计算公式如下：

$$w_d = \frac{D}{E+D} \quad \text{（公式 7）}$$

$$w_e = \frac{E}{E+D} \quad \text{（公式 8）}$$

$$r_e = r_f + \beta_e \times (r_m - r_f) + \varepsilon \quad \text{（公式 9）}$$

式中：

r_f——无风险报酬率；

r_m——市场预期报酬率；

ε——评估对象的特性风险调整系数；

β_e——评估对象权益资本的预期市场风险系数，其计算公式如下：

$$\beta_e = \beta_u \times \left[1 + (1 - t) \times \frac{D}{E}\right] \quad \text{（公式 10）}$$

式中：β_u 为可比公司的预期无杠杆市场风险系数，其计算公式如下：

$$\beta_u = \frac{\beta_t}{1 + (1 - t)\frac{D_i}{E_i}} \quad \text{（公式 11）}$$

式中：

D_i、E_i 分别为可比公司的付息债务与权益资本；β_t 为可比公司股票（资产）的预期市场平均风险系数；

$$\beta_t = 34\%K + 66\%\beta_x \quad \text{（公式 12）}$$

式中：

K——一定时期股票市场的平均风险值，通常假设 $K = 1$；

β_x——可比公司股票（资产）的历史市场平均风险系数。

（3）净现金流量预测。

①营业收入与成本预测。

根据对 GJRX 公司的资产清查结果表明，纳入评估范围内的实物资产账面值为 18.28 万元，占评估范围内总资产的 0.33%。其资产以电影、电视剧为主。评估对象于 2013 年开始筹拍或是联合筹拍近 10 部电影电视剧。评估对象最近两年一期各项业务收入的构成情况见附表 3。

a. 电影收入预测。一般情况下，电视（网络）播映权收入、音像版权收入和电影衍生产品收入会增加影片 5%—15% 的收益率。本次评估结合我国影视传媒行业的发展情况、评估对象的电影拍摄计划（票房预测、投资规模、拍摄日期、上映日期等）、核心人员的历史业绩得出预测票房。

根据《国家电影事业发展专项资金管理办法》规定，国家对县及县以上城市电影院电影票房收入，按 5% 的标准征收国家电影事业发展专项资金。

根据《关于在全国开展交通运输业和部分现代服务业营业税改征增值税试点税收政策的通知》规定，对广播影视节目（作品）的制作服务、发行服务和播映服务的企业征收 6% 的增值税。

电影分成收入 =（票房分账收入 − 国家电影事业发展专项资金）
× 分账比例 × 投资比例 ÷（1 + 增值税税率）

对于投拍剧，鉴于评估对象与GF公司签署合作协议，本次评估估算的电影分成收入为扣除奖励后的电影分成收入。

b. 电视剧收入预测。本次评估结合我国影视传媒行业的发展情况、评估对象的电视剧拍摄计划、核心人员的历史业绩，通过预计其未来发行单价乘以预计拍摄集数得出电视剧收入。发行成本参考市场平均水平及核心人员历史的发行情况进行估算，发行成本一般为发行收入的10%—15%。

$$电视剧分成收入=(电视剧收入-发行成本)\times投资比例\div(1+增值税税率)$$

对于投拍剧，鉴于评估对象与GF公司签署合作协议，本次评估估算的电视剧分成收入为扣除奖励后的电视剧分成收入。

c. 影视剧成本预测。本次评估结合部分立项的电影预算、被评估单位提供的电影投资规模预测，参考上映的同类型电影作品，预测电影的制作成本。鉴于电影的发行一般由专业的发行公司承担，本次评估未预测评估对象发行的分账收入及相应的发行成本，电影的成本即为电影的制作成本乘以投资比例。

本次评估结合核心人员历史年度拍摄电视剧的单集成本，乘以集数得出制作成本，鉴于发行成本已在收入中扣除，电视剧的成本即为电视剧的制作成本乘以投资比例。

评估对象未来营业收入和成本的估算结果见附表4。

②营业税金及附加预测。

评估对象的营业税金及附加包括城建税、教育费附加、地方教育费附加等。本次评估结合历史年度营业税金及附加的构成和变化趋势及其相应的税率预测未来年度的营业税金及附加，预测结果见附表6。

③管理费用预测。

根据报表披露，2011年、2012年、2013年1—11月评估对象管理费用分别为288.74万元、207.47万元、427.31万元，主要为职工薪酬、房租、长期待摊费用等。

根据管理费用的性质，采用不同的方法进行了预测。对于职工薪酬、房屋租金等项目，按照每年一定的增长率进行预测。对于长期待摊费用，按照企业的长期待摊费用摊销政策估算未来各年度的摊销额。对于顾问费，根据评估对象与GF公司签署的合作协议预测。对于其他管理费用按照当年收入的一定比例进行预测。预测结果见附表5。

④所得税预测。

企业所得税是对我国内资企业和经营单位的生产经营所得和其他所得征收的一种税。《中华人民共和国企业所得税法》规定，一般企业所得税的税率为25%。预测结果见附表6。

⑤折旧与摊销预测。

折旧预测：评估对象的固定资产主要包括办公设备及电子设备等。固定资产按取得时的实际成本计价。本次评估中，按照企业执行的固定资产折旧政策，以基准日经审计的固定资产账面原值、预计使用期、加权折旧率等估算未来经营期的折旧额。预测结果见附表6。

摊销预测：截至评估基准日，评估对象经审计的长期待摊费用账面余额为57.40万元，为装修费等。本次评估假定，企业基准日后长期待摊费用在经营期内维持这一规模，按照企业的长期待摊费用摊销政策估算未来各年度的摊销额。预测结果见附表 6。

⑥追加资本预测。

追加资本系指企业在不改变当前经营业务条件下，为保持持续经营所需增加的营运资金和超过一年的长期资本性投入。如经营规模扩大所需的资本性投资（购置固定资产或其他非流动资产）和新增营运资金及持续经营所必需的资产更新等。

追加资本 = 资本性支出 + 资产更新 + 营运资金增加额

资本性支出估算：结合企业未来影视剧投资的计划，对企业基准日后追加投资影视剧金额、时期进行估算，预计未来资本性支出，预测结果见附表 6。

资产更新投资估算：按照收益预测的前提和基础，结合企业历史年度资产更新和折旧回收情况，预计未来资产更新改造支出，预测结果见附表 6。

营运资金增加额估算：营运资金追加额系指企业在不改变当前主营业务条件下，为保持企业持续经营能力所需的新增营运资金，如正常经营所需保持的现金、存货、应收账款等所需的基本资金以及应付的款项等。营运资金的追加是指随着企业经营活动的变化，获取他人的商业信用而占用的现金，正常经营所需保持的现金、存货等；同时，在经济活动中，提供商业信用，相应可以减少现金的即时支付。通常其他应收账款和其他应付账款核算的内容绝大多数为与主业无关或暂时性的往来，需具体甄别视其与所估算经营业务的相关性个别确定。因此估算营运资金的增加原则上只需考虑正常经营所需保持的现金、应收款项、存货和应付款项等主要因素。本报告所定义的营运资金增加额为：

营运资金增加额 = 当期营运资金 - 上期营运资金

其中：营运资金 = 现金 + 应收款项 + 存货 - 应付款项

根据对未来经营期内各年度收入与成本、影片拍摄周期、影片回款周期等估算及资金运转情况，预测得到的未来经营期各年度的营运资金增加额见附表 6。

⑦净现金流量的预测结果。

附表 6 给出了评估对象未来经营期内的营业收入以及净现金流量的预测结果。本次评估中对未来收益的估算，主要是在对评估对象报表揭示的历史营业收入、成本和财务数据的核实以及对行业的市场调研、分析的基础上，根据其经营历史、市场未来的发展等综合情况做出的一种专业判断。估算时不考虑未来经营期内未确定的补贴收入以及其他非经常性经营等所产生的损益。

（4）权益资本价值的确定。

①折现率的测算。

a. 无风险收益率 r_f。参照国家近五年发行的中长期国债利率的平均水平（见附表 7），按照十年期以上国债利率平均水平确定无风险收益率 r_f 的近似，即 $r_f = 3.89\%$。

b. 市场期望报酬率 r_m。一般认为，股票指数的波动能够反映市场整体的波动情况，指数的长期平均收益率可以反映市场期望的平均报酬率。通过对上证综合指数自 1992 年 5 月 21 日全面放开股价、实行自由竞价交易后至 2012 年 12 月 31 日期间的指数平均收益率进行测算，得出市场期望报酬率的近似，即：$r_m = 10.53\%$。

c. β_e 值。取沪深同类可比上市公司股票，以 2008 年 12 月至 2013 年 11 月 250 周的市场价格测算估计，得到评估对象股票的历史市场平均风险系数 $\beta_x = 0.8877$；按公式 12 计算得到评估对象预期市场平均风险系数 $\beta_t = 0.9259$；按公式 11 得到评估对象预期无财务杠杆风险系数的估计值 $\beta_u = 0.9243$；按公式 10 得到评估对象权益资本预期风险系数的估计值 $\beta_e = 0.9340$（见附表 8）。

d. 权益资本成本 r_e。本次评估考虑到评估对象在公司的融资条件、资本流动性以及公司的治理结构等方面与可比上市公司的差异性及影片拍摄的不确定性所可能产生的特性个体风险，设公司特性风险调整系数 $\varepsilon = 0.04$；本次评估根据公式 9 得到评估对象的权益资本成本 r_e 见附表 5。

e. 付息债务的确定。鉴于评估对象未来年度拍摄影片及对外投资拍摄影片存在资金缺口，股东承诺对于资金缺口将通过股东借款解决。本次评估预测的付息债务为股东借款，随着评估对象未来年度实现现金净流入优先偿还逐渐减少。

f. 适用税率为 25%。

g. 由式 $r = r_d \times w_d + r_e \times w_e$ 得出未来年度折现率，见附表 9 所示。

②经营性资产价值。

将得到的预期净现金量代入公式 3，得到评估对象的经营性资产价值为 15 699.40 万元。

③长期股权投资价值。

截至评估基准日，根据评估对象基准日的报表披露，评估对象的长期股权投资价值 691.15 万元。其中，鉴于评估对象持有 GZS 公司的 49% 股权，且 GZS 公司在基准日独立自主经营，本次评估按照收益法评估值与所持股权比例确定评估值为 1 372.08 万元；鉴于评估对象持有 JHYL 公司的 20% 股权，股权比例较低，本次评估按照账面净资产与所持股权比例确定评估值为 181.15 万元，见附表 10 所示。

④权益资本价值的确定。

a. 将得到的经营性资产的价值 $P = 15\ 699.40$ 万元，基准日的长期股权投资评估价值 $I = 1\ 533.23$ 万元，基准日的溢余或非经营性资产的价值 $C = 0$ 万元代入公式 2，即得到评估对象的企业价值为：

$B = P + I + C = 15\ 699.40 + 1\ 553.23 = 17\ 252.63$（万元）

b. 将评估对象的企业价值 $B = 17\ 252.63$ 万元，付息债务的价值 $D = 237.79$ 万元代入公式 1，得到评估对象的权益资本价值为：

$E = B - D = 17\ 252.63 - 237.79 = 17\ 014.84$（万元）

3.4 市场法

相对于收益法而言，市场法的计算相对较为简单，工作的重点主要在选取可比公司上。在上市公司比较法和交易案例比较法中，本次评估选择了前者。我国股票市场经过多年的发展，逐渐由不规范向规范发展，上市公司质量也逐步提高，虽然市场仍未充分发育，但是随着股票市场在国民经济中地位的不断提升，其逐渐成为了国民经济发展的变动标志。

（1）可比公司的选取。

本次评估以沪深两市影视传媒业上市公司作为可比公司，剔除其中三家当年进行重大资产重组的公司（其市盈率偏高），选择与企业情况类似的 3 家影视传媒行业上市公司作为可比公司。

（2）计算平均市盈率。

参照可比公司的平均市盈率作为同行业上市公司市盈率平均水平的近似，可得平均市盈率（PE，2013 年 11 月 30 日股价比 2014 年预测每股净利润）为 34.21（见附表 11）。

（3）流动性折扣。

本次市场法评估选取的可比公司均为上市公司，而评估对象 JGXR 公司是非上市公司，缺乏市场流通性，因此，在上述测算市盈率的基础上需要扣除流动性折扣。流动性折扣，是建立在由参照上市公司的流通股交易价格而得出的被评估公司价值的基础之上。参考我国法人股交易价格和股权分置改革对价方式研究，本次评估选择流动性折扣为 35%。

（4）追加投资调整。

由于历史年度经营时间较短，且未来经营情况较历史年度存在较大差异，本次评估在采用市盈率模型测算时，以评估对象 2014 年度预期收益作为估值的基准，因此在估值结果中需剔除未来追加投入对估值的影响，参考收益法评估中的测算数据，未来年度 2013 年 12 月、2014 年需要追加的投入共计约 6 362.35 万元，具体金额如附表 12 所示。

（5）确定评估结果。

根据上述各过程所得到的评估参数，按照评估对象 2014 年预计归属于母公司净利润（调整后）为 1 336.88 万元，可以得出企业股东全部权益评估结果：

评估值 = 市盈率 × 预计收益 ×（1 – 流动性折扣）– 追加投资

= 34.21 × 1 336.88 ×（1 – 35%）– 6 362.35

= 23 365.73（万元）

3.5 评估增值说明

采用收益法评估，GJRX 公司股东全部权益（净资产）价值为 17 014.84 万元，评估增值 13 095.82 万元，增值率 334.16%；采用市场法评估，GJRX 公司股东全部权益（净资产）价值为 23 365.73 万元，评估增值 19 446.70 万元，增值率 496.21%。

评估增值的主要原因有二：一是影视剧制作行业企业具有轻资产公司的特点，以内容生产为主的影视企业对固定资产规模的需求较低。其所需的办公场所、摄制场所及摄制器材均来自于租赁；二是评估对象未来年度的主营业务为影视剧拍摄及投资，其核心人员通过拍摄影视剧，积累了丰富的拍摄经验，一定程度上保证了未来年度影片的盈利水平。因此，评估对象尤其是收益法评估的增值率较高。

3.6 评估结论

针对这两个评估结果，市场法是从企业经营情况及整体市场的表现来评定企业的价值，而收益法是立足于企业本身的获利能力来预测企业的价值，两者是相辅相成的。市场法的结果是收益法结果的市场表现，而收益法结果是市场法结果的坚实基础，是企业的内在价值的合理反映。考虑到 GJRX 公司主要从事影视剧的制作及投资，收益法评估中结合评估对象投资规划、拍摄计划、影视剧需求等因素变化对未来获利能力的影响，收益法的评估结果更为合理地反映了评估对象的企业价值。因此，选择收益法评估结果作为本次 JX 公司拟收购

GJRX 文化传媒公司 100% 股权经济行为的价值参考依据。以收益法评估结果，得出在评估基准日评估对象股东全部权益价值为 17 014.84 万元。

4. 结尾

本案例以文化传媒企业这一轻资产公司的典型类别为例，主要介绍了收益法和市场法在企业价值评估中的评估程序。同时，本案例还涉及了评估目的、评估对象、价值类型、评估假设、评估基准日、评估方法等资产评估的基本事项。通过对本案例的教学分析，不仅使学生系统了解企业价值评估的过程，而且使学生可以接触到轻资产公司价值评估的前沿问题，同时还为学生提供了良好的思考空间。而从实际操作的角度而言，了解及掌握实际案例知识是案例教学中十分重要的一步，对提高学生实际操作的能力及解决问题的能力有一定的教学意义。

5. 附录

附表 1　　GJRX 公司最近两年一期①资产负债表　　单位：万元

项目名称	2011 年	2012 年	2013 年 11 月 30 日
流动资产：			
货币资金	17.47	46.12	131.48
预付款项	0.00	0.00	3 279.83
其他应收款	1 124.99	1 074.99	0.66
存货	264.72	—	1 386.08
流动资产合计	1 407.18	1 121.11	4 798.05
非流动资产：			
长期股权投资	—	—	691.15
固定资产	33.38	18.98	18.28
长期待摊费用	—	—	57.40
非流动资产合计	33.38	18.98	766.83
资产总计	1 440.56	1 140.09	5 564.88
流动负债：			
预收款项	0.00	0.00	1 360.00
应付职工薪酬	8.10	6.95	18.68
应交税费	0.00	0.00	4.19
其他应付款	893.04	833.04	262.99
流动负债合计	901.14	839.99	1 645.85
负债合计	901.14	839.99	1 645.85

① 鉴于 GJRX 公司成立于 2010 年 7 月 12 日，故财务报表分析期间均为两年一期（2011.1—2013.11）。

续表

项目名称	2011 年	2012 年	2013 年 11 月 30 日
股东权益合计	539. 42	300. 10	3 919. 03
负债和股东权益合计	1 440. 56	1 140. 09	5 564. 88

附表 2　　GJRX 公司最近两年一期损益表　　单位：万元

项目名称	2011 年	2012 年	2013 年 1—8 月
一、营业收入	—	52. 06	87. 70
减：营业成本	—	81. 15	13. 66
营业税金及附加	—	2. 92	4. 91
营业费用	—	—	—
管理费用	288. 74	207. 47	427. 31
财务费用	0. 02	-0. 15	-0. 03
资产减值损失	—	—	—
加：公允价值变动收益	—	—	—
投资收益	—	—	-21. 54
二、营业利润	-288. 77	-239. 32	-379. 69
加：营业外收入	—	—	2. 69
减：营业外支出	—	—	4. 08
三、利润总额	-288. 77	-239. 32	-381. 08
减：所得税	—	—	—
四、净利润	-288. 77	-239. 32	-381. 08

附表 3　　GJRX 公司最近两年一期营业收入成本构成情况　　单位：万元

项　目	2011 年	2012 年	2013 年 1—11 月
影片发行服务			
收入	—	52. 06	87. 70
成本	—	81. 15	13. 66
收入合计	—	52. 06	87. 70
成本合计	—	81. 15	13. 66

附表 4　　GJRX 公司未来收入成本估算　　单位：万元

项　目	2013 年 12 月	2014 年	2015 年	2016 年	2017 年
影视剧拍摄					
收入	—	6 220. 50	11 520. 80	13 156. 33	16 044. 79
成本	—	4 200. 00	8 400. 00	9 650. 00	11 300. 00

续表

项　目	2013 年 12 月	2014 年	2015 年	2016 年	2017 年
影视剧投资					
收入	—	6 521.89	5 589.00	6 900.00	6 900.00
成本	—	5 100.00	4 050.00	5 000.00	5 000.00
收入合计	—	12 742.39	17 109.80	20 056.33	22 944.79
成本合计	—	9 300.00	12 450.00	14 650.00	16 300.00

附表 5　　**GJRX 公司未来管理费用估算**　　单位：万元

项目名称	2013 年 12 月	2014 年	2015 年	2016 年	2017 年
管理费用合计	69.30	993.12	1 032.29	1 110.17	1 110.17
顾问费（GF 公司）	20.83	500.00	500.00	500.00	500.00
房租	7.06	84.68	88.91	93.36	93.36
待摊费用（装修款）	0.60	7.25	7.25	7.25	7.25
人员费用	30.00	200.00	210.00	220.50	220.50
折旧	0.60	7.25	7.25	7.25	7.25
其他费用	10.00	191.50	216.44	279.38	279.38

附表 6　　**GJRX 公司未来净现金流量估算**　　单位：万元

项　目	2013 年 12 月	2014 年	2015 年	2016 年	2017 年	2018 年	2019 年	2020 年及以后
收入	—	12 742.39	17 109.80	20 056.33	22 944.79	22 944.79	22 944.79	22 944.79
减：成本	—	9 300.00	12 450.00	14 650.00	16 300.00	16 300.00	16 300.00	16 300.00
营业税金及附加	—	91.75	123.19	144.41	165.20	165.20	165.20	165.20
营业费用	—	—	—	—	—	—	—	—
管理费用	69.30	993.12	1 032.29	1 110.17	1 110.17	1 110.17	1 110.17	1 110.17
财务费用	1.59	507.02	467.02	467.02	387.02	91.02	—	—
营业利润	-70.89	1 850.50	3 037.30	3 684.73	4 982.39	5 278.39	5 369.42	5 369.42
利润总额	-70.89	1 850.50	3 037.30	3 684.73	4 982.39	5 278.39	5 369.42	5 369.42
减：所得税	—	267.69	759.33	921.18	1 245.60	1 319.60	1 342.35	1 342.35
净利润	-70.89	1 582.82	2 277.98	2 763.55	3 736.80	3 958.80	4 027.06	4 027.06
加：折旧	0.81	9.68	9.68	9.68	9.68	9.68	9.68	9.68
摊销	0.60	7.25	7.25	7.25	7.25	7.25	7.25	7.25
扣税后利息	1.19	380.27	350.27	350.27	290.27	68.27	—	—
减：营运资金增加额	769.60	207.08	1 027.92	259.36	1.73	—	—	—
资本性支出	5 270.17	908.33	1 208.33	1 500.00	—	—	—	—
资产更新	1.41	16.93	16.93	16.93	16.93	16.93	16.93	16.93
净现金流量	-6 109.46	847.67	391.98	1 354.46	4 025.33	4 027.06	4 027.06	4 027.06

附表 7　　国家发行的中长期国债利率

国债代码	国债名称	期　限	实际利率
100802	国债 0802	15	0.0420
100803	国债 0803	10	0.0411
100806	国债 0806	30	0.0455
100810	国债 0810	10	0.0446
100813	国债 0813	20	0.0500
100818	国债 0818	10	0.0371
100820	国债 0820	30	0.0395
100823	国债 0823	15	0.0365
100825	国债 0825	10	0.0292
100902	国债 0902	20	0.0390
100903	国债 0903	10	0.0307
100905	国债 0905	30	0.0406
100907	国债 0907	10	0.0304
100911	国债 0911	15	0.0372
100912	国债 0912	10	0.0311
100916	国债 0916	10	0.0351
100920	国债 0920	20	0.0404
100923	国债 0923	10	0.0347
100925	国债 0925	30	0.0422
100927	国债 0927	10	0.0371
100930	国债 0930	50	0.0435
101002	国债 1002	10	0.0346
101003	国债 1003	30	0.0412
101007	国债 1007	10	0.0339
101009	国债 1009	20	0.0400
101012	国债 1012	10	0.0328
101014	国债 1014	50	0.0407
101018	国债 1018	30	0.0407
101019	国债 1019	10	0.0344
101023	国债 1023	30	0.0400
101024	国债 1024	10	0.0331
101026	国债 1026	30	0.0400
101029	国债 1029	20	0.0386
101031	国债 1031	10	0.0332
101034	国债 1034	10	0.0370
101037	国债 1037	50	0.0445

续表

国债代码	国债名称	期 限	实际利率
101040	国债 1040	30	0.0427
101041	国债 1041	10	0.0381
101102	国债 1102	10	0.0398
101105	国债 1105	30	0.0436
101108	国债 1108	10	0.0387
101110	国债 1110	20	0.0419
101112	国债 1112	50	0.0453
101115	国债 1115	10	0.0403
101116	国债 1116	30	0.0455
101119	国债 1119	10	0.0397
101123	国债 1123	50	0.0438
101124	国债 1124	10	0.0360
101204	国债 1204	10	0.0354
101206	国债 1206	20	0.0407
101208	国债 1208	50	0.0430
101209	国债 1209	10	0.0339
101212	国债 1212	30	0.0411
101213	国债 1213	30	0.0416
101215	国债 1215	10	0.0342
101218	国债 1218	20	0.0414
101220	国债 1220	50	0.0440
101221	国债 1221	10	0.0358
平 均			0.0389

附表 8　　参照公司评估基准日前 250 周 β 值及基本财务数据

证券代码	公司名称	所有者权益 E（元）	付息债务 D（元）	β_x	β_t	β_u
300251. SZ	光线传媒	2 130 310 300. 2800	0. 00	1. 0261	1. 0172	1. 0172
300291. SZ	华录百纳	1 010 821 791. 6800	0. 00	0. 6103	0. 7428	0. 7428
300336. SZ	新文化	882 992 672. 7700	5 300 000. 00	1. 0266	1. 0176	1. 0130
平 均				0. 8877	0. 9259	0. 9243

附表 9　　GJRX 公司折现率计算表

项 目	2013 年 12 月	2014 年	2015 年	2016 年	2017 年	2018 年	2019 年
权益比	0. 9862	0. 7286	0. 7445	0. 7445	0. 7786	0. 9373	1. 0000
债务比	0. 0138	0. 2714	0. 2555	0. 2555	0. 2214	0. 0627	—
适用税率	0. 2500	0. 2500	0. 2500	0. 2500	0. 2500	0. 2500	0. 2500

续表

项　目	2013 年 12 月	2014 年	2015 年	2016 年	2017 年	2018 年	2019 年
β_x	0. 8877	0. 8877	0. 8877	0. 8877	0. 8877	0. 8877	0. 8877
β_t	0. 9259	0. 9259	0. 9259	0. 9259	0. 9259	0. 9259	0. 9259
β_u	0. 9243	0. 9243	0. 9243	0. 9243	0. 9243	0. 9243	0. 9243
β_e	0. 9340	1. 1826	1. 1622	1. 1622	1. 1215	0. 9707	0. 9243
特性风险系数	0. 0400	0. 0400	0. 0400	0. 0400	0. 0400	0. 0400	0. 0400
权益成本	0. 1409	0. 1574	0. 1561	0. 1561	0. 1534	0. 1434	0. 1403
债务成本（税后）	0. 0600	0. 0600	0. 0600	0. 0600	0. 0600	0. 0600	—
折现率	0. 1398	0. 1310	0. 1315	0. 1315	0. 1327	0. 1381	0. 1403

附表 10　　GJRX 公司长期股权投资价值　　单位：万元

被投资单位名称	投资比例	账面价值	评估价值
GZS 公司	51%	510. 00	1 372. 08
JHYL 公司	20%	181. 15	181. 15
合　计	—	681. 15	1 553. 23

附表 11　　参照公司平均市盈率计算表

证券代码	证券简称	预测市盈率（PE，历史预测）［交易日期］2013 - 11 - 30［报表年度］2014
300251. SZ	光线传媒	41. 2233
300291. SZ	华录百纳	27. 5871
300336. SZ	新文化	33. 8216
平　均		34. 2107

附表 12　　GJRX 公司未来经营期所需的追加投入　　单位：万元

项　目	2013 年 12 月	2014 年
补充营运资金	769. 60	322. 58
资本性支出	5 270. 17	
小　计	769. 60	322. 58
总　计	6 362. 35	

Asset-Light Firm Valuation: Case Analysis of JX's Planning to Purchase the 100% Shareholding of GJRX Which is Belong to the Cultural Industry

Abstract: This valuation case is about the whole procedure of the 100% shock right of GJRX which is belong to the cultural industry. According to the strategy of JX, JX plans to purchase GJRX. Analyzing GJRX's situation and properties, we find it different from the traditional industry. The intangible assets take up a large proportion of the enterprise's total assets. The kind of enterprise and industry is rapidly developing and the result is hard to predict in the market. Facing up with this situation, to analyze the enterprise and the market situation is the first step. According to the analysis, the appraisers predict the development in the future. They use Income approach and Market approach to value the enterprise. Finally, they choose the more reasonable appraisal result and explain it.

Key Words: Business Valuation; Case Analysis; Cultural Industry; Asset-light Firm

轻资产公司价值评估：JX公司拟收购GJRX文化传媒公司100%股权案例分析

一、教学目的与用途

1. 适用课程。

本案例适用于资产评估案例教学分析课程，也同时适用于企业价值评估及无形资产评估课程。

2. 使用对象。

资产评估专业研究生，普通本科生及高年级专科生。

3. 教学目标。

通过此案例教学分析，首先，使学生对评估目的、评估对象、评估范围、价值类型等评估基本事项有全面的了解；其次，使学生对收益法和市场法尤其是方法应用过程中相关参数测定有全面的了解和认知，提高学生对参数测定方法的理解与应用能力；此外，针对本案例中文化传媒类企业这一评估对象的特殊性，拓展学生知识的深度和宽度，并启发其对此类轻资产公司的价值评估技术、计算思路以及在并购情形下的价值类型选择等问题有进一步的思考研究。

二、启发思考题

1. 企业价值评估可以采用收益法、市场法、资产基础法三种方法。在本案例中评估机构对GJRX公司进行评估时选择了两种评估方法，分别是收益法与市场法。GJRX公司属于文化传媒类企业，具有明显的轻资产公司的特点。那么，对此类轻资产公司进行价值评估时，应如何对评估方法进行选择？

2. 本案例使用收益法和市场法的理论依据及具体的评估程序分别包括哪些？GJRX公司在2011年到2013年11月期间就存在亏损现象，但评估机构对公司未来收益的预测较为乐观，应如何理解？本案例最后选择收益法评估结果作为评估结论的原因是什么？

3. 本案例中JX公司董事会确定的公司发展战略是公司业务由单一的旅游行业转变为旅游和影视文化两个主业协同发展，所以拟借助资本平台收购GJRX文化传媒公司，进入影视文化行业，实现公司旅游景区资源和影视文化的有机结合和协同发展，最终形成大休闲文化产业发展目标。对此，本评估案例选用的评估价值类型是市场价值，这样得到的评估结论是否体现了此项并购行为可能实现的协同效应，能否解释最终交易谈判环节可能形成的大幅度溢价。除此之外，从本案例延伸，对于轻资产公司在并购情形下的价值评估，还可以考虑选择什么价值类型？

三、分析思路

一般而言，轻资产公司的有形资产占比低、股权账面价值通常也都比较低，企业价值主要体现在著作权、核心技术、管理团队、推广渠道等盈利能力上。由于其无形资产实际价值难以评估，所以在进行价值评估时通常都不使用资产基础法，比较常用的是以收益法作为评估基础，同时辅以市场法进行交叉验证，实际交易价格也多以收益法评估结论为基础进行微调。其中，轻资产的性质还要求评估师在具体的评估过程中，必须分析多方面的企业价值驱动因素，并需要从市场中搜集相适应的信息进行分析加工。轻资产公司通常会面临较高的不确定性和潜在风险，这也是它们与重资产公司的不同之处。

鉴于此，本案例对 GJRX 文化传媒公司的 100% 股权价值的评估显现出了轻资产公司价值评估的特点，评估方法的选择上也更适用于收益法和市场法，最后以收益法评估结果作为评估结论。下文的案例分析将围绕"轻资产公司价值评估的方法选择→收益法和市场法的理论依据及具体的评估程序→收益法和市场法的具体参数的测定→并购情形下轻资产公司价值评估的价值类型选择与建议"的逻辑路径进一步展开，实现学生对本案例关键知识点与能力点的理解和掌握。

四、理论依据与分析

1. 预期收益原则。

预期收益原则是使用收益法评估企业价值的理论依据。企业之所以具有价值，是由于其在未来预期能给企业带来现金流入。依据 GJRX 公司的业务状况及自身发展状况，现阶段公司的主要资产——电影、电视剧正处于筹资拍摄阶段，计划于随后预期年份先后上映。此外，GJRX 公司的管理者经验丰富，这也为之后的电影、电视剧的上映提供了有力的保证。

2. 替代原则。

与预期收益原则相对应，替代原则是市场法应用的理论依据。替代原则是指被评估资产的价值不能高于在市场上可以找到的同类替代品的价值。在市场中寻找存在的同类企业价值评估案例的评估结果，并通过对相关参数的比较和调整，得到被评估企业的价值。

3. 评估方法。

在本案例中主要使用了收益法和市场法两种评估方法。收益法是指通过预测企业预期收益，使用适当的折现率对其折现为现值，然后累加求和得到被评估企业的价值。收益法的使用更加注重企业内部发展及策略变化对企业价值的影响。但是由于近年来轻资产公司发展迅速，历史波动性却依旧较大，使得收益率及增长率的合理预测成为收益法使用的难点及重点。

市场法是指通过比较被评估资产与最近售出类似资产的异同，并将类似的市场价格进行调整，从而确定被评估资产价值的一种评估方法。市场法依据市场交易信息对企业价值进行测算，旨在基于市场整个普遍状况下评估企业当前的价值。市场法以反映市场普遍状况为根本。因此，选择适合的可比公司案例及比较参数成为市场法的重点及难点。

本案例的收益法评估过程中，首先通过对 GJRX 公司业务合同及业务计划的整理，对其预期收益进行预测。在预期收益预测时，从其主要的两大资产内容入手，分别预测电影及电视剧可带来的预期收益。随后，通过 WACC 模型，对企业折现率进行测算，最终折现求得 GJRX 公司的整体价值。在此基础上，用公司整体价值扣减基准日的付息债务价值，得到 GJRX 公司的股东全部权益价值。

本案例的市场法评估过程中，首先对市场存在的交易案例进行分析，选择 6 家可比案例企业。随后对这 6 家企业以及被评估公司的财务数据、比例及交易乘数进行比较，剔除 3 家当年存在重大资产重组行为的公司（其市盈率偏高），对余下 3 家企业选择市盈率为基准进行比较和计算平均市盈率，同时考虑 GJRX 公司作为非上市公司的流动性折扣，以及对公司未来追加投资进行的调整，最终计算得出评估值。

五、背景信息①

1. GJRX 公司合作方情况一。

GF 影业股份有限公司（简称“GF 公司”）是 GJRX 公司的战略伙伴，协议约定 GJRX 公司对 GF 公司拍摄的影片均有投资权。

根据协议约定，评估对象向 GF 公司提供开发顾问费（每年 500 万元）及电影项目投资款，双方进行影视领域的合作，并分享合作电影项目收益。双方合作的任一电影项目，如评估对象获得的总收益超过其投资成本的 110%，则超过 110% 且低于 150% 的部分（如有），评估对象将给予 GF 公司 30% 作为奖励；超过 150% 且低于 200% 的部分（如有），评估对象将给予 GF 公司 50% 作为奖励；超过 200% 的部分（如有），评估对象将给予 GF 公司 70% 作为奖励。根据协议规定，双方合作时间为三年。合作期限届满，评估对象享有同等条件下与 GF 公司合作的优先权，具体合作模式双方另行协商确定。经调查，评估对象与 GF 公司均有继续合作的意向。

2. GJRX 公司合作方情况二。

2013 年 7 月 1 日，GJRX 与导演金某签订合作框架协议，双方合作设立 GZS 影视文化有限公司（以下简称“GZS 公司”）。GZS 公司成立于 2013 年 9 月 25 日，注册资本 1 000 万元，GJRX 出资 51%，金某出资 49%。合作框架协议主要内容如下：

（1）本协议签署后，双方将共同设立一家新公司。GJRX 出资 51%，金某出资 49%；

（2）新公司的日常运营事宜由金某决策及负责；

（3）新公司设立之日起每合作年度内，金某应至少开发一个可投资的电影项目，由新公司组织运作；

（4）金某承诺自新公司设立之日起至 GJRX 上市后不少于三年内，金某排他性地服务于新公司，排他性服务包括但不限于电影、电视剧、话剧、大型活动、艺人经纪、影视宣传营销等领域。

六、关键要点

1. 案例分析的关键。

（1）评估方法的选择。

在进行本案例分析前，需要明确被评估企业的特点及其业务状况。这对案例分析的进行起着关键的作用。依据评估目的而言，JX 公司为满足本公司发展战略需求，转向文化传媒行业发展，拟收购 GJRX 公司 100% 股权。本案例是对 GJRX 公司的 100% 股权价值进行评估。通过对 GJRX 公司的资产情况及业务情况可以了解到其具有轻资产公司的特征，因而本案例可视为典型的轻资产公司价值评估问题。对于其评估方法的选择，首先，评估机构在对 GJRX 公司资产进行系统清查后，了解到该公司资产以电影电视剧版权等无形资产为主，实物资产较少的这种特点。初步筛选评估方法，由于文化传媒企业自身特点，资产基础法并不适用。资产基础法更适用于那些实物资产较多或处于清算阶段的企业价值评估。其次，就 GJRX 公司而言，其在前期投入大量资金，正在筹拍的电影、电视剧较多，在未来年度能为

① 此背景信息系案例正文中未提及的其他背景信息。

企业带来收益，相关风险可以预计。根据收益法应用前提，对GJRX公司的价值评估可以适用收益法。另外，随着近年来文化传媒行业的蓬勃发展，市场内的相关企业数量逐渐增加，于是市场内可比公司案例的数量也相应增加，这都为选择市场法作为企业价值评估方法提供了条件。因此，本案例最后选择收益法和市场法作为GJRX公司价值评估的方法。

（2）收益法的应用。

在使用收益法对企业价值进行评估时，由于近年来轻资产公司发展迅速，但是其历史收益情况并不稳定，尤其是对于文化传媒行业，影视剧从筹备到上映之间存在一定的时间差异，这也很有可能导致在影视剧筹备期企业财务状况不佳的情况出现。例如，GJRX公司在2011年到2013年11月期间就存在亏损现象，所以在筹备期企业应对自身财务状况更加关注，也需更加谨慎。但同时应看到，文化类资产在进入市场后很可能会实现较高收益，从而使企业扭亏为盈，并实现较大增长，所以在对这类企业进行预期收益预测时，企业现阶段资产状况、市场状况及业务合同状况将成为重要的影响因素，于是有必要更加关注其长期的业绩表现。对于成本费用而言，这类企业除了房租设备折旧等，主要的费用来自人员工资，其成本费用相对较为稳定。

此外，在折现率的测算问题上，由于本案例是在评估公司整体价值的基础上扣减付息债务价值来得到GJRX公司的股东全部权益价值，所以，在估算公司整体价值的过程中，对其折现率的测定应选用WACC模型。对折现率进行具体测算时，除了对GJRX公司本身的权益成本、权益比、债务比等进行分析以外，还须依据市场上可比上市公司的比率与财务数据进行分析和调整。

（3）市场法的应用。

在使用市场法对企业价值进行评估时，首先应基于企业合同状况，依据行业分类，选择业务相似的可比公司。根据公司实际情况，筛选可比公司，剔除存在重大差异的可比公司。其次，市场法可比参数包括市盈率、市净率和市销率等，应选择合适的参数进行比较，同时，对各可比案例中财务指标的分析也十分重要，包括ROE、资本状况等。以市盈率为例，参照可比公司的平均市盈率作为同行业上市公司市盈率平均水平的近似，得到平均市盈率，同时考虑可能涉及的流动性折扣和未来追加投资等问题，最终可以计算得出评估值。

（4）价值类型的选择。

本评估案例选用的价值类型是市场价值，其价值评估的实质是对被收购的标的公司本身的独立价值进行评估，难以评价并购整合产生后的交叉销售、渠道共享、技术互用等产生的协同效应。事实上，对轻资产公司的战略收购很可能在未来产生极大的协同价值，导致此类并购常常出现大幅溢价。所以，此时的评估价值类型除了可以选择市场价值以外，还可以选择投资价值，即不仅仅要考虑被收购公司自身在未来产生的收益，还需要综合考虑该资产经过整合后与公司既有资产之间的联动效应，以综合评估标的公司的投资价值。

2. 关键知识点及能力点。

（1）评估方法的选择。

本案例中选择收益法及市场法作为主要的评估方法。在选择这两种评估方法时，需要对评估方法的应用前提和具体程序有总体的认识。

（2）评估结论的选择。

通过两种评估方法进行企业价值评估，一般会得到两个评估结果。对于这两个评估结果的选择，首先应了解其来源及其所代表的价值内涵，其次应结合评估目的、评估数据来源、评估结果合理性以及企业未来规划等做出合理的选择。

（3）WACC 的使用。

对 WACC 中所需要参数的选择需要结合市场进行。根据公式 $r = r_d \times w_d + r_e \times w_e$，得出未来年度折现率，其中还应结合市场整体走向以及可比案例参数比较进行调整。

（4）可比参数市盈率的使用。

通过对可比案例公司的财务数据及业务状况的分析，如果选择市盈率作为可比参数，参照可比公司的平均市盈率可作为同行业上市公司市盈率平均水平的近似，进而计算得到平均市盈率。

七、建议的课堂计划

1. 课时建议。

本案例分析计划一共六课时，其中，第一、二课时用于讲解案例，第三、四课时用于学生分小组进行案例讨论分析，第五课时由小组对案例讨论结果进行分析总结，第六课时由学生分小组对该类企业案例进行拓展分析，针对轻资产公司价值评估的方法与价值类型选择进行创新探讨。

2. 黑板板书布置。

授课整体以 PPT 等电子教学方式为主，配以黑板板书等辅助方式进行教学案例的讲解与学生展示。案例的讲解与展示以 PPT 形式为主，把重点问题及重点分析逐条以板书的形式列示。在最后一节课对新评估方法技术与价值类型的讨论时，板书为主要教学形式。将创新思考方向、争议热点问题逐一列示在黑板上，鼓励学生从中突破思维定式，寻求创新研究方向。

3. 学生背景了解。

在第一、二课时中，向学生介绍本案例发生的背景及企业基本信息、评估基本事项等，之后由学生在课后对该案例进行研究和分析。在授课过程中以边讲边讨论的方式进行教学。

4. 小组的分组及分组讨论内容。

一般以 20—25 人为宜，每小组 5 个人，共计 4—5 个小组。各小组围绕本案例相关内容进行讨论，可选择以下几个方向，但不限于以下方向：

（1）对评估基本事项的确定；

（2）轻资产公司评估方法的选择；

（3）收益法的评估程序与参数测定；

（4）市场法的评估程序与参数测定；

（5）并购情形下轻资产公司价值评估中价值类型的选择。

5. 案例的开场白和结束总结。

（1）案例开场白。

相信大家对文化传媒类行业都不陌生，我们每天看到的电影、电视剧和所喜欢的明星都与这个行业紧密相连。本案例所讲述的就是对一家文化传媒企业进行的价值评估。本案例是一个真实的案例，JX 公司为满足公司战略发展要求拟收购 GJRX 公司 100% 股权。由于 GJRX 公司属于文化传媒类企业，其具有轻资产公司的特点。在对其进行价值评估以前，首先要针对企业业务状况进行详尽分析，然后选择适用的评估方法进行具体的评估操作。本案例采用了收益法和市场法两种评估方法，而最终选择收益法结果作为评估结论。大家可以结合自己的兴趣，带着自己的疑问，一起来分析这个企业价值评估案例。

（2）案例结束语。

通过我们前几节课的分析以及大家精彩的讨论与互动，想必大家对本案例都有了十分清晰的认识。本案例主要使用了收益法和市场法这两种评估方法，对 GJRX 公司这一典型的轻资产公司的 100% 股权进行价值评估。通过对企业实际状况的基本了解，我们就该企业价值评估的评估目的、评估范围、评估程序、评估结论等进行了完整、细致的把握，尤其是对评估基本事项的确定、评估方法的选择与应用、具体评估参数的测定等，我们都做到了理论联系实际的深入分析，可谓是获益匪浅。希望大家在今后的轻资产公司价值评估的实际操作和理论研究中，能够进一步就案例中的重点与难点进行活学活用和积极探究。

6. 如何就该案例进行组织引导。

在开场白介绍结束后，对班级进行分组，形成小组讨论形式。在正式开始介绍案例前，首先对案例背景进行简单介绍，进而引出评估目的、评估对象、评估范围等评估基本事项内容。在与学生小组讨论过程中，模拟案例进行过程，确定并了解评估基本事项。在对评估方法进行分析前，鼓励学生自己去网上对 GJRX 公司的背景及评估技术的选择进行搜索。其次，在上课过程中对评估方法及技术问题进行逐步推算和细致分析。注重鼓励学生延伸研究内容，思考对轻资产公司价值评估的探索。分析过程以小组为单位进行，有利于对重点难点问题进行讨论、答疑及分析，以鼓励学生的创新思维。最后，在第六课时的课堂上，针对轻资产公司这一重点评估对象，提出方法选择和价值类型选择等前沿问题，鼓励学生进行质疑与探索。

八、案例的后续进展

JX 旅游开发股份有限公司第五届董事会第二十八次会议通知于 2013 年 11 月 29 日以电话、电子邮件、传真或手机短信等形式发出。会议于 2013 年 12 月 12 日以现场会议的方式召开。公司 8 名董事成员中有 8 名董事参与表决。审议通过《收购 GJRX 文化传媒公司 100% 股权》的议案。2013 年 12 月 21 日，评估机构对“关于 JX 公司拟收购 GJRX 文化传媒公司 100% 股权”出具了相关的评估报告及评估说明。GJRX 独立董事对 JX 公司收购 GJRX 文化传媒公司的独立意见于 2013 年 12 月 17 日发布。具体的收购行动或者是正式收购公告尚未发布。

九、相关附件

在本次案例中，需要使用相关数据库资源。利用资源搜集上市公司可比案例，可以为市场法和收益法提供数据基础。建议使用 Wind 数据库、CSMAR 国泰安数据库、同花顺数据库、巨灵金融服务平台等。

十、其他教学支持材料

1. 计算机支持。

计算机能够接通互联网，具备供至少 5 个小组同时上网的接线工具。

2. 技术支持。

参与案例小组的学生能够熟练使用 Word、Excel 等常用办公软件，能够熟练掌握查询各类资源的方法。

3. 查询功能支持。

教学单位具备查阅 Wind 数据库、CSMAR 国泰安数据库、同花顺数据库或巨灵金融服务平台有关信息的条件。

实物期权定价法运用于厦门凯纳石墨烯技术评估案例分析

李 丽 崔 磊 杨 璐

（长安大学）

摘 要：正衡资产评估有限责任公司在对厦门凯纳石墨烯技术评估中应用了实物期权定价法，这是国内首次将实物期权定价法运用于技术类无形资产评估实务中的案例，具有创新性。案例通过背景介绍、评估技术思路的分析、评估对象的介绍明确了评估的基本事项；通过对厦门凯纳石墨烯技术的特性分析表明，该技术带来的预期收益不仅包括项目产生的直接收益，而且还包括未来选择权带来的收益。因此，案例选用实物期权定价法对厦门凯纳石墨烯技术进行评估，采用修正后的Black－Scholes 评价模型，对参数的选取进行了分析与测算，确定石墨烯技术的看涨期权价格，进而评估测算整个技术类无形资产的价格。

关键词：资产评估；实物期权定价法；技术类无形资产；石墨烯技术

1. 引言

实物期权的概念最初是由 Stewart Myers（1977）在 MIT 时所提出的，他指出一个投资方案产生的现金流量所创造的利润来自于目前所拥有资产的使用和对未来投资机会的选择。近年来，资产评估理论界开始研究将实务期权定价法应用于企业并购及科技型企业价值评估中，但据我们翻阅相关资料及调研，还没有发现在资产评估实务中应用实物期权法评估无形资产的先例。本评估案例可以说是国内首次运用实物期权定价法对技术类无形资产进行的评估，在实务中具有创新性。此次评估结果也得到了国资监管部门和证券监管部门的双重认可，为实物期权定价模型在评估中的实际应用打下坚实基础。这也正是选取本案例进行参赛的原因。

2013 年 7 月 3 日，厦门凯纳石墨烯技术有限公司（以下简称“凯纳石墨烯公司”）出具的《股东会决议》中说明，凯纳石墨烯公司拟引进新疆中泰化学股份有限公司（以下简称“中泰化学”），以增资扩股方式对其进行重组。为此，正衡资产评估有限责任公司接受凯纳石墨烯公司的委托，根据有关法律、法规和资产评估准则，本着客观、独立、公正、科学的原则，对凯纳石墨烯公司的股东全部权益价值进行了评估。

---

① 本案例未经过掩饰处理。本案例得到长安大学中央高校教育教学改革专项资金资助（项目编号：jgy16008）。

被评估单位最核心的资产为制备石墨烯类产品的技术，由于对其评估方法的创新性，在制作参赛案例时，只选取“凯纳石墨烯公司”的制备石墨烯类产品的技术，包括4项发明专利技术和2项发明专利申请技术作为案例的评估标的。

2. 背景介绍

2.1 被评估单位概况

厦门凯纳石墨烯公司成立于2010年5月，设立的初始注册资本为人民币100万元，为2位自然人股东和1名法人股东以货币出资方式设立的有限责任公司，公司经营现主营产品为石墨烯类产品。

公司经营范围：石墨技术开发、技术咨询、技术服务；批发、零售化工材料（不含危险及监控化学品）、机械设备、五金交电及电子产品；经营各类商品和技术的进出口（不另附进出口商品目录），但国家限定公司经营或禁止进出口的商品及技术除外。

2.2 案例评估对象和范围

原资产评估报告是正衡资产评估有限责任公司对厦门凯纳石墨烯公司增资扩股项目涉及的股东全部权益价值在2013年6月30日的投资价值进行的评估。被评估单位最核心的资产为无形资产，尤其是鉴于本次评估方法在实务运用的独特性，本参赛案例抽取原评估报告中的“技术类无形资产”作为案例评估对象。

该评估对象涉及的技术类无形资产，主要为制备石墨烯类产品的技术，包括4项发明专利技术和2项发明专利申请技术。详见表1。

表1　　被评估技术类无形资产

序号	专利号/申请号	专利名称	授权日/申请日
一	已获得国家知识产权局授权的发明专利技术		
1	ZL201110056093.6	《一种大批量制备石墨烯的方法》	2013-02-20
2	ZL201010195935.1	《一种制备聚合物/石墨烯复合材料的方法》	2012-08-22
3	ZL200910193873.8	《一种生产石墨烯的方法》	2012-05-23
4	ZL200710009018.8	《一种镀银石墨及其制备方法》	2011-03-25
二	已获得国家知识产权局受理的发明专利申请技术		
1	201210474790.8	《一种导热石墨膜及制备方法》	2012-11-21
2	201210593496.9	《一种高效制备石墨烯的方法》	2012-12-29

2.3 产权特别事项

上述专利资产为被评估单位与华侨大学共同合作开发的相关石墨烯制备和应用的技术类资产，根据被评估单位与华侨大学签订的《华侨大学与厦门凯纳石墨烯技术有限公司关于合作共建“华大—凯纳石墨烯研发中心”协议书》（2011年1月1日）和《技术开发（合作）合同》（2011 年 6 月），合作期间获得的知识产权权益均归双方共同所有。

在华侨大学和被评估单位双方合作期限届满前（2026 年 12 月 31 日），被评估单位有权独家无偿使用相关石墨烯的研究成果，并予以产业化应用。而本次评估的确定无形资产经济耐用年限将于 2025 年 12 月 31 日结束，该时点尚在评估单位与华侨大学双方约定的合作期限内。

2.4 技术主要应用方向和进程

该技术是一种相关石墨烯制备和应用的技术。石墨烯是一种技术含量非常高、应用潜力非常广泛的碳材料，在半导体产业、光伏产业、锂离子电池、航天、军工、新一代显示器、复合材料等传统领域和新兴领域都将带来革命性的技术进步。但由于石墨烯目前还处在研发阶段，各国对这个新兴材料还处于专利布局期，尚无法达到工业化水平，整个产业链也还没有形成。根据相关机构预测，真正产业化并能够替代现有材料尚需要 8—10 年，若完全在现有领域发挥工业基础的作用需要更长时间。截至目前，制备石墨烯的技术工艺不成熟，还没有达到一致性的品质，而且成品面积都非常小，不能适应工业化应用。

2.5 被评估单位石墨烯制备及下游应用领域研究情况

在 2007 年，被评估单位尚未成立时，研发团队人员便开始研究石墨微观层次的特殊属性，尝试研究石墨烯相关产品的制备工作。

在 2010 年初，被评估单位相关技术人员完成石墨烯微片（主要为 KNG－150 产品）产品小试，并取得成功，多层石墨烯完成实验室试验阶段试制（KNG－102 和 KNG－150，该两种产品为 KNG－G5 产品工艺改进前的产品）。

2010 年上半年，多层石墨烯小规模试验成功。为发展石墨烯产业，公司实际控制人和相关研发人员于 2010 年 5 月成立了凯纳石墨烯公司，专门从事石墨烯相关技术的研发和试制工作。

2010 年下半年，被评估单位进行了石墨烯微片的中试设备设计和多层石墨烯的实验室阶段的研究。

2011 年期间，公司通过了石墨烯微片的中试阶段，多层石墨烯通过了实验室研究阶段。

2012 年 1—10 月，公司开始进行设备采购、定型、调试。10 月份，石墨烯微片基本实现了工业化生产，石墨烯微片年产能达到了 300—400 吨。多层石墨烯中试阶段基本完成，年产能能够达到 5 吨左右。

由于石墨烯产品的下游应用产品处于探索和研究阶段，未形成稳定的、持续的产业链，被评估单位自创立开始便对下游应用领域进行了研究。

截至 2013 年 6 月，通过研发团队研究和客户开发反馈，被评估单位生产的产品在下游领域应用已有部分研究成果，主要包括：替代导热银浆、制备导热塑料塑胶、制备散热涂料、提升各类高分子材料（如环氧树脂、聚氯乙烯）的导热性能、导电性能、热稳定性、耐腐蚀、耐磨度等。

2.6 评估方法选择

由于无形资产成本具有虚拟性和弱对应性的特点，采用重置成本法评估不能反映其真实价值。而该技术工艺尚不成熟，目前在市场上找不到相类似的产品，因而也不能采用现行市价法评估。该技术对于未来期间的成本、费用及利润等，由于量产后的规模效应、边际成本及相关各项成本费用明细均无法合理估计，故不能采用收益法评估。

通过对该评估对象所产生的未来效益分析，最终采用实物期权定价法，它能较真实地反映该评估对象的价值。

3. 评估技术思路

对于与中泰化学合作研发有关的技术类无形资产价值的评估，按照合作双方的预期研发计划和协同效应，通过对评估单位的历史经营情况的分析，根据收集到的相关资料，被评估单位未来经营可分为三个阶段，具体为：

第一阶段：技术研发期（2013 年 7 月—2015 年），该阶段是指对多层石墨烯（KNG - G5）量产技术和石墨烯与 PVC 复合技术的研发期；

第二阶段：建设期（2016 年），该阶段是指上述技术研发成功，建设量产多层石墨烯（KNG - G5）设备的阶段；

第三阶段：经营期（2017—2025 年），该阶段是指多层石墨烯（KNG - G5）量产技术和石墨烯与 PVC 复合技术已研发成功，并且相关设备已建立完毕，进入正常的生产经营期。

对于第一阶段无形资产价值 P_0 运用技术提成法确定。

对于第二阶段和第三阶段，纳入评估范围的技术类无形资产实际具有一个看涨期权 C_0，故对纳入评估范围的制备多层石墨烯相关技术采用收益法途径下的实物期权方法进行评估。

另：因纳入评估范围的与合作方合作研发有关的技术类无形资产涉及除被评估单位与合作方中泰化学之外的第三方技术研究机构华侨大学，根据被评估单位与华侨大学签订的相关合同，被评估单位需每年向华侨大学支付确定的金额作为华侨大学协助被评估单位研发相关石墨烯制备和应用技术的科研经费，应在与合作方合作研发有关的技术类无形资产价值中将支付的确定的科研经费折现值 A 予以扣除。

故：本次对于与合作方合作研发有关的技术类无形资产价值的评估按以下公式进行：

$$P = P_0 + C_0 - A \qquad \text{（公式 1）}$$

式中：

P——无形资产价值；

P_0——第一阶段相关无形资产价值；

C_0——第二、第三阶段看涨期权价值；

A——需支付给华侨大学科研经费折现值。

4. 重要评估参数的确定

4.1 主要数据计算

（1）被评估单位历史期财务数据分析。

依据评估单位历史财务数据可以看出：

①被评估单位多层石墨烯产品（KNG－G5）的加权售价约为每千克710元；石墨烯微片产品（KNG－150、KNG－160或KNG－180）的加权售价约为每千克90元。

②被评估单位销售呈现明显的周期性，产品大量销售基本集中在每年度的下半年。

（2）委托评估专有技术的经济寿命。

石墨烯相关的技术门槛已经建立并完善起来，且各国发展水平基本相当，单从石墨烯制备方法角度来看，基本已完备，短期内被替代的可能性非常小。石墨烯量产技术和下游应用领域结合相关技术尚待研究。

被评估单位相关专利在法定保护年限内，难以被更为先进的技术替代。经对被评估单位相关技术的分析，最终确定2013年7月—2025年为相关技术的耐用年限。

（3）未来收入的预测。

被评估单位未来收入的预测可分为三个阶段，具体为：

第一阶段：技术研发期（2013年7月—2015年），该阶段是指对多层石墨烯（KNG－G5）量产技术和石墨烯与PVC复合技术的研发期；

第二阶段：建设期（2016年），该阶段是指上述技术研发成功，建设量产多层石墨烯（KNG－G5）设备的阶段；

第三阶段：经营期（2017—2025年），该阶段是指多层石墨烯（KNG－G5）量产技术和石墨烯与PVC复合技术已研发成功，并且相关设备已建立完毕，进入正常的生产经营期。

收入的预测包括产销量的预测和销售价格预测两方面。

产销量的预测也分三个阶段进行。

第一阶段为技术研发期产销量的预测。对于第一阶段收入的预测，因相关技术尚未研发完毕，按历史期产能及销量增长情况确定。即2013年下半年3 080.00千克，2014年6 930.00千克，2015年12 460.00千克。

第二阶段建设期和第三阶段经营期产销量的预测过程如下：

对于2016年以后的相关技术研发成功阶段，石墨烯的销量按合作方中泰化学未来产量乘以新产品替代率确定。具体如下：

PVC产品2013年上半年产量为73.46万吨，故2013年按73.46的2倍，即146.92万吨，确定2013年全年产量。

鉴于石墨烯产品售价较高，本次预测石墨烯与PVC结合后的新产品替代率按5%确定，即新产品数量约为146.92万吨×5%＝7.35（万吨）；

根据现有凯纳石墨烯公司的实验室研究数据来看，添加率在千分之五的情况下，耐热度有所提高，其他相关的力学性能，如导电性、导热性、表面硬度实验尚未预测，则：预计在研发成功后，石墨烯需求量约为734.6吨/年。鉴于目前宁波石墨西公司为中国最大石墨烯生产企业，其产能在9月能够达到300吨/年的水平，本次对于凯纳石墨烯公司预计产能预测，仅按500吨/年考虑。

对于新产品上市，考虑市场培育期为两年，在上市前两年（2016年、2017年），分别按产量的30%和70%确定销量，2018年及以后年度按全产能确定销量。详见表2。

表 2　　第二阶段建设期和第三阶段经营期销量预测

所属期间	年份	销量（公斤）
建设期	2016	150 000.00
经营期	2017	350 000.00
	2018	500 000.00
	2019	500 000.00
	2020	500 000.00
	2021	500 000.00
	2022	500 000.00
	2023	500 000.00
	2024	500 000.00
	2025	500 000.00

在达产后，不再考虑石墨烯微片（KNG－150、KNG－160 或 KNG－180）的销售。

销售价格预测也分三个阶段进行。

第一阶段——技术研发期的价格预测。对于该阶段的价格预测，按企业历史销售价格确定，不考虑价格变动，即多层石墨烯（KNG－G5）按 710 元/千克考虑，墨烯微片（KNG－150、KNG－160 或 KNG－180）按 90 元/千克考虑；

第二阶段——建设期和第三阶段——经营期价格的预测。对于这两个阶段价格的预测，考虑市场供给的变化、产量成本下降和关联方定价优惠等方面，确定 2016 年多层石墨烯（KNG－G5）的价格为 600 元/千克，以后年度逐步下降。详见表 3。

表 3　　第二阶段——建设期和第三阶段——经营期价格预测

所属期间	年份	单价（元/千克）
建设期	2016	600
经营期	2017	600
	2018	600
	2019	540
	2020	540
	2021	540
	2022	490
	2023	490
	2024	490
	2025	440

收入预测按各年销量乘以价格确定。

（4）销售收入技术提成率的测算。

本次技术提成率采用上市公司对比法确定。

①对比公司的选取。

因本次多层石墨烯与 PVC 复合技术中，技术核心多为将多层石墨烯作为添加剂添加到 PVC 生产符合过程中，从而改变传统 PVC 的各项性能。故选取了主营业务产品可以作为 PVC 添加剂的上市公司作为对比公司。

②销售收入技术提成率的计算。

理论上销售毛利率水平越高，则相应的无形资产贡献水平越高。通过对比，公司提成率平均值对应的销售毛利润率及被评估单位历史期产品毛利率估算 10.49% 作为被评估单位技术类无形资产销售收入提成率的标准值。

（5）销售收入技术提成率的衰减。

由于评估技术应该被理解为评估基准日的技术状态，因此随着时间的推移，上述技术会不断得到改进和完善，表现为产品制造技术中不断会有的新的技术改进或增加，使得截至评估基准日时的技术所占的比重呈下降趋势。此外，技术也会逐渐进入衰退期。上述两种因素综合表现在评估基准日的产品技术在全部制造技术贡献率上，也就是技术贡献率或提成率逐渐降低，因此我们根据这一情况，考虑技术贡献率在寿命期内逐渐下降。其中：在第一阶段技术研发期中，初始技术提成率标准值 10.49% 确定，在新技术研发成功之前，考虑到竞争对手情况，技术提成率考虑逐年下降；在第二阶段初始，因相关技术研发成功的因素影响，恢复至标准值作为第二阶段初始的技术提成率，以后期间逐年递减。

（6）确定技术类无形资产对现金流的贡献。

技术类无形资产对现金流的贡献按收入乘以销售收入技术提成率确定。

（7）折现率的确定。

根据本次被评估专有技术的特点和手机资料的情况，采用国际通行的社会平均收益模型来估算评估中的适用折现率：

$$折现率 = 无风险报酬率 + 风险报酬率$$

①无风险报酬率。

国债收益率通常被认为是无风险的，因为持有该债权到期不能对付的风险很小，可以忽略不计。对沪、深两市的全部国债进行了统计整理，分别选取从评估基准日到国债到期日剩余期限在 5—15 年和 3 年以下的国债到期收益率作为无风险利率。其中：

从评估基准日到国债到期日剩余期限在 5—15 年国债到期收益率作为计算华侨大学科研经费的折现率。

从评估基准日到国债到期日剩余期限在 3 年以下国债到期收益率作为看涨期权无风险收益率。

②风险报酬率。

对于技术类无形资产而言，影响风险报酬率的因素包括技术风险、市场风险、资金风险、管理风险。根据无形资产评估的特点和目前评估惯例，各个风险系数的取值范围在 0%—10% 之间。任何一项风险达到一定程度，不论该风险在总风险中的比重多低，该项目都没有意义。

经测算：

技术研发成功前的技术风险为 3.5%；技术研发成功后的技术风险为 3.9%；

技术研发成功前的市场风险为3.2%；技术研发成功后的市场风险为1.9%；
技术研发成功前的资金风险为3%；技术研发成功后的资金风险为5%；
技术研发成功前的技术风险为4.9%；技术研发成功后的技术风险为2.6%。
根据折现率的计算公式，则：
技术研发成功前的折现率为18.10%；技术研发成功后的折现率为16.90%。

4.2 第一阶段技术类无形资产 P_0的确定

采用收益法测算，第一阶段技术类无形资产价值为120 327.69元，详见附表1。

4.3 第二、第三阶段看涨期权价值 C_0的确定

期权是期权的持有者提供了一项在期权到期日或到期日之前以一个固定价格（称为执行价格）购买或出售一定数量的标的资产的权利。因为期权只包含权利而不包含义务，所以期权的持有者可以选择不执行期权从而使之失效。评估人员根据本次特定经济行为所确定的评估目的及所采用的价值类型、评估对象状况、评估时的市场条件、数据资料收集情况，具体采用 Black - Scholes 评价模型对相关技术类资产进行评估。

Black - Scholes 评价模型假设标的资产的价格运动为一般化的维纳过程，通过构造标的资产和无风险借贷资产的等价组合，根据无套利思想，推导出 Black - Scholes 微分方程，得到不支付红利的欧式看涨期权定价公式，但上述评估模型未考虑红利对期权价值的影响。假设在期权的有效期内红利率不变，则修正后 Black - Scholes 期权模型为：

$$C_0 = SN(d_1) - Xe^{-rt}N(d_2) \qquad \text{（公式2）}$$

式中：
C_0——不含分红派息买期权（看涨期权）；
X——期权执行价；
S——标的资产现实价格；
r——连续复利计算的无风险收益率；
t——期权到期时间；
N( ) ——标准正态密度函数；
d_1、d_2——Black - Scholes 模型的两个参数。
根据公式计算得出 C_0 =4 074.85（万元）。详见表4。

表4　　第二、第三阶段看涨期权价值 C_0测算表

名称	期初资产价值 S（万元）	预期投入成本 X（万元）	回报率标准差 σ	达产距基准日年限 T（年）	无风险年收益率 r	B - S 模型中的参数 d_1	B - S 模型中的参数 d_2	CALL Option 看涨期权（取整）（万元）
看涨期权	5 241.61	1 276.63	40.90%	2.50	3.4165%	2.6395	1.9928	4 074.85

（1）标的资产现实价格 S 的确定。

对于运用实物期权模型评估技术类无形资产价值，标的资产现实价格等同于标的资产的

现值。标的资产的现值采用收益提成法确定，以此作为技术的评估价值。

本次评估采用有限年期收益，评估人员计算出合理的折现率，将专利技术在未来经营期内的贡献收益折现并累加，得到其评估价值，其基本数学表达式为：

$$S = \sum_{t=1}^{n} \frac{F_t}{(1+i)^t} \quad \text{（公式 3）}$$

式中：

S——无形资产评估值；

F_t——未来第 t 年技术提成额；

i——折现率；

t——收益计算年限；

n——预期收益年限。

经测算，第二、第三阶段看涨期权公式中标的资产的现值 S 的价值为 52 416 093.00 元，详见附表 2。

（2）期权执行价 X 的确定。

根据被评估单位与新疆中泰化学股份有限公司签订的《新产品研发计划及收益预测情况说明》，预计在未来 3 年内投入 3 000 万元的研发费用，将 KNG－G5 型多层石墨烯量产技术和 PVC 与石墨烯复合的技术研发成功并达到工业化生产水平。详见表 5。

表 5　　未来三年内研发费用

阶段	研发期间	预计研发支出（万元）
第一阶段	2013 年 7—12 月	100
第二阶段	2014 年	300
第三阶段	2015 年	2 500
第四阶段	2016 年	100
总投资（万元）		3 000

基于上述数据，关于技术类无形资产投入成本 X 计算结果为 1 276.63 万元，详见附表 3。

（3）对于 B－S 模型两个重要参数 d_1、d_2 的确定。

按下列公式进行计算：

$$d_1 = \frac{\ln\left(\frac{S}{X}\right) + \left(r + \frac{\sigma^2}{2}\right)}{\sigma\sqrt{t}}, \quad \text{（公式 4）}$$

$$d_2 = d_1 - \sigma\sqrt{t} \quad \text{（公式 5）}$$

式中：

X——期权执行价；

S——标的资产现实价格；

r——连续复利计算的无风险收益率；

σ——股票波动率。

依据公式计算出：

$d_1 = 2.6395$

$d_2 = 1.9928$

（4）股票波动率 σ 的确定。

σ 的原含义是股票波动率，对应无形资产实物期权是投资者投资相应技术所能获得回报率的标准差，本次评估采用预估多层石墨烯产量技术和石墨烯与 PVC 复合技术，在基准日研制情况分析判断成功率（可能性），然后通过隐含方式估算波动率 σ。

对于多层石墨烯量产技术，根据对被评估单位的了解，被评估单位研发实力较强，且多层石墨烯已通过中试水平，后续的工业化量产成功率较大。

对于石墨烯与 PVC 复合技术。合作双方均为行业龙头企业，在经验、技术开发、资金投入等方面均具有较大优势。

经与业内专家了解，并参考国内外同类企业研发状况，本次预计技术研发成功率为 50%。

根据 B－S 模型的特性，体现技术研发的概率实际就是期权执行的概率，即 N（d_2），即：

$N(d_2) = 50\%$

上式实际隐含的 $\sigma = 40.9\%$，因此我们以 40.9% 作为波动率 σ 来估算看涨期权的价值。

（5）达产日距基准日年限 t（年）的确定。

自 2013 年 7 月至 2016 年年初，即 $t = 2.5$（年）。

（6）风险年收益率 r 的确定。

取从评估基准日到国债到期日剩余年限在 3 年以下国债到期收益率作为看涨期权的无风险收益率，则 $r = 3.4165\%$。

4.4 需支付给华侨大学科研经费折现值 A 的确定

对于需支付给华侨大学的科研经费折现值 A，按合理无风险利率作为折现率折现确定。被评估单位需在基准日后的 2013 年 7 月至 2026 年共计支付华侨大学科研经费 1 820 500.00 元，其中：2013 年 55 万元，2014 年 60.5 万元，2015 年 66.55 万元，2016 年无需支付，2017 年及以后年度每年支付 100 万元。按照从评估基准日到国债到期日剩余年限在 5—15 年国债到期收益率作为折现率计算，被评估单位需支付给华侨大学科研经费折现值为 9 098 164.14 元。

4.5 与合作研发有关的技术类无形资产价值的计算

依据公式：

$$P = P_0 + C_0 - A \qquad \text{（公式 6）}$$

式中：

P——无形资产价值；

P_0——第一阶段相关无形资产价值；

C_0——第二、第三阶段看涨期权价值；

A——需支付给华侨大学科研经费折现值。

则：

$$
\begin{aligned}
P &= P_0 + C_0 - A \\
&= 120\ 327.69 + 40\ 748\ 500.00 - 9\ 098\ 154.14 \\
&= 3\ 177.07(\text{万元})
\end{aligned}
$$

5. 评估结论与账面价值比较变动情况及原因

本次对专有技术资产进行评估引起评估增值。

被评估单位申报的石墨烯制备技术类无形资产处于国内领先水平，但由于相关产品下游的应用领域尚处于研究阶段，导致无形资产的内在价值尚难体现。而对于技术创新投资决策，在研究阶段拥有延迟和放弃期权，在开发阶段拥有增长期权，在研发成功后拥有转换和增长期权。本次对无形资产的评估考虑了基于被评估单位与合作方新疆中泰化学股份有限公司拟合作开发相应的石墨烯与聚氯乙烯复合新产品，考虑到合作双方强强联合的协同效应，被评估单位纳入评估范围的技术类无形资产实际具有一个增长期权，本次评估运用实物期权评估方法将上述无形资产价值予以体现。

附录

附表 1　　第一阶段技术类无形资产价值测算表

所属期间	研发期		
项　目	2013 年 7—12 月	2014 年	2015 年
石墨烯产能极限（吨）	5 +400	5 +400	5 +400
销量（千克）	3 080.00	6 930.00	12 460.00
大学科研机构类	18.15	40.83	53.08
企业类	3 064.00	6 894.00	12 409.20
单价（元/千克）	—	—	—
大学科研机构类	710	710	710
企业类	90	90	90
石墨烯类产品收入（元）	288 643.66	649 488.24	1 154 512.71
提成率	10.49%	8.49%	6.49%
无形资产收益（元）	30 292.12	55 168.30	74 981.47
折现率	18.10%	18.10%	18.10%
折现年限（年）	0.5	1.5	2.5
折现系数	0.9202	0.7792	0.6597
无形资产折现值（元）	27 874.35	42 984.79	49 468.55
折现值合计（元）	120 327.69		

附表 2

标的资产的现值 S 计算表

项目	建设期	经营期								
	2016 年	2017 年	2018 年	2019 年	2020 年	2021 年	2022 年	2023 年	2024 年	2025 年
石墨烯产能极限（吨）	500	500	500	500	500	500	500	500	500	500
销量（千克）	150 000.00	350 000.00	500 000.00	500 000.00	500 000.00	500 000.00	500 000.00	500 000.00	500 000.00	500 000.00
单价（元/千克）	600	600	600	540	540	540	490	490	490	440
石墨烯类产品收入（元）	90 000 000.00	210 000 000.00	300 000 000.00	270 000 000.00	270 000 000.00	270 000 000.00	245 000 000.00	245 000 000.00	245 000 000.00	220 000 000.00
提成率（%）	10.49	9.99	9.49	8.49	7.49	6.49	4.99	3.49	1.99	0.49
无形资产收益（元）	9 455 177.91	20 988 748.45	28 483 926.36	22 935 533.72	20 235 533.72	17 535 533.72	12 236 873.19	8 561 873.19	4 886 873.19	1 088 212.66
折现率（%）	17.86	16.90	16.90	16.90	16.90	16.90	16.90	16.90	16.90	16.90
折现年限（年）	3.5	4.5	5.5	6.5	7.5	8.5	9.5	10.5	11.5	12.5
折现系数	0.5626	0.4953	0.4237	0.3624	0.3100	0.2652	0.2269	0.1941	0.1660	0.1420
无形资产折现值（元）	5 314 074.20	10 394 922.18	12 067 576.01	8 312 172.13	6 273 411 17	4 650 457.12	2 776 084.00	1 661 561.51	811 267.71	154 536.97
合计（元）	52 416 093.00									

附表 3　　预期投入成本 X 的计算表

项　目	无风险利率	2013 年 7—12 月	2014 年	2015 年	2016 年
PVC 结合技术研发项目尚需要的投入（万元）	3.4165%	100.0	300.0	700.0	100.0
折终年限（年）		3.50	2.50	1.50	0.50
折终系数		1.1248	1.0876	1.0517	1.0169
执行价 X 的终值（万元）		112.5	326.3	736.2	101.7
执行价 X 的终值和（万元）		1 276.63			

Real Option Pricing Method Applied in Xiamen Knano Graphene Technology Assessment Case Analysis

Abstract: Zhengheng appraisal co. , LTD use real option pricing method in Xiamen Knano graphene technical evaluation. This is the first assets assessment example that the real option pricing method was used to technical intangible asset in practice domestic application. The case clear about the basic issues of the assessment through the analysis of background introduction, evaluation technology ideas, the introduction of evaluation object and clear about the expected benefits not only includes the technology project of direct income, but also the benefit from the options in the future through the Xiamen Knano graphene technical analysis. As a result, the case chooses the real option pricing to assess the Xiamen Knano graphene technology using the revised Black-Scholes evaluation model, analyses and calculates the selection of parameters, determines the call option price of graphene technology, thus assesses and measures the technical intangible assets price.

Key Words: Assets Appraisal; Real Option Pricing Method; Intangible Assets Value Assessment; Graphene Technology

案例使用说明

实物期权定价法运用于厦门凯纳石墨烯技术评估案例分析

一、教学目的与用途

本案例主要适用于《无形资产评估理论与实务》课程中相关内容的学习，适用于资产评估本科生、资产评估专业硕士无形资产案例教学使用，也可用于会计、财务管理、工商管理、金融方向本科生、MBA、EMBA 等案例教学使用。

本案例的教学目标为通过案例分析，启发学生思考根据评估对象的特性，选择合适的评估方法，达到培养学生分析问题和解决问题的能力，以及培养学生创新的能力。

二、启发思考题

1. 分析技术类无形资产收益的种类。本案例的预期收益有哪几种？如何对其界定？

2. 对技术类无形资产评估时，选择评估方法应考虑哪些因素？用收益法评估案例技术的局限性在哪？分析本案例选择的实物期权定价法的合理性。

3. 运用实务期权定价法的基本原理，分析运用实务期权定价法评估技术类无形资产时所评估的资产需具备哪些条件。本案例中是否具备这些条件？

4. Black - Scholes 期权定价模型的假设前提是什么？用 Black - Scholes 期权定价模型评估本案例时，各主要参数确定的思路是怎样的？

三、分析思路

1. 明确评估对象。

通过案例背景介绍使学生初步了解到该项案例是有关于技术类无形资产评估的案例。在通常情况下，根据评估目的与待估无形资产特点选用收益法、市场法或成本法评估，而收益法往往是采用较多的一种方法，并由此使学生回忆收益法评估无形资产的主要理论。

2. 明确评估对象的特点。

通过案例正文的叙述，使学生了解到案例中此次评估待估资产的特殊性：厦门凯纳的主要无形资产为制备石墨烯类产品的技术，包括 4 项发明专利技术和 2 项发明专利申请技术，而这些技术在国内几乎没有其他企业进行研究，市场中可比案例稀少，故用市场法评估受到限制。石墨烯的制备和应用技术尚处在研究阶段，根据预测，真正形成产业化尚需 8—10 年，无法可靠计量未来收益，故收益法应用也受到限制。从事石墨烯制备研究的研发成本大，无形资产的成本本身具有不完整性、弱对应性和虚拟性，使得应用成本法评估该项技术类无形资产不能反映其真实价值，所以成本法也无法应用。在传统方法均受限制的情况下思考采用新的方法评估待估资产。

3. 选择适当的评估方法。

通过对被估单位历史经营情况的分析，根据收集到的相关资料，将被评估单位未来经营分为三个阶段，对于第一阶段无形资产价值 P_0 运用技术提成法确定；对于第二阶段和第三阶段的无形资产，被评估单位具有开发选择权，即期权。当该两阶段技术类无形资产采用收益提成法确定的现值（即标的资产的现时价格）大于其基于该技术类无形资产的预期投资额（期权执行价）时，被评估单位可以选择执行期权而获得收益，也即第二、第三阶段技术类无形资产实际具有一个看涨期权 C_0。

在此评估案例中，根据被评估单位与中泰化学签订的《新产品研发计划及收益预测情况说明》，被评估单位拟与中泰化学共同开发石墨烯与聚氯乙烯复合方面的相关技术，该技术类无形资产方的期权主要是开发选择权，具有开发选择权的无形资产与一般的无形资产不同。一般的无形资产可通过预测其收益而用收益法估算出其价值。而本例中，被评估方与合作方合作研发有关的技术类无形资产因可对其行使开发选择权而使其具有看涨期权价值 C_0，这种看涨期权价值即为第二、第三阶段技术类无形资产的价值，故通过实物期权法用 Black – Scholes 定价模型对其进行评估。

思路提示图如图 1 所示。

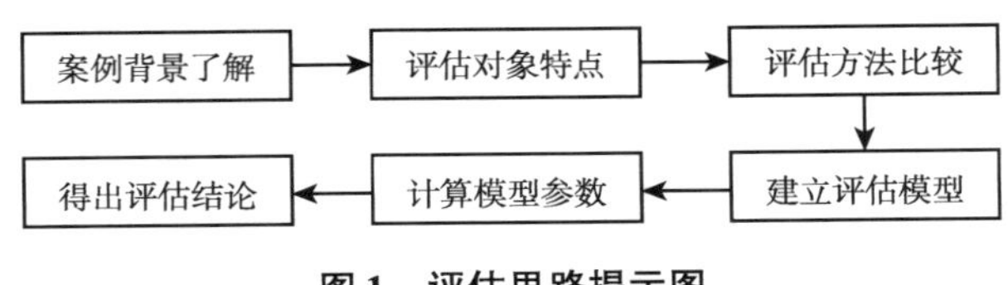

图 1　评估思路提示图

四、理论依据与分析

1. 期权基本理论。

期权是一种金融衍生产品，又称选择权，指期权买方支付给期权卖方一定金额后，赋予期权买方在规定的期限内按照双方约定的价格购买或出售一定数量某种资产的权力。期权按照购买者的权力划分可分为看涨期权与看跌期权：看涨期权是期权持有者拥有在将来确定的到期日或之前，以确定的价格购买一定数量某种资产的权力；看跌期权是买方支付一定数额期权费，购买在某一特定时期或之前以确定的执行价格出售一定数量某种资产的权力。期权按照执行期限可分为美式期权和欧式期权：美式期权允许其持有者在期权有效期内的任何一天行使买入或卖出标的物的权利；欧式期权持有者只能在到期日当天执行权力。本案例所涉及的是欧式看涨期权。期权的价值包含两部分内容：内在价值与时间价值。期权内在价值是指期权相关资产市场价格与执行价格两者之间的差额。对于看涨期权来说，内在价值等于市场价格大于执行价格部分。期权的时间价值是指期权费超过其内在价值的部分，在美式期权中有所体现。影响期权价值的决定因素有：标的资产现价、期权的执行价格、距离期权到期日的时间、期权有效期内预期的标的资产价格波动程度、期权有效期内无风险利率、期权有效期内预期的标的资产的现金支付。

实物期权是以期权概念为基础的一种现实的“选择权”，是人们可以根据信息不断补充后的一种“相机选择权”。期权始于金融市场，实物期权（real options）的概念最初是由 Stewart Myers（1977）所提出的，他指出一个投资方案其产生的现金流量所创造的利润，来自于目前所拥有资产的适用，再加上一个对未来投资机会的选择。期权定价法在企业价值评估中是对收益法的一种补充，实物期权是金融期权理论对实物（非金融）资产期权的延伸，其定价过程仍然可以按照金融期权定价的基本思路进行。实物期权的核心思想就是：投资项目的价值不仅来自项目预测的现金流量，还来自于项目的成长机会。实物期权定价方法以传统意义下的现金流时间价值为基础，再融合考虑项目投资的时间价值和管理柔性价值以及减少不确定性的信息带来的价值，从而能够完整地对投资项目的整体价值进行科学合理估价。实物期权定价的关键是在资本市场上寻找一个与所要评价的实际资产或项目具有相同风险特征的可交易证券，即“孪生证券”，将其与无风险资产构成投资组合，复制出与待评估期权一样的收益特征，就可以按照建立 Black – Scholes 期权定价模型的思路，推导出实物期权定价模型。

2. Black – Scholes 定价模型。

Black – Scholes 定价模型由费希尔·布莱克（Fischer Black）和迈伦·斯科尔斯（Myron Scholes）于 1973 年提出，该模型最大的贡献是用一个相对简单的方程在广泛的情况下对期权进行定价。它只依赖于可观察到的或可估计出的变量，从而避免了对未来标的资产价格概率分布和投资者风险偏好的依赖，投资组合的收益完全独立于标的资产价格的变化。在无套利情况下，期权价格应等于购买投资组合的成本，即期权价值仅依赖于标的资产价格的波动程度、无风险利率、期权到期时间、执行价格、标的资产现价，上述几个变量除标的资产价格波动量外都是可以直接观察到的，而对标的资产价格波动量的估计也比对标的资产价格未来期望值的估计简单得多，故 Black – Scholes 定价模型成为一种实用的期权定价法，并引发此后期权市场和整个衍生金融工具交易的飞速发展，本案例即选用不考虑红利的 Black – Scholes 定价模型评估第二、第三阶段技术类无形资产。

Black – Scholes 定价模型假设前提：

（1）股票不支付红利；

（2）交易成本和税收为零；

（3）股票收益率的方差和无风险利率在期权有效期内为常数；

（4）标的资产价格服从对数正态分布；

（5）所讨论的期权为欧式期权；

（6）投资者能以相同的无风险利率自由借贷。

Black – Scholes 欧式看涨期权定价模型为：

$$C_0 = S\mathrm{N}(d_1) - Xe^{-rt}\mathrm{N}(d_2) \qquad \text{（公式 1）}$$

式中：

C_0——不含分红派息看涨期权价格；

S——标的资产当前价格；

X——期权的执行价格；

$\mathrm{N}(d_1)$、$\mathrm{N}(d_2)$ ——正态分布随机变量值小于或等于 d_1、d_2的概率；

r——连续复利计算的无风险收益率；

t——期权到期时间；

Xe^{-rt}——执行价格现值。

公式 1 右边第一项为资产的期望价值，第二项为资产的期望成本，即期权价值为期望价值与期望成本之差。

在本案例中，第二、第三阶段技术类无形资产相对于被评估单位而言具有开发选择权，此项开发选择权适用于期权的概念。当这两阶段技术类无形资产采用收益提成法确定的现值（即标的资产的现时价格）大于其基于该技术类无形资产的预期投资额（期权执行价）时，被评估单位可以选择执行期权而获得收益，从而判断出这两阶段技术类无形资产包含看涨期权价值 C_0，即可通过计算出看涨期权 C_0的价值而得到第二、第三阶段技术类无形资产价值。根据案例正文中所确定的评估目的及所采用的价值类型、评估对象状况、评估时的市场条件与数据资料收集情况，采用 Black – Scholes 定价模型作为此次实物期权定价模型。实物期权定价模型的关键是对模型中参数的选取与计算。根据案例正文中的数据，标的资产的当前价格等同于标的资产的现值，标的资产的现值采用收益提成法确定，将专利技术在未来经营期内的贡献收益折现相加，得到标的资产的现值，经计算标的资产的现值 S 的价值为 52 416 093.00 元，具体计算见附表 1。运用实物期权模型评估技术类无形资产价值，期权执行价 X 等同于后续基于技术类无形资产的预期投资额的终值。根据被评估单位与新疆中泰化学股份有限公司签订的《新产品研发计划及收益预测情况说明》，预计将在 2013 年 7—12 月投入 100 万元研发费用，在 2014 年投入 300 万元的研发费用，在 2015 年投入 700 万元研发费用，在 2016 年投入 100 万元研发费用。取无风险利率 3.4165% 计算而得的期权执行价格 X 的终值和为 1 276.63 万元，具体计算详见附表 2。根据案例正文中 B – S 模型两个重要参数 d_1、d_2 计算公式可知，计算这两个参数的关键变量是波动率 σ 的计算。被评估单位在多层石墨烯量产技术研发实力强，工业化量产成功率较大，合作双方均为行业内龙头企业，经与业内专家了解并参考国内外同类企业研发情况，本次预计研发成功率为 50%。根据 B – S 模型特性，体现技术研发的概率实际就是期权执行的概率，即 $N(d_2)$，$N(d_2)=50\%$，上式隐含的 $\sigma=40.9\%$，因此以 40.9% 作为波动率 σ 估算看涨期权的价值。公式中期权到期时间 t 为 2.5 年，无风险收益率取国债到期日剩余期限在 3 年以下的到期收益率，即 $r=3.4165\%$，据此计算出 $d_1=2.6395$，$d_2=1.9928$。综上计算出第二、第三阶段看涨期权价值 C_0 为 4 074.85 万元，详见附表 3。

根据被评估单位与华侨大学签订的协议书，将未来期间支付给华侨大学的科研经费折现，得到折现值 $A=9\ 098\ 164.14$（元）。综上，与合作方合作研发有关的技术类无形资产价值 $P=P_0+C_0-A=120\ 327.69+40\ 748\ 500.00-9\ 098\ 164.14=3\ 177.07$（万元）（百位取整）。

五、背景信息

厦门凯纳石墨烯公司是一家高科技技术型公司，为厦门大学教授于 2010 年 5 月创办，主要从事于石墨烯技术的研发，石墨烯是一种技术含量非常高、应用潜力非常广泛的碳材料，在 2004 年由英国曼彻斯特大学两位科学家安德烈·杰姆和克斯特亚·诺沃肖洛夫发现，二人因此获得 2010 年诺贝尔物理学奖。石墨烯是一种世界上最薄、最坚硬的纳米材料，几乎完全透明，导热系数极高，电阻率极小，被期待可用来开发更薄、导电速度更快的新一代电子元件或晶体管，有望在现代电子科技领域引发新一轮革命。厦门凯纳在石墨烯领域的研究处于国内领先地位，但其公司资产规模小，主要从事研发，研发成本大，主营业务收入低，效益一般，研发成果一般卖给研究院，在经营上需要寻找新的突破口。

新疆中泰化学股份有限公司于 2001 年 12 月设立，2006 年 12 月在深交所上市，总股本 53 686 万股，资产规模超过 40 亿元。中泰化学属生产基本化工原料的氯碱行业，主营 PVC、盐酸等氯碱化工品，并从事相关的物资流通与进出口业务。产品广泛应用于石油、化工、轻工、纺织、建材、国防的 20 多个大中行业，是全国大型氯碱化工企业之一，近年来面对杜邦等欧美跨国公司的激烈竞争，行业利润率下滑，生产经营面临瓶颈，中泰化学酝酿转型。

本次评估以厦门凯纳拟引进中泰化学以增资扩股方式对其进行重组，对厦门凯纳股东全部权益价值进行评估。厦门凯纳公司资产主要为技术类无形资产，由于其专利技术的特殊性，在运用传统方法（收益法、市场法与成本法）评估均受到限制的情况下，对其技术类无形资产采用实物期权定价法评估。该评估报告为国内证券市场上公开能查到的第一例使用实物期权定价模型评估的案例，在评估界采用实物期权定价法饱受争议的情况下率先将该方法应用于评估实践。

六、关键要点

案例分析中的关键点：

（1）明确被评估企业无形资产的特点；

（2）明确收益法、市场法和成本法对被评估企业技术类无形资产的适用性；

（3）明确为何本案例采用实物期权定价方法；

（4）案例教学中的关键知识点；

（5）市场法、收益法、成本法适用条件的掌握；

（6）期权相关基本理论的了解；

（7）实物期权定价模型的掌握。

案例教学中的关键能力点：

（1）培养学生分析评估对象状态与特点的能力；

（2）培养学生掌握运用评估方法的能力；

（3）培养学生的创新能力；

（4）培养学生职业判断的能力。

七、建议的课堂计划

本案例可用于专门的案例讨论课，以下是按时间进度提供的教学计划建议。

时间计划：整个案例课的课堂时间控制在 90 分钟左右。

课前计划：提出启发思考题，请学生在课前完成阅读和初步思考，并要求通过公开途径收集本案例涉及的信息，以有助于课堂讨论。

课中计划：简要的课堂前言（10 分钟）；分组并让学生根据自己的观点讨论（40 分钟）；各组学生将自己组的观点总结陈述（20 分钟）；教师或学生点评，并归纳总结（20 分钟）。

课后计划：学生根据课前阅读，课堂讨论，老师的引导和归纳总结，撰写完整的案例研究报告。

小组分组：在课堂中可将小组分为 4 组，第一组学生负责讨论案例背景信息、评估目的、评估对象和评估范围；第二组学生负责讨论各种评估方法在此案例中的适用性；第三组学生负责讨论期权基本理论与实物期权定价模型的理论知识；第四组学生负责讨论 Black - Scholes 定价模型在本次评估中的具体运用程序。

案例组织引导：在案例教学中应提前一周让学生阅读本案例，并收集相关资料。教师要做好自己的案例点评材料（如 PPT 幻灯片），在课堂讨论中，教师要把学生的总结分析的关键点在黑板上加以归纳，同时注意掌控时间。应鼓励课上所有学生参加讨论。在案例讨论的组织中，在教师的总结中，要对学生的发言加以归纳，引导到本案例的知识点中。

案例开场白：教师在案例开场白中首先要对学生已经学习过的无形资产评估方法进行回忆总结，重点提示学生注意各评估方法的适用性；其次，将本案例背景信息进行简明扼要的说明，引导学生将案例讨论的重点放在评估方法的选择与运用上；最后，将学生进行分组，布置每组讨论的内容。

结束总结：教师要将学生在讨论和观点陈述中遇到的问题记录在黑板上，在做结束总结时，将这些问题予以回答。结束总结的内容要突出本案例在分析中的关键点与关键知识点，引导与培养学生利用职业判断能力进行评估方法选择，加深学生对实物期权定价法评估技术类无形资产的理解。

在案例教学中，老师重点对学生分析问题，解决问题的思路进行引导，通过引导，将学生置于评估情景中，去不断发现案例中的问题，从而进行思考，提出解决的方案。

八、案例后续进展

截至目前，此次评估所涉及的交易已经实现，并且非常成功，厦门凯纳石墨烯技术与中泰化学 PVC 技术的结合也有较大突破，完成了试验阶段，此次评估结果也得到了国资监管部门和证券监管部门的双重认可，为实物期权定价模型在评估中的实际应用打下坚实基础。

参考文献

[1] 黄达. 金融学（第二版）[M]. 北京：中国人民大学出版社，2009.

[2] 肖明，张建红. 钢铁污水 TOT 项目实物期权法定价案例研究 [J]. 武汉理工大学学报，2010（01）.

[3] 李剑岚. 科技型企业价值评估实物期权定价法探讨 [J]. 商业现代化，2011（03）.

[4] 史新浩，王瑜. 实物期权定价法在企业并购估价中的应用 [J]. 财会月刊，2007（27）.

[5] 徐爱农. 企业价值评估 [M]. 北京：中国金融出版社，2012.

附录

附表 1

标的资产的现值 S 计算表

项　目	建设期	经营期								
	2016 年	2017 年	2018 年	2019 年	2020 年	2021 年	2022 年	2023 年	2024 年	2025 年
石墨烯产能极限（吨）	500	500	500	500	500	500	500	500	500	500
销量（千克）	150 000.00	350 000.00	500 000.00	500 000.00	500 000.00	500 000.00	500 000.00	500 000.00	500 000.00	500 000.00
单价（元/千克）	600	600	600	540	540	540	490	490	490	440
石墨烯类产品收入（元）	90 000 000.00	210 000 000.00	300 000 000.00	270 000 000.00	270 000 000.00	270 000 000.00	245 000 000.00	245 000 000.00	245 000 000.00	220 000 000.00
提成率	10.49%	9.99%	9.49	8.49%	7.49%	6.49%	4.99%	3.49%	1.99%	0.49%
无形资产收益（元）	9 455 177.91	20 988 748.45	28 483 926.36	22 935 533.72	20 235 533.72	17 535 533.72	12 236 873.19	8 561 873.19	4 886 873.19	1 088 212.66
折现率	17.86%	16.90%	16.90%	16.90%	16.90%	16.90%	16.90%	16.90%	16.90%	16.90%
折现年限（年）	3.5	4.5	5.5	6.5	7.5	8.5	9.5	10.5	11.5	12.5
折现系数	0.5626	0.4953	0.4237	0.3624	0.3100	0.2652	0.2269	0.1941	0.1660	0.1420
无形资产折现值（元）	5 314 074.20	10 394 922.18	12 067 576.01	8 312 172.13	6 273 411 17	4 650 457.12	2 776 084.00	1 661 561.51	811 267.71	154 536.97
合计（元）	52 416 093.00									

附表 2 **预期投入成本 X 的计算表**

项　目	无风险利率	2013 年 7—12 月	2014 年	2015 年	2016 年
PVC 结合技术研发项目尚需要的投入（万元）	3.4165%	100.0	300.0	700.0	100.0
折终年限（年）		3.50	2.50	1.50	0.50
折终系数		1.1248	1.0876	1.0517	1.0169
执行价 X 的终值（万元）		112.5	326.3	736.2	101.7
执行价 X 的终值和（万元）		1 276.63			

附表 3 **第二、第三阶段看涨期权价值**

名称	期初资产价值 S（万元）	预期投入成本 X（万元）	回报率标准差 σ	达产距基准日年限 T（年）	无风险年收益率 r	B－S 模型中的参数 d_1	B－S 模型中的参数 d_2	CALLOption 看涨期权（取整）（万元）
看涨期权	5 241.61	1 276.63	40.90%	2.50	3.4165%	2.6395	1.9928	4 074.85

收益法评估××段经营性二级公路收费权案例分析

李　丽　徐海成　刘　颖　崔　磊

（长安大学）

摘　要：本案例评估的目的是对××段二级公路（C收费站和D收费站）收费权于评估基准日2012年6月30日所表现的持续经营前提下的市场价值进行评定估算并发表专业意见，为政府收回××段二级公路收费权的经济行为提供价值参考意见。评估对象是公路收费权无形资产，评估范围为××路桥公司经营的省道××段二级公路（C收费站和D收费站）2012年6月30日至2028年7月25日的收费权。通过分析三种评估方法对本案例的适用性，选择用收益法评估省道××段二级公路（C收费站和D收费站）收费权的价值，并重点分析了运用收益法评估本案例公路收费权的技术思路以及参数测定问题。

关键词：公路收费权评估；收益法；车流量；加权平均资本成本

1. 引言

随着我国公路建设事业的发展，公路收费权转让以及政府回收等经济行为应运而生。其中一个重要环节就是对公路收费权进行价值评估，但在目前的实践工作中，公路产权变动时其价值尺度尚缺乏规范性标准，对同一项目由于评估方法或者参数选取的不同会得出不同甚至相差较大的评估结果，这就给国有资产管理带来很大难度。本案例采用收益法对省道××段二级公路（C收费站和D收费站）收费权于评估基准日2012年6月30日的市场价值进行评定估算并对政府收回收费权提供价值参考意见。本案例的特点在于着重分析收益法评估公路收费权的参数测定。希望本案例有助于深化我国公路收费权价值评估理论，并为我国评估机构合理评估公路收费权价值提供参考和借鉴。

2. 背景介绍

2.1　评估目的

根据×市A区人民政府区长办公会议纪要《研究××线被撤销BOT收费站的有关事

---

①　本案例为真实案例，但其所借鉴的评估报告为非公开报告，出于委托方和评估方的要求，需要隐去企业真实名称，并对案例中公路段以及收费站名称等信息作掩饰性处理。

本案例得到长安大学中央高校教育教学改革专项资金资助（项目编号：jgy16008）。

宜》（〔2012〕29号文件）中的有关要求，本案例评估的目的是对省道××段二级公路（C收费站和D收费站）收费权于评估基准日2012年6月30日所表现的持续经营前提下的市场价值进行评定估算并发表专业意见，为政府收回省道××段二级公路收费权的经济行为提供价值参考意见。

2.2 评估对象和评估范围

根据评估目的，本案例评估对象是公路收费权无形资产。评估范围为省道××段二级公路（C收费站和D收费站）16.08年（2012年6月30日—2028年7月25日）的收费权。

省道××段收费公路于1996年年底建成通车，2003年由××路桥公司承接开始收费经营，全长44公里，二级公路，设计速度60km/h。路基宽12米，路幅组成形式11.5m行车道+2×0.25m护肩板，路面宽11.5米。全线有大中桥6座，小桥12座，涵洞51座。全路设一收一验两个收费站：C收费站和D收费站。2007年、2010年×交通路桥公司对该段公路段分别进行了大修和油路翻修。

3. 技术思路

本案例采用收益法进行评估，首先，依据××段二级公路（C收费站和D收费站）的建设情况、经营规模及财务、税收政策，对该公路未来期间的财务预测数据（包括收入、成本、费用、利润等）进行合理修正；其次，估测公路收费权的现金流量，本案例采用企业自由现金流量；接着估测适当的折现率；最后，用折现率将未来每年的现金流量折现，累加得出评估基准日的公路收费权现值。

3.1 评估思路

依据目前的公路状况和通行能力，评估基准日后该公路的预期经营业绩及各项财务指标，考虑该公路改善的可能，其他公路对该条公路的分流影响，以及××路桥公司管理层对公路未来车流量、养护成本的预测等基础资料，按照以下思路估算××段二级公路（C收费站和D收费站）16.08年收费权的市场价值。××段二级公路的主营业务收入主要为C收费站和D收费站的通行费收入。

（1）根据尽职调查和资产清查情况，对××段二级公路历史车流量以及市场、行业、竞争等环境因素和经营、管理、道路养护成本等内部条件进行分析；

（2）对××段二级公路的车流量进行合理的预测；

（3）对××段二级公路的预期收益和成本费用及未来收益趋势进行判断和估算；

（4）选择适合的评估模型；

（5）采用适当折现率将现金流量折成现值，折现率应考虑相应的形成该现金流量的风险因素和资金时间价值等因素；

（6）将确定的收益期限内现金流量现值相加，确定××段二级公路（C收费站和D收费站）16.08年收费权的评估价值。

3.2 评估模型

$$V = \sum_{t=1}^{n} \frac{A_t}{(1+r)^t} \quad \text{（公式 1）}$$

式中：

V——公路收费权评估值；

A_t——未来剩余经营期内第 t 年的预期自由现金流量；

t——年份；

r——折现率；

n——未来收费年限。

（1）企业自由现金流量的确定。

预期自由现金流量 A ＝息税前收益－所得税＋折旧－资本性支出－营运资本追加额

＝主营业务收入－主营业务成本－主营业务税金及附加－期间费用

－所得税＋折旧＋税后付息债务利息－资本性支出－营运资金追加额

（2）折现率的确定。

折现率是现金流量风险的函数，风险越大则折现率越大，按照收益额与折现率口径一致的原则，本次评估收益额口径为企业自由现金流量，则折现率选取资本资产加权平均成本模型（WACC）确定。

（3）收益期限的确定。

根据××路桥公司与××市 A 区人民政府签订的协议，政府文件批准收费经营有效期至 2028 年 7 月 25 日，本案例详细的预测期至 2028 年 7 月 25 日，即收益期限自评估基准日 2012 年 6 月 30 日起共 16.08 年。

3.3 收益预测的基础和假设

（1）收益预测基础。

对××段二级公路（C 收费站和 D 收费站）的收益预测是根据目前的公路状况和通行能力以及评估基准日后该公路的预期经营业绩及各项财务指标，考虑该公路改善的可能及其他公路对该条公路的分流影响，以及该公司管理层对公路未来车流量、养护成本的预测等基础资料编制。

（2）评估假设。

①盈利预测期间，经营性二级公路在经营中所需遵循的政策、法规等不做重大调整。

②税收政策、银行利率等不发生重大变化；不考虑通货膨胀对收费价格的影响；

③企业的主营业务收入来源于××段二级公路（C 收费站和 D 收费站）的通行费收入，现金在期中流入，在未来经营期内主营业务结构、收入成本构成等仍保持其近年的状态持续，毛利率基本保持前几年平均水平；

④基于基准日水平的经营能力、业务规模和经营模式按目前状态持续进行；现有生产设施、技术装备等生产能力的更新等于资产的折旧；

⑤不考虑该等货币资金的利息收入，也不考虑付息债务之外的其他不确定性损益；

⑥假设××段二级公路（所辖C收费站和D收费站）能够持续经营至2028年7月25日。

4. 评估步骤及各项参数取值说明

4.1 通行费收入的预测

（1）××路桥公司经营的××段二级公路（C收费站和D收费站）历史经营情况。

通过分析车流量和通行费收入的历史数据，得出××段二级公路（C收费站和D收费站）2004年至2012年6月车流量和通行费收入以及各类车型占总车流量和总收入的贡献比例，见附表1—附表12。

（2）××段二级公路（C收费站和D收费站）未来通行费收入的预测。

①未来各类车型的通行量预测。

a. 分车型车流量预测。根据2004年—2012年6月的车流量历史数据，对于车流量呈现明显下降趋势的车型，测算各站这些车型历史年份的年平均递减率。对于车流量保持稳定或有明显增长趋势的车型，通过各站及合计的车流量年平均增长率来计算，年平均增长率取值为8%。

b. 特殊年份车流量预测。对于2012年7—12月，用当年的预测车流量减去已经产生的车流量；对于2028年1—7月，用当年的预测车流量减半计算车流量。

c. 车流量分流因素分析。由于2012年10月W高速公路建成通车，省道××处于同一通道且走向一致，对省道××线有较大的分流作用，加之省道××线周边路网的不断加密完善，故对××段二级公路（C收费站和D收费站）分流的车流有限。本案例按照50%的分流量进行预测。

d. 对省道××线的最大车流量进行排除。按照交通工程的一般技术指标，设计时速60公里、12米宽路面的二车道二级公路日均适应的车流量约为10 000辆标准车，一年365万标准车。

e. 根据以上步骤预测C收费站、D收费站未来各类车型的车流量见表1。

②未来各类车型的通行单价预测。

根据××物价局与交通厅文件确定如下车型和标准，C收费站和D收费站的通过的车队统一缴费标准取前8年的平均值（见表2）。

表 1　　**C 收费站和 D 收费站车流量预测表**

单位：辆

车型	2012 年 7—12 月	2013 年	2014 年	2015 年	2016 年	2017 年	2018 年	2019 年	2020 年	2021 年	2022 年	2023 年	2024 年	2025 年	2026 年	2027 年	2028 年 1—7 月
C 收费站																	
1 型	474	402	251	157	98	61	38	24	15	10	10	10	10	10	10	10	10
2 型	586 660	508 553	549 237	593 176	640 630	691 880	747 230	807 008	871 569	941 295	1 016 599	1 097 927	1 185 761	1 280 622	1 383 072	1 493 718	806 608
3 型	69 554	73 961	79 878	86 268	93 169	100 623	108 673	117 367	126 756	136 896	147 848	159 676	172 450	186 246	201 146	217 238	117 309
4 型	59 678	63 663	68 756	74 256	80 196	86 612	93 541	101 024	109 106	117 834	127 261	137 442	148 437	160 312	173 137	186 988	100 974
5 型	19	13	10	10	10	10	10	10	10	10	10	10	10	10	10	10	10
6 型	37 115	29 277	31 619	34 149	36 881	39 831	43 017	46 458	50 175	54 189	58 524	63 206	68 262	73 723	79 621	85 991	46 435
7 型	10	151	94	59	37	23	14	10	10	10	10	10	10	10	10	10	10
8 型	1 223	1 161	1 254	1 354	1 462	1 579	1 705	1 841	1 988	2 147	2 319	2 505	2 705	2 921	3 155	3 407	1 840
9 型	85 584	95 687	103 342	111 609	120 538	130 181	140 595	151 843	163 990	177 109	191 278	206 580	223 106	240 954	260 230	281 048	151 766
统缴	1 428	1 695	1 831	1 977	2 135	2 306	2 490	2 689	2 904	3 136	3 387	3 658	3 951	4 267	4 608	4 977	2 688
小计	841 745	774 563	836 272	903 015	975 156	1 053 106	1 137 313	1 228 274	1 326 523	1 432 636	1 547 246	1 671 024	1 804 702	1 949 075	2 104 999	2 273 397	1 227 650
D 收费站																	
1 型	10	5 733	4 328	3 268	2 467	1 863	1 407	10 62	802	606	458	346	261	197	149	112	42
2 型	307 754	245 097	264 705	285 881	308 751	333 451	360 127	388 937	420 052	453 656	489 948	529 144	571 476	617 194	666 570	719 896	388 744
3 型	32 607	26 911	29 064	31 389	33 900	36 612	39 541	42 704	46 120	49 810	53 795	58 099	62 747	67 767	73 188	79 043	42 683
4 型	22 396	22 426	24 220	26 158	28 251	30 511	32 952	35 588	38 435	41 510	44 831	48 417	52 290	56 473	60 991	65 870	35 570
5 型	34	20	15	11	10	10	10	10	10	10	10	10	10	10	10	10	10
6 型	18 763	13 614	14 703	15 879	17 149	18 521	20 003	21 603	23 331	25 197	27 213	29 390	31 741	34 280	37 022	39 984	21 591
7 型	10	56	42	32	24	18	14	11	10	10	10	10	10	10	10	10	10
8 型	10	204	154	116	88	66	50	38	29	22	17	13	10	10	10	10	10
9 型	39 271	49 558	53 523	57 805	62 429	67 423	72 817	78 642	84 933	91 728	99 066	106 991	115 550	124 794	134 778	145 560	78 602
统缴	983	751	811	876	946	1 022	1 104	1 192	1 287	1 390	1 501	1 621	1 751	1 891	2 042	2 205	1 191
小计	421 838	364 370	391 565	421 415	454 015	489 497	528 025	569 787	615 009	663 939	716 849	774 041	835 846	902 626	974 770	1 052 700	568 453
总计	1 263 583	1 138 933	1 227 837	1 324 430	1 429 171	1 542 603	1 665 338	1 798 061	1 941 532	2 096 575	2 264 095	2 445 065	2 640 548	2 851 701	3 079 769	3 326 097	1 796 103

表 2　　C 收费站和 D 收费站收费标准

车　型	规　格	计费单价
1 型	正三轮、农用车	5 元/辆
2 型	2 吨以下客（货）汽车	10 元/辆
3 型	2 吨及以上至 8 吨（不含 8 吨）货车	15 元/辆
4 型	8 吨以上至 15 吨的以下货车	25 元/辆
5 型	20 吨（不含 20 吨）挂车	30 元/辆
6 型	15 吨（含 15 吨）以上货车	35 元/辆
7 型	20 吨（含 20 吨）以上挂车	40 元/辆
8 型	20 吨（不含 20 吨）以下挂车加主车吨位 2 吨以上	45 元/辆
9 型	20 吨（含 20 吨）以上挂车加主车吨位 2 吨以上	55 元/辆
C 收费站	通过的车队统一缴费	63.54 元/辆
D 收费站	通过的车队统一缴费	52.57 元/辆

（3）未来各类车型的通行费收入的预测。

将以上预测的各类通行车数量和通行车收费单价相乘，预测的未来通行费收入见表 3。

4.2　通行养护成本预测

××路桥公司经营的××段二级公路（C 收费站和 D 收费站）通行养护成本主要包括：人工成本（包括工资、福利费、社会保险、工会经费、教育经费、住房公积金、其他人工成本）、自备车辆费用（包括维修费、燃料费和保险费）、票据费、低值易耗品摊销、固定资产折旧、修理费用（包括路面的大、中、小维修费）、通行养护管理成本（包括日常维护费、安全通信监控维护成本、绿化费）、其他费用（主要包括办公费、差旅费、水电费、邮电费、取暖费、服装费和其他支出）。

（1）人工成本。

根据人工成本历史数据，预测 2012 年 7—12 月人均职工薪酬为 1.88 万元/年，2013 年人均职工薪酬为 3.34 万元/年，2014 年至 2028 年 7 月的人均职工薪酬在 2013 年人均职工薪酬的基础上逐年递增 10%。

表 3　　C 收费站和 D 收费站通行费收入预测表

单位：万元

车型	2012 年 7—12 月	2013 年	2014 年	2015 年	2016 年	2017 年	2018 年	2019 年	2020 年	2021 年	2022 年	2023 年	2024 年	2025 年	2026 年	2027 年	2028 年 1—7 月
	C 收费站																
1 型	0.24	0.20	0.13	0.08	0.05	0.03	0.02	0.01	0.01	0.01	0.01	0.01	0.01	0.01	0.01	0.01	0.01
2 型	586.66	508.55	549.24	593.18	640.63	691.88	747.23	807.01	871.57	941.30	1 016.60	1 097.93	1 185.76	1 280.62	1 383.07	1 493.72	806.61
3 型	104.33	110.94	119.82	129.40	139.75	150.93	163.01	176.05	190.13	205.34	221.77	239.51	258.68	279.37	301.72	325.86	175.96
4 型	149.20	159.16	171.89	185.64	200.49	216.53	233.85	252.56	272.77	294.59	318.15	343.61	371.09	400.78	432.84	467.47	252.44
5 型	0.06	0.04	0.03	0.03	0.03	0.03	0.03	0.03	0.03	0.03	0.03	0.03	0.03	0.03	0.03	0.03	0.03
6 型	129.90	102.47	110.67	119.52	129.08	139.41	150.56	162.60	175.61	189.66	204.83	221.22	238.92	258.03	278.67	300.97	162.52
7 型	0.04	0.60	0.38	0.24	0.15	0.09	0.06	0.04	0.04	0.04	0.04	0.04	0.04	0.04	0.04	0.04	0.04
8 型	5.50	5.22	5.64	6.09	6.58	7.11	7.67	8.28	8.95	9.66	10.44	11.27	12.17	13.14	14.20	15.33	8.28
9 型	470.71	526.28	568.38	613.85	662.96	716.00	773.27	835.14	901.95	974.10	1 052.03	1 136.19	1 227.08	1 325.25	1 431.27	1 545.76	834.71
统缴	9.07	10.77	11.63	12.56	13.56	14.65	15.82	17.08	18.45	19.92	21.52	23.24	25.10	27.11	29.28	31.62	17.08
小计	1 455.71	1 424.24	1 537.80	1 660.59	1 793.29	1 936.66	2 091.52	2 258.81	2 439.50	2 634.65	2 845.42	3 073.05	3 318.88	3 584.38	3 871.12	4 180.81	2 257.68
	D 收费站																
1 型	0.01	2.87	2.16	1.63	1.23	0.93	0.70	0.53	0.40	0.30	0.23	0.17	0.13	0.10	0.07	0.06	0.02
2 型	307.75	245.10	264.71	285.88	308.75	333.45	360.13	388.94	420.05	453.66	489.95	529.14	571.48	617.19	666.57	719.90	388.74
3 型	48.91	40.37	43.60	47.08	50.85	54.92	59.31	64.06	69.18	74.72	80.69	87.15	94.12	101.65	109.78	118.56	64.02
4 型	55.99	56.07	60.55	65.40	70.63	76.28	82.38	88.97	96.09	103.78	112.08	121.04	130.73	141.18	152.48	164.68	88.93
5 型	0.10	0.06	0.05	0.03	0.03	0.03	0.03	0.03	0.03	0.03	0.03	0.03	0.03	0.03	0.03	0.03	0.03
6 型	65.67	47.65	51.46	55.58	60.02	64.82	70.01	75.61	81.66	88.19	95.25	102.87	111.09	119.98	129.58	139.94	75.57
7 型	0.04	0.22	0.17	0.13	0.10	0.07	0.06	0.04	0.04	0.04	0.04	0.04	0.04	0.04	0.04	0.04	0.04
8 型	0.05	0.92	0.69	0.52	0.40	0.30	0.23	0.17	0.13	0.10	0.08	0.06	0.05	0.05	0.05	0.05	0.05
9 型	215.99	272.57	294.38	317.93	343.36	370.83	400.49	432.53	467.13	504.50	544.86	588.45	635.53	686.37	741.28	800.58	432.31
统缴	5.17	3.95	4.26	4.61	4.97	5.37	5.80	6.27	6.77	7.31	7.89	8.52	9.21	9.94	10.74	11.59	6.26
小计	699.68	669.76	722.02	778.79	840.34	907.00	979.14	1 057.15	1 141.48	1 232.62	1 331.09	1 437.47	1 552.39	1 676.53	1 810.61	1 955.42	1 055.97
总计	2 155.39	2 094.00	2 259.82	2 439.37	2 633.63	2 843.66	3 070.66	3 315.96	3 580.98	3 867.27	4 176.51	4 510.52	4 871.27	5 260.91	5 681.73	6 136.23	3 313.65

（2）自备车辆费用（包括维修费、燃料费和保险费）。

①车辆维修费：预计 2012 年 7—12 月车辆维修费为 1.20 万元，2013 年车辆维修费为 2.37 万元，2013 年至 2021 年（预计车辆使用年限为 8 年）预计车辆维修费在 2013 年车辆维修费基础上逐年递增 5%；该车辆于 2021 年更新，则 2022 年至 2028 年 7 月重复 2013 年至 2019 年的车辆维修费。

②车辆燃料费：预计 2012 年 7—12 月车辆燃料费为 6.00 万元，2013 年车辆燃料费为 11.50 万元，2014 年至 2028 年 7 月以后考虑到物价指数和通货膨胀的影响，预计在 2013 年车辆燃料费逐年递增 10%。

③车辆保险费：预计 2012 年 7—12 月车辆保险费为 1.62 万元，2013 年至 2028 年 7 月预计车辆保险费在 2012 年车辆保险费基础上逐年递减 5%。

（3）票据费。

票据费与通行费收入成正相关关系，2004 年至 2011 年的票据费总和占收费收入总和的比重为 0.41%，因此预测 2012 年 7 月至 2028 年 7 月当期的票据费为当期的收费收入的 0.41%。

（4）折旧费。

截至评估基准日，C 收费站和 D 收费站固定资产当期折旧额为 328.36 万元，本案例假设企业按评估基准日的固定资产持续经营下去，现有生产设施、技术装备等生产能力的更新等于资产的折旧。则 2012 年 7—12 月折旧额为 328.36 万元，当折旧完毕，C 收费站和 D 收费站只对路面进行大修，大修费用为 8 609.88 万元，并按 10 年计提折旧，则 2021 年至 2027 年折旧额均为 860.99 万元，2028 年 1—7 月折旧额为 502.24 万元。

（5）大中修费用。

中修费用指除公路资产外的其他固定资产的维修费用，与车流量密切相关，预测 2012 年 7 月至 2028 年 7 月中修费用为当期收费的 0.71%。

大修期为 10 年/次，由于该路段已于 2010 年进行了大修，所以预计下次大修应安排在 2020 年。大修维修费用参考类似公路工程综合造价近年增长情况，并考虑未来物价上涨等因素，按照 10 年定基增长 50% 确定，即 5 739.92 ×（1 +50%）=8 609.88（万元）。

（6）通行养护管理成本（包括日常维护费、安全通信监控维护成本）。

以 2004—2011 年的平均值为预测基数，预测 2012 年 7 月至 2028 年 7 月的日常维护费 = 当期收费收入 ×3.34%，2012 年 7 月至 2028 年 7 月的安全通信监控维护成本 = 当期收费收入 ×0.37%。

（7）其他费用（主要包括办公费、差旅费、水电费、邮电费、取暖费、服装费和其他支出）。

2012 年 7 月至 2028 年 7 月的当期各项费用等于当期收入乘以其历史平均值。通过以上分析和预测，× ×段二级公路（C 收费站和 D 收费站）的未来通行养护成本见附表 8。

4.3 管理费用预测

× ×路桥公司经营的× ×段二级公路（C 收费站和 D 收费站）管理费用主要包括：人工成本、固定资产折旧、行政车辆费用、低值易耗品摊销、办公费、差旅费、业务招待费、税金、董事会会费、其他费用。

（1）人工成本。

××路桥公司经营的××段二级公路（所辖C收费站和D收费站）的管理人工成本包括：工资、福利费、社会保险、工会经费、教育经费、其他人工成本。

根据历史数据，并因高速和乡村公路分流车流量按50%分流，预测2012年7—12月人均职工薪酬为3.55万元/年，2013年人均职工薪酬为5.04万元/年，考虑到物价指数和通货膨胀的影响，2014年至2028年7月的人均职工薪酬在2013年人均职工薪酬的基础上逐年递增10%。

（2）折旧费。

截至评估基准日，C收费站和D收费站应分摊××路桥公司的固定资产当期折旧额为15.42万元，本案例假设企业按评估基准日的固定资产持续经营下去，现有生产设施、技术装备等生产能力的更新等于资产的折旧。则2012年7—12月折旧额为15.42万元，当折旧完毕，C收费站和D收费站固定资产按现有原值进行更新，则2013年至2027年折旧额均为30.84万元，2028年1—7月折旧额为17.99万元。

（3）行政车辆费用（包括维修费、燃料费和保险费）。

①车辆维修费：预计2012年7—12月车辆维修费为1.91万元，2013年车辆维修费为3.00万元，以后年度随着车辆磨损的增加，预计2014年至2028年7月车辆维修费在2013年车辆维修费基础上逐年递增5%。

②车辆燃料费：预计2012年7—12月车辆燃料费为6.48万元，2013年车辆燃料费为9.00万元，2014年至2028年7月以后考虑到物价指数和通货膨胀的影响，预计车辆燃料费在2013年车辆燃料费基础上逐年递增5%。

③车辆保险费：预计2012年7—12月车辆保险费为1.31万元，2013年至2028年7月以后根据车辆保险费的实际情况，预计车辆保险费在2012年车辆保险费基础上逐年递减5%。

（4）低值易耗品摊销。

低值易耗品的消耗一般与其所使用人数成正相关关系，2004—2011年××路桥公司管理人员人均年消耗低值易耗品为0.24元，本案例假设2012年7—12月后管理人员为10人，则2012年7—12月低值易耗品消耗为3.57万元，2013年低值易耗品消耗为3.60万元，2014年至2028年7月以后考虑到物价指数的影响，预计车辆保险费在2013年车辆保险费基础上逐年递增1%。

（5）办公费。

预计2012年7—12月办公费为2.68万元，2013年办公费为3.40万元，2014年至2028年7月以后考虑到物价指数的影响，预计办公费在2013年办公费基础上逐年递增1%。

（6）差旅费。

预计2012年7—12月差旅费为3.61万元，2013年差旅费为8.00万元，2014年至2028年7月以后考虑到物价指数的影响，预计差旅费在2013年差旅费基础上逐年递增1%。

（7）业务招待费。

预计2012年7—12月业务招待费为15.06万元，2013年业务招待费为20.00万元，2014年至2028年7月以后考虑到物价指数的影响，预计业务招待费在2013年业务招待费基础上逐年递增2%。

（8）税金（包括印花税和水利建设基金等）。

印花税和水利建设基金与收入呈正相关关系，按照国家相关规定：印花税为当期收入的0.03%；水利建设基金为当期收入的0.08%。

（9）董事会会费的分析与预测。

预计2012年7—12月董事会会费为4.81万元，2013年董事会会费为8.00万元，2014年至2028年7月以后考虑到物价指数的影响，预计董事会会费在2013年董事会会费基础上逐年递增3%。

（10）其他费用（主要包括水电费、审计费、取暖费、物业费、日常维护费和其他支出）。

评估人员通过对水电费、审计费、取暖费、物业费、日常维护费和其他支出这些可变费用占当期收入比重的分析，以其历史平均值为基准，2012年7月至2028年7月的当期各项费用等于当期收入乘以其历史平均值。

通过以上分析和预测，××路桥公司经营的××段二级公路（C收费站和D收费站）的未来管理费用见附表10。

4.4 营业税金及附加

××路桥公司目前执行的营业税税率为5%，计税基础为收费收入；城建税税率7%，计税基础为营业税；教育费附加税率4%（含地方教育费附加税率1%），计税基础为营业税。

4.5 财务费用预测

因企业的货币资金或其银行存款等在生产经营过程中频繁变化或变化较大，本次预测不考虑存款产生的利息收入，也不考虑付息债务之外的其他不确定性损益。根据此原则，按评估基准日长期借款的借款余额2 460万元及评估基准日长期5年以上贷款利率7.05%和借款合同规定的借款利率计算，还贷计划按“分年还款计划书”及“补充协议”执行。利息支出按现有借款规模及利率水平计算，长期借款按借款合同规定计算。

4.6 企业所得税

××路桥公司所得税税率为25%，本案例按25%计算××段二级公路（C收费站和D收费站）的未来所得税费用。

4.7 资本支出及固定资产残值的回收

本案例假设企业按评估基准日的固定资产持续经营下去，现有生产设施、技术装备等生产能力的更新等于资产的折旧；当固定资产折旧完毕，C收费站和D收费站固定资产按现有原值进行更新，遵循以上原则，未来资本性支出如下：机器设备分别于2013年、2020年和2026年进行更新，更新费用为194.52万元，同时2013年回收残值为34.38万元，2020年和2026年回收残值均为65.52万元，2028年7月31日回收余值137.69万元；大修维修费用参考类似公路工程综合造价近年增长情况，并考虑未来物价上涨等因素，按照10年定基增长50%确定，即5 739.92×(1+50%)=8 609.88（万元）。

4.8 营运资金

营运资金等于营业流动资产减去无息负债。由于委估评估对象为非法人机构，委估资产为公路收费经营权，加之收费公路最大的特点是现金流盈余，故不考虑营运资金。

4.9 折现率的选择

（1）基本模型。

按照收益额与折现率口径一致的原则，本案例收益额口径为企业自由现金流量，则折现率选取加权平均资本成本（WACC）。

$$\mathrm{WACC} = K_e \times E \div (D+E) + K_d \times D \div (D+E) \times (1-T) \qquad \text{（公式 2）}$$

式中：

E——股东权益的市场价值；

D——有息债务的市场价值；

K_e——权益资本成本；

K_d——债务资本成本（为税前利息成本）；

T——被评估企业的所得税税率；

D/E——根据市场价值估计的委估企业的目标债务与权益比率。

其中：

权益资本成本 $K_e = R_f + \beta_{权益} \times \mathrm{MRP} + R_c$

式中：

R_f——无风险报酬率；

$\beta_{权益}$——全部权益资本的预期市场风险系数；

MRP——市场风险溢价；

R_c——特定风险调整系数。

（2）基本参数的确定。

①无风险收益率的确定。

国债收益率通常被认为是无风险的，因为持有该债权到期不能兑付的风险很小，可以忽略不计。因此，本次评估无风险收益率取长期国债期望回报率，本次评估采用的数据为评估基准日距到期日 10 年以上的长期国债的年到期收益率的平均值，经过汇总计算取值为 3.97%（数据来源：Wind 资讯）。

②市场风险溢价 ERP 的确定。

市场风险溢价是投资者投资所期望的超过无风险收益率的部分，即股权市场超额风险收益率（$E[R_m] - R_{f_2}$）的确定。目前在我国，通常采用证券市场上的公开资料来研究风险报酬率。为了计算股市平均投资回报率，我们分别选择上证 180 指数和深证 100 指数上市股票，估算区间为 2001 年 12 月 31 日到 2011 年 12 月 31 日，计算其每家 10 年平均投资收益率。

③市场期望报酬率（$E[R_m]$）的确定。

在案例中，借助 Wind 资讯的数据系统，采用沪深 300 指数中的成份股投资收益的指标来进行分析，采用几何平均值方法对沪深 300 成分股的投资收益情况进行分析计算，得出各年度平均的市场风险报酬率。

④2002—2011 年各年度的无风险报酬率（R_{f_2}）的确定。

采用2002—2011年各年度年末距到期日10年以上的中长期国债的到期收益率的平均值作为长期市场预期回报率。

按照几何平均方法分别计算2001年12月31日至2011年12月31日期间每年的市场风险溢价，即 $E[R_m]-R_{f_2}$，采用其平均值7.10%作为市场超额收益率。

⑤对比公司市场风险系数 β 的确定。

β 被认为是衡量公司相对风险的指标。评估人员选取了五洲交通、宁沪高速、赣粤高速、山东高速、现代投资、皖通高速共6家上市公司作为对比公司。采用距评估基准日2012年6月30日以前24个月数据计算对比公司的 β 值，上证指数选择上证180，深证指数选择深证100指数。因评估对象依附的企业是一家非上市公司，且评估对象为非法人企业，没有独立的财务报表，但可以独立的产生现金流量，评估对象的 β 值取上述6家可比公司的剔除资本结构因素后的 β 平均值，即 β 值为0.7862。

⑥特定风险调整系数 R_c 的确定。

影响公司超额收益率 R_c 的因素主要有两方面：第一，公司规模风险：××路桥公司经营的××段二级公路（C站收费站和D站收费站）生产规模相对较小，因此我们认为有必要做规模报酬调整。根据我们的比较和判断结果，评估人员认为追加1.5%的规模风险报酬率是合理的。第二，安全生产风险：××路桥公司经营的××段二级公路（C站收费站和D站收费站）处于我国北部，受自然条件的限制较多，公路的运营状况与气候条件及自然灾害有着一定的相关性。如在雪、雨、雾天气下，车流量相应会减少；地震、洪水、水灾、交通事故也会在不同程度上对车流量产生负面影响，甚至存在路面、路基被毁坏的风险。

综上所述，C收费站和D收费站特定风险调整系数 R_c 取2.00%（见表4）。

表4 特定风险调整系数打分表

风险项目	分　值
公司规模风险	1.5%
安全生产	0.5%
合　计	2.00%

⑦权益资本成本 K_e 的确定。

根据上述确定的参数，则权益资本成本计算如下：

$K_e=R_f+\beta L\times \text{MRP}+R_c=3.97\%+0.7862\times 7.10\%+2.00\%=11.55\%$（取整）

⑧加权资本成本WACC的确定。

由于C收费站和D收费站作为非法人单位无对应的权益资本数据，且委估公路所承担的负债按照还款计划将于2013年12月全部偿还，故本次评估加权资本成本WACC时不考虑负债权重的影响，所以 $\text{WACC}=K_e=11.55\%$。

5. 评估结果

通过实施上述过程，使用收益法评估的××路桥公司经营的××段二级公路（C收费站和D收费站）16.08年收费权益评估值见表5。

表 5　C 收费站和 D 收费站现金流量表

单位：万元

项目	2012 年 7—12 月	2013 年	2014 年	2015 年	2016 年	2017 年	2018 年	2019 年	2020 年	2021 年	2022 年	2023 年	2024 年	2025 年	2026 年	2027 年	2028 年 1—7 月
一、营业收入	2 155.39	2 094.00	2 259.82	2 439.37	2 633.63	2 843.66	3 070.66	3 315.96	3 580.98	3 867.27	4 176.51	4 510.52	4 871.27	5 260.91	5 681.73	6 136.23	3 313.65
二、营业成本	1 251.10	2 204.42	2 184.57	1 791.40	1 227.68	1 346.01	1 338.18	1 400.66	1 695.22	1 839.88	1 850.22	1 939.45	2 037.05	2 218.84	2 260.69	2 388.58	1 448.17
三、营业税金及附加	119.62	116.22	125.42	135.39	146.17	157.82	170.42	184.04	198.74	214.63	231.80	250.33	270.36	291.98	315.34	340.56	183.91
四、管理费用	139.91	161.27	169.19	177.80	187.15	197.32	208.38	220.41	233.50	247.76	263.28	280.20	298.64	318.74	340.67	364.59	222.51
五、财务费用	88.92	65.86	—	—	—	—	—	—	—	—	—	—	—	—	—	—	—
六、利润总额	555.83	-453.77	-219.36	334.79	1 072.63	1 142.51	1 353.69	1 510.86	1 453.51	1 564.99	1 831.21	2 040.54	2 265.22	2 431.34	2 765.03	3 042.50	1 459.06
七、所得税费用	138.96	—	—	—	183.57	285.63	338.42	377.71	363.38	391.25	457.80	510.13	566.31	607.84	691.26	760.62	364.76
八、净利润	416.87	-453.77	-219.36	334.79	889.06	856.88	1 015.27	1 133.14	1 090.14	1 173.74	1 373.41	1 530.40	1 698.92	1 823.51	2 073.77	2 281.87	1 094.29
九、折旧费用	328.36	656.72	656.72	656.72	656.72	656.72	656.72	656.72	882.99	882.99	882.99	882.99	882.99	882.99	882.99	882.99	515.08
十、摊销费用	614.10	1 048.62	1 048.62	611.61	—	—	—	—	—	—	—	—	—	—	—	—	—
十一、税后付息债务利息	66.69	49.40	0.00	0.00	0.00	0.00	0.00	0.00	0.00	0.00	0.00	0.00	0.00	0.00	0.00	0.00	0.00

续表

项目	2012 年 7—12 月	2013 年	2014 年	2015 年	2016 年	2017 年	2018 年	2019 年	2020 年	2021 年	2022 年	2023 年	2024 年	2025 年	2026 年	2027 年	2028 年 1—7 月
十二、资本性支出	0.00	194.52	0.00	0.00	0.00	0.00	0.00	0.00	8，804.40	0.00	0.00	0.00	0.00	0.00	194.52	0.00	0.00
十三、回收固定资产残(余)值	34.38	—	—	—	—	—	—	62.52	—	—	—	—	—	62.52	—	—	—
十四、企业自由现金流量	1 460.40	1 106.44	1 485.98	1 603.12	1 545.78	1 513.60	1 671.99	1 852.38	-6 831.28	2 056.73	2 256.39	2 413.39	2 581.90	2 769.02	2 762.24	3 164.86	1 609.37
十五、折现率	11.55%	11.55%	11.55%	11.55%	11.55%	11.55%	11.55%	11.55%	11.55%	11.55%	11.55%	11.55%	11.55%	11.55%	11.55%	11.55%	11.55%
十六、折现期	0.25	1.00	2.00	3.00	4.00	5.00	6.00	7.00	8.00	9.00	10.00	11.00	12.00	13.00	14.00	15.00	15.29
十七、折现系数	0.9730	0.8965	0.8036	0.7204	0.6458	0.5790	0.5190	0.4653	0.4171	0.3739	0.3352	0.3005	0.2694	0.2415	0.2165	0.1941	0.1880
十八、企业自由现金流量折现值	1 421.04	991.88	1 194.19	1 154.93	998.32	876.32	867.79	861.87	-2 849.35	769.04	756.34	725.21	695.51	668.68	597.98	614.20	302.53
十九、收费权折现值合计	6 636.68						1 130.92						2 878.91				

收费权折现值 = 6 636.68 + 1 130.92 + 2 878.91
= 10 646.51（万元）

6. 特殊说明

受所依据资料的局限性，以上评估结果仅在上述所有假设条件下成立。

The Case Analysis of Income Approach Evaluating ×× Operating Secondary Highway Toll Right

Abstract: The purpose of this case is to evaluate and estimate the market value of ×× operating secondary highway toll collection right (C and D toll station) under the premise of continuing operations charging right at the valuation date June 30, 2012, and to provide value reference opinions for the economic behavior of government to recover ×× operating secondary highway toll collection rights. Evaluation object is toll collection right intangible assets, and assessment scope is ×× operating secondary highway toll collection right (C and D toll station) operated by ×× road and bridge corporation from June 30, 2012 to July 25, 2028. By analyzing the applicability of the three methods of evaluation to this case, we choose income approach to evaluate the value of toll collection right. In the case, we focus on analyzing the technical ideas and parameter measurement problem of income approach to evaluate the value of toll collection right.

Key Words: Evaluation of Toll Collection Right; Income Approach, Vehicle Flowrate; WACC (weighted average cost of capital)

收益法评估××段经营性二级公路收费权案例分析

一、教学目的与用途

1. 本案例主要适用于《资产评估》课程中“无形资产评估中特许权评估”等内容的学习，适用于资产评估本科生、资产评估专业硕士研究生案例教学使用，也可用于会计、财务管理、工商管理、金融方向本科生、MBA、EMBA 等案例教学使用。

2. 本案例是一篇关于“公路收费权评估”的案例分析，其教学目的首先在于通过教学案例使学生对抽象的特许权评估有一个直观的了解与感受；其次，通过本案例使学生了解公路收费权评估的过程与思路，最终使学生掌握收益法在公路收费权评估中的运用。

二、启发思考题

1. 公路收费权是依附在收费公路实物资产上的无形资产，与其他无形资产相比具有哪些特点？评估公路收费权应考虑哪些因素？

2. 用收益法评估公路收费权时预期收益有哪几种表现形式？本案例中的预期收益是哪种形式，收益额及具体参数是如何确定的？

3. 收益法评估公路资产时测算折现率有哪几种方法？试总结各种方法的适用性，本案例中的折现率应该选用哪种方法并说明原因。

4. 目前我国公路收费权评估可选用收益法和成本法，结合本案例，分析两种方法对公路收费权评估的适用性，若用两种方法评估公路收费权，评估结果是否趋同并说明原因。

三、分析思路

1. 明确评估对象。

通过案例背景介绍使学生初步了解到，该案例是对公路收费权进行评估，是有关于无形资产评估中的特许权评估案例。在通常情况下，根据评估目的与待估无形资产特点，选用收益法、市场法或成本法评估，而收益法往往是采用较多的一种方法，并由此使学生回忆收益法评估无形资产的主要理论。

2. 了解评估对象的特点。

本案例所评估的公路收费权在实质上是一项依附在收费公路实物资产上的无形资产，因此，公路收费权具有无形资产的无形性、排他性、作用长期性以及超额收益性等基本特征。与其他无形资产相比，公路收费权还兼具自己的特征：首先，公路收费权是国家特许经营的一种权利，具有很强的垄断性；其次，公路收费权具有期限性即公路收费权的特许经营期；最后，公路收费权是依附在公路实物资产上的无形资产，其价值决定于获得超额收益的能力，而非公路收费权所附着的公路整体资产的实物价值，即公路收费权的价值不应是按其所依托的收费公路实物的“物化”价值来确定，而应是根据未来经营公路收费权的预期超额收益来确定。

3. 评估方法选择。

通过案例正文的叙述，使学生了解到公路收费权无形资产的特点，并能够根据所学无形资产评估方法来判断如何评估公路收费权。本案例中的评估对象是公路收费权无形资产，评估范围为××段二级公路（C收费站和D收费站）16.08年的收费权。按照评估准则，可考虑采用收益法、市场法和成本法实施评估。

市场法是指利用市场上同样或类似资产的近期交易价格，经过直接比较或类比分析以估测资产价值的各种评估技术方法的总称。根据市场法进行评估需要满足两个最基本的条件：（1）要有一个活跃的公开市场；（2）公开市场上要有可比的资产及其交易活动。在本案例中，评估对象为公路收费权。在我国，目前并没有形成公开活跃的公路收费权资产交易市场，并且由于公路收费权本身具有其独特的地域性特点，受区域经济发展与定价标准体系的限制，可比交易案例稀少，故市场法受到限制。

成分法指首先估测被评估资产的重置成本，然后估测被评估资产各种贬值因素，并将其从重置成本中扣除而得被估资产价值的各种评估方法总称。在本案例中，公路收费权作为无形资产，其价值与重置成本呈弱对应性，且其建造成本与收费标准受区域及国家政策影响大，各种贬值因素难以计量，故成本法的应用也受到限制。

收益法指通过估测被评估资产未来预期收益现值来判断资产价值的各种评估方法的总称。公路收费权收益法评估就是运用效用价值原理，通过估算公路收费权资产在转让期限内的收益，并将其按照适用的折现率折现成评估基准日的价值，以此确定公路收费权资产评估价值的过程。在本案例中，依照评估目的，××路桥公司提供了评估基准日及前八年××段二级公路（C收费站和D收费站）的营业收入和经营成本、管理费用、固定资产和财务费用明细等会计资料。并且评估师经分析确认该公路收费权的未来预期收益可以预测并可以用货币来衡量、预期获利年限可以确定、经营者获得预期收益所承担的风险也可以合理估算并可以用货币来衡量，故该公路收费权评估适用于收益法。通过对三种评估方法的比较分析，来引导学生通过职业判断来评判对公路收费权评估方法的选择。

四、理论依据与分析

通过三种方法的比较确定采用收益法评估，按照收益法的原理，公路收费权的评估值是在未来特许经营年限内公路收费权各年的预期收益额用适当的折现率折现，累加得出的评估基准日的收益现值。本案例采用收益法进行评估，首先依据××段二级公路（C收费站和D收费站）的建设情况、经营规模及财务、税收政策，对该公路未来期间的财务预测数据（包括收入、成本、费用、利润等）进行合理性审核与修正；其次，估测委估公路收费权的现金流量，本次评估采用企业自由现金流量；然后估测适当的折现率；最后用折现率将未来每年的现金流量折现，累加得出评估基准日的委估公路收费权的现值。评估公式及参数说明如下：

$$V = \sum_{t=1}^{n} \frac{A_t}{(1+r)^t} \quad \text{（公式1）}$$

式中：

V——公路收费权评估值；

A_t——未来剩余经营期内第t年的预期自由现金流量；

t——年份；

r——折现率；

n——未来收费年限。

收益法是根据资产未来预期收益经折现或本金化处理来估测资产价值的，它涉及三个基本要素：(1) 被评估资产的预期收益；(2) 折现率或资本化率；(3) 被评估资产取得预期收益的持续时间。应用收益法必需的前提条件是：

(1) 被评估资产的未来预期收益可以预测并可以用货币来衡量；

(2) 资产拥有者获得预期收益所承担的风险也可以预测并可以用货币来衡量；

(3) 被评估资产预期获利年限可以预测。

采用收益法进行评估，其基本程序如下：

(1) 收集并验证与评估对象未来预期收益有关的数据资料，包括经营前景、财务状况、市场形势以及经营风险等；

(2) 分析测算被评估对象的未来预期收益；

(3) 分析测算折现率或资本化率；

(4) 分析测算被评估资产预期收益持续时间；

(5) 用折现率或资本化率将评估对象的未来预期收益折算成现值；

(6) 分析确定评估结果。

运用收益法进行评估涉及许多经济技术参数，其中最重要的参数有三个，即收益额、折现率和收益期限。

五、背景信息

××路桥公司成立于×年×月×日，现有员工×人，注册资金×万元，存续期限为30年，主要从事公路、桥梁、隧道的投资、经营、管理。

本公司按现代企业制度设有股东会、董事会、监事会及董事会领导下的管委会。目前公司总部设行政部、经营部、工程部、财务部四个职能部室，下设A收费站（辖有C收费站、D收费站）和E收费站、F收费站。

2003年7月以《××人民政府关于同意参照BOT方式合并建设县道××至××段与××段公路收取车辆通行费的批复》（内政字〔2003〕237号），××段公路收费年限为25年；国道××线××至××段公路，收费年限为27年。本公司经营收入以车辆通行费收入为主，收入连年稳步增长。

2004年1月1日，与E交通局签署协议对国道××线新开河至××段二级收费还贷公路的收费权进行代管。

2006年2月9日，根据内政字〔2006〕28号文件精神，参照BOT方式投资建设国道××线××至××段公路工程，并于当年全部完成，次年开始收费经营，收费年限为27年。

××路桥公司自设立之初始终坚持实施品牌战略，发展优势行业、创绩优企业、品牌产业，由单一收费经营向交通相关产业集团化方向发展；由单一投资主体经营向多元投资主体经营转变，结合××市经济发展及对公路交通等基础设施建设需要，抓准××市公路建设的亮点作为切入点，对××市未来有潜力的公路或项目提前进行运作，实施重点突破，拓宽企业发展空间。

根据××市A区人民政府区长办公会议纪要《研究省道××线被撤销BOT收费站的有关事宜》〔2012〕29号文件中的有关要求的需要，本次评估的目的是对××段二级公路（C收费站和D收费站）收费权于评估基准日2012年6月30日所表现的持续经营前提下的市场价值进行评定估算并发表专业意见，为政府收回××段二级公路收费权的经济行为提供价值参考意见。

经济行为依据为××市A区人民政府区长办公会议纪要《研究省道××线被撤销BOT收费站的有关事宜》〔2012〕×号文件中的有关要求。

本案例对××段二级公路（C收费站、D收费站）的历史经营情况及收费标准另有如下说明：

1. 公路经营权的历史经营情况。

收益法中参数的确定有赖于对评估对象历史经营状况的分析，在本案例中，对评估对象主营业务历史经营状况的分析尤为重要。××段二级公路（C收费站、D收费站）经营的历史数据见附表1－附表8。

2. 收费标准。

按照××物价局、交通厅文件《××物价局、交通厅关于××市W线、线收取车辆通行费调整收费标准请示的批复》（内价费发〔1998〕74号），××发展计划委员会、交通厅文件《××发展计划委员会、交通厅关于明确车辆通行费汽车挂车收费标准的通知》（内计费字〔2002〕1729号）两个文件的要求，××段二级公路（C收费站和D收费站）执行车型和标准见表1。对××段二级公路（C收费站和D收费站）税费的预测见附表9－附表11。

表1 ××段二级公路收费标准 单位：元

车 型	标 准
1型	5
2型	10
3型	15
4型	25
5型	30
6型	35
7型	40
8型	45
9型	55

六、关键要点

1. 案例分析中的关键点。

（1）明确公路收费权无形资产特点；

（2）明确收益法、市场法和成本法对公路收费权无形资产评估的适用性；

（3）明确收益法评估公路收费权中各参数的预测过程。

2. 案例教学中的关键知识点。

（1）应用收益法的前提条件及基本要素；

（2）公路收费权无形资产的特殊性。

3. 案例教学中的关键能力点。

（1）培养学生分析评估对象状态与特点的能力；

（2）培养学生职业判断的能力；

（3）培养学生掌握运用评估方法的能力。

七、建议的课堂计划

本案例可用于专门的案例讨论课，以下是所提供的教学计划建议，仅供参考。

时间计划：整个案例课的时间控制在90分钟左右。

课前计划：请学生在课前完成阅读和收集有关资料，并对启发思考题初步思考以助于课堂讨论。

课中计划：教师课堂前言（10分钟）；让学生分组讨论（30分钟）；各组学生将自己组的观点总结陈述（20分钟）；教师点评并归纳总结（30分钟）。

课后计划：学生根据课前阅读、收集资料，课堂讨论以及教师的归纳总结，撰写案例学习总结或报告。

案例组织引导：本案例教学中老师应提前一周布置案例，让学生阅读并收集相关资料。教师也应准备好案例点评材料，在课堂讨论中，应鼓励课上所有学生参加讨论，讨论结束之后教师对学生的发言进行点评，并把案例的关键点以及学生在讨论中的疑问进行板书归纳。最后总结本案例的关键点及难点。整个课堂中教师应注意把握各环节的时间。

案例开场白：教师首先要对无形资产评估方法及适用性进行总结；其次，简要说明本案例背景信息，提示学生本案例评估对象的特殊性，引导学生将讨论的重点放在评估方法的选择与参数测算上；最后，将学生进行分组，布置每组讨论的内容。

小组分组及讨论内容：可将学生分为四小组，第一组学生讨论评估目的、评估对象和评估范围；第二组学生负责讨论各种评估方法在本案例中的适用性；第三组学生讨论收益法的相关理论知识及相关参数测定；第四组学生讨论收益法在本案例中的具体运用程序。

结束总结：对整个讨论课进行总结，内容要突出本案例的关键点，使学生进一步掌握使用收益法评估公路收费权的方法思路，并且运用在以后的案例学习中。然后让学生对启发思考题进一步深入思考，感兴趣的地方可写成小论文。最后要求每位学生撰写本案例的学习总结或报告。

在案例教学中，教师应准确将学生引导到案例分析的关键点，培养学生发现问题、分析问题以及解决问题的能力，通过案例，向学生渗透更多的评估实务问题。

八、案例后续进展

截至目前，此次评估所涉及的经济行为已经实现，并且非常成功，此次评估结果也得到了国有资产管理部门的认可，为收益法评估公路收费权价值的实际应用打下坚实的基础。

参考文献

[1] 刘德运. 无形资产评估 [M]. 北京：中国财政经济出版社，2010.

[2] 中国资产评估协会. 资产评估 [M]. 北京：经济科学出版社，2012.

[3] 徐海成. 公路经济 [M]. 北京：人民交通出版社，2008.

[4] 左庆乐. 公路收费权资产评估的意义和方法选择 [J]. 中国资产评估，1998 (02).

[5] 徐海成. 收益现值法与重置成本法评估公路收费权价值的对比分析 [J]. 西安公路交通大学学报，1998 (04).

[6] 胡欣欣，郝国瑞. 收益法评估公路收费权的难点探讨 [J]. 交通财会，2013 (04).

附录

附表 1

通行费收入历史数据表

单位：万元

车型	规 格	2004 年	2005 年	2006 年	2007 年	2008 年	2009 年	2010 年	2011 年	2012 年 1—6 月
		C 站								
1 型	正三轮、农用车	22.31	23.30	36.83	14.22	13.47	3.71	1.26	0.52	0.08
2 型	2 吨以下客（货）汽车	494.87	567.21	628.07	653.07	762.62	892.62	743.87	872.00	355.10
3 型	2 吨（含 2 吨）及以上至 8 吨（不含 8 吨）货车	190.35	225.52	288.65	201.04	198.71	186.85	159.61	190.23	101.12
4 型	8 吨（含 8 吨）至 15 吨的（不含 15 吨）货车	167.29	207.51	222.42	214.88	245.41	233.96	231.92	272.91	145.54
5 型	20 吨（不含 20 吨）挂车	9.61	7.49	7.57	1.76	0.93	0.56	0.19	0.20	0.07
6 型	15 吨（含 15 吨）以上货车	100.58	112.11	134.21	180.82	244.98	195.67	132.68	175.70	59.85
7 型	20 吨（含 20 吨）以上挂车	10.80	8.14	22.71	3.23	7.64	2.39	2.95	3.09	5.11
8 型	20 吨（不含 20 吨）以下挂车加主车吨位 2 吨以上	5.23	8.15	10.84	13.55	14.50	13.77	7.79	8.96	4.17
9 型	20 吨（含 20 吨）以上挂车加主车吨位 2 吨以上	118.49	178.63	46.10	120.19	268.63	384.14	414.05	902.40	503.88
其他	统缴	9.70	17.38	13.00	12.33	8.94	14.73	9.63	19.37	11.72
小 计		1 129.22	1 355.45	1 410.40	1 415.11	1 765.83	1 928.40	1 703.95	2 445.36	1 186.65
		D 站								
1 型	正三轮、农用车	35.44	46.59	51.14	15.75	9.16	6.39	2.09	5.03	4.27
2 型	2 吨以下客（货）汽车	135.65	178.66	171.99	211.21	241.65	282.99	304.88	420.26	146.13
3 型	2 吨（含 2 吨）及以上至 8 吨（不含 8 吨）货车	107.12	138.65	149.16	70.13	66.66	62.38	62.49	69.22	25.84
4 型	8 吨（含 8 吨）至 15 吨的（不含 15 吨）货车	59.91	83.30	97.28	66.28	79.56	84.54	89.05	96.13	47.83
5 型	20 吨（不含 20 吨）挂车	10.05	13.24	14.68	1.32	0.68	0.45	0.21	0.21	0.05
6 型	15 吨（含 15 吨）以上货车	120.18	158.94	106.21	220.30	259.26	163.57	108.55	81.70	22.56
7 型	20 吨（含 20 吨）以上挂车	6.53	10.21	13.03	3.08	2.72	1.55	0.36	0.79	0.89
8 型	20 吨（不含 20 吨）以下挂车加主车吨位 2 吨以上	14.15	21.57	18.62	6.25	5.11	5.31	4.14	3.23	0.68
9 型	20 吨（含 20 吨）以上挂车加主车吨位 2 吨以上	21.70	46.96	28.91	110.66	242.61	339.41	476.97	467.37	288.77
其他	统缴	2.64	8.62	13.41	9.28	6.77	4.92	5.19	7.08	2.13
小 计		513.37	706.75	664.43	714.25	914.18	951.52	1 053.93	1 151.01	539.15
总计		1 642.60	2 062.20	2 074.83	2 129.36	2 680.00	2 879.92	2 757.88	3 596.37	1 725.80

附表 2

经营成本历史数据表

单位：万元

项　目	2004 年	2005 年	2006 年	2007 年	2008 年	2009 年	2010 年	2011 年	2012 年 1—6 月
工资	99.56	104.69	127.77	110.35	114.07	226.76	258.93	172.78	97.74
福利费	11.52	14.65	17.89	15.45	6.29	6.80	15.66	33.76	10.84
社保费	—	—	33.29	30.46	33.56	37.99	45.09	54.92	12.61
办公费	—	—	—	—	—	2.84	1.76	2.94	0.97
差旅费	0.39	0.40	0.51	0.42	0.32	0.31	0.19	0.30	0.06
水电费	15.03	11.31	11.90	12.75	12.55	13.41	14.00	15.09	8.66
邮电费	1.22	1.55	1.11	—	—	—	—	—	—
取暖费	—	—	2.07	5.10	2.85	4.99	—	3.98	—
车辆维修费	3.94	5.16	7.06	5.19	4.45	4.38	4.04	4.77	1.17
车辆燃料费	15.98	18.73	15.21	8.95	8.06	7.92	13.91	11.05	5.39
车辆保险费	0.84	0.59	1.95	2.11	2.51	2.58	1.62	1.73	0.11
票据费	8.76	6.00	6.00	9.34	11.88	12.54	12.32	15.00	—
绕行治理费	—	—	—	3.46	4.13	4.03	1.65	—	—
日常维护费	—	—	—	—	—	15.99	39.64	17.17	5.18
维修费	5.85	16.64	22.08	24.07	22.08	6.16	—	44.18	0.78
服装费	0.52	1.85	2.99	15.68	2.37	0.43	7.86	58.83	—
低值易耗品摊销	8.08	0.36	0.66	—	—	0.02	—	1.40	—
工会经费	—	—	—	—	—	2.42	1.91	—	—
教育费	—	—	—	—	—	—	0.04	0.16	—
折旧费	1 197.94	1 217.64	1 229.96	1 224.88	649.23	654.97	653.67	655.47	328.36
路面维修费		47.31	29.80	225.70	711.83	471.96	431.01	1 228.20	614.10
养护费	90.00	30.00	20.00	90.00	45.00	—	59.11	93.52	—
小修费	—	—	—	—	2.00	—	51.33	301.14	4.36
绿化费	—	—	—	0.83	0.69	—	—	—	—
劳动保险	18.22	13.36	0.10	0.04	0.08	—	—	—	—
其他	8.72	14.42	3.91	1.48	1.15	—	—	—	—
合计	1 488.67	1 506.84	1 535.88	1 789.36	1 638.00	1 476.49	1 613.71	2 716.38	1 090.32

附表 3

C 收费站和 D 收费站历史车流量统计表

单位：辆

车型	2004 年	2005 年	2006 年	2007 年	2008 年	2009 年	2010 年	2011 年	2012 年 1—6 月
	C 站								
1 型	44 612	46 593	73 654	28 449	26 942	7 413	2 519	1 030	169
2 型	494 871	567 210	628 074	653 074	762 616	892 617	743 871	872 004	355 104
3 型	126 903	150 345	192 430	134 029	132 470	124 568	106 407	126 819	67 411
4 型	66 917	83 005	88 969	85 953	98 162	93 585	92 768	109 162	58 217
5 型	3 204	2 498	2 524	586	311	186	64	65	22
6 型	28 736	32 032	38 347	51 664	69 995	55 906	37 909	50 200	17 101
7 型	2 699	2 034	5 678	807	1 911	598	737	773	1 278
8 型	1 163	1 811	2 408	3 012	3 222	3 060	1 730	1 991	927
9 型	21 543	32 479	8 382	21 853	48 842	69 843	75 281	164 072	91 614
其他	1 592	2 438	2 595	2 458	1 766	2 490	1 536	2 907	1 712
小计	792 240	920 445	1 043 061	981 885	1 146 237	1 250 266	1 062 822	1 329 023	593 555
	D 站								
1 型	70 875	93 180	102 287	31 500	18 314	12 786	4 187	10 058	8 548
2 型	135 651	178 664	171 991	211 208	241 652	282 991	304 883	420 262	146 129
3 型	71 414	92 434	99 437	46 756	44 443	41 585	41 657	46 144	17 229
4 型	23 962	33 321	38 913	26 511	31 824	33 817	35 621	38 453	19 133
5 型	3 351	4 414	4 893	439	227	151	69	69	18
6 型	34 338	45 411	30 347	62 942	74 074	46 734	31 015	23 343	6 447
7 型	1 633	2 552	3 257	771	681	387	90	197	222
8 型	3 145	4 794	4 138	1 389	1 135	1 181	920	717	150
9 型	3 945	8 538	5 256	20 120	44 110	61 711	86 722	84 976	52 503
其他	835	2 272	2 507	1 616	1 257	998	925	1 287	407
小计	349 149	465 580	463 026	403 252	457 717	482 341	506 089	625 506	250 786
总计	1 141 389	1 386 025	1 506 087	1 385 137	1 603 954	1 732 607	1 568 911	1 954 529	844 341

附表 4

C 收费站和 D 收费站历史通行费收入统计表

单位：万元

车型	2004 年	2005 年	2006 年	2007 年	2008 年	2009 年	2010 年	2011 年	2012 年 1—6 月
	C 站								
1 型	22.31	23.30	36.83	14.22	13.47	3.71	1.26	0.52	0.08
2 型	494.87	567.21	628.07	653.07	762.62	892.62	743.87	872.00	355.10
3 型	190.35	225.52	288.65	201.04	198.71	186.85	159.61	190.23	101.12
4 型	167.29	207.51	222.42	214.88	245.41	233.96	231.92	272.91	145.54
5 型	9.61	7.49	7.57	1.76	0.93	0.56	0.19	0.20	0.07
6 型	100.58	112.11	134.21	180.82	244.98	195.67	132.68	175.70	59.85
7 型	10.80	8.14	22.71	3.23	7.64	2.39	2.95	3.09	5.11
8 型	5.23	8.15	10.84	13.55	14.50	13.77	7.79	8.96	4.17
9 型	118.49	178.63	46.10	120.19	268.63	384.14	414.05	902.40	503.88
其他	9.70	17.38	13.00	12.33	8.94	14.73	9.63	19.37	11.72
小计	1 129.22	1 355.45	1 410.40	1 415.11	1 765.83	1 928.40	1 703.95	2 445.36	1 186.65
	D 站								
1 型	35.44	46.59	51.14	15.75	9.16	6.39	2.09	5.03	4.27
2 型	135.65	178.66	171.99	211.21	241.65	282.99	304.88	420.26	146.13
3 型	107.12	138.65	149.16	70.13	66.66	62.38	62.49	69.22	25.84
4 型	59.91	83.30	97.28	66.28	79.56	84.54	89.05	96.13	47.83
5 型	10.05	13.24	14.68	1.32	0.68	0.45	0.21	0.21	0.05
6 型	120.18	158.94	106.21	220.30	259.26	163.57	108.55	81.70	22.56
7 型	6.53	10.21	13.03	3.08	2.72	1.55	0.36	0.79	0.89
8 型	14.15	21.57	18.62	6.25	5.11	5.31	4.14	3.23	0.68
9 型	21.70	46.96	28.91	110.66	242.61	339.41	476.97	467.37	288.77
其他	2.64	8.62	13.41	9.28	6.77	4.92	5.19	7.08	2.13
小计	513.37	706.75	664.43	714.25	914.18	951.52	1 053.93	1 151.01	539.15
总计	1 642.60	2 062.20	2 074.83	2 129.36	2 680.00	2 879.92	2 757.88	3 596.37	1 725.80

附表 5

C 收费站和 D 收费站各类车型车流量占总车流量的贡献比例统计表

车型	2004 年	2005 年	2006 年	2007 年	2008 年	2009 年	2010 年	2011 年	2012 年 1—6 月	2004 年	2005 年	2006 年	2007 年	2008 年	2009 年	2010 年	2011 年	2012 年 1—6 月
	C 收费站									D 收费站								
1 型	5.63%	5.06%	7.06%	2.90%	2.35%	0.59%	0.24%	0.08%	0.03%	20.30%	20.01%	22.09%	7.81%	4.00%	2.65%	0.83%	1.61%	3.41%
2 型	62.46%	61.62%	60.21%	66.51%	66.53%	71.39%	69.99%	65.61%	59.83%	38.85%	38.37%	37.14%	52.38%	52.80%	58.67%	60.24%	67.19%	58.27%
3 型	16.02%	16.33%	18.45%	13.65%	11.56%	9.96%	10.01%	9.54%	11.36%	20.45%	19.85%	21.48%	11.59%	9.71%	8.62%	8.23%	7.38%	6.87%
4 型	8.45%	9.02%	8.53%	8.75%	8.56%	7.49%	8.73%	8.21%	9.81%	6.86%	7.16%	8.40%	6.57%	6.95%	7.01%	7.04%	6.15%	7.63%
5 型	0.40%	0.27%	0.24%	0.06%	0.03%	0.01%	0.01%	0.00%	0.00%	0.96%	0.95%	1.06%	0.11%	0.05%	0.03%	0.01%	0.01%	0.01%
6 型	3.63%	3.48%	3.68%	5.26%	6.11%	4.47%	3.57%	3.78%	2.88%	9.83%	9.75%	6.55%	15.61%	16.18%	9.69%	6.13%	3.73%	2.57%
7 型	0.34%	0.22%	0.54%	0.08%	0.17%	0.05%	0.07%	0.06%	0.22%	0.47%	0.55%	0.70%	0.19%	0.15%	0.08%	0.02%	0.03%	0.09%
8 型	0.15%	0.20%	0.23%	0.31%	0.28%	0.24%	0.16%	0.15%	0.16%	0.90%	1.03%	0.89%	0.34%	0.25%	0.24%	0.18%	0.11%	0.06%
9 型	2.72%	3.53%	0.80%	2.23%	4.26%	5.59%	7.08%	12.35%	15.43%	1.13%	1.83%	1.14%	4.99%	9.64%	12.79%	17.14%	13.59%	20.94%
统缴	0.20%	0.26%	0.25%	0.25%	0.15%	0.20%	0.14%	0.22%	0.29%	0.24%	0.49%	0.54%	0.40%	0.27%	0.21%	0.18%	0.21%	0.16%
小计	100.00%	100.00%	100.00%	100.00%	100.00%	100.00%	100.00%	100.00%	100.00%	100.00%	100.00%	100.00%	100.00%	100.00%	100.00%	100.00%	100.00%	100.00%

附表 6

C 收费站和 D 收费站各类车型通行收入占总收入的贡献比例统计表

车型	2004 年	2005 年	2006 年	2007 年	2008 年	2009 年	2010 年	2011 年	2012 年 1—6 月	2004 年	2005 年	2006 年	2007 年	2008 年	2009 年	2010 年	2011 年	2012 年 1—6 月
	C 收费站									D 收费站								
1 型	1.98%	1.72%	2.61%	1.01%	0.76%	0.19%	0.07%	0.02%	0.01%	6.90%	6.59%	7.70%	2.21%	1.00%	0.67%	0.20%	0.44%	0.79%
2 型	43.82%	41.85%	44.53%	46.15%	43.19%	46.29%	43.66%	35.66%	29.93%	26.42%	25.28%	25.89%	29.57%	26.43%	29.74%	28.93%	36.51%	27.10%
3 型	16.86%	16.64%	20.47%	14.21%	11.25%	9.69%	9.37%	7.78%	8.52%	20.87%	19.62%	22.45%	9.82%	7.29%	6.56%	5.93%	6.01%	4.79%
4 型	14.81%	15.31%	15.77%	15.18%	13.90%	12.13%	13.61%	11.16%	12.27%	11.67%	11.79%	14.64%	9.28%	8.70%	8.89%	8.45%	8.35%	8.87%
5 型	0.85%	0.55%	0.54%	0.12%	0.05%	0.03%	0.01%	0.01%	0.01%	1.96%	1.87%	2.21%	0.18%	0.07%	0.05%	0.02%	0.02%	0.01%

续表

车型	2004 年	2005 年	2006 年	2007 年	2008 年	2009 年	2010 年	2011 年	2012 年 1—6 月	2004 年	2005 年	2006 年	2007 年	2008 年	2009 年	2010 年	2011 年	2012 年 1—6 月
	C 收费站									D 收费站								
6 型	8.91%	8.27%	9.52%	12.78%	13.87%	10.15%	7.79%	7.19%	5.04%	23.41%	22.49%	15.99%	30.84%	28.36%	17.19%	10.30%	7.10%	4.19%
7 型	0.96%	0.60%	1.61%	0.23%	0.43%	0.12%	0.17%	0.13%	0.43%	1.27%	1.44%	1.96%	0.43%	0.30%	0.16%	0.03%	0.07%	0.16%
8 型	0.46%	0.60%	0.77%	0.96%	0.82%	0.71%	0.46%	0.37%	0.35%	2.76%	3.05%	2.80%	0.88%	0.56%	0.56%	0.39%	0.28%	0.13%
9 型	10.49%	13.18%	3.27%	8.49%	15.21%	19.92%	24.30%	36.90%	42.46%	4.23%	6.64%	4.35%	15.49%	26.54%	35.67%	45.26%	40.61%	53.56%
统缴	0.86%	1.28%	0.92%	0.87%	0.51%	0.76%	0.57%	0.79%	0.99%	0.51%	1.22%	2.02%	1.30%	0.74%	0.52%	0.49%	0.62%	0.39%
小计	100.00%	100.00%	100.00%	100.00%	100.00%	100.00%	100.00%	100.00%	100.00%	100.00%	100.00%	100.00%	100.00%	100.00%	100.00%	100.00%	100.00%	100.00%

附表 7

C 收费站和 D 收费站生产人工成本历史数据

薪酬项目	2004 年	2005 年	2006 年	2007 年	2008 年	2009 年	2010 年	2011 年	2012 年 1—6 月
人数（人）	127.00	119.00	116.00	104.00	87.00	92.00	87.00	83.00	83.00
年人均薪酬（万元）	1.02	1.12	1.54	1.55	1.80	3.03	3.70	3.20	1.46
生产人员薪酬合计（万元）	129.30	132.70	178.95	161.37	156.77	278.96	321.59	265.59	121.19

附表 8

C 收费站和 D 收费站管理人工成本历史数据

薪酬项目	2004 年	2005 年	2006 年	2007 年	2008 年	2009 年	2010 年	2011 年	2012 年 1—6 月
人数（人）	16.00	16.00	10.00	14.00	14.00	15.00	15.00	15.00	15.00
年人均薪酬（万元）	1.63	1.72	5.03	2.39	3.42	2.32	6.13	4.23	1.50
管理人员薪酬合计（万元）	26.12	27.52	50.33	33.44	47.91	34.78	91.97	63.39	22.48

附表 9

C 收费站和 D 收费站通行养护成本预测表

单位：万元

项　目	2012 年 7—12 月	2013 年	2014 年	2015 年	2016 年	2017 年	2018 年	2019 年	2020 年	2021 年	2022 年	2023 年	2024 年	2025 年	2026 年	2027 年	2028 年 1—7 月
人工成本	159.47	283.08	311.39	342.53	376.78	414.46	455.91	501.50	551.65	606.81	667.49	734.24	807.67	888.43	977.28	1 075.00	689.79
自备车辆费用	8.82	15.51	16.70	18.01	19.46	21.06	22.82	24.76	26.89	29.24	30.52	33.30	36.36	39.72	43.43	47.50	30.34
票据费	17.00	8.64	9.33	10.07	10.87	11.74	12.68	13.69	14.78	15.96	17.24	18.62	20.11	21.72	23.45	25.33	13.68
折旧费	328.36	656.72	656.72	656.72	656.72	656.72	656.72	656.72	882.99	882.99	882.99	882.99	882.99	882.99	882.99	882.99	515.08
修理费用	629.44	1 063.52	1 064.70	628.97	18.74	20.24	21.85	23.60	25.48	27.52	29.72	32.10	34.66	37.44	40.43	43.67	23.58
通行养护管理成本	79.86	77.58	83.73	90.38	97.58	105.36	113.77	122.86	132.68	143.29	154.74	167.12	180.49	194.92	210.51	227.35	122.77
其他费用	28.16	99.36	42.00	44.72	47.53	116.43	54.43	57.54	60.75	134.07	67.51	71.08	74.78	153.62	82.60	86.74	52.92
合　计	1 251.10	2 204.42	2 184.57	1 791.40	1 227.68	1 346.01	1 338.18	1 400.66	1 695.22	1 839.88	1 850.22	1 939.45	2 037.05	2 218.84	2 260.69	2 388.58	1 448.17

附表 10

C 收费站和 D 收费站管理费用预测表

单位：万元

项　目	2012 年 7—12 月	2013 年	2014 年	2015 年	2016 年	2017 年	2018 年	2019 年	2020 年	2021 年	2022 年	2023 年	2024 年	2025 年	2026 年	2027 年	2028 年 1—7 月
职工薪酬	35.46	50.45	55.49	61.04	67.15	73.86	81.25	89.37	98.31	108.14	118.95	130.85	143.94	158.33	174.16	191.58	122.93
折旧费	15.42	30.84	30.84	30.84	30.84	30.84	30.84	30.84	30.84	30.84	30.84	30.84	30.84	30.84	30.84	30.84	17.99
行政车辆费	9.70	13.25	13.78	14.35	14.96	15.60	16.28	17.00	17.76	18.56	19.40	20.29	21.23	22.22	23.27	24.37	14.21
低值易耗品摊销	3.57	3.60	3.64	3.67	3.71	3.75	3.78	3.82	3.86	3.90	3.94	3.98	4.02	4.06	4.10	4.14	2.44
办公费	2.68	3.40	3.43	3.47	3.50	3.54	3.57	3.61	3.65	3.68	3.72	3.76	3.79	3.83	3.87	3.91	2.30
差旅费	3.61	8.00	8.08	8.16	8.24	8.32	8.41	8.49	8.58	8.66	8.75	8.84	8.93	9.01	9.10	9.20	5.42
业务招待费	15.06	20.00	20.40	20.81	21.22	21.65	22.08	22.52	22.97	23.43	23.90	24.38	24.87	25.36	25.87	26.39	15.70
税金	6.10	5.93	6.39	6.90	7.45	8.05	8.69	9.38	10.13	10.94	11.82	12.76	13.78	14.89	16.08	17.36	9.38
董事会会费	4.81	8.00	8.24	8.49	8.74	9.00	9.27	9.55	9.84	10.13	10.44	10.75	11.07	11.41	11.75	12.10	7.06
其他支出	43.50	17.81	18.89	20.06	21.33	22.70	24.20	25.81	27.57	29.46	31.52	33.75	36.17	38.79	41.63	44.70	25.08
合　计	139.91	161.27	169.19	177.80	187.15	197.32	208.38	220.41	233.50	247.76	263.28	280.20	298.64	318.74	340.67	364.59	222.51

附表 11

C 收费站和 D 收费站营业税金及附加预测表

单位：万元

项 目	计税基础	2012 年 7—12 月	2013 年	2014 年	2015 年	2016 年	2017 年	2018 年	2019 年	2020 年	2021 年	2022 年	2023 年	2024 年	2025 年	2026 年	2027 年	2028 年 1—7 月
营业税	主营业务收入	107.77	104.70	112.99	121.97	131.68	142.18	153.53	165.80	179.05	193.36	208.83	225.53	243.56	263.05	284.09	306.81	165.68
城市维护建设税	营业税	7.54	7.33	7.91	8.54	9.22	9.95	10.75	11.61	12.53	13.54	14.62	15.79	17.05	18.41	19.89	21.48	11.60
教育费附加	营业税	3.23	3.14	3.39	3.66	3.95	4.27	4.61	4.97	5.37	5.80	6.26	6.77	7.31	7.89	8.52	9.20	4.97
地方教育费附加	营业税	1.08	1.05	1.13	1.22	1.32	1.42	1.54	1.66	1.79	1.93	2.09	2.26	2.44	2.63	2.84	3.07	1.66
合 计		119.62	116.22	125.42	135.39	146.17	157.82	170.42	184.04	198.74	214.63	231.80	250.33	270.36	291.98	315.34	340.56	183.91

收益法评估无形资产价值：以 A 公司身份认证平台为例

马德功　朱　涛　司世春

（四川大学经济学院）

摘　要： 本案例采用收益法，对 A 公司的无形资产在 2015 年 12 月 31 日的市场价值进行了评估。具体过程为：在综合确定产品销售收入，无形资产收入分成率，折现率以及经济寿命的基础上，将经济寿命期内的无形资产所形成的产品的销售收入乘以专利技术收入分成率并折现，得出该无形资产的评估价值。

关键词： 无形资产；收益法；收入分成率；折现率；经济寿命

1. 案例背景

随着计算机互联网技术的飞速发展，在计算机上处理业务已由单机处理功能发展到面向内部局域网、全球互联网的世界范围内的信息共享和业务处理功能。网络信息已经成为社会发展的重要组成部分，涉及国家的政府、军事、经济、文教等诸多领域，其中存贮、传输和处理的信息有许多是重要的政府宏观调控决策、商业经济信息、银行资金转账、股票证券、能源资源数据、科研数据等重要信息，有很多是敏感信息，甚至是国家机密。由于计算机网络组成形式多样性、终端分布广和网络的开放性、互联性等特征，致使这些网络信息容易受到来自世界各地的各种人为攻击（例如信息泄露、信息窃取、数据篡改、数据删添、计算机病毒等）。

身份认证作为互联网信息的入口，对网络安全起着十分重要的作用，中国的身份认证技术在近几年得到快速的发展，这一方面得益于从中央到地方政府的广泛重视，另一方面因为网络安全问题日益突出，身份认证行业需要不断推陈出新，以满足用户需求，进一步促进网络安全的发展。近年来，我国成立了国家安全委员会，与此同时，中国一些企业大力投入资金进行创新研发，力求自主可控，成为业界共识。赛迪顾问研究更是认为，传统意义上的信息安全 IT 产品已经不能满足今日国家政府、企事业单位对“安全”的理解和渴求，只有从体系上入手，实现整体的 IT 系统自主可控，才能真正保障信息安全。因此，市场急需一个安全度高、低成本、使用方便的新身份认证方式取代传统身份认证，为企业和用户提供更高的安全保障。

四川省成都 A 科技有限公司（以下简称 A 科技公司）作为一家主营计算机软硬件研发，

① 案例真实性：选自 Z 资产评估有限公司真实案例，所涉对象经过掩饰处理。

计算机系统集成和商务咨询（不含前置许可项目，后置许可项目凭许可证或审批文件经营）的技术型公司，一直致力于在身份认证领域进行探索和钻研。经过多年的努力，研究出一种集强大的安全系统和良好的用户体验于一体的新身份认证系统——“A 身份认证平台”。

“A 身份认证平台”独有的双通道带外认证技术和基于移动智能设备的使用方法使 A 身份认证平台独立于现有的任何一种身份认证方式，具有极强的创新型、先进性、安全性和高性价比。与传统的身份认证方式比较，其最大的区别在于技术架构，传统身份认证采用带内认证，即使是短信验证码也不是真正的带外认证，而 A 身份认证平台完整实现双通道带外认证，以认证三角授权开通服务三角，从原理上规避通用攻击方式的威胁，在极大程度提高安全的基础上，使用移动设备进行相关认证与授权，摆脱了传统身份认证必须使用特有的硬件才能完成操作的困境。“A 身份认证平台”主要依赖于 A 科技公司的 14 项无形资产（专利）（见表 1）。

表 1　　A 科技公司的 14 项无形资产（专利）

编号	名　称	作　用	“A 身份认证平台”对应功能模块
1	信任设备的注册方法	用户身份信息保存在设备端，避免服务端的数据泄露；即使身份标记被导出，也无法在其他的硬件环境下使用，防止了信息在设备端的泄露。	认证平台管理员的信任设备注册功能模块使用该专利完成。具备如下显著创新点，颠覆传统注册模式： （1）将传统的填写账户设置密码的注册方式改为扫描企业内部邮箱中的 QR 码完成注册。 （2）注册过程中绑定用户的移动智能设备，实现在线的硬件到硬件的注册模式。 （3）实现一种无账户无密码的新型注册方式。 （4）使用多种、多重对称加密保障传输数据安全。 （5）使用硬件信息的唯一性保障用户注册信息的唯一性。
2	基于带外认证的员工签到方法	解决现有技术容易作假难以管理以及使用效率较低的问题，降低了公司成本，提高了员工签到的真实性，很好地避免了作假代签情况的发生。	认证平台结合银行柜员签到坐柜业务应用使用该专利完成，能大幅提升传统的柜员签到坐柜身份认证的安全性，有如下显著创新点： （1）改变传统的刷卡签到模式为扫码签到模式，显著提升用户相关性，结合智能手机的指纹、声纹能力，规避代打卡行为，提升身份认证可信性。 （2）创新性实现了柜员签到的身份认证请求通道独立于柜员业务办理的设备及网段外，在智能手机及另外的网段完成认证，显著提高了签到过程中身份认证的安全性。
3	基于带外认证的移动金融安全方法	规避了账号和密码的输入过程，不法分子无法截获这类信息，同时认证通道独立于数据通道，只有认证通过后，系统才会发送打开数据通道的请求，从而打开数据通道，安全性高。	认证平台结合移动网银交易过程中的身份认证应用使用该专利完成，能为目前最热门的移动银行的身份认证安全提供保障，有如下显著创新点： （1）将移动网银的交易与身份认证从数据源头进行分离，身份认证在独立的安全组件及认证服务器完成，实现带外认证方式，认证与交易无关。 （2）认证过程结合认证发起认证请求的硬件设备信息及目前通用的交易密码信息，为交易身份认证加上了双保险，极大地增强了移动交易的安全性。 （3）将交易从用户被动模式改变为交易事前授权强干预模式，即用户在交易前能得到认证平台的交易授权推送信息，需要用户确认授权交易之后交易才能执行，不再使用事后告知账户钱没了，显著提高交易的安全性。

续表

编号	名　称	作　用	“A 身份认证平台”对应功能模块
4	一种智能设备变为可信任智能设备的方法	将日常使用的智能设备变成一个可信任设备，从而进行身份认证，节约了成本。	认证平台普通用户注册信任设备的功能模块使用该专利完成，能保障用户的注册安全，有如下显著创新点： （1）绑定用户的设备信息及用户的生物特征信息作为注册的信息，不需要输入任何其他自身的敏感信息如身份证等，完成注册的同时保护了用户的其他敏感信息。 （2）注册过程中是双密钥对理念，灵活使用注册临时策略理念，使注册具有动态性、一次性与用户强相关性的特点，极大地保护了用户的注册安全。
5	基于带外认证的门禁方法	解决了现有技术中门禁系统安全性能欠佳的问题。	认证平台结合门禁系统应用使用该专利完成，能显著提高门禁的安全性及管控性，有如下显著创新点： （1）改变刷卡开启门禁的方式为扫描开启门禁，结合智能手机的指纹声纹能力强绑定用户，实现了用户开门而非卡开门的转变。 （2）整个开启门禁过程可灵活的应用时段告警、时段审批、权限灵活应用能力，从而保障门禁安全。 （3）将门禁开启指令与身份认证信息完全的分离开，实现了门禁的带外身份认证。
6	基于实名制的 Wi-Fi 一键登录方法	解决现有 Wi-Fi 登录方式的麻烦且安全系数低的问题。	认证平台结合网络接入应用使用该专利完成，真正实现了接入网络的带外身份认证方式，保障了网络接入的安全性。
7	基于带外身份认证的交易授权方法	能够让用户确认交易之后，再支付钱，提高了交易的安全性。	认证平台结合银行刷卡交易应用使用该专利完成，实现了刷卡交易身份带外认证过程，能规避各种克隆卡盗刷的行为。
8	基于带外认证的虚拟桌面云连接方法	使得办公的场所不再拘泥于办公室，也使得全国各地的人们在同一个“局域网”内完成工作，而登录这个局域网是基于带外认证的方式完成，安全性高。	认证平台结合云办公应用使用该专利完成，实现云端办公身份带外认证，保障云端办公安全。
9	基于带外身份认证的 O2O 线下身份认证方法	使下单和身份认证在不同的网段，克服了传统网络身份认证模式安全性低的问题，具有很高的实用价值和推广价值。	认证平台结合 O2O 应用使用该专利完成，实现 O2O 线上线下带外身份认证，保障线上购买的服务认证，线下使用认证的安全。
10	基于智能设备的双因子身份验证方法	解决现有技术中登录远程网站需要输入账号密码操作不便，用户账号和网络设备的安全性不高的问题。	认证平台的认证过程使用的认证因子为双因子设备及用户生物特征码，该平台的认证因子使用该专利完成。
11	网银安全保护方法	解决了现有技术中存在的网银登录安全性不高的问题。	认证平台结合 WEB 端网银应用使用该专利完成，实现 WEB 网银登录的带外身份认证，保障 WEB 网银的登录安全。

续表

编号	名　称	作　用	“A 身份认证平台”对应功能模块
12	一种基于用户生物特征码的分布式认证方法	加快通信双方之间的安全认证，并可以确保用户信息不会因服务器出现泄露而导致信息安全问题，保障用户的利益。	认证平台内部保存用户的唯一敏感信息生物特征码使用该专利完成，实现了不保存生物特征码本身，根据生物特征信息生成校验模及纠错模，系统中使用两套完成不用的模对用户的生物特征进行判定，真正实现了不保存用户敏感信息，杜绝了用户信息服务端泄露的风险。
13	一种基于三角稳固法则的服务认证方法	将用户身份信息从服务请求流程中剥离出来，避免了在服务请求终端、业务服务器及它们的通信会话中进行交互，从而可从流程架构上规避所有传统盗取用户身份信息的攻击手段，保障服务认证过程中的信息安全。	认证平台的整个认证过程使用该专利完成，分别建立了服务三角、认证三角，最终锁定互信三角，保障了认证平台流程节点的安全性。
14	一种基于非对称算法的信任设备自主注册方法	以人及设备作为身份介质，遵循谁申请即是谁注册，精准绑定用户，极大提高了互联网身份认证的安全性。	认证平台的信任设备的注册通信使用了该专利完成，保障注册通信的安全。

本次评估将对 A 科技公司拟建设“A 身份认证平台”所涉及的 14 项无形资产进行评估，评估的基准日为 2015 年 12 月 31 日。

2. 评估方法论

2.1　方法的选择

无形资产是一定主体拥有或者控制的、长期使用但没有实物形态，并预期会带来经营效益、能以货币计量的资产。无形资产包括专利权、非专利技术、商标权、著作权、土地使用权、特许权和商誉等。

此次评估案例中所涉及的专利产品属于无形资产，因此将按照专利类无形资产进行评估。评估无形资产时，须根据不同的评估目的和对象，选用适当的评估方法。无形资产的评估方法主要包括成本法、收益法和市场法。

成本法是在当前条件下计算重新取得待估资产的所有成本，再扣除可能的实体贬值、经济贬值和功能性贬值得到的该资产的评估价值。成本法的基本前提要求包括：资产处于可持续使用状态；研发过程发生的所有成本均可查；实体贬值、经济贬值和功能性贬值可量化；资产可复制，即可以通过复制重新获得该项资产。对待估资产而言，专利产品的成本和收益不对应，研发的成本费用较低而带来的收益可能很大，因此成本法不适用于专利技术类资产的评估。

市场法通过寻找市场上已交易的相同或相似案例作为参照物进行对比，根据参照物与被评估对象之间的差异进行一定的参数调整，从而得到被评估对象的评估值。但市场法的应用必须有三个前提条件：公开市场条件；市场上存在已交易的相同或相似的参照物；参照物与被评估对象的对比项可量化，并能用货币计量。但专利产品交易市场并不满足公开市场条件，专利产品交易不活跃。且由于专利产品的独创性和垄断性，市场上难以找到相同或相似的交易案例，参照物选取困难，因此不具备市场法评估的基本条件。

收益法基于货币的时间价值原理，将资产未来预期收益的现金流折算成现值，从而确定资产的价值。收益法评估时要确定三个重要参数：一是资产未来预期收益的现金流，因此要求该资产的预期收益可量化并能用货币表示；二是资产预期收益的持续期，通常是指该资产所获超额收益的存续时间，一般考虑资产的经济寿命；三是折现率，它体现了投资的机会成本，代表的是资产的收益率水平，资产价值对折现率的变化较为敏感，因此折现率的准确确定至关重要。对专利产品而言，其价值来源于持有者将其投入生产、销售产品而获取收益，因此收益法是评估专利资产较合适的方法。

本文根据评估目的、评估对象、价值类型和资料收集情况等相关条件，分析了收益法、市场法和成本法三种资产评估基本方法的适用性，最终确定采用收益法评估该公司无形资产的价值。

2.2 收益法

本次评估选用收入分成法确定待估无形资产的预期分成收入。收入分成法是基于技术对收入的贡献率，以销售收入为基数及适当的分成比率确定被评估资产的未来预期收益的方法。其基本计算公式为：

$$P = \sum_{i=1}^{n} F_t k (1 + R_i)^{-i} \qquad (公式1)$$

式中：

P——预期收益的现值；

F_t——未来第 t 年的预期收入；

R_i——无形资产报酬率；

n——剩余经济寿命期；

k——收入分成率。

销售收入分成法的关键参数为分成率和折现率。

在选取分成率时，则选取对比公司法：选择与被估无形资产所形成的产品相似的中国上市公司，通过其市场数据计算无形资产分成率。

无形资产折现率采用加权平均资产回报率模型确定，公式为：

$$R_i = \frac{\text{WACCBT} - W_c \times R_c - W_g \times R_g}{W_i} \qquad (公式2)$$

式中：

WACCBT——税前加权资金成本；

W_c——营运资金比重；

R_c——营运资金报酬率；

W_g——有形非流动资产比重；

R_g——有形非流动资产报酬率；

W_i——无形资产比重。

评估的具体步骤见图 1。

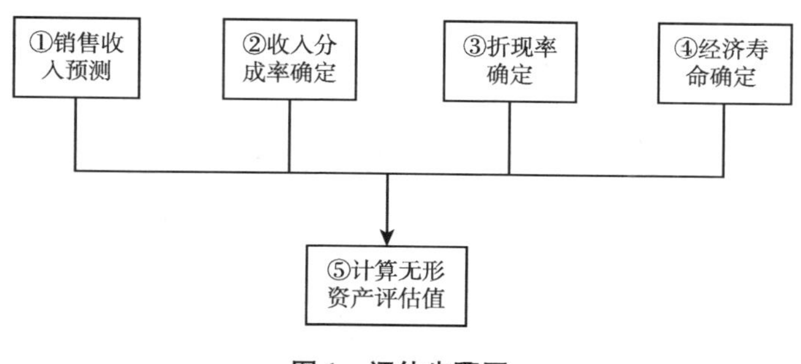

图 1　评估步骤图

3. 评估值的计算过程

3.1　剩余经济寿命期

无形资产的经济寿命是从无形资产的经济价值的角度来度量其存在时间的长短，即无形资产能够给相关当事人带来经济效益的时间。它与无形资产的法定寿命有着十分密切的关系，两者可能一致，但往往不一致，是由技术本身的性质决定的。

发明专利权的法定期限为 20 年，自专利申请日起。本次 A 公司评估的无形资产共计 14 项，正在申请发明专利，目前 11 项已进入实质审核，3 项已通过初步审核，我们本次假设该 14 项发明专利可以合法取得并投入 A 身份认证平台。

尽管专利技术有法律保护期，但并非在整个保护期内都具有市场价值、获利能力。专利具有一定的经济寿命周期，而且，在寿命周期的时段不同，其价值也不同。据资料统计，目前发达国家的专利能够维持到期限届满之时的一般只有专利总额的 2%，即绝大部分专利在专利权期限届满之前即提前终止。国内专利技术转让的实践表明，技术市场最活跃、成交率最高的专利是专利授权后 3—5 年的专利；对大多数专利来说，专利的价值从某个比较小的值开始，随时间逐渐上升，在专利权的 3—5 年间的某一点达到极大值，大多数技术的更新换代周期不超过 10 年，在技术转让中，一般为 5—8 年。待估无形资产属于网络安全类的发明专利，是一个更新换代较快的行业，在技术上竞争十分激烈，本项评估考虑了委托评估资产的行业特点及应用该专有技术所形成产品的先进性和技术更新速度，最终确定本项委托评估无形资产的剩余收益年限为 5 年。

3.2　产品收益额预测

（1）国内网络安全的市场情况。

互联网迅猛发展的背景下，各行各业纷纷应运开启了行业的互联网时代，在这个过程中网络安全成为关键，相应的网络安全产品应用到各行各业，其中以电信行业、政府机关和金融业为主，其他行业也占有一定比例。

身份认证作为网络安全的重要组成部分，其主要功能是“授权”与“认证”，服务于一切网络操作入口。根据调查显示，在网民中有约6.45%用户群体仍然存在着因身份认证安全度不足而导致个人钱财、信息丢失的情况，如今电信诈骗屡见不鲜，网络安全尤其是涉及财产的信息安全保障成为人们亟待解决的迫切需要。

在身份认证方式上，目前用户的要求以“方便”为主，而对安全性的要求比较低。普遍身份认证方式为账号密码、短信验证码、动态令牌和U盾，这四种方式接受程度为93.55%、93.55%、32.26%、22.58%，账号密码仍然排到了第一位，短信验证码也被大家普遍接受，动态令牌和U盾相对较少。

究其原因，使用账号密码的方式对于用户是不需要任何物质成本的，相对其他方式来说发展更早、更符合人们的思维模式，所以接受度最高。短信验证码因为企业不同用户所需要支付的费用也不同，但价格普遍比较低，而且十分方便，用户接受度也比较高。动态令牌和U盾则需要用户购买硬件产品，相比前两种方式价格成本更高，使用也没有那么方便，所以用户接受度比较低。

当前，我国身份认证领域拥有广阔的市场前景。例如，银行卡短信验证码为最为普遍的身份安全认证服务，根据2015年的统计，我国年银行卡发卡总量突破50亿张，短信验证码的费用按照2元/人的价格计算，则有100亿元的市场份额。随着人们对网络安全重视程度的不断加深，网络身份认证应用领域的不断扩大，身份认证的市场需求将不断扩大。

（2）“A身份认证平台”的产品市场分析。

A公司拟与上海B金融服务有限公司合作，选择上海B金融服务有限公司作为合作伙伴，主要考虑到该公司位于中国的金融中心——上海，有良好的地理优势；且在当地拥有较多的客户资源，在业界享有很强的公信力，客户资源丰富；此外，上海经济发展较快，对于安全便捷的身份认证方式的需求更强，且上海地区人口基数大，潜在用户量也比较大。

上海C银行和D银行均为上海B金融服务有限公司的客户，当前客户总规模为3 000万人，针对该部分用户，A公司拟与上海B金融服务有限公司合作建设一个可容纳3 000万个用户，5万次/秒混合云认证中心，A身份认证平台将作为插件提供给每个用户使用。

A身份认证平台较之目前的账号密码、短信验证码、动态令牌和U盾等身份认证方式，在质量和价格方面均有明显优势，对于安全便捷的身份认证方式需求较强的客户会选择该产品。

①产品销售收入预测。

产品收入预测将以C银行和D银行的用户总规模3 000万人为基数，预计使用A身份认证系统的用户最低覆盖率，计算出预计使用的用户数量，然后按照阶梯价格收费标准收取费用。

目前，该平台拟定的按照阶梯价格进行收费，收费标准如表2所示。

表 2　　阶梯价格收费标准

用户数	单用户收费
0—200 万	10 元/年
200 万—500 万	8 元/年
500 万—1 000 万	6 元/年
1 000 万以上	4 元/年

注：收费结算时间为 A 身份认证系统正式上线后，每季度末；收费人数为每季度末实际用户数。

预计 A 身份认证系统正式上线时间为 2016 年 6 月末，从 2016 年 7 月起开始收费，预测期间为 5 年，即 2016 年 6 月—2021 年 6 月。

产品销售收入预测如表 3 所示。

表 3　　产品收入预测

预测期间	2016 年 7—12 月	2017 年	2018 年	2019 年	2020 年	2021 年 1—6 月
用户总规模（万）	3 000	3 000	3 000	3 000	3 000	3 000
预计使用用户最低覆盖率（%）	2%	4%	6%	8%	10%	10%
预计使用的用户数量（万）	60	120	180	240	300	300
产品销售收入（万元）	300	1 200	1 800	2 320	2 800	1 400

②产品销售成本预测。

根据 A 公司提供的关于成本的相关资料，计入销售成本主要为设备折旧和人工成本两大类。

根据 A 公司提供的设备标准配置清单为 113 万元/套（见表 4），为满足银行客户的需求，最高配置为 3 套，即 339 万元。该部分设备在 5 年预测期间内计提折旧完毕，预计无残值（见表 5）。

表 4　　设备标准配置清单

编　号	名称	数量（个）	单价（万元）	总价（万元）
1	服务器	10	5	50
2	F5 硬负载服务器	1	30	30
3	硬件防火墙	1	15	15
4	UPS 电源	1	8	8
5	工业级路由器	1	7	7
6	恒温机柜	1	3	3
合　计	—	—	—	113

在产品提供给用户使用后，A 公司将负责提供指导培训和维护工作，公司拟派出 20 名人员参与上海 B 金融服务有限公司的合作，其中：系统运维人员 5 人，产品测试人员 5 人，产品设计人员 5 人，指导培训人员 5 人，预计 20 人每月平均费用（含薪金和管理费用）为 2 万元/人。

表5 产品销售成本预测

预测期间	2016年7—12月	2017年	2018年	2019年	2020年	2021年1—6月
设备折旧（万元）	33.90	67.80	67.80	67.80	67.80	33.90
人工成本（万元）	240.00	480.00	480.00	480.00	480.00	240.00
产品销售成本合计（万元）	273.90	547.80	547.80	547.80	547.80	273.90

③评估资产在收益中的分成率。

选取了在沪深股市主要经营网络安全的上市公司作为可比公司。为增强对比公司的可比性，本文按照对比公司所从事的行业或主营业务与被评估无形资产相近、总股本相对较小、仅在A股市场中上市且上市超过3年的原则进行筛选。最终选取的四家上市公司为：卫士通、启明星辰、美亚柏科、蓝盾股份。

值得注意的是，尽管科技公司的无形非流动资产在资本结构中所占比重很高，但是上述无形资产不仅是专利类无形资产，还包括其他无形资产。涉及网络安全行业企业的无形资产一般包括以下四个方面：技术、销售渠道、品牌、研发力量。公司无形非流动资产收益，是上述各个贡献要素的共同作用所带来的。因此在对公司的某一种无形资产进行评估时需要进一步与其他类别无形资产收益进行区分。

通过与企业管理人员的座谈分析，了解到该行业对专利类技术要求比较高，被评估的专利类无形资产通过与其他无形资产和有形资产共同作用对目标企业作出贡献。经分析确定各项贡献的权重，最终将待评估的技术无形资产确定为占全部无形资产比重为40%（见表6）。

表6 各项权重

项　目	权重
专利类技术	0.40
销售渠道	0.20
品牌	0.10
研发力量	0.30

本次选取对比公司2012年—2015年9月的财务报告，对四家对比公司的资本结构计算整理结果见表7。

表7 对比公司资本结构及无形资产提成率 单位：万元（人民币）

可比公司名称	时间	无形非流动资产在资本结构中所占比例	技术在无形非流动资产中所占比重	技术在资本结构中所占比重	相应年份的业务税息折旧/摊销前利润EBITDA	技术对主EBITDA的贡献	相应年份的主营业务收入	无形资产提成率
	D	E	F	G＝E×F	H	I＝G×H	J	K＝I/J
卫士通	2012－12－31	59.2%	40.0%	23.7%	1 112.3	263.5	31 743.0	0.83%
	2013－12－31	86.0%	40.0%	34.4%	4 466.6	1 536.8	45 751.4	3.36%
	2014－12－31	89.0%	40.0%	35.6%	17 436.9	6 206.9	123 649.8	5.02%
	2015－9－30	93.0%	40.0%	37.2%	－1 928.4	－717.4	61 914.9	－1.16%

续表

可比公司名称	时间	无形非流动资产在资本结构中所占比例	技术在无形非流动资产中所占比重	技术在资本结构中所占比重	相应年份的业务税息折旧/摊销前利润 EBITDA	技术对主 EBITDA 的贡献	相应年份的主营业务收入	无形资产提成率
	D	E	F	G = E × F	H	I = G × H	J	K = I/J
启明星辰	2012 - 12 - 31	60.4%	40.0%	24.1%	10 756.9	2 596.7	72 781.2	3.57%
	2013 - 12 - 31	88.9%	40.0%	35.6%	10 703.1	3 805.1	94 843.0	4.01%
	2014 - 12 - 31	81.0%	40.0%	32.4%	19 942.8	6 459.3	119 565.3	5.40%
	2015 - 9 - 30	94.5%	40.0%	37.8%	-5 419.3	-2 048.0	84 606.0	-2.42%
美亚柏科	2012 - 12 - 31	62.7%	40.0%	25.1%	7 128.5	1 788.9	34 999.8	5.11%
	2013 - 12 - 31	74.8%	40.0%	29.9%	7 269.5	2 175.8	39 041.3	5.57%
	2014 - 12 - 31	82.4%	40.0%	32.9%	16 305.6	5 371.9	60 309.5	8.91%
	2015 - 9 - 30	89.7%	40.0%	35.9%	2 890.4	1 036.8	34 468.7	3.01%
蓝盾股份	2012 - 12 - 31	45.4%	40.0%	18.1%	7 232.3	1 312.2	34 520.4	3.80%
	2013 - 12 - 31	72.4%	40.0%	29.0%	5 149.3	1 491.5	39 536.6	3.77%
	2014 - 12 - 31	73.7%	40.0%	29.5%	10 594.4	3 121.9	52 490.5	5.95%
	2015 - 9 - 30	92.6%	40.0%	37.0%	7 390.0	2 735.9	57 052.4	4.80%
平均值		77.86%	40.00%	31.14%	7 564.43	2 321.11	61 704.61	3.72%

四家对比公司均为网络安全行业的代表性企业，其技术贡献率能够反映国内相同行业的技术贡献水平，因此，以 4 家公司的专利技术提成率的平均值 3.72% 作为专利技术基准提成率。

无形资产的价值主要受获利能力和剩余寿命期限的影响，这些因素不同，导致无形资产产生的收益不同，具体可表现为提成率的差异。因此，需要对被评估无形资产与对类似无形资产差异对提成率的影响进行差异调整。由于无法获得对比公司无形资产的详细数据，因此需要以能一个能够恰当评价获利能力的指标来对提成率进行修正。本文选取评价获利能力常用指标销售毛利率作为修正基础，进行提成率的差异调整。进行调整的方式如下：

被评估无形资产销售提成率 =（被评估无形资产产品销售毛利率 ÷ 对比公司销售毛利率）× 对比公司与被评估无形资产类似的无形资产提成率

对比公司与被评估无形资产类似的无形资产提成率为 4 家对比公司的专利技术贡献率的平均值 3.72%，A 公司预测期内的平均毛利率为 61.65%（见表 9），对比公司前三年的平均毛利率为 53.98%（见表 8）。

将上述数据代入前述公式，得出的被评估无形资产销售提成率为：

61.65% ÷ 53.98% × 3.72% = 4.25%

表 8　对比公司销售毛利率　金额单位：人民币万元

项　目	对比公司	2012－12－31	2013－12－31	2014－12－31	平均值
销售收入	卫士通	31 742.97	45 751.40	123 649.75	67 048.04
	启明星辰	72 781.15	94 843.01	119 565.26	95 729.81
	美亚柏科	34 999.7	39 041.34	60 309.52	44 783.54
	蓝盾股份	34 520.39	39 536.64	52 490.45	42 182.49
销售成本	卫士通	13 193.56	21 718.57	76 708.47	37 206.87
	启明星辰	28 589.30	34 455.10	39 958.14	34 334.18
	美亚柏科	14 010.58	15 054.87	21 871.84	16 979.10
	蓝盾股份	19 219.69	24 965.64	30 670.25	24 951.86
销售毛利率	卫士通	58.44%	52.53%	37.96%	49.64%
	启明星辰	60.72%	63.67%	66.58%	63.66%
	美亚柏科	59.97%	61.44%	63.73%	61.71%
	蓝盾股份	44.32%	36.85%	41.57%	40.92%
平均值		55.86%	53.62%	52.46%	53.98%

表 9　A 公司预测期销售毛利率　单位：万元（人民币）

项　目	2016 年 7—12 月	2017 年	2018 年	2019 年	2020 年	2021 年 1—6 月	平均值
产品销售收入	300.00	1 200.00	1 800.00	2 320.00	2 800.00	1 400.00	—
产品销售成本	273.90	547.80	547.80	547.80	547.80	273.90	—
销售毛利率	8.70%	54.35%	69.57%	76.39%	80.44%	80.44%	61.65%

④衰减率的预测。

由于网络安全行业发展速度很快，产品更新换代快，无形资产的获利能力下降，因此应当考虑被评估无形资产收益的衰减率。通过与企业相关人员的探讨，并结合产品的收入预测情况，考虑被评估无形资产销售提成率的衰减从 2018 年起，即 A 身份认证系统正式上线的 1 年半后逐年在前一年的基础上衰减 20%。

⑤被评估无形资产销售收入提成额。

通过对被评估无形资产销售提成率的估算和对产品销售收入的预测以及衰减率的估算，被评估无形资产的销售收入提成额公式为：

被评估无形资产的销售收入提成额＝产品销售收入×销售提成率×(1－衰减率)

计算结果见表 10。

表 10　被评估无形资产收入提成额　单位：万元（人民币）

项　目	2016 年 7—12 月	2017 年	2018 年	2019 年	2020 年	2021 年 1—6 月
产品销售收入	300	1 200	1 800	2 320	2 800	1 400
销售提成率	4.25%	4.25%	4.25%	3.4%	2.72%	2.18%
衰减率	—	—	20%	20%	20%	20%
销售收入提成额	12.75	51.00	61.20	63.10	60.92	24.37

3.3 折现率

（1）无形资产折现率计算的思路。

本次评估以计算的对比公司无形资产报酬（技术提成率）率确定被评估无形资产的折现率，对比公司仍然选择上述计算技术提成率选用的上市公司。首先，计算对比公司股权收益率和债权收益率，结合分析确定的负息负债价值和股权公平市场价值，计算对比公司税前加权资金成本，以此作为对比公司全部资产要求的报酬率；其次，通过对比公司财务报表分析结果，计算营运资金、有形非流动资产、无形资产在全部资产中的比重，并以短期和长期贷款利率分别确定营运资金、有形非流动资产的报酬率；最后，按下述公式计算无形资产报酬率：

$$R_i = \frac{\text{WACCBT} - W_c \times R_c - W_g \times R_g}{W_i} \quad \text{（公式 3）}$$

式中：

R_i——无形资产报酬率；

WACCBT——税前加权资金成本；

W_c——营运资金比重；

R_c——营运资金报酬率；

W_g——有形非流动资产比重；

R_g——有形非流动资产报酬率；

W_i——无形资产比重。

（2）计算税前股权收益率 R_e。

采用资本定价模型公司计算对比公司的股权收益率，考虑所得税影响后确定税前股权收益率 R_e。

$$R_e = \frac{R_f + \beta(\text{ERP}) + R_s}{1 - T} \quad \text{（公式 4）}$$

式中：

R_f——无风险报酬率；

β——风险系数；

ERP——市场超额风险收益率；

R_s——公司特有风险超额回报率；

T——适用所得税率。

以卫士通为例说明税前股权收益率的计算过程：

①风险报酬率。

取证券交易所上市交易的中期国债（截至评估基准日 5 年左右）到期收益率平均值确定无风险报酬率为 3.23%。

②确定 β 值。

通过同花顺系统计算对比公司卫士通、启明星辰、美亚柏科、蓝盾股份近 3 年剔除杠杆调整后β值分别为0.6601、1.0836、0.5945、0.7795。

③估算ERP。

市场风险溢价是对于一个充分风险分散的市场投资组合，投资者所要求的高于无风险利率的回报率，市场风险溢价是利用CAPM估计权益成本时必需的一个重要参数，在估值项目中起着重要的作用。参考国内外针对市场风险溢价的理论研究及实践成果，本次评估市场风险溢价取7.40%。

④计算公司特有风险超额收益率R_s。

采用资本定价模型一般被认为是估算一个投资组合（Portfolio）的组合收益，一般认为对于单个公司的投资风险要高于一个投资组合的风险，因此，在考虑一个单个公司或股票的投资收益时应该考虑该公司的特有风险所产生的超额收益。公司的特有风险目前国际上比较多的是考虑公司的规模对投资风险大小的影响，公司资产规模小、投资风险就会相对增加；反之，公司资产规模大，投资风险就会相对减小，企业资产规模与投资风险这种关系已被投资者广泛接受。

在国际上有许多知名的研究机构发表过有关文章详细阐述了公司资产规模与投资回报率之间的关系。如美国的Ibbotson Associate在其SBBI每年度研究报告中就有类似的论述。美国研究公司规模超额收益的另一个著名研究是Grabowski-King研究，参考Grabowski-King研究的思路，对沪、深两市的1 000多家上市公司1999—2006年的数据进行了分析研究，可以采用线性回归分析的方式得出超额收益率与净资产之间的回归方程如下：

$$R_s = 3.139\% - 0.249\% \times NA \quad \text{（公式5）}$$

式中：

NA——公司净资产账面值（单位：亿元）（$NA \leq 10$亿元，大于10亿元时取10亿元）。

按照对比公司卫士通、启明星辰、美亚柏科、蓝盾股份2015年9月30日公告的财务报表净资产账面值计算，其公司特有风险超额收益率R_s均为0.65%。因为公司特有风险超额收益率R_s主要考虑公司规模的影响，公司资产规模与投资风险成反比例关系，公司资产规模小，投资风险就会相对增加；反之，公司资产规模大，投资风险就会相对减小，A公司的资产规模与对比公司相差较大，其公司特有风险超额收益率R_s应该高于对比公司，因此，将对比公司的该项指标统一调整为2%。

⑤适用所得税率为15%。

根据国家目前关于软件企业所得税减免税的优惠政策，企业所得税一般会按15%的税率征收。

⑥以上数据代入公式计算税前股权收益率：

卫士通的税前股权收益率为：

$$R_e = \frac{3.23\% + 0.6601 \times 7.4\% + 2\%}{1 - 15\%} = 11.90\%$$

同样方法计算其他对比公司税前股权收益率，详见表11。

表 11　　税前股权收益率

对比公司名称	股票代码	无风险收益率（R_f）	超额风险收益率（ERP）	公司特有风险超额收益率（R_s）	贝塔系数（β）	适用所得税税率	税前股权收益率（R_e）
卫士通	002268	3.23%	7.40%	2%	0.6601	15%	11.90%
启明星辰	002439	3.23%	7.40%	2%	1.0836	15%	15.59%
美亚柏科	300188	3.23%	7.40%	2%	0.5945	15%	11.33%
蓝盾股份	300297	3.23%	7.40%	2%	0.7795	15%	12.94%

（3）计算税前加权资金成本 WACCBT。

$$\text{WACCBT} = R_e \frac{E}{D+E} + R_d \frac{D}{D+E} \qquad （公式 6）$$

式中：

R_e——税前股权收益率；

R_d——债权收益率；

E——股权公平市场价值；

D——负息负债。

负息负债按对比公司最近一期公告的财务报表数据汇总取得，债权收益率按一年期贷款利率 4.35% 计算，股权公平市场价值按报表日股票收盘价乘以股票数量获得，按公式计算的对比公司 WACC 结果见表 12。

表 12　　对比公司 WACC

对比公司名称	股票代码	负息负债（D）	债权比例	股权公平市场价值（E）	股权价值比例	税前股权收益率（R_e）	债权收益率（R_d）	税前加权资金成本（WACCBT）
卫士通	002268	12 321	0.6%	1 958 103	99.4%	11.90%	4.35%	11.85%
启明星辰	002439	7 820	0.4%	1 900 797	99.6%	15.59%	4.35%	15.54%
美亚柏科	300188	4 881	0.6%	857 175	99.4%	11.33%	4.35%	11.29%
蓝盾股份	300297	70 076	3.3%	2 062 218	96.7%	12.94%	4.35%	12.66%
平均		—	—	—	—	—	—	12.83%

注：股权公平市场价值计算中已考虑了限制性流通股的流动性折扣。

（4）无形资产回报率的计算。

按下述公式计算无形资产报酬率：

$$R_i = \frac{\text{WACCBT} - W_c \times R_c - W_g \times R_g}{W_i} \qquad （公式 7）$$

式中：

R_i——无形资产报酬率；

WACCBT——税前加权资金成本；

W_c——营运资金比重；

R_c——营运资金报酬率；

W_g——有形非流动资产比重；

R_g——有形非流动资产报酬率；

W_i——无形资产比重。

营运资金、有形非流动资产、无形资产比重按最近一期对比公司公告的财务报表计算取得，按公式计算对比公司无形资产回报率见表13。

表13　　对比公司无形资产回报率

对比对象	股票代码	(W_c)	(R_c)	(W_g)	(R_g)	(W_i)	(R_i)
卫士通	002268	5.49%	4.35%	1.50%	4.90%	93.01%	12.41%
启明星辰	002439	4.31%	4.35%	1.21%	4.90%	94.48%	16.19%
美亚柏科	300188	7.34%	4.35%	2.98%	4.90%	89.68%	12.07%
蓝盾股份	300297	4.75%	4.35%	2.70%	4.90%	92.56%	13.31%
折现率取值		—	—	—	—	—	13.49%

通过上述计算，得到可比公司的无形资产折现率为13.49%。

经上述分析后，被评估无形资产评估价值计算结果见表14。

表14　　被评估无形资产评估价值　　金额单位：万元（人民币）

项　目	2016年7—12月	2017年	2018年	2019年	2020年	2021年1—6月
产品销售收入	300	1 200	1 800	2 320	2 800	1 400
销售提成率	4.25%	4.25%	4.25%	3.4%	2.72%	2.18%
衰减率	—	—	20%	20%	20%	20%
销售收入提成额	12.75	51.00	61.20	63.10	60.92	24.37
折现率	13.49%					
折现值	11.97	42.18	44.60	40.52	34.47	12.95
评估值	187（取整）					

4. 评估结论

经收益法评估，A公司无形资产在评估基准日2015年12月31日的市场价值取整为人民币187万元。

5. 结束语

本案例在A公司提供的无形资产相关的基本资料、无形资产所形成的产品介绍、销售收入和销售成本的预测资料以及其他相关资料基础上开展分析、测算工作，形成了评估咨询结论。尽管我们通过客观的模型计算得出了评估值，遗憾的是在相关参数的确定上仍然存在主观的因素。但评估的意义并非在于得出一个结果而已，意义在于我们在评估过程中通过不断修正参数得出一个相对客观的评估值。所以评估更像是一门工艺而非科学，需要在具体的评估过程中不断学习。

Income Method Assessing the Value of Intangible Assets: Taking A Company Identity Authentication Platform as an Example

Abstract: This case uses the income method to value the market value of A company's intangible assets in December 31, 2015. The point is to calculate key parameters which determines the value of the intangible assets. thus we calculate the sales of the products, the revenue sharing rate, the discount rate, and the economic life of the intangible assets. In the end, we discount the revenues shared by the intangible assets to evaluate the assessed value.

Key Words: Intangible Assets; Income Approach; Revenue Sharing Rate; Discount Rate; Economic life

收益法评估无形资产价值：以A公司身份认证平台为例

一、教学目的和用途

1. 教学适用课程：《资产评估原理》《无形资产评估》《资产评估理论与实务》等。

2. 教学适用对象：资产评估专业本科生及硕士研究生。

3. 教学目标：使资产评估专业本科生及硕士研究生在实际案例中运用收益法这一重要评估方法的实践水平得到切实提高，在温习专业理论知识的同时，使其在案例分析学习过程中获得较强实践能力，最终实现提升其案例分析能力的教学目标。更重要的是，使学生自身的综合理论素质和职业岗位能力水平得到锻炼，并初步具备创新精神和创业能力。

二、启发思考题

1. 在本案例中，收益法如何搜集相关数据进行评估？

2. 无形资产是特定主体拥有或控制的，不具有实物形态，能持续发挥作用且能带来经济利益的资源，如何正确合理评估其价值？

3. 实务中运用收益法进行评估，最主要的三个经济技术参数如何合理有效设置？

4. 在评估无形资产价值的同时，如何准确把握无形资产与知识产权之间的关系？

5. 总结运用收益法评估无形资产价值的适用性和局限性。

三、案例分析思路

1. 逻辑路径。

第一步，确定本次案例分析的评估对象；

第二步，阐明本次案例使用的方法——收益法的应用前提及选择的理由和依据；

第三步，给出本案例涉及的收益预测的若干假设条件；

第四步，深入具体案例，对本案例企业进行经营、资产、财务分析，其中会使用到前期实际走访案例企业搜集的企业财务报表；

第五步，具体详尽展现收益预测分析全过程；

第六步，进行客观评估计算及分析过程；

第七步，根据上步骤的评估计算过程，给定评估值并最终得出本次案例分析的评估结论。

2. 分析思路。

通过对A身份认证平台企业联系走访，搜集符合A企业实际情况的评估数据，确定收益法公式中的各个因素，最后计算出评估结果，得出一个客观、公允的评估值。

四、理论依据与分析

本案例根据无形资产的特点，选用了收益法进行评估。其中所涉及的相关理论知识为本次评估提供了科学的依据，使得评估结果更具有说服力。

1. 收益法。

收益法，是指通过估测被评估资产未来预期收益的现值，来判断资产价值的各种评估方法的总称。它服从资产评估中将利求本的思路，即采用资本化和折现的途径及其方法来判断和估算资产价值。用数学式概括为：

$$P = \sum_{i=1}^{n} \frac{R_i}{(1+r)^i} \quad （公式 1）$$

该评估技术思路认为，任何一个理智的投资者在购置或投资于某一资产时，所愿意支付或投资的货币数额不会高于所购置或投资的资产在未来能给其带来的回报，即收益额。收益法利用投资回报和收益折现等技术手段，把评估对象的预期产出能力和获利能力作为评估标的来估测评估对象的价值。根据评估对象的预期收益来评估其价值，容易被资产业务各方所接受。所以，从理论上讲，收益法是资产评估中较为科学合理的评估方法之一。当然，运用收益法评估尚需要满足一些基本条件。

收益额是适用收益法评估资产价值的基本参数之一。在资产评估中，资产的收益额是指根据投资回报的原理，资产在正常情况下所能得到的归其产权主体的所得额。资产评估中的收益额有两个比较明确的特点：①收益额是资产未来预期收益额，而不是资产的历史收益额或现实收益额；②用于资产评估的收益额通常是资产的客观收益额，而不一定是资产的实际收益。

从本质上讲，折现率是一种期望报酬率，是投资者在投资风险一定的情况下，对投资所期望的回报率。折现率就其构成而言，它是由无风险报酬率和风险报酬率组成的。无风险报酬率，亦称安全利率，是指没有投资限制和障碍，任何投资者都可以投资并能够获得的投资报酬率。在具体实践中，无风险报酬率可以参照同期国库券利率或银行利率。风险报酬率是对风险投资的一种补偿，在数量上是指超过无风险报酬率之上的那部分投资回报率。在资产评估中，因资产的行业分布、种类、市场条件等的不同，其折现率亦不相同。

收益期限，是指资产具有获利能力持续的时间，通常以年为时间单位。它由评估人员根据被评估资产自身效能及相关条件，以及有关法律、法规、契约、合同等加以测定。

2. 收益法在无形资产评估中的应用形式。

根据本案例中无形资产评估的具体目的和相关可使用选取参数的渠道不同，而选用了收入分成法确定待估无形资产的预期分成收入。收入分成法系基于技术对收入的贡献率，以销售收入为基数及适当的分成比率确定被评估资产的未来预期收益的方法。其基本计算公式为：

$$P = \sum_{i=1}^{n} F_t k (1+R_i)^{-i} \quad （公式 2）$$

式中：

P——预期收益的现值；

F_t——未来第 t 年的预期收入；

R_i——无形资产报酬率；

n——剩余经济寿命期；

k——收入分成率。

销售收入分成法的关键参数为分成率和折现率。

在选取分成率时，则选取对比公司法：选择与委估无形资产所形成的产品相似的中国上市公司，通过其市场数据计算无形资产分成率。

（1）剩余经济寿命期的确定。

剩余经济寿命期是指无形资产发挥作用，并具有超额获利能力的时间。有些无形资产在发挥作用的过程中，其损耗是客观存在的。无形资产损耗的价值量是确定无形资产有效期限的前提。无形资产因为没有物质实体，所以它的价值不会由于它的使用期的延长发生实体上的变化，即它不像有形资产那样存在由于使用或自然力作用形成的有形损耗。

在评估实践中，预计和确定无形资产的有效期限，可依照下列方法确定：

①法律或合同、企业申请书分别规定有法定有效期限和受益年限的，可按照法定有效期限与受益年限孰短的原则确定。

②法律未规定有效期，企业合同或企业申请书中规定有受益年限的，可按照规定的受益年限确定。

③法律和企业合同或申请书均未规定有效期限和受益年限的，按预计受益期限确定。预计受益期限可以采用统计分析或与同类资产比较得出。

同时应该注意的是，无形资产的有效期限可能比其法定保护期限短，因为它们要受许多因素的影响，如废弃不用、人们爱好的转变以及经济形势变化等，特别是科学技术发达的今天，无形资产更新周期加快，使得其经济寿命缩短。评估时，对这种情况都应给予足够的重视。

在本案例中待估无形资产属于网络安全类的发明专利，是一个更新换代较快的行业，在技术上竞争十分激烈。所以在进行本次评估时充分考虑了该无形资产的行业特点及应用该专有技术所形成的产品的先进性和技术更新程度，最终确定出待估无形资产的价值。

（2）无形资产收益额的确定。

无形资产收益可通过收入分成率来获得，是目前国际和国内技术交易中常用的一种实用方法。即：

$$\text{无形资产收益额} = \text{销售收入} \times \text{销售收入分成率} \times (1 - \text{所得税税率})$$

对于销售收入的测算已不是较难解决的问题，重要的是确定无形资产分成率。在本案例中由于网络安全行业发展速度很快，产品更新及新的替代产品的出现很可能使得被评估无形资产的收益降低，故在其经济寿命周期末，考虑被评估无形资产销售提成率下降因素。所以，通过对被评估无形资产销售提成率的估算和对产品销售收入的预测以及衰减率的估算，可以得出：

$$\text{被评估无形资产的销售收入提成额} = \text{产品销售收入} \times \text{销售提成率} \times (1 - \text{衰减率})$$

（3）无形资产报酬率的确定。

折现率一般包括无风险报酬率和风险报酬率。一般来说，无形资产投资收益高，风险性强，因此，无形资产评估中折现率往往要高于有形资产评估的折现率。评估时，评估者应根据无形资产的不同种类情况，对未来收益的风险影响因素及收益获得的其他外部因素进行分析，科学地测算其风险利率，以进一步测算出其适合的折现率。另外，折现率的口径应与无形资产评估中采用的收益额的口径保持一致。

无形资产折现率采用加权平均资产回报率模型确定，公式为：

$$R_i = \frac{\text{WACCBT} - W_c \times R_c - W_g \times R_g}{W_i} \qquad \text{（公式 3）}$$

式中：

WACCBT——税前加权资金成本；

W_c——营运资金比重；

R_c——营运资金报酬率；

W_g——有形非流动资产比重；

R_g——有形非流动资产报酬率；

W_i——无形资产比重。

（4）税前加权资金成本 WACCBT。

加权平均资本成本（Weighted Average Cost of Capital，WACC），是指企业以各种资本在企业全部资本中所占的比重为权数，对各种长期资金的资本成本加权平均计算出来的资本总成本。加权平均资本成本可用来确定具有平均风险投资项目所要求的收益率。

公司从外部获取资金的来源主要有两种：股本和债务。因此，一个公司的资本结构主要包含三个成分：优先股，普通股和债务（常见的有债券和期票）。加权平均资本成本考虑资本结构中每个成分的相对权重并体现出该公司的新资产的预期成本。

在本案例中计算的是对比公司税前加权资金成本，以此作为对比公司全部资产要求的报酬率。计算公式如下：

$$\mathrm{WACCBT} = R_e \frac{E}{D+E} + R_d \frac{D}{D+E} \tag{公式 4}$$

式中：

R_e——税前股权收益率；

R_d——债权收益率；

E——股权公平市场价值；

D——负息负债。

（5）资本资产定价模型（CAPM）确定税前股权收益率。

资本资产定价模型是在投资组合理论和资本市场理论基础上，主要研究证券市场中资产的预期收益率与风险资产之间的关系。它解释以资本形式（如股票）存在的资产的价格确定模型。以股票市场为例。假定投资者通过基金投资于整个股票市场，于是他的投资完全分散化了，他将不承担任何可分散风险。但是，由于经济与股票市场变化的一致性，投资者将承担不可分散风险。于是投资者的预期回报高于无风险利率。

其公式为：

$$r_e = r_f + \beta \times (r_m - r_f) + \varepsilon \tag{公式 5}$$

式中：r_e是权益资本报酬率，r_f 是无风险报酬率，r_m是市场预期报酬率，β 是评估对象权益资本的预期市场风险系数，ε 是评估对象的特性风险调整系数。

β 系数是常数，称为资产 β，β 系数是用以度量一项资产系统风险的指针，是用来衡量一种证券或一个投资组合相对总体市场的波动性（volatility）的一种风险评估工具。β 系数表示了资产的回报率对市场变动的敏感程度，可以衡量该资产的不可分散风险。如果给定β，我们就能确定某资产现值的正确贴现率了。

本案例中计算对比公司的股权收益率，考虑所得税影响后确定税前股权收益率 R_e。

$$R_e = \frac{R_f + \beta(\mathrm{ERP}) + R_s}{1 - T} \tag{公式 6}$$

式中：

R_f——无风险报酬率；

β——风险系数；

ERP——市场超额风险收益率；

R_s——公司特有风险超额回报率；

T——适用所得税率。

其中，β 值是通过同花顺系统计算对比公司近 3 年剔除杠杆调整后所确定的；而 ERP 是对于一个充分风险分散的市场投资组合，投资者所要求的高于无风险利率的回报率，市场风险溢价是利用 CAPM 估计权益成本时必需的一个重要参数，在估值项目中起着重要的作用。本次待估资产参考了国内外针对市场风险溢价的理论研究及实践成果。采用资本定价模型一般被认为是估算一个投资组合（Portfolio）的组合收益，一般认为对于单个公司的投资风险要高于一个投资组合的风险，因此，在考虑一个单个公司或股票的投资收益时应该考虑该公司的特有风险即 R_s 所产生的超额收益。公司的特有风险目前国际上比较多的是考虑公司的规模对投资风险大小的影响。公司资产规模小、投资风险就会相对增加；反之，公司资产规模大，投资风险就会相对减小，企业资产规模与投资风险这种关系已被投资者广泛接受。

五、背景信息

随着人们对于技术创新的经济重要性的认同，对发明创造的产出（技术和专利等）的评价需求在过去 20 年中急剧增加。现阶段，我国的专利技术市场正处在起步发展阶段，在我国的资产评估实务中，很多评估机构在评估过程中对专利资产的法律关系认识不清，导致评估的价值实质并非待估专利资产的价值。此外，我国专利资产评估领域的混乱还体现在对评估参数选取上存在较大的随意性，这违背了科学、公正的评估原则。在此情况下，如何完善专利资产评估的理论基础，如何较为准确地预测未来收益和确定分成率、折现率及剩余经济寿命从而更好地用收益法评估专利资产，成为目前我国专利资产评估领域亟须解决的问题。而本案例重点探索将收益法运用于专利资产的评估，力求在结合相关理论知识的基础上，从实证角度分析专利资产的价值。

本案例的局限性一方面，在数据的选取与预测上具有一定的主观性，同时对于评估中的一些指标，包括经济寿命、分成率、折现率等经济参数的确定可能因为能力有限，导致评估结果的得出说服力不强。另一方面，对企业的生产经营管理深入的不够，还仅仅停留在知识产权方面，导致评估结果不够客观。

六、关键要点

1. 案例分析中的关键要点在于结合无形资产自身特点确定无形资产报酬率、分成率等参数的确定。

2. 案例分析的关键在于正确地认识专利资产价值评估的影响因素包括法律因素、经济因素、技术因素。

3. 案例分析的关键在于结合本案例自身的特点对收益法进行创新运用。

七、建议的课堂计划

案例教学过程中时间的安排 45 分钟 ×3 次课。

第一小节：熟悉案例。主要是学生仔细研读案例，获得基本信息和对问题的基本概念，了解案例中提供的数据、信息和事实，梳理整个收益法的评估步骤。有疑问的地方做好记录，同时，教师提出思考问题，让学生先行思考。

第二小节：分小组讨论，每两人或三人一组，学生与他人交换观点。主要就评估步骤、思考题提出自己观点，并进行辩论。在梳理整个案例的过程中相互讨论，对案例更加熟悉。

第三小节：教师和学生的互动，相互提出问题，教师在梳理案例的同时，对学生的疑问做出解答，并将相关理论穿插在案例整个过程中讲解。引导学生评论收益法在实务中的优缺点（如有必要，对比其他评估方法）。

八、案例的后续进展

身份认证作为互联网信息的入口，对网络安全起着十分重要的作用，中国的身份认证技术在近几年得到快速的发展，身份认证行业需要不断推陈出新，以满足用户需求，进一步促进网络安全的发展。目前该行业尚属于新兴行业，其公司价值涉及众多高新技术和专利等无形资产，不能简单以重置成本评估其价值。通过对其专利价值的评估，进一步奠定了对此类企业价值评估的基础，有效地反映了资产评估行业发展随时代变化的行业特点。通过案例分析，我们进一步加深了对无形资产评估的理论和实践研究，并以此为契机，展开了对无形资产价值评估的研究。

九、其他教学支持材料

1. 同花顺系统计算类似互联网上市公司 Beta 值。

通过同花顺系统计算对比公司卫士通、启明星辰、美亚柏科、蓝盾股份近 3 年剔除杠杆调整后 Beta 值分别为 0.6601、1.0836、0.5945、0.7795。

2. 采用线性回归分析计算公司特有风险超额收益率 R_s。

美国研究公司规模超额收益的另一个著名研究是 Grabowski – King 研究，参考 Grabowski – King 研究的思路，对沪、深两市的 1 000 多家上市公司 1999—2006 年的数据进行了分析研究，可以采用线性回归分析的方式得出超额收益率与净资产之间的回归方程如下：

$$R_s = 3.139\% - 0.249\% \times NA \quad \text{（公式 7）}$$

式中：NA——公司净资产账面值（单位：亿元）（$NA \leqslant 10$ 亿元，大于 10 亿元时取 10 亿元）。

3. Excel 计算折现率。

营运资金、有形非流动资产、无形资产比重按最近一期对比公司公告的财务报表计算取得，按公式计算对比公司无形资产回报率见表 1。

表 1　对比公司无形资产回报率

对比对象	股票代码	(W_c)	(R_c)	(W_g)	(R_g)	(W_i)	(R_i)
卫士通	002268	5.49%	4.35%	1.50%	4.90%	93.01%	12.41%
启明星辰	002439	4.31%	4.35%	1.21%	4.90%	94.48%	16.19%
美亚柏科	300188	7.34%	4.35%	2.98%	4.90%	89.68%	12.07%
蓝盾股份	300297	4.75%	4.35%	2.70%	4.90%	92.56%	13.31%
折现率取值		—	—	—	—	—	13.49%

通过上述计算，得到可比公司的无形资产折现率为13.49%。

十、相关附件

附件1

专利列表

编号	专利类型	申请号/专利号	发明名称	主分类号	目前状态
1	发明专利	201510310821X	信任设备的注册方法	H04L 29/06	已进入实质审核
2	发明专利	2015101038388	基于带外认证的员工签到方法	H04L 29/06	已进入实质审核
3	发明专利	201510103785X	基于带外认证的移动金融安全方法	G06Q 20/38	已进入实质审核
4	发明专利	2015101037826	一种智能设备变为可信任智能设备的方法	H04L 29/06	已进入实质审核
5	发明专利	2015101037830	基于带外认证的门禁方法	G07C 9/00	已进入实质审核
6	发明专利	2015101038250	基于实名制的Wi-Fi一键登录方法	H04L 29/06	已进入实质审核
7	发明专利	2015101038246	基于带外身份认证的交易授权方法	H04L 29/06	已进入实质审核
8	发明专利	2015101038496	基于带外认证的虚拟桌面云连接方法	H04L 29/06	已进入实质审核
9	发明专利	2015101037845	基于带外身份认证的O2O线下身份认证方法	H04L 29/06	已进入实质审核
10	发明专利	2014102573366	基于智能设备的双因子身份验证方法	H04L 9/32	已进入实质审核
11	发明专利	2013100967636	网银安全保护方法	H04L 29/06	已进入实质审核
12	发明专利	2015106866178	一种基于用户生物特征码的分布式认证方法	—	已通过初步审核
13	发明专利	2015107290955	一种基于三角稳固法则的服务认证方法	—	已通过初步审核
14	发明专利	2015106633252	一种基于非对称算法的信任设备自主注册方法	—	已通过初步审核

附件2

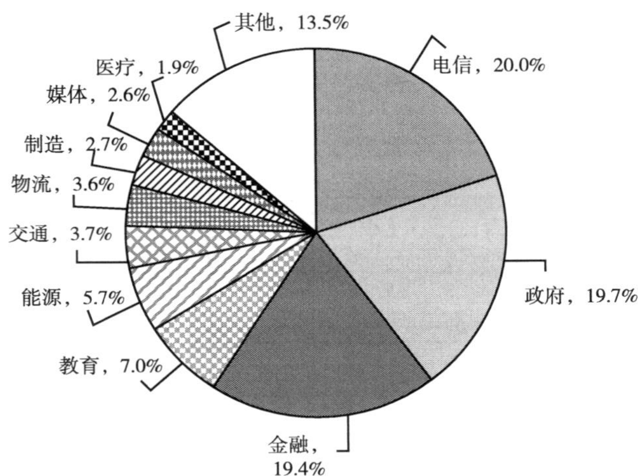

国内网络安全行业运用情况

附件 3

类似互联网上市企业资本机构表

对比对象		卫士通	启明星辰	美亚柏科	蓝盾股份	平均值
股票代码		002268	002439	300188	300297	
营运资金比重	2012－12－31	33.1%	29.4%	25.0%	37.5%	15.7%
	2013－12－31	11.6%	14.3%	17.3%	17.0%	
	2014－12－31	8.7%	9.0%	12.5%	14.6%	
	2015－09－30	5.5%	4.3%	7.3%	4.7%	
有形非流动资产比重	2012－12－31	7.7%	10.2%	12.3%	17.1%	6.4%
	2013－12－31	2.4%	4.7%	7.9%	10.6%	
	2014－12－31	2.4%	2.2%	5.1%	11.8%	
	2015－09－30	1.5%	1.2%	3.0%	2.7%	
无形非流动资产比重	2012－12－31	59.2%	60.4%	62.7%	45.4%	77.8%
	2013－12－31	86.0%	81.0%	74.8%	72.4%	
	2014－12－31	89.0%	88.9%	82.4%	73.7%	
	2015－09－30	93.0%	94.5%	89.7%	92.6%	

附件 4

类似互联网上市企业财务报表

单位：万元（人民币）

序号	对比公司名称	股票代码	时间	无形非流动资产在资本结构中所占比例	技术在无形非流动资产中所占比重	技术在资本结构中所占比重	相应年份的业务税息折旧/摊销前利润 EBITDA	技术对主营业务收入的贡献	相应年份的主营业务收入	无形资产提成率
A	B	C	D	E	F	G＝E×F	H	I＝G×H	J	K＝I/J
1	卫士通	002268	2012－12－31	59.2%	40.0%	23.7%	1 112.3	263.5	31 743.0	0.83%
			2013－12－31	86.0%	40.0%	34.4%	4 466.6	1 536.8	45 751.4	3.36%
			2014－12－31	89.0%	40.0%	35.6%	17 436.9	6 206.9	123 649.8	5.02%
			2015－9－30	93.0%	40.0%	37.2%	－1 928.4	－717.4	61 914.9	－1.16%
2	启明星辰	002439	2012－12－31	60.4%	40.0%	24.1%	10 756.9	2 596.7	72 781.2	3.57%
			2013－12－31	88.9%	40.0%	35.6%	10 703.1	3 805.1	94 843.0	4.01%
			2014－12－31	81.0%	40.0%	32.4%	19 942.8	6 459.3	119 565.3	5.40%
			2015－9－30	94.5%	40.0%	37.8%	－5 419.3	－2 048.0	84 606.0	－2.42%
3	美亚柏科	300188	2012－12－31	62.7%	40.0%	25.1%	7 128.5	1 788.9	34 999.8	5.11%
			2013－12－31	74.8%	40.0%	29.9%	7 269.5	2 175.8	39 041.3	5.57%
			2014－12－31	82.4%	40.0%	32.9%	16 305.6	5 371.9	60 309.5	8.91%
			2015－9－30	89.7%	40.0%	35.9%	2 890.4	1 036.8	34 468.7	3.01%
4	蓝盾股份	300297	2012－12－31	45.4%	40.0%	18.1%	7 232.3	1 312.2	34 520.4	3.80%
			2013－12－31	72.4%	40.0%	29.0%	5 149.3	1 491.5	39 536.6	3.77%
			2014－12－31	73.7%	40.0%	29.5%	10 594.4	3 121.9	52 490.5	5.95%
			2015－9－30	92.6%	40.0%	37.0%	7 390.0	2 735.9	57 052.4	4.80%

附件 5

中期国债到期收益率

证券代码	证券名称	发行期限（年）	发行总额（亿元）	到期收益率（%）	剩余期限（年）
010107. SH	21 国债（7）	20	240. 00	2. 6219	5. 55
010512. SH	05 国债（12）	15	344. 10	2. 7646	4. 84
010619. SH	06 国债（19）	15	300. 00	2. 8954	5. 84
019002. SH	10 国债 02	10	260. 00	2. 8408	4. 06
019007. SH	10 国债 07	10	260. 00	2. 9552	4. 20
019012. SH	10 国债 12	10	296. 00	2. 7584	4. 33
019019. SH	10 国债 19	10	280. 10	3. 2361	4. 45
019024. SH	10 国债 24	10	304. 40	3. 2748	4. 56
019031. SH	10 国债 31	10	282. 60	2. 8583	4. 68
019034. SH	10 国债 34	10	299. 90	3. 6664	4. 79
019041. SH	10 国债 41	10	307. 80	3. 7673	4. 93
019102. SH	11 国债 02	10	300. 00	3. 9340	5. 02
019108. SH	11 国债 08	10	300. 00	3. 5731	5. 18
019115. SH	11 国债 15	10	309. 00	3. 9874	5. 42
019119. SH	11 国债 19	10	300. 00	3. 4291	5. 60
019124. SH	11 国债 24	10	280. 50	2. 6765	5. 85
019204. SH	12 国债 04	10	280. 00	3. 0037	6. 12
019205. SH	12 国债 05	7	280. 00	2. 7543	3. 15
019209. SH	12 国债 09	10	344. 40	2. 8337	6. 36
019210. SH	12 国债 10	7	320. 90	2. 7462	3. 40
019215. SH	12 国债 15	10	300. 00	2. 8463	6. 61
019216. SH	12 国债 16	7	300. 00	3. 2433	3. 65
019221. SH	12 国债 21	10	290. 10	3. 4959	6. 92
019303. SH	13 国债 03	7	300. 00	2. 7894	4. 03
019308. SH	13 国债 08	7	303. 20	2. 7343	4. 26
019315. SH	13 国债 15	7	300. 00	2. 7870	4. 49
019320. SH	13 国债 20	7	315. 50	2. 7571	4. 76
019403. SH	14 国债 03	7	100. 00	2. 8640	5. 01
019406. SH	14 国债 06	7	280. 00	2. 6171	5. 22
019408. SH	14 国债 08	5	290. 00	3. 0294	3. 28
019413. SH	14 国债 13	7	280. 00	2. 9758	5. 47
019424. SH	14 国债 24	7	281. 80	3. 4299	5. 78
019426. SH	14 国债 26	5	280. 40	3. 1172	3. 79
019502. SH	15 国债 02	7	200. 00	2. 8286	6. 03
019503. SH	15 国债 03	5	200. 00	3. 1691	4. 06
019507. SH	15 国债 07	7	300. 00	2. 8667	6. 26

续表

证券代码	证券名称	发行期限（年）	发行总额（亿元）	到期收益率（%）	剩余期限（年）
019511. SH	15 国债 11	5	301. 20	2. 6922	4. 37
019514. SH	15 国债 14	7	300. 00	2. 8198	6. 49
019519. SH	15 国债 19	5	300. 00	2. 6531	4. 65
019526. SH	15 国债 26	7	280. 10	2. 8055	6. 78
019903. SH	09 国债 03	10	260. 00	3. 0472	3. 16
019907. SH	09 国债 07	10	277. 60	3. 0170	3. 31
019912. SH	09 国债 12	10	282. 70	3. 0871	3. 43
019916. SH	09 国债 16	10	283. 00	3. 4729	3. 52
019923. SH	09 国债 23	10	266. 40	3. 4370	3. 68
019927. SH	09 国债 27	10	272. 40	3. 6766	3. 81
100512. SZ	国债 0512	15	344. 10	3. 6473	4. 84
100619. SZ	国债 0619	15	300. 00	3. 2681	5. 84
100903. SZ	国债 0903	10	260. 00	3. 0472	3. 16
100907. SZ	国债 0907	10	277. 60	3. 0170	3. 31
100912. SZ	国债 0912	10	282. 70	3. 0871	3. 43
100916. SZ	国债 0916	10	283. 00	3. 4729	3. 52
100923. SZ	国债 0923	10	266. 40	3. 4370	3. 68
100927. SZ	国债 0927	10	272. 40	3. 6766	3. 81
101002. SZ	国债 1002	10	260. 00	2. 7280	4. 06
101007. SZ	国债 1007	10	260. 00	3. 2098	4. 20
101012. SZ	国债 1012	10	296. 00	3. 2475	4. 33
101019. SZ	国债 1019	10	280. 10	3. 4076	4. 45
101024. SZ	国债 1024	10	304. 40	3. 2748	4. 56
101031. SZ	国债 1031	10	282. 60	3. 2878	4. 68
101034. SZ	国债 1034	10	299. 90	3. 6664	4. 79
101041. SZ	国债 1041	10	307. 80	3. 7673	4. 93
101102. SZ	国债 1102	10	300. 00	3. 9340	5. 02
101108. SZ	国债 1108	10	300. 00	3. 8275	5. 18
101115. SZ	国债 1115	10	309. 00	3. 9874	5. 42
101119. SZ	国债 1119	10	300. 00	3. 9247	5. 60
101124. SZ	国债 1124	10	280. 50	3. 5678	5. 85
101204. SZ	国债 1204	10	280. 00	3. 3066	6. 12
101205. SZ	国债 1205	7	280. 00	3. 4014	3. 15
101209. SZ	国债 1209	10	344. 40	3. 3582	6. 36
101210. SZ	国债 1210	7	320. 90	3. 1321	3. 40

续表

证券代码	证券名称	发行期限（年）	发行总额（亿元）	到期收益率（%）	剩余期限（年）
101215. SZ	国债 1215	10	300. 00	4. 4406	6. 61
101216. SZ	国债 1216	7	300. 00	3. 2433	3. 65
101221. SZ	国债 1221	10	290. 10	3. 5481	6. 92
101303. SZ	国债 1303	7	300. 00	2. 9405	4. 03
101308. SZ	国债 1308	7	303. 20	2. 7839	4. 26
101315. SZ	国债 1315	7	300. 00	2. 9513	4. 49
101320. SZ	国债 1320	7	315. 50	3. 9474	4. 76
101403. SZ	国债 1403	7	100. 00	4. 0592	5. 01
101406. SZ	国债 1406	7	280. 00	4. 3217	5. 22
101408. SZ	国债 1408	5	290. 00	4. 0282	3. 28
101413. SZ	国债 1413	7	280. 00	3. 6684	5. 47
101424. SZ	国债 1424	7	281. 80	3. 6957	5. 78
101426. SZ	国债 1426	5	280. 40	3. 5244	3. 79
101502. SZ	国债 1502	7	200. 00	2. 4615	6. 03
101503. SZ	国债 1503	5	200. 00	3. 3063	4. 06
101507. SZ	国债 1507	7	300. 00	2. 0856	6. 26
101511. SZ	国债 1511	5	301. 20	3. 0939	4. 37
101514. SZ	国债 1514	7	300. 00	3. 2954	6. 49
101519. SZ	国债 1519	5	300. 00	3. 1350	4. 65
101526. SZ	国债 1526	7	280. 10	3. 0472	6. 78
101917. SZ	国债 917	20	240. 00	3. 0580	5. 55
	平均值	—	—	3. 2299	—

数据来源：同花顺资讯。

基于 EVA 的建设银行企业价值评估

马德功　易　静

（四川大学经济学院）

摘　要： 至今，理论界对企业价值评估存在着多种不完全一致的评估观点。不同的企业价值评估观点，将直接影响到评估实务中评估途径、方法的选择与运用，进而影响到所评估的企业价值量的正确性与真实性。传统的评估方法有成本法、市场法和收益法。近些年来，我国引入了经济增加值法（简称 EVA 法）。EVA 价值评估法作为收益法的一种特殊形式，它是 20 世纪 90 年代由美国一家咨询公司 Stern Stewart 发明并发展起来的一种新的绩效评估方法，后来也广泛运用于价值评估领域。EVA 越来越受到理论界和企业界的关注和青睐。尽管企业价值评估在国内外学术界并非是新的研究领域，但是商业银行的价值评估一直是一项非常复杂且困难的“浩大工程”。商业银行是一类特殊的企业，它有其自身的独特性，在对其价值进行评估时，我们就不能墨守成规，照抄一般企业的价值评估理论，照搬普通企业价值评估方法。

本案例在经济增加值（EVA）理论基础上，结合商业银行的特殊性，对我国上市商业银行——建设银行的价值进行研究。我们不能很绝对地说这种方法对，那种方法就是错的，但是我们可以追求评估方法的相对合理和相对科学，在尊重事实的前提下，力求提高评估结果的准确性。

关键词： 企业价值；EVA；商业银行

1. 引言

目前，我国正在大力推进金融改革，包括商业银行的改制上市、金融企业的重组以及外资和民间资本进驻我国银行业等现象，同时也引发了人们对商业银行价值的热切关注。我国金融机构中各银行之间的并购、重组以及资产的出售等资本活动也日益增多。2012 年 6 月 30 日深发展吸收合并平安银行，招商银行斥资 193 亿港元收购永隆银行 53. 12% 的股权，外资资本进入我国银行是否存在价值低估等一系列问题事实上就是银行价值的评估问题。

如何更准确地评估价值也成为商业银行实施资本运作活动的关键。因此，在我国商业银行价值评估过程中如何正确地选择评估方法就成为一个关键因素，这对我国金融业改革的推进以

① 案例真实性：真实。

及我国金融业的可持续长远发展将产生及其重大的影响。本案例基于 EVA 理论基础，在评估假设的前提下，采用经济增加值法，评估建设银行股份有限公司在评估基准日——2012 年 12 月 31 日的企业价值。本案例分析的所有数据来源于建设银行股份公司网站和国泰安数据库。

2. 评估背景介绍

中国建设银行股份有限公司是一家在中国市场处于领先地位的股份制商业银行，为客户提供全面的商业银行产品与服务。主要经营领域包括公司银行业务、个人银行业务和资金业务，多种产品和服务（如基本建设贷款、住房按揭贷款和银行卡业务等）在中国银行业居于市场领先地位。

该行拥有广泛的客户基础，与多个大型企业集团及中国经济战略性行业的主导企业保持银行业务联系，营销网络覆盖全国的主要地区。中国建设银行股份有限公司总部设在北京，拥有近 60 年的经营历史。该行于 2005 年 10 月在中国香港联合交易所挂牌上市（股票代码 939），于 2007 年 9 月在上海证券交易所挂牌上市（股票代码 601939）。

2012 年末，该行市值为 2 000 亿美元，居全球上市银行第二位。2012 年其资产规模近 14 万亿元，全年实现净利润 1 936.02 亿元，较上年增长 14.26%。平均资产回报率和加权平均净资产收益率分别为 1.47% 和 21.98%，主要财务指标继续保持同业领先。

2012 年，该集团凭借出色业绩与良好表现受到市场与业界的充分认可，先后荣获国内外 90 余项奖项。在英国《银行家》杂志联合 Brand Finance 发布的“世界银行品牌 500 强”以及 Inter brand 发布的“2012 年度中国最佳品牌”中位列中国银行业首位；在美国《财富》杂志“世界 500 强排名”中列第 77 位，较上年上升 31 位。2013 年 7 月，美国《财富》杂志公布了最新一期世界 500 强排名，中国建设银行凭借良好的经营业绩位列第 50，较上年提升 27 位。此外，本集团还荣获了国内外重要机构授予的包括公司治理、中小企业服务、私人银行、现金管理、托管、投行、投资者关系和企业社会责任等领域的多个专项奖①。

3. 评估的基本情况

评估基准日：2012 年 12 月 31 日。

评估范围：建设银行股份有限公司的企业价值。

评估依据：公司公开披露的年度报表数据及其他相关数据。

评估方法：主要采用经济增加值法进行有效评估。

评估假设：假设该公司可以持续经营，公司的经营管理水平、未来宏观经济形势以及银行行业不会发生一些大的变化。

评估模型：分段的 EVA 折现模型及 3 + X。

评估参数：NOPAT；TC；WACC；EVA；企业价值；预测期 EVA 折现值；永续期 EVA 折现值。

永续期价值：按增长模型估算。

---

① 中国建设银行：http：//www.ccb.com。

数据来源：建设银行股份公司网站、国泰安数据库。

4. 建设银行财务状况分析

4.1 利润表基本财务数据分析

如表 1 所示，中国建设银行利润表的主要指标从 2008 年到 2012 年一直处于增长态势。2009 年由于金融危机大环境的影响，营业收入和营业成本均受到影响出现下滑，但 2009 年中国建设银行营业利润、利润总额和净利润仍保持增长态势，也反映了中国建设银行持续较好的经营状况和良好的转型发展。

表 1　　建设银行 2008—2012 年利润表主要项目　　单位：百万元

项　目	2012 年	2011 年	2010 年	2009 年	2008 年
利息净收入	353 202	304 572	251 500	211 885	224 920
手续费及佣金净收入	93 507	86 994	66 132	48 059	38 446
营业收入	460 746	397 090	323 489	267 184	267 507
业务及管理费用	-134 566	-118 294	-101 793	-87 900	-82 162
营业利润	250 286	217 672	173 704	137 602	118 607
利润总额	251 439	219 107	175 156	138 725	119 741
净利润	193 602	169 439	135 031	106 836	92 642

数据来源：建设银行年报①。

2012 年，实现利润总额 2 514. 39 亿元，较上年增长 14. 76%，净利润 1 936. 02 亿元，较上年增长 14. 26%；利息净收入 3 532. 02 亿元，较上年增加 486. 30 亿元，增幅为 15. 97%；在营业收入中占比为 76. 66%。利息净收入较上年增加 486. 30 亿元；手续费及佣金净收入 935. 07 亿元，较上年增长 7. 49%，手续费及佣金净收入对营业收入比率较上年下降 1. 62% 至 20. 29%，手续费及佣金净收入增速放缓。利润项目保持增长态势其主要得益于：一是生息资产规模适度增长，净利息收益率稳步回升，带动利息净收入较上年增加 486. 30 亿元，增幅为 15. 97%；二是进一步加强成本管理，严格控制费用支出，成本收入比保持在相对较低水平。受国内经济增速放缓及收费监管政策变化等因素影响，手续费及佣金净收入增幅较上年有所回落。

4.2 资产负债表基本财务数据分析

如图 1 所示，自 2008 年至 2012 年末，中国建设银行不论是从资产、负债还是所有者权益都保持了较好的增长，同时我们可以明显看出银行业是一个高负债的特殊性行业。

2012 年 12 月 31 日，本集团资产总额 139 728. 28 亿元，较上年增加 16 909. 94 亿元，增幅为 13. 77%；客户贷款及垫款总额 75 123. 12 亿元，较上年增加 10 159. 01 亿元，增幅为 15. 64%。其中，客户贷款和垫款净额占资产总额超过一半，占比为 52. 31%，较上年上升

① 中国建设银行：http：//www. ccb. com。

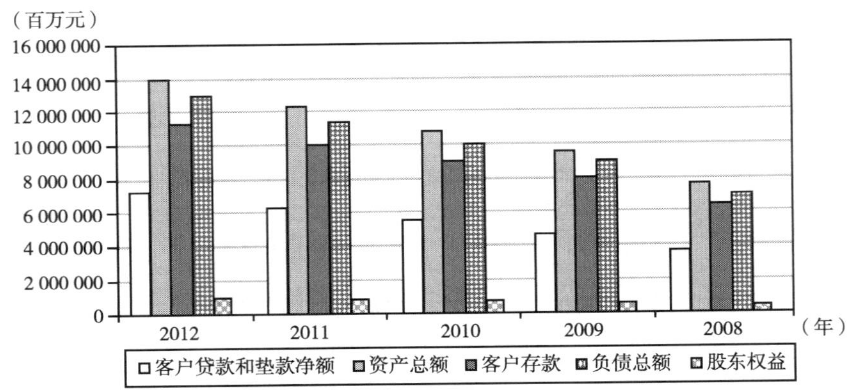

图 1　建设银行 2008—2012 年资产负债表分析图

0.81 个百分点。

2012 年 12 月 31 日，负债总额 130 232.19 亿元，较上年增加 15 580.46 亿元，增幅 13.59%。其中，客户存款较上年增加 13 556.29 亿元，增幅 13.57%，在负债总额中的占比为 87.10%，客户存款占据了银行负债总额的绝大部分。2012 年 12 月 31 日，客户存款总额 113 430.79 亿元，较上年增加 13 556.29 亿元，增幅 13.57%。

2012 年 12 月 31 日，股东权益 9 496.09 亿元，较上年增加 1 329.48 亿元；股东权益总额对资产总额的比率为 6.80%①。

4.3　盈利能力指标分析

从建设银行盈利指标变动表（表 2）中可以看出，建设银行在 2008 年到 2012 年期间的平均资产回报率在 2009 年有所下降，2010 年又有所上升。这是因为 2009 年我国金融业受到全球金融危机的冲击，建设银行经历了困难的一年，面临着经营风险加大、息差明显收窄的严峻考验。而 2010 年盈利状况相对趋于好转。同时，不难发现，建设银行的加权平均净资产收益率均在 20% 以上，说明经营效率较高。综合来看，建设银行的盈利能力较强。

表 2　建设银行 2008—2012 年盈利能力分析表

指　标	2012 年	2011 年	2010 年	2009 年	2008 年
平均资产回报率（%）	1.47	1.47	1.32	1.24	1.31
加权平均净资产收益率（%）	21.98	22.51	22.61	20.87	20.68
净利差（%）	2.58	2.57	2.40	2.30	3.10
净利息收益率（%）	2.75	2.70	2.49	2.41	3.24
手续费及佣金净收入对营业收入比率（%）	20.29	21.91	20.44	17.99	14.37
成本收入比（%）	29.57	29.87	31.50	32.93	30.73
存贷比率（%）	66.23	65.05	62.47	60.24	59.50

数据来源：建设银行年报。

① 中国建设银行：http：//www.ccb.com。

4.4 资本充足率指标分析

根据资本充足率的相关管理办法规定，商业银行的资本充足率不得低于 8%，核心资本充足率不得低于 4%。同时，资本充足率、核心资本充足率均满足规定的标准，即资本充足率各年大于 8%、核心资本充足率各年大于 4%。从表 3 中可以看出，建设银行资本充足率远远超过了规定的最低标准，并且逐年递增。2012 年 12 月 31 日，资本充足率为 14.32%，核心资本充足率为 11.32%，分别较上年上升 0.64 个和 0.35 个百分点。由表 3 可知，从资本结构看，建设银行的核心资本与资本的比例均在 8% 以上，资本质量较高。

表 3　　建设银行 2008—2012 年资本充足率分析表　　单位：%

指　标	2012 年	2011 年	2010 年	2009 年	2008 年
核心资本充足率	11.32	10.97	10.40	9.31	10.17
资本充足率	14.32	13.68	12.68	11.70	12.16
总权益对资产总额比率	6.80	6.65	6.48	5.81	6.19

数据来源：建设银行年报。

4.5 资产质量指标分析

从建设银行资产质量指标变动表（表 4）中可以看出，不良贷款率从 2008 年到 2012 年呈逐年明显下降的趋势，在 2009 年到 2012 年完全低于 2%，而且 2012 年低于了 1%，体现了建设银行相当强的风险控制能力。建设银行的拨备覆盖率逐年增高，减值准备对贷款总额比率较为稳定。不难看出，建设银行的资产质量较好，各项监管指标表现良好，显示了较强的风险控制能力和风险抵补能力。

表 4　　建设银行 2008—2012 年资产质量分析表　　单位：%

指　标	2012 年	2011 年	2010 年	2009 年	2008 年
不良贷款率	0.99	1.09	1.14	1.50	2.21
拨备覆盖率①	271.29	241.44	221.14	175.77	131.58
减值准备对贷款总额比率	2.69	2.64	2.52	2.63	2.91

数据来源：建设银行年报。

5. 建设银行 2008—2012 年 EVA 的计算

5.1 建设银行 2008—2012 年税后净营业利润（NOPAT）的计算

在计算税后净营业利润时，一般以报告期的经营净利润为基础，加上一些诸如坏账准备的增加、商誉的摊销和递延税金增加等。也就是企业的销售收入减去除利息支出部分之外的

① 拨备覆盖率 = 客户贷款和垫款减值损失准备余额 ÷ 不良贷款总额。

全部经营成本和费用（包括所得税费）后的净值①。折旧不包括在这些调整中，因为EVA认为它是一项真正的经济成本。调整的目的是使NOPAT不受权责发生制、财务资本构成的影响。

根据案例使用说明里面有关商业银行EVA计算的理论分析，商业银行NOPAT的会计调整主要考虑如下几项：当年计提的各项资产减值准备、营业外收入、营业外支出、当期递延所得税负债的增加以及当期递延所得税资产的增加。公式如下：

NOPAT = 税后净利润 + 各项减值准备金余额的当期变化数 + 递延所得税负债的增加 − 递延所得税资产的增加 − (营业外收入 − 营业外支出) × (1 − 所得税率)　　（公式1）

这里的税后净营业利润（NOPAT）是出于计算EVA的需要，经调整得到的税后利润。本案例对于它的含义做出一些界定：NOPAT是由正常投资带来的，既包括商业银行本身的经营业务利润，也应包括对外投资收益。NOPAT是基于现金制计算的利润，各种资产准备和摊销费用并未实际发生现金流出，不应在利润中扣除，应加回EVA当中。非经常损益项目所引起的损益，应做暂时搁置处理，不纳入EVA计算。我们利润表中的营业外支出项目就属于非常项目，应在计算EVA时将其去除，以消除影响②。从调整后的税后净营业利润可以发现，建设银行2008—2012年的NOPAT均高于对应年度的净利润（见表5）。

表5　　中国建设银行2008—2012年税后净营业利润（NOPAT）计算表　　单位：百万元

项　目	2008年	2009年	2010年	2011年	2012年
税后净利润	92 599	106 756	134 844	169 258	193 179
+ 当年计提的资产减值准备	50 829	25 460	29 292	35 783	40 041
− 营业外收支净额 × （1 − T）	+850.5	+842.25	+1 089	+1 076.25	+864.75
− 递延所得税资产增加	+7 850	+2 935	+7 035	+3 585	+5 641
+ 递延所得税负债增加	−766	+211	+27	+115	−26
NOPAT	133 961.5	128 649.75	156 039	200 494.75	226 688.25

5.2　建设银行2008—2012年TC的确定

由于商业银行是特殊性的金融企业，必须满足最低资本充足率的要求，如果按照一般企业的EVA计算方法，把贷款总额作为使用资产，将会高估资本成本，必将导致结果扭曲。另外，银行计提贷款损失准备和其他资产减值准备，是为了反映不良资产和利润的真实情况，因此在计算EVA时，应将贷款损失准备和其他资产减值准备的年末余额计入投资资本，否则会低估银行的资本成本。另外，在建工程、营业外收支和应收利息项目要相应的进行调整③。公式如下：

① 诸立乔．中国城市商业银行价值评估研究［J］．统计与决策，2008（11）．
② 王敏．中国银行业财务价值评估方法探讨［J］．会计之友，2010（10期下）．
③ 曹玉贵．我国商业银行价值评估方法选择研究［J］．金融理论与实践，2006（04）．

TC = 权益资本 = 股东权益 + 年末资产减值准备余额 + 年末递延所得税负责余额 - 年末递延所得税资产余额 - (累计的营业外收入 - 累计的营业外支出) × (1 - 所得税率)

（公式 2）

中国建设银行 2008—2012 年投资资本总额计算结果见表 6。

表 6　　中国建设银行 2008—2012 年投资资本总额（TC）计算表　　单位：百万元

项　目	2008 年	2009 年	2010 年	2011 年	2012 年
股东权益	467 562	559 020	700 905	816 661	949 609
+ 年末总减值准备	112 408	134 903	144 792	164 389	193 168
- 营业外收支累计额 × （1 - T）	1 061. 25	1 903. 5	2 992. 5	4 068. 75	4 933. 5
- 递延所得税资产	7 855	10 790	17 825	21 410	27 051
+ 递延所得税负债	5	216	243	358	332
TC	571 059	681 446	825 123	955 929	1 111 125

5.3　建设银行 2008—2012 年 WACC 的确定

权益资本成本 = 无风险收益率 + β 系数 × （市场风险组合收益率 - 无风险收益率）

$$R = R_f + \beta \times (R_m - R_f)$$ ①　　（公式 3）

式中：

R_f——无风险收益率；

$R_m - R_f$——市场风险收益；

β——贝塔系数。

（1）β 系数。

风险报酬 $\beta \times (R_m - R_f)$ 是在整个资本市场风险补偿 $R_m - R_f$ 的基础上乘以企业的风险系数 β。在给定市场风险的情况下，风险报酬的大小主要由该企业自身的风险系数来决定，β 系数越高，则风险报酬越高，权益资本成本也就越高，反之，则越低。上市银行的 β 系数可以通过公司股票收益率对同期股票市场指数（如：上海证券交易所的上证综指）的收益率回归计算获得②。本案例中建设银行的贝塔系数 β 从国泰君安数据库直接获取。

（2）市场风险溢价（$R_m - R_f$）。

市场风险溢价的确定有很多种思路。有的学者取的是股价指数多年来的平均上涨率，有的则采用历史年份所有股票基金的平均报酬率，还有的学者采取 GDP 增长率作为市场风险溢价 $R_m - R_f$。考虑到我国无论是股市还是基金，其发展都还比较年轻，因此我们认为上述最后一种方法比较合适。我们取各年我国国内 GDP 增长率作为市场风险溢价 $R_m - R_f$③。

（3）无风险收益率（R_f）。

许多学者都采用期限较长的国债利率作为无风险收益率（R_f），也有少部分学者采用一

① Chen, Dodd. Operating Income, Residual Income and EVA: Which Metric is More Value Relevant[J]. Journal of Managerial Issues, 2001, No. 1, Spring.

② 赵治纲. EVA 业绩考核理论与实务 [M]. 北京：经济科学出版社，2009.

③ 孙晓佳. 基于 EVA 商业银行价值评估 [D]. 成都：西南财经大学，23—28.

年期定期存款利率。通常认为长期国债利率还包含了未来可能的通货膨胀的风险溢价，它高估了真实的无风险收益率①，因此，本案例采用一年期整存整取存款利率作为无风险收益率（R_f）较为合适。

建设银行2008—2012年资本成本率的计算结果见表7。

表7　　建设银行2008—2012年资本成本率（WACC）

项　目	2008年	2009年	2010年	2011年	2012年
无风险利率 R_f	4.14%	2.25%	2.25%	3.13%	3.5%
市场风险溢价 $R_m - R_f$	9%	9.2%	10.3%	9.2%	8%
贝塔系数 β	0.63027	0.5492	0.4514	0.36032	0.25781
R（WACC）	9.81243%	7.30264%	6.89942%	6.44494%	5.56248%

5.4　建设银行2008—2012年EVA的确定

$$EVA = NOPAT - TC \times WACC \quad （公式4）$$

通过表8中的数据可以看出，2008—2012年度建设银行经济增加值（EVA）呈上涨趋势，说明建设银行创造了和利润一样高的价值。通过上述的计算可以明显看出，自2008年起连续5年建设银行在价值创造方面的进步，也反映了EVA方法的先进性和科学性，对商业银行提高价值创造能力具有很好的引导作用。EVA的涨幅波动较大，2009年1.23%的涨幅最小，2009年后建设银行的EVA迅速上升，2010年较2009年增长了25.64%，2011年其涨幅超过了40%，2008—2012年建设银行EVA的平均涨幅在15%左右。

表8　　建设银行2008—2012年EVA的计算　　单位：百万元

项　目	2008年	2009年	2010年	2011年	2012年
税后净利润	92 599	106 756	134 844	169 258	193 179
NOPAT	133 961.5	128 649.75	156 039	200 494.75	226 688.25
TC	571 059	681 446	825 123	955 929	1 111 125
WACC	9.81243%	7.30264%	6.89942%	6.44494%	5.56248%
EVA	77 926.73537	78 886.20183	99 110.29871	138 885.6995	164 882.1441

特别需要指出的是，2008年中国建设银行EVA值有较大提升，一方面同EVA计算过程中市场风险收益值的选取有关，由于本文选取国内GDP增长率作为市场风险收益，2007年起国内GDP增长率较高，使得权益资本率较高，从而影响EVA值的计算；另一方面，2008年较2007年建设银行EVA值有较大的提升也是有政策面的原因的。2007年央行进行了6次加息使利差扩大，银行毛利率提高，对2008年的业绩提升也有很大的影响。2008年企业所得税税率由33%下调至25%，使得中国建设银行的业绩得到显著提升；同时，该年对于职工支出以及企业费用允许税前支付的确定，也适当地提高了中国建设银行的业绩。

① 邹敏，李传志．基于F－O模型的商业银行价值评估［J］．商业经济研究，2012（07）．

6. 建设银行企业价值评估

6.1 预测期各项数据计算

（1）增长率的确定。

由表 9 显示，建设银行 2008—2012 年的 EVA 逐步上升，通过计算建设银行 2008—2012 年净利润的增长率与 EVA 的增长率，本案例预测，一段时间里，建设银行的 EVA 数值还会有一个上升，假设 2013—2015 年为高速增长期，平均增长率为 10%（由 2008—2012 年的平均增长率推出）。

表 9　　建设银行 2008—2009 年净利润增长率与 EVA 增长率

项　目	2008 年	2009 年	2010 年	2011 年	2012 年
税后净利润	92 599	106 756	134 844	169 258	193 179
增长率	—	0. 15288502	0. 2631046	0. 2552134	0. 1413286
EVA	77 926. 73537	78 886. 20183	99 110. 29871	138 885. 6995	164 882. 1441
增长率	—	0. 103583	0. 176773	0. 217176	0. 071737

2015 年以后建设银行步入稳步增长期，即后续期。考虑到自 2012 年起我国 GDP 年均增速目标将放缓至 7% 左右，本案例保守假设以 5% 作为永续增长率。在未来持续经营的前提下，本文运用经济增加值法两阶段模型来评估建设银行企业价值。

（2）资本成本率的确定。

本案例采用 2012 年公布的一年期整存整取利率平均数为无风险利率，即 R = 3. 25 %。

假设未来 3 年国家 GDP 平均增长率为 10%（由 2008 年到 2012 年国家平均 GDP 增长率及国家未来的 GDP 计划综合考虑），即预测未来市场风险收益值（$R_m - R_f$）为 10%。

本文采用 2012 年公布的一年期整存整取平均存款利率 3. 25% 作为 2013 年的无风险利率，假设未来国家 GDP 平均增长率为 10%，即预测未来市场风险回报率为 10%，Beta 系数选取我国 16 家上市银行贝塔系数的平均值为 0. 657，计算得出权益资本成本 = 3. 25% + 10% × 0. 657 = 9. 82%。

6.2 未来 EVA 的计算

本案例主要采用专业机构（中信证券股份有限公司）对建设银行净利润的预测，预测数据采用国泰君安研报数据①（见表 10）。

表 10　　建设银行 2013—2015 年净利润预测表　　单位：百万元

预测年度	2013	2014	2015
净利润	211 256	231 797	264 062

① 国泰君安数据库：http：//www. gtarsc. com。

假设 2013—2015 年为高速增长期，平均增长率为 10%（由 2008—2012 年的平均增长率推出）。2015 年以后建设银行步入稳步增长期，即后续期。考虑到自 2012 年起我国 GDP 年均增速目标将放缓至 7% 左右，本案例保守假设以 5% 作为永续增长率。在未来持续经营的前提下，本文运用经济增加值法两阶段模型来评估建设银行企业价值。EVA 预测结果见表 11。

EVA 的现值 = 高速增长阶段现值 + 稳定增长阶段现值

= 496 269.7006 + 3 970 473.34

= 4 466 743.041（百万元）

表 11　　建设银行 2013—2015 年 EVA 预测表　　单位：百万元

指标	2013 年	2014 年	2015 年	以后年度
EVA	181 370.3585	199 507.3944	219 458.1338	253 474.1445
折现值	165 152.3935	165 423.0858	165 694.2213	3 970 473.34

6.3　建设银行企业价值计算

由上文得知建设银行 EVA 的现值为 4 466 743.041 百万元，建设银行 2012 年末的投资资本总额为 1 111 125 百万元，截至 2012 年 12 月 31 日，建设银行股份总数为 25 001 097.75 万股，即 250 010.9775 百万股。因此，我们可以得出以下数据：

企业价值 = 2012 年末投资资本总额 + 高速增长阶段 EVA 折现 + 稳定增长期 EVA 折现

= 1 111 125 + 4 466 743.041

= 5 577 868.041（百万元）

每股价值 = 企业价值 ÷ 股份总数

= 5 577 868.041 ÷ 25 001 097.75

= 22.31049251（元/股）

7. 对建设银行 2012 年末企业价值评估分析

根据和讯网财经中心提供的资料显示：通过综合宏观经济、行业、个股财务状况、成长性等因素，经过大量的计算比较，计算出个股的价值合理区间，该股价区间为 21.19—23.43 元，此区间会随着计算因素的改变而动态改变①。而 2012 年 12 月 31 日的股价 4.60 元处于价值低估的区域。这与上述 EVA 方法计算的结果不谋而合。

2012 年末中国建设银行每股股价为 4.60 元，通过两阶段模型下 EVA 价值评估结果 22.31 元每股比较得出，2012 年末中国建设银行在股票市场中被严重低估了。

2008 年至 2012 年全体盈利的 A 股公司平均的市盈率为 20.66217 倍，平均市净率为 1.94 倍，A 股上市商业银行 2008 年至 2012 年平均的市盈率为 9.732241 倍，平均市净率为 1.934126 倍。根据 2012 年年报以及年末收盘价，建设银行 2012 年年末市盈率和市净率分别

① 黄丽. 我国商业银行价值评估方法研究［D］. 成都：西南财经大学，40—48.

只有 5. 974026 倍和 1. 220159 倍。

而这期间，全体 A 股公司平均的净资产收益率为 9. 21%，全体 A 股上市商业银行平均的净资产收益率为 13. 11%，中国建设银行的净资产收益率高达 22. 0414%。

从上述数据中可以明显看出，中国建设银行净资产收益率远高于 A 股上市公司平均水平，但市盈率和市净率又远远低于 A 股上市公司平均水平。因此，中国建设银行在 2012 年末在资本市场上的价值存在低估的现象。

究其原因，一方面是中国股票市场投机性较强，对于银行股这种市值较大的股票，股票价格波动较小盘股弱，投资者很难短时期得到较好的收益，故而很多人放弃投资银行股；另一方面，银行股价格偏低，也存在体制方面的原因。在国内宏观经济形势不好时，银行股迫于政策压力，需要多放贷以刺激经济，而经济形势不好时，金融系统风险较大，银行监管趋于从严，资本金充足率要求趋于上升，上市银行在资本金充足率下降和资本金要求上升双重压力下只能靠增发融资，但此时股市行情不好，上市银行在这个时候融资对于股本的稀释作用很大，因而银行的估值水平很难提高。

8. 结束语

我们知道，无论采用什么方法对企业进估值，都少不了估值行为人对未来的一种预测或者判断，也就必然带有主观成分。所以本案例采用的两阶段模型对未来 EVA 增长率的估计，以及稳定增长期的年数和之后稳定的增长率的判断，不能绝对的说具有足够的参考标准，不敢说有多大的准确程度，因为这本来可以说就是一个随机事件。在本案例中，作者在实现自己的估值愿望的同时试图将 EVA 理论的具体运用进行创新。

Research on China Construction Bank Value Evaluation Based on EVA

Abstract: Up to now. There are a variety of different viewpoints in enterprise valuation in theoretical circles. Different point of view of enterprise valuation appraisal, will directly affect the selection and application of appraisal method, thereby affecting the correctness and authenticity of the result of enterprise valuation appraisal. In addition to traditional evaluation methods: cost approach, market approach and income approach, in recent years, the Economic Value Added (EVA law referred to) was introduced to China. EVA valuation method as a special form of income method, which is a new method of performance evaluation in the 1990s invented and developed by an American consulting firm Stern Stewart, was also widely used in the field of valuation. Theoretical circles an actual practice circles pay more and more attention to EVA. Although enterprise valuation in academic circles at home and abroad is not a new area of research, but the valuation of commercial banks has been a very complex and difficult "huge project." Commercial banks are a special kind of business, it has its own uniqueness, in the appraisal of its values, we can not legalistic, copy the valuation theory of general business, copy ordinary business valuation methods.

In this case, basing on the economic value added (EVA) theory we combined the special nature of the commercial banks, made a study of Chinese listed commercial banks-China Construction Bank Value study. We can not say that this approach is absolutely right, that approach is absolutely wrong, but we can pursue a relatively reasonable and relative science evaluation method, respect the fact and strive to improve the accuracy of the assessment results.

Key Words: Enterprise Value; EVA; Commercial Banks

案例使用说明

基于EVA的建设银行企业价值评估

一、教学目的与用途

1. 本案例主要适用于资产评估专业的课程教学，尤其适用于企业价值评估课程教学。

2. 本案例的授课对象是资产评估专业硕士的研究生。

3. 本案例的教学目的是让学生熟悉和掌握运用经济增加值法（EVA）评估商业银行等企业价值的评估方法。

二、启发思考题

1. 经济增加值法与其他评估方法评估企业价值的区别与联系。

2. 商业银行企业价值评估的特殊性。

3. EVA 计算中会计项目调整的意义。

4. 如何科学确定资本成本率？

三、案例分析思路

案例分析逻辑路径为：

中国建设银行背景介绍——建设银行财务状况分析——建设银行 2008—2012 年 EVA 的计算——税后营业净利润（NOPAT）的确定、资本投入总额（TC）的确定、资本成本（WACC）的确定、经济增加值（EVA）——预测期 EVA 的计算——稳定增长期的 EVA 计算——评估建设银行的企业价值——分析建设银行的企业价值。

四、理论依据与分析

1. 经济增加值理论。

（1）EVA 的定义。

经济增加值 EVA（Economic Value Added）简单的定义是指在扣除资本成本之后剩余的利润，也就是经济学家长期称之为“剩余收入（Residual Income）”“经济利润（Economic Profit）”或经济租金（Economic Rent）的概念。经济增加值（EVA）指标基于的逻辑前提是，一个企业只有完成了价值创造过程才是真正意义上的为投资者带来了财富，因此价值创造才是评估企业经营活动的正确指标，企业所有资本，其来源无论是股权资本，还是债务资本，都是有成本的，也就是说无论股权投资还是债权投资，都有其成本，只有企业创造的利润超过所有成本，包括股权和债务成本后的结余才是真正的价值创造，这就是 EVA 值，不同于会计利润，而是从税后净利润中经过一定的调整后再扣除所有的资本成本之后的经济利润值。它可以帮助投资者了解目标公司的过去和现在是否创造了真正的价值，实现了对投资者高于资本成本的超额回报，如果 EVA 为正，说明公司在当期真正为股东创造了价值；EVA 为负，则表明公司减少了股东价值。值得注意的是，当期会计净利润的上升未必就会使 EVA 上升，有时反而下降，这就说明经营者在表面上创造了当期会计利润的同时，实质上减少了股东的价值。

（2）EVA 的基本公式。

EVA 定义为调整后的营业净利润（NOPAT）减去该企业投入资本总额的机会成本后的余额，根据定义，它的计算公式为：

$$EVA = NOPAT - WACC \times TC \qquad (公式1)$$

（3）税后营业净利润（NOPAT）。

NOPAT 反映的是企业正常业务利润，代表着企业持续的生产经营能力，非正常业务如营业外收支不具有持续性，故而不能反映企业真实的价值创造能力，因此，NOPAT 中要剔除非正常业务利润。同时，在计算 NOPAT 时应加回债务利息，因为 EVA 计算公式中使用的是加权平均资本成本，已经涵盖了债务成本，如果在 NOPAT 中继续扣除会造成重复。故 NOPAT 为营业收入减去除利息收入以外的成本费用（包括所得税费用）的余额。

（4）资本投入总额（TC）。

资本总额不仅包括债务资本，核心的特点是包含了企业的股权资本。债务资本中不包含商业信用性质的负债，如应付账款、其他应付款、应付票据等。我国股权资本主要包括财务报表中所有者权益各项目，同时包括少数股东者权益。

（5）加权平均资本成本（WACC）。

加权平均资本成本根据债务资本和股权资本在总资本中的比率计算得出，它的计算受多种因素的影响。对于权益资本成本率的计算，目前计算的方法较多，如股利折现法、资本资产定价方法、多因子模型法等，各个模型都有自己的优缺点和应用范围，计算的结果都存在一定的差距，但不论采用何种方法进行测算，目的并不完全是数据的准确性，最重要的是帮助管理层提高资金使用效率，树立股权机会成本的观念，因而企业在实践中应根据自身情况选择测算方法。通过上述各因素的分析可以看出，EVA 剔除了不能反映企业正常经营能力的项目，并着重考虑了股权资本成本，科学真实地反映了企业的经营情况。

（6）EVA 计算中的会计调整主要项目。

虽然较多的会计项目调整能够使结果准确，但太多的调整不符合成本效益原则，并且更容易导致人为操纵，因此，在实务中要根据企业的具体特点以及会计项目调整原则选择会计调整项目。通常的调整内容包括研究与开发费用、递延所得税、商誉、教育和培训费用、财务费用、会计准备及营业外收支等。

2. 经济增加值法评估商业银行企业价值（商业银行 EVA 的计算）。

选择运用 EVA 方法对商业银行进行价值评估，要结合商业银行的特殊性才能理解商业银行财务状况，准确选取会计调整项目和计算各指标，正确进行估值。商业银行与普通企业相比，在经营业务、政府监管、资本结构、风险等方面都有很大的不同。

（1）NOPAT 和 TC 的确定。

①计提的各项减值准备。

根据我国企业会计准则的固定，公司要为将来可能发生的损失预先提取减值准备金，减值准备金余额抵减对应的资产项目，余额的变化记入当期费用冲减利润。其目的也是出于稳健性原则，使公司的不良资产得以适时披露，以避免公众过高估计公司利润而进行不当投资。作为投资者披露的信息，这种处理方法是非常必要的。但对公司的管理而言，这些减值准备金并不是公司当期资产的实际减少，减值准备金额的变化也不是当期费用的现金支出。提取减值准备金的做法一方面低估了公司实际投入经营的资本总额；另一方面低估了公司的现金利润，因此不利于反映公司的真实现金盈利能力；同时，公司管理人员还有可能利用这些减值损失操纵账面利润。

商业银行计提减值准备比例最高的是贷款减值准备，发放贷款存在很大的信用风险，贷款减值准备就是为了抵御该风险而计提的准备金；商业银行可能存在发生减值的资产还包括：除贷款的其他金融资产，如持有至到期投资、可供出售金融资产等，存放同业，买入返售资产，其他应收款，固定资产，无形资产等。

具体调整方法为：在计算 NOPAT 时，将计提的资产减值准备冲回，按照实际损失的发生额计入相应的会计期间，将资产减值准备年末余额加入 TC 中。

②递延所得税的处理与调整。

从经济观点看，企业应该从当前利润中扣除的唯一税款就是当期实际缴纳的税款，而不是将来可能或不可能缴纳的递延所得税费用。

因此，在计算 EVA 时，应将递延所得税费用加到本年的税后净营业利润中，如果是递延所得税收益则应从税后净营业利润中减去。同时，将递延所得税负债余额加入到资本总额中，递延所得税资产余额从资本总额中扣除。通过调整的 EVA 更接近现金流量，更准确地反映企业的经营状况。

调整方法：从资产负债表中取递延所得税负债的增加额加到税后净利润中，并将递延所得税资产的增加额从税后净利润中剔除。

③营业外收支的处理与调整。

营业外收入和支出反映公司在生产经营活动以外的其他活动中取得的各项收支，这与公司的生产经营活动及投资活动没有直接关系，它们的特征是具有偶发性和边缘性，并不反映经营者的正常经营业绩或经营决策。

EVA 体系强调企业应主要关注其主营业务的经营情况，对于不影响公司长期价值变化的所有营业外的收支、与营业无关的收支及非经常性发生的收支，需要在核算 EVA 和税后净营业利润中予以剔除。但是考虑到任何一项营业外收支又都是股东所必须承担的损失或收益，因而还需要对其进行资本化处理，使其与公司的未来收益或损失相匹配。因此，应将当年发生的营业外收支净额扣除所得税的影响后从税后净利润中剔除，并将以前年度累计发生的营业外收支的税后值计入资本占用中。

调整方法：计算出当期营业外收支的税后值，然后把它从税后利润中扣减，并将当期发生的营业外收支与以前年度累计发生旳营业外收支合并，均作为资本化来处理。

④财务费用的调整。

企业为筹集经营资金所借入负息债务而发生的成本表现为利息费用。由于资本成本的计算包括了债务部分的成本，在计算税后净经营利润时，发生的利息费用等融资费用不应计入期间费用，否则将导致资本成本和费用的重复计算。而作为财务费用减项的利息收入、汇兑收益不属于经营收益，不应计入税前经营利润。因此，在计算税后净营业利润时，整个财务费用科目不应作为期间费用进行扣除。吸收存款、发放贷款是银行基本的业务，故而在计算银行 EVA 时，贷款的利息收入应作为营业收入计入利润表中，存款利息应作为营业成本从利润表中扣除，而不是如其他企业作为财务费用进行核算。同时，存款利息不能作为融资成本，对外发放的债券应计入资本总额，该债券金额所负担的利息才应作为融资成本。

调整方法：从利润表中提取当期财务费用值，将财务费用的税后值加到税后净利润中去。

⑤长期性费用支出的处理与调整。

按照新会计准则的规定，企业发生的一次性支出但受益期限较长的费用计入当期损益，这些费用包括开办费、固定资产大修理费用等。而在 EVA 体系下，这些费用是对公司未来和长期发展有贡献的，其发挥效应的期限不只是这些支出发生的会计当期，按照会计准则规定全部计入当期损益并不合理，而且容易影响管理者对此类费用投入的积极性，不利于公司的长期发展。因此，会计调整就要将这类费用资本化，并按一定受益期限进行摊销。

研究开发费用的调整方法：将研究阶段发生的费用和开发阶段不符合条件计入当期损益的费用金额进行资本化处理，将当年费用化的研发费用的税后值加到税后净利润中，并将会计准则下累计费用化的研发费用按照一定的受益期限进行摊销，按照累计摊销额的税后值从税后利润中予以剔除。

一次性支出但受益期较长的费用的调整方法：一方面要把当期超出摊销标准的部分在扣除所得税后加回到企业当期的税后净营业利润中；另一方面把当期及前期没有摊销的部分加到投资资本总额中。

综上：

NOPAT＝税后净利润＋减值准备金余额的当期变化数＋递延所得税负债的增加－递延所得税资产的增加－（营业外收入－营业外支出）×（1－所得税率）＋财务费用×（1－所得税）＋研发项目的投入－研发项目本年摊销－补贴收入＋本期商誉的摊销 （公式2）

TC＝权益资本＝股东权益＋年末资产减值准备余额＋年末递延所得税负债余额－年末递延所得税资产余额－（累计的营业外收入－累计的营业外支出）×（1－所得税率）－无息流动负债＋研发项目的投入－研发项目本年摊销－在建工程 （公式3）

（2）商业银行资本构成分析。

商业银行的资本总额包括权益资本和债务资本，即所有者投入的资本和债权人投入的资本。银行作为与一般企业从事业务的特殊性，资本构成较之有很大区别，本文从债务资本和权益资本两部分进行分析。

（3）债务资本界定。

商业银行债务根据性质的不同可以分为两类，即被动负债和主动负债。吸收存款形成的负债称为被动负债，不计入资本总额当中；主动负债即主动融资负债，又称自发性负债，主要指商业银行按照国家规定通过发行债券形成的负债。我国商业银行发行的债券主要有普通金融债券和长期次级债券、混合资本债券等具有附属资本性质的债券。对于商业银行来说，存款利息支出作为营业成本在计算税后净营业利润时扣除，债券利息支出既包含在税后净营业利润，又属于债务成本，在计算 EVA 时予以扣除。其实这样计算并不改变 EVA 的实质，也不影响 EVA 的计算结果，而且在计算资本成本率时不必计算债务资本和股东资本的加权平均成本，操作比较简便，也是大多数商业银行目前所采用的方法。

（4）权益资本界定。

商业银行资本包括核心资本和附属资本。商业银行权益资本的确定主要根据股东权益以及 EVA 原理进行的会计事项调整，具体公式如下：

权益资本＝股东权益＋年末贷款减值准备余额＋年末其他各项资产减值准备余额＋年末递延所得税负债余额—年末递延所得税余额－累计的营业外收支净额 （公式4）

调整后的资本总额如下：

TC = 债务资本 + 权益资本

= 发行债券余额 + 股东权益 + 年末贷款减值准备余额 + 年末其他各项资产减值准备余额 + 年末递延所得税负债余额 − 年末递延所得税余额 − (累计的营业外收入 − 累计的营业外支出) × (1 − 所得税率)　　（公式 5）

此外，在企业价值评估中，经济增加值法下的投资资本总额是指股东以及债权人投入企业生产经营的全部资金，包括债务资本和权益资本。因为商业银行经营的是一种特殊的商品——货币和货币资本，所以在评估商业银行企业价值时，我们需要分清商业银行的经营性负债和债务融资。由于在我国现行环境下，大部分商业银行没有发行或者很少发行金融债券，其资本构成中的债务资本比例很小，所以在计算投资资本时，可以把权益资本作为投资资本总额。

综上所述，可以得出以下公式：

调整后的投资资本 = 普通股权益 + 少数股东权益 − 无息流动负债 + 研发项目的投入 − 研发项目本年摊销 − 在建工程 + 短期投资减值准备增加 + 长期投资减值准备增加 + 坏账准备增加 + 固定资产减值准备增加 + 在建工程减值准备增加 + 委托贷款减值准备增加 + 贷款呆账准备增加 + 递延税款贷项余额 − 递延税款借项余额 + 营业外支出

（公式 6）

（5）资本成本率测算。

根据加权平均资本成本的公式可知，影响 WACC 的因素有权益资本成本率、债务资本成本率以及资本结构。

商业银行债务资本成本率可由发行的金融债券、长期次级债券、混合资本债券等债券利率计算得出，数据可由相关年度财务报告获得。但由 NOPAT 计算公式可知，商业银行发行的债券属于融资性质，所支付的利息应加回税后营业净利润当中，在计算 EVA 时，该利息又要作为资本成本中的债务成本予以扣除，故而商业银行发行的具有融资性质的债券不影响 EVA 值的计算。对于权益资本成本率，实质上是股东投入资本时期望的最低回报，也就是投资者投资企业股权时所要求的最低收益率，反映的是资金的机会成本，而不是企业实际支付的股利。

目前估计权益资本成本率的方法很多，国际上最常用的有红利增长模型、资本资产定价模型和套利定价模型等。本文主要利用资本资产定价模型（CAPM）来计算权益资本成本率。资本资产定价模型是由美国学者夏普（William Sharpe）、林特尔（John Lintner）、特里诺（Jack Treynor）和莫辛（JanMossin）等结合投资组合理论以及资本市场理论，对证券市场中股票预期收益率与风险的关系进行度量的模型。根据该理论，证券投资风险分为系统性风险和非系统性风险，系统风险是指市场中无法规避的风险，如利率、战争、自然灾害等；非系统性风险又称为特殊风险，是企业自身的风险，投资者可以通过分散投资加以规避。

CAPM 模型用公式表示如下：

权益资本成本 = 无风险收益率 + β 系数(市场风险组合收益率 − 无风险收益率)

$$R = R_f + \beta \times (R_m - R_f)$$　　（公式 7）

式中：R 是资产的预期回报率；R_f 是无风险利率；R_m 是预期市场回报率：反映了预期市场回报率与无风险利率之差，反映了市场风险溢价；β 即贝塔系数，反映了资产的非系统性风险。

（6）贝塔系数的确定。

按照 CAPM 的规定，贝塔系数是用以度量一项资产非系统风险的指针，是用来衡量风险和必要报酬率之间的关系，体现了特定资产的价格对整体经济波动的敏感性。若 $\beta>1$，则该项投资的价格波动大于市场价格波动水平；若 $\beta=1$，则该项投资价格波动与市场价格波动水平相当；若 $\beta<1$，则该项投资价格波动水平较市场价格波动水平小。

根据相关文献的计算方法，本文贝塔系数根据同时期上市企业股票收益率与同时期股票指数收益率进行一元线性回归计算得出。上市企业股票每日收益率 =（每日收盘价 - 上一日收盘价）÷ 上一日收盘价，股票指数每日收益率 =（每日收盘指数 - 上一日收盘指数）÷ 上一日收盘指数。

（7）无风险收益率的确定。

无风险收益率是资金时间价值与通货膨胀补偿率之和，是除了通货膨胀风险之外，没有风险情况下的投资收益率。在查阅相关文献后，本文根据我国资本市场的具体情况的理论分析，拟采用银行一年期整存整取的平均年利率作为最低无风险利率无风险利率的替代，这也符合无风险最低回报的机会成本概念。

（8）市场风险溢价的确定。

市场风险溢价是企业对收益的不确定性对投资者付出的代价。在证券市场有效的前提下，投资者是理性的，股价遵循市场价格机理上下波动，股价能够反映股票价值，股票的波动能够反映它所代表的公司的实体经营领域的风险。但当证券市场有效性不高时，如信息不对称现象明显，使得掌握内幕消息的投资者处于明显优势，此时的投资者是非理性的，股价的波动脱离其内在价值。在证券市场有效性较差，利用股价对股票进行风险溢价评估可能是很难的。由于中国股票市场发展历史较短，制度建设以及监管等方面的种种问题，股票市场大幅波动，市场有效性欠缺，目前我国证券市场无法对风险定价，同时理论界对市场风险溢价方法未能统一，本文借鉴国内多数学者的实证方法，选取国内各年 GDP 增长率作为当年市场风险溢价。

美国股市的风险报酬为 4.5%—5%，计算方法是将 60 年左右的时间段里标准普尔指数的年均收益率与长期国债的年均收益率相减。我国证券市场只有 20 年左右的历史，股票和债券市场收益数据的质量和数量都不合适进行长期估算。因此，建议市场风险报酬取 4.8%，与股票市场日益全球化的观点一致①。

五、背景信息

把 EVA 理论具体运用到商业银行价值管理中去，由于国内文献通常探讨 EVA 估值方法在一般企业的运用，具体运用到商业银行的很少，并且大多数限于定性研究，定量研究不多。本案例重点探索 EVA 价值评估方法在商业银行价值评估中的运用。将 EVA 模型估价运用到中国建设银行样本中，结合同时期银行证券市场中的表现，从实证角度分析。

本案例的局限性在于：第一，本案例采用的 EVA 估值方法是基于商业银行历史财务数据的基础，对于中国建设银行未来表现的预测，该预测是建立在很多假设基础上的，对商业

---

① 赵治纲. EVA 业绩考核理论与实务［M］. 北京：经济科学出版社，2009.

银行未来预测的不确定性很大。同时，理论界对于商业银行估值的文献缺乏，在计算过程中主观性较强，对估值结果难免存在偏差；第二，由于自金融危机之后，我国股市行情一直未走强，对于估值的结果没有通过市场表现进行验证，也一定程度上削弱了估值的全面性。

六、关键要点

1. 案例分析中的关键在于商业银行企业价值评估中涉及的系数和项目的确定。
2. 案例教学中的关键知识点在于如何调整会计科目，如何确定各项目值。
3. 案例教学中的能力点在于 EVA 方法的创新运用。

七、建议的课堂计划

1. 案例教学过程中的时间安排：理论讲解一节课时，方法运用过程案例分析核心部分两节课时，案例结果分析一节课时。

2. 黑板板书布置：PPT 展示、模型公式的书写和计算。

3. 学生背景了解：了解建设银行的背景、业务、经营状况、分析财务报表。

小组的分组及分组讨论内容，分为三个组：第一组——EVA 理论的基础部分；第二组——具体分析建设银行的 EVA 计算；第三组——评估建设银行的企业价值。

4. 案例的开场白和结束总结。

开场白：目前，我国正在大力推进金融改革，包括商业银行的改制上市、金融企业的重组，以及外资和民间资本进驻我国银行业等现象，同时也引发了人们对商业银行价值的热切关注。2012 年 6 月 30 日深发展吸收合并平安银行，招商银行斥资 193 亿港元收购永隆银行 53. 12% 的股权到底值不值，外资资本进入我国银行是否存在价值低估等一系列问题，事实上就是银行价值的评估问题。银行业价值评估的意义也显得尤为重要。究竟什么样的估价水平才是合理的，这是值得我们研究的问题。同时，如何更准确的评估价值也成为商业银行实施资本运作活动的关键。因此，在我国商业银行价值评估过程中如何正确地选择评估方法就成为了一个关键因素，这对我国金融业改革的推进以及我国金融业的可持续长远发展将产生及其重大的影响。

结束语总结：本案例在经济增加值理论基础上，结合商业银行的特殊性，对我国上市商业银行的价值进行研究，我们不能很绝对地说这种方法对，那种方法就是错的。但是我们可以追求评估方法的相对合理和相对科学，在尊重事实的前提下，力求提高评估结果的准确性。本案例为 EVA 方法的运用提供了一个模板，这无论是对企业的各种交易行为还是对投资者来说都是极其必要的。

八、案例的后续进展

1. 可以进行银行 EVA 的动态估值与股价运行的相关关系分析。观察建设银行若干年的 EVA 的动态估值结果，再将其与同时期的股价进行拟合研究，可以采用协整、回归或其他方法，分析 EVA 方法与股价的关系。这个对应关系得出来以后，理论上我们可以通过测算银行未来一年的 EVA 来预测银行未来的股价，这应该是非常有意思的工作，也很有实践意义。

2. 银行上市前后 EVA 的对比变化。通过测算银行上市前后的 EVA 值，我们可以对其进行对比研究，进而分析其变化的原因：是股权结构变化导致的？还是因为管理理念更新的原因？或者只是财务数据的跨年大腾挪？这里涉及较多的问题，深入研究下去也是很有意思的。

3. 银行投资资本的测度是否还需要进一步改进？作为运营货币的企业，银行的投资资本的测度有它的特殊性，肯定不能用与一般的生产企业一样的方法去度量。所以，已有的研究以及本文的度量方法是否足够合理、足够准确，或许还可以进行进一步的探讨。也许可以用另一种新的角度去度量，也许还需要再细化、再精确。期待将来对此有更深入的令人认同的研究和探讨。

4. 分别采用 EVA 方法、现金流折现法、股利折现法等其他方法对建设银行进行估值，对比分析其估值结果，看看哪种方法得出的结果比较符合我们的现实认识。然后进一步分析导致不同估值结果的原因，比较各种方法的长短处，或许在此基础上我们还可以创新出更好的估值思路甚至估值方法。

九、其他教学支持材料

Excel 进行财务数据的计算。

收益法评估企业价值：以 B 自来水厂为例

马德功

（四川大学经济学院）

摘　要：本案例采用收益法，对绵阳 B 公司在 2012 年 12 月 31 日的股东全部权益价值进行评估。首先，通过分析绵阳 B 公司 2009—2012 年审计后的财务报表，对相关财务数据进行定量分析，以此为基准预测绵阳 B 公司未来各期企业自由现金流量。其次，根据公司经营历史及行业发展趋势，采用两阶段模型，确定收益年限。最后，选取加权平均资本成本作为此次收益法中的折现率。在此基础上算出企业自由现金流量现值，再结合非经营性资产和负债，以此确定最终评估值。

关键词：收益法；企业价值；收入预测；折现率；收益年限

1. 案例背景

成都 A 有限责任公司（以下简称 A 公司）主营业务为涉水项目的投资及管理，注册资本 65 000 万元。2013 年 5 月，四川信合资产评估有限公司接受 A 公司及绵阳 B 公司控股股东 ZQT 的共同委托，基于 A 公司拟收购绵阳 B 公司股东 ZQT 持有的 51% 的 B 公司股权，就绵阳 B 公司在 2012 年 12 月 31 日的股东全部权益价值进行评估。

绵阳 B 有限公司于 2012 年 7 月 2 日经四川 TB 会计师事务所验资审核，最新注册资本为 3 500 万元。其中：ZQT 出资 3 490 万元，占公司全部股权的 99.71%；绵阳 C 有限责任公司出资 10 万元，占公司全部股权的 0.29%。该公司经营范围为城市供水、五金交电、建筑材料和给排水材料销售等。

绵阳 B 公司有两个分公司，分别为绵阳 B 有限公司 B3 水务分公司（B3 水厂）、绵阳 B 有限公司 B4 水务分公司（B4 水厂），经营范围为城市供水、五金交电、建筑材料、给排水材料销售和水利管理业务等。另有一个子公司为成都 B2 工程有限公司。经营范围为电力设施承装业务、市政工程、建筑工程和以上业务所涉及的相关设备及材料的销售。

① 案例真实性：选自四川信合资产评估有限公司真实案例，所涉对象经过掩饰处理。

2. 收益法原理

2.1 收益法的定义

收益法是通过估算评估对象未来预期收益并通过适当的折现率折算成现值，借以确定被评估资产价值或价格的一种资产评估方法。

总体思路体现为：

$$B = \mathrm{CFPV} + M_1 + M_2 - M_3 \qquad \text{（公式 1）}$$

式中：

B——被评估单位的企业整体价值；

CFPV——被评估单位自由现金流量折现值；

M_1——被评估单位付息负债价值；

M_2——被评估单位非经营性资产价值；

M_3——被评估单位非经营性负债价值。

2.2 收益法的模型

（1）评估模型。

采用折现现金流法（DCF），其中企业未来预期收益采用企业自由现金流，折现率采用资本加权平均报酬率，计算公式为：

$$E = B - D \qquad \text{（公式 2）}$$

式中：

E——被评估单位的股东全部权益（净资产）价值；

B——被评估单位的企业整体价值；

D——被评估单位付息负债价值。

被评估单位的企业整体价值 B 计算公式为：

$$B = P + \sum C_i \qquad \text{（公式 3）}$$

式中：

P——被评估单位的经营性资产和负债价值差额（经营性净资产）；

$\sum C_i$——评估对象基准日存在的非经营性和溢余性的资产、负债价值。

（2）经营性净资产 P。

当收益期为有限年期时：

$$P = \sum_{i=1}^{n} \frac{R_i}{(1 + r)^i} \qquad \text{（公式 4）}$$

当收益期为永续年期时，收益年期较长，前几年不稳定而之后进入稳定期（稳定不变或稳定增长）：

$$P = \sum_{i=1}^{n} \frac{R_i}{(1+r)^i} + \frac{R_{i+1}}{r(1+r)^i} \quad \text{（公式 5）}$$

式中：

R_i——评估对象未来第 i 年的预期收益（企业自由现金流量）；

r——折现率；

n——评估对象的未来持续经营期（收益期）。

（3）折现率 r。

折现率采用资本加权平均报酬率，按照资本加权平均成本模型（WACC）进行计算，公式为：

$$r = r_d \times w_d + r_e \times w_e \quad \text{（公式 6）}$$

式中：

r_d——所得税后长期带息债务利率，其公式为：$r_d = r_0 \times (1-t)$，其中 r_0 为所得税前长期带息债务利率；t——适用所得税税率；

w_d——评估对象的债务比率（带息债务价值在投资性资产中所占的比例），其公式为：

$$w_d = D \div (E \div D)$$

r_e——权益资本报酬率。

采用 CAPM 模型确定：

$$r_e = r_f + \beta \times (r_m - r_f) + \varepsilon \quad \text{（公式 7）}$$

式中：

r_e——权益资本报酬率；

r_f——无风险报酬率；

r_m——市场预期报酬率；

β——评估对象权益资本的预期市场风险系数；

ε——评估对象的特性风险调整系数；

w_e——评估对象的权益比率（权益资本价值在投资性资产中所占的比例），其公式为：

$$w_e = E \div (E + D)$$

（4）收益期。

根据企业经营历史及行业发展趋势等资料，采用两阶段模型，即评估基准日后企业进入第 N 年（收益稳定期，视被评估单位具体经营状况而定，一般取四到五年），根据企业实际情况、政策和市场等因素，以及企业预测的企业收入、成本费用、利润等进行合理分析、调整，假设第 $N+1$ 年后企业自由现金流量进入稳定期，可以将永续年期企业自由现金流量折算到第 N 年末。

（5）非经营性和溢余性的资产、负债价值 $\sum C_i$。

若评估对象基准日存在非经营性、溢余性资产和长期股权投资的价值 $\sum C_i$，其计算公式为：

$$\sum C_i = C_1 + C_2 + C_3$$ （公式8）

式中：

C_1 ——评估对象基准日存在的现金类资产价值；

C_2 ——评估对象基准日存在的其他溢余性和非经营性资产、非经营性负债价值；

C_3 ——评估对象基准日存在的、未计入收益的长期股权投资价值。

3. 评估值的计算过程

3.1 企业收入预测

（1）企业收入历史状况。

企业收入来源主要为自来水生产和城市供水形成的收入（见表1）。

表1　　被评估单位2009—2012年收入汇总表　　单位：万元

产品或服务名称	2009年	2010年	2011年	2012年
1. 水费	346.57	409.06	446.68	503.65
2. 户表安装（合计）	145.96	402.03	585.97	449.42
户表安装（DDW片区）	145.96	402.03	585.97	328.05
户表安装（B3青义片区）				112.05
户表安装（B4B5片区）				9.32
3. 管道安装	157.47	20.07	30.94	9.72
4. 维修收入	5.33	13.55	1.92	11.58
5. 其他	—	—	—	0.66
企业主营业务收入合计	655.32	844.71	1 065.50	975.04

根据绵阳市总体规划，参照B公司供水区域的详细规划等其他资料，预计到2015年，B公司DDW科创园、青义、B3、B4、B5片区供水面积80平方公里，供水人口10万，日供水量2.5万m^3；预计到2020年，上述片区供水面积85平方公里，供水人口27万人，日供水量7万m^3；自2021年起，B公司供水片区的增长进入相对稳定期。

B公司收入来源主要为自来水生产和城市供水销售形成的收入，其生产和销售受制于当地规划、城乡建设、人口增加等因素（详见附录），经营业务比较稳定，收益稳步增长。

（2）供水收入。

首先，居民生活用水量计算基本公式为：

$$Q = P \times r \times c \times X$$ （公式9）

式中：

Q ——预测年度居民生活用水数量；

P ——B公司供水片区所在区域当年居民人数；

r——自来水普及率；

c——B 公司市场占有率；

X——人均用水量。

根据公司提供的自来水普及率、2010 年及 2020 年供水片区居民人数等相关基本数据，合理分配并预测 2013—2021 年的居民人数（详见附录），结合 2008—2012 年《四川统计年鉴》统计的绵阳市历年人均用水量的平均结果（人均用水量 0.16t/日·人），预测各年度居民用水量情况。

其次，根据《四川统计年鉴》统计的绵阳市历史年度非居民生活用水与居民生活用水数量，求其比例后采用对数趋势线进行分析，得到预测年度的非居民生活用水和居民生活用水比例。结合 B 公司目前非居民生活用水供应状况和发展规划、比例估算未来年度非居民生活用水数量。

再次，根据绵阳市发展和改革委员会、绵阳市物价局的绵价工〔20××〕292 号、绵价发〔20××〕52 号、绵价发改环价〔20××〕85 号和绵市发改环价〔20××〕××号文件规定，估算近年被评估单位居民生活用水价格上涨幅度为平均每年 7.69%（不含税价、下同）、非居民生活用水 9.34%，上调频率平均为 2.86 年/次。以评估基准日现有的、政府公布的不含税水价为基础，假设每三年上调一次自来水价格，以前述年平均上涨幅度为依据，不考虑阶梯水价的影响，预测未来年度的水价（不含税）。

最后，基于上述分析，预测居民生活用水和非居民生活用水不含税收入合计如表 2 所示。

表 2　被评估单位 2013—2021 年供水收入预算表

收入分类	2013 年	2014 年	2015 年	2016 年	2017 年	2018 年	2019 年	2020 年	2021 年
居民生活用水收入（元）	7 649 800	9 235 200	13 740 100	16 638 700	20 177 600	30 151 800	36 661 200	44 629 900	56 589 500
用水数量（吨）	4 157 496	5 019 130	6 068 928	7 349 231	8 912 366	10 822 630	13 159 097	16 019 354	16 503 198
非居民生活用水收入（元）	1 030 900	2 108 200	4 630 000	6 244 900	8 320 400	14 056 600	18 408 900	23 954 400	31 324 300
用水数量（吨）	465 013	950 912	1 631 431	2 200 456	2 931 797	3 869 155	5 067 132	6 593 566	6 734 955
合　计	8 680 700	11 343 400	18 370 100	22 883 600	28 498 000	44 208 400	55 070 100	68 584 300	87 913 800

（3）户表安装收入预测。

根据 2008—2012 年《四川统计年鉴》统计的绵阳市总人数和家庭户数，计算得到每户平均人数。再结合前述 B 公司供水片区的居民人数预测值，得出预测的未来年度新增居民生活用水户数。

另外，根据 B 公司提供的历史增长比例数据，估算非居民生活用水户数的增长比例。据此进行预测未来年度每年非居民生活用水户数增加额。

根据前述用水户数量预测及评估基准日的户表收费单价，预测未来年度户表安装收入（见表 3），未考虑单价上涨可能。

表 3　　被评估单位 2013—2021 年户表安装收入预算表

项　目	2013 年	2014 年	2015 年	2016 年	2017 年	2018 年	2019 年	2020 年	2021 年
居民生活用水户（户）	4 181	5 088	6 198	7 560	9 229	11 279	13 796	16 888	2 857
非居民生活用水户（户）	41	70	105	158	240	367	563	867	76
用水户合计（户）	4 222	5 158	6 303	7 718	9 469	11 646	14 359	17 755	2 933
单价（元/户）	3 060	3 060	3 060	3 060	3 060	3 060	3 060	3 060	3 060
收入（元）	12 919 300	15 783 500	19 287 200	23 617 100	28 975 100	35 636 800	43 952 900	54 365 800	8 983 800

（4）其他收入预测。

根据 B 公司历史年度主营业务收入中的其他收入构成，预测未来年度其他收入（主要为自来水维修取得的人工收入）（见表 4），其中单价参考评估基准日价格水平，未考虑上涨因素。

表 4　　被评估单位 2013—2021 年其他收入测算汇总表

项　目	2013 年	2014 年	2015 年	2016 年	2017 年	2018 年	2019 年	2020 年	2021 年
维修户数（户）	10	13	21	26	33	51	63	79	101
单价（元/户）	500	500	500	500	500	500	500	500	500
收入（元）	5 000	6 500	10 500	13 000	16 500	25 500	31 500	39 500	50 500

（5）合计收入预测。

供水收入涉及增值税，故为不含税收入；户表安装和维修收入涉及营业税，故以实际收入纳入总收入范围。合计收入预测结果见表 5。

表 5　　被评估单位 2013—2021 年收入预算汇总表　　单位：万元

项　目	2013 年	2014 年	2015 年	2016 年	2017 年	2018 年	2019 年	2020 年	2021 年
供水收入	868.07	1 134.34	1 837.01	2 288.36	2 849.8	4 420.84	5 507.01	6 858.43	8 791.38
户表安装收入	1 291.93	1 578.35	1 928.72	2 361.71	2 897.51	3 563.68	4 395.29	5 436.58	898.38
维修收入	0.5	0.65	1.05	1.3	1.65	2.55	3.15	3.95	5.05
合计	2 160.5	2 713.34	3 766.78	4 651.37	5 748.96	7 987.07	9 905.45	12 298.96	9 694.81

3.2　成本费用预测

（1）主营业务成本预测。

①企业主营业务成本历史状况。

企业的主营业务成本主要为水资源费、人工工资、折旧、动力费、制造费用、绵阳 D 工程公司购水成本、水质在线监测和水质检测设备运行费用、环保设备运行费用、工程施工、其他等。2009—2012 年的主营业务成本如表 6 所示。

表 6　　被评估单位 2009—2012 年主营业务成本汇总表　　单位：元

成本项目	2009 年	2010 年	2011 年	2012 年
基本生产成本——原水（含 FJ 水厂购水成本）	1 585 107.17	1 649 439.67	1 949 346.50	1 968 203.99
基本生产成本——工资	335 590.30	260 339.71	899 295.21	440 738.00
基本生产成本——折旧	847 231.06	1 035 178.24	865 984.12	1 201 012.25
基本生产成本——动力费	656 385.12	927 308.91	988 421.42	1 107 563.55
基本生产成本——其他	50 620.25	220.00	4 700.00	93 838.13
制造费用	447 489.45	714 286.89	331 044.87	57 330.40
工程施工	19 841.99	1 098 769.65	1 431 945.86	1 151 553.00
主营业务成本合计	3 942 265.34	5 685 543.07	6 470 737.98	6 020 239.32

可以看出，B 公司各年度的收入，除因 2012 年收入不完整外，其他均稳步增长，与主营业务收入基本匹配。

②未来主营业务成本的预测。

企业的各项主营业务成本随着销售收入波动，可以看出和销售收入成一定比例。

预测 B 公司 2013 年起将新增在线重金属监测仪、新增原子吸收仪等设备，其未来运行成本、费用参考社会平均水平进行预测。

根据前述收入预测的用水量，考虑到被评估单位管网漏损率（年平均 11.25%），估算 B 公司供水总量、外购和自产自来水数量。

分析 B 公司现有成本及预测值，并考虑今后其他可能发生的成本，与销售收入匹配后进行调整，估算其未来年度主营业务成本（具体成本有关数据测算见附录）见表 7。

表 7　　被评估单位 2013—2021 年主营业务成本预测表　　单位：元

成本项目	2013 年	2014 年	2015 年	2016 年	2017 年	2018 年	2019 年	2020 年	2021 年
主营业务成本合计	17 524 226	20 976 852	24 177 190	32 760 352	35 602 965	44 378 840	61 280 515	75 178 002	39 645 334

（2）主营业务税金及附加预测。

B 公司缴纳的主营业务税金主要为：增值税、营业税、城市维护建设税、教育费附加、地方教育附加等。

企业销售税金及附加的历史状况如表 8 所示。

表 8　　被评估单位 2009—2012 年销售税金及附加汇总表　　单位：元

项　目	2009 年	2010 年	2011 年	2012 年
税金、附加合计	96 297.52	162 446.30	243 129.06	177 042.60

由于主营业务税金及附加和企业主营业务收入关联，因而以前述分析、调整后的 B 公司预测收入为依据，按会计准则、税法规定的税率估算（见表 9）。

表 9 被评估单位 2013—2021 年销售税金及附加预测表 单位：元

项　目	2013 年	2014 年	2015 年	2016 年	2017 年	2018 年	2019 年	2020 年	2021 年
税金、附加合计	496 757	612 216	780 667	958 733	1 179 303	1 516 553	1 874 380	2 321 825	936 531

（3）营业费用的预测。

企业营业费用的历史状况构成如表 10 所示。

表 10 被评估单位 2009—2012 年营业费用汇总表 单位：元

营业费用项目	2009 年	2010 年	2011 年	2012 年
办公低值易耗品摊销	643. 40	5 732. 73	—	1 547. 60
固定资产折旧	2 799. 36	0. 00	12 269. 40	108 895. 37
工资	203 834. 00	144 512. 10	288 946. 00	354 238. 50
其他	89 700. 93	110 985. 04	120 204. 44	258 722. 36
营业费用合计	296 977. 69	261 229. 87	421 419. 84	726 888. 83

结合企业历史年度收入状况，计算各项经常性发生营业费用与销售收入的匹配程度和人工成本变化状况，测算审计后以往年度各项其他费用与收入比例、工资上涨趋势，据此结合未来预测的销售收入预测估算；营业费用中的固定资产折旧，因涉及营业费用折旧范围的固定资产难以与管理费用所涉及的固定资产范围进行划分，故合并到管理费用中统一进行评估预测。另外，根据被评估单位提供的各个土地租赁合同统计，截至评估基准日，除一次性缴纳的租金外，尚需缴纳的土地租赁费为 107 220 元/年，年均递增 5%。

未来年度营业费用的具体预测数据详见表 11。

表 11 被评估单位 2013—2021 年营业费用预测表 单位：元

营业费用项目	2013 年	2014 年	2015 年	2016 年	2017 年	2018 年	2019 年	2020 年	2021 年
办公低值易耗品摊销	6 481. 50	8 140. 02	11 300. 34	13 954. 11	17 246. 88	23 961. 21	29 716. 35	36 896. 88	29 084. 43
工资	602 779. 50	757 021. 86	1 050 931. 62	1 297 732. 23	1 603 959. 84	2 228 392. 53	2 763 620. 55	3 431 409. 84	2 704 851. 99
其他	391 050. 50	491 114. 54	681 787. 18	841 897. 97	1 040 561. 76	1 445 659. 67	1 792 886. 45	2 226 111. 76	1 754 760. 61
土地租赁费	107 220. 00	112 581. 00	118 210. 05	124 120. 55	130 326. 58	136 842. 91	143 685. 06	150 869. 31	158 412. 78
营业费用合计	1 107 531. 50	1 368 857. 42	1 862 229. 19	2 277 704. 86	2 792 095. 06	3 834 856. 32	4 729 908. 41	5 845 287. 79	4 647 109. 81

（4）企业管理费用预测。

管理费用包括固定部分和可变部分，其中：固定部分包括折旧、无形资产摊销、低值易耗品摊销。可变部分又可分为经常性发生和不经常性发生两部分，前者包括工资、福利费、通讯费、差旅费、业务费、其他、职教费、劳保费、车辆使用费、印花税、办公费、宣传费、维修费、会务费、协会费用、软件服务费、保险费、律师代理（咨询费）、审计费、担保费、绿化费、社保费、燃油费、工会经费、房产税、土地使用税等；后者包括打印费、交通费、流动资产增损、罚款、滞纳金、存货盘亏或盘盈、会务费、车船使用税、中介机构费等。

针对可变部分中的经常性发生管理费用，结合企业历史年度收入状况（见表 12），计算各项经常性发生管理费用与销售收入的匹配程度和物价、人工成本变化状况，测算审计后以往年度各项费用与收入比例、物价和工资上涨趋势，据此结合未来预测的销售收入预测估算；针对不经常性发生部分，在预测估算中一般未予以考虑。未来年度管理费用的预测数据如表 13 所示。

表 12　　被评估单位 2009—2012 年管理费用汇总表　　单位：元

项　目	2009 年	2010 年	2011 年	2012 年
管理费用合计	1 057 395. 86	1 902 425. 45	2 419 353. 19	2 443 921. 36

表 13　　被评估单位 2013—2021 年管理费用预测表　　单位：元

项　目	2013 年	2014 年	2015 年	2016 年	2017 年	2018 年	2019 年	2020 年	2021 年
管理费用合计	3 294 283	3 938 870	4 692 890	5 690 504	6 417 400	8 556 049	9 741 699	12 237 453	10 099 747

（5）企业财务费用预测。

B 公司发生的财务费用主要是长期和短期借款利息、银行手续费、筹资活动费、资金占用费、利息收入和其他等。

2009—2012 年企业财务费用数据如表 14 所示。

表 14　　被评估单位 2009—2012 年财务费用汇总表　　单位：元

项　目	2009 年	2010 年	2011 年	2012 年
财务费用合计	1 733 590. 05	866 908. 67	1 384 243. 34	2 493 786. 04

根据审计结果，被评估单位在评估基准日的短期借款与长期借款合计 2 640 万元，低于所有者权益（3 191. 17 万元），资产负债率为 64. 16%、净资产负债率 179. 01%，对于一个正在扩大市场占有率、大规模建设基础设施的企业来说并不算很高；并且，被评估单位正在办理国有土地使用权出让手续，今后 B 公司可以新增抵押物，从金融机构融资将成为可能。B 公司今后规划扩大 B3 水厂、B4 水厂产能，仍需继续从外部进行融资。故假设在未来年度有新增金融贷款，并在基建结束以后，随着产能和收入的增长、企业自由现金流量的净增加，其金融贷款金额逐步降低，并以评估基准日企业适用借款利率预测未来年度利息。

被评估单位利息收入和其他财务费用属于不经常性发生部分的财务费用，在预测估算中未予以考虑。未来年度财务费用的预测数据见表 15。

表 15　　被评估单位 2013—2021 年财务费用预测表　　单位：万元

项　目	2013 年	2014 年	2015 年	2016 年	2017 年	2018 年	2019 年	2020 年	2021 年
财务费用合计	432. 14	683. 31	887. 07	1 192. 63	1 206. 30	1 206. 43	1 216. 14	997. 39	590. 29

3.3 自由现金流量预测

（1）投资收益预测。

根据审计结果，被评估单位的长期股权投资从未取得分红收益，且根据目前子公司成都B2工程有限公司的经营和利润分配状况，预测今后投资收益继续为零。

（2）年度补贴收入预测。

被评估单位申报的历史年度补贴收入为零。被评估单位所在地政府、水务局补贴收入对B公司而言不是固定经常性质，具有一定偶然性，故在未来年度不予考虑补贴收入的发生。

（3）营业外收支预测。

根据审计结果，B公司的营业外收入主要为赔款、拆迁补偿、补助和其他等，营业外支出主要为捐款、滞纳金和罚款、固定资金报废净损失、损益调整和其他等（见表16）。

表16　　被评估单位2009—2012年营业外收支汇总表　　单位：元

营业外收支项目	2009年	2010年	2011年	2012年
营业外收入小计	303 133.30	154 887.00	48 907.00	681 215.20
营业外支出小计	472 571.70	345 211.70	35 949.54	170 267.40
营业外收支净额	-169 438.40	-190 324.70	12 957.46	510 947.80

根据2011—2012年审计结果，营业外收入主要是每年新增或维护管网工程施工中剩余的废、旧料处置收入，以及城市化进程中涉及的土地征收、道路改扩建等涉及管网拆迁补偿等，因属于偶然收入，故预测未来正常经营状况下，营业外收支净额为零。

（4）资本性支出预测。

根据国家的相关法规、主管部门的相关要求，并结合被评估单位经营的具体情况，B公司尚存扩大生产场地和水厂规模的需求，预测2013年起还需新增水质在线监测设备、水质实验室检测设备等。

根据前述居民、非居民生活用水预测数量的增长状况，既有的各水厂产能，并考虑到分期工程进度和实际需求的匹配、融资能力和资金投入合理性等因素，结合现有生产建（构）筑物、管网、机器设备规模，预测2013—2020年需投入的资本性支出见表17。

表17　　被评估单位2013—2021年资本性支出预测表　　单位：万元

资本性支出项目	2013年	2014年	2015年	2016年	2017年	2018年	2019年	2020年	2021年
提高水厂产能	1 303.00	1 050.00	55.15	2 895.00	121.60	—	2 078.55	—	—
其中：固定资产	550.00	1 050.00	55.15	2 895.00	121.60	—	2 078.55	—	—
无形资产（土地）	753.00	—	—	—	—	—	—	—	—
提高供水能力	—	1 596.00	1 675.80	—	—	—	—	—	—
水质在线监测、检测设备	100.00	100.00	100.00	100.00	—	—	—	—	—
环保设备	38.00	—	—	—	—	—	—	—	—
合计	1 441.00	2 746.00	1 830.95	2 995.00	121.60	—	2 078.55	—	—

（5）折旧费用预测。

管理费用中折旧费用的预测分为两部分，一是由于产能增加和更新改造需新增固定资产增加的折旧（包括固定资产借款利息资本化金额）；二是现有规模资产的耗损（折旧）。

$$D = F \times r \times (1 - c) \quad \text{（公式 10）}$$

式中：

D——未来各年度折旧额；

F——当年固定资产原值；

r——综合折旧率；

c——残值率。

其中：综合折旧率、残值率采用审计报告审定的比率。

固定资产在固定资产使用寿命内按直线法计提折旧。未来年度固定资产折旧预测数据见表 18。

表 18　　被评估单位 2013—2021 年折旧费预测表　　单位：元

项　目	2013 年	2014 年	2015 年	2016 年	2017 年	2018 年	2019 年	2020 年	2021 年
折旧合计	3 158 784	3 472 611	4 432 002	5 093 367	6 133 856	6 173 460	6 173 460	6 850 431	6 850 431

注：折旧费具体预测数据详见附录。

（6）未摊销费用预测。

被评估单位未来年度摊销费用主要为未来土地使用权资本性支出所涉及的摊销，本报告按照前述假设的工业用地（最高使用年限 50 年）用途、审计报告审定的摊销年限和资本性支出金额，估算自 2013 年起每年摊销 16. 29 万元；加上前述营业费用、管理费用估算的低值易耗品摊销，B 公司未来年度摊销费用的预测结果见表 19。

表 19　　被评估单位 2013—2021 年摊销费用预测表　　单位：万元

资产类别	2013 年	2014 年	2015 年	2016 年	2017 年	2018 年	2019 年	2020 年	2021 年
土地	16. 29	16. 29	16. 29	16. 29	16. 29	16. 29	16. 29	16. 29	16. 29
低值易耗品	1. 73	2. 17	3. 01	3. 72	4. 60	6. 39	7. 92	9. 84	7. 76
摊销费用合计	18. 02	18. 46	19. 30	20. 01	20. 89	22. 68	24. 21	26. 13	24. 05

（7）企业所得税预测。

根据审计报告，被评估单位适用的所得税税率为 25%，故本次预测未来年度所得税税率取 25%。

（8）企业营运资金追加额预测。

营运资金追加额是指企业在不改变当前主营业务条件下，为保持企业持续经营能力所需的新增营运资金。估算营运资金的增加原则上只需考虑正常经营所需保持的现金、应收款项、预付账款、存货、应付款项和预收账款等主要因素。未来年度营运资金追加额分析结果见表 20。

表 20　　被评估单位 2013—2021 年营运资金追加额预测表　　单位：元

项　目	2013 年	2014 年	2015 年	2016 年	2017 年	2018 年	2019 年	2020 年	2021 年
营运资金增加额	19 122 538	-4 540 639	-8 838 375	2 563 599	-1 802 727	1 893 470	2 397 860	760 839	-2 019 006

为了公允地反映被评估单位企业价值，预测期营运资金追加额为负数意味着企业占用资金增多，并没有实质的资金流入，故在营运资金追加额为负数的预测年度营运资金追加额应取零值。

（9）投资资本自由现金流量预测。

根据上述各项预测，则未来各年度投资资本自由现金流量预测见表 21。

表 21　　被评估单位 2013—2021 年企业投资资本自由现金流量预测表　　单位：万元

	2013 年	2014 年	2015 年	2016 年	2017 年	2018 年	2019 年	2020 年	2021 年
一、主营业务收入	2 160.50	2 713.34	3 766.78	4 651.37	5 748.96	7 987.07	9 905.45	12 298.96	9 694.81
减：主营业务成本	1 752.42	2 097.69	2 417.72	3 276.04	3 560.30	4 437.88	6 128.05	7 517.80	3 964.53
主营业务税金及附加	49.68	61.22	78.07	95.87	117.93	151.66	187.44	232.18	93.65
二、主营业务利润	358.40	554.43	1 270.99	1 279.46	2 070.73	3 397.53	3 589.96	4 548.98	5 636.63
加：其他业务利润	—	—	—	—	—	—	—	—	—
减：管理费用	329.43	393.89	469.29	569.05	641.74	855.60	974.17	1 223.75	1 009.97
营业费用	110.75	136.89	186.22	227.77	279.21	383.49	472.99	584.53	464.71
财务费用	432.13	683.30	887.05	1 192.62	1 206.29	1 206.43	1 216.14	997.38	590.28
三、营业利润	-513.91	-659.65	-271.57	-709.98	-56.51	952.01	926.66	1 743.32	3 571.67
加：投资收益	—	—	—	—	—	—	—	—	—
营业外收支净额	—	—	—	—	—	—	—	—	—
补贴收入	—	—	—	—	—	—	—	—	—
四、利润总额	-513.91	-659.65	-271.57	-709.98	-56.51	952.01	926.66	1 743.32	3 571.67
减：所得税	—	—	—	—	—	238.00	231.67	435.83	892.92
五、净利润	-513.91	-659.65	-271.57	-709.98	-56.51	714.01	694.99	1 307.49	2 678.75
加：税后利息费用	243.24	385.11	499.86	671.99	679.62	679.62	685.01	561.66	332.16
折旧	315.88	347.26	443.20	509.34	613.39	617.35	617.35	685.04	685.04
摊销	18.02	18.46	19.30	20.01	20.89	22.68	24.21	26.13	24.04
减：资本性支出	1 441.00	2 746.00	1 830.95	2 995.00	121.60	—	2 078.55	—	—
营运资金追加额	1 912.25	—	—	256.36	—	189.35	239.79	76.08	—
六、投资资本自由现金流量	-3 290.02	-2 654.82	-1 140.16	-2 760.00	1 135.79	1 844.31	-296.78	2 504.24	3 719.99

3.4 收益年限的确定

根据企业经营历史及行业发展趋势等资料（具体文件详见附录），采用两阶段模型，即评估基准日后九年（即 2013—2021 年）根据企业实际情况和政策、市场等因素，以及预测的企业收入、成本费用、利润等进行合理分析、调整，假设第 9 年（2021 年）后企业自由现金流量进入稳定期，可以将永续年期企业自由现金流量折算到第 9 年（2021 年）末。

3.5 折现率的确定

（1）折现率的模型。

本次评估收益额口径为企业自由现金流量，则折现率选取加权平均资本成本 WACC：

$$r = r_d \times w_d + r_e \times w_e$$

式中：

r_d——所得税后长期带息债务利率其公式为：$r_d = r_0 \times (1 - t)$，其中，r_0 为所得税前长期带息债务利率；t——适用所得税税率；

w_d——评估对象的债务比率（带息债务价值在投资性资产中所占的比例），其公式为：

$$w_d = D \div (E + D)$$

r_e——权益资本报酬率。

采用 CAPM 模型确定：

$$r_e = r_f + \beta \times (r_m - r_f) + \varepsilon$$

式中：

r_e——权益资本报酬率；

r_f——无风险报酬率；

r_m——市场预期报酬率；

β——评估对象权益资本的预期市场风险系数；

ε——评估对象的特性风险调整系数；

w_e——评估对象的权益比率（权益资本价值在投资性资产中所占的比例），其公式为：

$$w_e = E \div (E + D)$$

（2）r_d 的确定。

取被评估单位长期带息债务实际平均利率 7.65% 作为所得税前带息债务利率 r_0，被评估单位适用所得税税率为 25%。

$r_d = 7.65\% \times (1 - 25\%) = 5.74$；

则：所得税后债务利率 r_d 为 5.74%。

（3）w_d 和 w_e 的确定。

w_d = 长期带息债务 ÷（长期带息债务 + 股权价值）

= 9 400 000/(9 400 000 + 31 911 725.07)

= 22.75%

$$w_e = 1 - W_d$$
$$= 1 - 22.75\%$$
$$= 77.25\%$$

（4）r_e 的确定。

①无风险报酬率 r_f 的确定。

基于持续经营的基本假设，r_f 取长期国债平均到期收益率。选取财政部发行的在评估基准日时点剩余收益年限10年以上共七期国债的到期收益率进行统计，计算得出平均到期收益率为3.95%（见表22）。

表22　　10年以上国债到期收益率

国债名称	代码	年利率（%）	期限	剩余期限	净价	全价	到期收益率
国债1014	101014	4.03	50	47.43	100	100.42	4.03%
国债0303	100303	3.4	20	10.3	97.5	98.21	3.69%
07国债13	10713	4.52	20	14.63	100	100.85	4.52%
07国债06	10706	4.27	30	24.39	100	101.34	4.27%
06国债（9）	10609	3.7	20	13.49	100	100.06	3.70%
05国债（4）	10504	4.11	20	12.38	103.75	104.28	3.73%
03国债（3）	10303	3.4	20	10.3	97.5	98.21	3.69%
平均	—	—	—	—	—	—	3.95%

因此，无风险报酬率 $r_f = 3.95\%$。

②权益系统风险系数 β 值的确定。

a. 评估对象权益资本的预期市场风险系数β：

$$\beta = \beta_u \times \left[1 + (1 - t)\frac{D}{E}\right] \quad （公式1）$$

式中：

β——评估对象权益系统风险系数（有财务杠杆预期市场风险系数）；

β_u——可比上市公司预期无财务杠杆市场风险系数；

D/E——债务市值/权益市值；

t——所得税率。

b. 可比上市公司的预期无杠杆市场风险系数 β_u：

$$\beta_u = \frac{\beta_t}{\left[1 + (1 - t)\frac{D_i}{E_i}\right]} \quad （公式2）$$

式中：

β_t——可比公司股票（资产）的预期市场平均风险系数；

D_i、E_i——可比公司的带息债务与权益资本。

c. 可比上市公司股票（资产）的预期市场平均风险系数 β_t：

$$\beta_t = 34\% K + 66\% \beta_g \quad \text{（公式 3）}$$

式中：

K——一定时期股票市场的平均风险值，通常假设 $K = 1$；

β_g——可比公司股票（资产）的历史市场平均风险系数。

根据 Wind 资讯查询的上证、深证 A 股股票类似被评估单位经营范围、上市交易十年以上的上市企业 Beta 计算确定平均风险系数。根据 Wind 资讯公布的自来水的生产和供应行业上市企业股票贝塔系数 β_g，并折算为预期市场平均风险系数 β_t，筛选了 5 家上市企业距评估基准日最近的会计年度财务报表（见表 23），根据负债/权益比率还原为无杠杆贝塔系数，取其平均数得到 β_u。

表 23　　Wind 资讯查询的上证、深证 A 股股票类似上市企业 Beta 值

上市企业（简称）	贝塔系数 β_g	预期市场平均风险系数 β_t
锦龙股份（000712（SZ））	0. 8608	0. 9081
武汉控股（600168（SH））	0. 9917	0. 9945
南海发展（600323（SH））	0. 6377	0. 7609
城投控股（600649（SH））	0. 9684	0. 9791
创业环保（600874（SH））	0. 8429	0. 8963

查询 Wind 资讯公布的上述自来水的生产和供应行业企业上市企业股票的带息债务（D）、股权价值（E）和所得税（T），将可比公司股票（资产）的风险系数贝塔系数调整为无杠杆贝塔系数（见表 24）。

表 24　　Wind 资讯查询的上证、深证 A 股股票类似上市企业无杠杆 Beta 值

上市企业（简称）	无杠杆贝塔 β_u
锦龙股份（000712SZ）	0. 7910
武汉控股（600168SH）	0. 7517
南海发展（600323SH）	0. 4956
城投控股（600649SH）	0. 6537
创业环保（600874SH）	0. 5159
平　均	0. 6416

带入上述计算评估对象权益资本的预期市场风险系数公式，计算评估对象权益资本的预期市场风险系数 β（有财务杠杆预期市场风险系数）为 0. 7833。

③市场报酬率 r_m 的确定。

取证券市场评估基准日前十年平均报酬率作为市场报酬率，通过 Wind 证券资讯终端系统，查取证券市场基准日前十年的上证、深证平均收益率分别为 8. 99%、16. 79%，二者平均报酬率 r_m 为 12. 89%。

④企业特定风险调整系数 ε 的确定。

针对被评估单位而言，企业特定风险调整系数 ε 一般为小规模企业特定风险调整系数 R_s。

借鉴北京岳华德威资产评估有限公司赵强先生参考美国研究公司规模超额收益的 Grabowski - King 研究，对超额收益率与净资产建立如下回归方程①：

$$R_s = 3.139\% - 0.2485\% \times N_B (R_2 = 90.89\%) \quad \text{（公式 4）}$$

其中：N_B（净资产账面值）取评估基准日审计确认的净资产 0.3191 亿元。

经计算，被评估单位小规模企业特定风险收益率 R_s 为 3.06%。

企业特定风险调整系数 ε 一般合计为 3.06%。

⑤权益资本报酬率 r_e 的确定。

将上述各值代入公式：

$$r_e = r_f + \beta \times (r_m - r_f) + \varepsilon$$

则权益资本报酬率 $r_e = 3.95\% + 0.7833 \times (12.89\% - 3.95\%) + 3.06\% = 14.01\%$。

（5）折现率 r 的确定。

将上述所得值代入公式，即有：$r = r_d \times w_d + r_e \times w_e = 5.74\% \times 22.75\% + 14.01\% \times 77.25\% = 12.13\%$。

3.6 评估值确定

（1）经营性净资产 P。

结合上述预测的各期自由现金流量和折现率，计算得出企业的营业性净资产价值（见表25）。

表 25　被评估单位 2013—2021 年经营性资产价值测算表　单位：万元

项　目	2013 年	2014 年	2015 年	2016 年	2017 年	2018 年	2019 年	2020 年	2021 年	2021 年后
投资资本自由现金流量	-3 290	-2 654	-1 140	-2 760	1 135	1 844	-296	2 504	3 719	3 719
折现率	12.13%	12.13%	12.13%	12.13%	12.13%	12.13%	12.13%	12.13%	12.13%	12.13%
折现系数	0.8918	0.7953	0.7093	0.6326	0.5642	0.5032	0.4488	0.4002	0.3569	2.9423
自由现金流现值	-2 934	-2 111	-808	-1 745	640.81	928	-133	1 002	1 327	10 945
自由现金流现值合计	7 110.75									

（2）溢余资产、非经营性资产及负债 $\sum C$。

①溢余资产。

被评估单位无溢余资产。

②非经营资产。

a. 预付账款：B 公司在建工程的预付账款，审计结果为 246.79 万元。

① 赵强．美国企业价值评估的发展［J］．中国资产评估，2008（3）．

b. 其他应收款：与被评估单位营业范围无关的款项，审计结果为 990. 84 万元。

c. 长期投资：被评估单位对成都 B2 工程有限公司的长期股权投资，一直未分红。经评估，成都 B2 工程有限公司在评估基准日的股东全部权益评估价值为 158. 73 万元，被评估单位持有成都 B2 工程有限公司 30% 的股权，故长期投资评估值为 47. 62 万元。

d. 在建工程：湖南华宇项目部 724. 57 万元等工程，审计结果为 1 224. 48 万元。非经营性资产合计 2 509. 77 万元。

③非经营性负债。

非经营性负债主要为其他应付款，合计 1 082. 92 万元。

（3）带息债务 D。

带息债务主要为短期借款 2 050 万元、长期借款 590 万元，合计 2 640 万元。

（4）权益资本价值 E。

根据上述测算，B 公司的权益资本价值如表 26 所示。

表 26　　被评估单位权益资本价值估算表　　单位：万元

项　目	价　值
营业性资产价值	7 110. 75
加：溢余性资产价值	0. 00
非经营性资产价值	2 509. 77
减：非经营性负债	1 082. 92
带息债务	2 640. 00
股东全部权益价值	5 897. 60

4. 评估结论

评估对象于评估基准日的股东全部权益价值为人民币 5 897. 60 万元。

根据上述收益法评估结果，成都 A 有限责任公司拟收购绵阳 B 有限公司 51% 股权在 2012 年 12 月 31 日的评估价值为人民币 3 007. 98 万元。

5. 结束语

绵阳 B 公司提供的所有资料真实、准确、完整、合法、有效。此案例结果是反映 B 公司在本次评估目的下，根据公开市场原则确定的交易参考价值，没有考虑该资产在形成或使用过程中是否有负债、抵押担保以及如果出售该资产应承担的税费等可能影响其价值的因素。

本案例结论是依据 B 公司提供的基础资料，以 B 公司拥有合法产权及绝对处置权为假设前提，没有考虑特殊交易方式对案例结论的影响。

附录

一、数据出处

案例正文中数据来源均为四川信合资产评估有限公司提供的《绵阳 B 有限公司企业价值评估说明》。

二、企业收入影响因素

1. 国家政策。

最新发布的《水利发展“十二五”规划》显示，未来 10 年我国水利投资规模将达 4 万亿元。2011 年全国水利投资达 3 452 亿元，其中中央投资达 1 141 亿元，2012 年水利投资预计超过去年，其中中央水利投资会超过 1 400 亿元。

继广州、长沙等地在年初启动水价调整之后，国务院发布了《关于实行最严格水资源管理制度的意见》，加强水资源开发利用控制红线管理。

2. 人口因素。

供水片区之一的 DDW 科创园区将成为绵阳副中心，从 2013 年开始，绵阳市委、市政府和相关职能部门及配套机构都将逐步迁至该片区，这样将带来人口的急剧增长，也将使供水用户和用水量迅速上升。在该片区内，B 公司的主要用户绵阳中学和东辰中学是国家级重点学校，师生数量稳步增长。从 2013 年开始，供水片区内的东辰二小将增加近五千名师生（已向 B 公司提出用水申请）。同时，随着学校人数的增加，伴读、陪读的学生父母数量也将相应增加，在该区域置业的人数也相应增加，由此，除增加供水收入以外，还会增加户表安装收入；另外，在 B 公司供水区域内现已有东辰集团 D 区楼盘、家乐福地产楼盘、东辰国际学校（小学部）、富诚投资等十余家单位向被评估单位提出用水申请，有的已提出施工用水请求，B 公司已着手提供施工建设用水的保证。

3. 当地规划。

根据绵阳市人民政府规定，隶属于绵阳市主城区和今后城市次中心的科创园区 DDW 片区、城北的青义 B3 片区、西南的 B4 镇及 B5 乡片区被划为 B 公司供水区域，同时被评估单位还拥有 B3、B4、B5 三个自来水厂，以及绵阳 D 工程公司 FJ 自来水厂专供用水，B 公司在绵阳市自来水市场占有率较大，所在区域城乡建设稳定发展、人口逐步递增，市场份额稳定，销售收入逐年递增。根据 B 公司发展战略思想，被评估单位在前期、近期投入发展基础建设，主要是大力进行新区的管网前期铺设，同时对现有片区供水管网进行升级改造，今后占领的供水区域企事业单位和人口稳步增加，以及经济发展和人民生活物质生活水平逐步提高，被评估单位的收入将有较大幅度的增长。但是就销售价格而言，首先限于评估技术条件，本评估报告在预测未来收益时所采用的单价仅采用了绵阳市物价规定阶梯水价的第一级价格（不含税，且扣除代收污水处理费）；其次，考虑国家物价政策限制，并参考历史年度当地政府公布的 B 公司自来水价格文件，分析其波动水平和波动期间，预测自来水销售价格以现有水平小幅度增长（户表安装单价未变）。故本次评估按 B 公司现有产销数量及预测值进行分析、调整，估算其未来年度产销数量。

三、B 公司供水片区的居民人数预测

详见附表 1、附表 2。

附表 1　　　　基本数据

地区	面积（km）			规划增长率	自来水普及率	基期人数（2010 年）（人）		2020 年人数（人）	
	区域	B	比例			区域	B 供水	区域	B
科创园 DDW 片区	13. 31	7. 20	54. 09%	24. 75%	98. 5%	24 100	12 840	220 000	117 214
B3 镇片区	33. 77	24. 00	71. 07%	14. 30%	95%	13 134	8 867	50 000	33 754
青义圣水片区				22. 42%	95%	21 172	14 294	160 000	108 051
B4 镇片区	69. 60	20. 00	28. 74%	14. 33%	95%	11 791	3 219	45 000	12 281
B5 乡片区				6. 12%	95%	6 073	1 658	11 000	3 004
合计	116. 68	51. 2	—	—	—	76 270	40 880	486 000	274 304

四、主营业务成本预测

详见附表 3、附表 4。

五、折旧费

详见附表 5。

六、收益年限

1. 根据四川省住房和城乡建设厅、四川省发展和改革委员会、四川省卫生厅、四川省环境保护厅、四川省工商行政管理局和四川省爱国卫生运动委员在 2012 年 6 月 18 日川建发〔2012〕17 号《关于印发〈四川省城镇供水排水运营单位运行监管办法〉的通知》中的规定，“试运行期满的城镇供水排水运营单位必须申报正式运行评估考核。……经综合评定合格的颁发统一制作的《运行合格证》。评估考核不合格的，责令限期整改，整改后经评估考核仍不合格的，当地人民政府应取消其特许经营权。……供水排水运营单位的《运行合格证》有效期为 5 年，有效期满后，由省住房和城乡建设行政主管部门组织对持证单位的运行状况进行复审。复审合格的，重新颁发《运行合格证书》；复审不合格的，责令其限期整改”，没有明确规定特许经营权期限。可见，只要被评估单位正常经营，并通过运行评估考核，供水特许经营权将会持续有效。根据被评估单位提供的国家城市供水水质监测网成都监测站《检测报告》，B 公司供应的生活饮用水水质检测结果在《生活饮用水卫生标准》范围内。

2. 被评估单位 B3 镇 AA 村、BB 村、B5 乡 CC 村、DD 村、B4 镇 EE 村、FF 村等的占地，是通过与相应的土地权利人签订土地租赁合同取得，租赁使用时间除无特殊约定外、一般约为 20—50 年。被评估单位在和当地村委会、居委会、个人签订的租赁合同中，特别约定合同到期后续约和遇征地自动终止等条款。上述占地大多远离城镇、周边多为农田和果园，

附表 2

居民人数预测表

单位：人

地区	2013 年		2014 年		2015 年		2016 年		2017 年		2018 年		2019 年		2020 年		2021 年	
	当年	增加	当年	增加	当年	增加	当年	增加	当年	增加	当年	增加	当年	增加	当年	增加	当年	增加
科创园 DDW 片区	24 928	4 946	31 098	6 170	38 795	7 697	48 397	9 602	60 375	11 978	75 318	14 943	93 959	18 641	117 214	23 255	120 754	3 540
B3 镇片区	13 243	1 657	15 137	1 894	17 302	2 165	19 776	2 474	22 604	2 828	25 836	3 232	29 531	3 695	33 754	4 223	34 774	1 020
青义圣水片区	26 227	4 803	32 107	5 880	39 304	7 197	48 113	8 809	58 898	10 785	72 101	13 203	88 264	16 163	108 051	19 787	111 314	3 263
B4 镇片区	4 810	603	5 499	689	6 287	788	7 188	901	8 218	1 030	9 396	1 178	10 742	1 346	12 281	1 539	12 652	371
B5 乡片区	1 982	114	2 103	121	2 232	129	2 369	137	2 514	145	2 668	154	2 831	163	3 004	173	3 095	91
合计	71 190	12 123	85 944	14 754	103 920	17 976	125 843	21 923	152 609	26 766	185 319	32 710	225 327	40 008	274 304	48 977	282 589	8 285

附表 3

成本有关数据测算表

单位：t、t/日

项目	2013 年	2014 年	2015 年	2016 年	2017 年	2018 年	2019 年	2020 年	2021 年
预测总用水量	4 622 509.00	5 970 042.00	7 700 359.00	9 549 687.00	11 844 163.00	14 691 785.00	18 226 229.00	22 612 920.00	23 238 153.00
其中：DDW、青义 B3	4 196 725.70	5 472 033.06	7 118 243.05	8 869 679.50	11 050 272.27	13 765 324.34	17 145 591.06	21 352 863.27	21 943 228.86
B4B5	425 782.98	498 008.54	582 116.08	680 007.39	793 890.17	926 459.90	1 080 637.74	1 260 056.27	1 294 923.68
预测平均每日用水量	12 664.41	16 356.28	21 096.87	26 163.53	32 449.76	40 251.47	49 934.87	61 953.21	63 666.17
预测平均每日供水量（含管漏）	14 269.76	18 429.61	23 771.13	29 480.03	36 563.11	45 353.76	56 264.65	69 806.43	71 736.53
其中：DDW、青义 B3	12 955.36	16 892.25	21 974.12	27 380.84	34 112.36	42 493.77	52 928.70	65 916.61	67 739.08
B4B5	1 314.40	1 537.36	1 797.00	2 099.19	2 450.75	2 860.00	3 335.95	3 889.81	3 997.45
其中：FJ 水厂供应	10 955.36	9 892.25	4 974.12	10 380.84	0.00	493.77	10 928.70	8 916.61	10 739.08
B 公司自产	3 500.00	9 000.00	19 000.00	19 500.00	44 500.00	45 500.00	45 500.00	61 000.00	61 000.00
预测总供水量（含管漏）	5 208 460.85	6 726 807.89	8 676 460.85	10 760 210.70	13 345 535.77	16 554 123.94	20 536 596.06	25 479 346.48	26 183 834.37
其中：FJ 水厂供应	3 998 705.01	3 610 671.05	1 815 555.55	3 789 005.07	0.00	180 224.61	3 988 975.84	3 254 564.25	3 919 764.91
B 公司自产	1 209 755.83	3 116 136.83	6 860 905.30	6 971 205.63	13 345 535.77	16 373 899.34	16 547 620.21	22 224 782.23	22 264 069.45

附表 4

被评估单位 2013—2021 年主营业务成本预测表

成本项目	单位	2013 年	2014 年	2015 年	2016 年	2017 年	2018 年	2019 年	2020 年	2021 年
1. 基本生产成本——原水（水资源费）	数量（m^3）	5 208 460.85	6 726 807.89	8 676 460.85	10 760 210.70	13 345 535.77	16 554 123.94	20 536 596.06	25 479 346.48	26 183 834.37
	单价（元/m^3）	0.060	0.063	0.066	0.069	0.072	0.076	0.080	0.084	0.088
	金额（元）	312 507.65	423 788.90	572 646.42	742 454.54	960 878.58	1 258 113.42	1 642 927.68	2 140 265.10	2 304 177.42
2. 基本生产成本——原水（FJ 水厂购水）	数量（m^3）	3 998 705.01	3 610 671.05	1 815 555.55	3 789 005.07	0.00	180 224.61	3 988 975.84	3 254 564.25	3 919 764.91
	单价（元/m^3）	0.910	1.012	1.012	1.245	1.245	1.245	1.532	1.532	1.532
	金额（元）	3 638 822.00	3 653 999.00	1 837 342.00	4 717 311.00	0.00	224 380.00	6 111 111.00	4 985 992.00	6 005 080.00
3. 基本生产成本——动力费	数量（m^3）	5 208 460.85	6 726 807.89	8 676 460.85	10 760 210.70	13 345 535.77	16 554 123.94	20 536 596.06	25 479 346.48	26 183 834.37
	单价（元/m^3）	0.23	0.24	0.25	0.26	0.27	0.28	0.29	0.30	0.32
	金额（元）	1 197 946.00	1 614 434.00	2 169 115.00	2 797 655.00	3 603 295.00	4 635 155.00	5 955 613.00	7 643 804.00	8 378 827.00
4. 基本生产成本——工资	金额（元）	448 000.00	492 800.00	542 080.00	596 288.00	655 914.00	721 504.00	793 660.00	873 026.00	960 330.00
5. 基本生产成本——折旧	金额（元）	2 946 887.00	3 260 714.00	4 220 105.00	4 881 470.00	5 921 959.00	5 961 563.00	5 961 563.00	6 638 534.00	6 638 534.00
6. 基本生产成本——其他	金额（元）	108 025.00	135 667.00	188 339.00	232 569.00	287 448.00	399 354.00	495 273.00	614 948.00	484 741.00
7. 制造费用	金额（元）	1 120 438.00	1 450 849.00	1 890 263.00	2 391 804.00	3 048 170.00	3 892 171.00	4 997 267.00	6 420 233.00	6 919 345.00
其中：水质在线监测和水质检测设备运行费用	金额（元）	185 000.00	194 250.00	203 963.00	214 161.00	224 869.00	236 112.00	247 918.00	260 314.00	273 330.00
环保设备运行费用	金额（元）	50 000.00	52 500.00	55 125.00	57 881.00	60 775.00	63 814.00	67 005.00	70 355.00	73 873.00
8. 工程施工	数量（户）	4 222	5 158	6 303	7 718	9 469	11 646	14 359	17 755	2 933
	单价（元/户）	1 836	1 928	2 024	2 125	2 231	2 343	2 460	2 583	2 712
	金额（元）	7 751 600	9 944 600	12 757 300	16 400 800	21 125 300	27 286 600	35 323 100	45 861 200	7 954 300
主营业务成本合计	金额（元）	17 524 226	20 976 852	24 177 190	32 760 352	35 602 965	44 378 840	61 280 515	75 178 002	39 645 334

附表 5

被评估单位 2013—2021 年折旧费预测表

单位：元

资产类别	分类	折旧（计提）率%	残值率%	2013 年	2014 年	2015 年	2016 年	2017 年	2018 年	2019 年	2020 年	2021 年
水厂建（构）筑物、管网	生产成本	3.17%	5%	2 893 879	3 073 011	3 934 796	4 498 556	5 441 439	5 481 043	5 481 043	6 158 014	6 158 014
设备		9.50%	5%	53 007	187 702	285 308	382 913	480 519	480 519	480 519	480 519	480 519
运输设备	管理费用	9.50%	5%	134 012	134 012	134 012	134 012	134 012	134 012	134 012	134 012	134 012
电子设备		19.00%	5%	77 885	77 885	77 885	77 885	77 885	77 885	77 885	77 885	77 885
折旧合计				3 158 784	3 472 611	4 432 002	5 093 367	6 133 856	6 173 460	6 173 460	6 850 431	6 850 431

远期 2020 年规划也未纳入城镇建设用地范围，故本次评估设定土地租赁期限对被评估单位持续经营影响很小，可忽略不计；另外，B 公司办公区和 B3 水厂项目建设用地约 47.5 亩，征地和国有土地出让手续正在办理之中，对被评估单位收益期无影响。

3. 根据委托方提供的当地各项规划指标，B 公司供水片区在 2015—2020 年基本达到绵阳市城镇化平均水平。因被评估单位预测收入与城镇建设、人口密切相关，故假设企业在 2015—2020 年期间经营收入从增长期开始进入稳定期，并在 2021 年达到相对稳定。

根据企业经营历史及行业发展趋势等资料，采用两阶段模型，即评估基准日后九年（即 2013—2021 年）根据企业实际情况和政策、市场等因素，以及企业预测的企业收入、成本费用、利润等进行合理分析、调整，假设第 9 年（2021 年）后企业自由现金流量进入稳定期，可以将永续年期企业自由现金流量折算到第 9 年（2021 年）末。

Income Method to Evaluate the Value of a Business: Take the B Waterworks as an Example

Abstract: This case uses the income approach to evaluate the shareholders value of Mianyang B company in December 31, 2012. Firstly, according to the Mianyang B company's audited financial report (from 2009 to 2012) and some quantitative analysis, we predict the company's future free cash flow. Secondly, referring to the company's operating history and industry trends, we use the two-stage model to determine the future proceeds of life. Finally, we select the WACC as the discount rate, and then calculate the present value of free cash flow, adding non-operating assets and liabilities to evaluate the assessed value.

Key Words: Income Approach; Enterprise Value; Income Forecast; Discount Rate; Period of Benefit

案例使用说明

收益法评估企业价值：以B自来水厂为例

一、教学目的和用途

1. 教学适用课程：《资产评估原理》《企业价值评估》《资产评估理论与实务》等。

2. 教学适用对象：资产评估专业本科生及硕士研究生。

3. 教学目标：使资产评估专业本科生及硕士研究生在实际案例中运用收益法这一重要评估方法的实践水平得到切实提高，在温习专业理论知识的同时，使其在案例分析学习过程中获得较强实践能力，最终实现提升其案例分析能力的教学目标，更重要的是，使学生自身的综合理论素质和职业岗位能力水平得到锻炼，并初步具备创新精神和创业能力。

二、启发思考题

1. 在本案例中，收益法如何搜集相关数据进行评估？

2. 商誉是企业在一定条件下获得高于正常投资报酬率所形成的价值，如何正确合理评估其价值？

3. 实务中运用收益法进行评估，最主要的三个经济技术参数如何合理有效设置？

4. 分析评估未来收益时，有期限和无期限的差别。

5. 分析运用收益法评估企业价值的适用性和局限性。

三、案例分析思路

1. 逻辑路径。

第一步，确定本次案例分析的评估对象；

第二步，阐明本次案例使用的方法——收益法的应用前提及选择的理由和依据；

第三步，给出本案例涉及的收益预测的若干假设条件；

第四步，深入具体案例，对本案例企业进行经营、资产、财务分析，其中会使用到前期实际走访案例企业搜集的企业财务报表；

第五步，具体详尽展现收益预测分析全过程；

第六步，进行客观评估计算及分析过程；

第七步，根据以上步骤的评估计算过程，给定评估值并最终得出本次案例分析的评估结论。

2. 分析思路。

通过对水厂实际走访，搜集符合水厂实际情况的评估数据，确定收益法公式中的各个因素，最后计算出评估结果，得出一个客观、公允的评估值。

四、理论依据与分析

本案例中运用了一些相关理论，这些理论在资产评估知识体系中有着重要的作用，在为资产评估实务提供理论依据的同时，使得评估结果更准确，更有说服力。案例中主要有以下几个理论。

1. 加权平均资本成本 WACC。

加权平均资本成本（Weighted Average Cost of Capital，WACC），是指企业以各种资本在企业全部资本中所占的比重为权数，对各种长期资金的资本成本加权平均计算出来的资本总成本。加权平均资本成本可用来确定具有平均风险投资项目所要求的收益率。

公司从外部获取资金的来源主要有两种：股本和债务。因此，一个公司的资本结构主要包含三个成分：优先股、普通股和债务（常见的有债券和期票）。加权平均资本成本考虑资本结构中每个成分的相对权重并体现出该公司的新资产的预期成本。

本案例中评估收益口径为企业自由现金流量，则折现率选取加权平均资本成本（WACC）。其公式为 $r = r_d \times w_d + r_e \times w_e$。式中 r_d是所得税后长期带息债务利率，W_d是评估对象的债务比率（带息债务价值在投资性资产中所占的比例），r_e是权益资本报酬率，W_e是评估对象的权益比率（权益资本价值在投资性资产中所占的比例）。

评估实务中，采用收益途径评估公司价值时，用加权平均资本成本确定折现率是关注的公司整体的价值，是所有权利要求者所要求的价值，包括债权人和股东，因为能更全面、更准备地评估出公司的整体价值。

2. 采用 CAPM 模型确定权益资本报酬率。

资本资产定价模型就是在投资组合理论和资本市场理论基础上，主要研究证券市场中资产的预期收益率与风险资产之间的关系。它解释以资本形式（如股票）存在的资产的价格确定模型。以股票市场为例。假定投资者通过基金投资于整个股票市场，于是他的投资完全分散化了，他将不承担任何可分散风险。但是，由于经济与股票市场变化的一致性，投资者将承担不可分散风险。于是投资者的预期回报高于无风险利率。

其公式为 $r_e = r_f + \beta \times (r_m - r_f) + \varepsilon$。其中，$r_e$是权益资本报酬率，$r_f$是无风险报酬率，$r_m$是市场预期报酬率，$\beta$ 是评估对象权益资本的预期市场风险系数，ε 是评估对象的特性风险调整系数。

β 系数是常数，称为资产 β，β 系数是用以度量一项资产系统风险的指针，是用来衡量一种证券或一个投资组合相对总体市场的波动性（volatility）的一种风险评估工具。β 系数表示了资产的回报率对市场变动的敏感程度，可以衡量该资产的不可分散风险。如果给定 β，我们就能确定某资产现值的正确贴现率了。

在本案例中，β 值是通过 5 家可比上市公司的 β 值经过财务杠杆的调整以及算术平均后得到的。

虽然说企业的权益报酬率与整个证券市场以及该行业类似上市公司的风险报酬率存在线性关系，但还不能涵盖所有的风险，所以有必要算上企业特定风险报酬率 ε，北京岳华德威资产评估有限公司赵强先生参考美国研究公司规模超额收益的 Grabowski-King 研究，发现 ε 与企业规模（净资产账面值）存在线性关系，以此为依据计算出 ε，然后算出自来水厂的权益报酬率。

3. 贴现现金流量法。

贴现现金流量法是用贴现现金流量方法确定最高可接受的并购价值的方法，这就需要估计由并购引起的期望的增量现金流量和贴现率（或资本成本），即企业进行新投资，市场所要求的最低的可接受的报酬率。

全球领域的价值评估模型主要有现金流量折现模型、经济增加值模型和相对价值模型等。其中，自由现金流量折现模型居于主导地位，是价值评估领域使用最为广泛、理论最为健全的模型。现金流量决定企业的价值创造能力，企业只有拥有足够的现金才能从市场上获取各种生产要素，为价值创造提供必要的前提，而衡量企业的价值创造能力正是进行价值投资的基础。现金流量指标日益取代利润指标成为评价上市公司股票价值的一个重要标准，其中，自由现金流量在美国和欧洲的价值评估和资产管理领域得到了非常广泛的应用。

贴现现金流模型就是先计算支付了运营资本、净投资、债务本息和优先股股息之后所留下的自由现金流，然后用公司的资本成本对这一现金流进行贴现，进而得出股票的价值。

自由现金流 = 净利润 + 税后利息费用 + 折旧 + 摊销 − 净投资 − 运营资本的净变化

本案例中，贴现率已用 WACC 求得，自由现金流量在企业历史数据的基础上，根据对未来供水区域人口和单价的预测以及投资收益、营业外净收益、资本性支出的预测得以实现，收益期假设为永续，进而得到经营性资产价值，再加上非经营性资产、溢余资产的价值，扣减非经营性负债价值，得出企业整体价值，企业的整体价值扣除带息债务即为企业所有者权益价值。

五、背景信息

1. 国内自来水的生产和供应行业总体现状。

水的生产与供应关系到国计民生，属于市政公用事业范畴。国内自来水的生产和供应行业的主要特点是公益性、投资数额大、回收期较长、行业经营风险相对较小、行业经营垄断性强。很长时期以来，城市供水作为一项福利事业，价格与价值严重背离，造成大部分自来水公司亏损而不得不由政府进行补贴。为扭转供水行业的亏损局面，国家对供水企业管理体制进行了改革，开始以“产权明晰、权责明确、政企分开、管理科学”为中心对企业进行改造，建立水务市场机制，改革水价确立方法，并逐步放开国内水务市场，有力地促进了我国城市供水行业的发展。

“九五”末期，全国供水能力已达到 5 800 多亿立方米，其中城市供水量达到 470 亿立方米，城市污水日处理能力达 4 200 万立方米。我国现阶段城市供水行业的发展主要呈现以下特点：

（1）供水能力大幅度增长，设施水平显著提高；

（2）供水设施建设投资持续增加；

（3）城市用水结构发生变化，生产用水持续减少，生活用水量（生活服务与居民生活用水量）持续增加；

（4）城市供水由量的增加转向到质的提高；

（5）城市供水企业总体发展已经从高速发展期向经营管理期过渡；

（6）水价改革促进城市供水市场化。

2. 沪深股市自来水的生产和供应板块分析。

据 Wind 咨询统计，与被评估单位生产经营类似的我国沪深上市企业有锦龙股份、武汉控股、南海发展、城投控股、创业环保、国中水务和洪城水业等。

一直以来，由于水务行业的“公共服务”色彩，水务板块对政策的敏感性颇高。2011 年至今，不时出台的利好政策多在发布的短期内对水务板块起到明显的提振作用。但另一方面，宏观经济不振、地方财政趋紧等因素又令水务板块无法延续涨势，成为拖累水务上市公司股价的主因。总体来看，水务板块在股价走势上未能显现出很强的抗跌性。尽管水务板块在 A 股市场表现不尽如人意，但在这一年多时间里，资本市场对环保水务企业的认可度正在增强，大量 PE、VC 等私募股权基金进入到产业发展当中来。

六、关键要点

本案例在分析运用的过程中，有一些关键的技术要点，这些要点在资产评估知识体系中是重要的知识点，并且在资产评估实务中有较强的实践性。具体要点有以下几点。

1. 预期未来收入预测。

本案例在考察自来水行业特征的基础上，对预期未来收入做出了合理客观的预测，主要包括企业收入的预测、成本费用的预测、自由现金流量预测。

（1）企业收入的预测。

在自来水行业中企业收入来源构成主要为自来水生产和城市供水两部分。供水收入方面，首先，合理分配并预测 2013—2021 年的居民人数，预测出各年居民用水量情况；其次，预测年度非居民生活用水和居民生活用水比例，估算未来年度非居民生活用水数量，预测未来年度的水价（不含税）；最后，预测居民生活用水和非居民生活用水不含税收入合计。户表安装收入方面，首先，预测出未来年度新增居民生活用水户数；其次，预测未来年度每年非居民生活用水户数增加额。最后，根据前述用水户数量预测及评估基准日的户表收费单价，预测未来年度户表安装收入。供水收入涉及增值税，故为不含税收入；户表安装和维修收入涉及营业税，故以实际收入纳入总收入范围。

（2）成本费用的预测。

成本费用的预测从主营业务成本预测、主营业务税金及附加预测、营业费用的预测、企业管理费用预测、企业财务费用预测等五个方面分别进行预测。

（3）自由现金流量预测。

根据分析被评估企业自由现金流预测中，投资收益预测、年度补贴收入预测和营业外收支预测都为 0，对预测的自由现金流量没有影响。因而，在本案例中，着重分析预测了资本性支出、折旧费用、未摊销费用和企业营运资金追加额。最后，经过综合分析，预测出被评估企业的自由现金流量。

2. 收益年限的确定。

对于收益年限的确定采用两阶段模型法，即评估基准日后九年（即 2013—2021 年），根据企业实际情况和政策、市场等因素，以及企业预测的企业收入、成本费用、利润等进行合理分析、调整，假设第 9 年（2021 年）后企业自由现金流量进入稳定期，可以将永续年期企业自由现金流量折算到第 9 年（2021 年）末。值得注意的是，在采用两阶段模型法的过程中，要对企业经营历史以及行业发展趋势等进行深入的了解和分析，这样才能将理论更好地运用于实践，使收益年限的预测更加客观合理，使评估结果更有说服力。

3. 折现率确定。

（1）预测收益额口径与折现率口径相一致。

在折现率的确定中，预测收益额口径与折现率口径一致是最基本的原则。在本案例中，因为企业的预期收益额采用的是自由现金流，所以，选取加权资本成本作为折现率。

（2）风险系数 β 的预测。

风险系数 β 的确定也是折现率确定的一个关键点。要想得到评估对象权益资本的预期市场风险系数 β，首先要估计可比上市公司的预期无杠杆市场风险系数 β_u，再对可比公司的预期无杠杆市场风险系数 β_u 进行调整，最后得出评估对象权益资本的预期市场风险系数 β。

风险系数 β 与评估对象所属行业有密切的联系，所以在对可比公司的预期无杠杆市场风

险系数 β_u 进行估计时，可利用 Wind 资讯或其他相关数据库公布的自来水的生产和供应行业上市企业股票贝塔系数 β_g，并折算为预期市场平均风险系数 β_t。本案例中，筛选了 5 家上市企业距评估基准日最近的会计年度财务报表，所体现的负债/权益比率还原为无杠杆贝塔系数，取其平均数得到 β_u。最后带入计算评估对象权益资本的预期市场风险系数公式，计算评估对象权益资本的预期市场风险系数 β。

（3） 企业特定风险调整系数的确定。

对于一个特定的企业来说，由于自身经营管理的特点，存在其自身某些特定风险，在资产评估中，这些风险也是不容忽视的。本案例中，借鉴北京岳华德威资产评估有限公司赵强先生参考美国研究公司规模超额收益的 Grabowski – King 研究，对超额收益率与净资产建立回归方程，从而得到企业特定风险调整系数。

七、建议的课堂计划

案例教学过程中时间的安排为 45 分钟 ×3 次课。

第一小节：熟悉案例，主要是学生仔细研读案例，有疑问的位置做好记录，梳理整个收益法的评估步骤。同时，思考启发性思考题。

第二小节：教师和学生的互动，相互提出问题，教师在梳理案例的同时，对相关理论穿插在案例整个过程中讲解。

第三小节：分小组讨论，每两人或三人一组，对思考题或者提出的问题做出合理的解答，并评论收益法在实务中的优缺点（如有必要，对比其他评估方法）。

| 案例正文 |

房地产抵押评估案例

王景升　何东平

（东北财经大学）

摘　要：为满足资产评估专业硕士教学的需要，提高学生的实际操作能力，我们在实际调查研究的基础上，编写了房地产抵押评估案例。本案例适用于资产评估专业硕士《房地产评估理论与实务》课程，也可用于《资产评估实验》《资产评估报告》等课程。

本案例取材于房地产抵押贷款评估的实际案例，根据该项评估报告及资产评估专业硕士教学的要求加工而成。在案例的编写过程中，我们力求理论联系实际，将房地产抵押评估的基本理论、基本方法与评估实务相结合，适合资产评估专业硕士教学的需要。

本案例包括两个大部分。第一部分为案例主体，在阐述了案例产生背景的基础上，介绍了该项评估的评估目的、价值类型、评估对象等基本事项，较为详细地描述了评估的具体过程，阐述了评估结论及应用中需要注意的事项。第二部分为案例使用说明，介绍了案例的教学目的及适用课程，阐述了案例的理论依据，提出了需要思考的问题，分析了案例中涉及的关键问题，设计案例的教学框架，为案例的教学应用提供参考。

关键词：房地产评估；抵押价值；贷款额度；案例

1. 引言

某港口机械制造有限公司（以下简称为SK公司）因业务发展的需要，以其拥有的厂房为抵押物，向中国工商银行股份有限公司某市分行申请营运资金贷款。中国银行某市分行按照抵押贷款的相关规定，委托ZH房地产评估有限公司对厂房的抵押价值进行了评估，取得了房地产估价评估报告，为确定抵押贷款额度提供了参考。

2. 委托方、产权持有单位及评估机构

2.1　委托方

本项评估的委托方为中国工商银行股份有限公司某分行。单位地址为福建省××市××区××号。本次评估是中国工商银行股份有限公司某分行营业部作为抵押权人以及委托方，

委托 ZH 房地产评估有限公司，对 SK 公司拥有的厂房的抵押价值进行的评估。在本次评估中，银行、评估机构和借款人即资产占有方之间形成了三方契约关系。虽然是银行作为委托方委托中介机构评估的，但借款人作为利益相关者也是评估报告的使用者，评估结果也需要得到委托方以及资产占有方的认同。

2.2 产权持有单位

本项评估的产权持有单位为 SK 公司。该公司于 2005 年 1 月 12 日成立，注册资金 6 800 万元，法人代表×××，住所福建省××市××区××号。该公司主要研发、生产和销售：专用汽车和挂车产品、汽车配件、港口机械、危险化学品包装器、金属构件，经营本企业自产产品及技术的出口业务，电子地磅对外服务。

2.3 评估机构

评估机构为 ZH 房地产评估有限公司。ZH 房地产评估有限公司位于福建省××市××区××号，在全省范围内从事土地估价业务；房地产买卖、租赁、抵押、企业兼并、合资入股等方面的房地产价格评估。

3. 评估基本事项

3.1 评估目的

资产评估目的是资产评估所要实现的目标，它分为一般目的和特定目的。一般目的只能是待评估资产在评估时点的公允价值，而资产评估的特定目的是由引起资产评估的特定经济行为所决定的，它对评估结果的性质、价值类型等有重要的影响。资产评估特定目的作用十分重要，它是某项具体资产评估活动的起点，同时也是资产活动所要达到的目标。它贯穿于整个资产评估活动的始末。

根据评估报告，本次评估是由 SK 公司近期因业务需求拟向银行（中国工商银行股份有限公司某分行营业部）申请营运资金贷款并按照银行授信要求提供房地产抵押引起的。为此，银行需对抵押品进行价值评估，为抵押贷款额度提供参考依据。《房地产抵押评估指导意见》第九条指出房地产抵押估价目的，应当表述为“为确定房地产抵押贷款额度提供参考依据而评估房地产抵押价值”。因此，本次评估的目的表述为“为确定工商银行对蛇口港口机械制造有限公司抵押贷款额度提供参考依据而评估房地产抵押价值”。

3.2 评估价值类型

资产评估的价值类型是资产评估价值质的规定性，资产评估的特定目的对于资产评估的价值类型选择有约束作用，不同的评估目的决定相对应的价值类型。

本次抵押评估价值类型为市场价值，但是相对于严格意义上的市场价值，其更倾向于非市场价值。本次评估的特定目的是为确定银行对蛇口港口机械制造有限公司拟申请的融资提供押品价值参考依据，原则上本次评估的价值类型是抵押贷款价值。

在我国的不动产抵押评估实务中采用的是市场价值的逼近价值，即评估抵押物的当前市场价值，并考虑未来期间抵押物的流动性、变现能力等因素，用抵押物的当前市场价值乘以流动性折价，然后得出抵押贷款价值。当然也有例外的情况，假如抵押物不满足市场价值的必备要件——公开市场和最佳使用假设，如不动产的位置比较偏僻，在一定的展示期内市场价值难以实现，在此时也可以采用市场价值以外的价值。

在本案例中，评估对象为工业用途的厂房，相对于住宅用房地产和商业房地产，流动性较弱，交易量较少；而且估价对象面积巨大，不可分割转让，因此变现时，有能力购买并继续投资的投资者相对较少，预计估价对象变现时间较长，变现速度相对较慢，不存在活跃的公开市场。因此，受评估对象状况和市场条件的约束，本次抵押评估价值类型为市场价值，但是相对于严格意义上的市场价值，其更倾向于非市场价值。

3.3 评估对象和评估范围

SK 公司位于福建省××市××区××号厂房的房地产，1 号厂房建筑面积 16 352.9m^2、1 号厂房土地使用权占地面积 36 306.21m^2；2—3 号厂房建筑面积 17 827.18m^2、2—3 号厂房土地使用权占地面积 36 683.93m^2。

3.4 评估基准日

为满足评估目的的要求，本项评估基准日确定为 2010 年 12 月 20 日。

4. 评估原则和评估依据

4.1 评估原则

依据评估对象实际状况，按照漳州分行内部评估标准和评估程序，严格遵循独立性、客观性、科学性的工作原则和替代原则、综合分析原则等操作性原则，对评估对象进行公正、合法、谨慎的估价，并严守资产占有方的商业秘密。本次评估遵循以下原则。

（1）合法原则。

以估价对象合法使用、合法处理为前提进行的。

（2）产权变动原则。

以评估对象的产权利益主体变动为假设前提，确定评估对象在评估基准日时点上的现行公允价值。

（3）公平原则。

站在公正立场上求得客观合理的价格。

（4）估价时点原则。

评估结果是评估对象在评估时点的客观合理价格或价值。

4.2 评估依据

（1）行为依据。

对本次抵押贷款行为做出的内部决议书。

（2）法律依据。

①《中华人民共和国城市房地产管理法》；

②《中华人民共和国土地管理法》；

③《中华人民共和国担保法》；

④《中华人民共和国城镇国有土地使用权出让和转让暂行条例》；

⑤ 建设部《城市房地产抵押管理办法》；

⑥《房地产估价规范》GB/T 50291—1999；

⑦《关于规范与银行信贷业务相关的房地产抵押估价管理有关问题的通知》建住房〔2006〕8 号；

⑧《××市 2007 年土地基准地价及土地级别分布范围》；

⑨《房地产抵押估价指导意见》及有关法律、法规和政策文件。

（3）产权依据。

①法人营业执照；

②资产占有方提供的土地使用权证，房屋所有权属证明。

（4）取价依据。

①委托人提供的资料（见附件）；

②估价机构估价人员现场勘查以及所搜集整理的资料；

③福建省建设工程综合单价计价办法（闽建法〔2004〕3 号）；

④国家计委建设部计价格〔2002〕10 号关于发布《工程勘察设计收费管理规定》的通知；

⑤福建省物价局、福建省财政厅《关于建设工程质量监督收费问题的通知》(闽价〔2004〕房 412 号)；

⑥国家计委建设部计价格〔2002〕1980 号《招标代理服务收费管理暂行办法》；

⑦闽价〔2001〕房字 69 号《福建省物价局关于重新核实工程建设监理费有关问题的通知》；

⑧福建省物价局闽价〔2002〕房字 457 号文《福建省物价局关于规范建设工程造价咨询服务收费有关问题的通知》。

（5）准则依据。

①财政部财企〔2004〕20 号文《关于印发〈资产评估准则——基本准则〉和〈资产评估职业道德准则——基本准则〉的通知》；

②中评协〔2007〕189 号发布的准则：《资产评估准则——评估报告》《资产评估准则——评估程序》《资产评估准则——业务约定书》《资产评估准则——工作底稿》和《资产评估价值类型指导意见》《资产评估准则——不动产评估准则》。

其中，《房地产抵押估价指导意见》第九条指出，房地产抵押估价目的，应当表述为“为确定房地产抵押贷款额度提供参考依据而评估房地产抵押价值”。

《房地产抵押估价指导意见》第四条指出，房地产抵押价值为抵押房地产在估价时点的市场价值，等于假定未设立法定优先受偿权利下的市场价值减去房地产估价师知悉的法定优先受偿款。

本意见所称抵押房地产，包括拟抵押房地产和已抵押房地产。

法定优先受偿款是指假定在估价时点实现抵押权时，法律规定优先于本次抵押贷款受偿的款额，包括发包人拖欠承包人的建筑工程价款，已抵押担保的债权数额，以及其他法定优先受偿款。

《资产评估价值类型指导意见》指出，“注册资产评估师执行以抵（质）押为目的的资产评估业务，应当根据担保法等相关法律、法规及金融监管机关的规定选择评估结论的价值类型；相关法律、法规及金融监管机关没有规定的，可以根据实际情况选择市场价值或者市场价值以外的价值类型作为抵（质）押物评估结论的价值类型。”

《房地产抵押估价指导意见》第十五条指出，在存在不确定因素的情况下，房地产估价师做出估价相关判断时，应当保持必要的谨慎，充分估计抵押房地产在处置时可能受到的限制、未来可能发生的风险和损失，不高估市场价值，不低估知悉的法定优先受偿款，并在估价报告中做出必要的风险提示。

5. 评估思路和方法

5.1 评估思路

估价方法通常有市场比较法、收益法、成本法及假设开发法四种估价方法。通过实地勘察和对周边区域的调查并分析有关资料之后，根据估价对象的特点和实际情况，在分析委托估价方提供的资料及估价人员掌握、勘验、搜集的资料的基础上，按房地分估合一的技术路线，采用成本法对房屋建筑物重置成本进行估价，对土地使用权价值采用基准地价系数修正法和成本逼近法进行估价。

（1）市场途径。

通过市场途径及方法进行资产评估需要满足两个最基本的前提条件：①要有一个活跃的公开市场；②公开市场上要有可比的资产及其交易活动。而评估对象为工业用途的厂房，相对于住宅用房地产和商业房地产，流动性较弱，交易量较少；而且估价对象面积巨大，不可分割转让，因此变现时，有能力购买并继续投资的投资者相对较少，预计估价对象变现时间较长，变现速度相对较慢，不存在活跃的公开市场和足够多的可比资产及其交易活动。因此，该评估对象不适用市场途径评估。

（2）收益途径。

收益途径及其方法是依据资产未来收益经折线或资本化处理来估测资产价值的，它涉及三个基本要素：①被评估资产的预期收益；②折现率或资本化率；③被评估资产取得预期收益的持续资产。而借评估对象1号厂房2006年建成，2—3号厂房2009年建成，至评估基准日2010年12月20日日期较近，没有足够的历史收益数据来预测未来收益；而且厂房刚建成没多久，其所带来的收益也不稳定，预期收益期限不容易确定；此外，厂房所能带来的收益与公司的其他有形资产和商誉、专利等无形资产是密不可分的。因此，单独对该房地产未来收益的预测相对较难，也不适用收益途径评估。

（3）成本途径。

成本途径评估的前提条件是评估对象按评估时点在用用途继续使用或改变用途继续使

用，而且这种继续使用能带来足够的回报。在本案例中，SK 公司的 1—3 号厂房将按照现有的工业用途继续使用，因此适用成本法评估。

5.2 评估方法

本项评估选取成本法、基准地价系数修正法、成本逼近法作为本次估价的评估方法。

评估建筑物成本法的定义：求取估价对象在估价时点的重置价格或重置价值，乘以在建工程的施工进度，以此估算估价对象的客观合理价格或价值的方法。

所谓基准地价系数修正法：是指利用城镇基准地价和基准地价修正系数表等评估成果，按照替代原则，将待估宗地的区域条件和个别条件等与其所处区域的平均条件相比较，并对照修正系数表选取相应的修正系数对基准地价进行修正，从而求取待估宗地在估价期日价格的方法。

基本公式：

待估宗地在评估价期日价格 = 基准地价 ×（1 + 综合修正系数）× 期日修正 × 年期修正系数

（公式 1）

成本逼近法是以土地取得费、土地开发所耗各项费用之和为主要依据，再加上一定的利润、利息、应缴纳的税金和土地增值收益来确定土地价格的估价方法。其计算公式为：

土地价格 = 土地取得费 + 土地开发费 + 税费 + 投资利息 + 投资利润 + 土地增值收益 （公式 2）

6. 评估测算过程

6.1 房屋价值评估

1—3 号厂房：主体结构为单层钢结构，建筑面积合计为 34 180.08m²，檐高 12 米。

（1）成新率的确定。

理论成新率：估价对象 1 号厂房 2006 年竣工，钢结构生产用房耐用年限 60 年，已使用 4 年，理论成新率 =（60 − 4）÷ 60 × 100% = 93%。估价对象 2—3 号厂房 2009 年竣工，钢结构生产用房耐用年限 60 年，已使用 1 年，理论成新率 =（60 − 1）÷ 60 × 100% = 98%。

（2）重置成本的确定。

1—3 号厂房重置成本的计算过程及结果见表 1。

表 1　　1—3 号厂房重置成本

项　目	内容	计算式	1 号厂房	2—3 号厂房
建安单价（元/m²）	土建、水电安装、装饰	钢结构	1 100	1 100
前期及专业费用（万元）	包括前期准备、可行性研究、前期勘测、设计、预算、监理等费用	（1）×5%	55	55

续表

项　目	内容	计算式	1 号厂房	2—3 号厂房
基础设施配套费（万元）	绿化、供电、排污、排水、给水、室外工程等基础设施建设费用	一般工业建设投入及现场勘察整个厂区的建设状况确定	60	60
公共配套设施费（万元）	城市基础设施配套费		20	20
管理费用（万元）	建设项目法人管理费 3%	（1+2+3+4）×3%	37.05	37.05
投资利息（万元）	工期以 1 年计，假设均匀投入	（1+2+3+4+5）×5.56%×1×0.5	35.36	35.36
工程开发利润（万元）	按目前工业厂房开发平均利润 10%	（1+2+3+4）×10%	123.5	123.5
工程销售税费（万元）	一般工程售价正常税费为 5.7%	（1+2+3+4+5+6+7）÷（1－5.7%）×5.7%	86.49	86.49
重置单价（万/m^2）	—	1+2+3+4+5+6+7+8	1 517.40	1 517.40
成新率	—	—	93%	98%
实际单价（元/m^2）	取整	（9）×（10）	1 411	1 487
建筑面积（m^2）		16 352.9	16 352.9	17 827.18
价值（万元）	取整	（11）×（12）	2 307.39	2 650.90

6.2　土地使用权价值评估

（1）基准地价系数修正法。

①基准地价的确定。

根据《**市 2007 年土地基准地价及土地级别分布范围》，该宗地位于**区**号，招商大道与泰山路交叉口的西北角，用途为工业，属于开发区工业一级用地的基准地价，则用途为工业用地的一级用地的基准地价为 290 元/m^2，地价修正幅度为 ±8%。该基准地价基准日为 2007 年 1 月 1 日，设定土地开发程度为宗地红线外“五通”（即通路、通电、通上水、通下水、通信）和宗地红线内“一平”（即场地平整），土地使用年限为 50 年，出让性质、标准容积率为 1.00 条件下的平均地面熟地价。

②开发程度修正系数的确定。

待估宗地已开发为“五通一平”熟地，厂区已形成，超过基准地价内涵所指开发程度，经过测算，其开发费用修正额为 60 元/m^2。

③使用年期修正系数的确定。

工业用地基准地价是指 50 年出让用地的使用权价格，待估宗地为工业用地，1 号厂房土地的出让使用年限至 2055 年 1 月 25 日止，至估价时点止，剩余土地使用年限为 44.2 年，2—3 号厂房土地的出让使用年限至 2056 年 5 月 18 日，至估价时点止，剩余土地使用年限为 45.5 年，土地还原利率取估价时点时一年期的贷款利率 5.56% 及一年期存款利率 2.5% 的平均值加安全风险系数 1% 之和为 5.03%。

1 号厂房土地使用年期修正系数

=[1－1÷(1+5.03%)×44.2]÷[1－1÷(1+5.03%)×50]

=0.9690

2—3 号厂房土地使用年期修正系数

=[1－1÷(1+5.03%)×45.5]÷[1－1÷(1+5.03%)×50]

=0.9768

④期日修正系数的确定。

根据《××市 2007 年土地基准地价及土地级别分布范围》规定，基准地价估价期日为 2007 年 1 月 1 日，而待估用地的估价期日为 2010 年 11 月 25 日，根据市场调查，该地区的土地市场价格自 2007 年以来有一定上涨，经测算工业用地价格该区域年增长率为 5%，至基准地价估价期日已 3.9 年。期日修正系数 K=(1+5%)×3.9=1.21。

⑤容积率修正系数。

容积率尚未规定，故修正系数取 100%。

⑥区域、交通条件修正系数的确定。

根据估价对象的土地位置、状况等编制待估宗地各因素修正系数表和综合修正系数（ΣK）表。

根据开发区土地基准地价成果，按照《城镇土地估价规程》要求，编制了工业用地的基准地价修正表和条件指标说明表（见表 2 和表 3）。

表 2　××市开发区工业用地基准地价修正系数条件指标说明表

影响因素 \ 优劣程度		优（%）	较优（%）	一般（%）	较劣（%）	劣（%）
基础设施状况评价	供水保证率（%）	>95	90—95	80—90	75—80	<75
	供电保证率（%）	>95	90—95	80—90	75—80	<75
	排水保证率	有雨污分流设施	有雨污合流设施	有排污设施无排雨设施	无设施排水较畅	无设施排水不畅
交通状况评价	道路级别	>20 米	10—19 米	7—9 米	<7 米	无
	至城市内部交通便捷度	与主次干道通达度高	能与主次干道通达	仅与次干道通达	与次干道通达有一定难度	与次干道通达有严重难度
宗地自身条件评价	宗地面积	完全满足	较能满足	正好布局	布局受一定影响	布局受严重影响
	宗地形状	完全适合要求	比较适合要求	对企业布置无影响	形状不良对企业布置有影响	对企业布置有严重影响
	城市规划要求	无特殊限制	有一定限制	部分工业可布置	工业布置受极大影响	不允许工业布置
环境质量综合评价	污染状况	无污染	轻度污染	有污染达国家二级标准	有污染达国家三级标准	污染严重
	地基承载力	>18T/m^2	10—18 T/m^2	10 T/m^2	8 T/m^2	<8 T/m^2
	坡度	1°—3°	3°—5°	5°—7°	7°—10°	>10°
	绿化（%）	≥35	25—35	15—25	7—15	<7
协作聚集程度		高	较高	一般	较低	低

表3　××市开发区工业用地宗地地价修正系数表

影响因素 \ 优劣程度		优（%）	较优（%）	一般（%）	较劣（%）	劣（%）
基础设施状况评价	供水保证率	0.64	0.32	0	−0.32	−0.64
	供电保证率	0.88	0.44	0	−0.44	−0.88
	排水保证率	0.64	0.32	0	−0.32	−0.64
交通状况评价	道路级别	0.72	0.36	0	−0.36	−0.72
	至城市内部交通便捷度	0.64	0.32	0	−0.32	−0.64
宗地自身条件评价	宗地面积	0.48	0.24	0	−0.24	−0.48
	宗地形状	0.56	0.28	0	−0.28	−0.56
	城市规划要求	0.64	0.32	0	−0.32	−0.64
环境质量综合评价	污染状况	0.56	0.28	0	−0.28	−0.56
	地基承载力	0.56	0.28	0	−0.28	−0.56
	坡度	0.56	0.28	0	−0.28	−0.56
	绿化	0.48	0.24	0	−0.24	−0.48
协作聚集程度		0.64	0.32	0	−0.32	−0.64

按照待估宗地的区域因素及个别因素条件，可建立待估宗地各项因素条件指标及修正系数表（见表4）。

表4　待估宗地工业用地各项因素条件指标及修正系数表

影响因素因子		委估宗地指标值	指标优劣度	修正系数（%）
基础设施状况评价	供水保证率	>95	优	0.64
	供电保证率	>95	优	0.88
	排水保证率	有雨污合流设施	较优	0.32
交通状况评价	道路级别	30米	优	0.72
	至城市内部交通便捷度	与主次干道通达度高	优	0.64
宗地自身条件评价	宗地面积	完全满足	优	0.48
	宗地形状	完全适合要求	优	0.56
	城市规划要求	有一定限制	较优	0.32
环境质量综合评价	污染状况	轻度污染	较优	0.28
	地基承载力	8 T/m^2	较劣	−0.28
	坡度	1°—3°	优	0.56
	绿化	15%—25%	一般	0
协作聚集程度		高	优	0.64
合计	—	—	—	5.76

⑦待估宗地单位地价的确定。

1号厂房宗地单价：290×0.9690×1.21×(1+5.76%)×(1+0%)+60=419.61(元/m^2)。

2—3 号厂房宗地单价：290 ×0.9768 ×1.21 ×（1 +5.76%）×（1 +0%）+60 =422.50（元/m^2）。

（2）成本逼近法。

计算公式，根据成本逼近法的要求，成本逼近法估价的基本公式为：

地价 = 土地取得费 + 土地开发费 + 投资利息 + 投资利润 + 相关税费 + 土地增值收益率 （公式 3）

估价对象位于福建省××市××区××号，招商大道与泰山路交叉口的西北角，区位条件较好，由于该区域内土地供应比较充裕，工业用地可替代性较强，故用重置成本法计算取得该土地使用权的市场价值。出让用地成本逼近法计算如表 5 所示。

表 5　　出让用地成本逼近法计算表

序号	项　目	标准（元/亩）	单价（元/m^2）	依　据
1	土地征地费用	—	80	漳政〔2001〕综 153 号
2	土地开发费用	—	150	该项费用包括基础设施建设费和场地平整费。委估宗地的基础设施条件为红线内处均达到“五通”（通路、通上水、通下水、通电、通信）一平。在调查目前周边土地开发费水平的基础上，同时考虑待估地块的实际开发状况确定
3	各项税费		64.32	
（1）	土地管理费	（1）×2.1%	1.68	闽价〔2002〕房 237 号
（2）	新菜地开发基金	30 000.00	—	漳政〔1994〕综字第 3 号
（3）	耕地开垦费	10 000.00	15	福建省人民政府办公厅闽政办〔2001〕171 号
（4）	土地有偿使用费	13 333.40	28	财政部财综〔2006〕48 号
（5）	耕地占用税	5 333	8	
（6）	契税	基准地价 ×3%	8.7	《福建省契税实施办法》
（7）	城市配套费			漳政〔2004〕综 113 号
（8）	有关税费及其他费用	（1—3）×1%	2.94	
4	投资利息	（土地征地费用 + 相关税费）× 开发周期 ×5.56% + 土地开发费用 × 开发周期 ÷2 ×5.56%	24.39	假设土地取得费在征地时一次支付，土地开发费用开发期内均匀投入。根据委估宗地具体情况，确定土地开发周期为 2 年，利息率适用估价日期建设贷款利率 5.56% 计
5	投资利润	（土地取得费用 + 土地开发费用）× 投资回报率	58.86	根据周边同行业利润率取 20%

续表

序号	项　目	标准（元/亩）	单价（元/m^2）	依　据
6	土地增值收益	（土地取得费＋土地开发费＋税费＋利息＋利润）×土地增值收益即377.57×25%	94.39	根据周边同行业土地增值收益率25%
7	无限年期地价	（1＋2＋3＋4＋5＋6）	471.96	—
8	使用年期修正	系数0.8857，0.8928		待估宗地为出让用地，出让土地使用年限至2055年1月25日，至估价时点止，剩余土地使用年限为45.2年，土地还原利率取4.78%，修正系数 $K_1=[1-1\div(1+5.03\%)^{44.2}]=0.8857$，$K_2=[1-1\div(1+5.03\%)^{45.5}]=0.8928$
9	出让用地重置价	工业用地（7）×0.8857	418.01	1号厂房土地：漳发国用〔2010〕第0548号
		工业用地（7）×0.8928	421.37	2—3号厂房土地：漳发国用〔2010〕第0547号

（3）土地价值的确定。

估价对象宗地分别采用基准地价系数修正法和成本逼近法进行测算后，其评估值：1号厂房土地——漳发国用〔2010〕第0548号为419.61元/m^2和418.01元/m^2，2—3号厂房土地——漳发国用〔2010〕第0547号为422.50元/m^2和421.37元/m^2；两种估价方法结果相近，经估价人员充分论证分析确定取两种估价结果的算术平均值作为估价对象土地使用权价值。即估价对象的宗地单价如下：

估价对象1号厂房土地单价＝(419.61＋418.01)÷2＝418.81(元/m^2)；取整为419元/m^2；

估价对象2—3号厂房土地单价＝(422.50＋421.37)÷2＝421.94(元/m^2)；取整为422元/m^2；

则估价对象1号厂房的土地评估值：36 306.21×419＝15 212 301.99（元），取整为1 521.23万元；估价对象2—3号厂房的土地评估值36 683.93×422＝15 480 618.46（元），取整为1 548.06万元；估价对象土地总价值合计＝1 521.23＋1 548.06＝3 069.29（万元）。

6.3 评估结果分析

（1）估价对象价值 A 的确定。

经过周密准确的分析测算，运用成本法计算出估价对象最终估价结果，则：

估价对象房地产总价＝2 307.39＋2 650.90＋3 069.29＝8 027.58（万元）。

（2）估价师知悉的法定优先受偿权B。

根据该对估价对象的了解，至估价期日，估价对象不存在法定优先受偿权。

（3）估价对象的抵押价值 C。

估价对象抵押价值 $C=A-B=8\ 027.58$（万元）

（4）估价结果确定。

综上所述，确定估价对象于估价时点的房地产评估总价为人民币捌仟零贰拾柒万伍仟捌佰元整（RMB8 027.58 万元），详见表6。

表6　房地产估价结果明细表

证号	项目名称	结构用途	层数	面积（m^2）	建成年份（出让年限）	评估单价（元/m^2）	评估总价（万元）
漳房权证招字第03001239号	1号厂房	钢结构	1	16 352.9	2006	1 411	2 307.39
漳房权证招字第03005130号	2号厂房	钢结构	1	8 922.14	2009	1 487	1 326.72
漳房权证招字第03005131号	3号厂房	钢结构	1	8 905.04	2009	1 487	1 324.18
房产小计		—	—	34 180.08	—	—	4 958.29
漳发国用〔2010〕第0548号	1号厂房的土地使用权	工业	—	36 306.21	至2055年1月25日止	419	1 521.23
漳发国用〔2010〕第0547号	2—3号厂房的土地使用权	工业	—	36 683.93	至2056年5月18日止	422	1 548.06
土地小计		—	—	72 990.14	—	—	3 069.29
总合计		—	—	—	—	—	8 027.58

6.4 评估结论

经过评定估算（具体评估测算过程见附表），确定估价对象于估价时点的房地产评估总价为人民币捌仟零贰拾柒万伍仟捌佰元整（RMB8 027.58 万元）。其中所占用的土地使用权价值3 069.29万元，1—3号厂房建筑物价值4 958.29万元。

7. 变现能力分析及风险提示

7.1 变现能力分析

变现能力是指假定在估价时点实现抵押权时，在没有过多损失的条件下，将抵押房地产转换为现金的可能性。

（1）通用性分析。

估价对象位于××市××区××号，招商大道与泰山路交叉口的西北角，法定用途为工业用地，现状用途为工业用地，评估时设定用途为工业用地，通用性较好。

（2）独立使用性分析。

估价对象可独立使用。

（3）可分割转让性分析。

估价对象面积巨大，××市开发区一区，招商大道76号，招商大道与泰山路交叉口的西北角，不可分割转让。

（4）变现税费分析。

估价对象若涉及处置变现，可能发生的相关税费（主要包括营业税及附加、诉讼费、拍卖手续费、评估费等）对估价对象而言是一个减价因素。

（5）变现时间分析。

估价对象是位于××市开发区一区，招商大道76号，招商大道与泰山路交叉口的西北角，工业等配套设施完善，土地面积巨大，因此变现时，应考虑到有能力购买并继续投资的投资者相对较少，预计估价对象变现时间较长，变现速度相对较慢。

（6）清偿顺序分析。

估价对象若涉及处置变现，变现款在缴纳相关税费（如营业税及附加、诉讼费、拍卖手续费、评估费等）后，余额才能用于本次债权的实现。大体的清偿顺序如下：

①支付处置抵押物的费用；

②扣除抵押物应缴纳的税款；

③偿还法定优先受偿权（若存在）；

④偿还抵押权人债权本息及支付的违约金；

⑤赔偿由债务人违反合同而对抵押权人造成的损害；

⑥剩余金额返还抵押人。

此外，可量化部分计算如下：

若遇特殊情况，需处置估价对象时，应计扣的相关税费有营业税及附加5.55%，印花税0.05%，土地增值税2%（以房地产总价值为基数），土地使用权转让手续费0.5%（500万元以下）、0.4%（500万—1 000万元）、0.3%（1 000万—3 000万元）、0.2%（3 000万元以上），房产转让手续费3.5元/m^2，本次评估以抵押价值为变现基数，则：

交易税费＝土地使用权转让税费＋房产转让税费

$=8\,027.58\times(5.55\%+0.05\%+2\%)+500\times0.5\%+500\times0.4\%+(3\,000-1\,000)\times 0.3\%+(3\,069.29-3\,000)\times0.2\%+34\,180.08\times3.5\div10\,000=632.70$（万元）。

7.2 风险提示

（1）估价对象设计用途为工业，本次评估值较为符合目前市场价格。

（2）在抵押期限内可能产生的房地产信贷风险关注点：①估价对象为工业厂房，相比于住宅用房地产和商业性房地产，市场活跃程度较低。②因估价对象整体价值较大，整体处置时受让方需相当的经济实力，故市场需求群体受到一定的限制。

（3）若贷款期限较长，考虑到该时间段内房地产市场的变化，建议贷款人在一年后适时对抵押房地产价值变化状况进行再评估，以控制贷款风险。

（4）报告所称“市场价值”是指估价对象在保持设计用途并持续经营，以及在保持估价时点之状况和外部经济环境的前提下，为本报告书所确定的估价目的而提出的公允估价意见。该估价意见是指假定在充分发达的公开市场条件下，交易双方在交易地位平等、充分了解估价对象相关市场信息及交易双方独立和理智进行判断的前提下形成的公平市场价格。该价格并不代表具体资产在涉及产权变动或资产形态转变时的实际交易价格。

(5) 此外，鉴于目前金融机构贷款风险管理办法等规定涉及抵押物变现价值的计算，并考虑到报告使用人按其内部规定将自行判断将来可能的变现损失，为避免造成重复扣减，故本次估价结果未扣除未来可能的变现费用，委托人及相关报告书使用人在利用本报告时应予以充分的考虑及重视。

(6) 根据委托人提供的相关证明材料及估价人员经验，其抵押价值还受到以下几个方面的影响或限制：

①抵押期限内可能会增加的法定优先受偿款，主要指抵押权实现费用、企业所欠职工工资和劳动保险费用和企业所欠税款三类情况。

②经济衰退或房地产政策调整，致使区域范围内房地产市场价值整体下跌。

7.3 特别事项说明

本报告估价结果未扣除将来处置过程中应发生的其他费用。按相关规定，若涉及处置估价对象时，其处置过程中可能发生的税费属于一般优先受偿权，应由贷款银行通过贷款成数等予以考虑，故本报告估价结果未扣除以上交易税费。

综上所述：报告所称市场价值是在估价时点 2010 年 12 月 20 日、完整权利状态及满足各项假设限制条件下的房地产客观合理的价值，该价值并不代表具体资产在涉及产权变动或资产形态转变时的实际交易价格。评估基准日之后，评估对象的市场价值会随着宏微观环境的变化而变化。当需对估价对象进行短期强制处分时，考虑快速变现如估价对象所在区域市场发育的完善程度、该类房产的市场需求有限、处置时间较一般正常交易时间短、其他不可预见因素及拍卖等变现税费等因素的影响，成交价格往往会低于其公开市场价值。因此，不能仅凭抵押资产的变现价值低于评估值就断定评估结论不合理。

Case on Mortgage Appraisal of Real Estate

Abstract: We composed the case on mortgage appraisal of real estate for the teaching of master of valuation, this case based on the preparation of real estate mortgage appraisal of real estate. This case applies to master of valuation "Real Estate Appraisal Theory and Practice" course, also be used for "real estate evaluation experiment", "asset evaluation report" course.

This case drawn from a Port Machinery Manufacturing Co. Mortgages assesses the actual case, according to the valuation report and asset master teaching requirements and processing. In the case of the preparation process, we seek to integrate theory with practice, the real estate mortgage assess the basic theory, basic methods and assessment practices combined for asset valuation professional master teaching needs.

This case includes two parts. The first part is the main case, based on the background in the case; it described the purpose of valuation, value types, assessment objects and other basic matters. It described detailed the process of valuation, and the attentions. The second part is the case instructions, it describes the purpose of teaching cases and applicable programs, elaborated theoretical case, raises the need to think about the problem, analyze the key issues involved in case, design case teaching framework for the case learning applications provide a reference.

Key Words: Real Estate Appraisal; Value of the mortgage; Loan Amount; Case

案例使用说明

房地产抵押评估案例

本案例力求理论联系实际，将房地产抵押评估的基本理论、基本方法与评估实务相结合，适合资产评估专业硕士教学的需要。案例使用说明即案例的《教学手册》，介绍案例的教学目的及适用课程，阐述了案例的理论依据，提出了需要思考的问题，分析了案例中涉及的关键问题，设计案例的教学框架，为案例的教学应用提供参考。

一、教学目的与用途

1. 教学目的。

本案例旨在将房地产评估的基本理论、基本方法与房地产评估实务相结合，使学生在掌握房地产抵押评估目的、价值类型、评估方法的基础上，熟悉房地产抵押评估的操作步骤及相关业务流程，为从事房地产抵押评估工作奠定基础。

2. 教学用途。

本案例适用于资产评估专业硕士《房地产评估理论与实务》课程的教学。在讲解房地产抵押评估的基本理论和基本方法后，可以运用本案例进行案例分析。

本案例也可用于《资产评估实验》《资产评估报告》等课程的教学中。在《房地产评估实验》课程中，讲解房地产评估的成本法实验时可以选用本案例。在《资产评估报告》课程中，讲解房地产评估报告时可以选用本案例。

3. 适用对象。

本案例适用于资产评估专业硕士（MV）的教学。

二、案例的理论依据

房地产抵押评估，是房地产评估机构和评估从业人员根据房地产抵押评估委托人的要求，以为抵押贷款的额度提供参考为目的，依据相关法律法规和评估准则等，对房地产价值进行分析、估算并发表专业意见的行为和过程。

1. 房地产抵押评估目的理论。

一般来讲，房地产评估的目的是由评估委托人的需求决定的。假设某公司希望将自己的某项房产出售，就需要知道该房产的市价，那么受托的评估机构就需要参考市场状况，评估房地产的市场价值，从而为完成交易提供参考，但实际的交易价格并不是由评估方负责的，一般情况下，实际的交易价格总会和评估价格有出入，主要是买卖双方讨价还价、精明营销的结果。就房地产抵押评估而言，抵押当事人即商业银行和抵押借款人，为使房地产抵押贷款顺利进行，为了确定抵押贷款额度，需要了解抵押物的抵押价值究竟是多少。借款人或者商业银行作为委托人，委托评估机构对抵押的房地产进行评估，那么评估的目的当然就是为确定抵押贷款的额度提供参考。

2. 房地产抵押评估对象理论。

房地产抵押评估是为房地产抵押贷款提供服务的，那么其评估对象实质究竟是什么？有人认为是企业等借款人的偿还能力，抵押是为银行的贷款提供担保的，银行同意抵押绝对不是银行看中了相应的具体的抵押物，而是期望通过本次的抵押贷款更充分的利用自己吸收的存款，从而创造效益，拿借款人的房地产进行抵押，不过是提供一种担保，一种第二担保，只有企业无法还款才会使得抵押权实现。有人认为评估的是抵押物的变现能力。当借款人不能履行债务导致抵押权时，需要以抵押物的变现来保证债权的实现，所以抵押物的变现能力才是抵押贷款最真实的保证。

在考虑这一问题时，必须注意到的一点是假设委托人（银行或者借款人）委托评估机构来进行抵押评估时，一般是已经同意抵押贷款的。商业银行作为一种营利机构，必是在考察过企业的整体情况，评估后认为企业可以还款时才同意向借款人提供贷款，也就是说评估机构在接到评估委托时，往往银行已经评估过企业的还款能力了，只是抵押贷款当事人还没能确定的是抵押贷款的具体额度。评估机构进行评估的目的只是为抵押贷款的额度提供依据。那么评估机构评估的对象，评估的应该是抵押物的市值，这是评估目的所要求的，也是评估人员实际可操作的。

3. 房地产抵押评估时点理论。

在确定房地产抵押价值时，以哪一天为基准进行评估，评估时点就是哪一日，评估出来的结果也就是该房地产相对于该日期的价值。那么房地产抵押评估的基准日到底应该怎么确定呢？部分人认为评估时点应该是抵押权交割日，这一观点的支持者认为，房地产抵押的目的是提供担保，那么房地产抵押评估的目的应该是确定当贷款到期时，借款人因为故意或者不可抗力而违约，抵押权实现时，房地产抵押物到底能在多大程度上进行担保，或者说能够担保金额是多少。

房地产评估的时点的确定应该由评估目的确定，一般应该按委托人的要求进行，也可以由委托人和评估机构共同协商决定。若评估委托人需要知道的是评估对象在当前的市场价，那么评估时点就应该是评估进行时。如果委托人要求评估抵押物在未来某一时刻比如还款日的市场价值，那么评估机构就应该按照自己对市场的分析，对未来市场变化的预期确定评估对象在还款日的预期可能价值，那么这时的评估时点就应该是还款日。考虑到评估人员唯一可以把握的就是现实的市场条件，即便是对未来市场条件的预期和对评估对象未来实际情况的预期和判断也是基于目前对市场认识的基础上的，笔者认为在委托合同没有明确提出评估时点的要求时，评估机构一般应按照《意见》的要求，原则上采用完成实地勘察之日进行。必须强调的是，不论是选用哪种方式确定的评估基准日，都要在评估报告中予以说明，并提醒报告使用者注意。

4. 房地产抵押价值理论。

房地产抵押价值评估是对抵押房地产的市场价值进行分析测算的过程，是为房地产抵押服务的，即为合理确定抵押贷款额提供依据。我们认为不应该在评估报告中提供贷款额度。

（1）抵押价格的评估只是考虑了作为抵押物的房地产风险，而贷款项目本身的金融风险则需要金融机构在确定贷款额时考虑。

《中华人民共和国城市房地产管理法》和《担保法》规定：“房地产抵押是一种担保行为，抵押担保的范围包括了主债权及利息、违约金、损害赔偿金和实现抵押权的费用，抵押合同另有约定的按照约定。”因为利息、违约金、损害赔偿金、实现抵押权的费用等不确定性因素易造成信贷风险，所以贷款额决不能等同抵押价格而应低于抵押价格，两者间的关系用公式表示是：

$$贷款额=抵押价格-利息-违约金-赔偿金-约定的其他内容 \quad （公式1）$$

（2）抵押率一般由抵押贷款的风险、贷款期限、债务人的信用及抵押财产处置税费等确定。由此可见，贷款额由贷款率决定，贷款率由贷款过程（包括风险、期限、债务人信用等）决定，而并非仅由抵押物（房地产）决定。

（3）未来市场变化、短期强制处分等因素对抵押价值的影响仅仅表现为房地产本身的风险。违约金、损害赔偿金系抵押人本身构成的风险。违约风险或信用风险应由贷款银行综合考虑抵押人的信用等级、贷款方式（第三方担保、参加保险）和贷款期限后加以判断，而损害赔偿风险则应由贷款银行根据《房地产抵押管理办法》中第36条的有关规定，通过监督、监察抵押房地产的管理情况予以控制和规避。

三、案例的分析与思考

1. 案例分析思路。

房地产抵押价值评估有其特殊性，因此，我们在进行房地产抵押价值评估时，需要考虑这些因素对评估结论的影响。

（1）抵押价值评估。

从理论上来说，房地产抵押评估的价值类型既可以是市场价值，也可以是市场价值以外的价值。在评估实践中，较多的金融机构一般要求房地产评估机构评估抵押房地产的市场价值，但是还要考虑不同的情况下是否满足市场价值的条件以及特定的评估目的，并以此为依据确定价值类型是市场价值还是市场价值以外的价值。

（2）变现能力分析。

抵押价值评估的目的是为确定房地产抵押贷款额度提供参考依据，一旦款项无法收回，贷款人实现抵押权时，抵押的房地产转变为现金的可能性决定了其对贷款人的保障程度，抵押物的变现能力是否会影响评估结果，这是在该类评估中值得我们注意的一点。

（3）恰当选择评估方法，避免因方法选取不当造成市场价值偏高。

从理论上来说，在考虑抵押贷款价值评估的方法时应首选收益法和成本法。其中收益法以预期原理为理论基础，能够体现资产的长期持续性，成本法运用替代原则进行成本累加，能够体现资产的安全性和评估的保守性。在本案例中，由于评估对象的特殊性，只选择成本法作为评估方法。

（4）各种评估方法对于抵押物各种状况的修正须保持一致。

不同的评估方法均应同时考虑抵押物存在的各种权利限制或者实物瑕疵，这些限制条件包括长期租赁、格局限制、他项权利限制、变现的灵活性等。在本案例中，我们考虑了评估对象变形能力对其价值的影响。事实上，如果采用收益法，为了提高评估价值的可靠性，仍应考虑变现能力的影响，这主要可以通过对折现率的调整来实现。

（5）抵押估价结果要体现可持续性。

由于抵押贷款价值核心是要考虑资产的长期持续性，并对资产的未来可出售性进行谨慎评估。这就要求评估师对时间的关注视角应扩展至整个贷款期间，正确评价经济发展周期的低谷与波峰，以整个贷款期间内预期可以稳定实现的销售价格为基本判别依据，并清楚地鉴别那些不具有持续性的当期市场现象，而且所有的评估参数的取值都要根据长期市场趋势来确定，而不应受任何短期因素的影响。为了实现这个目的，可以仿照美国在抵押估价报告中列示估价结果的合理展示期。

（6）在估价报告中提供抵押物于估价时点的清算价值，供银行参考使用。

清算价值是指资产在强制清算或强制变现的前提下，变现资产所能合理获得的价值。由于不良贷款的发生可能出现于贷款存续期间的任意时点，以估价时点为基准日计算清算价值可操作性较强，在报告中同时提交给银行，也便于银行提前预估抵押物的变现受偿率。

（7）评估程序的特殊性。

相比于以转让为目的的不动产评估，以抵质押为目的的不动产评估在评估程序上需要在评估结果确定之后充分考虑抵押风险，不动产的变现能力与抵押期间的贬值，并在评估报告中予以说明。

2. 案例思考题。

（1）结合本案例阐述房地产抵押评估有何特点。

（2）结合本案例分析房地产抵押评估的价值类型应当如何确定。

（3）结合本案例说明房地产抵押评估的评估对象应当如何界定。

（4）结合本案例说明房地产抵押评估应当如何选用评估方法。

（5）房地产抵押评估的评估结论与银行贷款额度的关系是什么？银行应当如何使用评估结论。

四、案例的关键点

1. 案例的关键知识点。

（1）房地产抵押价值；

（2）房地产抵押价值类型；

（3）房地产抵押价值评估时点；

（4）房地产抵押价值评估方法；

（5）房地产抵押价值评估结论的应用。

2. 案例的关键能力点。

（1）房地产抵押价值评估价值类型的选择；

（2）房地产抵押价值评估方法的选择与应用；

（3）房地产抵押价值评估的操作程序与要求；

（4）房地产抵押价值评估报告的内容与使用。

五、案例的教学设计

1. 案例的教学时间。

在《房地产评估理论与实务》课程中，在讲解完“不同目的下房地产评估——房地产抵押评估”的概述部分后，可以引出本案例。

本案例建议的计划课时为 3 课时，其中学生阅读案例（课后）1 课时，课堂教学 2 课时。

2. 案例的教学环节。

案例的教学内容应当包括案例背景介绍、案例分析、问题思考、学生讨论、教师总结等几部分，课时分配如表 1 所示。

表 1　案例内容及时间分配表

教学内容	时间分配
案例背景介绍	5 分钟
案例分析	25 分钟

续表

教学内容	时间分配
问题思考	10 分钟
学生讨论（分组）	30 分钟
学生发言	20 分钟
教师总结	10 分钟
合　计	100 分钟

六、案例的背景知识

1. 房地产抵押评估相关概念。

（1） 房地产抵押。

房地产抵押是指抵押人以其合法的房地产以不转移占有的方式向抵押权人提供债务履行担保的行为。债务人不履行债务时，抵押权人有权依法以抵押的房地产拍卖所得的价款优先受偿。

（2） 房地产抵押评估。

房地产抵押评估是房地产评估机构和人员根据房地产抵押评估的要求，依据相关法律、法规和评估准则，对房地产抵押价值进行分析、估算并发表专业意见的行为和过程，为确定房地产抵押贷款额度提供价值参考依据。

（3） 房地产的抵押价值。

房地产的抵押价值是以抵押为目的评估的房地产在评估基准日抵押价值的估计数额。评估人员应当根据房地产抵押的特点，合理选择评估价值类型，并予以定义。房地产抵押价值的价值类型是受评估目的制约的，包括市场价值和市场价值以外的价值两种类型。

（4） 房地产的抵押市场价值。

抵押房地产的市场价值是抵押房地产在评估基准日进行正常公平交易的价值的估计数额。

（5） 房地产抵押贷款价值。

房地产抵押贷款价值是抵押房地产在抵押期间出售时可实现价值的估计数额。房地产抵押贷款价值属于市场价值以外的价值，充分考虑了房地产市场的未来变化情况与变现风险，对抵押房地产的未来的出售情况进行谨慎的估计，与房地产抵押评估目的较为吻合。

2. 房地产抵押相关法律规定。

房地产抵押应当符合《中华人民共和国城市房地产管理法》《中华人民共和国担保法》《城市房地产抵押管理办法》等相关法律的规定。

《中华人民共和国城市房地产管理法》规定，依法取得的房屋所有权连同该房屋占用范围内的土地使用权，可以设定抵押权；以出让方式取得的土地使用权，可以设定抵押权。《中华人民共和国担保法》规定，下列财产可以进行抵押：抵押人所有的房屋和其他地上定着物；抵押人所有的机器、交通运输工具和其他财产；抵押人依法有权处分的国有土地使用权、房屋和其他地上定着物；抵押人依法有权处分的国有的机器、交通运输工具和其他财产；抵押人依法承包并经发包方同意抵押的荒山、荒沟、荒丘、荒滩等荒地的土地使用权；依法可以抵押的其他财产。《城市房地产抵押管理办法》规定，下列房地产不得设定抵押：权属有争议的房地产；用于教育、医疗、市政等公共福利事业的房地产；列入文物保护的建筑物和有重要纪念意义的其他建筑物；已依法公告列入拆迁范围的房地产；被依法查封、扣押、监管或者以其他形式限制的房地产；依法不得抵押的其他房地产。

《城市房地产抵押管理办法》中规定某些权属状态下的房地产设定抵押权时存在一定的限制条件：以享受国家优惠政策购买的房地产抵押的，其抵押额以房地产权利人可以处分和收益的份额比例为限；有经营期限的企业以其所有的房地产抵押的，其设定的抵押期限不应当超过该企业的经营期限；以具有土地使用年限的房地产抵押的，其抵押期限不得超过土地使用权出让合同规定的使用年限减去已经使用年限后的剩余年限；以共有的房地产抵押的，抵押人应当事先征得其他共有人的书面同意；以预购商品房贷款抵押的，商品房开发项目必须符合房地产转让条件并取得商品房预售许可证；以已出租的房地产抵押的，抵押人应当将租赁情况告知抵押权人，并将抵押情况告知承租人，原租赁合同继续有效。

房地产抵押价值应是以抵押方式将房地产作为债权担保时的价值。依法不得抵押的房地产，没有抵押价值。首次抵押的房地产，该房地产的价值为抵押价值。再次抵押的房地产，该房地产的价值扣除已担保债权后的余额部分为抵押价值。以划拨方式取得的土地使用权连同地上建筑物抵押的，评估其抵押价值时应扣除预计处分所得价款中相当于应缴纳的土地使用权出让金的款额。以具有土地使用年限的房地产抵押的，评估其抵押价值时应考虑设定抵押权以及抵押期限届满时土地使用权的剩余年限对抵押价值的影响。以享受国家优惠政策购买的房地产抵押的，其抵押价值为房地产权利人可处分和收益的份额部分的价值。以按份额共有的房地产抵押的，其抵押价值为抵押人所享有的份额部分的价值。以共同拥有的房地产抵押的，其抵押价值为该房地产的价值。

房地产抵押，应当向县级以上人民政府规定部门申请办理抵押登记。在进行房地产抵押时，抵押人和抵押权人要签订书面抵押合同。抵押人是指将依法取得的房地产提供给抵押权人，作为本人或者第三人履行债务担保的公民、法人或者其他组织。抵押权人是指接受房地产抵押作为债务担保的公民、法人或者其他组织。抵押是商业银行一种重要的信用风险缓释工具，合理估计抵押的价值对商业银行风险控制具有重要作用。

| 案例正文 | ①

海尔公司的增长率：对一个评估案例的研究

张志强

（中国人民大学商学院）

摘　要：公司及其股票的价值评估是投资、融资等资本运营决策的重要依据。本文通过海尔公司股票的评估案例，展示了现实中的典型评估，并通过两位新入职学生的视角，揭示出评估中普遍存在的问题，如关于未来收益增长率的确定问题，并通过引进新的价值评估理论与方法，对这些问题进行了探讨和解答。

关键词：股票价值评估；收益法；市场法；Gordon 增长模型；ZZ 增长模型

1. 引言

小李和小张都不是金融或评估科班出身。机缘巧合，小李和小张本科毕业同年（2013年）被同一家证券公司研究部录用。由于没有多少经验，入职之初，研究部吴经理建议他们先上网浏览一些价值评估案例，以便熟悉常见的评估思路和方法，有什么问题讨论解决。当然，也可请有经验的老员工帮忙，或拿到研究部的周例会上讨论。

经过入职以来的突击学习，小李和小张已经熟悉常用的股票价值评估方法，即收益（折现）法和市场（比较）法。经过几天“网上冲浪”，小李和小张都发现，网上的评估案例绝大部分没有详细的评估过程，特别是没有关键评估参数的估计过程。但显而易见，评估结论在很大程度上取决于有关细节的处理和有关参数的估计。

工夫不负有心人，经过坚持不懈地努力，他们终于找到一个有评估过程的价值评估案例。这个评估案例是运用收益法和市场法评估青岛海尔股份有限公司（以下简称海尔公司或青岛海尔）股票的价值②。案例评估的时间是 2006 年。虽然已经过去多年，但这并不妨碍我们从案例中学习评估的原理与技巧。

2. 背景

海尔公司由 20 世纪 80 年代早期的青岛电冰箱总厂发展而来，如今已经成为国际知名的

① 本文是对一个已经成文的评估案例的研究探讨，为揭示现实评估中的典型问题，对原评估的关键部分做了大段引用介绍；除了为改进表达做了文字上的更改和删减，未做其他掩饰处理。有关海尔和相关公司的数据和资料，全部引自公开的上市公司财务报告或各种公开的报道。

② 这个评估是已经成文多年的现实评估，而且较为详细地说明了评估过程和评估思路，非常适合作为评估的教学案例，后面第 3 部分和第 4 部分的主体内容分别引自这个评估，但因为本文主要为启发学生理解评估中的欠缺、不当之处，这里以及后面就不特别说明该评估的作者和出处了。

中国家电企业。改革开放以来，公司花大力气提升产品质量，加强内部管理，在新产品开发、市场拓展等多方面都取得了长足发展，由最初单一的冰箱生产扩展到电冰箱、电视机、电脑、手机、空调、冷柜、洗衣机、小家电等多系列的家电和电子产品。公司股票于1993年11月在上交所上市，股票简称为青岛海尔，代码为600690。上市以后，海尔公司继续期保持过硬的产品质量和良好的业绩增长。曾连续入选“上市公司50强”，连续入围上证180指数等权威股票指数，是我国证券市场蓝筹绩优股的典型代表。

3. 案例中的评估——收益折现法

在这部分，小李和小张读到如下关键内容（略有删减和文字表达上的改进）。

3.1 确定预测期

青岛海尔是中国家电行业的领头羊，该行业属于比较成熟的产业，竞争也非常的激烈，所以，即使目前海尔拥有一定的市场地位，但是并没有可以持续获得高收益的能力。而就海尔自身来看，经过了几年的持续扩张和多产业发展，海尔公司目前已经形成了相当的规模，未来应该不会再有太多的实质性变化。基于以上考虑，预测期可以取得短一些，5年就可以了，即从2006年到2010年末。

3.2 估计预测期内的现金流

首先从海尔公司2001—2005年的现金流中寻找规律，见表1。

表1　　青岛海尔2001—2005年的现金流分析　　单位：元

项　目	2001年	2002年	2003年	2004年	2005年
收入	11 384 853 802	11 496 107 649	11 618 539 284	15 201 215 903	16 409 120 840
除利息以外的经营成本	10 474 466 413	10 939 015 537	11 103 861 070	14 684 121 727	16 085 374 087
其中：折旧	181 970 302.5	154 129 630	191 927 234.2	213 264 824.4	216 551 244.1
利息	12 507 242.97	20 110 670.5	20 401 540.69	7 287 527.84	-2 026 172.08
税前收益	897 880 145.5	536 981 442	494 276 672.8	509 806 648.1	325 772 924.8
所得税	200 598 570.6	107 524 103.9	99 624 431.96	112 806 764.9	76 031 666.09
净利润	697 281 574.9	429 457 338.1	394 652 240.8	396 999 883.2	249 741 258.7
运营现金流	891 759 120.3	603 697 638.6	606 981 015.7	617 552 235.4	464 266 330.7
固定资产净值	1 812 227 370	2 124 990 228	1 824 212 313	1 694 734 988	1 604 726 178
净资本支出	—	466 892 487.7	-108 850 681.1	83 787 500.09	126 542 434
流动资产	3 444 945 821	3 493 701 809	4 019 954 669	3 957 791 986	3 844 586 247
流动负债	1 613 306 636	1 663 812 902	1 392 264 908	783 450 638.9	721 725 213
净营运资本	1 831 639 185	1 829 888 907	2 627 689 761	3 174 341 347	3 122 861 034
净营运资本增加	—	-1 750 278	797 800 854	546 651 586.1	-51 480 313.1
自由现金流	891 759 120.3	138 555 428.8	-81 969 157.26	-12 886 850.74	389 204 209.9

根据表1，对海尔公司的2006—2011年的经营情况做如下假设：

（1）收入：收入增长波动较大，保守估计，取5%的增长率。

（2）利息外成本：假定占收入的98%。

（3）利息：设其为收入的0.05%。

（4）所得税：按目前交税水平约为所有税前收益的22%。

（5）折旧：占前一年末固定资产净值的比例每年增长1%。

（6）固定资产净值：稳定在2005年的水平上，即为1 604 726 178元。

（7）流动资产：假设保持稳定。

（8）流动负债：持续减少，假设降幅为7%。

在上述8个假设下，得到的现金流估算如表2所示。

表2　　青岛海尔2006—2011年现金流估算　　单位：元

项　目	2006年	2007年	2008年	2009年	2010年	2011年
收入	17 229 576 882	18 091 055 726	18 995 608 512	19 945 388 938	20 942 658 385	21 989 791 304
除利息以外的经营成本	16 884 985 344	17 729 234 612	18 615 696 342	19 546 481 159	20 523 805 217	21 549 995 478
其中：折旧	208 614 403.2	224 661 664.9	240 708 926.7	256 756 188.5	272 803 450	288 850 712.1
利息	8 614 788.441	9 045 527.863	9 497 804.256	9 972 694.469	10 471 329.2	10 994 895.65
税前收益	335 976 749.2	352 775 586.7	370 414 366	388 935 084.3	408 381 839	428 800 930.4
所得税	73 914 884.82	77 610 629.07	81 491 160.52	85 565 718.54	89 844 004.5	94 336 204.69
净利润	262 061 864.4	275 164 957.6	288 923 205.5	303 369 365.7	318 537 834	334 464 725.7
运营现金流	479 291 056	508 872 150.4	539 129 936.4	570 098 248.7	601 812 614	634 310 333.5
固定资产净值	1 604 726 178	1 604 726 178	1 604 726 178	1 604 726 178	1 604 726 178	1 604 726 178
净资本支出	208 614 403.2	224 661 664.9	240 708 926.7	256 756 188.5	272 803 450	288 850 712.1
流动资产	3 844 586 247	3 844 586 247	3 844 586 247	3 844 586 247	3 844 586 247	3 844 586 247
流动负债	671 204 448.1	624 220 136.7	580 524 727.2	539 887 996.3	502 095 837	466 949 128
净营运资本	3 173 381 799	3 220 366 110	3 264 061 520	3 304 698 251	3 342 490 410	3 377 637 119
净营运资本增加	50 520 764.91	46 984 311.37	43 695 409.57	40 636 730.9	37 792 159.7	35 146 708.56
自由现金流	220 155 887.9	237 226 174.1	254 725 600.2	272 705 329.3	291 217 003	310 312 912.8

3.3　估计预测期末的终点价值

考虑到该行业的激烈竞争，用永续年金法估计，自2011年起每年有310 312 912.8元的永续自由现金流，那么在2010年末这部分的价值为：310 312 912.8 ÷ 6.57% = 4 723 179 799（元）。

3.4　确定贴现率

运用收益折现法评估需要贴现率。与其他评估类似，该评估理所当然地用加权平均资本成本（WACC）作为折现计算时所用的贴现率。因此，要得到贴现率，就要估算海尔公司未来长时期中平均的各种资本的构成和各自的成本水平。

在过去长期中，海尔公司只对专门的项目进行专项长期借款，其他的就依靠短期负债和自有资金即股东权益，2002 年以后除了特种冰箱的项目外再没有新的贷款。表 3 反映了 2001—2005 年海尔公司中短期借款、长期负债、股东权益之间的比例构成。

表 3　　2001—2005 年青岛海尔的资本结构

项　目	2001 年	2002 年	2003 年	2004 年	2005 年
短期借款	8.43%	14.71%	10.44%	0.00%	0.12%
长期负债	0.04%	0.00%	2.34%	2.50%	0.02%
股东权益	91.53%	85.29%	87.22%	97.50%	99.85%

根据以往数据，长期贷款利率取 5.04%，在总资本中的比例定为 1%。以往数据表明，股东权益比例平均为 92.28%，但这个比例逐年上升而负债比例逐年下降。因此，假设海尔公司未来股东权益比例平均为 95%。假设短期借款利率比长期贷款低 1%，则为 4.04%，在总资本中的比例定为 4%。根据有关分析（略），海尔公司的权益资本成本未来平均为 6.73%。公司所得税税率为 15%。计算海尔公司的 WACC 为：

$$4\% \times 4.04\% \times (1-15\%) + 1\% \times 5.04\% \times (1-15\%) + 95\% \times 6.73\% = 6.57\%$$

所以，海尔公司价值的适用贴现率为 6.57%。

3.5　通过收益折现计算公司价值

在 2006 年初，海尔公司的价值应该为：

$$\frac{220\ 155\ 887.9}{1.0657}+\frac{237\ 226\ 174.1}{1.0657^2}+\frac{254\ 725\ 600.2}{1.0657^3}+\frac{272\ 705\ 329.3}{1.0657^4}+\frac{291\ 217\ 003.5}{1.0657^5}$$

$$+\frac{4\ 723\ 179\ 799}{1.0657^5}=4\ 485\ 252\ 120(\text{元})$$

海尔公司的总价值为 4 485 252 120 元，扣除债务的价值为 723 092 209.8 元，股东权益为 3 762 159 911 元，除以股票股数 1 196 472 423 股，得每股价值为 3.14 元。当时的收盘价为 4.10 元，比评估值高出约 1 元。

4. 案例中的评估——市场比较法

在这部分，小李和小张读到如下关键内容（略有删减和文字表达上的改进）。

4.1　选择估值时点

首先确定估值所处的时点。出于时效性和数据准确性的考虑，选择在 2006 年 10 月 27 日对公司进行估值。之所以选择这一天，是因为此时公司刚刚公布了 2006 年第三季度的财务数据，可以提供较为精确的估值基础；同时，这一天也是目前为止最新的财务数据公布日。该日公司的股票收盘价为 5.77 元。

4.2 挑选行业内可比公司

按照可比公司的选择惯例，选择国内家电行业内综合经营多项业务且与海尔经营规模比较接近的几家上市公司作为可比公司。这里的经营规模标准采用的是2006年第三季度公司主营业务收入额，海尔公司的该数值约为147亿元。选择的可比公司有如下六家。

（1）美的电器。

公司全称为广东美的电器股份有限公司，在深圳交易所上市，股票代码为000527。该公司主营家用电器、电机、通信设备等产品的生产与销售。2006年第三季度主营业务收入为163亿元。

（2）格力电器。

公司全称为珠海格力电器股份有限公司，在深圳交易所上市，股票代码为000651。该公司主营家用电器、电机、机械设备等产品的生产与销售。2006年第三季度主营业务收入为181亿元。

（3）海信电器。

公司全称为青岛海信电器股份有限公司，在上海交易所上市，股票代码为600060。该公司主营电视机、电冰箱、电冰柜、洗衣机、热水器等家用电器产品的生产与销售。2006年第三季度主营业务收入为84亿元。

（4）浙江阳光。

公司全称为浙江阳光集团股份有限公司，在上海交易所上市，股票代码为600261。该公司主营节能电光源、照明电器、仪器设备的开发、制造、销售以及照明电器、技术以及生产所需的原辅材料和设备的销售及进出口国际业务、国际贸易等。2006年第三季度主营业务收入为12亿元。

（5）合肥三洋。

公司全称为合肥荣事达三洋电器股份有限公司，在上海交易所上市，股票代码为600983。该公司主营智能模糊全自动洗衣机和微波炉的生产与销售。2006年第三季度主营业务收入为3亿元。

（6）苏泊尔。

公司全称为浙江苏泊尔股份有限公司，在深圳交易所上市，股票代码为002032。该公司主营厨房用具、日用五金、小型家电炊具的制造与销售，以及电器的安装维修。2006年第三季度主营业务收入为13亿元。

上述可比公司中，美的、格力和海信三家与海尔公司的经营业务以及公司规模最为接近，是较好的可比公司。其余三家不尽理想，但出于样本数目的考虑，还是将其纳入其中。读者应当注意，如果样本个数充裕的话，应该尽可能选择合适的可比公司。

4.3 收集相应乘数数据

（1）选择比较标准。

按照行业惯例，选择各家公司的每股收益（EPS）作为比较标准。至于EPS的表现形式，假设公司最新公布的EPS，也即2006年第三季度的EPS数值，是对海尔公司的EPS指标的最好估计，因而选用各家公司2006年第三季度公布的EPS数值作为比较标准。通常情况下，EPS应当选择一年的数据或者几年的EPS的平均值，但是，没有证据说明上述EPS数值会比选择的标准更为精确，因此，就以各家公司2006年第三季度公布的EPS数值，作为各家公司的比较标准（尽管只包含了三个季度）。

（2）确定对应的公司价值体现方式。

由于目标公司及可比公司都为上市公司，可以非常方便地取得其公司股票价格；同时，对应于EPS，采用公司的股票价格作为公司价值的体现方式是合理的。因此，选用各家公司10月27日的股票价格作为其公司价值的体现方式。之所以选择该日的股票价格，是因为假设市场是比较有效的，在各家公司第三季度季报出来之后，其收盘的股票价格就包含了各家公司第三季度季报的相关信息。

（3）确定对应的乘数。

很显然，上述两个步骤对应的乘数为公司的市盈率，确切地说，是对应于2006年第三季度EPS的市盈率。其计算公式为：

$$PE = P/EPS \quad \text{（公式 1）}$$

式中：

P——公司10月27日的股票收盘价格；

EPS——公司在2006年第三季度公布的EPS数值。

根据各家公司2006年第三季度公布的财务数据，可以得到这些公司的市盈率，如表4所示。

表4　各家公司的每股收益与市盈率

公　司	股票价格（元）	EPS（元）	PE
美的（000527）	9.38	0.65	14.43
格力（000651）	8.25	0.62	13.31
海信（600060）	6.14	0.179	34.30
浙江阳光（600261）	12.3	0.486	25.31
合肥三洋（600983）	3.19	0.11	29.00
苏泊尔（002032）	15.9	0.34	46.76
海尔（600690）	5.77	0.225	25.64

数据来源：股票价格来自Wind资讯、EPS来自各家公司年报、PE为作者计算得出。

4.4　确定乘数标准，评估海尔股票价值

这里采用两种方法得出海尔公司PE的估计值，进而评估海尔公司的股票价值：一是直接用行业的PE平均值作为海尔公司PE的估计值，一是采用控制重要变量的方法，将影响PE的重要变量g对各家可比公司市盈率进行回归，再通过得到的回归方程计算海尔公司PE的估计值。值得注意的是，表4中显示的海尔公司的PE值并不是估计值，而是通过其实际股票价格和实际EPS相比得到的实际PE值。

（1）直接用行业的 PE 平均值作为海尔公司 PE 的估计值。

根据表 4 中各家可比公司的市盈率，可以计算出一个算术平均值：

$$PE_{平均} = (14.43 + 13.31 + 34.3 + 25.31 + 29 + 46.76) \div 6 = 27.19$$

以此作为海尔公司 PE 的估计值，由表 4 可知海尔公司的 EPS 为 0.225 元，故海尔公司的股价估计值为：

$$P_{海尔} = 27.19 \times 0.225 = 6.12(\text{元})$$

实际股票价格为 5.77 元，相比于估计得到的价值，大约低估了 6%。

（2）采用控制重要变量的方法。

影响 PE 的重要变量是公司的预期增长率。采用回归的方法对增长率进行控制，为此，必须取得各家公司预期增长率的数值。在没有专家提供估计的情况下，采用各家公司 2006 年第三季度 EPS 相比于去年同期的增长率数值作为各家公司预期增长率的数值。

由于预期增长率越高，公司的 PE 值一般也就越大，因此可以近似地认为两者之间满足线性关系。故建立的回归方程如下：

$$PE = \alpha + \beta \times g + \varepsilon$$

式中：g 为预期增长率，α、β、ε 分别为截据、斜率和残差修正项。

取得的数据如表 5 所示。

表 5　各家公司的 PE 值和增长率

公　司	PE	增长率 g
美的（000527）	14.43	29.04%
格力（000651）	13.31	18.39%
海信（600060）	34.30	60.09%
浙江阳光（600261）	25.31	8.32%
合肥三洋（600983）	29.00	38.37%
苏泊尔（002032）	46.76	41.45%
海尔（600690）	25.64	26.19%

由此得到的回归方程为 $PE = 39.94g + 14.161$。该方程的可决系数 $R^2 = 0.3349$，各个参数估计结果都较为显著。

将海尔公司的预期增长率数值 26.19% 代入 $PE = 39.94g + 14.161$，得到海尔公司市盈率的估计值为 24.62，因此，海尔公司的股价估计值为：

$$P_{海尔} = 24.62 \times 0.225 = 5.54(\text{元})$$

相比于此估计结果，海尔公司的实际股票价格大约高 4%。

5. 小李和小张的疑惑

从上述评估中，小李和小张看到了收益法和市场法在具体公司股票评估中的应用，有学以致用的感觉，两人都有不小的收获。但同时，他们都有不少的疑惑。经过初步讨论，排除案例评估中明显的错误，他们将这些疑惑以及他们的理解整理为如下六大问题。

5.1 收益法中具体预测期的确定问题

案例评估中所谓的预测期是指相对具体预测的时期；按照评估的业内惯例，近期年份与目前情况关联度较大，较为容易预测，所以，可以做较为具体的预测，如逐年预测或估计一个较为精确可靠的年均增长率。具体预测期后的现金流量仍然会影响公司的目前价值，但因为较为久远，难以准确预测，一般粗略地“预测”一个“永续增长率”来反映后续时期的现金流量并应用 Gordon 增长模型（也称为常态增长模型）评估其价值。

按照案例评估中的说法，“经过了几年的持续扩张和多产业发展，海尔公司目前已经形成了相当的规模，未来应该不会再有太多的实质性变化。基于以上考虑，预测期可以取得短一些，5 年就可以了。”可是，小李和小张对这样的逻辑感到非常疑惑：未来变化越小（即越稳定或越容易预测），预测期就应该取得越短？反之，未来变化越大（即越不稳定或越难预测），预测期就应该取得越长？这是什么道理呢？

5.2 收益法中预测期内收益增长率的确定问题

继续上述评估思路，确定了具体预测期后，就需要对预测期内的收益或现金流量进行预测并评估其价值。一个简便的思路是预测一个年均增长率，从而可以很方便地计算各年的现金流量，如此则可以在不明显降低预测准确性的情况下减少预测的工作量。这里的增长率作为“不变”的常数，是一个平均数，并不意味着要求被评估资产的收益保持稳定增长。

按照案例中的数据，2001—2005 年海尔公司的实际净利润分别为 697 281 574.9 元、429 457 338.1 元、394 652 240.8 元、396 999 883.2 元、249 741 258.7 元。可以看出，净利润连年下降。可能是基于这个趋势，案例评估中假设 2006—2011 年海尔公司营业收入和利润的年均增长率都为 5%。这远低于同期我国国民经济的增长，也与海尔公司在行业中的地位以及在消费者中的声誉不相符合。小李和小张查阅资料发现，股票上市发行当年（1993 年），海尔公司实际净利润为 6 951.45 万元。从 1993 年的 6 951.45 万元到 2001 年的 697 281 574.9 元即 69 728.16 万元，8 年间净利润年均增长率为 33.40%，即便考虑 2001—2005 年的下降趋势，从 1993 年到 2005 年 12 年间净利润的年均增长率也达到 11.25%，远超过案例评估中设定的 5%。

查阅资料后得知，2001—2005 年是海尔公司历史上较为特殊的时期，2006 年以后公司的利润又是连年大幅度增长。根据海尔公司的年报，2010 年到 2012 年各年实际净利润分别为 223 998.06 万元、269 009.84 万元、326 945.94 万元。而按照表 2 的预测，2011 年净利润为 334 464 725.7 元，即 33 446.47 万元，仅为实际结果的 12.43%。按照上述数据，从 1993 年到 2012 年，19 年间净利润年均增长率为 22.47%。从 2005 年到 2012 年，7 年间净利润年均增长率为 44.40%。这些不同时期的增长率也都远超过案例中设定的 5%。

小李和小张明白，事先的预测肯定比事后的回顾难，虽然现在判断案例中的预测是过于保守了，但事先其实难以正确把握。这里有一个问题值得考虑，就是“历史数字趋势”在预测中究竟有多大意义，或者说应该如何理解“用数据说话”。虽然形式上“用数据说话”

显得有依据和说服力，但显然，用 2001—2005 年数据说话，则海尔公司的利润逐年下降，假定年增长率为 5% 似乎都过于乐观了；但如果换个时期，例如用 2005—2012 年的数据或 1993—2012 年的数据说话，则海尔公司的利润年均增长率都超过 20% 。

一个确定无疑的结论是：其实数据“会说不同的话”，究竟说什么话，还是取决于“人”对数据的运用，而究竟用哪些或哪个时期的数据，显然是由人主观决定的。所以，“用数据说话”远不像人们想象的那么客观、可靠，由数据得到的结论也未必正确，而且肯定不唯一。例如，另一家业务或产品类似的公司同样是经历了连续几年的利润下滑，但后续年份利润很可能会继续下滑（例如赶上金融危机），而不是像海尔公司一样实现逆转。如果依据由海尔公司得到的“经验数据”预测这家公司的情况，就难免大错特错了。

5.3 收益法中永续增长率的确定问题

继续上述评估思路，对于具体预测期后的现金流量的价值，行业惯例是应用 Gordon 增长模型进行评估。应用 Gordon 增长模型不可避免要用到永续增长率，即未来持续到无限远的年均增长率。容易理解，永续增长率的取值非常重要，在相当程度上决定着最终的评估价值。

Gordon 增长模型的公式为：

$$P = \frac{D_1}{k - g} \tag{公式 2}$$

式中：P 为股票价值；D_1 为下年度的股票红利收益；k 为投资者要求收益率；g 为永续增长率（perpetual growth rate）。从这个模型的形式上可以看出，应用 Gordon 增长模型要求 $k > g$；或者说预测的红利增长率必须小于股票的要求收益率。根据长期普遍的经验，投资者要求收益率 k 通常在 10% 左右，可以想象，要预测出一个持续到无限远的较为精确可靠的 g，并且数值一般还不大于 10% ，并不是一件容易的事。

然而，案例评估中对这个永续增长率似乎没有太在意，只用了短短两行就“完全解决”问题了：“考虑到该行业的激烈竞争性，用永续年金法估计，自 2011 年起每年有 310 312 912. 8 元的永续自由现金流，那么在 2010 年末这些现金流量的价值为：310 312 912. 8 ÷6. 57% =4 723 179 799（元）。”永续增长率的确定和 Gordon 增长模型的应用真的如此简单轻松吗？这样计算的结果有合理性吗？案例中的评估在这里是否过于随意和武断了呢？

一方面，预测的永续增长率要达到一定的精确度，否则，评估结果就不可靠；另一方面，其数值不能超过投资者要求的收益率，即一般还不大于 10% 。例如，有三家公司，A 在过去 10 年中收益的年均增长率为 2% ；B 在过去 8 年中收益的年均增长率为 20% ；C 在过去 5 年中（只有 5 年历史）收益的年均增长率为 200% 。假设这三家公司的风险类似，投资者要求收益率都为 10% 。如何在低于 10% 的范围内，预测这三家公司未来无限长时间中收益的永续增长率呢？即便不要求非常准确，是否可以有依据地预测，如何预测呢？

案例评估中随意采用了永续年金法估计，这等同于预测海尔公司未来收益的永续增长率（年均增长率）为 0。这个既不为某个正数，也不为某个负数，正好为 0 的增长率又是如何预测出来的呢？要知道，永续增长率对评估结论有重要影响。例如，如果永续增长率是3.285%（即6.57%的一半），则预测期后的现金流量在2010年末的价值为：310 312 912.8 ÷（6.57% −3.285%）=9 446 359 598（元），评估出的价值比原来翻了一倍；如果永续增长率是−3.43%，则预测期后的现金流量在2010年末的价值为：310 312 912.8 ÷（6.57% +3.43%）=3 103 129 128（元），评估出的价值比原来约少了1/3。

可见，永续增长率到底为多少，是不应该随随便便“给出”一个数字来的；否则，所谓价值评估也就成为没有可信度的胡乱评估。小李和小张又专门查阅了针对其他公司的评估报告，发现将这个永续增长率确定为0的情况不算多见。对于较为稳健的公司（如海尔公司）而言，较为多见的情况往往是确定出一个正的永续增长率，如与国民经济的长期增长率接近，或者保守一些，如评估宝钢公司的价值时采用5%的永续增长率。

在思考这些问题的同时，小李和小张甚至有了更深层次的怀疑：凭人类的智力真的可以预测某个收益或现金流量持续到未来无限远期的年均增长率吗？例如，让人类至今为止智商最高的爱因斯坦来预测，或让中国智商第一的诸葛亮来预测，或者让获得诺贝尔经济学奖的金融大师来预测，实事求是地讲，他们是否真的能预测海尔公司收益的永续增长率呢？如果他们都无法有依据或有效地预测，我们“常人”如何能够过度自信地预测这个数字呢？

可是，如果不能可靠或正确地预测永续增长率，又拿什么来保证评估结果的可靠或正确呢？小李和小张感到前所未有的疑惑。

5.4 应用市场法时的样本个数问题

案例评估中说，“美的、格力和海信三家与海尔公司的经营业务以及公司规模最为接近，是较好的可比公司。其余三家不尽理想，但出于样本数目的考虑，还是将其纳入其中。”

有必要明确，应用市场法是有前提的。最重要的前提条件是市场是有效的，或市场定价是合理的；如果市场定价不合理，依据可比公司的市场定价确定的目标公司的价值也就不可能合理，从而评估工作和结论也就失去其应有的意义。进一步，什么样的公司算是合适的可比公司？合适的可比公司在有关财务（比率）指标上自然应该都接近目标公司，那么，在市场定价合理的情况下，这些公司的有关乘数（如市盈率等）也必然相互接近。

既然是这样，多一（几）个或少一（几）个这样的可比公司对乘数的估计值没有明显影响，有什么必要非要“凑够样本数目”呢？既然样本数目多和少评估出的结论没有明显差异，又有什么必要非要强调“样本数目多少”呢？另一方面，难道在样本个数不够时，就应该拿不合适的可比公司来“充数”？将这些不合适或不可比的公司纳入进来，是会提高还是降低评估结果的准确性？

5.5 应用市场法时的时期或时点选择问题

案例中选择2006年10月27日进行市场法估值，理由是公司刚刚公布了2006年第三季度的财务数据。评估者认为可以提供较为精确的估值基础。可是，这是为什么呢？难道因为这一天公布了最新的财务数据，市场价格就最接近价值吗？

这样选择背后的理解也许是证券市场的有效性假说。具体而言，证券市场通常的情况是处于半强式有效状态，刚刚公布了2006年第三季度的财务数据，则证券市场会在股票定价中及时全部反映这些信息。然而，这里有一个问题：如果证券市场真的是有效的，那么，各家公司股票的定价就（基本）都是合理的，包括海尔公司的股票；如果真是这样，那还有什么必要评估海尔公司股票的价值呢？直接在市场上看其价格不就可以了吗？

小李和小张认为，股票市场的有效性和股票定价的合理性（按照价值定价即零泡沫）其实不是一码事。所谓有效，重点指股票价格对新信息反映的灵敏性，而股票定价合理则是指市场定价接近或等于股票价值。股票市场可以一直保持一定的泡沫程度（即定价不合理程度），但同时会及时将一些利好和利差消息及时反映到股票价格上（即保持市场有效性）。

当然，股票价格通常会起起伏伏，从而使市场的泡沫程度时大时小。这意味着股票定价时而合理，时而不那么合理。究竟哪些时间（月、周、日、时、分）合理，哪些时间不很合理，恐怕没有一定的规律。那么，在2006年10月27日这一天，股票市场定价是否就是合理的呢？或者，是否真有那么一个时点的价格或时期的平均价格，股票市场没有高估也没有低估其价值，即股票的市场泡沫为零？如果有，怎样发现或找出这样的时期或时点？

一个相关的问题是，现实中往往会以实际价格作为判断评估正确性的标准。评估结果接近（后来或近期）市场价格，则认为评估正确或合理；反之，认为评估不正确或不合理。然而，市场价格是分分秒秒都波动不居的，即在一定的财务报告或基本面信息下有多种价格数据。这意味着以实际价格作为判断评估正确性的标准，会有数不胜数的“标准”。作为评判“标准”，怎么可以没有统一的尺度呢？换言之，在众多的市场价格中，到底哪个价格才是正确的或可以作为检验评估结论的标准，既没有高估也没有低估股票价值？

5.6 市盈率的决定因素有哪些?

为什么选择增长率作为回归的自变量？这是经验决定的还是有充分的逻辑依据？如果是经验决定的，如何证明这个经验具有普适性（普遍适用性）或没有偶然性？如果是逻辑决定的，具体的逻辑是什么？除了增长率，就没有其他重要变量影响市盈率了吗？进一步考虑，如果增长率确实是影响或决定市盈率的唯一变量，那么，为什么增长率与市盈率之间是线性关系，而不是其他函数（如二次函数、三次函数、指数函数、对数函数等）关系？还有，为什么是与去年同期相比的增长率呢？也就是说，这一年的增长率有典型性和代表性吗？如果没有或不能排除偶然性，这样得到的回归模型能作为确定合适市盈率的依据吗？

6. 结束语

小李和小张将青岛海尔的评估案例以及对案例中这六大问题的疑问和理解呈交研究部吴经理。吴经理看后很赞赏年轻人清新犀利的思路，将这些问题提交研究部周例会讨论。结果，一个又一个周例会过去了，小李和小张提出的这些问题几乎没有一个得到一致的或满意的解决或解答。然而，一个令人欣喜的现象是，周例会上的讨论越来越热烈了。原来通常是冷清无聊的会议，现在充满了很专业、很充实的讨论，而且常常一拖再拖而不能“收场”。

7. 讨论问题

(1) 附录1和附录2分别摘自《当代财经》和《中国资产评估》两篇论文。请反复阅读直到彻底理解，思考论文研究成果对价值评估（以及财务科学、金融科学）的理论意义和实践意义。

(2) 应用合理的方法，评估以下6只股票的当前价值。

已知三只股票A、B、C，预计其明年（即今天以后12个月）红利都为0.1元，未来无限长时期中红利的永续增长率分别为9%、9.9%和9.99%。假定三只股票的分红比例（即每股红利占每股收益的比例）都为20%；它们的风险情况差别不大，投资者的要求收益率都为10%。这三只股票现在价值各为多少？

已知三只股票D、E、F，本年度（即至今为止12个月）每股收益都为1元，在可预见的未来（15年左右）每股收益年均增长率分别为10%、20%、30%。假定三只股票的分红比例（每股红利占每股收益的比例）都为20%；它们的风险情况差别不大，投资者要求收益率都为10%。这三只股票现在价值各为多少？

根据上述计算和分析，你对Gordon增长模型有什么新的认识？例如，在理论合理性、应用可行性、评估有效性等方面（切忌人云亦云）。

(3) 据统计，海尔冰箱目前每年产销量（包括冷柜，包括国外销售）为1 600万台。设想从2012年起，海尔公司收益（扣除通货膨胀因素后）按照5%的速度永续增长。假设海尔公司可以保持目前的销售利润率，而且各产品部门均衡增长。这意味着海尔冰箱产销量的永续增长率为多少？按照这样的速度增长，海尔冰箱产销量300年后为多少？500年后为多少？目前全世界人口为70亿，分别假设300年和500年后为现在的两倍和三倍，即分别为140亿和210亿。试计算300年后全世界“每年人均”需要购买海尔冰箱多少台？500年后全世界“每年人均”需要购买海尔冰箱多少台？请解释你的结论的合理性。根据这个结论的合理性，评价海尔公司收益按照5%的速度永续增长的假设的合理性。

据统计，宝钢公司目前每年钢铁的产销量超过3 000万吨（以下计算中可以按3 000万吨计）。设想从2012年起，宝钢公司收益（扣除通货膨胀因素后）按照5%的速度永续增长。假设宝钢公司可以保持目前的销售利润率，而且各产品部门均衡增长。这意味着宝钢钢铁产销量的永续增长率为多少？按照这样的速度增长，宝钢钢铁产销量500年后为多少？700年后为多少？查找地球质量的权威数据，与计算得到的700年后宝钢钢铁产销量相比较，评价宝钢公司收益按照5%的速度永续增长的假设的合理性。

如果因为市场竞争，海尔冰箱和宝钢钢铁的销售利润率都有缓慢下降的趋势，要保持收益年增5%的速度，它们的产量应该更大还是更小？根据上述计算和分析，你对永续增长率的估计有什么新的认识（切忌人云亦云）？

(4) 根据你从上述学习和分析中得到的新认识和新理解，为小李和小张归纳出的六大问题做出尽可能透彻的解答。

(5) 运用上述学习和分析中得到的新理论和新方法，以2006年年初为基准时点，重新评估海尔股票的价值。

附录1　确实存在正的永续增长率吗?[①]

1. 引言

财务/金融理论的基本公理是期望收益和风险决定价值，正如价值评估的折现现金流量（DCF）方法所展示的一样。在DCF方法中，现金流量代表了收益，贴现率则体现了对风险的考虑。为简单起见，学术和实际研究以及价值评估经常将预期风险具体化为经过风险调整的贴现率，而通过初始收益和正的永续增长率相结合来反映未来的期望收益。

Gordon增长模型（1962）就是一个例子。自20世纪60年代问世以来至今，Gordon增长模型一直是应用最为广泛的股票价值评估模型，其形式如下：

$$P = \frac{D_0(1+g)}{k-g} = \frac{D_1}{k-g} \qquad \text{（公式 1）}$$

在数学上，Gordon增长模型要求 $k > g$。在现实应用中，一般情况下或对目前健康的公司而言，g 基本都被“理所当然”地估计为一个正的百分数，按照普遍接受的说法，g 应该接近于整体经济的长期增长率。然而，这里有一个被长期忽略而又非常重要的问题：确实存在正的永续增长率吗？

也许出乎多数人意料，但稍做分析就不难得出，该问题的答案是否定的。也就是说，确实没有正的永续增长率！如果 g 代表在未来无限长时间中保持不变的公司股票红利的增长率，那么，它只能是明确的负增长率。

因为经历无限长时间之后，公司必将破产或倒闭[②]。因此，对于任何一家公司而言，无论它目前看起来多么“健康”，在经历“无限长”时间之后，各种形式的收益（会计收益、营业现金流量、股票红利等）都将归零。从目前的正价值“平滑”到零，增长率不可能是正的，甚至零增长率也是不可能的。

虽然在折现现金流量计算中，非常遥远的未来现金流量或价值是不重要的，从而可以忽略不计，但“近似计算”或“简化模型”很难解释增长率由“负”变“正”的合理性。无论如何，从目前的正值到零，红利或收益的增长率不可能是正的。

按照上面的逻辑，在评估和分析公司股票时，“负增长率”几乎是不可避免的。然而，虽然在本文中负增长率一再得到证实并应用于相关的分析，这并不意味着我们同意根据负增长率得出的各种分析结果。这些分析只是演示“如果”最终财务/金融理论难以推翻“负增长率”，结果会是怎样。我们所以称之为“悖论”而不是结论，就是希望它不会对既有的财

① 详见张志强，赵全海．确实存在正的永续增长率吗？——关于财务/金融理论的基础性思考［J］．当代财经，2010（6）．此处对原文有大幅度删减。

② 严格来讲，破产与倒闭在概念上是有区别的。在本文中，我们强调的是公司最终总会以某种形式（破产或倒闭）消亡，同时其股权价值和现金流量将下降为零。所以，不强调破产与倒闭在概念上的区别，可能简单以破产称之。同样，也许公司还会被其他公司收购，但即便如此，也难免最终随收购公司一起消亡。所以，请不要因为现象或过程的多样性而影响了对概念本质的理解。

务/金融理论造成大的冲击；或者说，在对其能够透彻解释之前，可以有办法避免由此造成的逻辑麻烦。

2. 不变的增长率是几何平均增长率

容易理解，现实中很难有经济变量会有“不变”的增长率。所谓“不变”的增长率实际是对复杂现实的简化，或者说是一定时期中的“平均”增长率。从数学上讲，有两种常用的方法可以计算平均增长率：一种是算术平均（arithmetic average）方法，另一种是几何平均（geometric average）方法。

用 V_t 表示第 t 期变量的值，则该变量的算术平均增长率（AAG）和几何平均增长率（GAG）可以分别通过式（2）和式（3）计算。

$$\text{AAG} = \frac{V_1 \div V_0 + V_2 \div V_1 + V_3 \div V_2 + \cdots + V_n \div V_{n-1}}{n} - 1 \quad \text{（公式 2）}$$

$$\text{GAG} = \left(\frac{V_1}{V_0} \times \frac{V_2}{V_1} \times \frac{V_3}{V_2} \times \cdots \times \frac{V_n}{V_{n-1}}\right)^{\left(\frac{1}{n}\right)} - 1 = \left(\frac{V_n}{V_0}\right)^{\left(\frac{1}{n}\right)} - 1 \quad \text{（公式 3）}$$

公式 3 显示出几何平均增长率只与变量的初始值和最终值有关，而与该变量的变动过程无关，如此看来几何平均似乎不很可靠，但实际上它比算术平均更为可靠。例如，某变量从最初的 100 增加到 200，最后又下降到 100，根据算术平均，平均增长率将是 25%（ = [（200 ÷ 100）+（100 ÷ 200）] ÷ 2 – 1）。因为最终价值等于初始价值，增长率应该明显是 0，即符合根据几何平均得到的结果。因此，在平均增长率的计算中，几何增长率处于主导地位。同时，几何平均增长率也符合财务/金融计算中复合增长的假设。

类似地，所谓永续增长率即是在无限长时期中的几何平均增长率。实际上，即使公司可以永远存在下去，人类的智力也无法预测未来无限长时期的增长率。根据前面的分析，在到达无限远之前，目前存在的某公司必定会破产倒闭，这又使预测有了某种可行性。也就是说，在破产倒闭之后到无限远之间相应的现金流量都是零。从目前的正值到未来的“0”，其“年均几何增长率”不难测算。然而，在数学上，这种情况下的年增长率肯定是 –100%。为在测算或演示中避免这个统一的“ –100%”，本文假定公司在其最后年份中，股票红利或其他收益是一个接近于零的正数，比如是“10 亿分之一元”而不是“0 元”。

3. 破产概率与公司寿命

（略）。

4. 公司寿命与增长率

容易证明，在 Gordon 增长模型中，增长率 g 也是每股收益（E）的增长率和股票价值的增长率（即每年的资本收益）。要计算具体股票的红利“平均”增长率，需要知道本年的红利 D_0。虽然公司的红利每年波动，有时还可能为 0，但在估计增长率时，通常经过“平滑”得到一个“正常”的 D_0。不用说，“正常”的 D_0 一定是一个正数。

现在，红利增长率的正负问题已经非常清楚：从当前的正值到破产时的“0”，无论如何也不可能是正增长率。所以，虽然公司发展过程中会有起起伏伏，因为当前值是正的，而最后的价值是零，几何平均增长率只能是负的。基于表3中期望的公司寿命数据，假定最后的股票红利是“十亿分之一元”，根据几何平均方法计算，可以得出各信用等级公司股票的年增长率，如表1所示①。

表1　　各信用等级公司股票红利的年均增长率　　单位：%

目前红利（元）	0.1	0.2	0.5	1	2	5	10
最终红利（元）	1/1 000 000 000 = 0.000000001						
Aaa（196.00年）	-9.0	-9.3	-9.7	-10.0	-10.4	-10.8	-11.1
Aa（194.07年）	-9.1	-9.4	-9.8	-10.1	-10.4	-10.9	-11.2
A（187.10年）	-9.4	-9.7	-10.2	-10.5	-10.8	-11.3	-11.6
Baa（158.69年）	-11.0	-11.3	-11.9	-12.2	-12.6	-13.1	-13.5
Ba（84.66年）	-19.6	-20.2	-21.1	-21.7	-22.4	-23.2	-23.8
B（42.61年）	-35.1	-36.1	-37.5	-38.5	-39.5	-40.8	-41.7
Caa-C（22.95年）	-55.2	-56.5	-58.2	-59.5	-60.7	-62.2	-63.3

毫不奇怪，表4中没有正增长率。不仅如此，当公司预期寿命较短时，例如Caa-C等级的公司，负增长率的绝对值还会很大。这表明，如果我们想要正确估计红利、现金流量、每股收益以及公司及其股票价值的增长率，必须认真考虑公司寿命的影响；同时，考虑公司寿命的影响，负增长率似乎又是不可避免的。

此处，得到的负增长率是在有限时间范围内的平均增长率，与Gordon增长模型中的永续增长率有所不同。然而，如果考虑时间足够久远，将公司寿命或破产考虑在内，用平均增长率代替永续增长率，不会对价值评估的结果产生明显影响。

5. 负增长率的价值评估意义

可以想象，如果我们使用负的而不是正的增长率，评估出来的价值会大大低于原来的结果。在这一部分中，我们将根据“典型股票”的情况，运用Gordon增长模型，演示用负增长率代替正增长率对价值评估结果的巨大影响。

假设市场要求的收益率（贴现率）为10%，红利的永续增长率为7%。假设典型股票当前红利（年0）是1元，根据Gordon增长模型，该股票的价值为：

$$P = \frac{D_0(1+g)}{k-g} = \frac{1 \times (1+7\%)}{10\% - 7\%} = 35.67(\text{元})$$

这是根据传统惯例下的“正增长率”进行的价值评估。

现在我们来考虑公司的期望寿命。根据表3，所有等级公司的简单平均的期望寿命是126.58年[=(196.00+194.07+187.1+158.69+84.66+42.61+22.95)÷7]，因此我们可

① 这里沿用了原文的表序号。其中各信用等级公司的寿命来自第三部分的推算。

以预期典型的公司在第126.58年破产。按照表4的计算，D 的增长率（目前 $D=1$）将是 -15.1%。将这一增长率代入Gordon增长模型，股票价值为：

$$P=\frac{D_0(1+g)}{k-g}=\frac{1\times(1-15.1\%)}{10\%+15.1\%}=3.38(\text{元})$$

显然，股票价值35.67和3.38之间的差别太大，说明公司股票价值被高估约90%。已有的财务/金融智理论对此难以给予恰当的解释。然而，最重要和最迫切的，也许不是如何解释或掩盖这个巨大的差异，而是回答哪个结果是正确的，或者哪个结果更为正确一点。不幸的是，回答这个问题也是相当困难的。因为“3.38元”的价值评估结果虽然为多数人所难以接受，但它在概念和逻辑上似乎是无懈可击的。

（后略）。

附录2 理论市盈率与理论市净率①

1. 引言

比率方法是应用最为广泛的股票价值评估方法。其中，市盈率与市净率又是应用最多的两个比率。不难理解，应用比率方法确定股票价格的关键是找到合理的市盈率或市净率。然而，除了参照行业或可比公司的历史数据进行主观或经验的估计，还没有真正有效的方法来确定客观合理的市盈率或市净率。相应地，关于股市泡沫的程度也只能参照历史比率做主观的或经验的评判。

以历史比率作为定价标准的逻辑错误非常明显：一方面，如果历史比率错了，那么，目前定价也必须跟着错。否则，就不符合“标准”。另一方面，如果承认历史比率是正确的，可以作为评判标准，那么目前比率又同样是正确的，因为目前比率很快将成为历史比率，即也将成为评判标准。因此，目前的比率也就没有必要接受历史比率的“指导”，从而研究历史比率也就没有什么意义。由此可见，历史比率的确无法担当定价的标准。

2. ZZ市盈率模型与理论市盈率

Gordon关于股票定价的红利增长模型主导股票和资产价值评估40多年，基于Gordon增长模型可以推导出一个“理论市盈率”模型，即：

$$\text{P/E}=\frac{D_0(1+g)\div E}{k-g}=\frac{d_r(1+g)}{k-g} \qquad \text{（公式1）}$$

式中：P 为股票目前价格；E 为上年度该股票的每股收益；P/E为市盈率；d_r 为未来“无限长”时期中平均的红利支付比率；k 为未来“无限长”时期中投资者平均的要求收益率；g 为未来“无限长”时期中红利的永续增长率。

① 详见张志强，俞明轩．理论比率模型与股票价值评估［J］．中国资产评估，2010（4）．此处对原文有大幅度删减。

显然，除了因变量P/E，该模型三个自变量 d_r、k、g 都很难预测，特别是其中的永续增长率 g。实际上，Gordon 增长模型对这个永续增长率又过于敏感。例如，在贴现率 k 为10%（典型值）的情况下，"预测的"永续增长率如果从9%调整到9.9%，也就是说，永续增长率预测误差不超过1%，则计算的市盈率因股票价值相差近10倍。这样的价值评估误差是任何人都难以接受的。因此，在可接受的精确度内，"永续增长率"是"神"也预测不出来的。从而这个理论市盈率模型的应用价值也就降低到"0"了。这也是至今为止，"理论"和实践上都不得不依靠行业或可比公司的历史数据确定市盈率"标准"的原因。

在充分认识 Gordon 增长模型缺陷的基础上，张志强（2008）创立了 ZZ 增长模型：

$$P=[(1+g)^n-1]E(1+g)/g \quad \text{（公式2）}$$

式中：P 代表股票的价值。g 为在可预见的未来时期中，股票每股收益的年均增长率。n 为投资者对该股票的要求或期望投资回收期，单位为年，可以取整数或小数。可以理解，n 的取值体现了投资者对风险的考虑，并且会随着相应股票风险的增大而减小。

该模型的简单证明过程如下：

对每股股票而言，初始投资额为 P。投资者根据该股票的风险，要求在未来 n 年中收回投资，因此：

$$P=E(1+g)^1+E(1+g)^2+E(1+g)^3+\cdots+E(1+g)^n \quad \text{（公式3）}$$

$$(1+g)P=E(1+g)^2+E(1+g)^3+E(1+g)^4+\cdots+E(1+g)^{n+1} \quad \text{（公式4）}$$

（公式4）－（公式3）得，

$$gP=E(1+g)^{n+1}-E(1+g)$$

即：

$$P=[(1+g)^n-1]E(1+g)/g \quad \text{（公式5）}$$

根据公式2，很容易可以得出对应的 ZZ 市盈率模型。即：

$$P/E=[(1+g)^n-1](1+g)/g \quad \text{（公式6）}$$

传统的价值评估模型都是以要求收益率作为决策准则建立起来的。以要求回收期代替要求收益率作为投资决策准则是原创性的理论突破。这也是 ZZ 股票价值模型可以轻松解决理论市盈率问题的原因。由于 E 和 g 结合代表了未来的收益，而 n 代表投资者对风险的判断，即 n 越大投资者认为风险越小。因此，ZZ 股票价值模型完全符合风险和收益决定价值的基本原理。不仅如此，ZZ 市盈率和股票价值模型有以下事实支持。

（1）现实中企业都有有限的寿命，不存在"永续增长"的企业；现实中投资者都有有限的预测能力，没有能力和愿望依据未来"无限长"时期的现金流量情况做出投资决策，因而模型中不应该纳入"永续增长率"这样的变量。

（2）股票在未来可预见时期中的增长情况决定股票的价值。可预见时期之后的增长情况是未知的，因而不可能影响股票价值和投资决策，在股票价值评估中可以不予考虑。

（3）与期望投资收益即资本的要求收益率相比，期望投资回收期是更符合投资者直觉的投资决策标准，即使是完全没有经验的投资者也有较为明确的投资回收期要求。

在 Gordon 增长模型中，g 为股票红利的“永续增长率”。根据 ZZ 悖论，因为公司最终是要破产倒闭的，“永续增长率”一定是负的而不是正的，但负的“永续增长率”难以让人接受；而正的“永续增长率”（即使有存在的理由）的预测难度和精度要求超出了人类的智力极限。这些因素意味着 Gordon 增长模型其实缺乏应用可行性。相反，在 ZZ 模型中，g 为在可预见的未来时期中股票每股收益的年均增长率，与 Gordon 增长模型相比，显然 g 具有了明确的预测可行性；而且 g 可以取大于 -100% 的任何实数[①]，从而 ZZ 模型可以不受行业、市场等方面的限制，适用于几乎所有情况下的价值评估和理论市盈率计算。

例如，Google 在 2006 年实现每股收益 10.08 美元[②]，2007 年实现每股收益 12.90 美元，两年平均为 11.50 美元（代表 2006 年底水平）。截至 2006 年的过去 5 年的年均收益增长率为 205.43%。假定未来可预见时期中的年均增长率为过去 5 年平均的 30%（也许其他比例更合适，但这不是本文的核心问题），即 205.43%×30%=61.63%，投资者要求的回收期为 6 年。根据 ZZ 市盈率模型计算，Google 股票的理论市盈率应该为：

$$[(1+61.63\%)^6-1](1+61.63\%)\div61.63\%=44.14$$

因此，Google 在 2007 年的股价应该为：

11.50×44.14=507.60（美元）

2007 年，Google 的实际股票价格从第一季度的平均 460 美元波动上升到第四季度的平均 660 美元。显然，这与上述根据理论市盈率的测算结果基本是吻合的。如果读者朋友认同测算中的基础数据取值，这意味着 Google 股票的市场定价基本是合理的。注意这里的逻辑关系是理论市盈率检验市场定价是否合理，而不是相反。因为严格说来，至今为止，还没有一个客观有效的股票定价模型。也就是说，不可能有投资者（个人投资者和机构投资者）能够客观评估一只股票或整体市场的价值。在这种情况下，股票市场的定价偏差在所难免，无论就单只股票而言还是就整体市场而言都是如此。

3. ZZ 市净率模型与理论市净率

（略）。

4. 对股市泡沫与金融危机的解释

理论市盈率就是市场无泡沫（bubble-free）情况下的市盈率；理论市净率就是市场无泡沫情况下的市净率。所谓金融危机，也就是市场泡沫的破灭。而没有泡沫的泛滥也就不会有泡沫的破灭。因此，金融危机的原因就是泡沫泛滥。那么，度量市场的泡沫程度也就成为监控和防止金融危机的必要手段。从而，理论市盈率和理论市净率的正确计算方法同时解决了两个问题：一是股票定价的客观依据问题；二是市场泡沫的度量问题。当然，这样两个问题的解决可以大大提高我们防范金融危机和股灾的能力。

例如，近 20 年来，我国 GDP 年增长率基本都在 10% 以上。据此假定所有的上市公司在可预见的未来的年均增长率为 10%；再假定投资者根据风险考虑要求投资回收期为 8 年。

① 当 $g=0$ 时，ZZ 市盈率模型变为：$P/E=n$。

② 有关 Google 的数据，见 http://stocks.us.reuters.com/stocks/ratios。

那么，根据 ZZ 市盈率模型可以计算合理的市盈率应该为：

$$P/E = [(1+g)^n - 1](1+g)/g = [(1+10\%)^8 - 1](1+10\%) \div 10\% = 12.58$$

因此，我国股票市场的无泡沫市盈率（bubble－free P/E）或理论市盈率应该为 12.58。当然，如果未来年均增长率达不到 10%，或者投资者要求更短的投资回收期，或者两者兼而有之，则我国股票市场的理论市盈率还应该更低。例如，未来年均增长率为 8%，投资者要求的投资回收期为 6 年，则我国股票市场的理论市盈率为：

$$P/E = [(1+g)^n - 1](1+g)/g = [(1+8\%)^6 - 1](1+8\%) \div 8\% = 7.92$$

同样，在前 20 年中，美国 GDP 年增长率基本都在 5% 左右。据此假定美国所有的上市公司在可预见的未来的年均增长率为 5%；再假定投资者根据风险考虑要求投资回收期也为 8 年。那么，根据 ZZ 市盈率模型可以计算合理的市盈率应该为：

$$P/E = [(1+g)^n - 1](1+g)/g = [(1+5\%)^8 - 1](1+5\%) \div 5\% = 10.03$$

因此，美国股票市场的无泡沫市盈率或理论市盈率应该为 10.03。同样，如果金融危机导致美国企业的预期年增长率下降，比如到 3%；同时，投资者更为厌恶风险，要求投资回收期缩短为 6 年。则美国股票市场的理论市盈率为：

$$P/E = [(1+g)^n - 1](1+g)/g = [(1+3\%)^6 - 1](1+3\%) \div 3\% = 6.66$$

我国和美国的经济增长都只能支持 10 倍左右或者说不超过 15 倍的平均市盈率；我国两倍于美国的经济增长仅可以证明我国的市盈率可以高出美国 1/4（＝12.58 ÷ 10.03 －1）而不是更多。这些结论都是根据历史市盈率的讨论无论如何也无法揭示出来的。

有了可靠的理论市盈率，就可以在任何时间轻松判断一个股市的泡沫程度。在这次金融危机之前，我国 A 股市盈率长期在 20 倍到 60 倍之间波动。以中间值 40 倍为基础，市场泡沫大约为 200%（≈40/12.58 －1）。同理，美国股票市场（S&P 500）市盈率长期在 10 倍到 30 倍之间波动。以 20 倍为基础，市场泡沫大约为 100%（≈20/10.03 －1）。

至此，关于金融危机的深层原因已经再清楚不过了：股票作为一种典型的和普遍的金融资产，长期以来竟然以 2 倍以上的价格在交易！就连大家都公认的规范和理性的美国股票市场也存在 100% 的泡沫！而我国股票市场的泡沫更是美国市场的双倍！更为严重的是，实际上长期以来一直没有根据常见信息（关于股票的收益与风险的常见信息）合理估算股票价值的模型，也没有人知道理论上合理的市盈率和市净率究竟怎么算、应该为多少。

The Growth Rate of Qingdao Haier: A Study on a Valuation Case

Abstract: The valuation of firms and their stocks is the important base for investment, financing and capital operation decision. This case exhibits a typical valuation through the equity valuation of Qingdao Haier, and reveals the wide-spread valuation problems in reality via the perspective of two new recruited students, such as the determination of the growth rate of the future income (cash flow). We further discuss and solve these questions by introducing new valuation theory and approach.

Key Words: Stock Valuation; Income Approach; Market Approach; Gordon Growth Model; ZZ Growth Model

案例使用说明

海尔公司的增长率：对一个评估案例的研究

一、教学目的与用途

1. 本案例主要适用于企业价值评估和股权/股票价值评估类课程。

2. 本案例的教学目的在于使学生熟悉公司及其股票价值评估的相关理论、模型与问题，主要包括收益法和市场法的原理与应用，以及如何估计有关参数等。

二、启发思考题

1. 附录1和附录2分别摘自《当代财经》和《中国资产评估》两篇论文。请反复阅读直到彻底理解，思考论文研究成果对价值评估（以及财务科学、金融科学）的理论意义和实践意义。

2. 应用合理的方法，评估以下6只股票的当前价值。

已知三只股票A、B、C，预计其明年（即今天以后12个月）红利都为0.1元，未来无限长时期中红利的永续增长率分别为9%、9.9%和9.99%。假定三只股票的分红比例（即每股红利占每股收益的比例）都为20%；它们的风险情况差别不大，投资者的要求收益率都为10%。这三只股票现在价值各为多少？

已知三只股票D、E、F，本年度（即至今为止12个月）每股收益都为1元，在可预见的未来（15年左右）每股收益年均增长率分别为10%、20%、30%。假定三只股票的分红比例（每股红利占每股收益的比例）都为20%；它们的风险情况差别不大，投资者要求收益率都为10%。这三只股票现在价值各为多少？

根据上述计算和分析，你对Gordon增长模型有什么新的认识？例如，在理论合理性、应用可行性、评估有效性等方面的新认识（切忌人云亦云）。

3. 据统计，海尔冰箱目前每年产销量（包括冷柜，包括国外销售）1 600万台。设想从2012年起，海尔公司收益（扣除通货膨胀因素后）按照5%的速度永续增长。假设海尔公司可以保持目前的销售利润率，而且各产品部门均衡增长。这意味着海尔冰箱产销量的永续增长率为多少？按照这样的速度增长，海尔冰箱产销量300年后为多少？500年后为多少？目前全世界人口为70亿，分别假设300年和500年后为现在的两倍和三倍，即分别为140亿和210亿。试计算300年后全世界“每年人均”需要购买海尔冰箱多少台；500年后全世界“每年人均”需要购买海尔冰箱多少台。请解释你的结论的合理性，并根据这个结论的合理性，评价海尔公司收益按照5%的速度永续增长的假设的合理性。

据统计，宝钢公司目前每年钢铁的产销量超过3 000万吨（以下计算中可以按3 000万吨计）。设想从2012年起，宝钢公司收益（扣除通货膨胀因素后）按照5%的速度永续增长。假设宝钢公司可以保持目前的销售利润率，而且各产品部门均衡增长。这意味着宝钢钢铁产销量的永续增长率为多少？按照这样的速度增长，宝钢钢铁产销量500年后为多少？700年后为多少？查找地球质量的权威数据，与计算得到的700年后宝钢钢铁产销量相比较，评价宝钢公司收益按照5%的速度永续增长的假设的合理性。

如果因为市场竞争，海尔冰箱和宝钢钢铁的销售利润率都有缓慢下降的趋势，要保持收益年增5%的速度，它们的产量应该更大还是更小？根据上述计算和分析，你对永续增长率的估计有什么新的认识（切忌人云亦云）？

4. 根据你从上述学习和分析中得到的新认识和新理解，为小李和小张归纳出的六大问题做出尽可能透彻的解答。

5. 运用上述分析中得到的新理论和新方法，以2006年年初为基准时点，重新评估海尔股票的价值。

三、分析思路

教师可以根据自己的教学目标（目的）灵活使用本案例。这里提出本案例讨论题目的分析思路，仅供参考。

1. 思路或要点。

引导学生从根本上理解绝对价值评估、相对价值评估以及二者的关系。收益法属于绝对价值评估。绝对价值评估是根据资产的收益和风险评估其价值。综合考虑收益和风险的方法不仅就“收益折现”一种方法，以满足投资者回收期要求为标准也可以建立价值评估模型。

阅读并理解了附录两篇论文可以明白，在资产寿命很长或不能确切知晓的情况下，收益折现方法不可避免要用到 Gordon 增长模型；一旦用到 Gordon 增长模型，就有永续增长率是正还是负的悖论问题。与此相关，收益折现方法应用中的正确性和可行性其实都有严重问题。

相反，回收期标准下的评估方法是评估理论上的全新突破，是与传统的收益折现法并列的另一种绝对价值评估方法。这种评估方法严格符合风险与收益决定价值的基本原理；同时证明过程、模型形式、计算过程都很简单，有理论上的正确性，也有应用上的可行性。不仅如此，这一突破性的方法还可以绕开永续增长率正负的悖论问题，轻松解决传统评估方法难以合理、有效解决的高增长公司评估问题、市场泡沫计量问题等。

自然，作为一种新的绝对价值评估方法，以回收期为标准的评估方法有超越相对价值评估的多方面优势。例如，有利于克服相对价值评估即市场法中数据的代表性或有效性问题以及数据选取的主观性问题。

2. 思路或要点。

A、B、C 三只股票：

（1）应用 Gordon 增长模型评估。

$$P_A=\frac{D_1}{k-g}=\frac{0.1}{10\%-9\%}=10\text{（元）}$$

$$P_B=\frac{D_1}{k-g}=\frac{0.1}{10\%-9.9\%}=100\text{（元）}$$

$$P_C=\frac{D_1}{k-g}=\frac{0.1}{10\%-9.9\%}=1\ 000\text{（元）}$$

（2）应用 ZZ 增长模型评估。

要求收益率为10%意味着要求回收期为 $1\div10\%=10$（年）。

由于永续增长率其实超出人类的预测能力，A、B、C 三只股票所谓的永续增长率只能是可预测期内的年均增长率；进一步，在收益留存比例或分红比例不变的情况下，它们就等于预测期中每股收益的年均增长率。由于这三只股票各自的平均分红比率都为20%，则它们明年的每股收益都为：0.1÷20%＝0.5（元）。注意ZZ市盈率模型中，$E(1+g)$ 即为明年的每股收益。投资者的要求收益率为10%，对应的投资者要求回收期为1÷10%＝10（年）。因此：

$P_A=[(1+9\%)^{10}-1]\times0.5\div9\%=7.60$（元）

$P_B=[(1+9.9\%)^{10}-1]\times0.5\div9.9\%=7.93$（元）

$P_C=[(1+9.99\%)^{10}-1]\times0.5\div49.99\%=7.96$（元）

D、E、F三只股票：

（1）应用Gordon增长模型评估。

无法评估。

（2）应用ZZ增长模型评估。

要求收益率为10%意味着要求回收期为1÷10%＝10（年）。

因此：

$P_D=[(1+10\%)^{10}-1]\times(1+10\%)\div10\%=17.53$（元）

$P_E=[(1+20\%)^{10}-1]\times(1+20\%)\div20\%=31.15$（元）

$P_F=[(1+30\%)^{10}-1]\times(1+30\%)\div30\%=55.41$（元）

就对A、B、C三只股票的评估来看，Gordon增长模型的评估对永续增长率过于敏感，评估结果（10元、100元、1 000元）因永续增长率的微小差异而相差巨大。这一方面说明评估结果不可信；另一方面也说明永续增长率的估计需要非常精确，从而基本没有可行性。而ZZ增长模型的评估结果（7.60元、7.93元、7.96元）差异与增长率的差异匹配适当，显然要合理得多。

就对D、E、F三只股票的评估来看，Gordon增长模型完全无能为力；而ZZ增长模型可以轻松得到合理的评估结果（17.53元、31.15元、55.41元）。

3. 思路或要点。

海尔冰箱产销量增长：

300年后：$1\,600\times(1+5\%)^{300}=3\,638\,393\,806$（万台）

500年后：$1\,600\times(1+5\%)^{500}=62\,917\,218\,923\,549$（万台）

全世界“每年人均”需要购买海尔冰箱：

300年后：3 638 393 806÷1 400 000＝2 599（台）

500年后：62 917 218 923 549÷2 100 000＝29 960 580（台）

宝钢钢铁产销量增长：

500年后：$3\,000\times(1+5\%)^{500}=117\,969\,785\,481\,654$（万吨）

700年后：$3\,000\times(1+5\%)^{700}=2\,040\,002\,049\,188\,600\,000$（万吨）

分别相当于地球质量的万分之二倍和3.4倍，即按照5%的速度连续增长，700年后宝钢钢铁产销量已经相当于3.4个地球的质量！

如果销售利润率有缓慢下降趋势，要保持收益年增5%的速度，海尔冰箱和宝钢钢铁的产销量应该更大。几百年后，全世界“每年人均”需要购买海尔冰箱上千万台，宝钢钢铁产销量已经远远超过地球的质量！这些经过严格计算得到的荒唐结论显然表明，现实中正的永续增长率的“预测”或“假设”不过是自欺欺人！建立在正的永续增长率基础上的评估很难说有什么可靠性。

4. 根据你的新认识，讨论和解答小李和小张归纳出的六大问题。

由上述分析可以看出，小李和小张虽然是评估领域的“新手”，但他们提出的问题许多切中评估问题的要害，而且许多理解也是有道理的。

（1）收益法中具体预测期的确定问题。

阅读了附录中的文章，可以理解，因为有永续增长率是正是负的难题或悖论，应用Gordon增长模型的最佳方式是将未来收益时间划分阶段，只在最后一个阶段应用Gordon增长模型。当然，最简单的办法是将未来收益时间划分为两个，就像本案例一样，对前一个阶段进行相对具体的预测；对后一个阶段估计一个永续增长率并应用Gordon增长模型进行评估。

这个具体预测期（或最后一个阶段之前的时期）若太短则不利于充分利用现有的信息；太长不利于保证预测的准确性。当然，如果未来有更多的不确定性，预测难度大，预测期长不容易得到较为准确的预测结果，不如取较短的预测期；相反，如果未来不确定性小，则容易得到准确的预测结果，就可以取较长的预测期。

对大部分公司而言，在一般情况下，具体预测期应该在10—20年。为最大限度地保证评估结果的准确性，评估师应该尽其所能延长具体预测期。这样有利于减少后期相对不准确的单一增长率对评估结果的影响，从而可以得到较为准确的价值评估结果。在这个问题上，小李和小张的理解基本上是正确的。

（2）收益法中预测期内年均增长率的确定问题。

任何评估模型参数的估计都难免用到现有的数据。但同时要明白，虽然数据会使参数估计“显得”客观、可靠，然而，数据毕竟是“现象”，而评估是揭示本质的过程，收集和运用数据不是为了“作茧自缚”，而是为了更好地揭示本质。

过去几年的收益数据同样是“现象”，它未必代表海尔公司未来的收益能力这个“本质”。所以，无论是具体估计海尔公司预测期内各年的收益，还是估计一个年均增长率，都不应该被这个现象所迷惑，或仅考虑过去几年的收益数据，而应该多考虑影响未来收益的因素。例如，海尔公司是否采用了什么有效措施制止收益的下滑？外部环境有哪些重要因素会向有利或不利的方向变化？等等。

在这一点上，案例中的预测虽然过于保守，但在某种程度上考虑了各种因素下海尔公司收益止跌回升的可能。同时，小李和小张的疑惑也有道理，“用数据说话”远不像人们想象的那么客观、可靠，由数据得到的结论也未必正确。

（3）收益法中永续增长率的确定问题。

根据前面的分析，一方面，预测永续增长率已经超出人类智力的极限；另一方面，Gordon增长模型的应用又要求准确预测永续增长率，而更为严重的是，在逻辑上，永续增长率正负都难以确定。因此，永续增长率的预测其实是一个难上加难、难于上青天的问题。这意味着Gordon增长模型虽然在评估实践中广泛应用，但它不但有功能方面的局限性（如不适合评估高增长公司股票的价值），而且更为严重的是，它实际上根本没有应用可行性。

因此，永续增长率的确定可考虑以下原则：

如果有更好（理论上正确，应用上可行、方便、有效）的模型，例如ZZ增长模型，就尽可能不要应用Gordon增长模型。

在不可避免需要应用Gordon增长模型时，尽可能应用于较远时间之后的阶段，以便将应用Gordon增长模型带来的评估偏差降低到最低。

对于较远时间之后持续到无限远的阶段应用Gordon增长模型时，不妨简单地将永续增长率确定为0或某个负百分数，因为这样才能避免由正的永续增长率推出极其荒唐的结论。例如，前文推出几百年后，全世界“每年人均”需要购买海尔冰箱数以万计，宝钢钢铁产量远超过地球的质量等。

（4）应用市场法时的样本个数问题。

小李和小张理解得对，样本数据只不过是一种不确定其中包含多少偶然性的现象，样本个数多也许会相互抵消掉一些偶然性，但也许会带来更多的偶然性，所以，增加样本个数究竟有利于还是不利于评估的准确性难有定论。“样本个数标准”不应该成为评估中需要考虑的重要因素；或者，这方面的考虑应该给“样本的合适性或可比性”让路。为评估的需要，一般认为，样本个数为4—8个即可，但理论上也无法证明少于4个结论就更不正确。

（5）应用市场法时的时期或时点选择问题。

从一定程度上讲，相对价值评估或市场法是一种不求甚解的评估。具体而言，这种方法是依据其他可比资产的市场价格评估目标资产的价值，而不管这些价格是否偏离和在多大程度上偏离价值以及影响或决定目标资产价值的因素。

略有常识的人都知道，价格不是价值，价格围绕价值波动。任何信息的公布都会引起价格的变化，这种变化也许在方向上与价值一致，但不可能在幅度上也完全按照价值“理应”变化的幅度发生变化。道理很简单，价格是由买卖双方“博弈”决定的，博弈的结果有反映价值因素的必然性，也有其他因素影响的偶然性；另一方面，即便没有新信息公布，价格也无时无刻不在变化。究竟何日何时的价格最接近价值，很难说清。但可以肯定的是，新信息公布之日的价格（同样每时每刻都在变化）未必比其他时间更接近价值。

所以，案例中选择2006年10月27日进行市场法估值的确没有多少道理。

小李和小张的其他思考涉及对相对价值评估或市场法评估以及有关金融或价值评估理论的根本性质疑，对这些问题的讨论有利于有关金融或价值评估理论的进步，值得提倡。但恐怕一时难有定论，这里不便给出“答案”，建议学生在反复阅读本案例附录文章之后各自做见仁见智的思考。

（6）市盈率的决定因素有哪些？

根据ZZ市盈率模型，这个问题的答案很明确：市盈率取决于未来收益的增长率和风险两大因素。市盈率与收益增长率（模型中的g）正相关，与风险（模型中通过n来反映，但注意，n越小代表风险越大）负相关。所以，案例中主观选择增长率作为回归自变量，说明评估者的直觉还是正确的，但不够全面。

另一方面，注意ZZ市盈率模型与案例中的回归模型有本质区别。ZZ市盈率模型，包括模型的形式和模型中的变量及变量数目，都是基于正确的概念，经过严格的逻辑推导出来的，而不是作者主观选择的。正确的概念和严格的逻辑有客观性，也有跨越时间和空间（不同股票市场）的适用性。这意味着如果ZZ市盈率模型的前提和证明过程的确无误，则这个模型（包括其中的数字和变量）可以适用于不同时期、不同国家的股票市场。相反，案例中的回归模型（包括其中的数字和变量）即便假定正确，也只能适用于本案例中特定时间、地点、条件；随便换个时间、地点、条件，则模型就很可能不再正确了。

与这个根本差异相关，运用ZZ市盈率模型得到的市盈率可以作为理论市盈率检验市场市盈率的正确性或泡沫程度，但案例中的回归模型实际是将样本数据中的偏差、错误和泡沫以及偶然性都纳入模型，再加上模型形式和变量选择上的主观性，运用这种模型得到的市盈率随时间、地点以及研究者的主观随意而变化，当然无法成为检验市场市盈率的正确性或泡沫程度的尺度。

5. 运用上述学习和分析中得到的新理论和新思路，以2006年年初为基准时点，重新评估海尔股票的价值。

更正前面分析中发现的原评估中的错误不当之处，应用ZZ增长模型，对海尔股票进行重新评估。注意，本部分只是演示 ZZ 增长模型的应用，有关变量未花足够努力做精确估计，实际评估中可以吸收其中合理的思路、方法，但不可作为“标准答案”或“固定套路”予以模仿。

取前 5 年（2001—2005 年）利润的简单平均数作为未来利润增长的“起点”：

（697 281 574.9 +429 457 338.1 +394 652 240.8 +396 999 883.2 +249 741 258.7）÷5

=433 626 459（元）

根据案例中的股数数据，“起点”每股收益为：

433 626 459 ÷1 196 472 423 =0.36（元）

1993 年海尔公司净利润为 6 951.45 万元，根据到 2005 年的“起点”利润 433 626 459 元，可以算出净利润的年几何平均增长率为 16.48%，假设投资者要求收益率为 10%，则要求回收期为 10 年。

采用较为保守的估计，假设其未来 10 年以上年均增长率为 10%。应用 ZZ 增长模型评估海尔股票在 2006 年初的价值为：

$$P=[(1+g)^n-1]E(1+g)/g$$

$$=[(1+10\%)^{10}-1]\times 0.36\times(1+10\%)\div 10\%$$

$$=6.31(\text{元})$$

当时的收盘价为 4.10 元，说明海尔股票被市场低估了：

$1-4.10\div 6.31=35.02\%$

采用较为乐观的估计，假设其未来 10 年以上年均增长率为 16%。应用 ZZ 增长模型评估海尔股票在 2006 年初的价值为：

$$P=[(1+16\%)^{10}-1]\times 0.36\times(1+16\%)\div 16\%$$

$$=8.96\ (\text{元})$$

按照案例中的信息，到 2006 年 10 月 27 日，该公司的股票收盘价为 5.77 元；说明市场对价格偏离价值的情况做了一定程度的修复，但修复还远不到位。查阅资料可知，2006 年到 2011 年 7 月 10 股转增 10 股以前（股票价格有可比性），海尔股票基本在 6—30 元之间波动。

这表明，2006 年年初，市场的确低估了海尔股票的价值，到 2006 年 10 月仍然没有修复到位，后来有继续大幅度修复的过程。那么，如何理解后来的价格远高于上面 6.31—8.96 元的估值范围呢？

这有两方面的原因。

一方面，后来海尔股票收益的增长的确远远超过预期，股票的价值和价格当然要反映这种增长。以平均得到的 433 626 459 元作为 2005 年的起点利润，到 2012 年的 326 945.94 万元，7 年间年均增长率为 33.46%。做较为大胆的估计，未来 6 年海尔股票收益基本会保持这个增长速度。从而可以假定，2005—2018 年的 13 年（超过 10 年）中，海尔公司净利润的年均增长率为 33%。应用 ZZ 增长模型，对海尔股票进行重新评估，则：

$$P=[(1+33\%)^{10}-1]\times 0.362420772\times(1+33\%)\div 33\%$$

$$=23.83\ (\text{元})$$

注意，如果按照 2005 年的实际利润，到 2012 年的 326 945.94 万元，海尔股票收益的增长率还要大。所以，上述 33% 的增长率是较为大胆但也有合理性的估计。这意味着，评估结果 23.83 元是有合理性的。换句话说，前面 6.31—8.96 元的估值范围因为低估了未来收益的增长，从而低估了海尔股票。

另一方面，市场价格在很多时间也超过 23.83 元，这在很大程度上可以说是市场过分高估了海尔股票。因为对于任何公司而言，保持连续 13 年以上超过年均 33% 的增长率是极其困难的，何况海尔公司虽然是一家优秀公司，但毕竟处于传统行业，而且面临激烈的市场竞争。可想而知，在没有正确模型的情况下，高估和低估都是难免的，因为投资者即便可以预测到 2005 年后的 13 年中，海尔净利润年均增长率为 33%，也不知道股票价值应该为 23.83 元。由此可见，合理、有效、方便、可靠的股票价值模型是多么重要。

综上所述，海尔股票在市场上大起大落，有时被市场高估，有时被市场低估，被市场公平估值只是偶然的情况。这其实就是股票市场的“常态”。正因为如此，才有了投资机会和价值评估的必要；也正因为如此，绝对价值评估才会在理论上“优于”相对价值评估。另一方面，股票在市场上大起大落的原因之一是市场对股票的增长率预期不断变化或更正，而增长率难以预测的原因之一是未来总有原来意想不到的事情或信息。从这个意义上讲，价值评估结果不是一劳永逸的；对于投资决策而言，价值评估是一种经常性的需求。

进一步，未来收益增长率对评估结果有重要影响，但这个增长率难以较为准确地预测。这就造成评估结果（事后看来）常常难如人意。鉴于这种情况，一方面，评估模型应该对增长率数据适度敏感，不敏感说明模型不合格，但绝对不能过度敏感；另一方面，模型应该避免以非常长时期中的收益增长率作为自变量，如永续增长率，因为预测这样的增长率，即便说有可行性，也难免有较大误差，从而造成评估结果的巨大误差。

四、主要理论基础

1. 收益折现的评估方法，特别是其中的 Gordon 增长模型。长期以来广泛应用于评估股票价值以及其他类似资产（如公司）的价值。

2. 相对价值评估，即用合适的市盈率、市净率、市销率等评估股票价值。按照目前的惯例，合适的比率往往根据行业内可比公司的情况确定。

3. 价值决定的一般原理：（预期）风险与收益决定资产的价值。目前的财务和金融理论中具体化为收益折现的评估方法。

4. 既然资产的价值取决于其未来的风险与收益，而收益折现方法可以综合考虑资产的风险与收益情况。所以，收益折现方法是至今为止理论上最合理的评估方法。但收益折现方法存在固有的缺陷，难以很好地考虑风险与收益，这是理论上需要考虑和解决的问题，也是解答本案例时有挑战性的问题。

5. ZZ 悖论，涉及资产收益的长久或永续增长率正负问题；对这个悖论的讨论可以发现，Gordon 增长模型有多种理论和应用上的缺陷，特别是其中一个变量即永续增长率的正负难以确定，因而缺乏应用可行性。

6. ZZ 增长模型，是我国学者的原创理论模型，是与折现方法并列的全新绝对价值评估方法。在股票或股权价值评估方面，这种评估方法既可绕开 ZZ 悖论的羁绊，又可克服折现评估方法或 Gordon 增长模型的缺陷。

五、建议课堂计划

本案例可以作为专门的案例讨论课来进行。如下是按照时间进度提供的课堂计划建议，仅供参考。

整个案例课的课堂时间控制在 90—100 分钟。

课前计划：

提前两周发放案例和思考题，请学员在课前完成案例和附录文章的阅读和思考，完成对各讨论题目的解答，并做好课堂发言或演讲准备。

课中计划：

简要的课堂前言，明确主题，告知发言要求（2—5 分钟）。

分组发言和讨论（每组 10—20 分钟，控制在 30—50 分钟）。

提炼问题，引导全班同学进一步讨论（30—40 分钟）。

进行归纳总结（5—10 分钟）。

课后计划：

在归纳总结的同时，还应该告诉学生，正确的价值评估结果来源于对评估中一个又一个问题的正确理解和处理。其实，这个案例评估中还有其他问题值得讨论，可以留待同学自己发现和解决。例如，关于贴现率的确定问题，关于加权平均资本成本计算中采用的资本结构问题等。限于课堂时间的限制和学生学习循序渐进的规律，可以作为下次案例讨论的主题。

| 案例正文 | ①

海尔公司的贴现率

——海尔公司增长率之后续研究

张志强

（中国人民大学商学院）

摘　要： 收益折现是评估公司及其股票价值的重要方法，理论上也是最合理的方法。这种方法的应用离不开贴现率的确定；或者说，有无合适的方法估计贴现率决定着收益折现法评估的效果和可靠性。本文借助海尔公司股票的评估案例，通过两位入职四年的员工的视角，揭示出评估中确定贴现率时普遍存在的问题，对有关概念和定量问题进行了探讨和解答，并在附录和案例使用手册中通过概念的更正和思维的创新找到了解决贴现率确定问题的有效方法。

关键词： 收益折现法；贴现率；WACC；CAPM；系统风险；总风险；约当系数；ZZ CAPM

1. 引言

四年前，小张和小李“落户”同一家证券公司研究部，虽然他俩都不是金融或评估科班出身，但凭着一种对待工作的责任心和对待知识的好奇心，通过各种方式的自学和向老员工请教，基本熟练掌握了评估公司和其股票价值的方法，包括多数人认为较为复杂的收益折现方法。

研究部的领导对小张和小李四年来的表现非常满意，除了因为他们出色地完成了多篇重要研究报告的撰写，还因为他们两个都具有热心钻研专业、喜欢刨根问底的求知精神。为带动整个研究部的学习热情和专业理解，也为提升研究报告的理论水平和实际效果，研究部领导决定让小张和小李花三个月时间，专门研究一下收益折现法，并研究一下如何将其应用于评估海尔公司及其股票的价值。

按照研究部领导的说法，小张和小李这次对海尔公司及其股票的价值评估报告，经过今后周例会上的讨论修改，将作为研究部收益折现法的未来范本，供研究报告撰写时借鉴，也供新员工入职培训时学习。

---

① 本文是对一个现实中家喻户晓的公司——青岛海尔进行研究探讨，着重探讨运用收益折现法评估海尔公司价值时如何确定合适的贴现率。所用的资料、信息和数据都来源于现实中公开的公司财务报告和媒体新闻报道。除了为表达简便的需要有取整或合并，未做其他掩饰处理。

小张和小李接到这个任务，感到既兴奋又紧张。对于收益折现法的合理性，他们有共同的认识；对于海尔公司，从入职以来他们就较为关注。因此，应该说，这是他们喜欢而又具备可行性的任务。然而，令他们紧张的是，对于收益折现法似乎还有许多东西他们没有完全琢磨透。

例如，贴现率的确定有多种方法。应用这些方法确定出的贴现率不可能是一样的，但对于任何一次评估而言，正确的贴现率只能有一个。这就意味着这些方法最多有一个是对的，当然也可能都是错的。如此说来，究竟哪个方法才是正确的呢？而其他的方法为什么不对呢？

2. 股权价值、债务价值与公司价值

小张和小李发现，虽然评估中有评估公司价值一说，但公司价值作为结论几乎没有实际用处。例如，公司并购时，收购方支付的数额还是按股权价值计算。另一方面，债务的价值通常可以假设为接近或等于账面价值即本金，当然这是在正常情况即公司财务状况健康的情况下以及债务资本成本或利率合理的前提下。在这些条件不具备的情况下债务的价值怎么算还是个问题。

这意味着通常情况下，债务资本价值不需要评估，而公司价值评估的意义不大。因此在股权价值、债务价值与公司价值三种价值中，真正经常需要评估的是股权价值，作为上市公司则是股票价值①。所以，小张和小李感觉，他们的研究重点应该是海尔公司的股权或股票价值评估。

会计中有一个基本关系式：资产＝负债＋股东权益。这个关系式在账面价值上成立，在市场或公允价值上同样成立。因此，在评估领域，对应的关系式为：公司价值＝债务价值＋股权价值。这样，评估股票价值就有两种思路：第一种思路是股票未来的收益折现加总，直接得到股票价值；第二种思路是公司整体的收益折现加总，得到公司价值，从中减掉公司债务的价值，得到股票价值。

公司整体的收益为股票收益和债务收益之和；而对应的贴现率按照目前的评估惯例，应该是股权资本成本与债务资本成本的加权平均。既然评估公司价值也要估计股票收益和股权资本成本，为什么不直接用股权资本成本折现股票收益得到股票的价值呢？因此，上述评估公司股票价值的第二种思路似乎有不必要的迂回和复杂化。可是，为什么评估专家和前辈们没有提出这个疑问呢？

3. 贴现率与资本成本

按照目前的流行理解，贴现率就是资本成本，资本成本就是贴现率。可是，贴现率与资本成本真的是可以相互替换的同义词吗？

小张和小李从不解、思考到怀疑、讨论，逐渐理出下面的思路和结论。

如果资本成本代表公司实际的资本成本，它就不应该成为贴现率的同义词。实际资本

① 以下简单以股票价值统称之。

成本通常是事后的概念，反映公司融资决策的效果/后果。而贴现率是事先的概念，是影响（投资）决策的变量。而资本成本必须能够代表公司实际的资本成本，因为如果资本成本都不能代表公司实际的资本成本，还有哪个词汇更适合用来代表公司实际的资本成本呢？

小张和小李查阅资料发现，将资本成本等同于贴现率的说法似乎源自于 Modigliani 和 Miller（1958，1963）关于资本结构的研究，即著名的 MM 模型 I 和 II。然而，Modigliani 和 Miller 当时研究的重点不是贴现率，而是公司的最优资本结构。所以，理所当然地假定公司的股权和债务资本都不存在定价偏差，也就是说，假设股权资本和债务资本的成本都是合适的成本，可以作为折现计算时的贴现率。可是，后人忽略了这个研究侧重点的差异，生搬硬套地将贴现率等同于资本成本，久而久之，这样的理解也就成为业内约定俗成的惯例了。

然而，在现实应用或定量计算中，人们又不在意或忽略实际资本成本与合适资本成本的区别，直接用实际资本成本代表合适的资本成本。这就造成贴现率与资本成本从概念到定量都混乱了。例如，一种常见的计算资本成本的方法是根据股票估值公式反推出资本成本并用作贴现率。即根据 $P = D_1/(k-g)$，得出 $k = D_1/P + g$，或者考虑每股发行费用 b，写成 $k = D_1/(P-b) + g$。

可以理解，如果 P 代表发行价格，则这样计算出的 k 的确代表公司的资本成本。但必须明确，是实际的资本成本，不是正确的或合适的资本成本，作为贴现率未必合适。原因是，资本市场对证券的估价（如股票价格 P）未必是正确的，甚至可以说经常是不正确的，甚至可能大幅度偏离其真实价值。从而 k 中所包含的风险补偿未必与公司的资本投向的风险相匹配。由于资本市场经常有过度包装、炒作等因素，可以想象，P 经常被高估，这就意味着这样计算出的“贴现率”可能偏低，也就是不足以补偿其对应资本投向的风险。

一个数字例子可以更清楚地说明为什么这样计算的资本成本不能作为贴现率。假设公司发行债券，面值为 100 元，年利率为 10%，期限为 5 年。如果因为过度包装、炒作等，该债券发行价格达到 180 元，按照上述思路计算的实际资本成本将是一个负数，这样的负数作为贴现率显然不合适。现实中债券不容易被过度高估，但股票由于收益不清晰却可能被过分高估。无论如何，作为实际资本成本，其数值可能为负数；但作为贴现率，其数值应该是正数。这再次说明资本成本与贴现率不是同一个概念，不能相互混淆或替换。

4. 贴现率与资本的机会成本

现实中另一个较为常见的做法是用资本的机会成本作为贴现率，而且也已经成为约定俗成的惯例。小张和小李查阅了多个教科书和字典，对机会成本较为通行的解释是，经济资源有数量的有限性和用途的多样性。一项资源选择了一个用途就要放弃其他多种用途，在放弃的用途中收益最高的用途的收益，就是所选择用途的机会成本。公司使用的资本也是一种资源，因而也可以考虑其机会成本，即为放弃的用途中收益（率）最高的用途的收益（率）。这意味着，为评判所选择的用途需要做折现计算时，这个最高收益

(率) 就是贴现率。

虽然解释得较为明确，但这样的解释似乎经不起推敲。一个显然的问题是，评判本项目的投资怎么会不管本项目的风险情况，而以另一个不相关项目的收益作为依据呢？想象一个决策场景，公司要在10个备选项目中选择2—3个进行投资。如果以评判项目之外其他项目中的最高收益率作为贴现率，则最终将选择出收益率最高的2—3个项目。但这些项目的规模可能很小，因此2—3个项目的总收益可能也不及放弃的某一个项目的收益。这意味着在备选项目规模不等的情况下，根据机会成本确定贴现率没有可行性或合理性。

那么，在备选项目规模相等的情况下，根据机会成本确定贴现率就可行或合理吗？在备选项目规模相等的情况下，根据机会成本确定贴现率并选出项目，不会因规模太小而造成收益损失。然而，在资本市场较为正常的情况下，项目投资应该有高风险高收益的关联特征。因此，最终选出的高收益项目很可能也是高风险项目。也就是说，最终入选的项目将是10个项目中风险最高的项目。这显然是不合理的，也是违背决策初衷的。这意味着在备选项目规模相等但风险不等的情况下，根据机会成本确定贴现率也没有可行性或合理性。

既然如此，唯一可能有可行性的情形将是，备选项目的规模和风险都相等。显然这种情况出现的可能性极低。无论如何，假设会有备选项目的规模和风险都相等的情况。在这种情况下，根据机会成本确定贴现率并选出项目，应该就没有前面的问题了。这意味着机会成本可以正常发挥作用了。然而，这种情况下选出来的项目无非是收益最高的项目。既然收益高低要先做估计，在此基础上，也就没有必要再费事确定贴现率然后再用贴现率折现来评判项目的好坏了，直接看收益率高低即可。所以，这种情况下机会成本也就没有应用的必要了。

基于严谨的概念和逻辑分析至此，小张和小李发现，根据资本的机会成本确定贴现率不是没有合理性或可行性就是没有必要性，完全站不住脚。

5. 贴现率与资本资产定价模型

除了资本成本和资本的机会成本，现实中还有一种确定贴现率的常用或流行方法，这就是资本资产定价模型（CAPM），即 $E(R_i)=r+\beta_i[\mathrm{E}(R_m)-r]$，这几乎是除上面两种被否定的方法之外剩余的唯一常规方法了。

资本资产定价模型是 William Sharpe 于1964年在其博士论文的基础上修改并发表的成果。发表之后即引起业界轰动并得到广泛应用。William Sharpe 因为这个成果于1990年获得了诺贝尔经济学奖。

有一个问题引起了小张和小李的思考：有的研究成果发表之后长期无人问津，其应用价值几十年甚至更长时期后才被发掘出来，为什么 Sharpe 的资本资产定价模型一经发表就得到广泛认可呢？一个表面原因是 Sharpe 的 CAPM 较为简单易懂，这也是业内公认的原因。但是，这显然不是 Sharpe 的 CAPM 得到热捧的充分条件，并不是所有简单易懂的模型都会得到快速认可和应用的。

小张和小李查阅大量资料，特别是在阅读资料的基础上做了大量有深度的思考和讨论，逐渐形成了以下大胆且与众不同的理解。

20 世纪 50 年代，作为财务金融学科的开山之作，Harry Markowitz 的投资组合理论深入人心，业内学者清晰地知道财务金融的基本方法是风险与收益的权衡。从价值评估角度看，收益折现法即是贯彻这种思想的基本方法。然而，各种确定贴现率的“通俗”方法，如前面提到的资本的实际成本和机会成本方法，在概念、逻辑、定量上都不够严谨，缺少学术或理论上的合理性，只是在没有更科学的方法问世之前，有总比没有强，不得已拿来用用而已。

所以，在 Sharpe 的 CAPM 问世之前，财务金融和价值评估领域对确定贴现率的科学方法早就翘首以待、期盼良久了。因为严格说来，财务金融作为一门学科的本质功能也是计量资产的价值，或者说通过权衡资产的风险与收益而对其价值进行定量。这意味着在当时或至今为止，收益折现方法是最合理的价值评估方法。但是，如果没有科学的确定贴现率的方法，收益折现方法的合理性也就成为空谈，进而整个财务金融以及价值评估的合理性也就成为空谈。

如此说来，贴现率确定的合理性或科学性涉及财务金融学科的根基是否牢靠的问题，或者说，涉及当时财务金融这个新兴学科的生存问题。因此，Sharpe 的 CAPM 在当时是在财务金融的理论大厦岌岌可危、随时将会倾覆的情况下，在大厦的核心树起了一个顶梁柱，扶大厦之将倾。理解了这样的逻辑背景，也就不难理解 Sharpe 的 CAPM 一经问世便得到热捧的原因了。

那么，与前面提到的确定贴现率的方法相比，Sharpe 的 CAPM 是否更有科学性与合理性呢？这一点几乎显而易见是肯定的。

首先，贴现率的高低应该与相应资产或投资的风险相联系，而 Sharpe 的 CAPM 恰恰体现出这个联系，与前面的两种常用方法相比这显然是一个巨大的进步。有了这个联系，资产或投资的风险高，其对应的贴现率也就高。

其次，贴现率究竟应该包含哪些部分，或者说其结构应该是什么样子，前面的方法都没有给出令人信服的回答，但 Sharpe 的 CAPM 却较好地回答了这个问题，即贴现率应该包含无风险利率和风险补偿率两个部分。

为什么应该是这样两个部分呢？

其实，未来收益折现的价值评估思想意味着未来收益可以替换目前的价值。在资产交易时情形就是如此。购买方拿出价钱（当前价值）来换取资产的未来收益。未来收益有两个缺点。一是时间上推迟了，即在未来；二是更不确定了，即有风险。这就意味着购买方愿意拿钱出来交换，是在时间上和风险上都得到了适当的补偿。用贴现率折现预期的未来收益，就是这种时间补偿和风险补偿在计算中的具体体现。时间上的补偿按无风险利率计算，风险上的补偿则按风险补偿率计算。因此，贴现率应该等于无风险利率与风险补偿率之和。

这意味着 Sharpe 的 CAPM 作为估计贴现率的方法有合理的结构。加之业界和学者们的期盼和重视，Sharpe 的 CAPM 一炮而红也就在情理之中了。

那么，用 Sharpe 的 CAPM 估计贴现率就完美无缺吗？

小张和小李根据 Sharpe 的论文和查阅的相关资料，发现情况并不理想，更谈不上完美。

因为在 Sharpe 的 CAPM 中，风险补偿率并不是对全部风险的补偿率，仅仅是对系统风险的补偿率。也就是说模型中某资产的风险补偿率，不考虑该资产风险中能够被市场上任何其他资产风险抵消掉的部分，只考虑扣除掉所有可抵消部分后的剩余风险（即系统风险）来确定风险补偿率。

这意味着 Sharpe 的 CAPM 考虑的风险补偿是不完全的。这样的“硬伤”在证券投资特别是指数类投资中也许可以勉强“将就”，但在实体资产的投资中则无法自圆其说，因为实体资产的投资决策必须考虑全部风险的补偿。即便组合中有其他资产会有风险抵消的作用，根据决策的保守或谨慎原则，在不清楚究竟有多少风险可以被抵消的情况下也应该按照全部风险补偿来计算。

如此说来，万众期待的 Sharpe 的 CAPM 其实也没能解决贴现率确定的问题。Sharpe 之后的研究也没有一个可以“修复”Sharpe 模型的“硬伤”。只是，人们越来越少提及这个“硬伤”了，因为这也许会“伤及”财务金融的根基，“伤及”人们对财务金融理论的信心，“伤及”财务金融这门新兴学科的发展。

然而，学术上“不提”并不意味着问题会自动消失或解决，反而会造成实践或应用中疑问越来越多。小张和小李就为这个问题伤透了脑筋。

6. 海尔公司的收益

虽然在贴现率问题上“卡了壳”，但小张和小李认为，时间不等人，就先做海尔公司收益的资料收集和预测。这部分的工作量也很大，但限于本案例的主题，这里不详细描述小张和小李的工作过程，只展示他们的工作结果。

6.1 以往的收益

小张和小李根据海尔公司上市以来的财务报表，整理出 2000—2015 年即到评估之前年份共 16 年的资产和收益数据，如表 1 所示。

表 1　海尔公司 2000—2015 年的资产和收益

年份	净利润（万元）	经营现金流量（万元）	净资产（万元）	股票股数（万股）	每股收益（元）	每股净资产（元）	净资产收益率（%）
2000	42 409	47 773	281 016	56 471	0. 75	4. 98	15. 09
2001	61 784	70 188	493 218	79 765	0. 77	6. 18	12. 53
2002	39 706	39 067	525 931	79 765	0. 50	6. 59	7. 80
2003	36 895	42 355	538 897	79 765	0. 46	6. 76	6. 85
2004	36 944	73 826	571 852	119 647	0. 31	4. 78	6. 46
2005	23 913	46 795	559 870	119 647	0. 20	4. 68	4. 27

续表

年份	净利润（万元）	经营现金流量（万元）	净资产（万元）	股票股数（万股）	每股收益（元）	每股净资产（元）	净资产收益率（%）
2006	31 391	125 016	578 594	119 647	0.26	4.84	5.45
2007	64 363	127 886	630 911	133 852	0.48	4.71	10.29
2008	76 818	131 759	677 401	133 852	0.57	5.06	11.72
2009	114 947	462 626	772 073	133 852	0.86	5.77	15.83
2010	203 459	558 363	701 993	133 996	1.52	5.24	24.28
2011	269 002	620 668	833 769	268 513	1.00	3.11	31.33
2012	326 946	551 879	1 112 855	268 513	1.22	4.14	33.78
2013	416 815	651 033	1 446 710	272 084	1.53	5.32	32.84
2014	499 156	700 658	2 184 002	304 594	1.64	7.17	27.58
2015	430 076	557 960	2 269 398	612 315	0.70	3.71	16.22

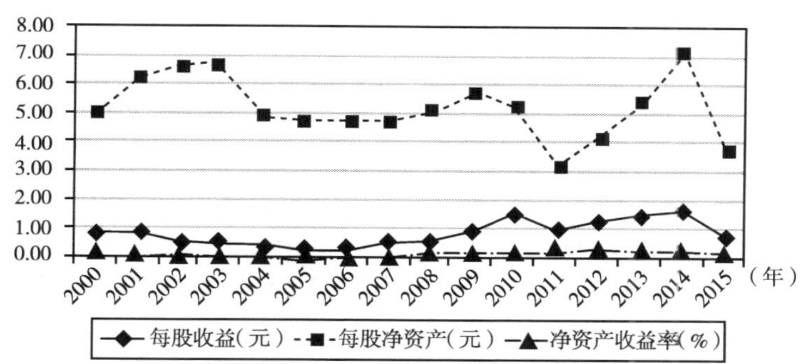

图 1　海尔公司股票价值与收益

根据表 1 和图 1，在过去 15 年中，海尔公司每股收益和每股净资产有增有减，似乎没有明确增加。这样的股票是一只好股票吗？其实，海尔公司在这十多年中，股票股数通过送股、公积金转股和增发得到成倍增加，从而分摊到每股上的收益和资产就“表现平平”了。但对于一个长期持有海尔股票的投资者来说，他会发现虽然每股收益和资产没有明显增长，但手上的股票数“自然”增加了。

因此，也许海尔公司各种总量指标更能说明投资者的收益情况。在过去 15 年中，海尔公司净利润、经营现金流量、净资产、股票股数分别达到年复合增长率 16.70%、17.80%、14.94%、17.22%。如图 2 所示。由于股票股数几乎同步增加，海尔公司收益的增加基本没有反映到每股收益数据上。

可以理解，新增收益将由公司原股东和新股东分享。查阅公司财务报告可知，在过去 15 年中，海尔股票股数有 8 年发生了变动。具体情况如表 2 所示。

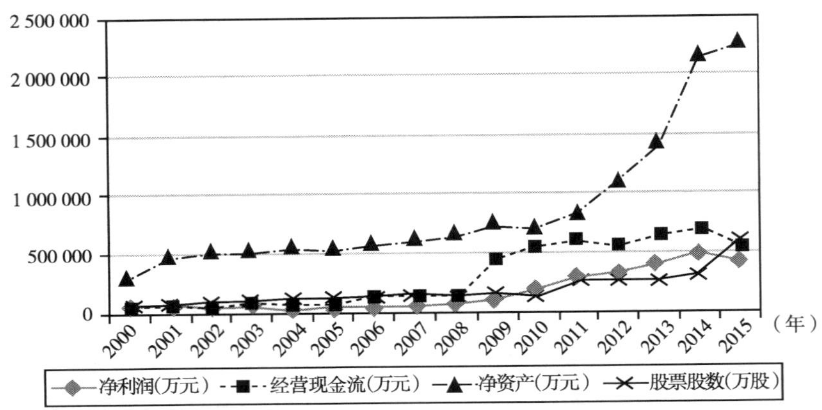

图 2 海尔公司 2000—2015 年的净利润、经营现金流量、净资产、股票股数

表 2 **海尔公司的股票股数变化：2000—2015 年** 单位：股

年份	送股	公积金转股	增发	总计
2001	132 841 380	—	100 000 000	232 841 380
2004	159 529 657	239 294 484	—	398 824 141
2007	—	—	142 046 347	142 046 347
2010	—	—	1 443 000	1 443 000
2011	—	1 339 961 770	5 204 000	1 345 165 770
2013	—	—	35 708 400	35 708 400
2014	—	—	325 099 194	325 099 194
2015	—	3 046 125 134	31 094 000	3 077 219 134
合计	292 371 037	4 625 381 388	640 594 941	5 558 347 366
占比	5.26%	83.22%	11.52%	100.00%

可以看出，15 年间海尔公司共增加股票股数 5 558 347 366 股，占目前股票数 6 123 154 268 股的 90.78%；增加的股票中公积金转股和送股合计又占到 88.48%（5.26% +83.22%）。这些转股和送股只稀释每股收益，但并不真正稀释原有股东的总收益。这意味着收益的增长主要由公司的原股东享用了。

公司在 2000 年的股票数为 564 706 902 股，现在这些股票的股数已经增长为 5 482 459 327 股（=6 123 154 268 −640 594 941，即现有股票数 − 增发股票数），为原来的 970.85%。这意味着如果每股收益保持不变的话，根据股数调整的每股收益为原来的 970.85%，相当于年均增长率为 16.36%。这与净利润、经营现金流量、净资产、股票股数分别达到的年复合增长率接近。

另外，公司净资产的年均复合收益率为 16.03%。从概念上讲，排除分红和增资扩股因素，净资产收益率即代表收益的增长率和资产价值的增长率。可以看出，这个数字也与前面得出的各种收益的年复合增长率接近，如图 3 所示。

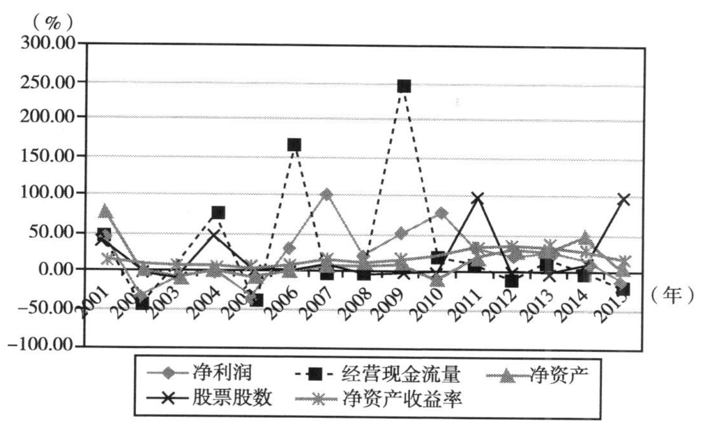

图 3　海尔公司 2001—2015 年的复合增长率和收益率

综合考虑上述 5 个年复合增长率和收益率，其简单平均值为：

(16.70% +17.80% +14.94% +17.22% +16.03%) ÷5 =16.54%

这个 16.54% 可以说代表了公司在过去 15 年中的收益年均增长率。这个增长率超过了国民经济整体的增长速度，在我国企业以至上市公司中也是少有的高速度。这也反映出海尔公司作为我国出类拔萃企业的重要特征。

收益折现法更准确地表现为现金流量折现（DCF），在评估股票价值时则具体化为未来现金红利折现（加总）。每股红利是每股收益的一部分，其大小取决于公司的红利政策。因此，小张和小李特别研究了海尔公司过去较长时期中的分红情况，发现 2000 年以来，海尔公司保持年年分红，但各年的数额和分红比率有所不同，具体如表 3 所示。

表 3　　海尔公司历年每股收益和每股红利

年　份	每股收益（元）	每股红利（元）	分红比率（%）
2000	0.75	0.200	26.67
2001	0.77	0.300	38.96
2002	0.50	0.300	60.00
2003	0.46	0.200	43.48
2004	0.31	0.300	96.77
2005	0.20	0.100	50.00
2006	0.26	0.150	57.69
2007	0.48	0.200	41.67
2008	0.57	0.150	26.32
2009	0.86	0.300	34.88
2010	1.52	0.100	6.58
2011	1.00	0.170	17.00
2012	1.22	0.370	30.33
2013	1.53	0.460	30.07

续表

年　份	每股收益（元）	每股红利（元）	分红比率（%）
2014	1.64	0.492	30.00
2015	0.70	0.212	30.29
年　均	0.80	0.25	38.79

注意，年均的分红为0.25元，年均的每股收益为0.80元，两者之比为31.25%，按各年的分红比率平均得到的数字是38.79%，两者有所不同。

6.2 未来的收益

要评估海尔股票的价值，需要估计未来收益的增长和合适的贴现率。现在小张和小李要确定的是海尔股票的收益增长情况。根据前面的分析，也许这种收益的增长并不反映在每股收益或每股红利上，但投资者一样会基本全部地获得这种收益增长的利益。因此，小张和小李认为，重要的是要估计海尔股票的收益增长率，而不必计较这种收益增长的具体表现形式。

经过认真研读各种宏观、行业以及海尔公司的研究报告，小张和小李认为，未来海尔公司的收益不可能保持过去的增长速度，主要有三个原因：一是在国内经济转型的新常态下，国民经济整体的增长速度下降，对海尔产品的需求难以保持高速增加；二是国际上各国经济复苏和增长乏力，造成海尔产品的外销不可能保持快速增加；三是海尔产品作为家庭生活用品或耐用消费品，家庭购买量和购买频率都有上限或天花板。

海尔公司主营业务为白色家电产品的研发、生产和销售。根据世界权威市场调查机构欧睿国际（Euromonitor）的数据，在2015年大型家用电器市场上，海尔品牌零售量已经占到全球市场的9.8%，第7次蝉联全球第一，同时，冰箱、洗衣机、酒柜、冷柜继续蝉联全球第一。

这反映了海尔公司上下过去几十年的努力，同时也可以预计，在达到目前业绩和地位的情况下，这种努力的边际效应必然会递减，加之市场需求的增长缓慢和市场竞争的加剧，未来收益的增加不容乐观。实际上，近几年来，海尔公司已经有局部业务出现下滑的问题。如在全球家电市场持续低迷的大背景下，2015年海外市场实现销售收入186.50亿元，同比微降0.2%。

小张和小李认为，将海尔未来收益增长分为两阶段格局来估计较为合理。一方面，单阶段无法较为准确地描述未来情况，因为公司肯定会在目前趋势的基础上保持一段时间的增长，但根据ZZ悖论①，这种增长又不可能长久或永久维持。另一方面，划分更多的阶段可能徒增工作量而不增加精确度。因为更多的阶段就意味着更多个时间段的划分和更多个增长率的估计，除去增加工作量不论，这些增加的参数可能都会成为增加总体误差的

① 从非常长的时期或永续时期来看，公司总将破产或消失。从目前的正数到未来的接近于零，公司收益或价值的年均复合增长率只能是负数；这与目前价值评估中的主流理解和操作常规，即永续增长率为正数相矛盾。严格逻辑分析和数字分析表明，在这个问题上，是主流和常规错了，而不是上述逻辑错了。这个错误直接导致了价值评估中对Gordon增长模型的理解和应用错误。详见第一届资产评估教学案例大赛一等奖作品《海尔公司的增长率：对一个评估案例的研究》。

因素。

基于简捷有效原则，小张和小李做出基本设想，增长阶段将海尔公司推进到主要业务的天花板附近，然后，公司则保持零增长直到无限远的未来。

按照这个增长模式，最重要的参数是未来业务的天花板或上限。由这个上限制约，增长率高则增长阶段短，增长率低则增长阶段长。所以增长率相对成为不重要的因素。也可以先确定增长阶段的长度，反过来推算出年均增长率。

小张和小李认为，下面几个重要因素在估计海尔业务上限时值得考虑：（1）海尔公司许多产品和业务在其细分行业或领域已经占有显著的份额，继续增长或早或迟会遇到反垄断的限制。（2）海尔品牌不能对同行其他品牌形成过度挤压，否则将引起过度反抗或联合反抗，所以海尔品牌的占有率不太可能有快速增加，更不可能无限增加。（3）海尔公司可以通过研发增加产品的附加值，从而增加单品盈利，但同行也会采取类似策略，而且市场供给的增加必然会超过需求，压制新产品的价格，削弱以至抵消研发的实际收益。（4）中国和世界人口增长会带动市场总量的增长，但人口增长相对缓慢，特别是有购买力的人口增长缓慢，适当保守估计，这种人口带动的增长可以忽略不计。

综合这些因素，小张和小李认为，20%应该是海尔市场份额的上限或天花板，达到20%的份额，就会受到法律、资源、渠道以至消费者等多方面的制约。既然海尔品牌零售量已经占到全球市场的近10%，基于简单加保守的原则估计，海尔公司盈利规模的上限大约是现在的两倍。鉴于海尔完善而有效的管理，估计用10年可以达到这样的规模，则未来10年年均增长率为7.18%。这个估计数字略高于国民经济整体水平，与海尔以往的表现相比较为稳健。

如前所述，运用收益折现法评估股票价值时要按照未来红利折现。考虑到公司送转股增加的隐形红利增加没有反映到表3中；考虑到公司未来增长到业务上限附近时投资机会减少以至消失，每股收益应该逐步增加到全部用于发放红利，就取过去16年平均每股收益0.80为2015年的起点每股收益；同时公司的分红比率从2016年的40%（在过去平均38.79%简单向上取整）按指数增长到2025年的100%。

应用上面的假设和相应得到的数据，未来10年海尔公司的每股收益、分红比率以及每股红利如表4和图4所示。

表4　　未来10年海尔公司的每股收益、分红比率以及每股红利

项　目	2015年	2016年	2017年	2018年	2019年	2020年	2021年	2022年	2023年	2024年	2025年
收益（元）	0.80	0.86	0.92	0.98	1.06	1.13	1.21	1.30	1.39	1.49	1.60
分红率（%）	0.39	0.40	0.44	0.49	0.54	0.60	0.67	0.74	0.82	0.90	1.00
红利（元）	0.31	0.34	0.41	0.48	0.57	0.68	0.81	0.96	1.14	1.35	1.60

因此，2025年之后，海尔公司的每股收益和每股红利都将长久维持在1.60元的水平上。基于这样的收益预测，海尔公司目前每股股票价值为：

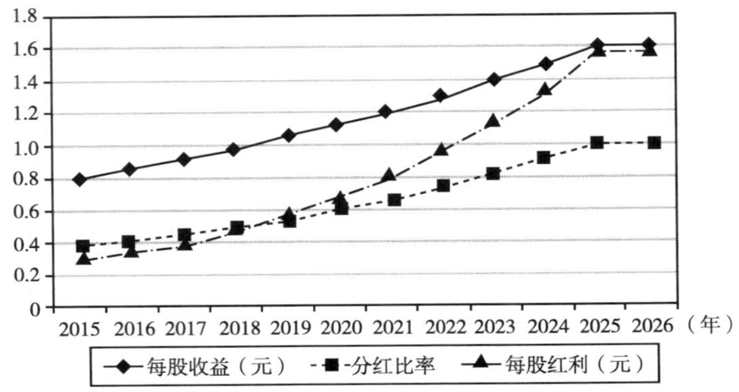

图 4　未来海尔公司的每股收益、分红比率以及每股红利

$$\frac{0.31}{(1+k)^1}+\frac{0.34}{(1+k)^1}+\frac{0.41}{(1+k)^2}+\frac{0.48}{(1+k)^3}+\frac{0.57}{(1+k)^4}+\frac{0.68}{(1+k)^5}+\frac{0.81}{(1+k)^6}+\frac{0.96}{(1+k)^7}$$
$$+\frac{1.14}{(1+k)^8}+\frac{1.35}{(1+k)^9}+\frac{1.60}{(1+k)^{10}}+\frac{1.60}{k(1+k)^{10}}$$

问题还是：如何确定 k 即贴现率呢？除了资本的机会成本和实际成本，以及 Sharpe 的资本资产定价模型，还有什么更科学合理的方法吗？

7. 结束语

小李和小张感觉遇到了前所未有的难题。他们决定先分头查找研究文献，各自独立思考几天，再坐下来深入讨论，看能不能解决问题。

最后，在研究部领导规定的时间内，小李和小张找到了确定贴现率的合理方法，基于合理的贴现率计算了海尔股票的价值——基准时间是 2016 年初。

8. 讨论问题

（1）小李和小张对目前估计贴现率的方法，包括资本的机会成本和实际成本以及 Sharpe 的资本资产定价模型的认识和评价正确吗？为什么？

（2）小李和小张对海尔股票的过去的每股收益及其增长、未来的每股收益以及每股红利的增长的设想和估计合理吗？为什么？

（3）认真阅读附录内容，理解并掌握波动率 σ 的概念及其估算方法。波动率 σ 与 Sharpe 的资本资产定价模型中的 β 都是风险指标，两个指标代表同样的风险吗？两个指标在取值范围上有什么不同，为什么？

（4）认真阅读附录内容，理解并掌握 ZZ 资本资产定价模型（ZZ CAPM）；比较 ZZ CAPM 与 Sharpe CAPM。为什么小李和小张不肯用 Sharpe CAPM 确定贴现率？

（5）借用小李和小张对海尔股票未来每股红利的预测，运用 ZZ 资本资产定价模型评估海尔股票在 2016 年年初的价值。

附录1　收益的确定当量

从原理来讲，风险与收益决定资产的价值，理论和实践上都是通过贴现率来考虑资产的风险。当然，如果通过贴现率考虑风险确实困难，也可以换一个思路，如通过将预测的未来收益转化为其确定当量来考虑风险。确定当量的概念在财务和金融中很早就有，但一直没有方法定量。所以这个思路也就一直没有成为切实可行的定量方法。

西方有些学者借用效用函数做确定当量的研究，但似乎这样的研究难有可行性，也难以在财务、金融以及价值评估中应用，因为经济学的研究已经表明，效用是不可计量的，也没有一个有实际意义的定量单位，定量地表达效用函数则更是天方夜谭。

下面介绍另一种确定当量计量的创新思路①，即先将确定当量的估算问题转化为风险当量的估算问题。为分析和说明的方便，先做有关概念和符号说明。

收益的确定当量小于收益的期望值（即预测数），两者之比为约当系数。如果有合适的方法估计约当系数，也就不难计算确定当量了。收益的期望值减其确定当量后剩下的是由风险引起的不确定部分，可以命名为风险当量。只要解决了风险当量的定量，确定当量也就迎刃而解了。因此，也可以尝试从风险当量入手。用 X 代表收益的期望值，d 代表约当系数，则确定当量为 X_d，风险当量 $\mathrm{RE} = X - X_d$；确定当量 $\mathrm{CE} = X_d = X - \mathrm{RE}$。

1. 风险当量模型

要研究风险当量，就要对风险做进一步的考察，即搞清楚确定当量与期望值之间的风险究竟是什么。按照一般的定义，风险是指收益预测值的不确定性。当然，根据风险认知的直觉和常规概念，主要是指可能值低于预测值或期望值的情况。

以预测收益的取值作为横轴，以要考察变量的价值作为纵轴，建立坐标系，如图 1 所示。用 X 代表收益的预测值或期望值，S 代表收益的可能值。收益的可能值就可以由从原点出发沿 45 度角上升的直线 a 表示（其特点是直线上各点的横纵坐标值总是相同）。而期望值则是这条直线上的一个点 A，其横坐标和纵坐标都是 X。

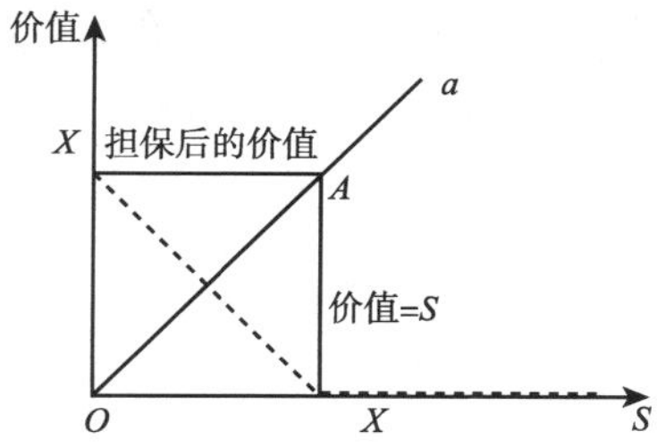

图 1　风险当量 = 担保价值 = 卖方期权价值

① 张志强．高级财务：理论创新与决策应用［M］．北京：北京大学出版社，2012．

可以看出，风险是由直线 a 上小于 X 的可能值所代表，即线段 OA。要消除这样的风险，即在 S 小于 X 时，确保价值不下降到 A 以下，就需要一个担保。担保提供的价值如图 5 中虚线所示。这就意味着风险当量等于担保价值。显然担保是一个卖方期权。因此，担保价值即等于卖方期权的价值。由于在财务和评估中，收益预测值都有确定的“发生”时间，如第 n 年年末的价值，因此，这个卖方期权属于标准的欧式卖方期权。

从图 5 中可以看出，这个卖方期权的约定价格为 X。借助于 Black - Scholes 欧式期权定价模型可以计算该卖方期权的价值。具体形式为：

$$P = Xe^{-rT}\mathrm{N}(-d_2) - S\mathrm{N}(-d_1) \quad \text{（公式 1）}$$

其中，$\mathrm{N}(-d_2)$ 和 $N(-d_1)$ 分别代表在标准正态分布下，变量值取 $-d_2$ 和 $-d_1$ 时的累积概率，而 d_1 和 d_2 则分别通过下面的公式计算：

$$d_1 = \frac{\ln(S/X_e^{-rT})}{\sigma\sqrt{T}} + \frac{\sigma\sqrt{T}}{2} \quad \text{（公式 2）}$$

$$d_2 = \frac{\ln(S/X_e^{-rT})}{\sigma\sqrt{T}} - \frac{\sigma\sqrt{T}}{2} = d_1 - \sigma\sqrt{T} \quad \text{（公式 3）}$$

进一步分析推导可以得出，与预测值同时点的风险当量 RE 为：

$$RE = X[2\mathrm{N}(\sigma\sqrt{n/4}) - 1] \quad \text{（公式 4）}$$

公式 4 即为风险当量模型，可称为 ZZ 风险当量模型。

2. 确定当量和约当系数模型

根据 ZZ 风险当量模型，很容易推导出 ZZ 确定当量模型与 ZZ 约当系数模型，即：

$$\text{确定当量 } CE = 2X[1 - \mathrm{N}(\sigma\sqrt{n/4})] \quad \text{（公式 5）}$$

$$\text{约当系数 } d = 2[1 - \mathrm{N}(\sigma\sqrt{n/4})] \quad \text{（公式 6）}$$

不妨从直觉上检验一下 ZZ 约当系数模型。可以理解，如果 ZZ 约当系数模型成立，则前面的风险当量和确定当量模型也就成立。

约当系数代表预测的收益中等价确定部分所占比率，应该随着风险或波动性以及未来时间长度的增加而减小；同时，约当系数的取值范围应该在 0 到 1 之间。

根据 $d = 2[1 - \mathrm{N}(\sigma\sqrt{n/4})]$，当 σ 或/和 n 增大时，$(\sigma\sqrt{n/4})$ 增大，进而 $\mathrm{N}(\sigma\sqrt{n/4})$ 增大，进而 $1 - \mathrm{N}(\sigma\sqrt{n/4})$ 减小，当然，$2[1 - \mathrm{N}(\sigma\sqrt{n/4})]$ 即约当系数会随之减小。

由于 $0 < 2X[1 - \mathrm{N}(\sigma\sqrt{n/4})] < X$ 而且 $X > 0$，

因此 $0 < 2[1 - \mathrm{N}(\sigma\sqrt{n/4})] < 1$。

显然，ZZ 约当系数在变动方向和取值范围上都符合概念和直觉。

下面通过一个算例演示用无风险利率折现确定当量计算净现值。M 项目预测的现金流量如表 1 所示，年无风险利率为 5%。在 σ 取 25% 或 15% 两种情况下，M 项目各年的约当系数和确定当量分别计算并列示在表中。

表 1　　M 项目预测现金流量的确定当量（CE）

项　目		0	1	2	3	4	5	6	7	8	9	10
现金流量		-200	10	30	50	70	90	90	70	50	30	10
σ = 25%	约当系数	1.00	0.90	0.86	0.83	0.80	0.78	0.76	0.74	0.72	0.71	0.69
	确定当量	-200	9.01	25.79	41.43	56.18	70.19	68.35	51.86	36.18	21.23	6.93
σ = 15%	约当系数	1.00	0.94	0.92	0.90	0.88	0.87	0.85	0.84	0.83	0.82	0.81
	确定当量	-200	9.40	27.47	44.83	61.65	78.01	76.88	58.99	41.60	24.66	8.13

在现金流量波动率为 25% 情况下，以按年计息的方式折现各年现金流量的确定当量①，得到项目的净现值为：

$$NPV = \sum_{t=1}^{10} \frac{CE_t}{(1+5\%)^t} - 200 = 299.26 - 200 = 99.26(\text{万元})$$

在现金流量波动率为 15% 情况下，根据年无风险利率为 5%，以按年计息的方式折现各年现金流量的确定当量，得到项目的净现值为：

$$NPV = \sum_{t=1}^{10} \frac{CE_t}{(1+5\%)^t} - 200 = 332.78 - 200 = 132.78\ (\text{万元})$$

在表 1 的计算中，约当系数随着各现金流量到期时间的增加而下降，随着波动率的下降而上升。从这些具体数据中可以看出，与原来只知道约当系数大于 0 且小于 1 相比，有了 ZZ 约当系数和确定当量模型，不但可以在理论上加深理解和认识，在实践上也可以更为准确和可靠地估计约当系数和确定当量。这是理论推动实践进步的又一典型例证。

附录 2　考虑全部风险的资本资产定价模型

根据正文中小张和小李的分析，"折现"包含了对时间和风险补偿的考虑。用 r 表示年时间补偿率；c 表示年风险补偿率。可以理解，如果预测值为 1，则排除风险后的价值为 e^{-cn}。同样，如果"折现"前价值为 1，则"扣除"时间补偿后价值为 e^{-rn}。所以，考虑风险和时间价值"补偿"后的现值系数为 $e^{-cn}e^{-rn} = e^{-(r+c)n}$。可以理解，指数中的 $r+c$ 就是"无风险利率 + 风险补偿率"，即是考虑全部风险的贴现率。

可以想象，只"折扣"掉纯粹的风险后，得出的就应该是预测值的确定当量。因为从概念上讲，确定当量即为无风险的价值，或者说是按照风险"折扣"后的价值。注意它是按照风险的大小"折扣"为相应未来年份（而不是现在）的价值。当然，如果预测值为 1，则得出的就应该是约当系数。因此，应该有：

$$d = 2[1 - N(\sigma\sqrt{n/4})] = e^{-cn} \qquad (\text{公式 } 1)$$

公式 1 两边取自然对数，

① 注意初始投资（CF_0）200 万元是当前发生的现金流量，根据 ZZ 确定当量模型，由于 $n=0$，其约当系数为 1，确定当量等于现金流量，即确定当量 $CE_0 = CF_0 = 200$（万元）。下同。

$$\ln\{2[1-N(\sigma\sqrt{n/4})]\}=-cn$$

因此，

$$c=-\ln d/n=-\ln[2-2N(\sigma\sqrt{n/4})]/n \quad (公式2)$$

公式 2 就是年风险补偿率模型，可以称为 ZZ 风险补偿模型。

用 k 表示考虑全部风险的贴现率，即投资者要求收益率。则有：

$$k=r-\ln[2-2N(\sigma\sqrt{n/4})]/n \quad (公式3)$$

公式 3 是一个新的资本资产定价模型。财务和金融领域已经习惯将 Sharpe 的 CAPM 称为资本资产定价模型，为区别和方便称谓，可以将公式 3 称为 ZZ 资本资产定价模型或 ZZ CAPM。注意公式 3 表达的是无风险利率加风险补偿率，其中的风险补偿率，即 $-\ln[2-2N(\sigma\sqrt{n/4})]>0$，也就是说，贴现率 k 大于无风险利率 r 而且随着风险的增加而增大。

与 Sharpe 的 CAPM 不同，ZZ CAPM 揭示的是贴现率或要求收益率与全部风险（包括系统风险和非系统风险）的关系。因此，应用 ZZ CAPM 解出的贴现率完全可以用于独立资产或投资的价值评估，而不必要求以充分分散的投资组合为条件。

附录 3 如何估计波动率

前面提到的约当系数和 ZZ CAPM 都用到波动率 σ，即相应资产收益率的标准差。下面通过海尔股票的具体数据说明如何根据股票历史价格数据估计其波动率。海尔股票 2005—2015 年各年的收盘价如表 1 所示。

表 1 海尔股票 2005—2015 年最后交易日 * 收盘价 单位：元

项 目	2005 年	2006 年	2007 年	2008 年	2009 年	2010 年	2011 年	2012 年	2013 年	2014 年	2015 年
收盘价	4.1	9.22	22.46	8.99	24.79	28.21	8.93	13.4	19.5	18.56	9.92

注：海尔股票在 2015 年 10 月 16 日到 2016 年 2 月 1 日停牌，表中数据除 2015 年取停牌前即 10 月 16 日数据外，其他年份均为 12 月末数据。

令 $u_t=\ln(S_t\div S_{t-1})$，以 s 估计 u 的标准差，则

$$s=\sqrt{\frac{1}{n-1}\sum_{t=1}^{n}u_t^2-\frac{1}{n(n-1)}\left(\sum_{t=1}^{n}u_t\right)^2}$$

s 代表收盘价的标准差，即波动率 σ，列表计算如表 2 所示。

表 2 海尔股票波动率计算表

周次	收盘价 S_t	S_t/S_{t-1}	$\ln(S_t/S_{t-1})$	u_t^2
2005	4.1	—	—	—
2006	9.22	2.24878	0.810388	0.656729

续表

周次	收盘价 S_t	S_t/S_{t-1}	ln（S_t/S_{t-1}）	u_t^2
2007	22.46	2.436009	0.890361	0.792743
2008	8.99	0.400267	-0.91562	0.838366
2009	24.79	2.757508	1.014327	1.02886
2010	28.21	1.137959	0.129236	0.016702
2011	8.93	0.316554	-1.15026	1.323098
2012	13.4	1.50056	0.405838	0.164705
2013	19.5	1.455224	0.37516	0.140745
2014	18.56	0.951795	-0.04941	0.002441
2015	9.92	0.534483	-0.62646	0.392447
总计	—	—	0.883566	0.780689

$$\sqrt{\frac{1}{n-1}\sum u_t^2 - \frac{1}{n(n-1)}\left(\sum u_t\right)^2}$$

$$= \sqrt{\frac{1}{10-1} \times 0.780689 - \frac{1}{10 \times (10-1)} \times 0.883566^2} = 27.9\%$$

因此，海尔股票的波动率为27.9%。

The Discount Rate for Valuing Qingdao Haier

Abstract: Earnings discounting is an important method to value a company and its equity. It is also the most reasonable valuation method in theory. The application of this method is relied on the discount rate; or, the effectiveness and reliability of this method depend on a suitable method to estimate the discount rate. With the valuation of Haier equity, this case reveals the puzzles in determining the discount rate and discusses on the relevant concepts and quantitative problems. Finally, we find the effective method to determine the discount rate.

Key Words: Earnings Discounting Method; Discount Rate; WACC; CAPM; Systematic Risk; Total Risk; Certainty Equivalent Coefficient; ZZ CAPM

案例使用说明

海尔公司的贴现率

——海尔公司增长率之后续研究

一、教学目的与用途

1. 本案例主要适用于企业价值评估和股权/股票价值评估类课程。

2. 本案例的教学目的在于使学生深入理解收益法评估的原理与问题，特别是其中涉及贴现率的作用与估计方法的有关问题。

二、思考题

1. 小李和小张对目前估计贴现率的方法，包括资本的机会成本和实际成本以及 Sharpe 的资本资产定价模型的认识和评价正确吗？为什么？

2. 小李和小张对海尔股票过去的每股收益及其增长、未来的每股收益以及每股红利的增长的设想和估计合理吗？为什么？

3. 认真阅读附录内容，理解并掌握波动率 σ 的概念及其估算方法。波动率 σ 与 Sharpe 的资本资产定价模型中的 β 都是风险指标，两个指标代表同样的风险吗？两个指标在取值范围上有什么不同？为什么？

4. 认真阅读附录内容，理解并掌握 ZZ 资本资产定价模型（ZZ CAPM）；比较 ZZ CAPM 与 Sharpe CAPM。解释为什么小李和小张不肯用 Sharpe CAPM 确定贴现率。

5. 借用小李和小张对海尔股票未来每股红利的预测，运用 ZZ 资本资产定价模型评估海尔股票在 2016 年年初的价值。

三、分析思路

教师可以根据自己的教学目标（目的）灵活使用本案例。这里提供的本案例讨论题目的分析思路未必完善，仅供参考。

1. 分析思路。

小李和小张对目前估计贴现率的方法，包括资本的机会成本和实际成本以及 Sharpe 的资本资产定价模型的认识和评价是正确的。

资产的价值是由其中蕴含的风险和收益决定的；而在收益法评估中，风险是通过贴现率来考虑的。投入到待评估资产上的资本的机会成本和实际成本，都难以正确反映该资产的风险或风险补偿，难以成为确定贴现率的依据，更不能直接作为贴现率。现实教科书和评估实务中普遍采用资本的机会成本和实际成本作为贴现率，但应用的普遍性说明不了这种做法的正确性。

Sharpe 的资本资产定价模型有合理的结构，将贴现率与资产的风险联系起来，这代表了对资产价值评估理解和方法的进步。但无论如何，将风险补偿等同于系统风险补偿是错误的，在概念上和定量上都是错误的，而且严重不符合决策和评估的保守或谨慎原则。同样，应用的普遍性说明不了这个模型的正确性。

2. 分析思路。

小李和小张对海尔股票过去的每股收益及其增长的分析是正确的，特别是对股票股数调整的分析是合理的，也可以作为类似评估实践的借鉴。

小李和小张对海尔股票未来的每股收益以及每股红利的增长的设想和估计基本合理，只是在照顾稳健或谨慎原则的前提下，预测较为简化。

3. 分析思路。

波动率 σ 与 Sharpe 的资本资产定价模型中的 β 都是风险指标，但两个指标代表的风险并不相同。波动率 σ 是指收益率的标准差，是财务、金融以及价值评估中最基本的风险指标，代表的是全部风险。Sharpe 的资本资产定价模型中的 β 代表系统风险，即资产风险中不能被所有其他资产抵消掉的部分。两个指标在取值含义和取值范围都有不同。在极端情况下，β 值可以取负值，但 σ 肯定为正数。

4. 分析思路。

ZZ 资本资产定价模型（ZZ CAPM），$k = r - \ln[2 - 2N(\sigma\sqrt{n/4})]/n$，是考虑资产全部风险补偿确定贴现率的模型。Sharpe 资本资产定价模型（Sharpe CAPM），$E(R_i) = r + \beta_i[E(R_m) - r]$，是只考虑资产系统风险补偿确定贴现率的模型；这个模型其实只在投资组合包含市场上所有资产的情况下才成立。

ZZ CAPM 计算出的贴现率 k 恒大于无风险利率 r，因为在该模型中，$-\ln[2 - 2N(\sigma\sqrt{n/4})]/n$ 恒大于零；Sharpe CAPM 计算出的贴现率 $E(R_i)$ 可能大于也可能小于无风险利率 r，因为在风险补偿率 $\beta_i[E(R_m) - r]$ 中，$[E(R_m) - r]$ 肯定大于零，但 β_i 可能大于也可能小于零，两者的乘积就可能小于零。具体而言，与市场上大部分资产收益变动方向相反的资产的 β_i 会小于零。

小李和小张不肯用 Sharpe CAPM 确定贴现率，说明了他们对专业理论和评估工作认真负责，这样的年轻人代表专业理论与方法进步的希望。错误的思想和方法不应该沿袭和应用，更不应该以讹传讹地传播给他人。

5. 分析思路。

由于小李和小张对海尔股票未来每股红利已经做出预测，预测的假设前提和方法都较为合理，评估海尔股票在 2016 年年初的价值就差贴现率数据了。

运用 ZZ 资本资产定价模型估计贴现率并应用于收益折现法评估，需要解决两个问题，分别是波动率和贴现率的估计问题。

（1）波动率的估计。

附录 3 已经根据海尔股票收盘价数据估计出其波动率，即 27.9%。需要提醒同学注意的是，实际操作中经常采用连续的交易日数据或周数据得到日或周波动率，然后分别乘以 250 或 50，得到年化波动率（因为一年大约有 250 个交易日或 50 周）。另外，数据特别是短期中的数据经常受某些偶然因素或非正常因素的影响，因而通过这种方式估计的波动率数据未必能合理反映真实情况。

因此，无论基于年度、月度还是周或日数据，通过这种方式估计出波动率结果之后，可以再通过直觉和经验判断一下合理性；即便根据直觉和经验判断波动率在合理范围，也需要根据未来情况与过去数据取样阶段的差异，做进一步的人为调整，因为这个波动率要代表的是未来的风险，不是过去实际的波动情况。

根据股票市场长期经验数据，波动率在传统行业往往在 20%—40% 之间。基于海尔公司的长期表现，海尔公司股票的波动率应该处于中等偏下的情况，海尔未来的情况应该也是大致如此。基于这样的判断，可以认为根据过去数据估计的 27.9% 适用于未来情况，可以作为估计贴现率的基础。

（2）贴现率的估计。

在分阶段预测收益的情况下，贴现率的估计要复杂一点。对于具体增长阶段，可以按 ZZ CAPM 分别得出各年的贴现率。对于永续增长（理论上不能是正增长）阶段，应该得出一个统一的贴现率。因为应用 ZZ CAPM 计算的贴现率是逐年递减的，这个统一的贴现率如何取值值得探讨。

无风险利率为国债投资的到期收益率，根据 2016 年年初的数据，估计出无风险利率为 4.50%（非本案例重点，过程略）。将这个无风险利率和海尔公司股票的波动率估计值 27.9% 带入 ZZ 资本资产定价模型（$k = r - \ln[2 - 2N(\sigma\sqrt{n/4})]/n$），可以得到考虑全部风险情况下未来各年的贴现率，其中 2016 年到 2026 年的结果如表 1 所示。

表 1　海尔股票收益的贴现率

年份	2016	2017	2018	2019	2020	2021	2022	2023	2024	2025	2026
贴现率	16.26%	13.00%	11.56%	10.70%	10.12%	9.69%	9.35%	9.08%	8.86%	8.67%	8.51%

根据小张和小李对海尔未来增长的分析以及在表 1 中对海尔股票红利的预计，海尔公司股票未来的红利及其现值计算如表 2 所示。

表 2　海尔公司未来每股红利及其现值

项　目	2016 年	2017 年	2018 年	2019 年	2020 年	2021 年	2022 年	2023 年	2024 年	2025 年	2026 年
红利（元）	0.34	0.41	0.48	0.57	0.68	0.81	0.96	1.14	1.35	1.60	1.60
贴现率	16.26%	13.00%	11.56%	10.70%	10.12%	9.69%	9.35%	9.08%	8.86%	8.67%	8.51%
现值（元）	0.29	0.32	0.35	0.38	0.42	0.47	0.51	0.57	0.63	0.70	0.65

其中，2016 年到 2025 年十年红利的总现值为 4.63 元。

根据小李和小张的设想，2026 年之后的红利现金流是一个永续年金，其价值等于常数红利 1.60 元除以合适的贴现率。如果未来的贴现率不等，这个统一的贴现率应该是这些贴现率的平均值。由于这些贴现率呈现单调递减变化，求这些贴现率的平均值的最简单思路是起点贴现率与终点贴现率之和除以 2。

已知起点贴现率为 8.51%，那么终点贴现率为多少呢？可以理解，所谓终点，这里指达到无限远的时间。随着年度的推移，风险将在各年之间相互抵消，终点贴现率等于无风险利率。因此，简单平均得到的贴现率为：

$(8.51\% + 4.50\%) \div 2 = 6.51\%$

因此，海尔股票在 2016 年年初的价值为：

$4.63 + 1.60 \div 6.51\% \div (1 + 8.67\%)^{10} = 15.33$（元）

作为一个较为保守的取值方式，可以把 2026 年的贴现率作为统一的贴现率。这样评估出的海尔股票价值就会低一些，用于指导投资决策将更为稳妥或者风险更低。具体计算及其结果如下：

$4.63 + 1.60 \div 8.51\% \div (1 + 8.67\%)^{10} = 12.88$（元）

因此，一个较为稳妥的评估结论是，海尔股票价值为 15.33 元，较为保守地估计也有 12.88 元。在 2016 年第一个交易月即 2 月，也就是小李和小张研究海尔股票的最后一个月，海尔股票的收盘价多在 8 元上下波动，其中 2 月 29 日即 2 月最后一个交易日的价格为 7.48 元。

对照海尔股票的价值和价格，可以认为，海尔股票明显被市场低估。按照 2016 年 2 月末的情况，增值潜力在 72%（12.88 ÷ 7.48 − 1）到 105%（15.33 ÷ 7.48 − 1）之间。

四、课堂安排建议

本案例可以用于正规的案例讨论课。下面的课堂建议仅供参考。

整个案例的课堂讨论时间控制在 90—100 分钟。

课前布置：

提前两周发放案例和思考题，请同学在课前完成案例和附录文章的阅读和思考，完成对各讨论题目的解答，并做好课堂发言或演讲准备。

特别应该强调同学不要急于解答题目和准备演讲稿。案例正文有大量篇幅描述小张和小李的理解和讨论思路，这些思路恰恰可以指导或启发学生学习和深入领会有关知识。同学应该在完全理解甚至掌握了小张和小李的思路之后，再准备解答和发言稿。同时，案例的附录也提供了非常有价值的思想、理论和方法以及模型，值得认真阅读、深入思考，最好是完全掌握。这样，通过案例研究，同学真正可以实现知识和技能的增进。

课中安排：

简要的课堂前言，明确主题，告知发言要求（2—5 分钟）；

分组发言和讨论（每组 10—20 分钟，控制在 30—50 分钟）；

提炼问题，引导全班同学进一步讨论（30—40 分钟）；

进行归纳总结（5—10 分钟）。

临时问题：

正确的价值评估结果来源于对评估中一个又一个问题的正确理解和处理。在探讨上面五个问题时，同学可能会发现有各种相关问题。例如，当评估结果与市场价格相差较大时，就像本案例上述解答一样，应该如何看待评估结果？而且小张和小李的各种疑问也没有完全包含在上述案例问题中。

对案例以及课堂讨论中出现的其他各种问题，可以采取分别对待的原则进行处理。如果问题较小，可以现场讨论一下，必要时老师予以解答。如果问题较大，短时间不容易讨论清楚，则可以明确告诉同学未来哪次课会进一步探讨，本次课还是专注于本案例的主题。

另外，本案例正文和教学使用手册都围绕贴现率的确定问题专注于较为重大的问题和解决思路，没有涉及或细究某些外围问题或细节问题。这样的研究和阐述并不意味着其他问题不重要，也不代表实际操作规范是如此。这样阐述的用意在于加强学生对关键问题的理解和掌握；同时，留出余地，方便不同背景的老师可以最大限度地发挥自己的特长，最终让学生获得最大的收获。

硅谷天堂对 Steyr Motors 的低买高卖：评估差异合理吗？

谢纪刚　崔永梅　肖　翔　刘　扬

（北京交通大学经济管理学院）

摘　要：本案例描述了硅谷天堂并购基金收购海外资产 Steyr Motors、高溢价卖给国内上市公司博盈投资的过程。针对两轮并购估值存在较大差异的现象，首先比较了两轮评估的评估目的、评估对象、价值类型、评估方法和评估特殊假设、评估结论等环节，发现评估对象和评估方法相同，价值类型和评估结果差异却比较大，然后分别从收益法盈利预测及折现率参数选择两方面比较了两轮资产评估的具体差异。

关键词：企业价值评估；价值类型；收益法；盈利预测；折现率

1. 引言

近年来，越来越多的并购基金现身于中国资本市场，积极推动着企业并购与产业整合。2012 年硅谷天堂并购基金收购海外资产、溢价卖给国内上市公司实现并购退出，仅在短短不到两年的时间，硅谷天堂就顺利完成投资与退出，成为中国资本市场备受瞩目的事件。在评估对象和评估方法都没有变化的情况下，两年内标的公司价值评估升值近 100%，评估差异合理吗？

2. 背景

2.1　硅谷天堂收购 Steyr Motors

（1）收购方情况。

硅谷天堂资产管理集团股份有限公司（简称“硅谷天堂”）成立于 2000 年，2015 年 7 月在全国中小企业股份转让系统挂牌，证券代码 833044，是以并购整合专业服务见长的综合性资产管理集团，主要从事产业整合并购、创业投资、资本管理三大业务。硅谷天堂在杭州、上海、天津、武汉、深圳、成都、香港等城市设立了 10 余家分、子公司，并于 2014 年获批中国证券投资基金业协会备案，成为全国首批 50 家私募投资基金管理人之一。截至

① 本案例选自湖北博盈投资股份有限公司在深交所中披露过的评估公告及非公开发行等相关公告，精选了部分公告内容，但具体的交易情况和背景均真实有效，未经过掩饰处理。

2015年3月底，硅谷天堂旗下基金达120余支，管理资产规模超过120亿元人民币。

武汉梧桐硅谷天堂投资有限公司（简称“武汉梧桐”）成立于2012年3月，注册资本为3亿元人民币，公司股东为天津硅谷天堂桐盈科技有限公司（简称“天津桐盈”），天津桐盈是硅谷天堂的全资子公司。武汉梧桐是硅谷天堂为收购匈牙利 Steyr Motors 专门设立的并购基金（见图1）。

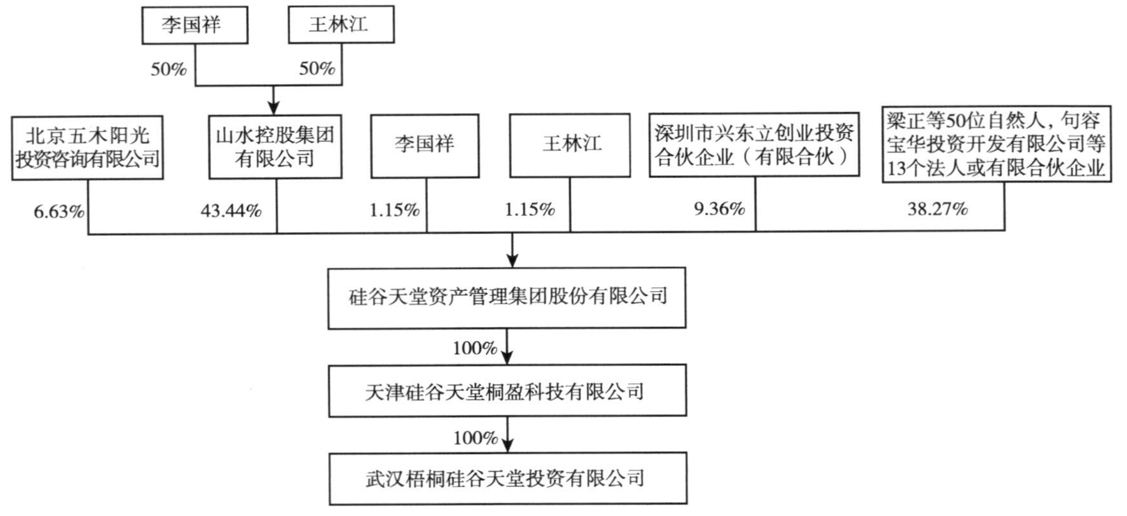

图1 武汉梧桐的股权关系

（2）标的情况。

Steyr Motors 成立于2001年，前身是1864年创立、有着近150年历史的奥地利大型国有汽车集团 Steyr-Daimler-Puch Group。该集团是20世纪80年代我国引进的 Steyr 重型车技术的所有者。20世纪90年代末，奥地利经历了一次大规模国有企业私有化改革，Steyr-Daimler-Puch Group 被拆分，其中重型车部分被德国的 MAN 公司收购，轴承业务被瑞典 SKF 公司收购，被剥离出的已投入1.2亿欧元研发费用的 Monoblock 技术资产（连体机身发动机技术），则由以 Ing. Rudolf Mandorfer 为首的管理层出资3.5万欧元设立的 Steyr Motors 收购。然后经三次增资，2004年11月 Steyr Motors 实收资本增加至167.02万欧元，至2012年9月武汉梧桐收购 Steyr Motors，公司的实收资本以及私营企业性质一直保持不变，公司股东为包括 Ing. Rudolf Mandorfer 在内的9位管理层及员工。

自2001年成立以来，Steyr Motors 一直致力于研发高技术含量的柴油发动机，基本是按客户需求来制造，产量约在每年1 000多台，2011年为2 000台左右，规模不大。此外，Steyr Motors 也通过许可证形式许可全球其他公司生产其发动机或使用其专利技术。如将柴油机发动机许可给俄罗斯嘎斯集团、生产悍马的美国 AM General、韩国大宇等公司生产，将喷射供油装置的专利许可给卢卡斯/德尔福、博世等公司生产并运用到其各自的产品中。本次交易前，Steyr Motors 在高性能低排放柴油机、航空柴油发动机、独立的燃油喷射系统、共轨四气门柴油发动机、两缸增程柴电混动乘用车领域的技术研发具备世界领先水平。

Steyr Motors 主要资产为固定资产（土地使用权、房屋建筑物和设备等）、无形资产（软件、研发投入等）。Steyr Motors 拥有两家全资子公司，子公司 Steyr Motors Liegenschanften GmbH 位于奥地利斯太尔，负责总部物业管理。另一子公司 Steyr Motors North America Inc. 位于美国佛罗里达，负责北美地区的市场销售。

Steyr Motors 拥有一流的研发团队，研发及工程部员工 51 人，占公司总人数的近 40%。研发团队的成员主要来自世界著名的发动机和汽车配件设计和制造公司，如前 Steyr-Daimler-Puch Group、宝马汽车公司（BMW）、奥地利李斯特内燃机及测试设备公司（AVL）、麦格纳国际公司（MAGNA）、曼公司（MAN）等。

Steyr Motors 的主要财务数据见表 1。

表 1　　Steyr Motors 的主要财务数据

项　目	2007 年（万欧元）	2008 年（万欧元）	2009 年（万欧元）	2010 年（万元人民币）	2011 年（万元人民币）	2012 年 1—9 月（万元人民币）
资产总额	1 958.16	2 084.23	1 639.08	19 786.01	20 187.20	22 824.18
负债总额	1 237.70	1 447.74	970.99	15 018.96	15 069.92	17 536.37
营业收入	2 976.26	3 284.58	2 904.82	19 819.80	26 492.95	14 815.71
净利润	26.50	55.22	78.27	687.23	687.66	188.55

注：2010 年、2011 年、2012 年 1—9 月数据经立信会计师事务所审计，2009 年数据经 RSM international 会计师事务所审计，2007 年、2008 年数据经 Moore Stephens Steyr 会计师事务所审计。

（3）并购交易过程。

①交易背景与动机。

硅谷天堂并购业务模式为，通过私募并购基金形式，围绕细分行业产业链，在全球范围内关注优质标的资产及潜在并购机会，协助国内上市公司或行业龙头进行横向、纵向或混合的产业整合。并购标的寻找是硅谷天堂并购业务的关键。

Steyr Motors 是一家技术研发型公司，生产能力不足，而且市场销售能力也较弱，在进入其他国家的时候，常遇到瓶颈和阻碍，最终只能靠授权使用发动机技术来获取部分收入。这些因素导致公司 10 年来一直不能处于经营良好的状态，盈利比较低。因此，Steyr Motors 原股东有出售公司股权的动机。

在柴油机制造业中，由于中国企业重视产能投资，而研发投资不足，致使我国柴油机企业技术水平较低，但装备较好、生产配套能力强。另外，中国发动机市场需求一直旺盛。如果将 Steyr Motors 的先进技术嫁接中国强大的生产能力，可以通过国产化来降低发动机生产成本，中国市场需求大使得销售问题容易解决，更重要的是 Steyr Motors 盈利较低，估值不高，"性价比"好。因此，Steyr Motors 是满足硅谷天堂筛选条件的一个优质并购标的。

②交易实施情况。

2012 年 3 月，硅谷天堂为收购 Steyr Motors 通过子公司天津桐盈设立武汉梧桐，注册资本 3 亿元人民币。然后开展跨境并购，在击退了国内并购基金以及来自印度的并购基金等众多竞争对手后，2012 年 9 月武汉梧桐以 3 425 万欧元（28 026.78 万元人民币）收购了 Steyr Motors 的全部股权，定价依据是安永会计师事务所（简称"安永"）于 2010 年 12 月 31 日的估值结果（3 200 万—3 510 万欧元）。

并购后，武汉梧桐保留了 Steyr Motors 原管理团队主要成员，公司创始人及 CEO Rudolf Mandorfer 留任 CEO，Michael Aschaber 任公司研发总经理，Martin Uhleman 任独立董事、国产化精益生产总负责人。另外，新聘德国籍华人朱家钢担任 Steyr Motors 公司董事长，也聘任了国内相关专家负责 Steyr Motors 国产化项目及市场开发。

并购后的 Steyr Motors 的股权关系见图 2。

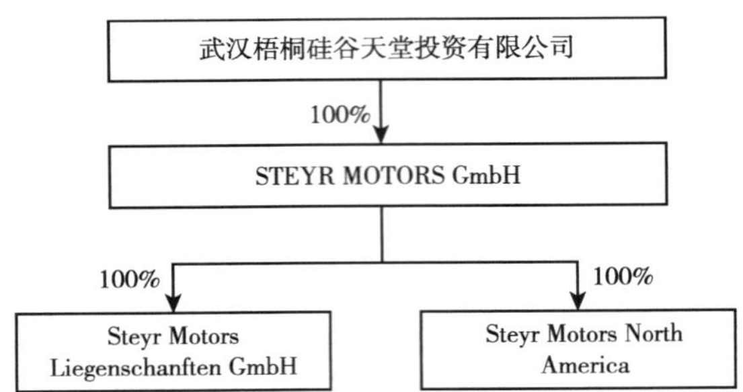

图 2　并购后 Steyr Motors 的股权关系

2.2　硅谷天堂出售 Steyr Motors

（1）收购方情况。

湖北博盈投资股份有限公司（简称“博盈投资”）由湖北车桥厂改组成立，1997 年 6 月在深圳证券交易所公开上市，证券代码 000760. SZ。公司主营业务是汽车配件制造及销售，主要产品为汽车前后桥总成及齿轮。

国内汽车零部件市场竞争激烈，博盈投资主要产品的毛利率仅为 11% 左右，主营业务的市场规模和盈利能力逐年下滑。2014 年 4 月 27 日起，公司因 2008 年、2009 年连续两年亏损被实行退市风险警示。2010 年盈利后，公司暂时避免了暂停上市，但该年 5.5 亿元营业收入仅实现净利润 425 万元。2011 年和 2012 年 1—9 月实现的净利润分别为 370 万元和 -931 万元，2012 年全年预亏 1 200 万—1 500 万元。

博盈投资的股权结构极其分散，大股东荆州市恒丰制动系统有限公司仅持有 7.18% 的股份，罗小峰和卢娅妮是公司实际控制人（见图 3）。

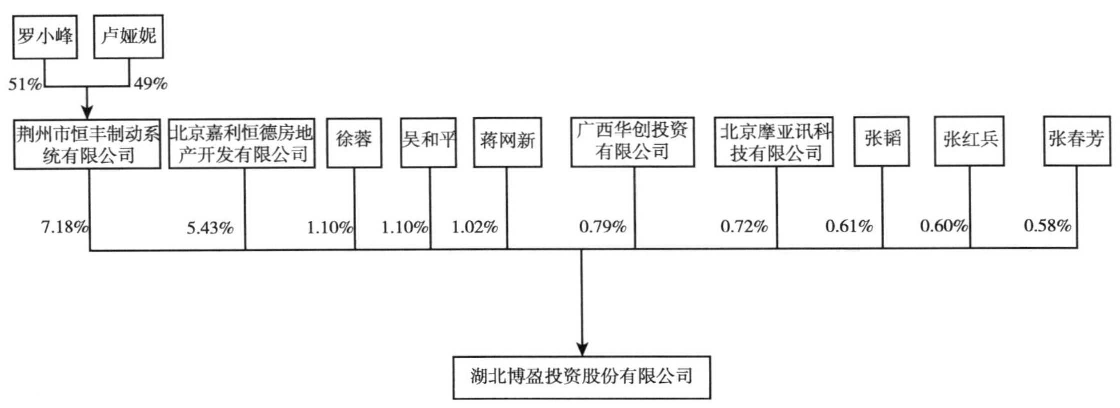

图 3　并购前博盈投资的股权结构

（2）标的情况。

武汉梧桐是硅谷天堂为收购 Steyr Motors 专门设立的收购主体。2012 年 9 月 25 日武汉梧桐以 3 425 万欧元收购 Steyr Motors 的全部股份，收购后，除了持有 Steyr Motors 股权，并作为 Steyr Motors 的母公司履行正常职责，规划和统筹 Steyr Motors 的经营业务和国产化事宜，武汉梧桐没有实质进行其他经营性业务。

2012 年 9 月 30 日，经审计的武汉梧桐合并报表资产总额为 48 611. 33 万元人民币，负债合计 19 660. 99 万元人民币。2012 年 3 月 20 日（武汉梧桐成立日）至 2012 年 9 月 30 日没有营业收入，净利润为 -1 049. 66 万元人民币。

（3）并购交易过程。

①交易背景与动机。

并购交易前，博盈投资的资产质量较差、业务盈利能力较低，迫切需要购买或注入具有较高质量和较强盈利能力的优质资产，增强公司盈利能力和可持续发展能力，从而使公司具备持续回报股东的能力。

武汉梧桐全资拥有的 Steyr Motors 在高端柴油发动机的设计和制造领域拥有世界领先的技术研发实力，业务范围覆盖了船舶、航空、汽车、农用机械等全系列柴油发动机的研发、制造和销售，拥有完全独立的自主知识产权。

国内柴油发动机的整体研发和技术水平落后国际先进水平 10—20 年，并且不具备完整的全新柴油发动机产品和关键零部件的开发能力。通过收购武汉梧桐来获得 Steyr Motors 公司控制权，博盈投资可以实现业务转型、技术升级，符合公司发展战略方向。同时，硅谷天堂通过转让武汉梧桐股权完成投资退出，实现投资收益。

②交易实施情况。

2012 年 11 月 5 日博盈投资公告，向东营市英达钢结构有限公司（简称“英达钢构”）及五家私募股权基金非公开发行募集资金 15 亿元，其中 5 亿元用于收购武汉梧桐 100% 股权，3 亿元用于武汉梧桐全资子公司 Steyr Motors 的增资，其余用于其国产化项目及技术改造。并购交易定价依据是中联资产评估集团（简称“中联”）于 2012 年 9 月 30 日的评估结果（54 731. 17 万元人民币）。

增发后，英达钢构成为博盈投资的大股东，持股比例为 15. 21%，原大股东荆州市恒丰制动系统有限公司持股比例为 3. 08%（见图 4）。

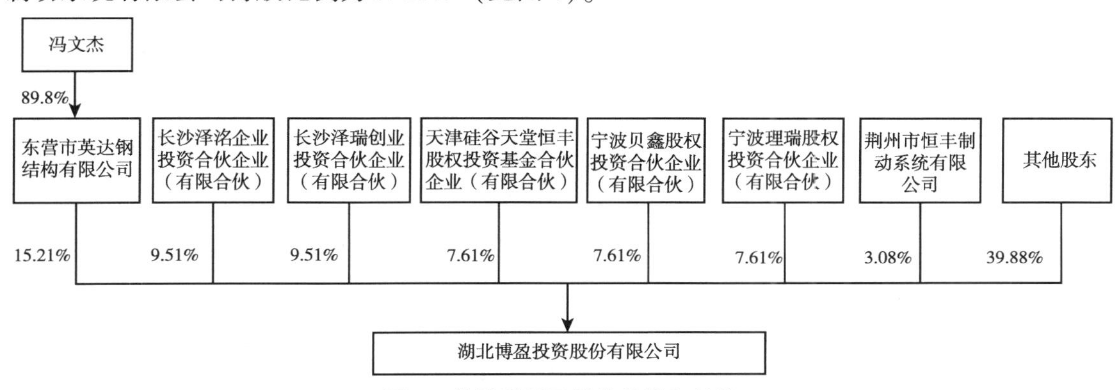

图 4　并购后博盈投资的股权结构

该交易结构设计让利益相关者都能接受，从而使上市公司定向增发及控制权变更和购买、处置标的资产 Steyr Motors 一气呵成，迅速而没有疏漏，并且巧妙回避了重大资产重组的审批，硅谷天堂并购基金业务能力备受市场称赞。但是，短短几个月时间内，Steyr Motors 公司估值从第一轮 3 200 万—3 510 万欧元到第二轮 54 731.17 万元人民币，增值近 100%。该评估差异是否合理，引起了市场的普遍质疑。

3. 两轮资产评估的比较

两轮资产评估的主要评估环节对比见表 2。

表 2　两轮资产评估的对比

	安永资产评估	中联资产评估
评估目的	安永估值报告是为 Steyr Motors 公司管理层服务的价值咨询意见	反映武汉梧桐股东全部权益于评估基准日的价值，为博盈投资定向增发募集资金收购武汉梧桐 100% 股权提供价值参考依据
评估对象及评估范围	Steyr Motors 的股东全部权益；Steyr Motors 在基准日的全部资产及相关负债	武汉梧桐的股东全部权益； 武汉梧桐在基准日的全部资产及相关负债
价值类型	市场价值	投资价值
评估基准日	2010 年 12 月 31 日	2012 年 9 月 30 日
评估方法	收益法	收益法
评估假设	交易假设，公开市场假设，资产持续经营假设	交易假设，公开市场假设，资产持续经营假设，此外还有特殊假设： (1) 中国及奥地利国家现行的宏观经济、金融、产业及外交等政策不发生重大变化。 (2) 评估对象在未来经营期内所处的社会经济环境以及所执行的税赋、税率等政策无重大变化。 (3) 评估对象在未来经营期内的管理层尽职，按照既定的落地中国计划继续保持目前现有的经营管理模式持续经营。 (4) 评估对象现有的柴油机机型国产化采购代工计划及配套项目能按照预期实施，评估时基于 Steyr Motors 现有成熟的生产工艺、客户关系、技术能力，在达到既定的转型目标后，不考虑其他由于管理层、经营策略以及商业环境等因素影响导致的主营业务状况的变化所带来的损益。 (5) 在未来的经营期内，评估对象的各项期间费用不会在现有基础上发生大幅的变化，仍将保持其最近几年的变化趋势持续。鉴于企业的货币资金或其银行存款等在生产经营过程中频繁变化，不考虑其存款产生的利息收入，也不考虑汇兑损益等不确定性损益
评估结论	3 200 万—3 510 万欧元	54 731.17 万元人民币

由上文可知，两轮资产评估的评估对象名称虽然不同，但评估范围实质相同。两轮资产

评估的主要区别在于评估目的、价值类型、基准日、评估假设以及最终的评估结论。

第一轮评估的目的是为 Steyr Motors 原股东提供价值参考。在本轮评估假设前提下，根据本轮评估目的，安永确定评估的价值类型是市场价值。

第二轮评估的评估目的是反映武汉梧桐股东全部权益于评估基准日的价值，为博盈投资非公开发行股票募集资金收购武汉梧桐 100% 股权之经济行为提供价值参考依据。在本轮评估假设前提下，依据本轮评估目的，中联资产评估集团确定评估的价值类型为投资价值。

4. 收益法盈利预测及折现率参数选择

两轮评估结果的差异主要是由于在不同基准日，评估标的的市场环境、经营模式、发展战略等均发生了重大变化。两轮评估均选用了收益法评估结果作为评估结论，收益法在估值模型及估值思路上均基本一致，存在较强可比性。因此，可从收益法的具体参数选择来比较两轮估值的差异。具体可从未来现金流预测和折现率两方面进行比较。

4.1 盈利预测及相应的现金流

详见表 3 和表 4。

表 3 中联评估的盈利预测及净现金流 单位：万元（人民币）

项　目	2012 年 10—12 月	2013 年	2014 年	2015 年	2016 年	2017 年及以后
营业收入	4 823.99	101 838.21	110 123.37	118 512.94	118 512.94	118 512.94
减：营业成本	4 621.45	73 084.62	78 795.45	84 435.84	84 435.84	84 435.84
营业税金及附加	—	336.42	366.47	399.35	399.35	399.35
销售费用	467.69	5 907.81	6 178.10	6 414.15	6 414.15	6 414.15
管理费用	809.12	9 062.28	8 385.71	8 681.04	8 681.04	8 681.04
财务费用	44.03	158.49	158.49	158.49	158.49	158.49
营业利润	-1 118.30	14 288.59	16 239.14	18 424.08	18 424.08	18 424.08
利润总额	-1 118.30	14 288.59	16 239.14	18 424.08	18 424.08	18 424.08
减：所得税	—	3 632.20	4 124.72	4 675.90	4 675.90	4 675.90
净利润	-1 118.30	10 656.39	12 114.42	13 748.18	13 748.18	13 748.18
加：折旧	161.06	950.68	1 417.25	1 577.37	1 577.37	1 577.37
摊销	41.22	361.53	558.17	558.17	558.17	558.17
加：扣税后利息	33.02	118.87	118.87	118.87	118.87	118.87
减：营运资金增加额	526.68	10 138.37	3 356.47	1 259.47	—	—
资本性支出	—	11 086.40	4 120.00	—	—	—
资产更新	202.28	1 312.20	1 975.42	2 135.54	2 135.54	2 135.54
净现金流量	-1 611.96	-10 449.51	4 756.82	12 607.58	13 867.05	13 867.05

表 4　　安永评估的盈利预测及净现金流　　单位：万元（人民币）

项　目	2011 年	2012 年	2013 年	2014 年	2015 年	2016 年	2017 年及以后
息税前利润	3 001.77	2 697.28	2 071.28	3 301.35	3 427.53	3 520.49	3 779.48
减：所得税	750.38	674.36	517.82	825.34	856.84	880.08	944.81
加：折旧	863.88	763.23	774.11	887.77	1 037.28	1 233.67	1 511.89
摊销	517.33	750.63	1 700.59	1 323.76	1 323.76	1 323.76	1 090.47
减：资产更新	2 523.88	2 668.07	2 504.00	1 899.27	1 391.11	1 391.11	1 391.11
追加资本	2 502.44	1 100.29	20 000.33	736.88	856.68	882.95	852.18
净现金流量	−1 393.81	−231.58	−476.25	2 051.40	2 683.86	2 923.79	3 193.66

4.2　折现率

两轮评估均采用了 WACC 模型，安永估值所采用的折现率为 9.35%—10.58%（扣除增长率后永续期折现率为 8%左右），本次评估所采用的折现率为 14.21%。其中主要的参数差异对比如表 5 所示。

表 5　　两轮评估的折现率参数比较

项　　目	安永估值报告	中联评估报告
无风险利率	3.5%	3.9%
市场期望报酬率	5.0%	7.0%
权益资本的预期市场风险系数	1.1000	1.0030
特性风险系数	1.00%	5.00%
永续增长率	1.50%	—

由此可见，在折现率各个参数的选取上面，两轮估值中均存在一定的差异。

考虑到安永估值基于 Steyr Motors 所在地的经济环境，而中联评估则更多地考虑了中国国内的市场环境，两者存在一定的差异是正常的，但相对而言，中联评估的取值更为谨慎，也一定程度上体现了武汉梧桐收购 Steyr Motors 后进行的落地中国计划所带来的经营风险。

5. 结束语

由于中联评估和安永估值在评估时点、标的资产的市场环境、经营模式、发展战略等均发生了变化，收益法参数选择差异直接造成了两轮估值结果的差异。但是，在评估对象和评估方法都没有变化的情况下，两年内标的公司评估价值接近翻倍，该评估差异合理吗？

本案例基于资产评估的评估要点，列示了同一评估对象不同评估结论的原因。通过本案例的学习，可以对企业价值评估中的收益法预期收益的基础和前提条件等关键问题有深入的理解。

附录

附表 1　　Steyr Motors 2010—2012 年 9 月 30 日的合并资产负债表　　单位：元（人民币）

项　　目	2012 年 9 月 30 日	2011 年 12 月 31 日	2010 年 12 月 31 日
流动资产：			
货币资金	15 399 151.24	1 089 925.21	9 788 905.26
应收账款	34 615 842.96	45 037 297.44	33 625 807.02
其他应收款	10 806 666.01	4 972 601.92	8 209 831.87
存货	75 746 503.01	69 781 071.13	70 814 017.90
流动资产合计	136 568 163.22	120 880 895.70	122 438 562.05
非流动资产：			
固定资产	39 500 602.93	39 499 337.76	43 544 107.15
在建工程	4 807 465.73	1 889 841.88	1 488 958.42
无形资产	7 678 859.18	6 026 335.29	4 551 048.41
开发支出	30 910 726.04	25 454 213.84	18 765 443.78
递延所得税资产	8 776 023.88	8 119 572.08	7 072 004.05
非流动资产合计	91 673 667.76	80 989 300.85	75 421 561.81
资产总计	228 241 840.98	201 870 196.55	197 860 123.86
流动负债：			
短期借款	53 361 270.66	50 739 094.48	29 553 185.62
应付账款	25 317 388.28	38 075 200.85	32 747 052.90
预收款项	14 250 384.28	6 652 587.93	21 818 589.12
应付职工薪酬	15 127 875.82	8 916 499.35	7 800 032.53
应交税费	-4 048 521.65	-1 202 714.96	-1 741 797.63
其他应付款	31 128 577.25	9 115 494.69	11 140 265.06
一年内到期的非流动负债	3 242 598.98	6 423 836.58	9 019 043.16
流动负债合计	138 379 573.62	118 719 998.92	110 336 370.76
非流动负债：			
长期借款	23 775 614.48	21 528 324.53	30 925 084.78
递延所得税负债	8 551 211.06	7 119 348.53	5 917 840.35
其他非流动负债	4 657 315.81	3 331 534.39	3 010 333.66
非流动负债合计	36 984 141.35	31 979 207.45	39 853 258.79
负债合计	175 363 714.97	150 699 206.37	150 189 629.55
所有者权益：			
实收资本	15 976 298.10	15 976 298.10	15 976 298.10
未分配利润	44 330 562.68	42 445 060.83	35 568 489.63
外币报表折算差额	-7 428 734.77	-7 250 368.75	-3 874 293.42
所有者权益合计	52 878 126.01	51 170 990.18	47 670 494.31
权益总计	228 241 840.98	201 870 196.55	197 860 123.86

附表 2　**Steyr Motors 2010—2012 年 1—9 月的合并利润表**　单位：元（人民币）

项　　目	2012 年 1—9 月	2011 年度	2010 年度
一、营业总收入	148 157 091.74	264 929 503.91	198 197 957.94
其中：营业收入	148 157 091.74	264 929 503.91	198 197 957.94
二、营业总成本	135 189 935.65	213 325 486.04	163 553 846.68
其中：营业成本	135 189 935.65	213 325 486.04	163 553 846.68
营业税金及附加	—	—	—
销售费用	11 197 778.99	21 281 830.65	16 337 900.20
管理费用	21 188 948.02	45 070 512.94	27 286 953.36
财务费用	2 379 836.26	1 976 451.66	2 230 000.58
资产减值损失	3 427 443.94	-8 283 455.12	1 590 658.29
三、营业利润（亏损以“-”号填列）	-25 226 851.12	-8 441 322.26	-12 801 401.17
加：营业外收入	28 213 452.13	16 205 661.25	20 861 986.41
减：营业外支出	—	—	89 299.92
其中：非流动资产处置损失	—	—	-32 955.09
四、利润总额（亏损总额以“-”号填列）	2 986 601.01	7 764 338.99	7 971 285.32
减：所得税费用	1 101 099.16	887 767.79	1 098 956.66
五、净利润（净亏损以“-”号填列）	1 885 501.85	6 876 571.20	6 872 328.66
六、其他综合收益	-178 366.02	-3 376 075.33	-5 278 108.37
七、综合收益总额	1 707 135.83	3 500 495.87	1 594 220.29

注：Steyr Motors 2010 年、2011 年及 2012 年 1—9 月的财务报表经由立信会计师事务所审计。

附表 3　**Steyr Motors 公司 2009 年资产负债表**　单位：欧元

项　　目	2009 年 12 月 31 日
A. 固定资产	
Ⅰ. 无形资产	
1. 可交易的专利权和类似权益许可证	25 074.65
2. 软件	351 357.61
合计	376 432.26
Ⅱ. 有形固定资产	
1. 在第三方的装备	9 219.27
2. 机器	2 537 883.19
3. 厂房设备和营业设施	357 386.40
4. 预付款项和在建工程资产	93 635.99
合计	2 996 194.85
Ⅲ. 金融资产	
1. 附属公司股份	1 055 292.88
合计	1 055 292.88
固定资产合计	4 429 920.00

续表

项　目	2009 年 12 月 31 日
B. 流动资产	
Ⅰ. 存货	
1. 原材料，辅料和营运材料等	4 479 233.41
2. 不计费服务	326 705.46
3. 成品	1 183 325.48
合计	5 989 264.35
Ⅱ. 应收账款	
1. 应收债权	3 898 961.63
2. 应收附属公司款项	339 890.83
3. 应收股利	6 421.17
4. 其他应收款和资产	1 330 524.40
合计	5 575 898.03
Ⅲ. 现金及银行结余	395 692.05
合计	11 960 854.43
C. 递延资产	—
资产合计	16 390 774.43
权益	
A. 本金	
Ⅰ. 股份投资	1 670 200.00
Ⅱ. 决算盈余	1 718 321.22
其中盈余利润结转	935 593.75
合计	3 388 521.22
B. 投资补助	22 950.00
C. 准备金	
1. 遣散费	204 026.26
2. 规定税款	38 000.00
3. 其他准备金	2 282 983.17
合计	2 525 009.43
D. 匿名参股	727 000.00
E. 负债	
1. 信贷机构的负债	7 539 862.69
2. 应付款项	1 874 203.88
3. 其他负债	298 876.35
税收	49 790.20
有关社会保障	104 425.19

续表

项　　目	2009 年 12 月 31 日
合计	9 709 943. 52
F. 递延资产	17 350. 26
权益合计	16 390 774. 43

附表 4　　Steyr Motors 公司 2009 年利润表　　单位：欧元

项　　目	2009 年度
1. 营业收入	29 048 222. 33
2. 库存变化	-1 652 742. 18
3. 其他业务收入	
a. 固定资产的收益	—
b. 准备金收益	91 136. 59
c. 剩余	1 449 333. 65
合计	1 540 470. 24
4. 材料和相关费用	
a. 材料费	-12 865 973. 41
b. 相关服务费	-737 410. 97
c. 付现折扣	1 135. 62
合计	-13 652 248. 76
5. 人工成本	
a. 蓝领工资	-1 133 351. 42
b. 白领薪金	-3 084 775. 99
c. 员工遣散基金分摊和支付的费用	-63 562. 67
d. 法定社会保险、同薪金挂钩的相关税收及强制费用	-1 150 118. 65
e. 其他社会福利费用	-40 349. 51
合计	-5 533 368. 24
6. 折旧	-1 143 001. 22
7. 其他经营费用	
a. 剩余	-7 105 083. 86
8. 小合计（1 项到 7 项）	1 502 248. 31
9. 其他利息和类似收入	257 587. 18
10. 金融资产各种费用支出	-497 944. 26
11. 利息和相关费用	-403 344. 41
12. 投资损益	643 701. 49
13. 业务活动费用	858 546. 82
14. 匿名股东的股息	-36 350. 00
15. 收益分配前的税收	-39 469. 35
16. 年净收益	782 727. 47

续表

项　　目	2009 年度
17. 未分配利润	935 593. 75
合计	1 718 321. 22

注：2009 年数据经 RSM International 会计师事务所审计，适用国际会计准则，记账货币为欧元。

附表 5　　**Steyr Motors 2008 年资产负债表**　　单位：欧元

项　　目	2008 年 12 月 31 日
A. 固定资产	
Ⅰ. 无形资产	
1. 可交易的专利权和类似权益许可证	27 727. 70
2. 软件	474 663. 41
合计	502 391. 11
Ⅱ. 有形固定资产	
1. 在第三方的装备	10 163. 16
2. 机器	3 257 512. 94
3. 厂房设备和营业设施	375 223. 46
4. 预付款项和在建工程资产	478. 00
合计	3 643 377. 66
Ⅲ. 金融资产	
1. 附属公司股份	378 441. 70
合计	4 524 210. 37
B. 流动资产	
Ⅰ. 存货	
1. 原材料、辅料、营运材料	6 754 251. 80
2. 成品	1 446 824. 66
3. 预付款项	1 601 069. 23
合计	9 802 145. 69
Ⅱ. 应收账款	
1. 应收债权	5 142 946. 81
2. 应收附属公司款项	198 970. 70
3. 应收股利	6 421. 17
4. 其他应收款和资产	1 138 785. 52
合计	6 487 124. 20
Ⅲ. 现金及银行结余	545. 52
合计	16 289 815. 40
C. 递延项目	
合计	28 200. 00
资产合计	20 842 255. 77

续表

项　　目	2008 年 12 月 31 日
权益	
A. 本金	
Ⅰ. 股份投资	1 670 200. 00
Ⅱ. 决算盈余	935 593. 75
其中盈余利润结转	383 435. 33
合计	2 605 793. 75
B. 追加投资	113 400. 00
C. 准备金	
1. 遣散费	229 212. 50
2. 规定税款	0. 00
3. 其他准备金	1 545 807. 94
合计	1 775 020. 44
D. 沉默参股（匿名投资）	727 000. 00
E. 负债	
1. 信贷机构的负债	8 026 415. 10
2. 供货和劳务的负债	5 772 062. 07
3. 其他负债	678 953. 67
税收	100 666. 55
有关社会保障	349 369. 51
合计	14 477 430. 84
F. 递延资产	1 143 580. 74
权益合计	20 842 225. 77

附表 6　　Steyr Motors 2008 年利润表　　单位：欧元

项　　目	2008 年度
1. 营业收入	32 845 816. 73
2. 库存变化	1 154 573. 66
3. 其他业务收入	
a. 固定资产的收益	409. 02
b. 准备金收益	405 063. 21
c. 剩余	1 020 456. 40
合计	1 425 928. 63
4. 材料和相关费用	
a. 材料费	–20 240 368. 01
b. 相关服务费	3 250 606. 04
c. 付现折扣	74. 32
合计	–23 490 899. 73

续表

项　　目	2008 年度
5. 人工成本	
a. 蓝领工资	-941 197.91
b. 白领薪金	-3 215 923.20
c. 员工遣散基金分摊和支付的费用	-129 485.18
d. 法定社会保险、同薪金挂钩的相关税收及强制费用	-1 125 380.36
e. 其他社会福利费用	-16 314.37
合计	-5 428 301.02
6. 折旧	
a. 固定资产折旧	-1 112 070.64
7. 其他经营费用	
a. 税	-953.92
b. 剩余的	-4 009 942.94
8. 小合计（1 项到 7 项）	1 384 150.77
9. 其他利息和类似收入	5 101.87
10. 利息和类似的费用	-798 994.22
11. 小合计（9 项到 10 项）	-793 892.35
12. 日常业务收入	590 258.42
13. 匿名股东股息	36 350.00
14. 所得税	-1 750.00
15. 年净收益	552 158.42
16. 年终盈利	552 158.42
17. 上年度盈余结转	383 435.33
18. 结算盈余	935 593.75

注：2008 年数据经 Moore Stephens Steyr 会计师事务所审计，适用奥地利会计准则，记账货币为欧元。

附表 7　　Steyr Motors 2007 年资产负债表　　单位：欧元

项　　目	2007 年 12 月 31 日
A. 固定资产	
Ⅰ. 无形资产	
1. 可交易的专利权和类似权益许可证	30 380.75
2. 软件	426 142.36
合计	456 523.11
Ⅱ. 有形固定资产	
1. 在第三方的装备	7 804.85
2. 机器	2 323 888.45
3. 厂房设备和营业设施	294 088.98
4. 预付款项和在建工程资产	369 631.03

续表

项　　目	2007 年 12 月 31 日
合计	2 995 413. 31
Ⅲ. 金融资产	
1. 附属公司股份	51 352. 40
合计	3 503 288. 82
B. 流动资产	
Ⅰ. 存货	
1. 原材料、辅料、营运材料	6 449 945. 32
2. 成品	1 184 615. 59
合计	7 634 560. 91
Ⅱ. 债券和其他资产	
1. 应收账款（供货和服务）	6 833 319. 25
2. 应收附属公司款项	201 808. 62
其中的供货和服务	201 808. 62
3. 对股东的应收账款	6 421. 17
4. 其他应收款和资产	1 156 954. 04
合计	8 198 503. 08
Ⅲ. 现金结存及借贷机构存款结余	173 588. 43
合计	16 006 652. 42
C. 递延资产	71 618. 43
合计	71 618. 43
资产合计	19 581 559. 67
权益	
A. 本金	
Ⅰ. 股份投资	
股本	1 670 200. 00
Ⅱ. 决算盈余	383 435. 33
其中盈余利润结转	118 404. 03
合计	2 053 635. 33
B. 投资补助	202 940. 00
C. 准备金	
1. 遣散费	217 778. 00
2. 税金准备金	98 819. 64
3. 其他准备金	1 101 905. 05
合计	1 418 502. 69
D. 匿名参股	727 000. 00

续表

项　　目	2007 年 12 月 31 日
E. 负债	
1. 信贷机构的负债	6 907 644.98
2. 应付款项	1 127 618.46
3. 应付购货款	3 742 490.82
4. 其他负债	566 284.43
税收	158 544.88
有关社会保障	87 106.00
合计	12 344 038.69
F. 递延费用	2 835 422.96
合计	19 581 559.67

附表 8　　**Steyr Motors 2007 年利润表**　　单位：欧元

项　　目	2007 年度
1. 营业收入	29 762 576.98
2. 成品库存变动	273 813.10
3. 其他业务收入	
a. 处置固定资产的收入	0
b. 释放准备金的收益	1 865.07
c. 剩余	962 744.30
合计	964 609.37
4. 材料费和其他相关的生产活动费用	
a. 材料费	-20 264 211.96
b. 相关的服务费用	-1 031 201.22
c. 付现折扣	5 309.10
合计	-21 290 104.08
5. 人工成本	
a. 蓝领工资	-641 149.06
b. 白领薪金	-2 267 854.50
c. 员工遣散基金分摊和支付的费用	-79 174.70
d. 法定社会保险、同薪金挂钩的相关税收及强制费用	-722 106.72
e. 其他社会福利费用	-7 576.37
合计	-3 767 861.35
6. 折旧	
a. 固定资产折旧	-716 920.10
7. 其他经营费用	
a. 剩余的	-4 439 066.01
8. 小合计（1 项到 7 项）	787 047.91

续表

项　目	2007 年度
9. 其他利息和类似收入	28 759.45
10. 利息和类似的费用	-391 092.04
11. 小合计（9 项到 10 项）	
金融费用	-362 332.59
12. 日常业务收入	424 715.32
13. 匿名股东股息	-36 350.00
14. 所得税	-123 334.02
15. 年净收益	265 031.30
16. 年终盈利	265 031.30
17. 上年度盈余结转	118 404.03
18. 结算盈余	383 435.33

注：2007 年数据经 Moore Stephens Steyr 会计师事务所审计，适用奥地利会计准则，记账货币为欧元。

附表 9　　Steyr Motors 历次股权变动情况　　单位：欧元

股本变动时间	2001 年 5 月 15 日公司设立			
股　东	原持有股份	变动股份数	定价增值率	变动后股份
Ing. Rudolf Mandorfer	0.00	35 000.00	1.00	35 000.00
总股本	—	—	—	35 000.00
股本变动时间	2001 年 12 月 13 日第一次增资			
股　东	原持有股份	变动股份数	定价增值率	变动后股份
Ing. Rudolf Mandorfer	35 000.00	—	—	35 000.00
Ursula Mandorfer	0.00	37 800.00	1.00	37 800.00
DI Anton Dolenc	0.00	72 700.00	1.00	72 700.00
Franz Kreutzinger	0.00	14 500.00	1.00	14 500.00
Hubert Boxleitner	0.00	21 800.00	1.00	21 800.00
Anton Leiminger	0.00	36 300.00	1.00	36 300.00
Heinz Waras	0.00	36 300.00	1.00	36 300.00
Werner Dantendorfer	0.00	18 200.00	1.00	18 200.00
Walter-Michael Müller	0.00	18 200.00	1.00	18 200.00
Univ. Prof. Dr. Helmut Renöckl	0.00	36 300.00	1.00	36 300.00
Sterki AG	0.00	109 000.00	1.00	109 000.00
Prof. DI Rudolf Streiche	0.00	654 100.00	1.00	654 100.00
总股本	35 000.00	1 055 200.00	—	1 090 200.00
股本变动时间	2002 年 4 月 23 日第二次增资			
股　东	原持有股份	变动股份数	定价增值率	变动后股份
Ing. Rudolf Mandorfer	35 000.00	290 000.00	1.00	325 000.00
Ursula Mandorfer	37 800.00	—	—	37 800.00

续表

股本变动时间	2002 年 4 月 23 日第二次增资			
股　东	原持有股份	变动股份数	定价增值率	变动后股份
DI Anton Dolenc	72 700. 00	—	—	72 700. 00
Franz Kreutzinger	14 500. 00	—	—	14 500. 00
Hubert Boxleitner	21 800. 00	—	—	21 800. 00
Anton Leiminger	36 300. 00	—	—	36 300. 00
Heinz Waras	36 300. 00	—	—	36 300. 00
Werner Dantendorfer	18 200. 00	—	—	18 200. 00
Walter-Michael Müller	18 200. 00	—	—	18 200. 00
Univ. Prof. Dr. Helmut Renöckl	36 300. 00	—	—	36 300. 00
Sterki AG	109 000. 00	—	—	109 000. 00
Prof. DI Rudolf Streiche	654 100. 00	72 800. 00	1. 00	726 900. 00
总股本	1 090 200. 0	362 800. 00	—	1 453 000. 00
股本变动时间	2002 年 5 月 9 日第一次股权转让			
股　东	原持有股份	变动股份数	定价增值率	变动后股份
Ing. Rudolf Mandorfer	325 000. 00	—	—	325 000. 00
Ursula Mandorfer	37 800. 00	—	—	37 800. 00
DI Anton Dolenc	72 700. 00	—	—	72 700. 00
Franz Kreutzinger	14 500. 00	—	—	14 500. 00
Hubert Boxleitner	21 800. 00	—	—	21 800. 00
Anton Leiminger	36 300. 00	—	—	36 300. 00
Heinz Waras	36 300. 00	—	—	36 300. 00
Werner Dantendorfer	18 200. 00	—	—	18 200. 00
Walter-Michael Müller	18 200. 00	—	—	18 200. 00
Univ. Prof. Dr. Helmut Renöckl	36 300. 00	—	—	36 300. 00
Sterki AG	109 000. 00	—	—	109 000. 00
Prof. DI Rudolf Streiche	726 900. 00	－109 000. 00	1. 00	617 900. 00
Aabenraa Motorfabrik Heinrich Callesen A/S	0. 00	109 000. 00	1. 00	109 000. 00
总股本	1 090 200. 0	362 800. 00	—	1 453 000. 00
股本变动时间	2004 年 5 月 1 日第二次股权转让			
股　东	原持有股份	变动股份数	定价增值率	变动后股份
Ing. Rudolf Mandorfer	325 000. 00	24 200. 00	1. 00	349 200. 00
Ursula Mandorfer	37 800. 00	—	—	37 800. 00
DI Anton Dolenc	72 700. 00	—	—	72 700. 00
Franz Kreutzinger	14 500. 00	—	—	14 500. 00
Hubert Boxleitner	21 800. 00	—	—	21 800. 00
Anton Leiminger	36 300. 00	12 100. 00	1. 00	48 400. 00

续表

股本变动时间	2004 年 5 月 1 日第二次股权转让			
股　东	原持有股份	变动股份数	定价增值率	变动后股份
Heinz Waras	36 300. 00	-36 300. 00	1. 00	0. 00
Werner Dantendorfer	18 200. 00	—	—	18 200. 00
Walter-Michael Müller	18 200. 00	—	—	18 200. 00
Univ. Prof. Dr. Helmut Renöckl	36 300. 00	—	—	36 300. 00
Sterki AG	109 000. 00	—	—	109 000. 00
Prof. DI Rudolf Streiche	617 900. 00	—	—	617 900. 00
Aabenraa Motorfabrik Heinrich Callesen A/S	109 000. 00	—	—	109 000. 00
总股本	1 453 000. 0	—	—	1 453 000. 00
股本变动时间	2004 年 11 月 13 日第三次增资			
股　东	原持有股份	变动股份数	定价增值率	变动后股份
Ing. Rudolf Mandorfer	349 200. 00	—	—	349 200. 00
Ursula Mandorfer	37 800. 00	—	—	37 800. 00
DI Anton Dolenc	72 700. 00	—	—	72 700. 00
Franz Kreutzinger	14 500. 00	—	—	14 500. 00
Hubert Boxleitner	21 800. 00	—	—	21 800. 00
Anton Leiminger	48 400. 00	—	—	48 400. 00
Werner Dantendorfer	18 200. 00	—	—	18 200. 00
Walter-Michael Müller	18 200. 00	—	—	18 200. 00
Univ. Prof. Dr. Helmut Renöckl	36 300. 00	—	—	36 300. 00
Sterki AG	109 000. 00	—	—	109 000. 00
Prof. DI Rudolf Streiche	617 900. 00	217 200. 00	1. 00	835 100. 00
Aabenraa Motorfabrik Heinrich Callesen A/S	109 000. 00	—	—	109 000. 00
总股本	1 453 000. 0	217 200. 00	—	1 670 200. 00
股本变动时间	2005 年 4 月 20 日第三次股权转让			
股　东	原持有股份	变动股份数	定价增值率	变动后股份
Ing. Rudolf Mandorfer	349 200. 00	—	—	349 200. 00
Ursula Mandorfer	37 800. 00	—	—	37 800. 00
DI Anton Dolenc	72 700. 00	—	—	72 700. 00
Franz Kreutzinger	14 500. 00	—	—	14 500. 00
Hubert Boxleitner	21 800. 00	—	—	21 800. 00
Anton Leiminger	48 400. 00	—	—	48 400. 00
Werner Dantendorfer	18 200. 00	—	—	18 200. 00
Walter-Michael Müller	18 200. 00	—	—	18 200. 00
Univ. Prof. Dr. Helmut Renöckl	36 300. 00	—	—	36 300. 00
Sterki AG	109 000. 00	—	—	109 000. 00

续表

股本变动时间	2005 年 4 月 20 日第三次股权转让			
股　东	原持有股份	变动股份数	定价增值率	变动后股份
Prof. DI Rudolf Streiche	835 100. 00	-784 900. 00	1. 00	50 200. 00
Aabenraa Motorfabrik Heinrich Callesen A/S	109 000. 00	—	—	109 000. 00
Dr. Rudolf Streicher Privatstiftung	—	784 900. 00	1. 00	784 900. 00
总股本	1 670 200. 0	—	—	1 670 200. 00
股本变动时间	2005 年 11 月 24 日第四次股权转让			
股　东	原持有股份	变动股份数	定价增值率	变动后股份
Ing. Rudolf Mandorfer	349 200. 00	6 066. 66	1. 10	355 266. 66
Ursula Mandorfer	37 800. 00	—	—	37 800. 00
DI Anton Dolenc	72 700. 00	—	—	72 700. 00
Franz Kreutzinger	14 500. 00	—	—	14 500. 00
Hubert Boxleitner	21 800. 00	—	—	21 800. 00
Anton Leiminger	48 400. 00	6 066. 67	1. 10	54 466. 67
Werner Dantendorfer	18 200. 00	-18 200. 00	1. 10	0. 00
Walter-Michael Müller	18 200. 00	—	—	18 200. 00
Univ. Prof. Dr. Helmut Renöckl	36 300. 00	6 066. 67	1. 10	42 366. 67
Sterki AG	109 000. 00	—	—	109 000. 00
Prof. DI Rudolf Streiche	50 200. 00	—	—	50 200. 00
Aabenraa Motorfabrik Heinrich Callesen A/S	109 000. 00	—	—	109 000. 00
Dr. Rudolf Streicher Privatstiftung	784 900. 00	—	—	784 900. 00
总股本	1 670 200. 0	—	—	1 670 200. 00
股本变动时间	2006 年 12 月 20 日第五次股权转让			
股　东	原持有股份	变动股份数	定价增值率	变动后股份
Ing. Rudolf Mandorfer	355 266. 66	109 000. 00	1. 05	464 266. 66
Ursula Mandorfer	37 800. 00	—	—	37 800. 00
DI Anton Dolenc	72 700. 00	—	—	72 700. 00
Franz Kreutzinger	14 500. 00	—	—	14 500. 00
Hubert Boxleitner	21 800. 00	—	—	21 800. 00
Anton Leiminger	54 466. 67	—	—	54 466. 67
Walter-Michael Müller	18 200. 00	—	—	18 200. 00
Univ. Prof. Dr. Helmut Renöckl	42 366. 67	—	—	42 366. 67
Sterki AG	109 000. 00	—	—	109 000. 00
Prof. DI Rudolf Streiche	50 200. 00	—	—	50 200. 00
Aabenraa Motorfabrik Heinrich Callesen A/S	109 000. 00	-109 000. 00	1. 05	0. 00
Dr. Rudolf Streicher Privatstiftung	784 900. 00	—	—	784 900. 00
总股本	1 670 200. 0	—	—	1 670 200. 00

续表

股本变动时间	2006 年 12 月 20 日第六次股权转让			
股　东	原持有股份	变动股份数	定价增值率	变动后股份
Ing. Rudolf Mandorfer	464 266. 66	21 800. 00	1. 10	486 066. 66
Ursula Mandorfer	37 800. 00	—	—	37 800. 00
DI Anton Dolenc	72 700. 00	—	—	72 700. 00
Franz Kreutzinger	14 500. 00	—	—	14 500. 00
Hubert Boxleitner	21 800. 00	-21 800. 00	1. 10	0. 00
Anton Leiminger	54 466. 67	—	—	54 466. 67
Walter-Michael Müller	18 200. 00	—	—	18 200. 00
Univ. Prof. Dr. Helmut Renöckl	42 366. 67	—	—	42 366. 67
Sterki AG	109 000. 00	—	—	109 000. 00
Prof. DI Rudolf Streiche	50 200. 00	—	—	50 200. 00
Dr. Rudolf Streicher Privatstiftung	784 900. 00	—	—	784 900. 00
总股本	1 670 200. 0	—	—	1 670 200. 00
股本变动时间	2008 年 8 月 14 日第七次股权转让			
股　东	原持有股份	变动股份数	定价增值率	变动后股份
Ing. Rudolf Mandorfer	486 066. 66	36 350. 00	3. 44	522 416. 66
Ursula Mandorfer	37 800. 00	—	—	37 800. 00
DI Anton Dolenc	72 700. 00	-72 700. 00	3. 44	0. 00
Franz Kreutzinger	14 500. 00	—	—	14 500. 00
Anton Leiminger	54 466. 67	—	—	54 466. 67
Walter-Michael Müller	18 200. 00	—	—	18 200. 00
Univ. Prof. Dr. Helmut Renöckl	42 366. 67	—	—	42 366. 67
Sterki AG	109 000. 00	—	—	109 000. 00
Prof. DI Rudolf Streiche	50 200. 00	-50 200. 00	1. 00	0. 00
Dr. Rudolf Streicher Privatstiftung	784 900. 00	36 350. 00	3. 44	821 250. 00
R. S. Consulting und Beteiligungsgesell-schaftm. b. H	0. 00	50 200. 00	1. 00	50 200. 00
总股本	1 670 200. 0	—	—	1 670 200. 00
股本变动时间	2010 年 2 月 13 日第八次股权转让			
股　东	原持有股份	变动股份数	定价增值率	变动后股份
Ing. Rudolf Mandorfer	522 416. 66	—	—	522 416. 66
Ursula Mandorfer	37 800. 00	—	—	37 800. 00
Franz Kreutzinger	14 500. 00	-14 500. 00	1. 24	0. 00
Anton Leiminger	54 466. 67	—	—	54 466. 67
Walter-Michael Müller	18 200. 00	—	—	18 200. 00
Univ. Prof. Dr. Helmut Renöckl	42 366. 67	—	—	42 366. 67

续表

股本变动时间	2010 年 2 月 13 日第八次股权转让			
股　东	原持有股份	变动股份数	定价增值率	变动后股份
Sterki AG	109 000. 00	—	—	109 000. 00
Dr. Rudolf Streicher Privatstiftung	821 250. 00	—	—	821 250. 00
R. S. Consulting und Beteiligungsgesell-schaftm. b. H	50 200. 00	—	—	50 200. 00
DI Michael Aschaber	0. 00	14 500. 00	1. 24	14 500. 00
总股本	1 670 200. 0	—	—	1 670 200. 00
股本变动时间	2011 年 11 月 19 日第九次股权转让			
股　东	原持有股份	变动股份数	定价增值率	变动后股份
Ing. Rudolf Mandorfer	522 416. 66	—	—	522 416. 66
Ursula Mandorfer	37 800. 00	—	—	37 800. 00
Anton Leiminger	54 466. 67	—	—	54 466. 67
Walter-Michael Müller	18 200. 00	—	—	18 200. 00
Univ. Prof. Dr. Helmut Renöckl	42 366. 67	-13 158. 00	1. 90	29 208. 67
Sterki AG	109 000. 00	—	—	109 000. 00
Dr. Rudolf Streicher Privatstiftung	821 250. 00	—	—	821 250. 00
R. S. Consulting und Beteiligungsgesell-schaftm. b. H	50 200. 00	—	—	50 200. 00
DI Michael Aschaber	14 500. 00	13 158. 00	1. 90	27 658. 00
总股本	1 670 200. 0	—	—	1 670 200. 00
股本变动时间	2012 年 9 月 25 日第十次股权转让			
股　东	原持有股份	变动股份数	定价增值率	变动后股份
Ing. Rudolf Mandorfer	522 416. 66	-522 416. 66	20. 51	0. 00
Ursula Mandorfer	37 800. 00	-37 800. 00	20. 51	0. 00
Anton Leiminger	54 466. 67	-54 466. 67	20. 51	0. 00
Walter-Michael Müller	18 200. 00	-18 200. 00	20. 51	0. 00
Univ. Prof. Dr. Helmut Renöckl	29 208. 67	-29 208. 67	20. 51	0. 00
Sterki AG	109 000. 00	-109 000. 00	20. 51	0. 00
Dr. Rudolf Streicher Privatstiftung	821 250. 00	-821 250. 00	20. 51	0. 00
R. S. Consulting und Beteiligungsgesell-schaftm. b. H	50 200. 00	-50 200. 00	20. 51	0. 00
DI Michael Aschaber	27 658. 00	-27 658. 00	20. 51	0. 00
武汉梧桐	0. 00	1 670 200. 00	20. 51	1 670 200. 00
总股本	1 670 200. 0	—	—	1 670 200. 00

Is the Difference between Two Rounds of Assessment of Steyr Motors Reasonable?

Abstract: This case describes the process of HEAVEN-SENT M&A fund bought Steyr Motors at low price and sold it at high price. Both the written reports of assets evaluation specify the same target and method of evaluation, but different evaluation conclusions. Firstly, this case compares the purpose, target, value types, base date, methods, hypothesis, and conclusion of evaluation by Ernst & Young with those of evaluation by China United Assets Appraisal Group. Then, the chosen of profitability and discount rate in income approach are studied for the influence on assets evaluation results.

Key Words: Corporate Valuation; Type of the Evaluation Value; Income Approach; Profit Forecast; Conversion Rate

案例使用说明

硅谷天堂对 Steyr Motors 的低买高卖：评估差异合理吗？

一、教学目的与用途

适用课程：企业价值评估、资产评估实务与案例分析。

适用对象：普通高等院校资产评估专业硕士学位、经济学类、工商管理类、管理科学与工程类专业研究生选修课程。

教学目标：资产评估案例分析主要为资产评估专业学生掌握资产评估理论在实践中可能需要注意的方面而开设的课程。通过案例分析，对企业价值评估过程有更深入的理解，学生可以掌握评估目的、价值类型选择、评估假设、收益法盈利预测的实践知识，深刻认识价值类型选取、收益法盈利预测及其对评估结果的影响。

二、启发思考题

根据案例提供的背景资料和两轮评估的过程差异，可提示学生从以下几个方面进行思考：

1. 企业价值评估的价值类型有哪几种？各自的适用条件是什么？安永和中联是如何进行价值类型的选择的？

2. 企业价值评估的评估方法有哪几种？各自的适用条件是什么？安永和中联是如何进行评估方法的选择的？

3. 收益法盈利预测的基础包括哪些问题？中联评估的盈利预测基础的主要问题是什么？

4. 收益法盈利预测通常需设定哪些前提条件？你认为中联评估设定的前提条件是否都合理？试分析理由。

5. 本案例两轮评估的估值差异是否合理？试分析理由。

6. 你若是评估师，对目标企业价值评估工作可能有何改进？

三、分析思路

1. 以资产评估价值类型理论为基础，根据各种价值类型的适用条件，分析安永和中联各自价值类型选择的合理性。

2. 以企业价值评估理论为基础，根据各种评估方法的适用条件，分析安永和中联各自选择评估方法的合理性。

3. 以收益法评估理论为基础，根据收益法盈利预测的基础涉及的问题，分析中联评估的盈利预测基础的主要问题。

4. 从收益法评估理论角度分析盈利预测的主要前提假设，并且结合跨国并购（并购后整合）经验证据来分析中联评估前提假设的合理性。

5. 综合分析收益法评估的各环节情况，判断中联评估的盈利预测基础的合理性，明确问题的根源。

6. 基于对收益法评估的理解，提出针对中联评估既有不足的改进措施。

四、理论依据与分析

本案例分析的理论依据是企业价值评估理论、资产评估价值类型理论、收益法评估理论以及企业并购理论。

（1）资产评估价值类型包括市场价值和市场以外的价值类型，市场价值以外的价值类型包括投资价值、在用价值、清算价值、残余价值等。当资产评估业务对市场条件和评估对象的使用等并无特别限制和要求时，通常应选择市场价值作为评估结论的价值类型。当评估业务针对的是特定投资者，并在评估业务执行过程中充分考虑并使用了仅适用于特定投资者的特定评估资料和经济技术参数时，通常应选择投资价值作为评估结论的价值类型。

安永的评估目的是为 Steyr Motors 的原股东提供价值参考，对市场条件和评估对象的使用没有特别限制，所以其选择市场价值。中联的评估目的“反映武汉梧桐硅谷天堂投资有限公司股东全部权益于评估基准日的价值，为湖北博盈投资股份有限公司非公开发行股票募集资金收购武汉梧桐硅谷天堂投资有限公司 100% 股权之经济行为提供价值参考依据”，评估业务针对特定投资者，并在评估过程中使用了仅适用于特定投资者的经济技术参数，所以其选择投资价值。

在满足定义及适用条件的前提下，市场价值和投资价值的评估结论都是合理的。但由于价值类型对评估结论影响较大，价值类型选择合理性值得进一步思考。

（2）企业价值评估方法包括收益法、市场法和成本法。收益法的适用条件：企业的未来预期收益可以预测并可以用货币衡量；企业获得预期收益所承担的风险可以预测并可以用货币衡量；企业预期获利年限可以预测。市场法的适用条件：要有一个活跃的公开市场；公开市场上要有可比的企业及其交易活动。成本法的适用条件：企业持续经营，即企业各单项资产处于继续使用状态或假设处于继续使用状态；企业历史资料的可获得性和资产的可比性。

安永和中联根据各自评估目的及评估范围内资产业务的特点，评估方法均采用收益法和市场法，由于可比企业及交易活动较少，最终两次评估都选取了收益法评估结果作为评估的价值参考依据。

（3）根据收益法评估理论，企业预期收益的基础有两个问题：一是预期盈利预测的出发点是以企业评估时的现状，即企业的实际收益为出发点或以别的数额（例如，行业的投资收益水平）为出发点；二是如何客观地把握新的产权主体的行为对企业预期收益的影响。

（4）收益法评估理论中，盈利预测的前提条件包括一般假设和特殊假设。一般假设包括交易假设、公开市场假设和持续经营假设。特殊假设通常包括国内（国际）的宏观经济、金融、产业以及外交政策等环境稳定假设，以及评估对象自身经营计划持续等企业个体假设。本案例实质是跨国并购中的企业估值问题，并购后整合对评估对象能否“按照既定的落地中国计划继续保持目前现有的经营管理模式持续经营”至关重要。

（5）根据收益法评估理论，对资产评估各环节的合理性进行分析判断。其中，盈利预测前提假设是否合理，需要结合企业并购理论进行分析。

（6）基于收益法评估的预期收益基础和前提条件分析，提出相应改进措施。

五、背景信息

Steyr Motors 公司历次股权变动的估值情况有助于理解本案例两轮评估的估值差异是否

合理。

由案例正文附录可知，Steyr Motors 公司历次股权变动主要集中在公司管理层级员工内部，最初的前三次股权转让都是以投资资本进行定价，没有溢价，之后的六次股权转让价格与投资资本的溢价率多为 10% 左右。

硅谷天堂（通过武汉梧桐）收购 Steyr Motors 全部股权，以 Steyr Motors 原股东投资资本为基础计算，定价增值率为 1 951%，即增值近 20 倍。值得关注的是 Steyr Motors 公司现任研发总监 Aschaber 于 2010 年 2 月 13 日以 24% 溢价率、2011 年 11 月 19 日以 90% 溢价率共购入 27 658 股，2012 年 9 月卖给武汉梧桐后，获得约 14 倍的投资回报。

硅谷天堂 2012 年 9 月以 2. 8 亿元购入 Steyr Motors 公司，2012 年 12 月以 5 亿元价格卖给博盈投资，收益率 78. 6%。根据下文“案例后续进展”，实际交易价格为 4. 4 亿元人民币，收益率为 57%。

六、关键要点

本案例的关键要点是如何分析两轮评估较大的盈利预测差异，可以从下述两点进行理解：

1. 盈利预测的基础不同。

根据收益法评估理论，企业盈利预测的基础有两个问题：一是预测的出发点是以企业评估时的现状，即企业的实际收益为出发点或以别的数额（例如，行业的投资收益水平）为出发点；二是如何客观地把握新的产权主体的行为对企业预期收益的影响。

安永估值的盈利预测由 Steyr Motors 原股东提供，安永未进行现场尽调，也未对预测的合理性等进行深入分析（在安永的报告中已对此明确披露），相关的预测完全基于 Steyr Motors 原股东的原发展计划，相应的其报告也仅为管理层寻找战略投资者提供价值咨询意见。中联评估的盈利预测参考评估对象在评估基准日的订单及未来的客户需求情况进行预测，其中 2013 年的盈利预测仅基于评估对象已签订的订货合同。综合考虑国产化事项的进程以及 Steyr Motors 客户的订单需求，对评估对象 2013 年营业收入进行预测，预计未来几年营业收入在 2013 年基础上仍将有所增长并逐步趋于稳定①。

由此可见，两轮评估的盈利预测基础差异主要在第二个问题，即如何把握新的产权主体的行为对预期收益的影响。盈利预测通常只能以企业现实存量资产为出发点，可以考虑存量资产的合理改进，甚至合理重组，并以企业的正常经营管理为基础，一般不考虑不正常的个人因素或新的产权主体的超常行为等因素对企业预期收益的影响。因此，武汉梧桐已签订的 2013 年订货合同是否属于新产权主体的超常行为，决定了中联评估的盈利预测基础的合理性。

2. 盈利预测的前提条件不同。

收益法评估理论中，盈利预测的前提条件包括一般假设和特殊假设。一般假设包括交易假设、公开市场假设和持续经营假设。特殊假设通常包括国内（国际）的宏观经济、金融、产业以及外交政策等环境稳定假设，以及评估对象自身经营计划持续等企业个体假设。

安永估值盈利预测的前提条件仅包括三个一般假设，而中联评估盈利预测的前提条件不仅包括三个一般假设，还包括五个特殊假设。其中前两个特殊假设是关于国内外宏观经济、

① 《湖北博盈投资股份有限公司非公开发行股票募集资金收购武汉梧桐硅谷天堂投资有限公司 100% 股权项目资产评估说明》，2012 年 12 月 21 日。

金融、产业、外交等政策和社会经济环境稳定的假设，第三个特殊假设是“评估对象按照既定的落地中国计划继续保持目前现有的经营管理模式持续经营”，第四个特殊假设是“评估对象现有的柴油机机型国产化采购代工计划及配套项目能按照预期实施”，第五个特殊假设是“未来经营期内评估对象的各项期间费用不会出现现有基础上发生大幅的变化”。

评估假设设定必须合情合理，否则，这些假设不能构成合理预测企业预期收益的前提和基础。如何判断中联评估的特殊假设是否合情合理？

收益法评估理论认为：国家的政治、经济等政策变化对企业预期收益的影响，除已经出台尚未实施的以外，只能假定其将不会对企业预期收益造成重大影响；不可抗拒的自然灾害和其他无法预测的突发事件不作为预测企业预期收益的相关因素考虑；企业经营管理者的某些个人行为也未在预测企业预期收益时考虑等。因此，中联评估的前两个和第五个特殊假设都遵循了收益法通用的惯例或准则，具有合理性。

其余两个特殊假设的合理性需要结合企业并购理论进行分析。根据企业并购研究，并购后整合是影响并购成败的最主要因素。对于跨国并购而言，并购后整合更为困难，并购的失败率更高。本案例属于跨国并购，并购后整合的困难在于中外团队文化差异、中外双方对中国市场认知差异、中外企业技术装备水平差异、中外企业内控管理体系及制度流程差异等，这些因素都会影响评估对象国产化推进速度和执行效率，进而影响预期收益。所以，第三和第四特殊假设是否合理，仍有待深入讨论。

总之，Steyr Motors 毕竟从一千万左右的盈利直接跳到几亿元的盈利，这种规模的盈利增长巨大，虽然中联评估报告给出了很多解释，但是具体的、实质性的证据并不是很充分，盈利预测基础和前提条件都存在问题，评估差异是否合理就仍存在一定争议。

进一步的改进措施：其一，可以聘请柴油发动机行业或市场专家，对“武汉梧桐已签署的2013年订货合同是否超常行为”出具独立专业意见，对盈利预测基础展开更为充分地阐述与分析；其二，可以聘请企业并购或管理咨询专家，对相关特殊假设的合理性进行分析，进而设定更合理的评估特殊假设。

七、建议的课堂计划

详见表1。

表1　　案例教学课堂计划

内容	主角	组织与要求	时间
阅读案例资料	学生	熟悉案例资料，补充并收集相关资料	课前
案例讨论	学生	每个小组围绕案例思考题，分析讨论案例评估差异及其原因	课前
演讲	学生	每个小组推荐1名学生对该小组讨论的情况及其达成的共识、产生的分歧进行演讲	40—50分钟
点评	老师	点评小组讨论情况并引导其对问题进行正确理解和深入分析	30—40分钟

八、案例的后续进展

2013年12月10日，博盈投资完成非公开发行314 465 300股，募集资金净额1 431 654 557.71元，其中5亿元用于收购Steyr Motors公司（前名“武汉梧桐硅谷天堂投资有限公司”，以下简称“标的资产”）100%股权。

为保护上市公司利益，博盈投资与天津硅谷天堂桐盈科技有限公司于 2013 年 12 月 20 日签订《股权转让协议补充协议》，约定先行支付 44 074.78 万元，剩余需支付的价款按照 Steyr Motors 公司经审计后实现的 2013 年度净利润确定，根据 Steyr Motors 公司经立信会计师事务所审计后的 2013 年度净利润为 7.76 万元，较中联资产评估集团依据的利润水平（人民币 10 656.39 万元）低约人民币 1 亿元①。因此，博盈投资仅需向天津硅谷天堂桐盈科技有限公司支付剩余股权转让价款 7.76 万元。2014 年 1 月 10 日 Steyr Motors 公司已完成工商变更登记手续，成为上市公司的全资子公司，购买股权项目已经完成②。

评估对象 Steyr Motors 公司 2013 年度净利润未实现的原因主要是其现有的柴油机机型国产化工作进度比原计划大大推迟。因此，交易双方已经按照约定调减了交易对价，以弥补对中小股东权益的不利影响。

此外，受上市公司委托，北京中同华资产评估有限公司于 2014 年 3 月 26 日以 2013 年 12 月 31 日为评估基准日出具了《湖北博盈投资股份有限公司为商誉减值测试而涉及的 Steyr Motors 公司整体资产组权益价值项目资产评估报告书》，在假设评估对象现有的柴油机机型国产化采购代工计划及配套项目能按照预期实施的前提下，以评估对象管理层提供的未来盈利预测为基础进行评估，得到 Steyr Motors（江苏）合并后的整体资产组权益评估价值为人民币 5.5 亿元。立信会计师事务所认为，依据上述评估报告的结论，截至 2013 年 12 月 31 日标的资产没有发生明显减值的迹象。

立信会计师事务所取得了中联和中同华评估师分别于 2012 年 12 月 21 日及 2014 年 3 月 26 日出具的评估报告，了解了各评估师出具评估报告时的基础及依据，询问了上述国产化延后的情况，了解到各评估师在出具评估报告时是基于当时的情况，估值结果不存在高估。立信会计师事务所认为，如果上述柴油机机型国产化推迟因素可以得到消除，在不对 2014 年及后续年度的国产化采购代工计划的实施造成实质性影响及原计划利润可以在以后年度实现的条件下，标的资产的价值将不会受到重大影响。且基于北京中同华的评估报告，截至 2013 年 12 月 31 日，标的资产合并后的整体资产组权益评估价值为人民币 5.5 亿元，而上市公司当时置入资产作价为人民币 4.4 亿元，因而立信会计师事务所认为尽管标的资产 2013 年实际利润未达到原预测水平，但上市公司置入资产作价不高于标的资产评估价值，以此来看该交易未损害上市公司利益。

但是，Steyr Motors 公司 2014 年业绩也未达到控股股东承诺的业绩③，具体情况如下：

1. 业绩承诺情况。

2012 年 10 月 29 日，英达钢构在《湖北博盈投资股份有限公司非公开发行股票预案》中承诺：在公司非公开发行方案获得公司董事会、股东大会批准，并经中国证监会核准且实施完毕后，标的资产 2013 年度、2014 年度、2015 年度每年实现的经审计扣除非经常性损益后的净利润分别不低于 2.3 亿元、3.4 亿元和 6.1 亿元。若每期实际扣除非经常性损益后净利润数未达到上述的净利润承诺数，将按承诺利润数与实际盈利之间的差额对公司进行补偿。英达钢构以非公开发行取得的公司股份优先进行补偿；对于股份不足以补偿的余额，以现金进行补偿。

---

① 《湖北博盈投资股份有限公司关于非公开发行募投项目之斯太尔动力有限公司 100% 股权交割的公告》2014－01－14.

② 《关于非公开发行募投项目之斯太尔动力有限公司 100% 股权交割的公告》2014－01－16.

③ 《斯太尔动力股份有限公司关于 2014 年度业绩承诺未实现的说明及致歉公告》，2015－04－30.
《斯太尔动力股份有限公司关于控股股东申请变更业绩补偿承诺的公告》，2015－05－20.
《斯太尔动力股份有限公司关于控股股东完成 2014 年度业绩补偿承诺的公告》，2015－08－14.

如果公司在 2013 年才完成本次非公开发行，则英达钢构将对上述业绩补偿期限进行顺延。

2013 年 9 月 13 日，英达钢构就标的资产业绩向公司出具补充承诺：在公司非公开发行方案获得核准且实施完毕后，如果标的资产在业绩补偿期内，累计实现的扣除非经常损益后归属于母公司所有者的净利润与已补偿的股份价值及在业绩补偿期内已补偿的现金数三者之和不足累计业绩承诺数 11.8 亿元的，英达钢构将进行追加补偿，实现对业绩承诺的全部覆盖。

因公司非公开发行于 2013 年 12 月完成，英达钢构于 2012 年 10 月 29 日做出的业绩补偿承诺及于 2013 年 9 月 13 日做出的补充承诺的补偿期限均进行了顺延，即标的资产 2014 年度、2015 年度、2016 年度每年实现的经审计扣除非经常性损益后的净利润分别不低于 2.3 亿元、3.4 亿元和 6.1 亿元。若每期实际扣除非经常性损益后净利润数未达到上述的净利润承诺数，英达钢构承诺将按承诺利润数与实际盈利之间的差额以现金的方式对斯太尔进行补偿。

2. 业绩补偿情况。

由于 Steyr Motors 公司柴油发动机国产化进展未及预期，导致 Steyr Motors（江苏）投资有限公司 2014 年度业绩承诺未能实现，业绩缺口 155 934 308.25 元，触发了控股股东山东英达钢结构有限公司业绩补偿承诺。

由于控股股东英达钢构受回款延迟因素影响，资金周转出现暂时性困难，未能在规定的期限内向公司支付全额业绩补偿款，仅于 2015 年 7 月 24 日向公司支付了 6 000 万元业绩补偿款。英达钢构承诺将继续履行业绩补偿义务，在 2015 年 8 月 15 日前向公司支付剩余 2014 年度业绩补偿款，并就应付而未付的部分业绩补偿款按 0.3‰日的比例向公司承担违约赔偿责任。

为在其承诺期限内完成 2014 年业绩补偿承诺，英达钢构分别于 2015 年 8 月 10 日、2015 年 8 月 11 日、2015 年 8 月 14 日向公司支付了 5 000 万元、2 000 万元、25 934 308.25 元业绩补偿款，以及相应违约金 497 605.85 元。至此，公司控股股东英达钢构 2014 年度业绩补偿承诺已履行完毕。

3. 业绩未达预期的原因。

英达钢构所做业绩承诺利润数的测算，是建立在一系列假设的基础上，包括 STEYR MOTORS M12 及 M14 机型能够成功落地中国，并在中国顺利量产。受到国内柴油发动机行业政策变动、STEYR MOTORS 柴油发动机技术消化及国产化工作战略调整等因素影响，M12 及 M14 机型的国产化工作出现延迟，标的资产未达盈利的具体原因如下：

（1）2014 年，公司受柴油发动机行业“国Ⅲ”转“国Ⅳ”政策因素的影响，以及国内一线城市提前执行“国Ⅴ”标准，导致公司原定战略方向、研发计划及生产计划发生变化，虽然公司管理层对行业政策的变化进行了提前预判和国产化方案的及时调整，但是依然使公司发动机国产化进程产生延迟。

（2）因斯太尔产品技术含量较高，对各组装零部件加工精度及自动化批量组装生产线要求很高。在国产化深入推进的过程中，公司管理层认为原国产化计划对上述问题的准备有所不足，国内部分代工企业现有的技术水平及设备性能，能满足小批量生产条件的质量保证，但无法保证大规模量产的品质要求。

（3）公司原有内控及管理体系、制度流程适用于投资及车桥业务领域，在柴油发动机及相关技术开发、生产和销售等方面适用性不足，导致了公司在国产化推进阶段流程烦琐、效率不足。

（4）随着国产化进程的推进，公司国产化团队日渐暴露出人才短缺、中外团队需要加强融合、中外双方对中国市场认知差异、部分核心管理层经验或能力不足等问题，影响国产化计划的执行效率。

参考文献

［1］姜楠，王景升．资产评估［M］．大连：东北财经大学出版社，2011.

［2］纪益成．收益法及其在企业价值评估中的相关问题研究［J］．经济管理．2008（14）.

［3］汪海粟．企业价值评估［M］．上海：复旦大学出版社，2005.

［4］刘玉平．企业价值评估若干问题探讨［J］．中国资产评估，2006（1）.

［5］俞明轩．企业价值评估［M］．北京：中国人民大学出版社，2004.

［6］吴良海，陈昌龙．资产评估学［M］．北京：清华大学出版社，2007.

| **案例正文** | ①

W 公司商标权评估

肖　翔　何　琳　阮咏华

（北京交通大学经济管理学院　北京中企华资产评估有限责任公司）

摘　要： 本案例描述了无形资产中的商标价值如何运用收益法进行评估。在确定的时点上，经综合分析采取三阶段收益折现模型预测收益。算出组合无形资产对企业总体收益的贡献，分析判定企业组合无形资产的类别构成，运用层次分析法建模确定商标资产对无形资产收益的贡献率，选取恰当的折现率，最终求出商标权的总价值。

关键词： 商标价值；收益法；收益贡献率；层次法

W 公司拟了解“W”商标价值，某评估公司接受 W 公司的委托，根据国家有关资产评估的法律、法规和资产评估准则，本着独立、客观、公正的原则，按照必要的评估程序对 W 公司拥有的“W”商标资产及相关业务实施了实地勘查、市场调查，采用收益法对“W”商标资产在 2009 年 12 月 31 日所表现的市场价值做出了公允反映，为此次经济行为提供价值参考依据。

1. 评估方法选择

无形资产价值评估的基本方法主要有收益法、市场法和成本法。注册资产评估师执行无形资产价值评估业务，应当根据具体评估对象、价值类型、资料收集情况等相关条件，分析收益法、市场法和成本法三种基本方法的适用性，恰当选择一种或多种评估方法。经综合分析，本次对 W 商标资产价值采用收益法评估。选择理由如下：

成本法能够反映被评估无形资产在评估基准日的重置成本，一般情况下，具有以下特性的无形资产可以采用成本法评估：（1）具有可替代性，即其功能作用易于被其他无形资产替代；（2）生产制造该无形资产技术上可行，制造其所需物化劳动易于计量；（3）重置该无形资产法律上可行，也就是法律上没有对重新研发该无形资产或者其替代物进行限制。由于 W 商标历史悠久，文化积淀深厚，作为一个信誉卓著的老字号，不仅不具有可复制性，而且也无法对其历史上的商标投资进行合理考量。再则，即便 W 商标历史投资能够考量，由于商标资产价值和投资成本的弱相关性，也无法采用。因此，成本法不适宜 W 商标价值评估。

① 该案例由中企华的一个商标的实际评估案例改编而成。评估过程进行了提炼和简化，数据经过了处理改变。

市场法是以现实市场上的参照物来评价被评估无形资产的现行公平市场价值，它具有评估角度和评估途径直接、评估过程直观、评估数据直接取材于市场、评估结果说服力强的特点。一般情况下，具有以下特性的无形资产可以采用市场法评估：（1）被评估无形资产或者类似无形资产存在活跃的市场，有足够的交易案例可供选择；（2）被评估无形资产或类似无形资产交易案例的市场交易价格、交易时间、交易条件、资产特性等交易信息公开透明。由于国内外商标资产缺乏活跃的交易市场，像W这样的中医药老字号商标交易案例更是稀少，因此市场法也不适宜W商标价值评估。

收益法是从决定被评估无形资产的预期获利能力的角度评价资产，符合对资产的基本定义。一般情况下，具有以下特性的无形资产可以采用收益法评估：（1）被评估无形资产剩余经济寿命期限内的经济收益能够合理预测；（2）被评估无形资产预期经济收益对应的风险能够合理量化；（3）被评估无形资产的剩余经济寿命能够合理确定。由于W集团拥有合法的中成药、中药饮片、保健食品、食品等的生产、经营资格证书；公司拥有合格规范的中药材种养殖基地和生产加工基地，以及先进的生产装备和生产场地；公司所属的中医药行业属于国家鼓励的朝阳健康产业，现代化制药技术更是为中医药行业增添了活力，公司多年来产值规模一直处于行业首位；公司管理层能够提供公司的历史经营数据和未来年度的盈利预测数据。评估人员经过对企业管理层访谈、实地勘察，以及市场调研分析认为W商标资产具备收益法评估的条件。

2. 收益法评估思路

企业的收益是有形资产和无形资产共同交织作用的结果。采用收益法评估商标资产价值的核心工作是估算商标资产对企业总体收益的贡献和对商标收益风险的判定。此次采用收益法评估商标资产价值的思路和操作步骤如下：

（1）估算组合（总体）有形资产对企业总体收益的贡献；

（2）估算组合（总体）无形资产对企业总体收益的贡献；

（3）分析判定企业组合无形资产的类别构成；

（4）估算商标资产对组合无形资产收益的贡献；

（5）预测商标资产未来经济寿命期限内的收益；

（6）估算商标资产预期收益的折现率；

（7）计算商标资产的价值。

根据上述商标资产收益法评估思路，此次商标资产评估的一般公式表示如下：

$$P = \sum_{t=1}^{n} \frac{Az_t \times (1 - L_s) \times L_p}{(1 + r)^t} \qquad \text{（公式 1）}$$

式中：

P——评估基准日商标资产价值；

Az_t——第 t 年的企业总体收益；

L_s——组合有形资产对企业总体收益的贡献率；

L_p——商标资产对组合无形资产收益的贡献率；

r——商标资产预期收益折现率；

t——商标资产收益期。

3. 收益法评估假设

本次评估预测建立在下述假设之上：

（1）W公司提供的评估资料真实、有效；

（2）W公司评估基准日后保持持续经营；

（3）没有考虑国家宏观经济政策发生重大变化以及遇有自然力和其他不可抗力等对评估结果的影响；

（4）W公司所处的行业大环境、大政策无重大变化；

（5）未来年度的信贷利率、税率及汇率在正常范围内变动；

（6）W公司的会计政策与核算方法无重大变化；

（7）W公司在现有管理模式和管理水平的基础上，经营范围、经营模式与目前情况保持一致；

（8）W公司现有和未来的管理层是负责的，并能稳步推进公司的发展规划，保持良好的经营态势。

（9）本报告没有考虑特殊的交易方式可能对评估结果的影响；

（10）本报告没有考虑将来可能承担的质押等担保事宜。

本评估报告结果在上述假设条件下在评估基准日时成立，当未来经济环境发生较大变化时，本评估机构将不承担由于假设条件改变而推导出不同评估结论的责任。

4. 有形资产收益贡献

此次评估，有形资产收益率以基准日5年期以上贷款利率5.94%为基础，经综合考虑W公司的业务类型、资产规模和信用状况，以及银行贷款利率浮动政策，按照上浮15%计算作为有形资产的收益贡献率，即5.94%×1.15=6.83%。

5. 资产收益贡献

5.1 组合无形资产分析

经过对W公司资产、业务的现场勘查，管理层访谈和市场调研，经评估人员综合分析，认为W公司的无形资产主要分为三类：商标资产、技术资产和渠道资产。

（1）商标资产。

“W”商标于×年在国家工商局商标局注册。×年国家工商局商标局正式认定“W”商标为驰名商标，“W”商标同时成为马德里国际注册商标。W 公司还依据不同国家关于商标的相关法律文件规定，在 × 个国家和地区注册了“W”中、英文商标。W 公司下属子公司均通过公司授权许可使用“W”商标。

W 公司除了拥有“W”系列文字、图形和组合商标外，还拥有“L”“S”等商标，目前 W 公司在商品和服务等领域只使用“W”系列商标，因此，非“W”商标对此次“W”商标价值评估没有影响。

××××年，国家商务部认定 W 公司（注册商标为“W”牌）为“中华老字号”。W 公司下属子公司及销售终端均通过公司授权许可使用“W”字号。

（2）技术资产。

我国中药技术研究成果的保护形式主要有：国家保密保护、中药品种保护、专利保护、商业秘密保护、药品批准文号保护和新药监测期保护等。

①中药保密品种。

中药保密品种是根据《中华人民共和国保守国家秘密法》《科学技术保密规定》等有关规定，将关系国家的安全和利益，一旦泄露会造成不良后果的科学技术，列入国家科学技术秘密范围。列入国家科学技术秘密的中药品种，其处方、剂量、制法等内容是保密的，为目前国内对中药的最高级别保护。国家科学技术秘密的密级分为绝密、机密、秘密三级。国家科学技术秘密的保密期限，除另有规定外，绝密级不超过三十年，机密级不超过二十年，秘密级不超过十年。

截至 2009 年底，W 公司有 × 个品种的配方被国家认定为保密配方，某产品技术被认定为国家保密技术。

②中药保护品种。

中药保护品种是根据《中药品种保护条例》有关规定，为了鼓励研制开发临床有效的中药品种，对质量稳定、疗效确切的中药品种实行分级保护制度。申请专利的中药品种，依照专利法的规定办理，不适用该条例。受保护的中药品种分为一、二级。中药一级保护品种分别为三十年、二十年、十年；中药二级保护品种为七年。中药一级保护品种因特殊情况需要延长保护期限的，由生产企业在该品种保护期满前六个月申报。中药二级保护品种在保护期满后可以延长七年。中药一级保护品种的处方组成、工艺制法，在保护期限内由获得《中药保护品种证书》的生产企业和有关的药品生产经营主管部门、卫生行政部门及有关单位和个人负责保密，不得公开。被批准保护的中药品种，在保护期内限于由获得《中药保护品种证书》的企业生产。

截至 2009 年底，W 公司及各子公司共有 × 个中药保护品种。

③专利保护。

根据《中华人民共和国专利法》规定，发明专利权、实用新型专利权、外观设计专利权被授予后，任何单位或者个人未经专利权人许可，都不得实施其专利，任何单位或者个人实施他人专利的，应当与专利权人订立实施许可合同，向专利权人支付专利使用费。被许可人无权允许合同规定以外的任何单位或者个人实施该专利。发明专利权的保护期限为二十年，实用新型专利权和外观设计专利权的保护期限为十年。

截至 2009 年底，W 公司及各子公司共申请专利 × 项，已授权专利 × 项。其中申请发明专利×项，授权×项；申请实用新型专利×项，授权×项；申请外观设计专利×项，授权×项。发明专利大多是在新产品研发、注册过程中申请的配方、工艺技术、标准专利，已获得新药证书、生产批件的新产品所涉及的相关专利均已实施；实用新型、外观设计专利获得授权后均处于实施状态。

④商业秘密保护。

根据《中华人民共和国反不正当竞争法》《关于禁止侵犯商业秘密行为的若干规定》等有关规定，商业秘密是指不为公众所知悉、能为权利人带来经济利益、具有实用性并经权利人采取保密措施的技术信息和经营信息。技术信息和经营信息包括设计、程序、产品配方、制作工艺、制作方法、管理诀窍、客户名单、货源情报、产销策略、招投标中的标底及标书内容等信息。

W公司技术类的商业秘密主要包括：中药材鉴定技术、中药材炮制技术、中药配方，以及医院制剂配方。主要技术文献有：《×1》共三个版本；《×2》二本。《×1》和《×2》是不可分割的整体。虽然目前中药的配方、制法必须符合《中华人民共和国药典》规定并已经公开，但是关于制法的具体细节并没有标准，因此，W公司的中药材炮制技术仍然具有宝贵的价值。《×1》有近五百个品种，涉及中医药十六个门类，共二十种剂型，至今仍然具有较大的开发价值，尤其是在开展医疗机构制剂方面优势明显。

⑤药号保护。

生产新药或者已有国家标准的药品的，须经国务院药品监督管理部门批准，并在批准文件上规定该药品的专有编号，此编号称为药品批准文号。药品生产企业在取得药品批准文号后，方可生产该药品。

W公司现有产品主要包括：药品（中成药、医疗机构制剂）、保健食品、食品、化妆品、参茸饮片×大类。其中，中成药×种、×个批准文号，医疗机构制剂×个，保健食品×个，功能性食品×个，化妆品×个，参茸饮片类产品×余种×多个规格。

除了上述五个方面的核心技术外，W公司生产的×个品种尚在新药监测期内，享有监测期保护权利。另外，W公司获准在部分产品中使用×药材，W公司享有的该项政府特许经营权大大地保证了核心产品配方的疗效。

（3）渠道资产。

截至2009年末，W公司共拥有商业零售终端×家，分布在全国×个省、市、自治区的×个城市；海外×家，遍布×个国家和地区。商业批发企业×家；中医医院×家，医馆及诊所×家。形成了名店、名药、名医结合，零售、批发并重的海内外终端网络。

根据规划目标，到2014年，W公司零售及医疗网点突破×家。销售规模上亿元的大型旗舰店×家，上千万元的中等规模店×家，海外终端网点×家。销售W自有产品占合并销售收入的50%以上。

5.2 组合无形资产收益分割

（1）组合无形资产收益分割方法。

人们在进行社会的、经济的以及科学管理领域问题的系统分析中，面临的常常是一个由相互关联、相互制约的众多因素构成的复杂而往往缺少定量数据的系统。层次分析法为这类问题的决策和排序提供了一种新的、简洁而实用的建模方法。运用层次分析法建模，大体上可按下面四个步骤进行：

①建立递阶层次结构模型；

②构造出各层次中的所有判断矩阵；

③层次单排序及一致性检验；

④层次总排序及一致性检验。

应用 AHP 分析决策问题时，首先要把问题条理化、层次化，构造出一个有层次的结构模型。在这个模型下，复杂问题被分解为元素的组成部分。这些元素又按其属性及关系形成若干层次。上一层次的元素作为准则对下一层次元素起支配作用。这些层次可以分为三类：

①最高层：这一层次中只有一个元素，一般它是分析问题的预定目标或理想结果，因此也称为目标层。

②中间层：这一层次中包含了为实现目标所涉及的中间环节，它可以由若干个层次组成，包括所需考虑的准则、子准则，因此也称为准则层。

③最底层：这一层次包括了为实现目标可供选择的各种措施、决策方案等，因此也称为措施层或方案层。

递阶层次结构中的层次数与问题的复杂程度及需要分析的详尽程度有关，一般递层次数不受限制。每一层次中各元素所支配的元素一般不要超过 9 个。这是因为支配的元素过多会给两两比较判断带来困难。

关于如何确定 a_{ij} 的值，Saaty 等建议引用数字 1—9 及其倒数作为标度。表 1 列出了 1—9 标度的含义。

表 1　　标度的含义

标度	含　义
1	表示两个因素相比，具有相同重要性
3	表示两个因素相比，前者比后者稍重要
5	表示两个因素相比，前者比后者明显重要
7	表示两个因素相比，前者比后者强烈重要
9	表示两个因素相比，前者比后者极端重要
2，4，6，8	表示上述相邻判断的中间值
倒数	若因素 i 与因素 j 的重要性之比为 a_{ij}，那么因素 j 与因素 i 重要性之比为 $a_{ji}=\frac{1}{a_{ij}}$

判断矩阵 A 对应于最大特征值 λ_{max} 的特征向量 W，经归一化后即为同一层次相应因素对于上一层次某因素相对重要性的排序权值，这一过程称为层次单排序。

上面得到的是一组元素对其上一层中某元素的权重向量。我们最终要得到各元素，特别是最低层中各方案对于目标的排序权重，从而进行方案选择。总排序权重要自上而下地将单准则下的权重进行合成。

设上一层次（A 层）包含 A_1，…，A_m 共 m 个因素，它们的层次总排序权重分别为 a_1，…，a_m。又设其后的下一层次（B 层）包含 n 个因素 B_1，…，B_n，它们关于 A_j 的层次

单排序权重分别为 b_{1j}，…，b_{nj}（当 B_i 与 A_j 无关联时，$b_{ij}=0$）。现求 B 层中各因素关于总目标的权重，即求 B 层各因素的层次总排序权重 b_1，…，b_n，计算按下表所示方式进行，即 $b_i = \sum_{j=1}^{m} b_{ij}a_j, i = 1,\cdots,n$。

（2）W 公司组合无形资产收益分割。

根据对 W 公司无形资产构成的分析，以及无形资产对收益贡献的影响路径，建立递阶层次结构如下：

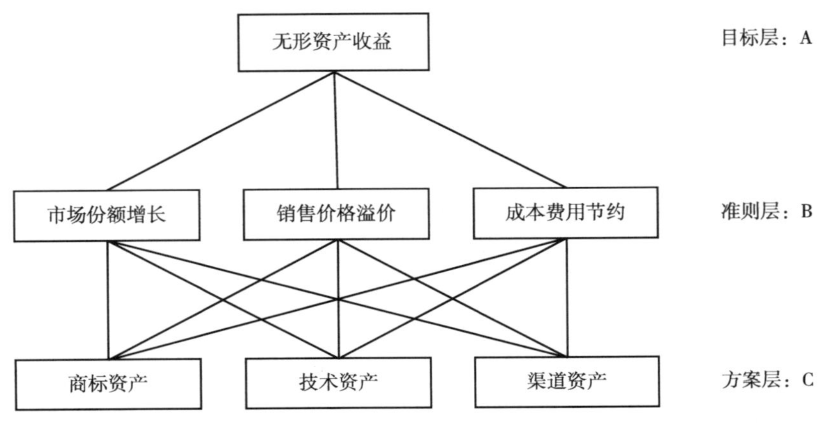

图 1　XYZ 无形资产组合分析结构

经对上述判断矩阵采用计算机软件进行归一化计算，均通过一致性检验。根据层次总排序结果，商标资产对无形资产收益的贡献率为 0.40。具体计算结果见表 2（计算过程见案例说明附录）。

表 2　归一化计算结果

A 层 / B 层	市场份额增长	销售价格溢价	成本费用节约	B 层总排序值
	0.72	0.19	0.08	
商标资产	0.43	0.47	0.11	0.40
技术资产	0.33	0.37	0.26	0.33
渠道资产	0.26	0.16	0.63	0.27

6. 商标资产收益预测

6.1　收益法模型的选取

根据对 W 公司的管理层访谈，实地勘察，以及市场调研，经综合分析，此次采用三阶段收益折现模型对 W 商标资产进行评估。如图 2 所示，收益的变动特征为：第一阶段，收益按一固定的高速增长率逐年增加；第二阶段，收益增长率逐期下降，直至达到第三阶段的

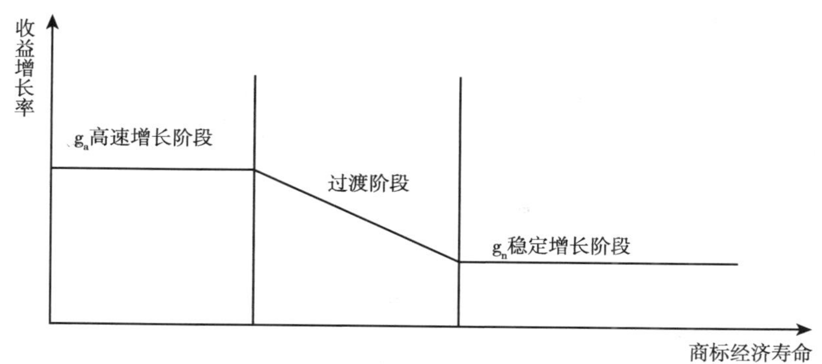

图2　三阶段收益折现模型

稳定状态；第三阶段为稳定增长阶段，增长率合理且永续保持不变。三阶段收益折现模型公式如下：

$$P = \underbrace{\sum_{t=1}^{n_1} \frac{A_0(1+g_a)^t}{(1+r)^t}}_{\text{高速增长期价值}} + \underbrace{\sum_{t=n_1+1}^{t=n_2} \frac{A_t}{(1+r)^t}}_{\text{过渡期价值}} + \underbrace{\frac{A_{n_2}(1+g_n)}{(r-g_n)(1+r)^{n_2}}}_{\text{稳定增长期价值}}$$

式中：

P——评估基准日商标资产价值；

A_t——第 t 年的商标收益；

g_a——高速增长期增长率（结束于 n_1 年）；

g_n——稳定增长期增长率；

r——折现率。

6.2　商标收益的确定

根据W公司制定的2010—2014年发展规划，评估人员对中医药行业和W公司的产业结构和竞争力进行了分析（见表3），认为W公司制定的5年规划基本合理。

表3　W公司2010—2014年财务预测

项　目	2010年	2011年	2012年	2013年	2014年
经营与财务状况指标					
营业收入（元）	3 637 653 113	4 365 183 735	5 238 220 482	6 285 864 578	7 543 037 494
净利润（元）	373 428 355	426 524 110	490 386 903	556 478 344	649 449 363
所有者权益（元）	2 861 250 282	3 286 473 718	3 770 854 618	4 320 497 182	4 961 824 688
增长率指标					
营业收入增长率（%）	21	20	20	20	20

由于W公司2010—2014年发展规划制定的收入增长率较高，2014年以后将逐步过渡到

正常平稳增长态势。评估人员经过综合分析，2015—2019 年以及永续期主要财务指标预测如表 4 所示。

表 4　W 公司 2015—2019 年及永续期财务预测

项　目	2015 年	2016 年	2017 年	2018 年	2019 年	永续期
经营与财务状况指标						
营业收入（元）	8 825 353 868	10 060 903 410	11 167 602 785	12 061 011 007	12 664 061 558	12 917 342 789
净利润（元）	759 855 755	866 235 560	961 521 472	1 038 443 190	1 090 365 349	1 112 172 656
所有者权益（元）	5 805 334 885	6 618 081 769	7 346 070 763	7 933 756 424	8 330 444 245	8 497 053 130
增长率指标						
营业收入增长率（%）	17	14	11	8	5	2
净利润增长率（%）	17	14	11	8	5	2

其中，假设永续期营业收入增长率保持 2% 不变。

根据此次评估方法和评估思路，以及前文关于 W 公司组合无形资产的分析，商标资产、技术资产和渠道资产均为账外资产，故将基准日 W 公司合并报表所有者权益作为有形资产处理。然后根据有形资产收益贡献率计算得出有形资产收益和无形资产收益。最后根据商标资产的收益贡献率计算得出商标收益。

7. 商标资产收益折现率确定

折现率是将未来的收益折算为现值的系数，它体现了资金的时间价值。

折现率 = 无风险收益率 + 风险报酬率

7.1　无风险收益率的确定

国债收益率通常被认为是无风险的，因为持有该债权到期不能兑付的风险很小，可以忽略不计。根据 Wind 资讯系统所披露的信息，银行间国债 10 年期 OTR 到期收益率（Wind）在评估基准日的到期年收益率为 3.62%，本次评估以 3.62% 作为无风险收益率。

7.2　风险报酬率

影响商标资产风险报酬率的主要因素包括：商标市场地位与稳定性、商标消费者认知度、商标保护与支持力度和商标趋势与延伸能力四个方面。

（1）商标市场地位与稳定性。

W 商标市场地位与稳定性得分 92 分（见表 5）。该项因素对应的风险系数为（100 - 92）÷10 = 0.8。

表 5　**商标市场地位与稳定性分值表**

影响因素	权重	分值				得分
行业地位	0.3	很高	较高	一般	差	
		70—100	50—70	30—50	0—30	95
市场占有率	0.2	国际	国内	多省	省内	
		70—100	50—70	30—50	0—30	80
商标稳定性	0.3	很高	较高	一般	差	
		70—100	50—70	30—50	0—30	95
商标抗风险能力	0.2	很强	较强	一般	差	
		70—100	50—70	30—50	0—30	95
合　计						92

（2）商标消费者认知度。

W 商标消费者认知度得分 86.5 分（见表 6）。该项因素对应的风险系数为（100－86.5）÷10＝1.35。

表 6　**商标消费者认知度分值表**

影响因素	权重	分值				得分
知名度	0.3	很高	较高	一般	差	
		70—100	50—70	30—50	0—30	80
认知度	0.2	很高	较高	一般	差	
		70—100	50—70	30—50	0—30	80
美誉度	0.3	很高	较高	一般	差	
		70—100	50—70	30—50	0—30	95
忠诚度	0.2	很高	较高	一般	差	
		70—100	50—70	30—50	0—30	90
合　计						86.5

（3）商标保护与支持力度。

W 商标保护与支持力度得分 88 分（见表 7）。该项因素对应的风险系数为（100－88）÷10＝1.2。

表 7　**商标保护与支持力度分值表**

影响因素	权重	分值				得分
受保护程度	0.3	很高	较高	一般	差	
		70—100	50—70	30—50	0—30	90
受保护区域	0.2	国际	国内	多省	省内	
		70—100	50—70	30—50	0—30	90

续表

影响因素	权重	分值				得分
政策支持情况	0.3	很强	较强	一般	差	
		70—100	50—70	30—50	0－30	90
持续投资情况	0.2	很高	较高	一般	差	
		70—100	50—70	30—50	0—30	80
合　计						88

(4) 商标趋势与延伸能力。

W 商标趋势与延伸能力得分 75 分（见表 8）。该项因素对应的风险系数为（100－75）÷10＝2.5。

综上所述，W 商标风险报酬率＝0.8＋1.35＋1.2＋2.5＝5.85。

表 8　　商标趋势与延伸能力分值表

影响因素	权重	分值				得分
行业发展趋势	0.25	很强	较强	一般	差	
		70—100	50—70	30—50	0—30	80
企业发展趋势	0.25	国际	国内	多省	省内	
		70—100	50—70	30—50	0—30	80
商标产品线延伸	0.25	很强	较强	一般	差	
		70—100	50—70	30—50	0—30	70
商标行业延伸	0.25	很广	较广	一般	差	
		70—100	50—70	30—50	0—30	70
合　计						75

7.3　折现率的确定

折现率＝无风险收益率＋风险报酬率

＝3.62%＋5.85%

＝9.47%

8. 商标资产评估价值

将商标收益进行折现得到商标资产价值 20.3 亿元，具体计算数据见表 9。

表 9　商标资产评估价值

项　目	2010 年	2011 年	2012 年	2013 年	2014 年	2015 年	2016 年	2017 年	2018 年	2019 年	永续期
净利润（元）	373 428 355	426 524 110	490 386 903	556 478 344	649 449 363	759 855 755	866 235 560	961 521 472	1 038 443 190	1 090 365 349	1 112 172 656
有形资产（元）	2 861 250 282	3 286 473 718	3 770 854 618	4 320 497 182	4 961 824 688	5 805 334 885	6 618 081 769	7 346 070 763	7 933 756 424	8 330 444 245	8 497 053 130
有形资产收益贡献率（%）	6.83	6.83	6.83	6.83	6.83	6.83	6.83	6.83	6.83	6.83	6.83
有形资产收益（元）	195 452 007	224 499 020	257 587 079	295 133 163	338 942 245	396 562 426	452 081 166	501 810 094	541 954 902	569 052 647	580 433 700
无形资产收益（元）	177 976 348	202 025 090	232 799 824	261 345 181	310 507 119	363 293 329	414 154 395	459 711 378	496 488 288	521 312 703	531 738 957
品牌资产收益贡献率（%）	40	40	40	40	40	40	40	40	40	40	40
品牌收益（元）	71 190 539	80 810 036	93 119 930	104 538 072	124 202 848	145 317 332	165 661 758	183 884 551	198 595 315	208 525 081	212 695 583
折现率（%）	9.47	9.47	9.47	9.47	9.47	9.47	9.47	9.47	9.47	9.47	9.47
折现期	0.5	1.5	2.5	3.5	4.5	5.5	6.5	7.5	8.5	9.5	
折现系数	0.96	0.87	0.80	0.73	0.67	0.61	0.56	0.51	0.46	0.42	5.667294436
折现值（元）	68 342 918	70 304 731	74 495 944	76 312 793	83 215 908	88 643 572	92 770 584	93 781 121	91 353 845	87 580 534	1 205 408 493
商标价值（元）	372 672 293	—	—	—	—	1 659 538 150	—	—	—	—	—

商标总价值 = 372 672 293 + 1 659 538 150 = 2 032 210 443（元）= 20.32（亿元）

W Company's Trademark Rights Assessment

Abstract: This case describes how the to evaluate the brand value of intangible assets by using the income approach At time-point, estimate the combination of intangible assets' contribution to the overall earnings, analysis of enterprise intangible asset categories constitute. And, use the analytic hierarchy process (AHP) model to determine the brand asset's Contribution rate for earnings of intangible assets, then, By the comprehensive analysis take three stage income discount model to Forecast earnings, The first stage, the income increases year by year with a fixed high-speed growth rate, the second stage, growth rate of earnings decreased step by step, until they reach the steady state of the third stage, third stage is stable growth stage, the growth rate is reasonable and sustainable remains the same. Select the appropriate discount rate, finally find out the total value of the trademark rights.

Key Words: brand value; income approach; Profit Contribution rate; AHP

案例使用说明

W公司商标权评估说明

一、教学目的与用途

1. 适用的课程：适用于《资产评估学》《无形资产评估》《评估理论与方法》等课程。

2. 适用的对象：适用于工商管理类、经济类本科生，评估专业硕士，或者会计类学术研究生或者会计专业硕士。

3. 教学目标：掌握无形资产评估的特点，掌握商标及相关概念及其特点，掌握和应用企业收益的预测；掌握和应用无形资产贡献率的计算方法，掌握风险报酬率的计算。

二、启发思考题

在介绍该案例分析过程前，提出几个问题：

1. 无形资产评估如商标的价值评估的三类方法的应用前提各是什么？

2. 商标的收益法评估如何进行？无形资产收益法评估与企业价值评估的收益法有何异同？

3. 商标的收益分成率如何测算？各有何利弊？

4. 风险报酬率一般如何测算？此案例中，商标的风险报酬率测算的理论依据是什么？

5. 思考本案例的创新之处以及存在的不足。

三、分析思路

案例分析的逻辑路径：

1. 首先要确定大的评估路径。判定商标属于无形资产，结合无形资产的特性，其价值评估应该以收益法为优选。

2. 收益法中主要是三个参数：收益，折现率和收益期限。鉴于在可预见的未来，商标可以永续使用，所以，此案例中收益期限为永续年限。

3. 收益的预测。可以有多种方法，如直接对商标产生的超额收益进行预测分析，或者采用本案例中的差额法。本案例中的差额法，需要先预测出总体企业所有资产创造的收益，然后扣除有形资产的收益，获得无形资产的收益，然后再考虑无形资产是个组合，要考虑计算商标的贡献分成比率。

4. 商标的贡献分成比率的估计也有多种方法，本文采用了层次分析法。

5. 率的预测。折现率也有多种计算方法，这里需要考虑的是要计算商标资产的折现率，风险累加法是一种常用的方法，无风险利率相对好选择，难点是如何测算商标资产的风险率。本文借鉴了 Interbrand 公司的评估思路，利用商标的价值因素来计量风险报酬率。

四、理论依据与分析

该案例中，用到了无形资产评估理论、收益法评估理论、商标资产价值内涵理论等。

无形资产评估理论，如无形资产是组合，有多种分类方法，包括技术类和非技术类无形资产，常见的有商标、技术类（包括专利和非专利技术）、营销类资产等；

收益法评估理论，关键是三因素，特别是未来预期收益和折现率的评估是重点。

商标资产价值内涵理论等。商标的内涵很丰富，代表着企业产品的创利能力等。

五、背景信息

本案例参照学习了已有的各种品牌价值的评估。

从已有的研究成果来看，品牌的价值在于品牌所产生的市场效应。对于品牌的市场效应，主要从两个层面来解释：（1）从消费者层面来解释品牌的价值。例如消费者对品牌的熟悉程度、忠诚程度、品质感知程度，消费者对品牌的联想等。从这一角度评估品牌，主要目的是识别品牌在哪些方面处于强势，哪些方面处于弱势，然后据此实施有效的营销策略以提高品牌的市场影响力和市场地位。（2）从企业层面或者是财务层面解释品牌的价值。在公司并购、商标使用许可与特许、合资谈判、商标侵权索赔中常常需要进行品牌评估。本案例主要学习参考了 Inter Brand 公司的品牌价值评估法。Inter Brand 公司认为品牌价值取决于两大因素：品牌价值 = 品牌收益 × 品牌强度。因此，Inter Brand 方法评估品牌资产分为两步，首先确定品牌收益和现金流；其次根据品牌强度确定折现率。其中，品牌强度是根据七个因素的评分推算出来的，分别是领导者地位、稳定度、市场特性、国际性、品牌趋势、品牌支持以及品牌保护。Inter Brand 公司又创立了一种 S 形曲线，将品牌实力得分转化为品牌未来收益所使用的贴现率，从而用以对品牌未来收益转化为现实收益的风险做出估计。

六、关键要点

该案例是一个综合难度比较大的案例，而且有不少的创新之处。一般来说，目前评估实践中，商标权的评估主要还是采用收益法，但是多数情况下，往往直接预测商标带来的未来超额收益，这种方法的弊端是往往会高估商标权的超额收益。本案例的创新之处表现在：（1）无形资产的收益计量采用的是差额法，即用总收益扣除有形资产的收益，获得无形资产的收益；（2）计算商标的收益贡献率，采用了层次分析法；（3）计算风险报酬率时，采用了影响因素评价法，最后，采用归一化处理。

具体难点和关键点分析如下：

1. 企业收益的预测。

企业的预期收益可以采用净现金流量也可以采用净利润，在此案例中，采用的是净利润。在未来预期收益的预测中，营业收入的预测是起点也是关键点。实践中，往往对营业收入增长率进行预测，然后根据基期营业收入和预计增长率计算预测期的营业收入。营业收入增长率的预测以历史营业收入增长率为基础，根据行业发展前景和企业的发展战略等因素进行修正。在修正时，要综合考虑宏观经济、行业结构与竞争状况、企业的产品竞争力及未来的经营战略等相关因素，即从宏观经济、中观行业发展、微观企业经营三方面来分析、考虑，最后综合获得一个相对科学、合理的预测的营业收入增长率。

因为，企业未来的发展是永续的，所以，在评估实践中，营业收入增长往往是按照分段法进行。多数分为两段法或者三段法。本案例采用的是三段法。第一阶段，收益按一固定的高速增长率逐年增加；第二阶段，收益增长率逐期下降，直至达到第三阶段的稳定状态；第三阶段为稳定增长阶段，增长率合理且永续保持不变。

预测出收入后，由于大部分财务数据包括流动资产、部分固定资产、营业成本、管理费用、销售费用等与营业收入有直接的内在联系，如果这种关系比较稳定，这样可以通过其内在联系预测报表数据，获取预计财务报表的大部分数据，这也称之为“营业收入百分比法”，从而能够预测出利润。根据企业的预计的净资产收益率，从而能够推算出所有者权益。此案例中，根据企业历史几年的数据，发现营业成本、管理费用等与营业收入的百分比比较稳定，预测未来业务不会有明显变化，因此，利用营业收入百分比法预测出利润。进一步根据比较稳定的净资产收益率推算出所有者权益。

2. 无形资产组合的收益。

企业的收益是有形资产和无形资产共同交织作用的结果。此案例中，将基准日 XYZ 公司合并报表所有者权益作为有形资产处理。然后根据有形资产收益贡献率计算得出有形资产收益，将总收益减去有形资产收益得到无形资产收益。此处，有形资产收益率以基准日 5 年期以上贷款利率 5.94% 为基础，经综合考虑 XYZ 公司的业务类型、资产规模和信用状况，以及银行贷款利率浮动政策，按照上浮 15% 计算作为有形资产的收益贡献率，即 5.94% × 1.15 = 6.83%。

3. 商标产生的收益。

经过对 XYZ 公司资产、业务的现场勘查，管理层访谈和市场调研，经评估人员综合分析，认为 XYZ 公司的无形资产主要分为三类：商标资产、技术资产和渠道资产。这三类无形资产共同作用产生收益，因此，非常关键的一点就是，要在无形资产组合的收益中分离出商标资产单独产生的收益，即要计算三种无形资产各自的贡献比率。这是案例的难点和关键点之一。

以往的研究往往是通过专家意见结合管理层的意见，采用简单的定性分析法后，利用三分法或者四分法得出商标对收益贡献的分成率。本案例采用了定性和定量相结合的层次分析法。该方法常常用于解决一个由相互关联、相互制约的众多因素构成的复杂而往往缺少定量数据的系统。层次分析法（Analytic Hierarchy Process，AHP）是将决策有关的元素分解成目标、准则、方案等层次，在此基础之上进行定性和定量分析的决策方法。该方法是美国运筹学家匹茨堡大学教授萨蒂于 20 世纪 70 年代初，在为美国国防部研究“根据各个工业部门对国家福利的贡献大小而进行电力分配”课题时，应用网络系统理论和多目标综合评价方法，提出的一种层次权重决策分析方法。

运用层次分析法建模，大体上可按下面四个步骤进行：

（1）建立递阶层次结构模型；

（2）构造出各层次中的所有判断矩阵；

（3）层次单排序及一致性检验；

（4）层次总排序及一致性检验。

当然，该方法需要多个有经验的专家对三类无形资产以及各层次产出的贡献分别打分，然后层层计算推出。

4. 风险报酬率。

折现率的实质是投资报酬率，企业价值评估中是计算整个企业的投资报酬率，或者加权平均资本成本。其中权益的资金成本会采用 CAMP 模型计算，一般会选择参照样本的上市公司的平均贝塔系数来计算目标企业的贝塔系数。而此案例中要测算商标资产的投资报酬率。这是此案例中另一个难点和关键点。这里采用了风险累加法。无风险收益率按照经典的大家公认的办法，选择了国债收益率。根据 Wind 资讯系统所披露的信息，银行间国债 10 年期 OTR 到期收益率（Wind）在评估基准日的到期年收益率为 3.62%，本次评估以 3.62% 作为无风险收益率。难点是如何计算风险报酬率。这是本案例的创新点。仍然采用风险累加法，考虑影响商标资产的价值和风险因素。本案例参照学习了已有的各种品牌价值的评估。

评估中常用到商标的概念，而在市场中，与之相近的一个概念是品牌。商标是品牌的重要部分，注册了商标也就拥有了这个品牌。商标属于法律概念，品牌属于市场概念。在评估中，我们常用到的是商标。但在市场中，人们常用的是品牌的概念。英国的 Inter Brand 公司被公认是世界上最著名的品牌资产评估公司，北京也有专门的北京名牌评估事务所，《金融世界》杂志每年公布的世界著名品牌资产评估报告，其所使用的方法即是 Financial World 评估模型。

从已有的研究成果来看，品牌的价值在于品牌所产生的市场效应。对于品牌的市场效应，主要从两个层面来解释：（1）从消费者层面来解释品牌的价值。例如消费者对品牌的熟悉程度、忠诚程度、品质感知程度、消费者对品牌的联想等。从这一角度评估品牌，主要目的是识别品牌在哪些方面处于强势，哪些方面处于弱势，然后据此实施有效的营销策略以提高品牌的市场影响力和市场地位。（2）从企业层面或者是财务层面解释品牌的价值。在公司并购、商标使用许可与特许、合资谈判、商标侵权索赔中常常需要进行品牌评估。因此，许多资产评估机构纷纷涉足品牌评估。

本案例参照了英国的 Inter Brand 公司的品牌价值评估的基本要素。Inter Brand 公司认为品牌价值取决于两大因素：品牌价值 = 品牌收益 × 品牌强度。因此，Inter Brand 方法评估品牌资产分为两步，首先确定品牌收益和现金流；其次根据品牌强度确定折现率。其中，品牌强度是根据七个因素的评分推算出来，分别是领导者地位、稳定度、市场特性、国际性、品牌趋势、品牌支持以及品牌保护。Inter Brand 公司又创立了一种 S 形曲线，将品牌实力得分转化为品牌未来收益所使用的贴现率，从而用以对品牌未来收益转化为现实收益的风险做出估计。

本案例的基本方法是收益法，预测出未来各年的商标创造的预期收益，再进行折现。不过，折现率的考虑参照学习了世界著名评估公司对商标（品牌）的强度考虑，并结合多个专家的分析意见，认为影响商标资产风险报酬率的主要因素包括：商标市场地位与稳定性、商标消费者认知度、商标保护与支持力度和商标趋势与延伸能力四个方面。然后分别从这四个方面给该商标打分，通过归一化处理，最后累计获得该商标的风险报酬率。

七、建议的课堂计划

1. 案例的开场白：首先在黑板中央写出讨论案例的内容——商标权评估。

2. 时间安排：案例设计为 50 分钟（一节课）。

3. 课程设计：老师提出问题、点评并总结。

学生分为 ABC 三组，让三组各自讨论，每一环节选出一个代表来提出自己的观点，或者与其他两个小组进行辩论。学生也可以提出问题。

（1）首先由老师介绍案例的基本背景和评估目的。然后，在黑板上提出第 1 个问题：无形资产评估如商标的价值评估的三类方法的应用前提各是什么？进行 3 分钟讨论，然后由各小组发表自己的意见，最后总结出收益法是相对比较合适的评估方法。

（2）板书并提出第 2 个问题：商标的收益法评估如何进行？进行 6 分钟讨论。

商标收益法可以有多种方法，如直接对商标产生的超额收益进行预测分析，或者采用本案例中的差额法。讨论各自的利弊。然后，提出本案例建议采用差额法。进一步总结出资产组合产生收益、无形资产组合、分成率等概念及其特点。

（3）板书并提出第3个问题：商标分成率如何测算？各有何利弊。进行5分钟讨论。可以有多种方法，经验法，三分法等，提出层次分析法并分析各自利弊。

（4）板书并提出第4个问题：风险报酬率一般如何测算？此案例中，商标的风险报酬率测算的理论依据是什么？

讨论提出INTERBRAND方法，简单介绍商标与品牌评估的国内外多种看法，建议大家课外去多看多想。

（5）最后，给大家展示案例的全部过程，发放纸质材料，阅读10分钟。然后最后提出第5个问题：本案例的创新之处以及利弊。讨论5分钟。最后由老师总结全案例的创新之处和关键点。

当然也提出该案例需要继续思考的两个问题：

（1）层次分析法计算权重的利弊。

（2）风险报酬率的分因素风险累加法有何利弊？

八、案例附录

层次分析法计算过程：

构造各层次中的判断矩阵。

通过分析市场份额增长、销售价格溢价和成本费用节约对收益的贡献，并进行两两比较，得到准则层判断矩阵如图1所示。

无形资产收益	市场份额增长	销售价格溢价	成本费用节约
市场份额增长	1.00	5.00	7.00
销售价格溢价	0.20	1.00	3.00
成本费用节约	0.14	0.33	1.00

图1　准则层判断矩阵

通过分析商标资产、技术资产和渠道资产分别对商标产品的市场份额增长、销售价格溢价和成本费用节约的贡献，并进行两两比较，得到方案层判断矩阵如图2所示。

市场份额增长	商标资产	技术资产	渠道资产
商标资产	1.00	5.00	3.00
技术资产	0.20	1.00	0.33
渠道资产	0.33	3.00	1.00
销售价格溢价	商标资产	技术资产	渠道资产
商标资产	1.00	3.00	9.00
技术资产	0.33	1.00	5.00
渠道资产	0.11	0.20	1.00
成本费用节约	商标资产	技术资产	渠道资产
商标资产	1.00	0.33	0.20
技术资产	3.00	1.00	0.33
渠道资产	5.00	3.00	1.00

图2　方案层判断矩阵

层次排序及一致性检验。

经对上述判断矩阵采用计算机软件进行归一化计算，均通过一致性检验。根据层次总排序结果，商标资产对无形资产收益的贡献率为0.40。具体计算结果如表1所示。

表1　归一化计算结果

A层 / B层	市场份额增长	销售价格溢价	成本费用节约	B层总排序值
	0.72	0.19	0.08	
商标资产	0.43	0.47	0.11	0.40
技术资产	0.33	0.37	0.26	0.33
渠道资产	0.26	0.16	0.63	0.27

W 水泥股份有限公司商誉减值测试评估案例

余炳文　李国民　胡梅根

（江西财经大学　中铭国际资产评估公司江西分公司）

摘　要：本案例源于W水泥股份有限公司在2011年度溢价收购了X股份有限公司65%的股权，在当时编制W水泥股份有限公司合并报表时，该溢价计入了商誉。W水泥股份有限公司在2013年度编写财务报告时，按相关会计准则的规定，需对该商誉进行减值测试，经过评估人员与企业相关审计人员充分沟通后，确定了本案例评估基准日是2013年12月31日，并确定了评估对象、评估范围、评估方法等一系列评估事项，形成了本案例评估的主体内容。该案例具有一定的典型性与代表性，反映了以财务报告为目的的商誉减值测试评估的实际问题，选用该案例作为教学案例较为适中。

关键词：商誉减值测试评估；会计处理；收益法

W水泥股份有限公司于2011年收购了X股份有限公司65%的股权。其主要目的是实现公司低成本战略扩张，利用X股份有限公司的矿产资源优势在S省建立生产基地，辐射长江流域及西部地区。通过此次收购，W水泥股份有限公司可以扩大公司的生产规模，完善公司产品的地域布局，进一步提升公司市场竞争力，优化资源配置，提升公司的盈利潜力。在收购X股份有限公司股权时，收购价高于X股份有限公司有形资产及可确指的无形资产所占65%股份的股权价值总和，该溢价部分已经计入W水泥股份有限公司商誉中。根据会计准则的规定，在编制合并报表时，W水泥股份有限公司需要对该商誉进行减值测试。因此，W水泥股份有限公司在2013年编制合并报表时，需要对该溢价形成的商誉进行评估，以确定该商誉是否存在减值情况。

此外，X股份有限公司的债权债务清晰，各项往来账目齐全，不存在担保、产权纠纷等事项。

1. 评估的基本事项

1.1　被评估单位简要介绍

X股份有限公司原为X水泥厂，始建于1962年，位于S省X市。20世纪90年代末，该厂改制并作为独家发起人公开发行A股，成立X股份有限公司，并在深圳证券交易所挂牌上市，注册资本1亿元人民币，企业晋升为省级大型企业，现有职工2 000余人。该公司生产各等级普通硅酸盐水泥，出厂安定性、富裕强度及包装袋重合格率连年保持100%；产品强度高、色泽青黑、终凝时间短、稠度适中、质量稳定；销售网点覆盖了WH、JM、SZ、YC等地区，远销HN、AH、HU等周边省份；产品广泛应用于水利、高层建筑、高等级公路等重点工程建设。

X股份有限公司的生产线主要包括两条熟料新型干法回旋窑水泥生产线，一条日产水泥2 500吨，另一条日产水泥2 750吨，同时还利用余热进行发电，年发电量为6 000万千瓦时。X股份有限公司还拥有八个水泥原料矿区的采矿权，后备原料资源丰富。公司经营范围主要为水泥生产、销售；水泥制品加工、销售以及水泥灰岩开采等。

1.2 评估目的

本次评估目的是对W水泥股份有限公司溢价收购的X股份有限公司65%股权所形成的商誉进行减值测试，为W水泥股份有限公司判断该商誉是否在2013年度资产负债表日发生减值提供价值参考。

1.3 价值类型

《以财务报告为目的的评估指南》中第二十五条指出：注册资产评估师协助企业进行资产减值测试，应当关注评估对象在减值测试日的可回收金额、资产预计未来现金流量的现值以及被评估资产市场价值（公允价值）减去处置费用的净额之间的联系和区别。

本案例即是对商誉的减值测试的评估，按照以财务报告为目的的评估指南要求，认为价值类型为可回收价值。可回收价值等于资产预计未来现金流量的现值或被评估资产市场价值（公允价值）减去处置费用的净额孰高者。本案例评估的是X股份有限公司的企业价值，市场价值（公允价值）与预计未来现金流量的现值都可以采用收益法进行评估，由于处置费用所占企业价值的份额非常小，可以忽略不计，所以可以认为市场价值（公允价值）与预计未来现金流量的现值两者基本一致。

1.4 评估对象和范围

本次评估对象界定为X股份有限公司与商誉有关的资产组。根据相关规定，与商誉减值测试相关的资产组或资产组组合，应当是能够从企业合并的协同效应中受益的资产组或资产组组合。

本次评估范围为X股份有限公司的全部资产及负债。

1.5 评估基准日

因委托方在2013年度编制财务报告时，按照相关会计准则规定，需对该商誉进行减值测试，故本案例最终确定评估基准日为2013年12月31日。

2. 资产清查简要说明

本次评估对象、评估范围与经济行为涉及的评估范围一致，评估范围内的资产经中国注册会计师进行审计，并出具了无保留意见的审计报告。在本项目中，与主营业务相关的资产包括企业的营运资金、固定资产、土地使用权、无形资产、商誉等，不包括企业的溢余资产、非经营性资产等与主营业务不相关的资产。评估人员对其进行了逐一的审查并在评估报告中体现。其中，可辨认净资产范围包括评估基准日的有形资产、无形资产（不含商誉）和负债。具体为流动资产、固定资产、土地使用权、采矿权和负债。

3. 评估思路

本案例是对商誉进行减值测试，故应先评估出在基准日时的 X 股份有限公司的商誉价值，然后将评估基准日 X 股份有限公司的商誉价值与并购时确认的商誉价值进行比较，如果评估基准日企业的商誉价值不低于并购时确认的商誉价值，则可以认为商誉不存在减值，整个评估工作结束；若评估基准日企业的商誉价值不高于并购时確认的商誉价值，用两者的差额确认为商誉减值的损失。具体思路如下：

首先，采用收益法对 X 股份有限公司经营性资产和负债的未来预计产生的现金流量现值进行估算，并测算出非经营性资产、溢余资产和付息负债的价值，得出收益法测算的企业股权价值。

其次，确定 X 股份有限公司可辨认净资产的范围及其公允价值。

再次，将使用收益法计算 X 股份有限公司评估结果与对应的可辨认净资产公允价值之间的差额，得出评估基准日 X 股份有限公司的商誉价值。即 X 股份有限公司评估基准日商誉价值等于收益法结果减去可辨认净资产公允价值。

最后，将评估基准日 X 股份有限公司商誉价值的 65% 与并购时确认的商誉价值进行比较，如果评估基准日 X 股份有限公司商誉价值的 65% 不低于并购时确认的商誉价值，则可以认为企业不存在商誉减值，整个测试工作结束；若评估基准日 X 股份有限公司商誉价值的 65% 低于并购时确认的商誉价值，则用两者的差额作为商誉减值损失。

4. 评估技术说明

4.1 评估方法的选择

根据资产减值准则的规定，本次评估中，依据评估目的和持续经营的基本假设，考虑所评估资产的特点，采用收益法对经营性资产和负债未来预计产生的现金流量现值进行估算，然后计算收益法评估结果与对应的可辨认净资产公允价值之间的差额，得出评估基准日企业的商誉价值。

本次采用收益法对 X 股份有限公司的主营业务相关的资产组进行评估，以基准日后若干年度内的企业经营现金流量作为依据，采用适当折现率折现后加总计算得出该资产组的未来现金流现值。具体步骤如下：

（1）确定与主营业务相关的资产组。

在本项目中，与主营业务相关的资产包括企业的营运资金、固定资产、土地使用权、无形资产、商誉等，不包括企业的溢余资产、非经营性资产等与主营业务不相关的资产。

（2）建立评估模型。

以评估基准日后若干年为预测期，对预测期内的企业净现金流进行逐年预测，假设预测期后企业净现金流除资本性支出外，其余项目与预测期末年保持一致，直至收益期末，并逐年折现得出资产的未来现金流现值。

（3）预测期和收益期。

W水泥股份有限公司属资源消耗性企业，公司生存和发展与其拥有的资源密切相关，根据公司现拥有的矿产资源（石灰矿石）储量和公司的实际生产能力，该资源可用83年，故本次评估确定的收益期限为83年。

本次评估的预测期为2014年1月1日至2018年12月31日，2019年及之后77年为现金流稳定期。

（4）净现金流量的确定。

本次评估采用的企业净现金流数据计算公式如下：

预测期内每年净现金流量 = 预测息税前利润 ×（1 − 所得税率）+ 折旧与摊销 − 资本性支出 − 营运资金追加额　　（公式1）

（5）与主营业务相关的资产组的未来现金流现值的确定。

资产组的未来现金流现值计算公式为：

$$P = \sum_{t=1}^{n} \frac{F_t}{(1+r)^t} \quad \text{（公式2）}$$

式中：

P——资产组的未来现金流现值；

F_t——未来第 t 个收益期的预期收益额；

r——折现率；

t——收益预测年期；

n——收益预测期限。

（6）折现率的确定。

按照收益额与折现率协调配比的原则，本次评估收益额口径为企业自由现金流量，则折现率应选取加权平均资本成本（WACC）。

WACC = 长期负债占投资资本的比重 × 长期负债成本 ×（1 − 所得税率）+ 股东权益资本占投资资本的比重 × 股东权益资本

股东权益资本按国际通常使用的资本资产定价模型CAPM模型进行求取。计算公式为：

$$\begin{aligned} K_e &= R_f + [E(R_m) - R_f] \times \beta + \alpha \\ &= R_f + R_{pm} \times \beta + \alpha \end{aligned} \quad \text{（公式3）}$$

式中：

R_f——目前的无风险利率；

$E(R_m)$——市场预期收益率；

R_{pm}——市场风险溢价；

β——权益的系统风险系数；

α——企业特定的风险调整系数。

（7）现金流折现时间的确定。

考虑到企业经营产生的现金流一般不是在全年均匀发生，根据水泥企业的特点，相应折现时点按期末折现考虑。

（8）现金流折现值的调整。

对主营业务相关的现金流折现值计算后再进行调整，包括加回企业的溢余资产、非经营性资产等和其他与主营业务不相关的资产，并扣除有息负债，可以测算出企业的价值。

4.2 可辨认净资产公允价值确定方法介绍

（1）可辨认净资产范围。

可辨认净资产范围包括评估基准日的有形资产、无形资产（不含商誉）和负债。具体为流动资产、固定资产、土地使用权、采矿权和负债。

（2）可辨认净资产公允价值的确定方法。

评估人员着重分析企业一年以来的运营情况及资产的增减变化，钢材和水泥等大宗材料的价格指数变化，以及原有资产的正常贬损因素，借助并购时的评估方法和体系，经过调整得出评估基准日可辨认净资产公允价值。如果企业近期收购行为经过资产评估，则以其账面反映的净资产公允价值作为可辨认净资产的公允价值。

4.3 商誉减值的确定

经过确认计算，折现现金流价值与对应的可辨认净资产公允价值之间的差额，得出评估基准日企业的商誉价值。然后将评估基准日企业的商誉与并购时确认的商誉进行比较，如果前者不低于后者，则可以认为企业不存在商誉减值，整个评估工作结束；若前者低于后者，取两者的差额作为商誉减值损失。

4.4 评估假设

（1）持续经营假设。假定在评估目的实现后，被评估单位即X股份有限公司仍按照原来的经营目的、经营方式持续地经营下去，并在可预见的经营期内，其经营状况不发生重大变化。

（2）资产持续使用假设。假设X股份有限公司被评估资产按照其目前的用途和使用的方式、规模、频率、环境等条件合法、有效地持续使用下去，并在可预见的使用期内不发生重大变化。

（3）宏观经济环境相对稳定假设。假设国家宏观经济形势及现行的有关法律、法规、政策无重大变化，被评估单位所在的行业即水泥建筑行业保持稳定发展态势，行业政策、管理制度及相关规定无重大变化。

（4）假设国家有关信贷利率、汇率、赋税基准及税率、政策性征收费用等不发生重大变化。

（5）不考虑通货膨胀的影响。

（6）资金的无风险报酬率保持在评估基准日的水平。

（7）收益的计算以会计年度为准，假定收支在期末发生。

（8）假设委托方及被评估单位所提供的有关企业经营的一般资料、产权资料、政策文件等相关材料真实、有效。

（9）假设评估对象所涉及资产的购置、取得、建造过程均符合国家有关法律法规规定。

4.5 行业分析及企业所在的区域市场分析

中国水泥行业最新政策及目前状况如下。

（1）当前行业政策环境。

国家发改委公布的数据显示，2013 年全国水泥产量达到 24.1 亿吨，同比增长 9.6%；实现利润 766 亿元，同比增长 16.4%。全国熟料产量 13.6 亿吨，同比增长 5.6%。根据全国在建项目分析，2013 年全国水泥行业完成固定资产投资 1421 亿元。

2013 年国务院出台 47 号文件《政府核准的投资项目目录（2013 年本）》，提出简政放权，下发水泥项目核准权，由国家转向地方监督执行行业规划。政策和标准促使水泥行业加快转型升级。预计 2014 年水泥需求的增速可能将有所回落，回落幅度为 3%—5%；但水泥供给端的收缩力度更大，预计水泥供给端供给量的减少幅度可能在 10% 以上，2014 年水泥行业的供需格局有望好转。

（2）当前行业市场环境及未来展望。

预测 2014 年行业新增需求约 1.62 亿吨（同比增长 6.8%），根据全国水泥行业协会统计，由于新增产能较少，2014 年预期新增熟料产能仅为 0.73 亿吨，合计水泥产能 1.1 亿吨，2014 年行业整体边际供需格局将继续改善，产能利用率将回升至 78% 左右。2014 年水泥行业盈利水平将稳步提升，主要基于以下几点考虑：

首先，“十二五”是全面建设小康社会的关键时期，国民经济仍将保持平稳较快增长，预测未来五年全社会固定资产投资年均增速在 20% 左右。水泥工业面临着发展机遇，工业化、城镇化和新农村建设的启动，稳步拉动水泥市场需求，保障性安居工程以及高速铁路、轨道交通、水利、农业及农村等基础设施建设带动水泥需求继续增长。尤其是国家对中西部地区项目建设的投资倾斜，导致 2014 年的水泥产量仍会保持 7.5% 左右的增长。由此可见，我国水泥市场未来发展前景较好。

其次，国务院下发《循环经济发展战略及近期行动计划》（国发〔2013〕5 号）提出支持利用现有水泥窑无害化协同处置城市生活垃圾和产业废弃物，进一步完善费用结算机制。一些大型的水泥企业，正加大对水泥炉窑处理固废能力的投入，预计随着相关结算补贴标准的落实，水泥行业的盈利能力可能会进一步提升。

再次，水泥生产成本基本稳定。水泥生产成本主要由煤炭、电力、原料、折旧等构成。其中，煤电成本约占水泥生产成本的 60% 以上，水泥窑低温余热发电利用水泥窑熟料煅烧过程中产生的废气余热进行发电，无需额外增加一次能源消耗，机组随水泥窑启停。余热发电项目显著降低企业用电成本，提高水泥企业的盈利能力。余热发电使每吨熟料可以为企业节约成本 16 元左右。余热发电还能促进水泥工业向节能、环保和循环经济的方向发展。

最后，兼并重组推动行业重新洗牌，各区域龙头雏形初现。政策鼓励兼并重组，内资、外资齐推动行业整合，提高行业集中度，区域龙头企业面临快速扩张的历史发展机遇。

（3）企业所在的区域市场分析。

我国水泥市场具有明显的区域性特征，水泥产品由于具有单位重量价格低、利润薄的特点，生产和消费都具有较强的区域性。目前较为经济的水泥产地与市场的陆地距离，通常在300公里以内，这就决定了不同区域的需求和供给的平衡状态和竞争的态势都不尽相同。总体来看，目前基础设施发展空间大、行业集中度较高、地理位置相对封闭的地区，水泥行业的竞争较为缓和，盈利水平较高；经济发展较为成熟、水泥产能前期投放量较大的地区，水泥行业竞争激烈，许多企业处于微利甚至亏损的状态。

华东地区是我国经济发展速度最快的区域，同时也是我国水泥需求量最大的地区。2013年，华东、中南地区房地产需求同比增速20%以上，水泥需求较为旺盛。华北、东北地区由于基建投资同比出现明显下滑，房地产投资增速疲软，导致水泥需求不振，明显低于全国平均水平。中南地区则受益于区域内需求较快增长，2012年区域内房地产销量快速回升，对2013年及以后的房地产投资有较强支撑。

X股份有限公司位于华东地区某省。该省目前已经投产的新型干法熟料产能9 620万吨，合计64条生产线，该省水泥产业的发展和建设极大地影响了X股份有限公司的经营状况。2013年华东地区水泥需求整体复苏，1—7月水泥累计产量同比增加9.6%，高于去年同期4.3%。其中该省最为突出，1—7月水泥累计产量增长速度为21.2%，同比增长20%，高于全国平均值11.6%。

从边际供需来看，该地区2013年边际供需显著改善，有利于价格上涨。该省混凝土行业的盈利也一直比较稳定。主要是由于该省混凝土搅拌站获得审批比较难，有的区域内就两个搅拌站，因此竞争不太激烈，盈利能力要高于全国行业的平均水平。X股份有限公司所在地属于华东市场，本区域水泥行业竞争较为激烈，水泥价格总体水平较低。

5. 评估值测算过程

5.1 收益法的评估说明

收益法主要适用于对经营性资产进行评估，下面的评估是在对X股份有限公司资产进行剥离的基础上进行的评估。

为了对商誉进行减值测试，企业在2014年财务预算的基础上，根据企业经营计划和资产特性，对与主营业务收入相关的资产组在剩余使用寿命内整个经营状况进行了预测，预测金额如表1所示。

表1　X股份有限公司2014—2018年经营预测情况　单位：万元

项　目	2014年	2015年	2016年	2017年	2018年
主营业务收入	63 600.00	61 230.00	59 400.00	60 500.00	60 030.00
主营业务成本	45 060.00	45 730.00	46 424.00	47 300.00	48 230.00
销售税金及附加	300.00	270.00	250.00	250.00	240.00

续表

项　目	2014 年	2015 年	2016 年	2017 年	2018 年
主营业务利润	18 240.00	15 230.00	12 726.00	12 950.00	11 560.00
管理费用	2 700.00	3 090.00	3 010.00	3 060.00	3 040.00
销售费用	4 780.00	4 870.00	4 920.00	4 970.00	5 020.00
财务费用	2100.00	2090.00	2000.00	2050.00	2060.00
营业利润	8 660.00	5 180.00	2 796.00	2 870.00	1 440.00
营业外收支净额	2 400.00	2 120.00	1 890.00	1 890.00	1 760.00
利润总额	11 060.00	7 300.00	4 686.00	4 760.00	3 200.00
所得税	2 765.00	1 825.00	1 171.50	1 190.00	800.00
净利润	8 295.00	5 475.00	3 514.50	3 570.00	2 400.00
折旧	4 500.00	4 680.00	4 860.00	5 030.00	5 200.00
摊销	102.00	102.00	102.00	102.00	102.00
资本性支出	1 390.00	1 390.00	1 390.00	1 390.00	1 390.00
营运资金追加额	636.00	612.00	594.00	605.00	600.00
自由现金流量	12 446.00	9 822.50	7 992.50	8 244.50	7 257.00

注：假设 2018 年后基本保持稳定。

5.2　主要测算数据的确定过程

（1）主营业务收入和主营业务成本的预测。

公司产能：水泥厂的产能一般是指熟料的产能，熟料加一定比例或成分的粉磨料就成了各种标号的水泥，除了生产线本身之外，其他粉磨站的设点及布局实际上是为消耗熟料、市场开拓及降低运输成本而准备的。X 股份有限公司年综合水泥生产能力 300 万吨左右，其中原有的干法水泥年产 90 万吨，2005 年投产的 2 500 吨/日新型干法水泥生产线，设计能力年产 77 万吨，实际年产达 98 万吨熟料生产线。2006 年第四季度投产的 2 750 吨/日新型干法水泥生产线，设计能力年产 84.70 万吨熟料生产线，实际年产逾百万吨熟料生产线。

公司产品：32.5 级水泥，目前占公司销售收入 47% 左右；42.5 级水泥，目前占公司销售收入 39% 左右；52.5 级水泥，目前占公司销售收入 1% 左右；商品熟料，目前占公司销售收入 13% 左右。公司产品结构图如图 1 所示。

公司现有市场：按照水泥的销售半径距离长短及销售特性，公司现有市场划分为中心市场（ZX 市、JS 市、SY 市、DB 市、CD 市）；中间市场（XL 区、YL 区、WJG 区、DJ 区、WF 土家族自治县、CY 土家族自治县、ZG 县、XS 县、YA 县、DY 市、YD 市、ZJ 市、ZD 区、GS 市、S 县）；边端市场（DB 镇、HT 镇、NZ 县、BK 县、GC 县、ZY 市、YC 市、LHK 市以及 JZ 和 XG 地区）。区域网点及区域市场占有率如表 2 所示。

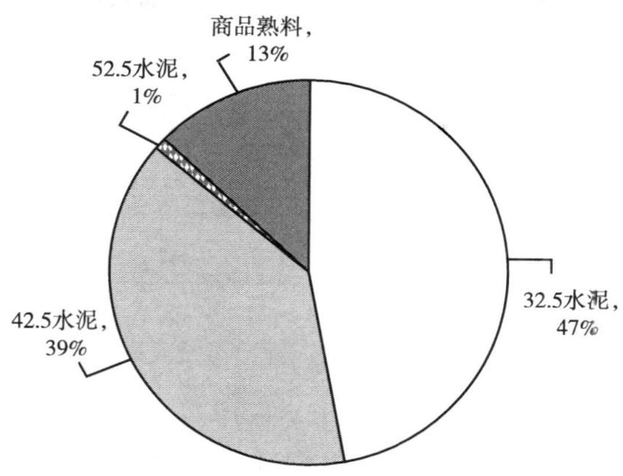

图 1　公司产品结构图

表 2　区域网点及区域市场占有率一览表

产品或服务类别	2012 年		2013 年	
	网点数量（个）	地区市场占有率（%）	网点数量（个）	地区市场占有率（%）
地区产品或服务网络	110	51	118	55
JM 地区产品或服务网络	62	65	70	70
YC 地区产品或服务网络	51	6	66	80
SZ 地区产品或服务网络	34	8	37	10
XY 地区产品或服务网络	21	7	34	9
QJ 地区产品或服务网络	28	30	30	32
WH 地区产品或服务网络	53	17	67	20
JZ 地区产品或服务网络	10	6	8	5
XG 地区产品或服务网络	20	14	21	15

该表统计的数据可以表明该公司销售区域经过优化、细化，尤其是 ZX、JS、SY、DB、CD 等地，通过以乡镇为单位划分区域或经过人员优化，核心市场占有率 2013 年与 2012 年相比稳中有升。与此同时，商品熟料销量大增，对于有效消化二期投产所增加产能有一定的作用。

产品毛利率：X 股份有限公司 2011—2013 年产品单位售价、成本和毛利率如表 3 所示。

表 3　X 股份有限公司 2011—2013 年产品单位售价、成本及毛利率表　单位：元/吨

年度	项目　产品	32.5 水泥	42.5 水泥	52.5 水泥	商品熟料
2011 年	平均售价	318	325	380	319
	单位平均成本	171	223	235	205
	毛利率（%）	46.23	31.38	38.16	35.74

续表

年度	项目＼产品	32.5 水泥	42.5 水泥	52.5 水泥	商品熟料
2012 年	平均售价	243	290	327	211
	单位平均成本	161	210	233	187
	毛利率（%）	33.74	27.59	28.75	11.37
2013 年	平均售价	236	267	314	210
	单位平均成本	143	182	212	167
	毛利率（%）	39.41	31.84	32.48	20.48

从表 3 得知，2011 年取得了较好的业绩，得益于周边地区限电限产及房地产的热度不减，由于市场竞争加剧，2012 年的产品售价、成本及毛利率有所下降，到 2013 年，这种下降的势头进一步加剧，销售价格进一步下跌，但企业在控制成本等方面采取了一定的措施，使单位成本有所下降，毛利率得到一定程度的回升。

①未来预测。

未来 X 股份有限公司所在省发挥政府投资的引导带动作用，加大对基础设施、重大产业、民生工程、生态环保等领域的投资，加速高速公路、铁路、机场、能源、水利等重大基础设施建设。

未来，随着“尽快取消 32.5 复合水泥产品标准，逐步降低 32.5 复合水泥使用比重”政策导向，公司在未来年度的产品结构上做了相应的调整，产品毛利润率做了微调后仍保持一定的水平，但由于总体市场容量的限制、本区域市场竞争的加剧及公司完全消化其一二期产能还有一个过程，预测期内不做满负荷生产和销售计划。综合 X 股份有限公司的生产经营环境，充分考虑产能、市场容量、国家政策、当地的重点项目以及价格联盟等因素，对未来的营业收入及营业成本预测如表 4 所示。

表 4　　X 股份有限公司 2014—2018 年营业收入及成本预测表　　单位：万元

项　目	2014 年	2015 年	2016 年	2017 年	2018 年
营业收入	63 600.00	61 230.00	59 400.00	60 500.00	60 030.00
营业成本	45 060.00	45 730.00	46 424.00	47 300.00	48 230.00

②营业税金及附加预测。

营业税金及附加包括城建税、营业税、消费税、城市维护建设税、资源税、教育费附加。公司在预测未来营业税金及附加时，主要考虑与营业收入的相关性，同时注意分清各项营业税金及附加的不同之处，根据不同类型产品的销售收入，确定企业的营业税金及附加如表 5 所示。

表 5　　X 股份有限公司 2014—2018 年营业税金及附加预测表　　单位：万元

项　目	2014 年	2015 年	2016 年	2017 年	2018 年
营业税金及附加	300	270	250	250	240

③期间费用的预测。

根据本次评估假设，在未来经营期内，评估对象的销售费用保持在评估基准日与销售收入的比例关系，不发生变化，销售费用占营业收入平均比率在 5.87% 左右，2011 年由于周边限电等因素销售业绩比较好，营业费用占营业收入平均比率较低，但恢复到正常年份销售费用占营业收入的比例将趋于平稳，本次评估确定 2014 年及以后年份的销售费用占营业收入的 8%。

根据本次评估假设，在未来经营期内，评估对象的管理费用保持在评估基准日与营业收入的比例关系，不发生变化，管理费用占营业收入平均比率在 4.38% 左右，收入增长与管理费用增长的属性不同，收入增长是争夺区域市场的结果，而管理费用增长具有一定刚性约束，在现有的管理目标及框架下，管理费用增长一般是由管理人员薪酬调整导致的，本次评估确定 2014 年的管理费用占营业收入的 4%，2015 年及以后年份的管理费用占营业收入的 5%。

根据公司历史的财务报表分析，公司的付息债务在 2009—2013 年存在一定的波动，这与公司的财务资金需要和安排有关，根据公司未来五年的资金需要计划和还款计划，可以测算出每年的借款金额，再乘以借款利率，可以计算出每年的财务费用，2018 年以后的财务费用按照 2018 年的财务费用测算。

④营业外收入中补贴收入的预测。

公司补贴收入分常态补贴收入和其他补贴收入。常态补贴指的是 32.5 型号水泥享受增值税即征即退的政策。公司暂无其他补贴收入。

公司在计算 32.5 型号水泥退税时，一般是按照应交增值税额乘以 32.5 型号水泥销售占总销售的比例进行确定的。未来预测时，确定了 32.5 型号水泥销售额和销售成本，通过历年数据分析，得出 32.5 型号水泥进项税额部分比例（原材料、燃料和动力），然后推测出 32.5 型号水泥应交增值税额。经上述分析和计算，未来五年补贴收入（常态部分）如表 6 所示。

表 6　　X 股份有限公司未来五年补贴收入预测表　　单位：万元

项　目	2014 年	2015 年	2016 年	2017 年	2018 年
补贴收入	2 400.00	2 120.00	1 890.00	1 890.00	1 760.00

注：营业外其他收支未做预计。

⑤所得税的预测。

本次评估所得税率按 25% 计算，具体评估结果如表 7 所示。

表 7　　X 股份有限公司未来五年应交所得税预测表　　单位：万元

项　目	2014 年	2015 年	2016 年	2017 年	2018 年
所得税	2 765.00	1 825.00	1 171.50	1 190.00	800.00

⑥净营运资金的增加额预测。

营运资金 = 非现金流动资产 – 不含有息负债的流动负债

营运资金增加额 = 非现金流动资产增加额 – 不含有息负债的流动负债增加额

营运资金一般和企业营业收入存在一定的比例关系，本次营运资金的预测根据企业具体情况、各项周转率指标，预测未来正常经营过程中应收账款、存货及相关经营性负债，进而计算未来经营年度营运资金需求金额。经上述分析和计算，未来五年营业资金增加额如表 8 所示。

表 8　　X 股份有限公司未来五年营业资金增加额　　单位：万元

项　目	2014 年	2015 年	2016 年	2017 年	2018 年
营运资金增加	636	612	594	605	600

⑦折旧与摊销的预测。

固定资产主要包括房屋及建筑物、机器设备、运输设备、办公设备及其他设备等。固定资产按取得时的实际成本计价，采用直线法计提折旧，并按固定资产估计使用年限和预计净残值率确定其分类折旧率。

本次评估折旧费由评估基准日存量资产的折旧费和评估基准日后增量资产的折旧费组成。其中存量资产的折旧水平根据现有折旧政策推导，2018 年以后的折旧按照 2018 年的折旧测算；增量资产折旧是考虑所有项目正常运转的固定资产改良支出；本次评估摊销费为生产自动控制系统，即计算机软件系统，按照直线法摊销，每年的摊销金额一致。具体数据如表 9 所示。

表 9　　X 股份有限公司未来五年折旧与摊销预测表　　单位：万元

项目	2014 年	2015 年	2016 年	2017 年	2018 年
折旧	4 500.00	4 680.00	4 860.00	5 030.00	5 200.00
摊销	102.00	102.00	102.00	102.00	102.00

⑧资本性支出的预测。

对于资本性支出，主要分为增量资产的资本性支出和存量资产的资本性支出。存量资产的资本性支出主要是水泥生产线运行较长而维持其正常运转所需投入的更新支出；增量资产的资本性支出是维持简单再生产所需要的必要投入。为了测算的方便，2018 年以后的资本性支出按照 2018 年的资本性支出测算。具体金额如表 10 所示。

表 10　　X 股份有限公司未来五年资本性支出预测表　　单位：万元

项　目	2014 年	2015 年	2016 年	2017 年	2018 年
资本性支出	1 390.00	1 390.00	1 390.00	1 390.00	1 390.00

⑨自由现金流的预测。

本次评估中对未来收益的预测，主要是在对 X 股份有限公司审计报表列示的收入、成本和财务数据的核实以及对行业的市场调研、分析的基础上，根据其经营历史、市场需求与未来的发展等综合情况做出的一种专业判断。预测时不考虑其他非经常性收入等所产生的损益，本案例的自由现金流 = 净利润 + 利息费用（1 − 所得税率）+ 折旧、摊销 − 资本性支出 − 运营资金的增加进行测算，具体金额如表 11 所示。

表 11　　X 股份有限公司未来五年自由现金流预测情况表　　单位：万元

项　目	2014 年	2015 年	2016 年	2017 年	2018 年
自由现金流量	12 446.00	9 822.50	7 992.50	8 244.50	7 257.00

⑩折现率的计算。

按照收益与折现率协调配比的原则，本次评估收益口径为自由现金流量，则折现率应选取加权平均资本成本（WACC）。

WACC = 长期负债占投资资本的比重 × 长期负债成本 ×（1 − 所得税率）+
股东权益资本占投资资本的比重 × 股东权益资本

股东权益资本按国际通常采用的资本资产定价模型（CAPM）求取。计算公式为：

$$K_e = R_f + [E(R_m) - R_f] \times \beta + \alpha$$
$$= R_f + R_{pm} \times \beta + \alpha \quad \text{（公式 4）}$$

式中：R_f 为无风险利率；$E(R_m)$ 为市场预期收益率；R_{pm} 为市场风险溢价；β 为权益的系统风险系数；α 为企业特定的风险调整系数。

a. 无风险报酬率 R_f。无风险报酬率通过查询 Wind 资讯网及中国债券网，取剩余期限为 10 年的固定国债到期收益率 4.0699%。

b. 风险系数 β。通过查询 Wind 资讯网，根据与企业类似的沪深 A 股股票近 100 周上市公司贝塔参数估计值计算确定，具体计算过程如下：

首先根据公布的类似上市公司 β 值计算出各公司无财务杠杆的 β 值，本次选取近似公司深天地 A、江西水泥、海南瑞泽、宁夏建材等 8 家上市公司作为参照公司，具体公司如表 12 所示，由此计算出 X 股份有限公司的 β 值。计算公式如下：

$$\beta_L = [1 + (1 - T) \times D \div E] \times \beta_U \quad \text{（公式 5）}$$

式中：β_L 为有财务杠杆的 β；D/E 为可比上市公司有息负债与股权比率；β_U 为无财务杠杆的 β；T 为所得税率。

经测算，X 股份有限公司的有息负债与股权比例为 0.6028，该公司执行的所得税税率为 25%，代入 $\beta_L = [1 + (1 - T) \times D \div E] \times \beta_U$ 可计算出带杠杆的 β_L 值，即：

$$\beta_L = [1 + (1 - T) \times D \div E] \times \beta_U$$
$$= [1 + (1 - 25\%) \times 0.6028] \times 0.8088$$
$$\approx 1.1745$$

c. 市场预期收益率 $E(R_m)$。市场预期收益率是根据沪深综指 1996 年至 2013 年指数计算，采用几何平均收益率取平均值后的结果为 10.47%，即市场预测收益率为 10.47%。

d. 风险调整系数。根据行业及被评估单位所处风险的现实情况，由于公司系房地产相关行业、该区域市场存在产能过剩，过度依赖能源和矿石资源等，根据以往评估的经验，取企业特定风险调整系数 α 为3%。

表 12　　类似上市公司无财务杠杆的 β 值计算表

证券名称	证券代码	β_u 系数
深天地 A	000023. SZ	0. 6247
江西水泥	000789. SZ	0. 7787
天山股份	000877. SZ	0. 4823
塔牌集团	002233. SZ	1. 0457
建研集团	002398. SZ	1. 1602
海南瑞泽	002596. SZ	0. 7394
宁夏建材	600449. SH	0. 8967
祁连山	600720. SH	0. 7429
算术平均值		0. 8088

根据上述确定的参数，则权益资本成本计算如下：

$$K_e = R_f + [E(R_m) - R_f] \times \beta + \alpha$$
$$= 4.0699\% + (10.47\% - 4.0699\%) \times 1.1745 + 3\%$$
$$\approx 14.59\%$$

e. K_d（债务成本）的确定。债务成本按公司目前执行的贷款条件，公司预测年度的有息债务主要来源于银行长短期贷款，根据企业提供的未来资金筹集和使用计划，通过财务杠杆来优化企业的资金结构，债务成本 K_d 根据一年期银行贷款利率确定为6.00%。

f. 加权资本成本 WACC 的确定。

$$WACC = K_e \times E \div (D+E) + K_d \times D \div (D+E) \times (1-T)$$
$$= 14.59\% \times 62.39\% + 6.00\% \times 37.61\% \times (1-25\%)$$
$$\approx 10.80\%$$

⑪评估值的计算过程。

a. 经营性资产价值的确定。预测期内各年自由现金流按年末流入考虑，然后将收益期内各年的自由现金流按加权资本成本折现到2013年12月31日，从而得出公司经营性资产的价值，计算公式如下：

$$P = \sum_{t=1}^{n} \frac{R_t}{(1+i)^t} + \frac{P_n}{(1+i)^n} \qquad (公式6)$$

计算结果详见表13所示。

表 13　　X 股份有限公司未来五年经营性资产价值计算表　　单位：万元

项目	2014 年	2015 年	2016 年	2017 年	2018 年	稳定期每年
自由现金流量	12 446. 00	9 822. 50	7 992. 50	8 244. 50	7 257. 00	7 257. 00

续表

项目	2014 年	2015 年	2016 年	2017 年	2018 年	稳定期每年
折现率 WACC（%）	10.80	10.80	10.80	10.80	10.80	10.80
年期	1	2	3	4	5	n
折现系数	0.9025	0.8146	0.7352	0.6635	0.5988	5.5444
净现值	11 232.52	8 001.41	5 876.09	5 470.23	4 345.49	40 235.71
营业性资产价值	75 161.45					

根据上述表格，企业经营性资产价值为 75 161.45 万元。

b. 非经营性及溢余资产价值的确定。

经核实，在评估基准日 2013 年 12 月 31 日，经会计师审计的公司账面有如下一些资产的价值在本次估算的净现金流量中未予考虑，应属本次评估所估算现金流之外的其他非经营性资产和溢余资产，在估算企业价值时应予另行单独估算其价值。

评估基准日货币资金及交易性金融资产：经审计的资产负债表披露，在评估基准日账面货币资金余额 15 492.57 万元。经评估人员核实无误，确认该货币资金存在。该基准日存在的货币资金扣除正常 3 个月运营成本费用 4 445.02 万元后，属于溢余性资产为 11 047.55 万元。

关联单位资金往来：与关联单位资金往来既有占有关联单位资金，也有关联单位占有公司的资金。其中，关联单位占有公司的资金为 15 399.21 万元，占有关联单位资金 9 188.71 万元，关联单位资金往来与公司经营无直接关系，需予以单列。

长期股权投资价值：公司长期股权投资账面价值为 15 350 万元，列表如表 14 所示。

表 14　　公司长期股权投资账面价值　　单位：万元

被投资单位名称	投资日期	投资比例（%）	投资成本	账面价值
A 咨询公司	2008.12	5.00	4 900.00	4 900.00
B 风险投资公司	2007.11	100.00	2 600.00	2 600.00
C 矿石加工厂	2010.07	100.00	1 000.00	1 000.00
D 石料采集场	2010.09	51.00	510.00	510.00
E 水电厂	2011.12	50.00	5 000.00	5 000.00
F 编织袋厂	2012.12	50.00	700.00	700.00
G 汽车修理厂	2013.12	50.00	540.00	540.00
H 发动机制造有限公司	2014.12	50.00	100.00	100.00
合　计			15 350.00	15 350.00

由于本次单独对母公司经营性资产进行了评估，故公司长期股权投资应单独列示。

本次设定长期股权投资公允价值相比于其账面值的增值额为 600 万元，则加回后的长期投资公允价值为 15 350 + 600 = 15 950（万元）。

c. 付息债务价值的确定。

截至评估基准日，经会计师审计的资产负债表披露，公司账面付息债务余额 24 800.00

万元。本次评估，在对该付息债务核实无误的基础上，其付息债务的价值为 24 800.00 万元。

d. 全部股东权益价值的确定。

股东全部权益价值 = 企业价值 − 评估基准日有息债务 = 经营性资产价值 + 非经营性资产价值 + 溢余资产价值 − 评估基准日有息负债

= 75 161.45 + 11 047.55 + 15 950.00 + 15 399.21 − 9 188.71 − 24 800.00

= 83 569.50（万元）

（2）商誉价值的确定

①通过上述收益途径（预计未来现金流量的现值）得出评估基准日的 X 股份有限公司股东全部权益价值为 83 569.50 万元。

②该公司可辨认净资产在 2011 年 3 月已进行了评估，本次评估人员着重分析企业近两年以来的运营情况及资产的数量增减变化，原有资产的正常贬损因素，借助上一次评估方法和体系，经过一些调整，得出评估基准日可辨认净资产公允价值为 60 750.50 万元，主要结果如下：

账面净资产为 54 886.63 万元；

固定资产（主要房屋）公允价值相比于账面值增值额为 3 880.94 万元；

土地和采矿权公允价值相比于账面值增值额为 1 382.92 万元；

长期投资公允价值相比于账面值增值额为 600 万元；

则：54 886.63 + 3 880.94 + 1 382.92 + 600 = 60 750.50（万元）

③本次商誉价值的确定

计算收益法结果与对应的可辨认净资产公允价值之间的差额，得出评估基准日企业的商誉价值。则：

商誉价值 = 83 569.50 − 60 750.50

= 22 819.00（万元）

6. 评估结论

根据上述评估工作，在满足评估假设前提下，截至评估基准日 2013 年 12 月 31 日，对资产组主要通过未来预计产生的现金流量现值进行估算，经测试 X 股份有限公司商誉价值为 22 819.00 万元，W 水泥公司持有 X 股份有限公司 65% 的股权，则其商誉价值为 22 819.00 × 65% = 14 832.35（万元）。W 水泥股份有限公司合并报表上该项商誉账面值为 6 877.21 万元，本次测试结果高于商誉账面价值，根据企业会计准则中的有关内容，认为 W 水泥股份有限公司该项商誉不存在减值。

附录

附表 1　　X 股份有限公司 2009—2013 年生产经营情况表　　单位：万元

项　目	2013 年	2012 年	2011 年	2010 年	2009 年
营业收入	69 200	65 700	82 600	65 000	50 200
营业成本	45 700	47 000	50 900	48 100	42 000
营业税金及附加	400	375	650	370	200
管理费用	3 100	2 300	4 000	2 500	2 200
销售费用	4 060	3 810	3 300	3 500	2 850
财务费用	2 140	2 815	1 750	2 230	2 350
营业利润	13 800	9 400	22 000	8 300	600
营业外收支净额	3 600	5 700	2 900	3 000	2 880
利润总额	17 400	15 100	24 900	11 300	3 480
净利润	13 050	11 325	18 675	8 475	2 610

附表 2　　X 股份有限公司 2009—2013 年资产负债情况表　　单位：万元

资产项目	2013/12/31	2012/12/31	2011/12/31	2010/12/31	2009/12/31
流动资产	46 500	43 900	47 800	35 400	30 780
非流动资产	55 600	58 000	55 300	56 840	56 100
其中：长期股权投资	15 380	15 300	8 990	6 890	3 940
投资性房地产	0	0	0	0	0
固定资产	37 900	40 300	43 800	47 780	50 020
无形资产	2 320	2 400	2 510	2 170	2 140
资产总额	102 100	101 900	103 100	92 240	86 880
流动负债	47 200	50 040	35 300	48 480	34 100
非流动负债	42	2	10 400	2 000	17 503
负债合计	47 242	50 042	45 700	50 480	51 603
股东权益	54 858	51 858	57 400	41 760	35 277

附表 3　　X 股份有限公司 2010—2013 年的资产负债率及产权比率表

财务指标	2013/12/31	2012/12/31	2011/12/31	2010/12/31	四年平均值
资产负债率（%）	46. 27	49. 11	44. 33	54. 73	48. 61
产权比率（%）	86. 12	96. 50	79. 62	120. 88	95. 78

附表 4　　X 股份有限公司 2010—2013 年的流动比率表

财务指标	2013/12/31	2012/12/31	2011/12/31	2010/12/31	四年平均值
流动比率（%）	98. 54	87. 59	135. 41	73. 07	98. 65
速动比率（%）	83. 90	67. 92	108. 79	63. 67	81. 07

附表 5　　X 股份有限公司 2010—2013 年的运营指标表

财务指标	2013/12/31	2012/12/31	2011/12/31	2010/12/31	四年平均值
应收账款周转率（%）	1 368. 84	1 573. 93	2 758. 83	5 294. 79	2 749. 10
流动资产周转率（%）	153. 10	143. 41	198. 61	366. 74	215. 46
总资产周转率（%）	67. 82	64. 10	84. 57	140. 80	89. 32

附表 6　　X 股份有限公司 2010—2013 年的盈利指标表

财务指标	2013/12/31	2012/12/31	2011/12/31	2010/12/31	四年平均值
销售毛利率（%）	33. 96	28. 31	38. 42	92. 58	48. 32
销售净利率（%）	18. 95	17. 32	22. 56	16. 04	19. 83
总资产净利率（%）	12. 85	11. 10	19. 07	22. 58	16. 4
净资产收益率（%）	24. 57	20. 83	37. 56	49. 86	33. 2

Case on W Cement Co. , LTD. Goodwill Impairment Test and Evaluation

Abstract: This case stems from the fact that W cement co. , ltd. acquired 65% of the equity of X co. , ltd. at a premium in 2011. When preparing the consolidated statement of W cement co. , ltd. at a time, the premium was included in the goodwill. In the 2013 annual financial report writing, W cement co. , ltd. according to the provisions of the relevant accounting standards need to be on the business volume for impairment test, after adequate communication by appraisers and relevant auditors, the base date of this case appraisal is confirmed to be December 31, 2013, evaluation objects, scope, methods and a series of assessment items are determined, what's more, the main body of this case assessment content is formed. To some extent, this case is typical and representative, reflecting the practical problems of goodwill impairment test and evaluation for the purpose of financial reports, it is appropriate to choose this case as a teaching case.

Key Words: Goodwill Impairment Test and Evaluation; Accounting Treatment; Income Approach

案例使用说明

W水泥股份有限公司商誉减值测试评估案例

一、教学目的与用途

1. 适用的课程。

本案例主要适用于资产评估案例分析课程，也适用于企业价值评估、无形资产评估以及以财务报告为目的的评估课程。

2. 适用对象。

资产评估专业学位硕士研究生、普通本科生、高年级专科生以及社会培训的相关评估人员。

3. 教学目的。

通过此案例的教学，使学生对评估目的、价值类型、评估对象和范围、评估基准日、评估方法等评估基本事项有一个比较全面的了解，特别是以财务报告为目的的商誉减值测试评估中，评估目的、评估对象和范围以及价值类型等事项与一般资产评估事项存在一定的差异，了解资产评估在服务财务报告中需要遵循的会计准则规范，案例中的部分专业术语仍然需要采用会计中的专业表述。同时，对收益法的具体运用有较深入的认识，较好地掌握各类参数的确定思路，提高学生在评估以财务报告为目的的特殊资产（权益）时需要具备的发现问题、分析和解决问题的能力。此外，相对于商誉减值测试的复杂性，本案例描述的是较常出现的商誉减值测试评估，案例本身较为简单，可以为以财务报告目的的评估提供借鉴与参考。

二、启发思考题

1. 以财务报告为目的的评估包含哪些类型的评估资产？商誉减值测试中会计准则做了哪些规定？这些规定会对评估产生什么影响？

2. 由于商誉难以单独产生现金流，减值测试时需要与其相关的资产组或者资产组组合结合进行评估，而相关的资产组或者资产组组合本身是一个较难界定的问题。会计准则要求资产组的认定应当以资产组产生的主要现金流是否独立于其他资产或资产组，应考虑企业管理层对生产经营活动的管理方式和对资产的持续使用或处置的决策方式等。你认为本案例商誉减值测试的评估对象该如何进行界定？为什么会这样界定？

3. 商誉减值测试中的企业价值可以采用市场价值（公允价值）减去处置费用，也可以采用预计未来现金流量的现值，还可以采用可回收价值，可回收价值等于资产预计未来现金流量的现值或公允价值减去处置费用的净额孰高者，那么价值类型该如何确定？

4. 以财务报告为目的的商誉减值测试评估与一般企业的商誉评估有何差异？合并报表中的商誉减值与母公司财务报表中的长期股权投资减值准备之间有关系吗？请做出说明。

5. 当公司收购的并非是企业全部资产，而只是企业的某些资产组，你认为这时的商誉减值测试应该如何开展？与把企业整体作为一个资产组的评估方法和步骤有差别吗？如何正确理解评估目的与评估对象、范围的一致性？

三、分析思路

本案例是对X股份有限公司商誉进行减值测试的评估，故应先评估基准日的商誉，然后将评估基准日 X 股份有限公司的商誉价值与 W 水泥股份有限公司并购时确认的商誉价值进行比较，确定是否减值。

首先，采用收益法对 X 股份有限公司与主营业务相关的资产组进行评估，即以评估基准日后若干年为预测期，对预测期内的各年企业净现金流进行逐年预测，假设预测期后企业净现金流除资本性支出及营运资金追加额外，其余项目与预测期末年保持一致，直至收益期结束，按照收益与折现率协调配比的原则，选用加权平均资本成本作为折现率，逐年折现得出资产组的未来现金流现值。对主营业务相关的现金流折现值计算后，再加回企业的溢余资产、非经营性资产等和主营业务不相关的资产价值，扣除有息负债后可以得出 X 股份有限公司的股权价值。

其次，着重分析企业一年以来的运营情况及资产的数量增减变化，矿石和机械等大宗材料的价格指数变化，以及原有资产的正常贬损因素，调整得出评估基准日可辨认净资产公允价值。如果企业近期收购行为经过资产评估，则以其账面反映的净资产公允价值做调整作为可辨认净资产。

再次，将评估出的 X 股份有限公司折现现金流价值减去对应的可辨认净资产公允价值之间的差额，即是评估基准日 X 股份有限公司的商誉价值。

最后，将评估基准日 X 股份有限公司的商誉价值与并购时确认的商誉价值进行比较，如果不低于并购时确认的商誉价值，则可以认为企业不存在商誉减值，整个测试工作结束；若低于并购时确认的商誉价值，则用两者的差额确认为商誉减值损失（见图 1）。

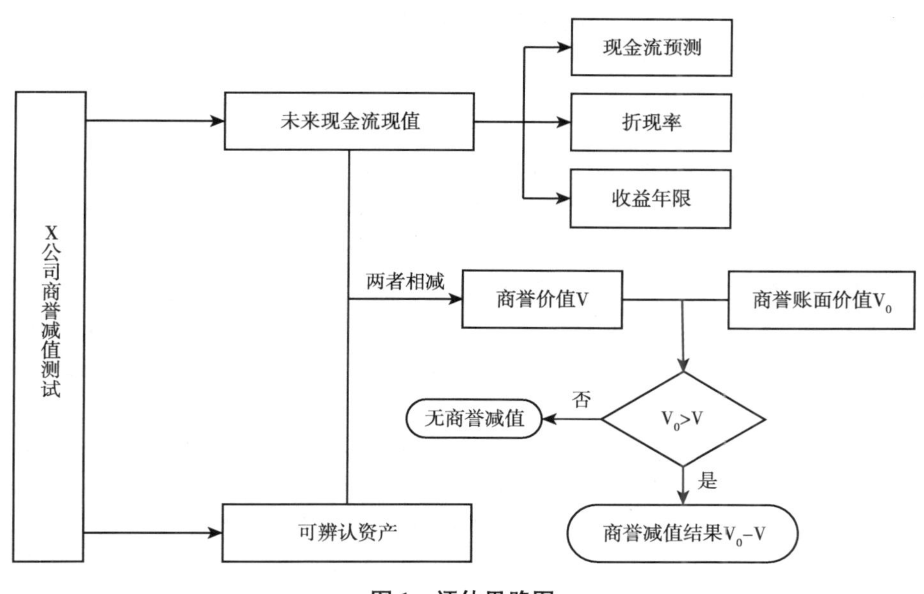

图 1　评估思路图

四、理论依据与分析

1. 商誉减值的会计处理。

商誉作为企业的一项资产，是指企业获取正常盈利水平以上收益（即超额收益）的一种能力，具体表现为在企业合并中购买企业支付的买价超过被购买企业净资产公允价值的部分。资产减值是指资产的可收回金额低于其账面价值所形成的价值的减少，资产减值意味着现时资产预计给企业带来的经济利益比原来入账时所预计的要低。当资产发生减值时，按照谨慎性原则的要求，应该按降低后的资产价值记账，以释放风险，因此会计上对资产减值进行确认和计量的实质就是对资产价值的再确认、再计量。对于商誉而言，往往面临着可能发生减值的现象，需要对商誉的价值进行再确认、再计量。需要说明的是，对于包括商誉在内的资产减值的会计确认和计量问题，是基于现在和未来，着眼于未来的计量，只要造成资产价值减少的迹象已经存在，只要资产价值的减损能够予以可靠的计量，只要对于决策具有相关性，就应当确认该资产价值的减少。

商誉减值的会计处理原则如下：第一步要对于不含有商誉的资产组进行减值测试。如果资产组发生了减值，那么商誉整体确认减值，把计算出来的减值确认为资产组的减值。如果不包含商誉的资产组没有发生减值的，需要进入第二步。第二步对包含商誉的资产组进行减值测试。如果发生减值的应该先抵减商誉的价值，其中对于商誉减值的部分应该按照股权比例确定集团公司应该反映的商誉减值准备，同时对于资产组来说，确认的减值仍然需要按照股权比例计算应该分担的减值，确认为当期的减值损失。

2. 预期收益原则。

预期收益原则是指资产的价值不是取决于其过去的生产成本和销售价格，而是取决于其在评估基准日后能够带来的预期收益额，即预期的获利能力。资产价值的高低主要取决于它能够为其所有者或控制者带来的预期收益量的多少。

本案例依据预期收益原则，采用收益法对 X 股份有限公司与主营业务相关的资产组进行评估，即以评估基准日后若干年度内的企业经营现金流量作为依据，采用适当折现率折现后加总计算得出该资产组的未来现金流现值，再对该现金流进行调整，并与对应的可辨认净资产公允价值比较，得出评估基准日的商誉价值。

3. 《以财务报告为目的的评估指南》对资产减值测试的规定。

《以财务报告为目的的评估指南》第二十五条规定，注册资产评估师协助企业进行资产减值测试，应当关注评估对象在减值测试日的可回收价值、资产预计未来现金流量的现值以及公允价值减去处置费用的净额之间的联系和区别。

（1）注册资产评估师应当知晓可回收价值等于资产预计未来现金流量的现值或公允价值减去处置费用的净额孰高者。在已确信资产预计未来现金流量的现值或公允价值减去处置费用的净额其中任何一项数值已超过所对应的账面价值，并通过减值测试的前提下，可以不必计算另一项数值。

（2）注册资产评估师在协助计算资产预计未来现金流量的现值时，应当知晓对资产预计未来现金流量的预测是基于特定实体现有管理模式下可能实现的收益。预测一般只考虑单项资产或资产组内主要资产项目在简单维护下的剩余经济年限，即不考虑单项资产或资产组内主要资产项目的改良或重置；资产组内资产项目于预测期末的变现净值应当纳入资产预计未来现金流量的现值的计算。

（3）注册资产评估师在协助计算公允价值减去处置费用的净额时，应当知晓会计准则允许直接以公平交易中销售协议价格，或与评估对象相同或相类似资产在其活跃市场上反映的价格，作为计算公允价值的依据。

当不存在相关活跃市场或缺乏相关市场信息时，注册资产评估师可以根据企业以市场参与者的身份，对单项资产或资产组的运营做出合理性决策，并适当地考虑相关资产或资产组内资产的有效配置、改良或重置的前提下提交的预测资料，参照企业价值评估的基本思路和方法，分析和计算单项资产或资产组的公允价值。

五、案例分析的关键要点

1. 本案例分析的关键点。

（1） 对评估对象及范围的认识。

本案例是对 X 股份有限公司商誉减值测试的评估，为 W 水泥股份有限公司编制 2013 年度财务报告服务提供商誉减值测试评估服务，本案例是以财务报告为目的的评估，对评估对象和范围的确定应该结合商誉所涉及的资产或者资产组组合来确定，根据会计准则及以财务报告为目的评估指南的相关规定，与商誉减值测试相关的资产组或资产组组合，应当是能够从企业合并的协同效应中受益的资产组或资产组组合。

经过评估人员与企业及审计人员充分沟通，认为 X 股份有限公司的主营业务明确且单一，该业务的原材料供应直至产品销售具有独立性，与市场直接衔接，符合资产组的相关要件。故将 X 股份有限公司整体认定为一个资产组，在此基础上进行商誉的减值测试。评估范围界定为 X 股份有限公司的全部资产和负债，评估对象界定为 X 股份有限公司与商誉有关的资产。

（2） 评估方法的选择。

评估商誉价值的方法主要包括成本法（资产基础法）、市场法和收益法。

成本法（资产基础法）从资产重置的角度间接地评价被评估资产的价值。该方法通常适用于评估待评估的资产历史资料较易获得，且资产各构成部分能够从成本角度进行分解的情况，该方法的主要缺点是容易受历史资料难以搜集、资产价值与成本构成不对称的限制。市场法是按照市场替代的原则，根据市场上类似资产的价格评估资产的价值。该方法通常适用于待评估的资产存在充分活跃、有效的交易市场，该市场上能够找到与待评估资产相同或相似的资产或交易事项，从而能够通过调整得到待评估资产的价值。该方法使用的前提是能找到参照的相似资产和存在活跃的交易市场。收益法认为一个企业的整体价值或资产组价值可以用企业未来现金流的现值来衡量，一般采用的模型是折现现金流模型，该模型将资产经营产生的现金流用一个适当的折现率折为现值，即所评估资产的价值。

成本法（资产基础法）、市场法、收益法有各自的适用范围和应用条件，在进行评估时要根据待估资产的特点来选择合适的评估方法。本案例是对商誉减值的测试，这类业务具有特殊性，并不存在活跃市场，也无法找到参照物，因此，市场法不适用。此外，商誉是指能在未来为企业经营带来超额利润且不可确指的资产，或一家企业预期的获利能力超过可辨认资产正常获利能力的价值，商誉是企业整体价值的组成部分，不能独立存在。因此，商誉不能够重置，也就不适用成本法（资产基础法）。对于本案例中评估基准日商誉的评估，可以采用折现现金流价值与对应的可辨认净资产公允价值之间的差额，得出评估基准日企业的商誉价值。因此，本案例采用收益法对商誉的减值进行评估。

（3） 收益法的应用。

收益法的运用条件、信息收集、参数选取等与一般企业价值评估中现金流折现法基本相同，参照企业价值评估案例中的应用要求即可。

2. 关键知识点及能力点。

（1） 评估范围和对象的确定。

首先必须明确本案例的评估是对商誉减值测试的评估。由于商誉难以单独产生现金流，必须要与其相关的资产组或者资产组组合结合进行减值测试。本案例确定评估对象是与商誉有关的资产组，根据相关规定，与商誉减值测试相关的资产组或资产组组合，应当是能够从企业合并的协同效应中受益的资产组或资产组组合。因此，明确哪些是与商誉测试有关的资产组或者资产组组合是关键点之一。

（2）商誉的确认。

商誉的确认，依据不同的合并方式将产生不同的确认问题。一方面是同一控制下的企业合并中商誉的确认问题。同一控制下的企业合并，是指在一方或多方控制的情况下，一个企业获得另一个或多个企业的股权或净资产的行为。其主要特征是参与合并的各方，在合并前后均受同一方或相同的多方控制，并且不是暂时性的。对于这种情况我国新会计准则规定，合并方在企业合并中取得的资产和负债，应当按照合并日被合并方的账面价值计量；合并方取得的净资产账面价值与支付的合并价款的差额，应当调整资本公积；资本公积不足冲减的，调整留存收益。可见，在这种合并方式下是不确认合并商誉的。另一方面是非同一控制下的企业合并中商誉的确认问题，非同一控制下的企业合并，指不存在一方或多方控制的情况下，一个企业购买另一个或多个企业股权或净资产的行为。其主要特征是参与合并的各方，在合并前后均不属于同一方或多方最终控制。在非同一控制下的企业合并中采用的是购买法，即实施合并的企业以现金或其他非现金资产作为合并支付代价，购买被合并企业的净资产而实现企业合并的会计处理方法。在购买法下，实施合并的企业在合并日，将购买的被合并企业的可辨认净资产的公允价值记入实施合并企业的资产和负债，合并成本超过被合并企业可辨认净资产公允价值的差额作为合并商誉。

本案例中 X 股份有限公司被 W 水泥股份有限公司收购 65% 的股权，这种经济行为产生之前不受同一方或相同多方控制，属于非同一控制下的企业合并中的商誉确定。

（3）商誉减值的确定。

企业合并所形成的商誉，至少应当在每年年度终了时进行减值测试。商誉应当结合与其相关的资产组或者资产组组合进行减值测试。相关的资产组或者资产组组合应当是能够从企业合并的协同效应中受益的资产组或者资产组组合。对于已经分摊商誉的资产组或资产组组合，不论是否存在资产组或资产组组合可能发生减值的迹象，每年都应当通过比较包含商誉的资产组或资产组组合的账面价值与可收回金额进行减值测试。

企业进行资产减值测试，对于因企业合并形成的商誉的账面价值，应当自购买日起按照合理的方法分摊至相关的资产组，难以分摊至相关的资产组的，应当将其分摊至相关的资产组组合。

企业在对包含商誉的相关资产组或者资产组组合进行减值测试时，如果与商誉相关的资产组或者资产组组合存在减值迹象的，应当首先对不包含商誉的资产组或者资产组组合进行减值测试，计算可收回金额，并与相关账面价值相比较，确认相应的减值损失。然后，再对包含商誉的资产组或者资产组组合进行减值测试，比较这些相关资产组或者资产组组合的账面价值（包括所分摊的商誉账面价值部分）与其可收回金额，如相关资产组或者资产组组合的可收回金额低于其账面价值的，应当就其差额确认减值损失。

（4）未来预期收益的预测及各项财务数据的预测。

应用收益法中，比较关键的一个环节就是分析测算收益期限内的未来预期收益。本案例中对 X 公司营业收入与成本、营业税金及附加、期间费用、营业外收入中补贴收入、所得税、净营运资本增加、折旧与摊销等项目分别进行了预测，进行这些预测需要建立在对 X 公司审计报表揭示的收入、成本和财务数据的核实以及对行业的市场调研、分析的基础上，通过综合分析、对比确定各项参数。

（5）折现率的确定。

折现率是指将未来预期收益折算成现值的比率。本金化率或资本化率是指将未来无限期预期收益折算成现值的比率。按照折现现金流相关理论，决定企业价值的是企业的自由现金流量，折现率应是能够反映企业所有资本成本，即应当包含企业所有收益索偿权持有人所要求报酬率的一个综合资本成本，即加权平均资本成本。按照收益额与折现率协调配比的原则，本次评估收益额口径为自由现金流量，则折现率应选取加权平均资本成本（WACC）。用公式表示为：WACC = 长期负债占投资资本的比重 × 长期负债成本 ×（1 – 所得税率）+ 股东权益资本占投资资本的比重 × 股东权益资本。本案例中，股东权益资本的确定是重点，采用资本资产定价模型 CAPM 模型求取，$K_e = R_f + [E(R_m) - R_f] \times \beta + \alpha$。其中，无风险报酬率 R_f 通过查询 Wind 资讯网及中国债券网，取剩余期限大于 5 年的固定国债到期收益率的平均数 4.0699%。风险系数 β 通过查询 *Wind* 资讯网，根据与企业类似的沪深 *A* 股股票近 100 周上市公司 β 参数估计值计算确定。市场预期收益率根据沪深综合指数从 1996 年至 2013 年的指数计算的几何平均收益率平均值得到。债务成本按企业目前执行的贷款条件，K_d 根据一年期银行贷款利率确定。

六、建议课堂计划

1. 课时安排。

总共 6 课时。第 1、第 2 课时案例介绍讲解，第 3、第 4、第 5 课时小组讨论，第 6 课时发言总结。

2. 黑板板书布置。

黑板板书分三部分，左边是提出的问题，包括评估思路、评估方法、参数选择、评估基本事项确定等。中间是小组讨论的针对上述问题的结果。右边是对小组讨论结果的点评。

3. 学生背景了解。

案例背景了解在开始案例教学时就需要学生掌握，有关的材料可以在 1、2 节课时让学生熟悉，边讲解边解答学生的疑问。

4. 小组分组。

本案例以 30 人班级为宜，分为 5 个小组，每小组 6 人。

5. 小组讨论内容。

（1）市场法、资产基础法、收益法各自的特点，对于本案例适用的评估方法。

（2）商誉及商誉减值的内涵及迹象。

（3）商誉减值测试的方法。

（4）会计准则与评估准则对商誉减值测试规定的异同。

（5）商誉减值测试对财务报表编制的意义。

（6）未来现金流现值的估计过程及重要参数的选取。

（7）资产公允价值的评估方法及条件。

（8）商誉发生减值的会计处理。

6. 案例开场白和结束总结。

开场白：本案例是评估实务中的真实案例，是关于商誉减值测试的评估，由于 W 水泥股份有限公司在以前年度溢价收购了 X 股份有限公司的股权，在编制 W 水泥股份有限公司合并报表时，该溢价会形成商誉，W 水泥股份有限公司在编制 2013 年度财务报告时，按相关会计准则的规定，需对该商誉进行减值测试，这就需要对商誉的减值进行测试。

结束总结：本案例主要介绍了商誉减值测试的评估过程，在减值测试过程中主要采用了收益法进行评估，通过分析与商誉有关的资产组或者资产组组合的未来收益、风险和收益期限来测算其价值，然后又计算通过了可辨认净资产的公允价值，得到了两者之差额，即评估基准日的商誉价值，最后与并购时确定的商誉进行比较，确定是否发生减值。同时，本案例还涉及了评估目的、评估对象和范围、价值类型、评估假设、评估基准日、评估方法等评估基本事项，需要系统掌握资产减值测算的评估步骤和过程，以切实提高实际操作的能力及解决问题的能力。

7. 案例的组织引导。

在开场白之后，对案例的基本评估思路进行讨论，明确评估的技术路线，这是案例评估把握正确方向的关键。然后对案例的具体材料进行分析，确定选择的评估方法，通过小组讨论的形式确定评估方法，并要求比较各种方法的适用条件。再就评估的有关事项进行小组讨论，如评估步骤、评估基准日、评估对象和范围、假设和限制条件、评估参数确定等。对于像评估参数确定这样的关键点可以让学生充分讨论，提出自己的观点，再综合比较点评。接下来是宏观经济分析、行业分析内容，根据时间和学生水平的高低，可以让学生分组，每小组讨论一到两个方面的内容。最后是按照完整评估报告要求，可以将评估报告和工作底稿拆分若干部分，每小组完成一部分，要求学生在本部分首页注明本部分的重点。

小组讨论可以将讨论内容分给不同的小组，各小组内容互不相同，也可以一个小组承担多项讨论内容，具体视人数和学生水平高低来确定。

七、案例的后续进展

案例在课堂进行讨论后，各小组可以单独完成评估报告内容，也可以每个小组完成评估报告的一部分，规定在一定时期内上交，并课后点评。

本案例虽然是真实的评估案例，但案例也并非是完美的，我们将在后面的教学过程中，针对案例的不足之处，例如案例中一些参数还可以采用其他方法得到等内容进一步进行探讨和完善。

八、其他教学支持材料

1. 计算机支持。计算机能够接通互联网，具备供至少 6 个小组同时上网的接线工具。

2. 技术支持。参与案例小组的学生能够熟练使用 Word、Excel 等常用办公软件，具备查询相关资源的数据链接地址等。

3. 查询功能支持。教学单位具备上网查阅 Wind 金融数据库或者是巨灵金融服务平台有关信息的条件。

4. 多媒体教学设施设备支持。可以通过 PPT 等形式播放案例的背景资料、启发性问题等内容，增进学生对案例材料的理解。

| 案例正文 | ①

购并中不确定性在企业价值评估中的估算研究

——以“华闻传媒”并购“漫友文化”为例

王小荣　刘佳蓓

（中央财经大学财政税务学院　北京市西城区国家税务局）

摘　要：本文案例描述了华闻传媒投资集团股份有限公司收购广州漫友文化科技股份有限公司中的企业价值评估问题，以此为切入点，实物期权的运用机理，从现金流折现模型和实物期权模型两个角度对被并购企业的股权价值进行分析，希冀为文化传媒行业并购过程中的企业整体价值的评估提供有益的分析范式，以便合理预估并购过程中的不确定性因素，在提高评估结果准确性的同时，为投资者从投资决策过程出发，从战略层面更好地进行决策提供咨询意见。

关键词：企业价值评估；不确定性；实物期权；文化传媒行业

1. 引言

金融市场作为反映国民经济发展和产业结构动态的风向标和晴雨表，相关融资和并购动向生动体现了文化传媒行业的发展趋势和特征。据统计，在沪深 A 股上市的文化传媒企业 2015 年底达到 53 家，较 2010 年增加 165%，涵盖报业、出版、影视、有线网络、互联网媒体、新媒体等细分领域[②]，仅 2015 年一年就有 11 家文化传媒类企业上市，融资规模达 13. 69 亿美元，同比增长 220. 59%。2015 年文化传媒行业发生私募及风险投资事件 93 起，投融资规模达 14. 82 亿美元，代表性的有音悦台获得韩国 NHN 和湖畔山南的 3 500 万美元投资；发生宣告并购交易事件 276 起，披露交易规模达 176. 41 亿美元，较 2014 年分别增长了 16. 95% 和 64. 15%[③]。

对于并购重组而言，最核心的问题即是估值问题，而估值中最关键的是评估方法的选择。理论上，我国企业价值评估主要以市场法、成本法和收益法为主，但文化传媒行业因其独有的特点，如“轻资产”运营、特有的传播经营模式以及以“创意、创新”为核心的内容创造等，使得其并购中的评估方法较之其他行业有很大的不同。实践中，按照我国《上市公司重大资产重组管理办法》规定，评估机构原则上应当采取两种或两种以上的方法对

① 本案例的数据和信息来源均出自华闻传媒公开披露的公告、历年财务报表和《华闻传媒投资集团股份有限公司拟发行股份及支付现金购买资产所涉及的广州漫友文化科技股份有限公司股东全部权益项目资产评估报告》。

② 按证监会行业分类统计。

③ 根据 Wind 相关数据整理。

标的资产进行评估。具体到文化传媒行业并购估值中，常出现的有“成本法和收益法”“收益法和市场法”的组合。例如，“华谊兄弟”收购“华谊音乐”选择成本法和收益法评估，最终采用收益法评估结果；克顿传媒被华策影视并购时，评估师选择了市场法和收益法对其进行评估，最终采用收益法评估结果；奥飞动漫收购有妖气也采用了收益法进行估值。

本文试图以华闻传媒投资集团股份有限公司收购广州漫友文化科技股份有限公司这一文化传媒行业并购案例为切入点，结合实物期权的运用机理，从现金流折现模型和实物期权模型两个角度对被并购企业的股权价值进行分析，希冀为文化传媒行业并购过程中的企业整体价值的评估提供有益的分析范式，以便合理预估并购过程中的不确定性因素，在提高评估结果准确性的同时，为投资者从投资决策过程出发，为从战略层面更好地进行决策提供咨询意见。

2. 并购双方背景和并购方案

2.1 并购双方背景介绍

（1）收购方华闻传媒的相关背景。

华闻传媒投资集团股份有限公司（华闻传媒；股票代码：000793）于1992年12月成立，1997年7月在深交所挂牌上市。公司于2006年实施了战略重组，在注入包括时报传媒和华商传媒在内的优质传媒资产的同时逐渐剥离高速公路、房地产业务，主营业务实现从单一的燃气领域向传媒领域进行拓展。2013年起，华闻传媒开始全面进军文化传媒行业并于2014年实施新一轮的资产重组，深入挖掘产业链资源，紧跟移动化和网络化的发展趋势，深度融合传统媒体与新媒体，布局文学创作、原创动漫等领域，在游戏开发、影视制作、互联网电视等领域不断拓展，继续推进“全媒体、大文化”战略，打造综合传媒集团。

在收购漫友文化之前，华闻传媒旗下有全资子公司8家、控股公司5家，独家拥有《证券时报》《华商报》《新文化报》《华商晨报》《重庆时报》等知名报刊的经营权，独家拥有国际、国内广播频率广告业务的经营权，它通过数轮资本运作布局文化传媒产业链，形成了以“传统纸媒+多元化媒体拓展”的业务发展模式并积极探索在巩固传统纸媒的基础上向新媒体拓展并深化产业链的协同。

从公司盈利能力来看，2014年度，华闻传媒实现营业收入39.53亿元，净利润9.84亿元，净资产为69.12亿元，总资产为108.37亿元，在报业上市公司中处于领先地位。

（2）被收购方广州漫友文化的相关背景介绍。

广州漫友文化科技发展有限公司（广州漫友文化）成立于2006年12月，于2013年6月完成股份制改造，是国内动漫知名企业，也是目前推出作品数量最多的原创漫画企业之一。其业务涵盖动漫开发制作、优秀动漫人才培养，以及漫画期刊、图书的内容提供及发行等业务，企业具备“市场信息—创意—作品—杂志—单行本—下游产业”的比较完整的产业链条。漫友文化在上游的“动漫内容”和下游的“发行网络”具有比较优势，近年来凭借其品牌优势、成熟的营销网络、丰富的作品资源优势和有效的市场细分策略成为动漫期刊行业的龙头企业之一。

通过此次并购，漫友文化可以和母公司华闻传媒的产业链实现优势互补，以期刊图书为起点开发影视动漫及周边产品，拓展其动漫产业链和业务范围，迎来更广阔的发展空间。

2.2 并购方案

近年来华闻传媒已在报纸、广播、教育等①领域有所布局。2014 年，华闻传媒在全媒体、大文化的战略指引下，不仅进一步采取动作收购动漫产业龙头企业漫友文化，还同步开展对掌视亿通、精视文化、邦富软件的收购过程，进一步强化新媒体方向，结合在产业链上游内容布局的漫友文化，发挥掌视亿通在移动视频服务领域、精视文化在户外媒体领域、邦富软件在舆情监测领域的优势，致力在强化后端付费商业模式的基础上，增加前端收费，进一步渗透消费者的文化消费领域。

2014 年 5 月 30 日，华闻传媒发布公告称拟收购广州漫友文化科技发展有限公司 85.61% 股权，交易金额为 34 244 万元。其中一部分由发行股票支付，共发行 18 774 115 股，每股价格为 13.86 元/股，其余由现金支付，合计购买漫友文化 85.61% 股权。

并购方案相关基本信息如表 1 所示。

表 1　并购方案主要信息

要　素	基本信息	要　素	基本信息
交易类型	收购	企业估值	39 969.77 万元
交易方式	协议收购	支付方式	混合支付
是否跨境并购	否（境内并购）	标的企业	漫友文化
是否关联交易	否	买方企业	华闻传媒
收购比例	85.61%	投资银行	民生证券股份有限公司
交易宣布时间	2014/5/30	律师事务所	北京国枫凯文律师事务所
交易结束时间	2014/11/10	会计事务所	立信会计事务所
交易金额	34 244.00 万元	资产评估事务所	中和资产评估有限公司

3. 评估过程及参数测算②

3.1 现金流量预测

本案例采用的收益类型为企业全部资本所产生的自由现金流，可在企业的无息税后净利润基础上调整得到，调整方式如下：

$$FLC = (EBIT - I)(1 - T) + DA - WCA - CAPEX \qquad (公式 1)$$

式中：FLC 表示自由现金流，EBIT 表示息税前利润，T 表示税率，DA 表示折旧及摊

① 2013 年华闻传媒收购澄怀科技（太傻教育集团）100% 股权，澄怀科技旗下拥有太傻网、太傻留学、太傻考试、太傻签证、太傻图书五大品牌服务体系。

② 本小节核心数据来源于《华闻传媒投资集团股份有限公司拟发行股份及支付现金购买资产所涉及的广州漫友文化科技股份有限公司股东全部权益项目资产评估报告》。

销，WCA 表示营运资本追加，CAPEX 表示资本性支出。

（1）主营业务收入预测。

根据广州漫友文化财务资料，其主营业务收入主要包括两部分：动漫产品收入与动漫服务收入。

①动漫产品收入预测。

动漫产品类收入包括动漫图书、期刊及衍生产品产生的销售收入，以 2013 年漫友文化实现的销售收入为基数，参考动漫行业的市场增长速度（20%—30%）对 2014 年以后动漫产品收入进行预测（见表2）。

表 2　　动漫产品收入预测表　　单位：万元

项　目	2014 年 4—12 月	占比（%）	2015 年	占比（%）	2016 年	占比（%）	2017 年及以后	占比（%）
动漫期刊	3 252.32	23.58	3 969.15	20.61	4 167.6	17.90	4 167.6	17.90
动漫图书	10 480.12	75.97	15 141.62	78.62	18 927.03	81.27	18 927.03	81.27
其他动漫产品	62.61	0.45	149.48	0.78	194.33	0.83	194.33	0.83
合计	13 795.05	100.00	19 260.26	100.00	23 288.96	100.00	23 288.96	100.00

②动漫服务收入预测。

漫友文化的动漫服务主要围绕原生动漫内容周边业务展开，涵盖营销、会展、版权、Cosplay 等服务内容。在动漫衍生服务领域，漫友文化以其动漫内容和品牌优势取得了不俗的表现。根据漫友文化服务业务的过往经营状况、行业增速以及公司发展战略和未来业务规划情况进行预测，被收购方动漫服务类未来收入预测如表 3 所示。

表 3　　动漫服务类收入预测表　　单位：万元

项　目	2014 年 4—12 月	占比（%）	2015 年	占比（%）	2016 年	占比（%）	2017 年及以后	占比（%）
手机动漫	377.78	14.87	600	15.39	960	15.39	960	15.39
动漫营销	466.18	18.35	750	19.23	1 200.00	19.23	1 200.00	19.23
动漫会展	1 124.00	44.24	1 686.00	43.24	2 697.60	43.24	2 697.60	43.24
版权服务	223.28	8.79	334.92	8.59	535.87	8.59	535.87	8.59
Cosplay 服务	260	10.23	350	8.98	560	8.98	560	8.98
其他动漫服务	89.31	3.52	178.63	4.58	285.8	4.58	285.8	4.58
合计	2 540.56	100.00	3 899.55	100.00	6 239.27	100.00	6 239.27	100.00

③主营业务收入预测（见表4）。

表 4　　漫友文化主营业务收入预测表　　单位：万元

项　目	2014 年 4—12 月	占比（%）	2015 年	占比（%）	2016 年	占比（%）	2017 年及以后	占比（%）
动漫产品	13 795.05	84.45	19 260.26	83.16	23 288.96	78.87	23 288.96	78.87
动漫服务	2 540.56	15.55	3 899.55	16.84	6 239.27	21.13	6 239.27	21.13
合计	16 335.61	100.00	23 159.81	100.00	29 528.23	100.00	29 528.23	100.00

（2）主营业务成本预测。

漫友文化主营业务成本主要包括工资支出及附加、上缴的版税、支付给作者的稿费、印制样品的费用、采购成本及其他费用等。由于以上各项难以准确测定，通过分析各类别产品的历史销售成本率，发现漫友文化的销售成本率比较稳定，故预测根据历史年度指标，以2012 年、2013 年的平均销售成本率为基础，对未来年度主营业务成本进行预测。未来年度被评估企业的主营业务成本预测如表 5 所示。

表 5　主营业务成本预测表　　单位：万元

项　目	2014 年 4—12 月	占比 （%）	2015 年	占比 （%）	2016 年	占比 （%）	2017 年 及以后	占比 （%）
动漫期刊	3 122.23	28.46	3 810.38	24.87	4 000.90	20.82	4 000.90	20.82
动漫图书	6 288.07	57.32	9 084.97	59.29	11 356.22	59.11	11 356.22	59.11
其他动漫产品	36.31	0.33	86.7	0.57	112.71	0.59	112.71	0.59
动漫服务	1 524.33	13.89	2 339.73	15.27	3 743.56	19.48	3 743.56	19.48
合计	10 970.95	100.00	15 321.78	100.00	19 213.39	100.00	19 213.39	100.00

（3）期间费用预测。

销售费用按照漫友文化的业务经营状况，以业务收入为基准按一定的比例测算；管理费用的测算参考历史数据并结合业务开展状况，除社保及住房公积金以工资为基准赋予一定的比例测算外，其他项目如差旅费用、租赁费用等按一定权重并赋予相应的增长率进行测算；因采用自由现金流量为重要基准进行评估，故不对财务费用进行测算。因此各年期间费用预测如图 1 所示。

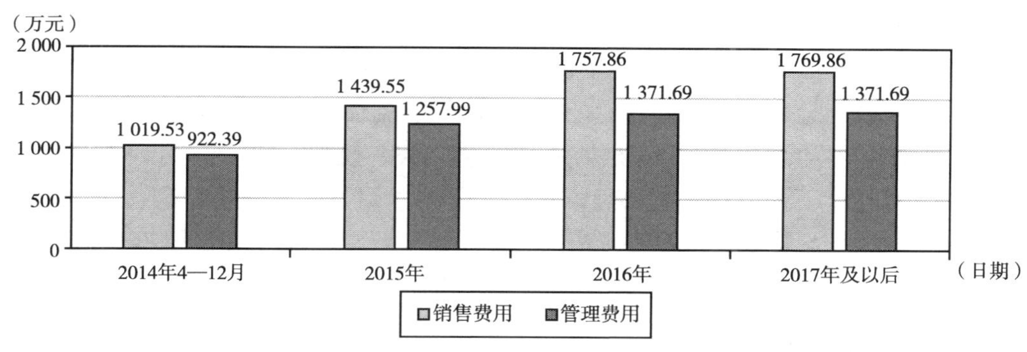

图 1　期间费用预测

（4）所得税和营业税金及附加。

漫友文化 2014 年的所得税税率为 10%，以后年度所得税优惠是否能取得尚不明确，故 2014 年以后年度仍按所得税税率 25% 进行测算。漫友文化手机动漫服务业务适用的营业税率为 5%。其所适用的增值税率分项征收，动漫服务类增值税率为 6%，动漫杂志增值税率为 13%，其他动漫产品增值税率为 17%。依据相关优惠政策，漫友文化 2013—2017 年图书批发、零售环节免征增值税，考虑到国家此项优惠政策已从2006年起延续至今①，故假设漫友文化以后年度仍将享受增值税优惠。

（5）折旧、摊销、资本性支出。

预测期内漫友文化固定资产折旧根据不同类型资产的折旧年限按直线法分别计提测算。

（6）运营资金的增量。

运营资金的增量等于本年度与上年度运营资金差额，运营资金又可用营业收入与运营资金占营业收入比例的乘积表示，以2012年、2013年运营资金占营业收入的比例的平均值作为计算预测期年度运营资金的指标，经调整后该指标为42.57%。预测期各年运营资本增量如表6所示。

表6　运营资本增量预测表　单位：万元

项目	2014年4—12月	2015年	2016年	2017年及以后
折旧	100.32	97.61	76.5	76.5
摊销	2.11	2.81	2.81	2.81
资本性支出	20	241.57	0	79.31

（7）溢余资产、非经营性资产及负债。

漫友文化溢余资产可由其账面货币资产扣除2014年1—2月付现成本得到，经测算被评估企业溢余资产价值2 858.53万元，非经营性资产价值为236.18万元。被评估企业的非经营性负债为其他应付款、其他非流动负债中未参与生产运营的负债评估价值，非经营性负债价值为984.93万元。

3.2　折现率的确定

折现率通过加权平均资本成本估价模型（WACC）计算，采用资本资产定价模型（CAPM）计算权益资本成本。

长期国债期望回报率采用评估基准日距到期日十年以上的国债年到期收益率平均值，取值为4.36%；股权市场超额风险收益率为1999年12月31日至2013年12月31日期间每年的市场风险溢价的平均值；可比公司市场风险系数β通过选取在业务内容方面与漫友文化相近可比公司计算相对于沪深两市的风险系数β，以及剔除财务杠杆后的β系数，计算其平均值作为漫友文化的剔除财务杠杆后的β系数。经计算，当所得税为10%和25%时，风险系数β值均为0.96。从而确定加权平均资本成本13.00%。

3.3　收益期的确定

收益期采用永续年期，分为两阶段计算，第一阶段为2014年4月1日至2016年12月31日，此阶段是增长阶段；第二阶段为2017年1月1日至永续经营，这一阶段为稳定阶段。

① 参见财政部、国家税务总局《关于宣传文化增值税和营业税优惠政策的通知》，财税〔2006〕153号；财政部、国家税务总局《关于宣传文化所得税优惠政策的通知》，财税〔2007〕24号；财政部、国家税务总局《关于继续实行宣传文化增值税和营业税优惠政策的通知》，财税〔2009〕147号；财政部、国家税务总局《关于继续执行宣传文化增值税和营业税优惠政策的通知》，财税〔2011〕92号；财政部、国家税务总局《关于延续宣传文化增值税和营业税优惠政策的通知》，财税〔2013〕87号等文件。

3.4 评估结果

在评估基准日 2014 年 3 月 31 日，持续经营前提下，经收益法评估，广州漫友文化科技股份有限公司账面净资产为 10 831.75 万元，收益法评估后的股东全部权益价值（净资产）为 39 969.77 万元，较账面资产增值 29 138.02 万元，增值率为 269.01%（见表 7）。

表 7　　现金流量分析及预测表　　金额单位：万元

项　目	预测数据			
	2014 年 4—12 月	2015 年	2016 年	2017 年及以后
一、主营业务收入	16 335.61	23 159.80	29 528.24	29 528.24
减：主营业务成本	10 970.95	15 321.78	19 213.39	19 213.39
主营业务税金及附加	55.97	76.83	117.86	117.86
二、主营业务利润	5 308.69	7 761.19	10 196.99	10 196.99
减：销售费用	1 019.53	1 439.55	1 757.86	1 757.86
管理费用	922.39	1 275.99	1 371.69	1 371.69
财务费用				
资产减值损失	700.75	383.12	454.18	454.18
三、营业利润	2 666.03	4 662.53	6 613.26	6 613.26
四、利润总额	2 666.03	4 662.53	6 613.26	6 613.26
所得税税率（%）	10.00	25.00	25.00	25.00
减：所得税	266.60	1 165.63	1 653.31	1 653.31
五、净利润	2 399.42	3 496.90	4 959.94	4 959.94
加：折旧及摊销	102.43	100.42	79.31	79.31
资产减值损失	630.67	287.34	340.63	340.63
减：资本性支出	20	241.57	0	79.31
运营资金增加	-237.40	1 707.19	2 710.78	0
六、企业自由现金流量	3 349.92	1 935.89	2 669.10	5 300.58
折现率（%）	13.00	13.00	13.00	13.00
折现年限（年）	0.38	1.25	2.25	3.25
折现系数	0.96	0.86	0.76	5.84
七、企业自由现金流现值	3 199.84	1 661.58	2 027.45	30 971.12
八、经营性资产价值	37 859.99			
加：溢余资产价值	2 858.53			
非经营性资产价值	236.18			
减：非经营性负债价值	984.93			
有息负债	0.00			
九、股东全部权益价值	39 969.77			

4. 案例中存在问题的讨论

（1）分析上述华闻传媒收购漫友文化过程中所存在的不确定性以及实物期权特质。

（2）如何将这种不确定性用实物期权方法估算出来并和运用收益方法评估出来的结果结合使用，并计算出最终考虑了不确定性后的企业价值。

附录1 华闻传媒并购漫友文化的实物期权特性及具体测算分析

1. 华闻传媒并购漫友文化的实物期权特性分析

对于华闻传媒而言，一方面，收购漫友文化这一标的资产本身能给华闻传媒带来收益；另一方面，收购漫友文化是华闻传媒在推进全媒体、大文化战略下布局产业链上游原创动漫内容端所采取的一系列资本操作的重要一环。华闻传媒更看中通过并购实现产业链整合所带来的协同效应和未来长期利益的提升。即漫友文化所具有的品牌形象、原创动漫资源有利于丰富华闻传媒产业链上游内容生态，而其销售渠道、发行平台以及受众又拓展了产业链下游空间，华闻传媒以此搭建的全媒体内容平台完善之后各成员单位将在版权互通、精准把握客户需求、资源更优化配置等角度展开全面的战略配合，提高整体的竞争力，扩大了华闻传媒将并购后未来潜在收益的机会。但同时由于未来各种不确定性，也让华闻传媒的并购决策具有不确定性和实物期权的特征。

（1）并购方华闻传媒的并购决策具有灵活性。

华闻传媒的并购决策从开始到最后执行完成往往有一段时间。在这一段时期内，华闻传媒可以充分利用公开或非公开渠道获得拟收购标的诸多信息，修正其并购的成果预期和并购估值。同时，当并购方所处市场环境发生变化时，并购决策也可以随时做相应的调整。若市场环境不利，华闻传媒完全可以改变并购发展战略，延迟执行并购并等待更佳的并购时机和并购条件，从而降低并购风险；或者，若继续执行并购会给并购企业造成经济损失或者并购标的出现经营业绩不佳等状况的话，并购方也完全可以放弃并购行为以免扩大损失，以等待市场环境良好再推进相关事宜。

（2）拟收购标的未来风险和收益的不确定性。

案例中运用收益法评估漫友文化的股权价值，其中漫友文化的收益预测、折现率的确定、收益期的确定均是以保持现有的行业发展背景、宏观经济形式、产业和财税政策保持不变为前提，假使这些基础前提发生某些变化，会让其将对漫友文化的评估价值造成影响。

并购完成之后的业务和管理整合往往需要一段时期，并购后短期内华闻传媒利润水平是否能够提高存在一定的不确定性，并购后漫友文化是否还能一如既往地按照目前的盈利水平持续进行也具有不确定性，这些均需要在资产评估基准日加以考虑。

（3）混合并购支付方式引发的投资决策的不确定性。

华闻传媒采取了发行股份及支付现金的混合支付方式。一方面，并购的配套现金来源于华闻传媒非公开发行股份募集，这一部分资金受资本市场波动及特定投资者自身判断等因素的干扰较大，可能出现资金募集无法完成或金额不足的情况，所以资金的落实情况存在一定不确定性。若出现这种情况，则华闻传媒需通过如债务融资等其他渠道筹集资金。另一方面，混合支付也会导致华闻传媒的股权被进一步稀释，原股东对公司的控制能力受到削弱。在正式收购协议达成之前，混合支付中现金和股权的比例同样存在不确定性和调整空间。上述种种均增加了华闻传媒在投资决策中的不确定性。

2. 华闻传媒并购漫友文化的实物期权价值测算分析

华闻传媒于2014年3月12日起停牌。2014年5月16日，董事会通过发行股份及支付现金购买资产并募集配套资金报告书（草案）》等相关议案。2014年9月1日，重大资产重组事项经中国证券监督管理委员会上市公司并购重组审核委员会2014年第43次工作会议审核并获得有条件通过。截至2014年11月14日，华闻传媒正式向金城等主体发行股份购买其持有的标的公司广州漫友文化科技发展有限公司85.61%股权并募集配套资金之非公开发行股票74 735 987股的股份，在中登公司深圳分公司完成最终的过户事宜，至此该项收购圆满完成。

根据分析，被收购方广州漫友文化基本符合增长型实物期权的各项特点，且华闻传媒的并购决策具有灵活性导致该并购行为能否顺利实施存在不确定性，并购的收益能否实现和风险可否规避也存在较大不确定性，量化较为困难，并购支付方式在期权到期前存在变动的可能，所以通过B－S模型对此交易案例的潜在增长机会和风险进行评估，能够更好地衡量企业整体价值，帮助并购方作出正确的投资决策。相关参数计算如下。

（1）无风险收益率（R_f）。

由于我国特殊的金融市场环境，加之社会整体储蓄率水平较高，央行主要通过调整存款利率来引导市场无风险利率水平，结合本案例的实际情况，采用通行做法，以评估基准日中国人民银行公布的一年期定期存款利率作为衡量市场无风险利率水平的替代变量，即$R_f=3\%$。

（2）股票价格年均波动率（σ）。

股票价格波动受多重因素影响，行业因素是较为重要的因素之一，受行业周期、行业竞争结构、行业的杠杆比率以及行业对经济运行的敏感性差异等影响，不同行业之间的股价波动存在较大差异，故本文选取了8家与漫友文化同属文化传媒行业且主营业务相近的上市公司作为样本，计算股价波动率。

$$\mu_1=\ln\left(\frac{s_i}{s_{i-1}}\right) \qquad \text{（公式 1）}$$

$$S=\sqrt{\frac{1}{n-1}\sum_{i=1}^{n}(\mu_i-\bar{\mu})^2} \qquad \text{（公式 2）}$$

式中：S_i为股票在第i个交易日的收盘价，$\bar{\mu}$表示连续复利收益率的平均值，S为连续复利收益率μ_i的标准差。

本文选取的8家文化传媒行业上市公司在业务类型、营业收入、产品线、经营模式和竞争优势等方面存在一定的近似性，同时它们也是文化传媒行业中具有代表性的领先企业，分别为：出版传媒（601999）、长城动漫（000835）、奥飞动漫（002292）、华谊兄弟（300027）、东方明珠（600637）、新华传媒（600825）、天舟文化（300148）、凤凰传媒（601928）。由公式1、公式2，根据S的年波动率：$\delta=S\times\sqrt{\text{上市公司股票年平均交易天数}}$，从而计算出这8家上市公司股价的年波动率，最终漫友文化内含的实物期权的年波动率再根据市值比重赋予权重加权平均得到（见表1）。

表 1 同行业上市公司股价年波动率

股票名称	股价年波动率	股票市值占总市值的比例	加权后的股价年波动率
出版传媒	0.499	0.64472	0.321715
长城动漫	0.4805	0.557498	0.267878
奥飞动漫	0.4752	0.3713	0.176442
华谊兄弟	0.473	0.5262	0.248893
东方明珠	0.5357	0.3723	0.199441
新华传媒	0.5096	0.4504	0.229524
天舟文化	0.584	0.3097	0.180865
凤凰传媒	0.4269	0.2241	0.095668
加权平均值	—	—	0.214049

数据来源：根据 Wind 资讯数据计算得出。

（3）实物期权目前的市场价值（S）。

由于案例中评估的价值类型即是市场价值，其合理性也得到了分析支撑，本案例中的实物期权模型中评估基准日的市场价值即案例中漫友文化收益法评估的价值，故 S 的取值为 39 969.77 万元。

（4）实物期权的执行价格（X）。

该实物期权的存续期一直到并购完成时截止，所以漫友文化所隐含的实物期权执行价格可以认为是并购完成时点的双方的交易价格，交易价格一般可由标的资产的评估值、并购交易费用和税费等项目合理估计，经评估华闻传媒购买漫友文化 85.61% 的股权价值为 34 218.12 万元，因该交易已经完成，最终的成交价格为 34 244 万元①，所以漫友文化的实物期权执行价格应与交易价格一致为 34 244 万元。

（5）实物期权的到期时间（T）。

华闻传媒从 2014 年 3 月 12 日开始筹划该重大收购事项，代表企业获得该实物期权，至 2014 年 11 月 14 日，华闻传媒正式向金城等主体发行股份购买广州漫友文化股权并正式非公开发行股份，意味着该实物期权在 11 月 14 日被执行。所以，漫友文化内含实物期权的存续期间为 2014 年 3 月 12 日至 2014 年 11 月 14 日，到期时间 $T=0.6667$ 年。

（6）增长期权价值的计算。

明确了各参数的具体含义和数值之后，可利用 B－S 模型将各参数代入公式，对漫友文化的实物期权进行计算，计算结果为：

$$d_1=\frac{\ln\left(\frac{S}{X}\right)+\left(R_f+\frac{\sigma^2}{2}\right)T}{\sigma\sqrt{T}}=\frac{\ln\left(\frac{39\ 969.77}{34\ 244}\right)+\left(3\%+\frac{0.2140^2}{2}\right)\times 0.6667}{0.2140\times\sqrt{0.6667}}=1.0867$$

$$d_2=\frac{\ln\left(\frac{S}{X}\right)+\left(R_f-\frac{\sigma^2}{2}\right)T}{\sigma\sqrt{T}}=d_1-\sigma\sqrt{T}=0.9119$$

① 《华闻传媒投资集团股份有限公司发行股份及支付现金购买资产并募集配套资金报告书》

$$C_0 = SN(d_1) - Xe^{-R_fT}N(d_2) = 39\ 969.77 \times N(1.1385) - 34\ 244 \times e^{-3\% \times 0.6667} \times N(0.9638) = 6\ 934.53$$

由以上结果可得：并购标的漫友文化所隐含的增长型期权的价值为 6 934.53 万元。

漫友文化整体价值中包含了收益法评估出的内在经济价值和其隐含的增长期权价值，计算结果为：

$$V = V_1 + V_2 = 39\ 969.77 + 6\ 934.53 = 46\ 904.30(\text{万元})$$

Study on the Estimation of Uncertainty in the Valuation of Firms in Mergers and Acquisitions

——Taking "Huawen Media" Mergers and Acquisitions of "Diffuse Friends Culture" as an Example

Abstract: This paper analyzes the real option applying to appraisal in media industry based on the case of Guangzhou Manyou Cartoon merged by Huawen Media. Base on the analysis of approaches and process in that case, the author focus on the defect of income approach and the application of real options in media industry to improve the evaluation for the sake of investment and acquisitions decision - making.

Key Words: Valuation; Uncertainty; Real Option; Media Industry

案例使用说明

购并中不确定性在企业价值评估中的估算研究

——以“华闻传媒”并购“漫友文化”为例

一、教学目的与用途

本案例适用于本科生或硕士生《企业价值评估》这门课程的课堂教学及讨论。

本案例的教学目的在于通过分析和认识企业购并过程中的不确定性，教会学生熟练使用实物期权定价模型，并深刻认识该估算结果与传统收益方法所评定估算出来的价值之间的关系。进一步加强学生对于资产评估师在企业并购中作用和地位的认识，即评估师如何为投资者提供有利于其投资决策的价值咨询建议。

二、启发思考题

1. 文化传媒行业发展的宏观背景和相关国家政策。
2. 动漫产业的行业及相互关系链示意图。
3. 华闻传媒的并购决策中都有哪些不确定性因素。

三、分析思路

本案例的基本逻辑：

第一，收益法在此次并购中的不适用性。其缺陷主要体现在如下几个层面：

首先，收益法是建立在公开市场假设和企业持续经营假设的基础之上的。在永续经营的假设下对标的未来可能面临的经营环境变动如宏观经济波动、市场竞争状况、公司治理水平和管理效率变化不予考虑，来为企业现金流量预测提供可行性保证。该假设还潜在地默认并购方的投资决策具有实时性且不具有逆转性，即只要投资项目上马，在执行过程中不存在任何变动的可能。然而，大量的投资实践表明，以该逻辑进行的投资决策在面临兼具成长性和灵活性的项目时容易导致对所投项目价值的预估出现较大的偏离，进而影响投资决策的科学性甚至出现决策失误，典型的案例如中海油投资 Nexen、中投公司投资加拿大 SUNSHINE OILSANDS 等。

其次，收益法并未从信息修正的角度出发给并购方带来决策影响，即随着时间的推移，并购方可以通过公开或非公开渠道获取关于投资标的或投资项目的更多信息以辅助投资决策，这类信息对投资标的或投资项目的价值评估有可能产生正向或负向修正。

同时，收益法默认了该项投资决策与投资者的其他投资决策之间不存在相关性，未考虑到潜在投资机会给投资者带来的影响，即忽视了因投资该项目或标的给投资者带来的机会成本。特别是对于类似案例中回报周期可能较长的战略投资项目或投资标的，由于技术进步、产业发展趋势、市场竞争状况等难以通过参数直接准确量化，投资者采用收益法的逻辑容易导致对该类项目的估值偏低甚至是负值，难以完整地衡量其战略价值。

正由于运用收益法进行企业价值评估时因存在对隐含投资机会和信息修正机制的忽略，使其在风险决策环境特别是应用于具备较高成长性的文化传媒行业的投资决策时稍显牵强。

第二，华闻传媒的并购决策具有不确定性和实物期权的特征（详见附件1中第一个问题（华闻传媒并购漫友文化的实物期权特性分析）。

第三，已从公开渠道所获取的华闻传媒披露的公告、历年财务报表相关信息，特别是《华闻传媒投资集团股份有限公司拟发行股份及支付现金购买资产所涉及的广州漫友文化科技股份有限公司股东全部权益项目资产评估报告》的相关数据和信息，有利于我们在原报告收益法的基础上，继续分析拟投资计划中所涉及的不确定性，并为进一步使用实物期权定价模型测算这些不确定性奠定了基础。

第四，由于并购方华闻传媒属于上市公司，这为我们后续测算华闻传媒并购漫友文化实物期权价值的时候，运用市场法比较法测算波动率提供了前提。

四、理论依据与分析

1. 市场价值类型与投资价值类型。

案例中选择市场价值类型，市场价值是指买卖双方在平等自愿的基础上，基于各自拥有的公开信息和私人信息在对交易标的进行理性预期的基础上审慎地进行正常公平交易的价值。

投资价值的内涵则从投资者的视角出发，指某投资标的对具有投资倾向的特定投资者或投资群体的价值。这一内涵不仅强调了特定投资标的与投资主体之间的逻辑关系，更从侧面反映了投资标的对于特定投资主体的效益属性。

在企业并购活动中，投资价值是指目标企业对于逾期能取得协同效应和综合效益的特定战略收购者而言的价值，从这个角度来说，即使有同样的交易目的，但对于不同的收购方其价值不同。

本案例中作为收购方的华闻传媒顺应网络化、移动化信息技术的变革趋势，将其发展战略定位为“全媒体、大文化”，力图在增强公司核心竞争力的同时，从产业空间、发展态势、战略匹配和业务协同等方面，着力塑造“全媒体平台”的战略思想，最终提升其产业地位。而被并购方漫友文化作为我国动漫行业的龙头企业之一，拥有丰富的作品资源，拥有动漫产业链优质IP入口和平台价值，并且在版权运营、数字出版、周边衍生品和动漫服务方面具有专业化的业务优势。

通过此次并购，华闻传媒可以将其原来传统报业的平台扩展到前沿性的原创漫画及内容营销与推广平台，增加了其全媒体内容平台的覆盖面和丰富度，而且通过全媒体内容平台华闻传媒能够整合版权共享中心、用户挖掘资源、资源互通渠道等各种资源，进一步提高其核心竞争力。

因此，该标的对于华闻传媒来说具有异于市场上其他潜在购买者的投资价值，故选择投资价值作为价值类型更能体现漫友文化对于华闻传媒的价值，利于并购方做出正确的决策。

加之实物期权具有在风险决策环境下对隐含选择权估值方面的优势，因此存在引入实物期权对收益法进行修正和改进的空间、必要性和实践意义。

2. B－S模型。

B－S模型在实际应用中较为广泛，通过变量含义的调整可以类比至实物期权（见表1）。B－S模型可表示为：

$$d_1 = \frac{\ln\left(\frac{S}{X}\right) + \left(R_f + \frac{\sigma^2}{2}\right)T}{\sigma\sqrt{T}} \qquad \text{（公式1）}$$

$$d_2 = \frac{\ln\left(\frac{S}{X}\right) + \left(R_f + \frac{\sigma^2}{2}\right)T}{\sigma\sqrt{T}} = d_1 - \sigma\sqrt{T} \quad \text{（公式 2）}$$

表 1　　实物期权与金融期权参数对照表

变量	金融期权	实物期权
S	金融资产的当期价格	投资项目预期现金流量的净现值
X	金融期权的执行价格	投资项目的总投入成本
R_f	金融期权在有效期内的无风险收益率	实物期权在有效期内的无风险收益率
T	金融期权的到期时间	实物期权的到期时间
σ	金融变量的价格波动率	投资项目的不确定性

五、背景信息

1. 华闻传媒收购漫友文化的并购流程。

2014 年 3 月 12 日，公司发布公告称，因公司重要事项需公告，股票自即日起至 3 月 18 日期间停牌；2014 年 3 月 19 日，因策划重大资产重组事项，股票继续停牌，重大资产重组进入实际操作阶段，至 2014 年 10 月 20 日收到证监会核准批复，主要流程见表 2。

表 2　　并购主要流程和事项

时间	事　项
2014 年 3 月 12 日	因公司有重要事项公告，股票于 2014 年 3 月 12 日至 3 月 18 日期间停牌。
2014 年 3 月 19 日	因筹划非公开发行股份购买资产的重大资产重组事项，股票继续停牌。
2014 年 4 月 17 日	因筹划重大资产重组停牌期满申请继续停牌。
2014 年 5 月 9 日	漫友文化 2013 年度股东大会审议通过了《关于公司股东向华闻传媒投资集团股份有限公司转让公司股份方案的议案》《关于公司股东向华闻传媒投资集团股份有限公司转让公司股份相关事宜的议案》《关于拟将公司组织类型由股份有限公司变更为有限责任公司的议案》。
2014 年 5 月 14 日	漫友文化 2014 年第一次临时股东大会审议通过了《关于将广州漫友文化科技股份有限公司整体变更为广州漫友文化科技发展有限公司的议案》，公司名称由“广州漫友文化科技股份有限公司”更名为“广州漫友文化科技发展有限公司”。变更后有限责任公司的注册资本仍为 4 000 万元，漫友文化全体股东在本次变更前后持有公司的股权比例及股权结构不变。
2014 年 5 月 16 日	华闻传媒与漫友文化签署了《发行股份购买资产协议》，对本次重大资产重组相关事项进行约定；华闻传媒与漫友文化签署了《盈利预测补偿协议》，对本次重大资产重组相关事项进行了补充约定。
2014 年 5 月 16 日	第六届董事会 2014 年第五次临时会议审议通过了《华闻传媒投资集团股份有限公司发行股份及支付现金购买资产并募集配套资金报告书（草案）》等相关议案。
2014 年 8 月 22 日	中国证监会上市公司并购重组审核委员会审核公司发行股份及支付现金购买资产并募集配套资金的重大资产重组事项，公司股票于 2014 年 8 月 22 日至 2014 年 8 月 31 日期间停牌。
2014 年 9 月 1 日	重大资产重组事项经中国证券监督管理委员会上市公司并购重组审核委员会 2014 年第 43 次工作会议审核并获得有条件通过，公司股票于 2014 年 9 月 1 日开市起复牌。
2014 年 10 月 20 日	公司收到中国证监会“证监许可〔2014〕1077 号”《关于核准华闻传媒投资集团股份有限公司向西藏风网科技有限公司等发行股份购买资产并募集配套资金的批复》的文件，核准公司非公开发行新股募集本次发行股份购买资产的配套资金。

资料来源：根据 Wind 资讯相关资料整理。

六、关键要点

1. 企业并购支付方式及优缺点。

企业在实际并购过程中，可以与被并购方协商支付并购方式，可采用股份支付、现金支付、债转股、可转债或股份支付与现金支付相结合等方式有选择性地进行并购。不同的支付方案优缺点见表3。

表3 并购支付方式优缺点对比

支付方式	优　点	缺　点
现金支付	便于直接迅速达成并购目的；估价简单；保证并购方控制权不被稀释，维护股东利益	付现压力较大；占用公司现金，影响财务灵活度；跨国并购存在汇率风险；增加税收负担
股权支付	减轻付现压力，不受公司获现能力制约；被收购方未失去所有者权益，只是发生转移；减少税收负担；强化利益共同体意识，有利于提高公司治理水平，提高并购后整合的效率	并购方股权被稀释；受监管及相关法律法规管制较严，处理程序相对复杂；收购成本的不确定增加了并购交易中的风险，容易引发风险套利（抬高并购标的股价，打压并购公司股价）
混合支付	在减轻付现压力的同时可以较快地完成并购；有助于维持并购标的高级管理层稳定，提高并购后整合的效率；较少税收负担；有助于并购方股价的稳定	并购方存在一定的控制权稀释；存在一定的风险套利空间；方案设计和处理程序较为复杂；现金和股权支付比例的谈判空间较大，对于收购股权较为分散的并购标的而言，不确定性较大

2. 漫友文化评估中的实物期权模型的敏感性分析。

对漫友文化评估中所使用的实物期权模型做敏感性分析可以分析该标的所隐含的实物期权价值变化，从而确定影响企业价值的主要因素。

在基本假设前提不变和除变动参数外其他参数不变的情况下，分别假设实物期权的市场价格、执行价格、无风险收益率、到期时间、股价波动率这几个模型的主要参数变动正负5%、10%和15%，然后分析各参数变动情况对漫友文化整体价值的影响幅度，找到影响漫友文化整体价值的主要影响因素。

敏感性分析结果见表4和图1。

表4 敏感性分析表

变动幅度	S	X	R_f	σ	T
-15%	-62.25%	63.48%	-1.68%	-2.77%	-3.23%
-10%	-44.31%	41.32%	-1.12%	-1.91%	-2.15%
-5%	-23.33%	20.03%	-0.56%	-0.99%	-1.07%
0%	0.00%	0.00%	0.00%	0.00%	0.00%
5%	25.00%	-18.37%	0.56%	1.04%	1.06%
10%	51.11%	-34.77%	1.12%	2.13%	2.12%
15%	77.94%	-48.98%	1.68%	3.27%	3.17%

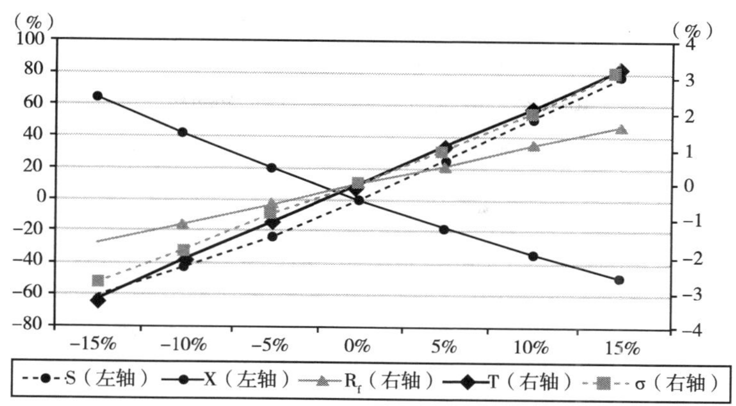

图 1　各变量敏感性分析图

由敏感性分析可以看出：

第一，标的企业的市场价值对实物期权产生了较大的正向影响，该市场价值是通过未来现金流折现得到的，主要影响因素是产品服务的销售收入，市场占有率及销售成本率等，对企业整体价值也具有重大影响，是管理层应当重视的重要参数。

第二，实物期权的执行价格与期权价值呈反向变动关系，即项目的投资额影响企业的实物期权价值，是影响力仅次于市场价格的重要参数，因此决策层的并购时机选择以及谈判能力直接影响企业整体价值，执行价格的增加也可看作管理者经营能力不善造成的损失。

第三，无风险利率对实物期权价值存在正向影响，该参数对企业的整体价值影响较小，主要受经济金融环境的影响，交易双方无法控制该参数的变化。

第四，标的资产市场价格的波动率与实物期权价值同样存在正向变动关系，影响幅度相对市场价值和执行价格来说依然较小，该因素受产品服务销售情况的波动性及企业经营的稳定性所影响，体现了文化传媒行业的发展情况和企业的经营状况，对于漫友文化来说，国民收入水平变动和行业未来发展情况对其产生影响，同时其在动漫服务类新业务的拓展情况及与华闻传媒资源整合后的新推出产品的销售收入波动率应是重点考虑的因素。

第五，实物期权的存续期对实物期权价值有正向效应，期权存续时间越长，可能出现的不确定性越大，受外界环境影响的机会也越多，产生的波动性最终影响到企业价值，因此企业可以通过选择最佳的并购时机来达到价值最大的目的，该时间与该并购过程的推进情况相关，对期权价值的影响程度相对较小。

七、建议的课堂计划

1. 教学时间：课堂总授课时间大约为 150 分钟。

2. 不同背景学生对于案例的使用程度说明。若是在本科生阶段使用此案例，可以适当缩短课堂的讨论课时而加大学生在课后阅读此案例的时间。若是研究生阶段，则可以加大讨论时间，以便加大讨论的深度和力度。

3. 小组的分组。分组讨论中的学生人数至少要多于 5 人，这样每一小组才能在小组讨论中有所分工，对于案例的内容做到全面阅读并能分部分和环节做深入地思考和讨论，也能培养学生互相协作的能力，不同的学生在案例讨论中承担不同的分析内容也能兼顾各自的兴趣爱好。

4. 讨论的内容。讨论内容依次分为三部分：

第一部分主要围绕案例中关于企业价值评估的基本理论。例如，评估目的、价值类型、评估对象、基准日、评估依据和评估结论等。

第二部分主要围绕案例中关于企业价值评估的基本方法。例如，市场法、流动性折扣和控制权溢价等的测算方法。

第三部分主要围绕案例中关于企业价值评估的数据来源及其分析。例如，宏观经济背景及行业分析、上市公司相关数据的取得与分析以及相关统计软件的运用等。

5. 案例开场白主要内容。开场白的内容包括案例分析讨论的目的、案例分析讨论的时间和小组安排、案例讨论要求以及所需要讨论的问题。一般占用20分钟左右。

6. 案例的结束总结。案例的总结应该包括以下内容：

第一，对于案例中所涉及的基础理论的复习和回顾，结合案例加强学生对关键概念和模型的深入理解。

第二，对所讨论的基础性问题形成统一的看法和观点，再次强调案例讨论的核心问题和核心观点，引导学生将资产评估理论知识与案例相结合。对于学生讨论中所发现的不能形成定论的新问题，激发学生的学习兴趣进行更深入的探索。

第三，总结本次案例分析中的不足。这样的不足既包括由于评估方法和参数测算本身的局限性所造成的评估结果的不完美，也包括对注册资产评估师在评估过程中所展现的职业胜任能力和职业道德等方面的评判。

7. 教学建议。

（1）为了使课堂教学更富有效果，案例正文应该提前一或二周发给学生，以便学生提前熟悉相关内容。

（2）对于案例中所出现的宏观背景以及行业分析不能局限于案例正文所提供的材料，鼓励学生采用各种渠道进行数据资料的搜寻并随时间更新该部分内容。

（3）小组讨论后，应组织全班学生集中汇总各个小组的讨论结果。在听取汇总中，教师可以带领学生对已有问题形成统一的看法和观点，再次强调案例讨论的核心问题和核心观点，并订正学生陈述过程中出现的相应错误，补充讨论中忽视的要点，引导学生将资产评估理论知识与案例相结合。

（4）另外，在听取讨论汇报中，教师也可以发现新的问题，并引领学生朝案例分析的纵深处继续发展，拓展学生的眼界并使得学生的学习具有可持续性。在此环节中，老师的总结发言与启发性问题显得尤为重要。

（5）在案例讨论课的学习中，鼓励学生勇于尝试用新的测算方法、模型和数据。对既有的案例进行重新测算并分析不同方法的使用前提以及对评估结论的影响。

（6）在组织全班学生集中小组结论并汇报时，鼓励学生采用多媒体形式进行。方式既可以采用每一小组派一名或几名代表进行全部讨论结果的讲解，也可以采取每位同学都上台发言的模式（具体取决于班级人数和分组成员的多少）。在多媒体演示的时候，要求说明各个学生学在小组讨论中所承担的部分。这样不仅有利于督促每一个学生投入案例讨论，而且有利于老师进行学生的考核和分数评定。在一个学期的多个案例讨论中，也可以适当考虑将其中一两次的分小组讨论结果以书面形式提交作为中期考评依据。

（7）最后，鼓励学生针对案例课堂的讨论体会做读书笔记并上交老师。教师也可以挑选比较好的案例学习体会在全班做演示和讲解。

与不确定性面对面：基于企业生命周期理论的初创型公司价值评估

李小荣　冉梦雅

（中央财经大学财经税务学院）

摘　要：高收益、高风险、高不确定性是初创型公司的显著特征，这些特征使得对该类公司进行科学合理的估值变得十分必要，同时也为其价值评估过程带来了更大的挑战。本案例运用收益法和市场法对一家初创型公司的全部股东权益价值进行评估，该评估过程及相关参数的选取既有值得借鉴之处，也存在尚待改进的地方。本文结合企业生命周期理论，对初创型公司的相关特征及其对价值评估的影响进行分析，结合案例讨论运用收益法和市场法对初创型公司价值评估的重点和难点，剖析其中涉及的问题，提出对现有传统方法的改进方式，并探索是否存在新的方法可以作为一种有益的替代或补充。

关键词：初创型公司；收益法；市场法；价值评估

1. 引言

当前“大众创业、万众创新”的时代背景为一大批新兴企业的创立和发展提供了良好的契机。这些初创型企业，一方面拥有独特的创意或先进的理念，另一方面也面临着较大的资金约束或较少的实践经验，它们未来的巨大发展潜力值得期待，但由于竞争带来的生存威胁也同样不可忽视。高收益、高风险和高不确定性作为初创型公司的显著特征，一方面使得对该类公司进行科学合理的价值评估变得十分必要，另一方面也为其具体的价值评估过程带来了更大的挑战。因此，作为价值发现的核心和价值投资的前提，如何对初创型公司进行合理的价值评估显得尤为重要。

由于初创型公司通常设立时间较短，资金规模和资源有限，几乎没有盈利记录，甚至处于经营亏损状态，因而其经营业绩很难定量考察，对公司未来的经营发展预测变得十分困难。再加之公司早期的生存概率难以预测，其自身发展过程中频繁的风险变动难以估量，这些都使得对该类公司进行价值评估的过程更为艰辛。那么，如何使传统的评估方法更好地适用于初创型公司的评估，如何对其中的模型设定与参数选取过程进行相应的调节，如何考虑更多特殊因

① 本案例对所涉及的企业名称做掩饰处理，其余内容均根据真实公开信息数据撰写。

素对评估价值的影响，以更好地应对初创型公司评估中所面对的巨大不确定性呢?

本案例采用收益法和市场法对一家初创型公司的全部股东权益价值进行评估。结合本案例，我们将对该评估过程中值得借鉴之处与有待商榷之处进行详细分析，之后结合企业生命周期理论，对初创型公司的相关特征及其对价值评估的影响进行描述，讨论收益法和市场法在初创型公司估值过程中存在的重点和难点，剖析其中涉及的问题，提出对现有传统方法的改进方式，并探索是否存在新的方法可作为一种有益的替代或补充。

2. 案例背景

本次评估系某评估机构接受 H 公司委托，对其拟收购的 D 公司股东全部权益在 2015 年 12 月 31 日的市场价值进行评估。

H 公司成立于 2001 年，并于 2010 年 5 月在深交所创业板上市，主要经营范围包括通信器材、电子产品、移动通信设备及其支出软件销售维修；移动电话的研发；计算机软件、网络工程的开发；代办手机电视等用户移动业务；广告的设计、制作、代理和发布等。

被评估单位 D 公司成立于 2013 年 4 月，主营业务为基于 IP 内容的全 CG 影视及动漫内容制作、虚拟现实影视及体验内容制作以及相关 IP 商业运营和市场开发，未来拟形成全 CG 内容服务为核心及 IP 运营为本质的泛娱乐产业服务。

D 公司在 2015 年 7 月之前未实际开展业务且账面净资产为负，截至评估基准日 2015 年 12 月 31 日，D 公司尚无收入及盈利记录。

评估基准日 D 公司经审计后的全部资产和负债如表 1 所示。

表 1　D 公司评估基准日资产负债表　　单位：元（人民币）

科目名称	账面价值	科目名称	账面价值
流动资产合计	173 325 691. 79	流动负债合计	734 673. 00
货币资金	88 048 611. 02	短期借款	—
交易性金融资产	—	应付票据	—
应收票据	—	应付账款	—
应收账款	—	预收款项	—
预付账款	64 975 000. 00	应付职工薪酬	—
应收利息	—	应交税费	19 931. 29
应收股利	—	应付利息	—
其他应收款	302 080. 77	一年到期的非流动负债	—
存货	20 000 000. 00	其他应付款	714 741. 71
其他流动资产	—	其他流动负债	—
非流动资产合计	33 982 504. 73	非流动负债合计	—
长期股权投资	33 900 000. 00	长期应付款	—
固定资产	82 037. 71	应付债券	—
在建工程	—	其他非流动负债	—

续表

科目名称	账面价值	科目名称	账面价值
无形资产	—	递延所得税负债	—
长期待摊费用	—	专项应付款	—
其他非流动资产	—	负债合计	734 673.00
递延所得税资产	467.02	所有者权益合计	206 573 523.52
资产总计	207 308 196.52	负债及所有者权益合计	207 308 196.52

历史经营期各年的各项费用状况如表 2 所示。

表 2　　D 公司 2014 年度、2015 年度费用情况表　　单位：元（人民币）

费用项目	历史数据	
	2014 年度	2015 年度
销售费用	—	148 624.39
管理费用	—	—
财务费用	828.49	-5 280.55
合　计	724 080.14	10 239 693.40

被评估单位 D 公司第一大股东系委托方控股股东和实际控制人，故本次交易行为构成关联交易。

此外，D 公司设有二级子公司 4 家，其中全资子公司 2 家：北京 Z 公司科技发展有限公司（下称“Z 公司”）、广东 W 公司动漫文化传播有限公司（下称“W 公司”）；控股子公司 2 家：北京 Y 公司制作有限公司（下称“Y 公司”）、S 公司创业孵化器有限公司（下称“S 公司”）（见表 3）。

表 3　　D 公司子公司情况表

子公司名称	投资日期	持股比例	投资成本（万元）
Y 公司	2015 年 9 月	56%	700
S 公司	2015 年 10 月	85%	850
Z 公司	2015 年 12 月	100%	100
W 公司	2015 年 12 月	100%	1 000

注：2016 年 1 月，L 公司（有限合伙）将其持有的 Y 公司 205 万元注册资本以 4075 万元的价格转让予 D 公司，转让后 D 公司持有 Y 公司 76% 股权。

3. 评估方法选择

注册资产评估师执行企业价值评估业务，应当根据评估目的、评估对象、价值类型、资料收集情况等相关条件，分析收益法、市场法和资产基础法三种资产评估基本方法的适用性，恰当选择一种或多种资产评估基本方法。

企业价值评估中的收益法，是指将预期收益资本化或折现，确定评估对象价值的评估方法，具体包括股利折现法和现金流量折现法。股利折现法是将预期股利进行折现以确定评估对象价值的方法，通常适用于缺乏控制权的股东全部权益价值评估；现金流量折现法通常包括企业自由现金流折现和股权自由现金流折现模型。

企业价值评估中的市场法，是指将评估对象与可比上市公司或可比交易案例进行比较，确定评估对象价值的评估方法。上市公司比较法是通过获取并分享上市公司的经营和财务数据，计算适当的价值比率，在与被评估企业对比分析的基础上确定被评估对象价值的方法。交易案例比较法是通过获取并分析可比企业的买卖、收购及合并案例资料，计算适当的价值比率，在与被评估企业比较分析的基础上确定评估对象价值的方法。

企业价值评估中的资产基础法，是指以被评估单位评估基准日的资产负债表为基础，合理评估企业表内及表外各项资产、负债价值，确定评估对象价值的评估方法。各项资产、负债价值应根据具体情况选用适当的评估方法得出。

考虑到D公司的主营业务是基于IP内容的全CG影视及动漫内容制作、虚拟现实影视及体验内容制作、相关IP商业运营及市场开发等，一方面根据被评估单位所处经营环境并结合公司自身经营业绩及未来发展规划，评估人员认为被评估单位未来具备可持续经营能力，且可以用货币衡量未来收益与风险，符合采用收益法的前提条件，故本次评估项目适宜采用收益法；另一方面该行业国内A股的上市公司较多，具备选取可比公司进行比较的条件，故本次评估适宜采取上市公司比较法。但根据本次评估目的所对应的经济行为及被评估单位的资产构成，评估人员认为资产基础法不能完整反映其预期的盈利能力，故本次评估不适宜采用资产基础法。

4. 评估技术说明

4.1 收益法技术说明

（1）收益法假设条件。

①假设评估基准日后被评估单位持续经营；

②假定在市场上交易或拟交易的资产，交易双方彼此地位平等，都有获取足够市场信息的机会和时间，以便对评估对象的交易价值做出理智判断；

③国家现行有关法律法规及政策、国家宏观经济形势无重大变化；本次交易各方所处地区政治、经济和社会环境无重大变化、无其他人力不可抗拒及不可预见因素造成重大不利影响；

④假设被评估单位可以按照全CG电影项目制作进程取得电影制作资格准入许可、电影摄制许可、电影内容审查许可和电影发行放映许可；

⑤假设被评估单位与T公司签订的《合作经营合同》及与现有合作方在合同期满后可续展；

⑥假设被评估单位全资子公司Z公司在基准日后可持续取得高新技术企业资质；

⑦假设被评估单位全资子公司W公司可在2017年取得动漫企业认定，从2017年起享

受“两免三减半”税收优惠政策；

⑧假设被评估单位的经营者是负责的，且公司管理层有能力担当其职务；

⑨假设评估基准日后被评估单位在现有管理方式和水平基础上，经营范围、业务类型、运营方式、营销策略等不会发生较大变化；

⑩除非另有说明，假设被评估单位完全遵守所有有关法律法规；

⑪假设被评估单位未来将采取的会计政策和编写此份报告时所采用的会计政策在重要方面一致；

⑫国家现行银行利率、税收政策等不发生重大变化；

⑬假设预测期间，被评估单位员工薪酬体系不会发生重大变化，员工人数不会大幅增加，人员结构能满足公司运营所需；

⑭假设评估基准日后被评估单位的现金流入为平均流入，现金流出为平均流出；

⑮2015 年 11 月，T 公司、Y 公司等四家公司共同签署《增资协议》，约定 T 公司以 4 000 万元认缴 Y 公司 250 万元注册资本。截至评估基准日，T 公司已向 Y 公司支付增资款 1 500 万元，尚余 2 500 万元增资款未支付。鉴于 T 公司无法于 Y 公司要求时间支付剩余增资款 2 500 万元，经协商一致，T 公司将其所持 Y 公司全部 250 万元出资以 4 075 万元转让给 D 公司，转让后 D 公司持有 Y 公司 76% 股权；D 公司需向 T 公司支付 1 575 万元、向 Y 公司支付 2 500 万元剩余增资款。本次评估假设上述资金流动均在评估基准日完成，并按照股权转让完成后的模拟股权比例进行评估。

（2）宏观、行业及公司分析。

①宏观、区域经济因素分析（略）。

②行业状况与发展前景分析。

a. 主要政策情况；

b. 行业发展情况；

c. 竞争情况。

③公司业务情况分析。

a. 主要产品用途；

b. 经营管理模式；

c. 竞争优势；

d. 不利因素。

（3）收益法模型选择。

本次评估选用现金流量折现法中的企业自由现金流折现模型，具体描述如下：

$$E = B - D - M \quad \text{（公式 1）}$$

$$B = P + I + C \quad \text{（公式 2）}$$

式中：

E——股东全部权益价值；

B——企业整体价值；

D——付息债务价值；

M——少数股东权益价值；

P——经营性资产价值；

I——非合并范围内长期股权投资价值①；

C——溢余或非经营性资产（负债）价值。

经营性资产价值计算模型：

$$P = \sum_{i=1}^{n} \frac{R_i}{(1+r)^i} + \frac{R_{i+1}}{r(1+r)^n} \quad \text{（公式 3）}$$

式中：

R_i——未来第 i 年的现金流量；

r——折现率；

n——未来经营期。

（4）净现金流量预测。

根据被评估单位章程及营业执照等文件规定，经营期限截至 2033 年 4 月 16 日。本次评估假设企业到期后继续展期并持续经营，因此确定收益期为无限期。收益预测采用两阶段模型，对评估基准日后 5 年企业收入、成本费用和利润等进行合理预测，假设第 6 年以后各年与第 5 年持平。经分析，被评估单位未来净现金流量预测情况如表 4 所示。

表 4　　D 公司未来现金流预测情况表　　单位：万元（人民币）

项　目	2016 年	2017 年	2018 年	2019 年	2020 年	永续
营业收入	15 361.72	41 755.76	53 418.73	67 946.97	74 331.09	74 331.09
减：营业成本	10 130.82	25 910.12	32 832.26	40 464.57	43 568.11	43 568.11
营业税金及附加	50.24	201.43	406.51	652.07	645.41	645.41
销售费用	200.20	235.40	281.00	344.00	352.50	352.50
管理费用	1 670.02	2 181.24	2 774.93	3 021.78	3 049.43	3 049.43
财务费用	0.91	0.91	0.91	0.92	0.92	0.92
营业利润	3 309.53	13 226.66	17 123.12	23 463.63	26 714.71	26 714.71
利润总额	3 309.53	13 226.66	17 123.12	23 463.63	26 714.71	26 714.71
减：所得税费用	749.85	2 562.68	3 123.22	4 985.23	5 576.47	6 294.01
净利润	2 559.68	10 663.98	13 999.90	18 478.40	21 138.24	20 420.70
+ 折旧	137.74	243.65	271.87	232.08	194.08	194.08
+ 无形资产摊销	114.99	231.99	715.20	714.30	705.06	705.06
– 追加资本性支出	815.00	1 861.00	1 441.00	130.00	110.00	899.14
– 营运资金净增加	298.65	14 878.32	6 574.42	8 189.57	3 598.73	—
净现金流量	1 698.76	– 5 599.69	6 971.55	11 105.21	18 328.65	20 420.70

① 考虑到 D 公司与其子公司间存在协同效应，本次收益法按合并口径财务数据进行评估。故只需加上合并范围之外的长期股权投资价值。

（5）折现率的确定。

①折现率模型。

本次评估折现率采用加权平均资本成本（WACC）：

$$R = R_e \times W_e + R_d \times (1 - T) \times W_d \quad （公式4）$$

式中：

R_e——权益资本成本；

R_d——付息负债资本成本；

W_e——权益资本价值在投资性资产中所占比例；

W_d——付息负债价值在投资性资产中所占比例；

T——所得税税率。

其中，权益资本成本采用 CAPM 模型计算：

$$K_e = R_f + \beta \times \mathrm{MRP} + R_c \quad （公式5）$$

式中：

R_f——无风险收益率；

MRP——市场平均风险溢价；

β——预期市场风险系数；

R_c——企业特有风险调整系数。

②各项参数选取。

无风险收益率选取中长期国债到期收益率 4.11%。

市场风险溢价采用美国金融学家 Aswath Damodararan 所统计的各国家市场风险溢价水平作为参考，确定综合市场风险溢价水平为 7.15%。

β 值的确定来自对 Wind 资讯终端“文化、体育和娱乐业”行业分类下相关上市公司评估基准日前 100 周财务杠杆 β 值的还原（见表5）。

表5　可比上市公司 β 系数一览表

公司简称	股票代码	有杠杆贝塔系数	年末所得税率	带息债务/股权价值	无杠杆贝塔系数
华谊兄弟	300027. SZ	0. 7712	25%	3. 1073%	0. 7536
华策影视	300133. SZ	0. 5950	25%	2. 4011%	0. 5845
视觉中国	000681. SZ	1. 1093	25%	0. 0000%	1. 1093
当代东方	000673. SZ	1. 0636	25%	0. 0714%	1. 0630
光线传媒	300251. SZ	0. 6676	15%	1. 4096%	0. 6597
顺网科技	300113. SZ	0. 3850	10%	0. 0338%	0. 3849
奥飞动漫	002292. SZ	0. 2264	15%	1. 4223%	0. 2237
联络互动	002280. SZ	1. 3238	25%	0. 0464%	1. 3233
加权平均	—	—	—	—	0. 6995

数据来源：Wind 资讯。

综合考虑企业生产经营规模、经营状况、财务状况及流动性等因素，确定被评估单位特有风险系数为4%。由于企业无付息债务，故付息负债资本成本为0。经Wind资讯查询，可比上市公司平均债务与股权价值比为1.06%，即权益资本价值和付息负债价值分别占比为98.95%和1.05%。

最终根据公式：$R = R_e \times W_e + R_d \times (1 - T) \times W_d$

$= 13.05\%$

（6）经营性资产价值。

根据相关预测数据，计算被评估公司经营性资产价值如表6所示。

表6　D公司经营性价值测算表　单位：万元（人民币）

项　目	2016年	2017年	2018年	2019年	2020年	永续
净现金流量	1 698.76	-5 599.69	6 971.55	11 105.21	18 328.65	20 420.70
折现期	0.5	1.5	2.5	3.5	4.5	—
折现率	13.05%	13.05%	13.05%	13.05%	13.05%	13.05%
折现系数	0.9405	0.8319	0.7359	0.6510	0.5758	4.4124
净现值	1 597.71	-4 658.63	5 130.42	7 229.03	10 553.90	90 469.18
经营性资产价值	110 321.61					

（7）非经营性资产、负债，溢余资产及长期股权投资评估值确定。

经分析，本项目非经营性资产为其他应收款、递延所得税资产以及S公司的相关资产，非经营负债为其他应付款以及S公司相关负债，本次评估以成本法确定非经营性资产、负债的评估值分别为94.8万元和76.53万元；溢余资产是评估基准日超出维持企业正常经营的富余现金，评估值为9 149.76万元；被评估对象在合并报表之外不存在长期股权投资，故长期股权投资为0。

非经营性资产、负债和溢余资产评估值汇总如表7所示。

表7　D公司非经营性资产、负债及溢余资产评估值　单位：万元（人民币）

项　目	内容	账面值	评估值
溢余资产	溢余货币资金	9 149.76	9 149.76
非经营性资产	其他应收款	90.60	90.60
	递延所得税资产	—	—
	S公司其他资产	3.87	3.87
非经营性负债	其他应付款	—	—
	S公司其他负债	0.00	0.00

（8）少数股东权益评估值确定。

D公司合并范围内少数股东权益为Y公司24%的少数股东权益和S公司15%的少数股东权益。Y公司评估基准日正常运营，且预计未来盈利能力较强，故本次评估以预测净利润为基础，乘以少数股东股权比例确定归属于少数股东的净利润，并按照D公司折现率进行折现，确定Y公司24%少数股东权益价值为5 115.64万元；S公司在评估基准日及可预期未来年度无经营业务，故本次评估按照账面审计后的净资产乘以少数股东比例确定 S 公司 15% 少数股权权益价值为 1.03 万元。

（9）股东全部权益价值。

股东全部权益价值 = 经营性资产价值 + 非经营性资产价值 + 溢余资产价值 + 长期股权投资价值 − 非经营性负债价值 − 付息负债价值 − 少数股东权益价值

= 110 321.61 + 94.8 + 9 149.76 + 0 − 76.53 − 0 − 5 116.67

= 114 372.97（万元）

4.2 市场法技术说明

本次评估通过对被评估单位近期经营状况、财务指标的分析，结合所收集可比上市公司相关资料，将可比上市公司与被评估单位的权益性资产进行比较，评估人员认为：D 公司属于文化、体育和娱乐业及 VR 行业，该行业国内 A 股上市公司较多，具备选取可比公司进行比较的条件，故本次评估适宜采用上市公司比较法进行评估。

（1）可比上市公司选取。

评估人员以 2015 年 12 月 31 日为数据时点，结合被评估对象实际情况，收集沪深股票市场文化、体育和娱乐业及 VR 行业的上市公司。根据评估对象主营业务构成，选取其中业务类型相近的上市公司，最终得到 8 家上市公司相关市场和财务数据（见表 8）。

表 8　可比上市公司情况表

证券代码	证券简称	主营收入构成（报告期：2015 中报）
300027. SZ	华谊兄弟	影视娱乐：60. 13%；互联网娱乐：37. 79%；品牌授权及服务：2. 57%；内部抵销：−0. 9%
300133. SZ	华策影视	电视剧：87. 79%；影院票房：5. 78%；广告：3. 64%；经纪服务：0. 78%；电影：0. 69%；综艺节目：0. 19%
000681. SZ	视觉中国	视觉素材与增值服务：96. 06%；视觉数字娱乐：3. 94%
000673. SZ	当代东方	电视剧：71. 21%；影视制作收入：19. 51%；电子授权：9. 28%
300251. SZ	光线传媒	电影：72. 54%；栏目制作与广告：20. 77%；动漫游戏：5. 25%；电视剧：1. 44%
300113. SZ	顺网科技	用户中心系统收入：44. 93%；网络广告及推广服务收入：37. 63%；互联网增值服务收入：12. 44%
002292. SZ	奥飞动漫	动漫玩具：52. 17%；动漫影视类：16. 92%；非动漫类玩具：11. 72%；游戏类：9. 66%；婴童用品收入：4. 63%；电视媒体：3. 76%；其他业务：0. 49%；设计及制作类：0. 49%；演出类：0. 15%
002280. SZ	联络互动	应用软件开发与销售：71. 17%；商户云搜索：25. 6%；其他：1. 8%；网卡销售：1. 44%

数据来源：Wind 资讯。

（2）模型选择与参数定义。

①估值模型。

$$P = P_0 \div S_0 \times S \qquad \text{（公式 6）}$$

式中：

P——被评估单位经营性资产价值；

P_0——可比公司剔除非经营性资产及货币资金后价值；

S_0——可比公司 2015 年营业收入与 2016 年预测营业收入均值；

S——被评估单位 2015 年营业收入与 2016 年预测营业收入均值。

②参数定义。

市销率（P/S）：总市值与销售额的比值，主要用于创业板企业或高科技企业。由于 D 公司无收入及盈利记录，而公司在手订单可作为未来营业收入的支撑，进而可以较好地反映公司目前的经营规模和发展阶段，故本次评估采用市销率作为市场法比较参数。

根据可比上市公司 2015 年营业收入和 2016 年预测营业收入平均值计算市销率，经 Wind 资讯查询，8 家样本公司剔除非经营性资产及货币资金后的市销率如表 9 所示。

表 9　　可比上市公司市销率一览表

证券代码	证券简称	剔除非经营性资产及货币资金后 PS（2015—2016 年平均）
300027. SZ	华谊兄弟	11. 25
300133. SZ	华策影视	10. 10
000681. SZ	视觉中国	33. 88
000673. SZ	当代东方	17. 73
300251. SZ	光线传媒	22. 85
300113. SZ	顺网科技	9. 44
002292. SZ	奥飞动漫	20. 37
002280. SZ	联络互动	42. 30
平均数		20. 99
中位数		19. 05

数据来源：Wind 资讯。

③经营性资产价值估算。

根据 2015 年 12 月 31 日审计后财务报表，被评估单位合并口径营业收入 0 万元；根据盈利预测，被评估单位 2016 年预测营业收入 15 361. 72 万元。

则：$S = (0 + 15\ 361.72) \div 2 = 7\ 680.86$（万元）

经营性资产价值上限：$P = P_0 \div S_0 \times S = 20.99 \times 7\ 680.86 = 161\ 207.50$（万元）

经营性资产价值下限：$P = P_0 \div S_0 \times S = 19.05 \times 7\ 680.86 = 146\ 303.21$（万元）

④流动性折扣确定。

本次市场法评估选取的可比公司为上市公司，被评估单位属于非上市公司，因此需要考虑评估对象的流动性折扣因素。采用非上市公司并购市盈率与上市公司市盈率比较估算流动性折扣率，确定被评估对象缺少流动性折扣率为 28. 6%（见表 10）。

⑤非经营性资产（负债）、溢余资产、长期股权投资及少数股东权益评估值确定。

非经营性资产（负债）、溢余资产、长期股权投资及少数股权权益评估值的确定与收益法中的定义、计算过程及最终结果均一致。

表 10　　各行业流动性折扣率比较

行业名称	非上市公司并购		上市公司		缺少流通折扣率
	样本点数量	市盈率平均值	样本点数量	市盈率平均值	
采掘业	9	20.18	29	41.90	51.8%
传播与文化产业	17	34.85	14	48.80	28.6%
电力、煤气及水的生产和供应业	19	18.47	55	25.48	27.5%
电子	19	23.81	135	45.92	48.2%
房地产业	21	13.53	61	27.99	51.6%
纺织、服装、皮毛	8	23.25	28	37.75	38.4%
机械、设备、仪表	90	25.95	135	45.10	42.5%
建筑业	15	18.92	40	27.50	31.2%
交通运输、仓储业	12	16.06	42	30.64	47.6%
金融、保险业	50	19.68	31	29.00	32.1%
金属、非金属	28	23.81	74	41.68	42.9%
农、林、牧、渔业	8	37.04	9	55.01	32.7%
批发和零售贸易	54	17.25	59	36.78	53.1%
社会服务业	60	27.03	36	43.18	37.4%
石油、化学、塑胶、塑料	28	18.34	99	38.89	52.8%
食品、饮料	8	18.33	45	42.16	56.5%
信息技术业	89	34.85	47	61.18	43.0%
医药、生物制品	30	28.53	73	42.16	32.3%
造纸、印刷	6	17.48	10	35.89	51.3%
合计/平均值	571	23.02	1022	39.84	42.2%

数据来源：Wind 资讯、CVSource。

⑥股东全部权益价值。

股东全部权益价值上限：

161 207.50 × (1 − 28.6%) + (11 856.6 + 94.8 − 76.53) + 0 − 0 − 5 116.67 = 121 860.35 (万元)

股东全部权益价值下限：

146 303.21 × (1 − 28.6%) + (11 856.6 + 94.8 − 76.53) + 0 − 0 − 5 116.67 = 111 218.69 (万元)

5. 评估结论

D 公司在评估基准日股东全部权益评估账面价值 20 657.35 万元。经收益法评估股东全部权益价值 114 372.97 万元，增值 93 715.62 万元，增值率 453.67%。经市场法评估股东全部权益价值区间为 111 218.69 万—121 860.35 万元，增值 90 561.34 万—101 203 万元，增值率438.4%—489.91%。收益法评估结果落在市场法评估结果区间内。

市场法评估思路是参照现行公开市场价格模拟估算评估对象价值，所考虑因素是根据公开市场历史数据分析、判断的结果。收益法是在对未来收益预测的基础上计算评估价值的方法，不仅考虑各项资产充分利用、组合贡献对股东全部权益价值的影响，也考虑了企业所享受各项优惠政策、业务渠道、技术团队和管理团队等协同作用等因素。综合考虑两种评估方法优势与限制，分析其对本项目评估结果的影响程度，最终选择收益法评估结果作为评估结论。

6. 尾声

本案例中的被评估对象是一个典型的初创型年幼公司，截至评估基准日成立不超过3年且无任何收入盈利记录。历史营业记录的缺乏和未来发展的不确定性都为估值工作带了巨大的困难和挑战，这是案例中最值得关注的地方，也是本次案例讨论的重点。本次评估采用传统的收益法和市场法，将目前较为普遍的估值思路、成熟的估值模型和相关参数的选取过程直接应用于该初创型公司的价值评估，我们在明确其合理性的同时也应当关注这样的做法可能导致的问题。例如，在对未来营业支出进行预测时，若对当期费用中用于当前开支和用于未来投资的部分不加区分，则很可能造成价值的低估，毕竟对于初创型公司来说，其当期费用中很大一部分都用于未来投资，如研发新型技术、培育潜在客户、铺设销售渠道等；在确定折现率时，采用一成不变的目标资本结构可能也不尽合理，初创型公司的资本结构与成熟型公司的资本结构存在很大差异，考虑达到目标资本结构之前的变化对折现率的选取至关重要；另外，初创型公司最大的特点在于其面临巨大的不确定性，因而，其生存概率应该作为一个重要的评估要素加以分析，虽然十分困难，但我们不应该放弃尝试。在接下来的案例分析中，我们将对包括以上问题在内的相关问题进行分析讨论，以发现初创型公司估值过程中值得关注的重难点问题，寻求合适的解决或改进方式，并探索传统方法之外是否还存在新的方法作为一种合适的替代或补充。

7. 附录

附录一　　公司近两年资产、财务、经营状况（母公司报表口径）　　单位：万元（人民币）

项　　目	2014年12月31日	2015年12月31日
流动资产	0.36	17 332.57
非流动资产	—	3 398.25
资产总计	0.36	20 730.82
流动负债	94.30	73.47
非流动负债	—	—
负债总计	94.30	73.47
净资产	-93.94	20 657.35

续表

项　目	2014 年度	2015 年度
营业收入	—	—
利润总额	-72.41	-498.76
净利润	-72.41	-498.71

附录二　　公司近两年资产、财务、经营状况（合并报表口径）　　单位：万元（人民币）

项　目	2014 年 12 月 31 日	2015 年 12 月 31 日
流动资产	0.36	20 588.33
非流动资产	—	1 787.97
资产总计	0.36	22 376.30
流动负债	94.30	453.05
非流动负债	—	—
负债总计	94.30	453.05
净资产	-93.94	21 923.25
营业收入	—	—
利润总额	-72.41	-1 025.33
净利润	-72.41	-1 032.82

附录三　　公司经营性资产、负债调整表　　单位：万元（人民币）

科目名称	账面价值	资产价值	溢余资产价值	经营性资产价值
一、流动资产合计	20 588.33	93.87	9 149.76	11 344.70
货币资金	11 859.86	3.26	9 149.76	2 706.84
应收账款	5.11	—	—	5.11
预付款项	6 600.33	0.01	—	6 600.32
其他应收款	90.60	90.60	—	0.00
存货	2 032.43	—	—	2 032.43
二、非流动资产合计	1 787.97	0.93	0.00	1 787.03
固定资产	157.22	0.60	—	156.62
无形资产	95.70	—	—	95.70
商誉	1 479.51	—	—	1 479.51
长期待摊费用	55.21	—	—	55.21
递延所得税资产	0.33	0.33	—	0.00
三、资产总计	22 376.29	94.80	9 149.76	13 131.73
四、流动负债合计	453.05	76.53	0.00	376.52
应付账款	202.58	—	—	202.58
预收款项	93.77	—	—	93.77
应付职工薪酬	66.54	—	—	66.54

续表

科目名称	账面价值	资产价值	溢余资产价值	经营性资产价值
应交税费	13.64	—	—	13.64
其他应付款	76.53	76.53	—	0.00
五、非流动负债合计	0.00	0.00	0.00	0.00

附录四 **2016—2020 年营业收入预测情况** 单位：元（人民币）

产品名称	2016 年	2017 年	2018 年	2019 年	2020 年
全 CG 影视业务	37 735 849.06	182 075 471.70	185 220 125.79	220 125 786.16	228 930 817.61
虚拟现实内容	52 526 698.11	112 063 358.49	189 688 566.04	264 600 094.34	278 098 981.13
数字版权运营	43 665 940.98	103 258 345.43	137 992 259.31	170 883 728.43	208 869 537.17
其他	19 688 679.25	20 160 377.36	21 286 320.75	23 860 070.75	27 411 564.86
合计	153 617 167.39	417 557 552.98	534 187 271.89	679 469 679.69	743 310 900.77

附录五 **2016—2020 年营业成本预测情况** 单位：元（人民币）

产品名称	2016 年	2017 年	2018 年	2019 年	2020 年
全 CG 影视业务	26 415 094.34	119 929 245.28	122 130 503.14	145 059 748.43	144 619 496.86
虚拟现实内容	41 092 687.26	82 452 358.49	133 326 415.09	163 773 867.92	185 470 122.64
数字版权运营	22 891 886.79	45 433 773.58	61 202 452.83	82 639 433.96	90 154 716.98
其他	10 908 490.57	11 285 849.06	11 663 207.55	13 172 641.51	15 436 792.45
合计	101 308 158.96	259 101 226.42	328 322 578.62	404 645 691.82	435 681 128.93

附录六 **2016—2020 年销售费用预测情况** 单位：元（人民币）

项　目	2016 年	2017 年	2018 年	2019 年	2020 年
职工薪酬	862 000.00	1 054 000.00	1 362 000.00	1 710 000.00	1 713 000.00
业务招待费	180 000.00	275 000.00	310 000.00	430 000.00	440 000.00
日常费用	960 000.00	1 025 000.00	1 138 000.00	1 300 000.00	1 372 000.00
合计	2 002 000.00	2 354 000.00	2 810 000.00	3 440 000.00	3 525 000.00

附录七 **2016—2020 年管理费用预测情况** 单位：元（人民币）

项　目	2016 年	2017 年	2018 年	2019 年	2020 年
人工成本	3 115 000.00	3 813 500.00	4 068 500.00	4 820 000.00	5 280 000.00
研发支出	8 050 000.00	9 810 000.00	9 820 000.00	11 580 000.00	11 590 000.00
摊销折旧费	2 547 354.89	4 786 454.89	9 920 708.36	9 513 821.35	9 066 356.98
日常费用	688 000.00	840 000.00	1 024 000.00	1 198 000.00	1 291 000.00

续表

项　目	2016 年	2017 年	2018 年	2019 年	2020 年
租赁费	1 983 068.00	2 126 321.00	2 402 639.00	2 482 768.00	2 566 906.00
中介费用	61 000.00	71 000.00	71 000.00	91 000.00	91 000.00
业务招待费	85 000.00	95 000.00	117 000.00	157 000.00	195 000.00
税费	50 253.41	135 076.76	177 962.88	227 260.62	255 515.35
其他	120 500.00	135 000.00	147 500.00	148 000.00	158 500.00
合计	16 700 176.30	21 812 352.65	27 749 310.24	30 217 849.97	30 494 278.33

Face to Face With Uncertainty: Start – up Company Valuation Based on the Theory of Enterprise Life Cycle

Abstract: High-yield, high-risk, and huge uncertainty are the typical characteristics of the start-up company, which make the scientific and reasonable valuation of the start-up company necessary, as well as bring more challenges during its value assessment process. This case uses the income approach and the market approach to evaluate the value of all shareholders' equity of a start-up company. Part of the assessment process and the selection of related parameters is worth reference but other needed improvement. Based on the theory of enterprise life cycle, we analyze the characteristics of start-up companies as well as the influence in evaluation. Combined with the case, we discuss the emphasis and difficulty in valuation of start-up company when using the income approach and market approach, analyze the problems involved, put forward the improvement of existing traditional methods and explore whether there is a new method can be used as a useful alternative or complementary.

Key Words: Start-up Company; Income Approach; Market Approach; Evaluation

案例使用说明

与不确定性面对面：基于企业生命周期理论的初创型公司价值评估

一、教学目的与用途

适用课程：《资产评估》《企业价值评估》《资产评估实务与案例分析》等课程。

适用对象：资产评估、财务管理、会计学、工商管理等专业本科生、研究生。

教学目的：引导学生充分认识初创型公司所具有的特征，并理解这些特征对价值评估可能产生的影响；结合案例分析对初创型公司进行估值时，收益法和市场法在各自运用中的重点和难点，对常见问题进行分析探讨，在寻找现有方法改进方案的同时探索新的评估方法。

二、启发思考

1. 处于企业生命周期中初创期的公司通常具有什么特征，这些特征会对其价值评估产生怎样的影响？

2. 采用收益法对初创型公司进行评估时，如何应对未来收益的不确定性？如何对折现率的有关参数进行合理调整？如何判断何时进入稳定增长期及所呈现的相关特点？

3. 采用市场法对初创型公司进行评估时，如何选取可比公司？如何在面临历史记录缺乏、经营亏损时找到适当的价值比率？如何进行流动性调整？

4. 结合案例分析，当前收益法评估中存在哪些可以改进的地方？

5. 结合案例分析，当前市场法评估中存在哪些可以改进的地方？

6. 对于初创型公司的价值评估，是否可以探索传统方法之外的新方法？

三、分析思路

首先，从企业生命周期视角认识初创型公司所具有的共同特征，并简要描述这些特征可能会对估值过程产生怎样的影响；其次，结合评估案例分析当前在该类公司的价值评估中所采用的主要评估思路、评估方法以及相关参数的选取过程；再次，探讨这些做法的合理性与不当性，发现其中可能忽视的因素和带来的问题；最后，通过相关估值重难点的分析，对初创型公司价值评估的现有做法提出改进建议。

四、理论依据及分析

1. 初创型公司的生命周期视角。

根据企业生命周期理论，企业的整个经营发展过程可以大致分为初创期、成长期、成熟期和衰退期四个时期。每个时期的企业都呈现出一定的阶段性特征。处于初创期的公司通常表现为无收入或低收入，经营亏损利润为负，发展速度较慢且面临巨大的持续经营风险。根据其产品、收入和利润情况还可进一步分为三个阶段：仅停留在创意上的最早期阶段、将创意运用于实际生产的中期阶段和产品开始占有部分市场逐步实现盈利的后期阶段（见图 1）。

最早期阶段的公司只有一个较好的创意，还未将其落实到实际生产，故没有实际收入，

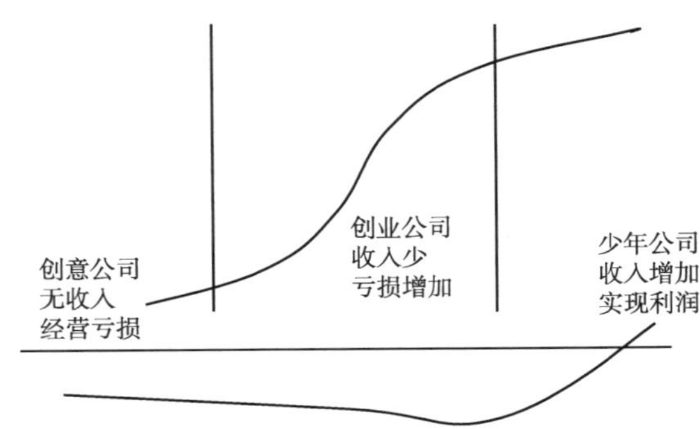

图1　企业生命周期早期阶段

只发生维持企业日常运转的开支，经营处于亏损状态；将创意转化为实际商品的公司则向前迈进了一步，此时公司可以获取较少的收入，但由于成本的相应增加，经营亏损会进一步加大；当公司产品或服务已经占据一定的市场后，收入逐步增加，公司的利润也由负转正并逐步上升。

但无论怎样，初创型公司所具有的共同特征都为其价值评估带来很大的挑战。（1）无经营历史。初创型公司的经营历史记录非常有限，有的为一两年，有的则仅为几个月，导致在评估过程中难以获得对未来收益进行可靠预测的历史基础资料。（2）无收入或低收入/营业亏损。期初投入较大，且多与企业如何立足相关，离创造稳定收入还有很大距离，总体结果即是大额亏损，以此对未来经营发展做出预测同样很难。（3）不确定性较大。多数年幼公司在实现商业成功前夭折，且若干研究报告都通过相关数据研究得出了这一相同的结论，因而初创型公司的生存概率也成为需要关注的重点因素。（4）股权多重要求权。初创型公司多依赖私募资本，而多轮融资必将导致不同时期投资者拥有对现金流和控制权的不同要求，从而对公司股权价值产生影响。

2. 收益法评估原理、案例回顾及若干难点问题。

收益法是通过估算被评估对象未来期间的预期收益，选择一定的折现率将未来收益折成评估基准日现值作为被评估资产估计值的方法。其中涉及三个重要参数：预期收益额、未来收益期和折现率。

（1）初创型公司未来收益预测——昙花一现还是可以持续？当期开支还是未来投资？

在进行未来收益预测时，对相关历史经营数据的分析是十分必要的。然而，初创型公司为我们提供的历史经营记录非常有限。一方面，处于起步时期的公司资产规模通常较小，其现有资产只代表公司总价值很小的一部分，由此产生的收益或现金流也对预测用于衡量企业整体价值的未来收益没有参考意义；另一方面，即使存在短期的历史经营数据，其提供的财务信息也具有相当大的不确定性，从而不能合理反映公司未来的经营发展状况。这一不确定性主要体现在收入和支出两个方面。在收入方面，我们很难确定这一短期水平仅仅是昙花一现还是在未来可以持续，也无法预期当企业改变其经营方式、价格策略或遇到竞争时该收入水平会受到怎样的影响，这些不确定性对于初创型公司都是十分常见的；在支出方面，则很难区分当前发生的支出中哪些是用于维持当期所需，哪些是用于创造未来增长。初创型公司的开支中通常很大一部分被用于创造未来增长，如研发先进技术、培育潜在客户等，若将这些支出都在当前费用化可能会导致公司价值的大幅度低估。

上述案例中对于被评估对象未来收益的预测主要来自于定性分析，包括企业经营的宏观、区域经济因素分析、行业状况与发展前景分析（主要政策规定、行业发展情况和竞争情况）和公司业务情况分析（主要产品用途、经营管理模式、竞争优势和不利因素），与管理层就公司未来经营发展讨论交流，以及参考企业未来发展规划、企业已签订的各项销售合同等相关资料。受限于历史记录的不可得性，对初创型公司未来收益侧重于定性分析从而做出主观预测存在一定的现实性，但如何对预测收益的质量或者可实现性进行具体分析、如何对影响收入水平的因素尽可能量化、如何对当期费用进行当期开支和未来投资的区分等是该评估报告还有所欠缺的地方。此外，在对于初创型公司的未来收益预测中还可能存在一些其他的问题。例如，只关注收益模型中的直接变量（收入、利润或现金流），忽略中间科目或无视再投资需求，从而出现理论预测数据与企业经营现实不匹配的问题；以公司未来存在较大不确定性为由聚焦短期而忽视长期，主观缩短预测期年限，降低评估的客观性和准确性等。

（2）初创型公司折现率确定——股权 β 衡量的风险准确吗？负债成本如何评估？不变的目标资本结构合理吗？

在计算股权资本成本时，通常会将可比上市公司的去杠杆 β 值作为参考。β 值用于衡量无法分散的系统性风险，若将其直接用于初创型公司的风险衡量，问题是显而易见的。初创型公司所面临的巨大不确定性决定了其自身风险远远超过了市场风险，其中绝大部分的公司专属风险是无法用 β 值衡量的，因此本案例在计算公司股权资本成本时考虑公司专属风险是十分必要而有益的。

关于负债成本的衡量，对于一般性企业主要采用两种方式：一是根据自身发行债券及付息债务的相应利率计算企业实际债务成本；二是根据企业的风险评级确定相应的债务成本。然而对于初创型公司来说，发行债券的情况极为少见，相应的风险评级也不太可得，其绝大部分负债融资都来源于银行借款。因此，对于不确定性较大，未来风险较高的借款对象，银行在按名义利率计算利息的同时可能还会收取一个溢价，导致企业的实际利率进一步提高。本案例中，由于截至评估基准日公司无付息债务，故确定付息债务成本为 0。这一做法在短期内存在一定合理性，但若将其作为整个预测期乃至稳定期一成不变的负债成本显然是不准确的。因为假设公司的资本总是来自股权投资者而永久地放弃杠杆收益显然是不合理的。

由于初创型公司的账面价值不具参考意义，市场价值难以有效衡量，故通常采用同行业可比上市公司平均债务权益比率作为公司的目标资本结构。本案例也采用了该做法。但将这一不变的目标资本结构从始至终地运用也极大地降低了评估结论的准确性与可靠性。初创型公司的资本结构与成熟型公司的资本结构显然是不同的，后者的资产负债率明显较高且相对稳定。若在预测期和稳定期均采用该目标资本结构计算折现率，毫无疑问会导致企业整体价值的高估。

（3）初创型公司预测期确定——何时进入稳定增长期？稳定增长期呈现什么特点？

公司预测期的确定取决于公司何时进入稳定增长期的判断，如果考虑年幼公司的高夭折率这一情况，评估初创型公司的生存概率就成为其价值评估的一个重要部分，因为只有获得生存的公司才有可能进入稳定增长期。然而，对生存概率的单独评估在实际操作中少有直接的体现，一个常用而隐形的做法是调整贴现率。考虑到公司可能面临的倒闭风险，我们通常会提高相应的折现率，以此来防止企业价值的高估。但该做法的科学性是值得怀疑的，一方面这对于最终成功进入稳定增长期的企业是不公平的，因为一直采用较高的折现率，公司价值显然被低估；另一方面，企业倒闭的风险也会随着时间发生变化，早期的初创型企业会面临更大的倒闭风险，而开始步入正轨获取盈利的初创型公司的倒闭风险显然会降低，采用一成不变的折现率也会使评估结论的准确性大打折扣。至于何时进入稳定增长期，也会受一系列复杂因素的影响，如企业的内在成长速度、企业所面临的外部竞争以及所处的宏观形势、行业发展等变化。公司在稳定增长期所呈现的特点也对公司价值产生重要的影响，一个更高的永续增长率显然会带给企业更多的超额回报，从而实现更高的公司整体价值。

本案例中关于未来五年预测期的选择是当前评估中的普遍采用的做法，并假设稳定增长期的永续增长率为0。对于预测期的选择当前评估行业已达成经验共识，通常预测期限为4—6年，一方面是为避免预测期过长而导致的预测主观性增加；另一方面则是为避免预测期过短而降低评估的具体性和准确性。但将这一数据直接应用于该案例中的被评估公司是否合理是值得商榷的。案例中被评估公司截至评估基准日尚无任何收入盈利记录，根据企业生命周期理论还处于初创型的早期阶段（创意阶段）——无收入、经营亏损，其至少还需经历将创意变成实际商品、商品占据一定市场实现利润两个阶段才能度过整个初创期。假设其经过5年即可跨越初创期、成长期进入稳定增长的成熟期，其合理性和可靠性有待进一步探讨。

3. 市场法评估原理、案例回顾及若干难点问题。

市场法是指将评估对象与可比上市公司或可比交易案例进行比较，确定评估对象价值的方法。上市公司比较法是通过获取并分析可比上市公司的经营财务数据，计算适当的价值比率，在与被评估企业比较分析的基础上确定评估对象价值的方法；交易案例比较法是通过获取并分析可比企业的买卖、收购及合并案例资料，计算适当的价值比率，在与被评估企业比较分析的基础上确定评估对象价值的方法。

（1）初创型公司的可比对象选取——可比交易案例还是可比上市公司？

在决定采用交易案例比较法还是上市公司比较法时，参考数据的可得性与可用性几乎是最主要的考虑因素，对于初创型公司来说尤其如此。交易案例比较法可直接提供参考价格，在交易案例的可比性较强时，其可用性与便利性会使其成为评估师们的首选，然而事实情况是，非上市的初创型公司交易频率小，公开数据不易获得，并且交易价格往往会受交易条件、交易时期等多重因素影响，其作为基准价格的准确性难以得到很好的保证，从而对该方法的运用造成一定障碍。相比之下，上市公司的数据更为丰富易得，因而在实际操作中更加受到评估师们的青睐。但即使是同行业的上市公司，其各自所处的生命周期阶段也不尽一致，因此，如何考虑资金规模、成长性等方面在不同生命周期阶段的特征，并进行合理的调整，是决定上市公司比较法运用效果的重要因素。

本案例采用上市公司比较法，以评估基准日为数据时点，结合被评估对象实际情况收集沪深股票市场文化、体育和娱乐业及VR行业中的上市公司，并通过主营业务构成分析，最终选择了8家相关上市公司作为可比对象。但我们在考察这8家可比公司主营业务构成时发现，各公司间主营业务构成差异实际很大，可分为影视娱乐、视觉素材与增值服务、动漫玩具和应用软件等，虽然都属于文化、体育和娱乐大类，但具体来看各细分行业的经营模式、毛利率水平以及未来成长性都存在差异，过于笼统地比较可能会降低其可比性。此外，虽然市销率着重反映市场价值与销售收入的比值，但在选取可比上市公司时仅考虑销售收入可比性而忽视公司规模、经营模式、成长性等其他市场价值影响因素的可比性也使评估结论显得有失偏颇。

（2）初创型公司价值比率的选取——缺乏历史经营记录下的艰难选择。

市场法常用的价值比率包括市盈率、企业价值/盈利能力指标（如息税前利润、息税折旧及摊销前利润）、市净率、市值/其他参数（特定行业经营指标，如资源储量、产量等）。初创型公司通常没有收入及盈利记录，多处于经营亏损状态、甚至账面净资产为负，因此如市盈率、市净率和企业价值/息税前利润等大量价值比率都不适用，极大地限制了价值比率的选取范围。

本案例中考虑到被评估公司账面净资产为负、尚无任何收入与盈利记录，但已和一些客户签订销售合同，并在合同中对销售情况有相关规定，因此，通过对销售收入进行合理预测，并最终选用剔除非经营性资产及货币资金后的市销率作为与可比上市公司进行比较的价值比率。该做法是合理的，并在一定程度上可为类似公司的评估提供一定借鉴。但案例中关于被评估对象销售收入的处理过程却存在一些问题。被评估公司 2015 年实际销售收入为 0 万元，2016 年预测销售收入为 15 361.72 万元，最终确定 2015 年和 2016 年的销售收入均值 7 680.86 万元作为估值模型中代入的销售收入值。该平均过程具有太强的主观操作性，一方面完全掩盖了截至评估基准日公司并无实际收入的事实，另一方面简单地求取平均值也没有任何的理论支撑，存在一定的平滑收益以低估企业价值之嫌。

（3）初创型公司与可比公司差异的调整——流动性折扣如何确定？

初创型公司多为非上市公司，因此在运用上市公司比较法时，流动性折扣调整是除一般差异因素调整之外最应当关注的问题。该流动性折扣可分为两个层面：一是从完全不能流通到限制流通；二是从限制流通到完全流通。若假设两个层次的折扣率分别为 ξ_1 和 ξ_2，则总折扣率 ξ 为：$\xi = 1-(1-\xi_1)\times(1-\xi_2)$。

在现实操作中，前者一般通过非流通股东向流通股东支付相应对价实现，因而该支付对价可作为这部分流动性折扣调整的量化；后者的主要差异则仅在于时间限制，即限制流通股的流通性需要在一定时期后才可以实施。可以这样理解，如果限制流通股股东在持有限制流通股股权的同时还拥有一个与限制期限长度相同的股权卖方期权（Put Option）且期满后的执行价格 X 与现实股票转让价格一致，则可以认为上述持有限制流通股权加一个期权的效果与持有现实完全流通股的效果是相当的，因此，我们可以采用 Black - Scholes 期权定价模型计算上述卖方期权价值，从而得到这部分流动性折扣调整值。

$$P = X \times e^{-rt} \times N(-d_2) - S \times N(-d_1) \quad \text{（公式 1）}$$

$$d_1 = \frac{\ln\left(\frac{S}{X}\right) + \left(r + \frac{\sigma^2}{2}\right)T}{\sigma\sqrt{T}} \quad \text{（公式 2）}$$

$$d_2 = d_1 - \sigma\sqrt{T} \quad \text{（公式 3）}$$

式中：

X——期权行权价格；

S——股票资产评估基准日价格；

r——连续复利计算的无风险收益率；

T——期权行权期限；

N——标准正态密度函数；

σ——股票波动率。

本案例给出了上述理论过程，但在具体评估中则直接采用了 Wind 资讯中各行业非上市公司并购市盈率与上市公司市盈率数据，通过比较以进行流动折扣率的估算，最终以传播与文化产业行业的流通折扣率 28.6% 作为被评估公司的流动性折扣调整比率。通过市盈率反映流动性折扣简易直接，且具有一定的合理性，该做法也是目前评估行业采用的普遍做法。但市盈率作为一个受市场和非市场多重因素影响的比率，尤其在投机需求旺盛时期，其是否能反映公司真实获利能力是需要加以谨慎考虑的。

4. 收益法评估初创型公司之方法改进。

在对面临巨大不确定性的初创型公司估值时，寻找快刀斩乱麻的捷径是可以理解的，但我们也没有理由不去探究一些更为符合现实逻辑，更能避免主观臆测，也更加系统的评估方法。在这一部分，对未来现金流的评估方式、折现率的选取、终值的确定和生产概率的评估提出一些尝试性的改进方式。

（1）“由外而内”与“由内而外”的未来现金流评估方式。

“由外而内”的评估方式是指从外部市场价值出发，首先评估被评估对象可以实现的收入，再考虑为实现该收入水平所需要的资本与产能，其评估流程如图2所示。

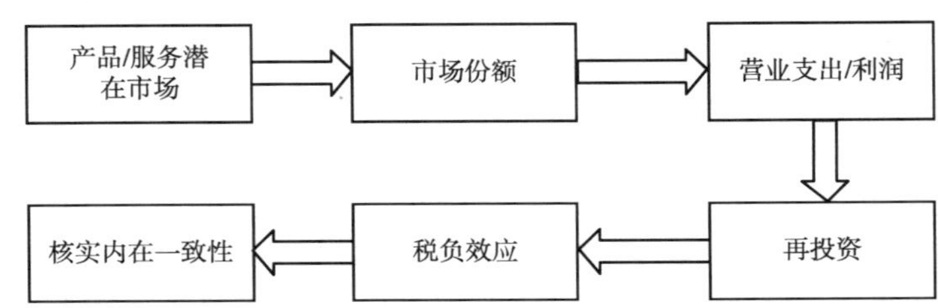

图2　“由外而内”未来现金流评估流程

①产品/服务潜在市场。获取收入的第一步是评估其产品或服务的潜在市场，我们需要明确三个方面的内容：如何定义公司的产品或服务？如何评估当前的市场规模？如何考虑整个市场随时间的发展变化？公司产品或服务的定义直接限定了潜在市场的规模，可以想象一个狭窄的定义自然会导致一个范围更小的潜在市场；定义完市场之后，需要进行市场规模的评估，这一过程可以借助相关部门、研究机构或咨询公司发布的各种报告和数据，这在实际操作中也并非难事；除此之外，还需要考虑整个市场随时间发展可能发生的变化，因为我们需要对未来收益进行预测，所以从动态的角度考察市场变化是必要和有益的。

②市场份额。了解市场总规模及其未来的变动趋势后，我们就要开始对公司可能获得的市场份额进行估算。一方面，要充分考虑公司的自身实力，包括产品或服务的质量、经营管理水平以及售后服务能力等；另一方面，也要关注竞争对手的相关情况，不能忽视与竞争对手产品或服务的优劣对比。更重要的是，需要考虑公司在何时能够进入稳定增长期。市场份额的变动特征在稳定期前后差别很大，而收入的预测主要来自于对市场份额的预测，因此考虑公司在何时进入稳定增长期以及在稳定增长期呈现什么样的特点对相应阶段的收入预测发挥着十分重要的影响。

③营业支出/利润。通过市场份额的预测我们可以得到公司收入的变动情况，然而收入仅仅是上限，在得到最后的利润时还需要扣除当期的各项营业支出。然而，营业支出的评估对于缺乏营业记录的初创型公司来说也是有很大难度的。通常我们可以考虑寻找同行业成熟型公司的目标利润率，再分析推导该初创型公司随着时间推移将如何实现该目标利润率。在分析过程中，我们还需要注意一个预测精度的问题，是直接评估利润或利润率，还是对各个支出科目逐项预测。作为一般原则，当企业未来的不确定性越大时，预测的细节精度应相应降低，因为较大的不确定性增加了预测难度，此时若在细节精度上做勉强的努力，结果只能是增强了评估结果的主观性。

④再投资。对于收入或利润的预测通常是乐观的，但必须明确的是任何增长都不会是凭空产生，它在很大程度上需要公司相应的再投资，包括固定资产投资、人力技术投资，以及

相应增加的管理费用和销售费用等，因此，在考虑收入或利润增长的同时也应该关注企业的再投资。再投资预测的重要性主要在于两点：一是再投资要求现金流出，从而对净现金流的预测产生影响；二是当再投资涉及引入外部资本时，公司的资产负债结构可能发生变化，从而导致公司的加权平均资本成本发生变化。

⑤税负效应。由于初创型公司通常处于经营亏损状态，税负效应在早期对于它们反而可能会是一种“优势”，即在公司收入逐步上升利润开始由负转正时，之前的营业亏损可以结转使该正数利润免于税负。而当亏损耗尽时，我们可以根据同行业健康企业的平均有效税率，再考虑企业可能享受的一些税收优惠，从而确定企业的有效税率进行相应税负的评估。

⑥核实内在一致性。可以发现，“由外而内”的评估方式存在的一个问题是营业利润与再投资是分别评估的，因此，还需在最后验证两者的一致性。测试其一致性的简单方法是计算相应的预估资本回报率：

$$预估资产回报率 = 预期税后营业利润_t \div 公司已投资本_{t-1} \qquad （公式4）$$

$$已投资本_{t-1} = 已投资本_0 + \sum_{n=1}^{t-1} 再投资_n \qquad （公式5）$$

当公司接近稳定状态时，可将此时计算出的预估资产回报率与行业平均资本回报率进行比较，若较为接近则营业利润与再投资预测的匹配性良好；若远高于行业平均值则说明再投资额严重低估；反之则严重高估。

“由内而外”的评估方式则是指从企业内部产能投资开始，然后进行基于该产能限制的收入和利润的评估，最终得到被评估企业的价值。因为考虑了产能限制，这种方式下预测的利润或现金流可能较低，主要适用于面临限制较多、业务性质比较特殊，或者过度依赖于某个关键人物或单一产品服务的企业。其评估流程如图 3 所示。

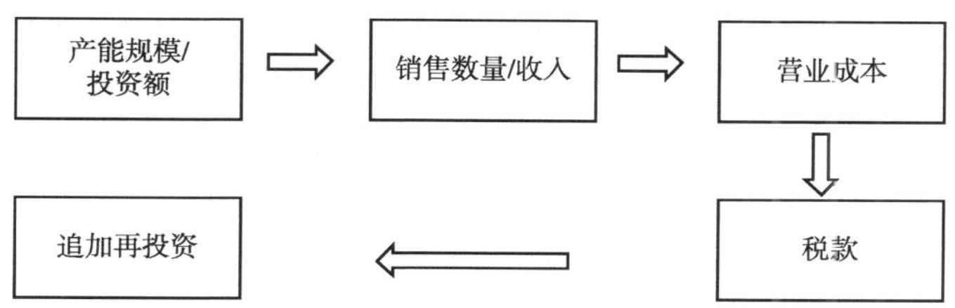

图 3 “由内而外”未来现金流评估流程

由于其适用范围较小，这里仅作简要概述。企业预期的产能规模与投资总额决定了企业的生产能力，虽然更多的投资可以在未来产生更多的收入，但同时也需要更多的资本支撑，因此受公司规模和资本的限制，能够利用的只是有限的产能。产能界限确定后，需要预估未来时期的销售量与定价水平，在预测销量与价格时，产品或服务自身质量、竞争对手情况以及市场整体情况都是应该加以考虑的因素。然后再根据销售额确定相应的营业成本以及各项费用支出、相关税款。虽然我们在一开始预估了原始投资额，但随着时间发展，我们也不排除企业有扩大规模增加投资总额的情况发生，而追加再投资也对企业的整体价值产生重大的影响。

（2）防止主观“目标率”的另类折现率选取。

股权资本成本中专属风险的估计、负债成本中借款利率溢价的估计以及目标资本结构不加调整地直接采取，处处充满了主观色彩，折现率在一定程度上已成为主观“目标率”。下面的折现率选取流程旨在更好地降低评估中的主观成分（见图4）。

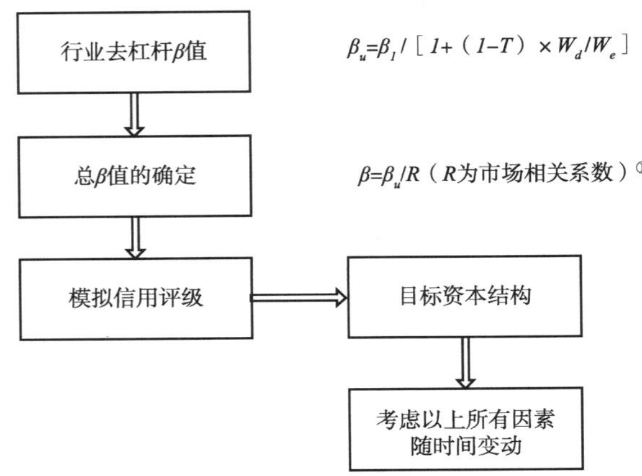

图4　另类折现率选取流程

通常对行业β值去杠杆可以得到一个基准β，但之前已经提到，β值用于衡量行业的市场风险，直接用于初创型公司的股权资本成本计算是不合适的，对于初创型公司来说，还需要考虑除市场风险以外的所有风险。因此，我们需要计算一个“增大版”的总β值，总β值为行业去杠杆β值与行业市场相关系数的比值，其几乎可以涵盖初创型公司股权资本的所有风险；对于负债成本的确定，比起采用主观的预定利率或风险溢价外，对企业进行模拟信用评级似乎是一种更科学的方式，可以通过计算相关的财务比率如利息保障倍数，并与具有风险评级的企业比较，以测算被评估企业的违约风险，从而确定企业的负债成本。将同行业稳定企业的平均债务权益比率作为被评估企业的目标资本结构存在其合理性，尤其对于评估初创型公司进入稳定期后的折现率估算，但根据其发展特征，在进入稳定期前对其资本结构预测的调整也是十分必要的。最后，还是来源于初创型公司巨大的不确定性，需要考虑以上所有估值要素随时间发展的变化。可以想象，当公司随着生命周期路径行进时，其现金流和风险特征都会发生变化，其资本结构和相应的资本成本也会随之不断调整，因此，在评估初创型公司时，采用一成不变的折现率并不是明智的做法。我们应该考虑折现率在不同时期的变动，并给予其适当调整，以提高评估结论的合理性与准确性。

（3）终值的确定以及生存概率的评估。

在未来的某一个点，我们必须停止评估现金流，部分是出于不断增长的不确定性，部分是出于一些实际原因，此时我们需要确定预测停止时点上的企业价值，也称为“终值”。对于初创型公司来说，终值通常占到企业价值的绝大部分，对于当前现金流为负或处于经营亏损的公司，终值所占企业价值比例甚至超过100%，因此，终值评估的重要性不言而喻。我们应尽可能完整地考虑三种情况：

第一种是最为普遍的假设，即假设企业进入稳定增长期后以一个非负的永续增长率保持持续增长。在该种方式下，通过对稳定期收益进行折现即可得到预测期停止时点的企业终值；

第二种情况减弱了第一种情况的极端性，认为永续增长的假设不尽现实，于是预测一个有限的稳定增长期，并对有限期内的稳定收益进行折现；

第三种情况考虑了公司的夭折情况，假设公司无法成功进入稳定增长期，而是在预测期

① 通过收益回归得到β值的同时，也得到回归拟合优度R^2，R为市场相关系数。如$R^2=0.36$，则$R=0.6$。

结束时倒闭，那么该公司在其所经历生命周期里累计资产的残值就是其终值。

采取何种假设与被评估公司的特征息息相关。当被评估公司具有良好发展前景，能成功实现上市进入稳定增长期时，采用第一种假设是合理的；当被评估公司受资金规模、业务性质等限制或并无强烈的发展意愿时，采用第二种假设也未尝不可；而当公司过度依赖某个人物或某种单一产品或服务时，该人物的离开或产品服务市场的消失就会给企业带来致命性打击，其面临倒闭的巨大风险可能会使我们更愿意采取第三种假设。

鉴于通过主观调整折现率方式间接反映生存概率的不确切性，我们可以尝试采用因子分析法对企业的生存能力进行更为系统地评价与量化。因子分析的基本原理是使用少数几个重要因子描述多个变量间的关系，其优点在于因子内变量相关度高，因子间变量相关度低，重置原始变量时不会损失原有信息，得出的评价结论具有客观性。含有 p 个变量的因子分析模型一般形式为：

$$X_i = \mu_i + a_{i1}F_1 + \cdots + a_{im}F_{im} + \varepsilon_i \quad (i = 1, 2, 3\cdots, p)$$

$$\text{或} \begin{bmatrix} X_1 \\ X_2 \\ \vdots \\ X_p \end{bmatrix} = \begin{bmatrix} \mu_1 \\ \mu_2 \\ \vdots \\ \mu_P \end{bmatrix} + \begin{bmatrix} \alpha_{11} & \alpha_{12} & \cdots & \alpha_{1m} \\ \alpha_{21} & \alpha_{22} & \cdots & \alpha_{2m} \\ \vdots & \vdots & \vdots & \vdots \\ \alpha_{p1} & \alpha_{p2} & \cdots & \alpha_{pm} \end{bmatrix} \begin{bmatrix} F_1 \\ F_2 \\ \vdots \\ F_m \end{bmatrix} + \begin{bmatrix} \varepsilon_1 \\ \varepsilon_1 \\ \vdots \\ \varepsilon_p \end{bmatrix}$$

或 $X - \mu = AF + \varepsilon$

式中，F_1，F_2，…，F_m为公共因子，是不可观测变量，它们的系数成为因子载荷；ε 为特殊因子，是不能被前 m 个公共因子所涵盖的部分。

具体应用步骤如下：

①选择衡量企业生存能力指标。

企业生存能力是一个整体系统的概念，应从多方面因素进行综合考量。参考企业经营业绩评价、企业竞争力评价等相关理论与实证研究，可以从企业规模、抗风险能力、营运能力、盈利能力、成长能力和市场认可度等六个维度对企业生存能力进行综合评价（见表 1）。

表 1　　企业生存能力衡量指标

研究目标	一级指标	二级指标
生存能力	企业规模	总资产
		营业收入
		净利润
		员工人数
	抗风险能力	流动比率
		速动比率
		资产负债率
		每股现金净流量
	营运能力	应收账款周转率
		存货周转率
		固定资产周转率
		总资产周转率

续表

研究目标	一级指标	二级指标
生存能力	盈利能力	销售毛利率
		销售净利率
		总资产收益率
		净资产收益率
	成长能力	营业收入增长率
		净利润增长率
		总资产周转率
	市场竞争程度①	该行业竞争对手数量
		该行业产品/服务替代速度
		该行业价格竞争程度
		该行业受政府管制程度

②因子分析计算过程（见图5）。

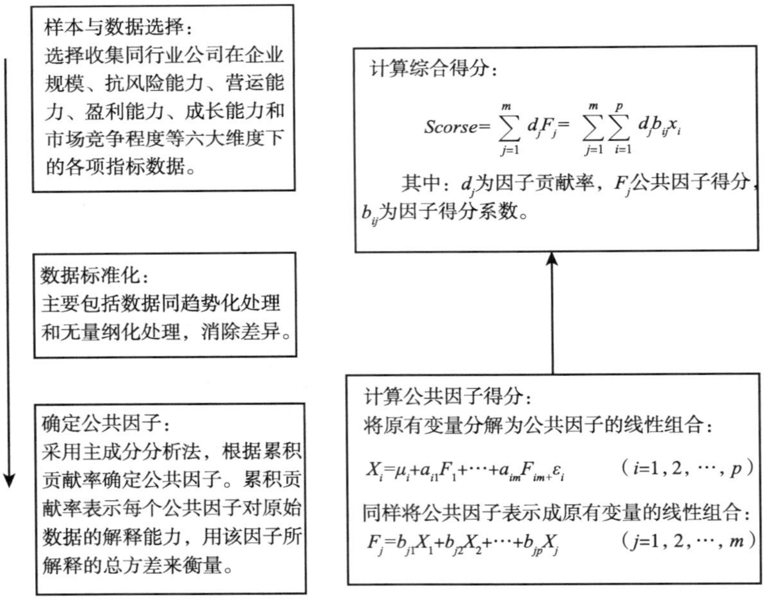

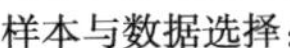

图5 因子分析计算流程

③生存概率的确定与预期价值的评估。

将样本公司按综合得分从高到低的顺序进行排列，并按比例估计出相应的生存概率②，得到该行业的公司生存概率估计表。计算被评估公司综合得分，得到其所对应的生存概率。

① 市场竞争程度指标数据可通过调查问卷打分法获得。问卷发放对象建议选择相关机构专业研究人员、大型企业高级管理人员及其他具备相关专业知识的人群，以确保问卷质量和结论的可靠程度。

② 若样本公司数量为 n，该公司综合得分排名第 m，则估计其生存概率为（$1-m/n$）×100%。

确定生存概率后利用以下公式评估公司预期价值：

预期价值 = 持续经营的价值 × 生存概率 + 累计残值 × (1 - 生存概率)　　　　（公式 6）

4. 市场法评估初创型公司之方法改进。

（1）交易案例比较法。

基于市场对类似公司所支付的价格对公司价值进行评估是交易案例比较法的估值要义。理论上来讲，我们应该收集与被评估公司类似的（业务、规模及相同的生命周期阶段）、已经被买卖过的其他初创型非上市公司及其交易价值的资料，然后选取一个通用变量并计算购买方愿意支付的价格对于该变量的典型倍数，再将该倍数与被评估公司同一变量相乘，以得到被评估公司的价值。但是，对于初创型公司价值的评估，我们会遇到很多困难，也需要时刻关注这些不确定性可能对评估价值产生的影响。

①正常交易。并非所有的交易都在理想的正常条件下发生，对于初创型公司来说尤其如此。正常的交易价格应仅仅体现被售企业的价值，但初创型公司的交易价值通常还包含一些与经营相关的服务（如技术支持、管理指导、投资决策咨询等）和其他附带因素。因此，在对交易案例价格进行分析时应对交易条件进行必要关注。

②时间差异。非上市公司交易频率很小，因此在相近时间点可以获得的价格参考十分有限。为扩大价格样本必然拓宽时间区间，但不应忽视由于时期不同可能造成的价格剧烈波动。在面对较大的价值差异时应认真分析其在多大程度上由于时间差异导致，尽可能还原剔除时期影响后被售企业的真实价值，从而为被评估公司的估值提供一个合理的价值参考。

③对比变量选择。在选择对比变量时，尽可能聚焦受自主选择影响较小的因素。这一做法主要用于应对不同非上市公司可能在会计政策和经营标准上存在的差异。例如，收入倍数会优于利润倍数，因为后者更易被人为操纵。或者，可以将对比变量建立在被评估公司的专属指标上，如医疗服务的病人数量、观光企业的参观人数等，以增强交易案例所涉及企业与被评估企业的实质联系，更准确地进行价值评估。

（2）上市公司比较法。

相对于交易案例比较法，上市公司比较法在数据获取方面有更大的优势。但如何将上市公司相关价格倍数合理地应用于非上市初创型公司的估值，依然面临许多困难。

①生命周期影响因素。我们应该明确这样一个前提，只有闯关生命早期磨难并取得商业成功的初创型公司才有可能实现上市，相应的我们就必须承认，非上市的初创型公司在规模、成长性、稳定性等方面都与上市公司存在很大差别。因此，将上市公司倍数应用于初创型公司时必须进行相应的调整，其中生存概率、增长与风险特征以及流动性折扣等是需要考虑的主要因素。

②价值比率选取。缺乏收入和盈利记录、经营处于亏损状态甚至账面净资产为负，都使得基于初创型公司当前状态估值中价值比率的选取面临很多限制。但我们不妨换一个角度，采用上市公司比较法进行估值可以得到较好效果的应该是那些具有良好发展前景，且期望进入更大的市场并上市或者被上市公司并购的企业，因此，我们在对这类企业进行评估时，更多考虑的应该是其想要实现状态下公司的状态，而并非仅仅是当前公司所处的状态。采用远期的收入/利润作为估值基础就不失为一种很好的尝试，它可以避免当前公司收入较低、利润为负等一系列因素为公司估值带来的不利影响，也可以避免对未来一段时期不确定性的主观预测、较为合理的反映企业在正常情况下进入稳定时期可以实现的价值，从而使评估结果更加理想。

5. 初创型公司价值评估新方法探索——实物期权的引入。

在传统评估方法中，风险的负面影响被较多地关注，即我们通常只看到风险不利的一面，而忽略了其可能带来的获利机会。实物期权方式则侧重评估风险所具有的正能量，认为不确定性恰好是价值增值的重要来源，特别是对那些能够很好利用它的公司。如果一个公司具有良好的学习能力，并能基于该学习及时修正当前行为，那么该学习能力和修正能力就构成了实物期权理论的基础，并能为公司带来一个额外的价值增值。就初创型公司来看，其所面临的巨大不确定性正好为实物期权的运用提供了良好的契机。

可以通过一个简单例子来说明实物期权的现实意义。假设估值公司为一家石油公司，传统收益法会对其未来石油的数量与价格进行预测，再考虑风险因素选择一个适当的折现率进行折现，可能你的评估数据是公正合理的，但一个明显的缺陷是你没有考虑这些数字之间的互动效应。当需求较旺、油价较高时，石油公司可能会更多地生产和销售；反之生产量和销售量会减少，用一个稳定的或存在变化规律的预测值去掩盖或替代公司基于市场变动而做出的主动调整显然是不合适的。而对于初创型公司来说，这种调整可能是频繁而不可预测的，那么，合理地评估该调整为公司带来的价值增值就显得尤为重要。

实物期权包括拓展期权、放弃期权和延迟期权。对于初创型公司来说，新产品和新市场是其最大的收益增长点，因而拓展期权的运用效果应该是最好的。这里简单介绍拓展期权评估的四个步骤（见图6）。

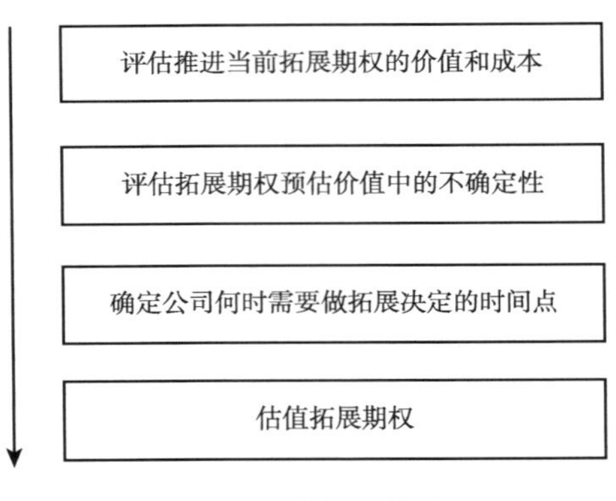

图6 拓展期权评估流程

第一步需要估计该新产品/服务预期现金流的现值以及相应的成本。虽然对一项尚未开展的活动进行收益和成本的评估显得十分困难，但这种不确定性也正是其价值所在。

第二步我们需要对该不确定性进行量化，通常采用现金流标准差的形式作为对该不确定性的度量，该标准差可以来自行业平均值，也可以来自统计上的模拟计算；

第三步我们需要明确，推出新产品或进入新市场的选择期限并不是无限的，公司必须在一定时间内做出决定，该时间段可以是几个特殊因素的函数，也可以由公司根据自身发展计划进行确定。

在得到以上估值要素后就可以根据一定的期权模型（通常有 Black－Scholes 模型、二项式模型）进行期权估值。其中，预期现金流现值为标的资产价值，拓展成本为行权价格，价值标准差为标的资产波动性，决策必须做出的时间点是期权的行权期限。

实物期权理论的魅力在于传统估值模型中可新增一个溢价，然而，若把该理论不分场合的滥用可能也会导致一些问题。例如，可能会有评估师认为之前运用的传统方法低估了所有初创型公司，我们应该为它们都加上期权溢价；也可能有评估师认为凡是开发新产品、进入新市场的具有高增长潜力的公司都应该增加一个期权溢价，而忽视了相应的折现率中已体现该部分价值，从而导致了溢价的双倍计入。因此，虽然实物期权是价值评估中一个特殊而有效的工具，但我们应该有选择地使用，它对于不确定性较大且该不确定性能作为价值增值的重要来源、预期获益机会无法或很难体现于预期现金流，以及相对于竞争对手有很大竞争优势的公司更为适用。

五、背景信息

本案例中关于D公司文化产业投资有限公司全部股东权益价值的收益法评估结果已被委托方所采纳。

六、关键要点

1. 理解初创型公司的生命周期阶段特征，及其对价值评估产生的影响。

2. 收益法运用中，未来收益不确定性的应对、折现率的合理调整、何时进入稳定增长期的判断等。

3. 市场法运用中，可比对象的选择、价值比率的确定、流动性折扣的调整等。

4. 传统评估方法的改进，以及对新型方法的探索。

七、建议课堂计划

1. 课前计划。

提前一周布置学生阅读该案例并收集相关资料，形成对案例内容的大致理解，提出存在的疑惑和问题并进行初步思考。老师提前准备好案例点评材料。

2. 课中计划。

建议本案例教学时间为120分钟左右，具体分配如下：

（1）所涉及知识点的介绍并列出待讨论的问题（5分钟）；

（2）案例基本情况介绍（15分钟）；

（3）收益法和市场法评估中重难点问题的分析探讨（40分钟）；

（4）传统评估方法的改进与实物期权法的引入（30分钟）；

（5）学生分组讨论及发言（20分钟）；

（6）老师进行归纳总结（10分钟）。

3. 课后计划。

要求学生回顾本案例的整体分析思路，就分析中对不恰当做法的改进和重要参数的修正予以实施，并模拟写出该案例的评估报告。

参考文献

［1］ 埃斯瓦斯·达莫达兰.《估值：难点、解决方案及相关案例》［M］. 北京：机械工业出版社，2013.

［2］ 李建锋.《私募股权投资中企业估值方法研究》［D］. 天津商业大学. 2012.

[3] 孙超.《基于生命周期理论的企业生存能力与发展战略研究》[D]. 辽宁工业大学. 2014.

[4] 诸波，干胜道.《市场竞争程度、经营战略与业绩评价指标选择》[J]. 会计研究. 2015 (2).

为什么野蛮人会敲万科的大门?

杨　青　张剑宇　徐鸥鹭　沈红波

(复旦大学经济学院)

摘　要：万科，作为我国房地产业的龙头，其营业收入连年增长，但是股价长期徘徊在10—15元之间，其市场价值是否被低估？2015年7月，万科股价在13元时，宝能系果断地敲开了万科的大门，上演了一场中国版“在门口的野蛮人”的敌意并购案。从2015年7月到2016年7月9日，短短一年之间，“野蛮人”与万科之间就对决了15次，引发了资本市场、股东、监管部门和媒体的一场大震动和大讨论。我们进行系统排查，发现这是市场对以万科为代表的房地产业轻资产估值的“盲区”：案例研究认为对企业投资价值的评估不仅仅是估值方法的选择，更是与其产业经济发展的大环境、未来战略发展预期、公司的股权结构导致的公司控制权溢价、高管激励举措、资本市场分红方案，资本结构以及资本成本的投入等都有着重要的关联。本案例为我国企业价值估值和公司治理的控制权溢价提供了一个宏微观结合的战略视角，对投资者具有一般借鉴意义。

关键词：万科股权之争；企业投资价值评估；轻资产估值；公司控制权；公司治理

1. 引言

2016年6月27日，深圳大梅沙万科中心。

这里正在召开万科2015年度股东大会，大厅里熙熙攘攘地挤满了人，有公司管理层，大股东代表，中小股东代表，还有各路媒体记者……所有目光和镜头齐刷刷地对准了正坐在舞台中央的万科董事会主席王石。也许这位曾经创造了中国滑翔伞记录、完成了攀登世界七大洲最高峰和徒步到达南北极的“硬汉”不会想到，自己会落得如今需要鞠躬道歉的境地。

第一个道歉，王石给了撬开万科股权大门的宝能，“我说的是恶意收购，在这个过程中，和股东沟通的态度有需要反省的地方，如果因此使得姚先生被称为野蛮人的话，我向姚振华先生道歉。”第二个道歉，王石给了万科的中小股东：会议期间，一位中小股东言辞激烈地指责王石为首的管理团队，长期漠视互联网上的中小股东意见，致使舆论向不利于万科的一方倾斜，要求王石和郁亮在股东大会上站立鞠躬道歉。王石真的站起来道歉，称“我们的工作没做好”。第三个道歉，王石给了万科的业主们：一位自称是王石粉丝，同时也是万科业主兼股东的人士在现场指出，万科的房屋有质量问题，并质询万科在深圳的房子和在惠州的房子质量标准不同，致使万科的金字招牌受损。对此，王石进行了积极回应，称万科一直在追求建造好的房子，向受到房屋质量问题困扰的业主和股东表示歉意①。

三个看起来十分有诚意的致歉，65 岁的王石在股东大会上把自己的身段放得前所未有的低，这赢得了媒体大众和在场许多中小股东的同情。然而，王石打出的感情牌对已然入侵的野蛮人所代表的资本力量似乎不奏效：宝能当场对万科的 2015 年度董事会报告、监事会报告、年度报告和经过审计的财务报告全部投了反对票。宝能的血口喷张，加上原第一股东华润有"临阵倒戈"的倾向，王石这个职业经理人的位置还坐得稳吗？

从 2015 年 8 月到如今的万科股权之争，表面上是资本市场上各方力量的角逐，实际上是王石在公司治理上摔的一个跟头，所谓的"资本野蛮人"，宝能的董事长姚振华只不过是抓住了万科这次的机会，果断迅猛出击了。万科股权之争反映的不单单是万科一个公司的问题，更是中国现代企业治理问题的缩影，这为我们挖掘市场上的企业价值投资洼地提供了一种全新的战略评估视角。概括来说，万科股权之争不仅是一部中国房地产行业的发展史，一家经营中国上市公司的资本运作史，现代企业改革史，更是我国资本市场日趋完善，丰富的发展历程之见证，是一部我国公司治理的活化石。

2. 三十年中国房地产，万科谁主浮沉？

2.1 我国房地产行业发展历程

房地产行业，集房屋、市政、工业、建筑和商业等综合开发为一体，是我国的支柱性产业。其上下游间的关联度高，能产生巨大的"拉动效应"。伴随 1978 年的改革开放进程，房地产市场在政府"有形的手"的调控下，主要经历了试点起步、非理性发展、稳定协调发展、深度调控等阶段（见图 1）。

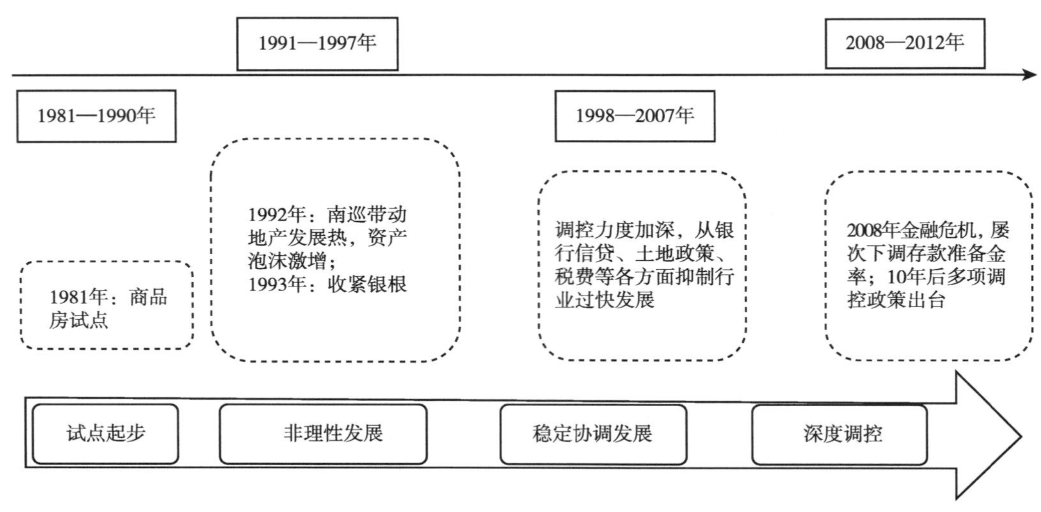

图 1 房地产历史发展阶段

① 华润宝能同投反对票，王石四度道歉"示好"［N］. 每日经济新闻，2016-06-27.

2.2 万科基本面分析

(1) 经营业绩。

在风云聚变，政策风向频换的商业环境下，万科凭借两大法宝，延续了持续增长的神话。第一是：减法原则，专注住宅市场；第二是：保持冷静、实现有质量的扩张。

根据万科历史营业收入增长率的变化，可大致划分为三个阶段（见图2）：

第一阶段（1991—1998年）：万科从1988年进入房地产行业开始，在经营业务上发生了从“零售、地产、影视”到专注地产行业的转变。1993年嗅到住宅市场的商机，开始专注于住宅市场业务。1998年福利分房制度取消，而万科在1997年前后，就实现了营业收入65.37%的高增长。这在一定程度上，反映了万科的战略前瞻性，其提前布局商品房住宅市场，在1998年实际政策出台之前，就抢占了先机。

第二阶段（1999—2010年）：万科营业收入增长率经历了长达7年的增长，2007年达到峰值为98.27%，随后在2008年金融危机的影响下，一路下探至15.38%。虽然增长幅度大幅下降，但是万科仍然保持了正增长。这与之前“有质量的发展模式”是相关的：在2005—2007年的疯狂期时，万科保持了冷静；在各地产商疯狂拿地时，万科仍坚持原有的土地储备计划；在所有人都认为地产行业是暴利行业时，万科坚守着利润率不超过25%的原则。

第三阶段（2011—2016年）：在房地产行业处于调整期，三四线城市积压严重时，万科没有打破营业收入正增长的神话。这得益于万科“布局一、二线城市，主打中低住宅客户群”的减法原则，以多年的万科的品牌优势，守住了有刚性需求的客户群体。

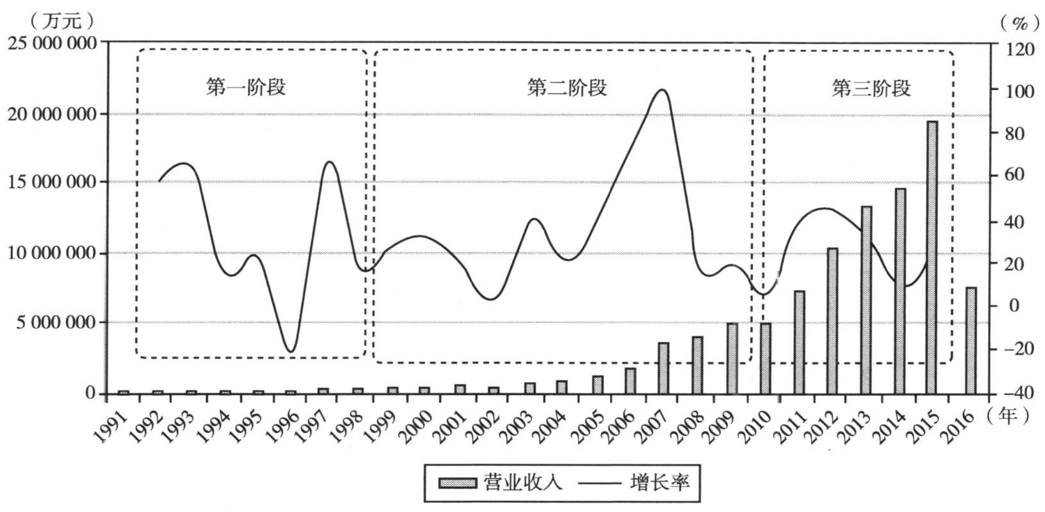

图2　万科1991—2016年营业收入及增长率

数据来源：Wind。

(2) 市场表现。

尽管万科拥有良好的经营业绩，但其二级市场表现却差强人意。尤其是在2008年金融危机后，万科A股一直未能跑赢大盘，即使在2015年下半年的牛市行情中，其增长比率仅有 7.8%，表现弱于市场大部分股票（见图 3）。

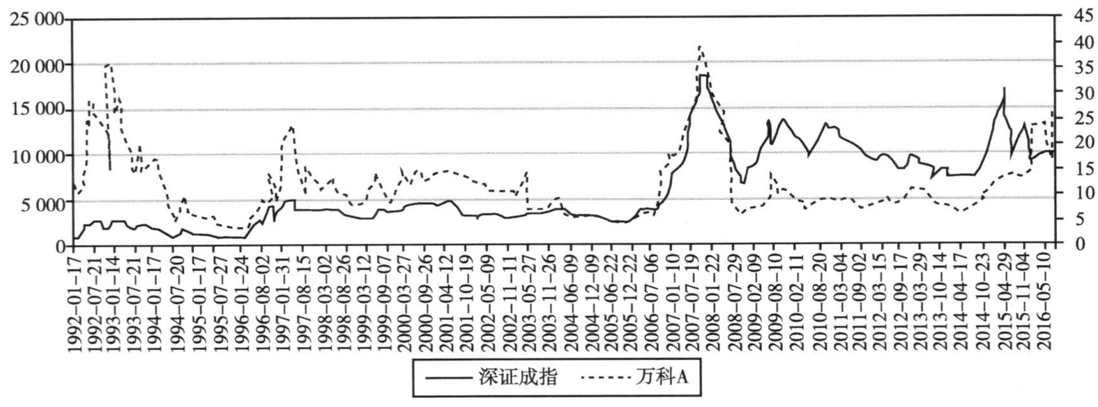

图 3　万科 A 股市场表现与深证成指比较

数据来源：Wind。

（3）股权结构变化。

从 1992 年上市到股权之争的前夕，万科的股权结构一直处于较为分散的状态。第一大股东三次易主，1992 年深圳新一代、深圳市投资、刘元生为万科前三大股东，持股比例为 25.26%；1996 年，深圳经济特区发展公司成为第一大股东，前十大股东累计持股比例为 26.64%；2000 年，深圳经济特区发展有限公司将其持有的国有法人股一次性协议转让给中国华润，基于华润一直以来给予万科管理层的信任，王石所设想的股权分散格局，才得以延续了 16 年之久（见图 4）。

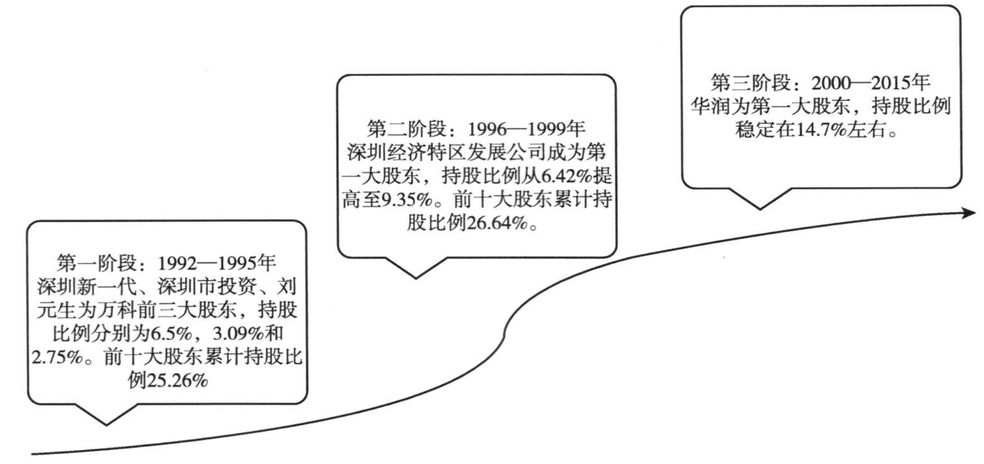

图 4　万科持股比例变化

3. 资本好戏上演，王石是见招拆招还是力不从心？

3.1　宝能频频举牌，野蛮人势不可挡

从 2015 年 7 月开始，“中国版门口野蛮人”的大戏缓缓拉开了帷幕。一时间“宝能系”

“姚振华”“前海人寿”等名词成为公众关注的焦点。

宝能挟资金连续举牌，势不可挡。根据万科的公告，宝能系的全资子公司“钜盛华”及一致行动人“前海人寿”等，共有4次较大规模的增持。分别发生在2015年6月、7月、11月和12月，持股比例也逐渐从5.00%增加到20.08%（见表1），超过第一大股东华润。而万科的股价却没有因为宝能的举牌而发生剧烈的波动，收盘价始终没有突破每股15元，平均股价为13.44元（见图5—图7）。

表1　　宝能举牌过程

截止时点	持股数量	累计持股比例
2015.6	5.52亿股	5.00%
2015.7	11.05亿股	10.00%
2015.11	16.62亿股	15.04%
2015.12	22.19亿股	20.08%

数据来源：万科公告《详式权益变动书》

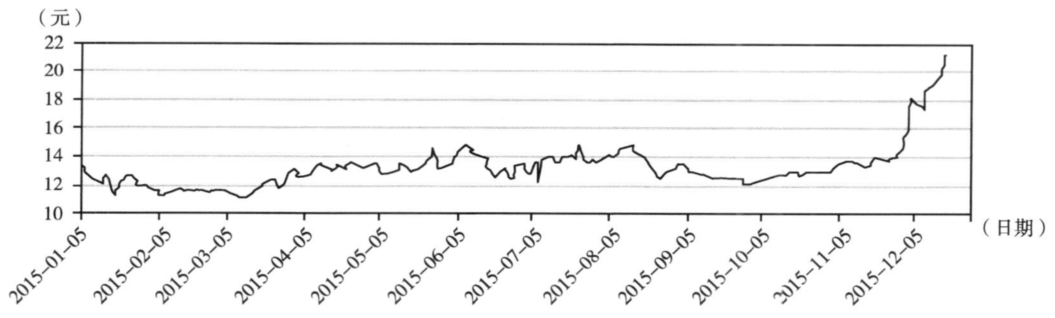

图5　万科A股收盘价

数据来源：Wind。

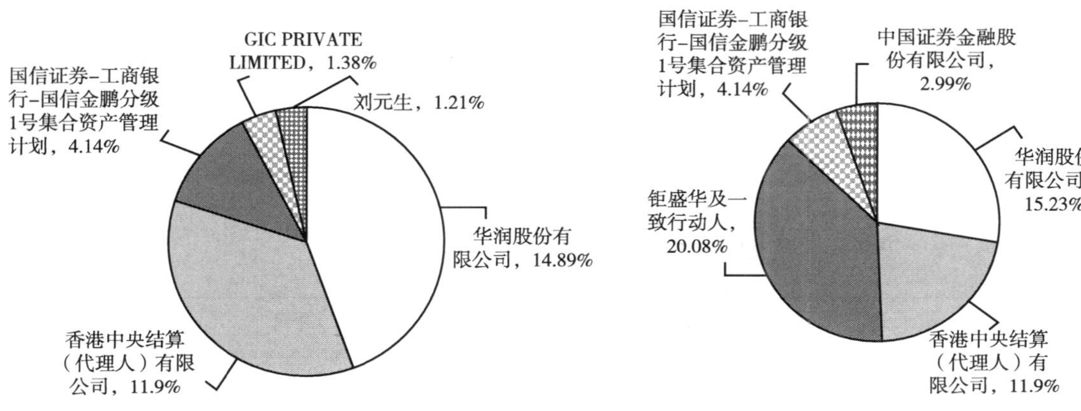

图6　宝能袭击前万科股权结构

数据来源：Wind公司年报。

图7　12月停牌前夕万科股权结构

数据来源：Wind公司年报。

宝能二级市场大手笔买入的豪气，不禁让人产生两点疑惑，这究竟是一个怎样的集团？它的资金来源又是什么（见图8）？

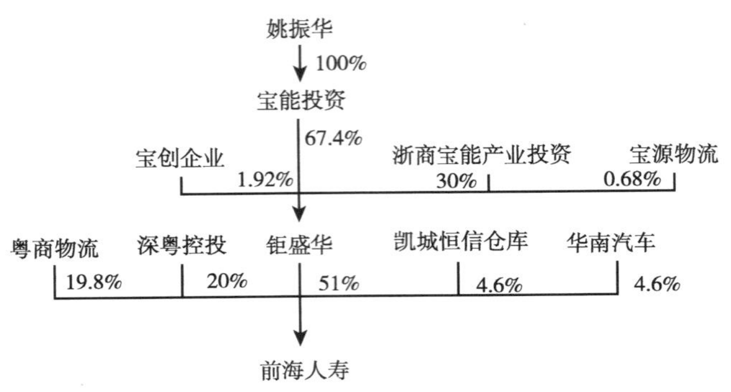

图 8　宝能系股权结构（2015 年）

数据来源：万科公告《详式权益变动书》。

钜盛华股份有限公司，成立于 2002 年 1 月 28 日，注册资本为 163 亿元。经营范围主要为计算机软件开发、投资兴办实业等。其近几年经营数据十分抢眼：资产总额 2014 年增长了 223.81%，2013 年营业收入增长了 87.06%，截至 2015 年 10 月，净利润增长了 342.08%。钜盛华、前海人寿是宝能系的核心公司，也是此次并购的主要购买方（见表 2）。

表 2　钜盛华主要财务数据　单位：元

项　目	2012 年	2013 年	2014 年	2015 年 10 月
资产总额	8 596 160 318.95	8 743 718 601.66	28 313 029 348.73	52 362 952 101.60
负债合计	5 870 832 674.79	5 444 626 052.90	9 637 182 935.38	30 744 234 959.76
营业收入	226 668 859.44	423 997 921.31	440 716 630.19	420 249 808.45
净利润	193 848 441.37	207 628 389.01	292 757 788.78	1 296 338 559.41

数据来源：万科公告《详式权益变动书》。

前海人寿保险公司，成立于 2012 年 2 月 8 日，注册资本 85 亿元，其价值在于保险牌照，是较难获取的资源。2012 年成立到 2015 年 10 月，保险保费收入达 136.45 亿元，保护投资款新增缴费达 481.5 亿元。根据 2012 年至 2014 年的财务数据，前海人寿营业收入也经历了飞速发展，从 3.17 亿元增长到 87.35 亿元，资产总额也在 2013 年翻了 9.85 倍。2013 年的保费和总资产的连番上涨，使之成为宝能系资本运作的核心（见表 3）。

表 3　前海人寿主要财务数据　单位：元

项目	2012 年	2013 年	2014 年
营业收入	317 864 738.49	1 471 366 259.13	8 735 181 852.71
资产总额	1 730 360 461.93	17 039 193 691.80	56 008 778 332.86

数据来源：万科公告《详式权益变动书》。

尽管近几年钜盛华和前海人寿经历了爆发式的增长，但是与地产行业的龙头万科相比，却是“小巫见大巫”。2015 年末，万科总资产为 6 113 亿元，而宝能系为 2 188 亿元；万科营业收入为 1 955 亿元，宝能系仅有 321 亿元；净利润方面，万科为 259 亿元，宝能系仅有 46.53 亿元（见图 9）。双方实力悬殊，宝能是如何完成“蛇吞象”的呢？

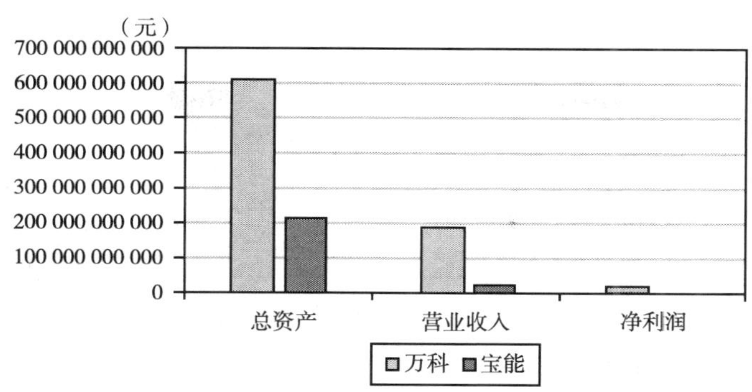

图 9　万科与宝能实力对比（2015 年）

数据来源：Wind。

关于此次宝能收购资金的来源，目前没有较权威的公开资料详尽披露。根据已有的公告，宝能系此次运用的融资方式如下。

（1）融资融券及收益互换。

根据万科的公告《简式权益变动书》，截至 2015 年 10 月 20 日，钜盛华通过融资融券的方式持有万科 A 股 37 357 310 股，占万科现在总股本的 0.34%，以收益互换的形式享有万科 A 股 556 986 255 股股票收益权。

在全国中小企业信息公开网站上，我们确实获取了股权质押的相关信息：宝能投资持有的 31 亿钜盛华股份，质押给华福证券；持有的 16 亿钜盛华股份，质押给江苏银行。

（2）资产管理计划。

自 2015 年 11 月 27 日起，钜盛华通过 7 个资管计划在深交所竞价交易买入万科 A 股股票（见表 4）。

表 4　　钜盛华 7 个资管计划

资产管理人	资管计划名称	交易日期	价格区间	证券数量	占比
南方资本管理有限公司	安盛 1 号	11.27—12.02	14.37—18.24	97 649 123	0.88%
	安盛 2 号	12.01—12.02	15.24—18.24	89 723 515	0.81%
	安盛 3 号	12.02	16.54—18.24	84 540 563	0.77%
	广钜 1 号	12.01—12.03	17.63—19.03	163 481 676	1.48%
	小计			435 395 877	3.94%
泰信基金管理有限公司	泰信 1 号	12.01—12.04	18.56—19.80	82 699 426	0.75%
西部利得基金管理有限公司	西部利得金裕 1 号	12.04	19.20—19.50	12 600 000	0.11%
	西部利得宝禄 1 号	12.04	19.34—19.80	18 395 698	0.17%
	小计			30 995 698	0.28%
合计				549 091 001	4.97%

对资产管理产品的类型进行分析，南方资本管理公司旗下的安盛 1 号、2 号、3 号、广钜 1 号及泰信基金管理有限公司的泰信价值 1 号产品均采用股票多头策略，封闭式运作方式，并在合同上写明“该资管计划可用于投资万科 A 股股票”。西部利得资产管理计划则属

于混合型资产管理计划，结构分级为优先级和劣后级。从监管的角度来说，每一个集合资产管理或定向资产管理计划均需在发行后5个工作日内在证监会备案，并且在产品发行过程中需要通过发行主体、托管行的风险控制审核，从这一层面来说，资金来源不合法是站不住脚的。

（3）发行债券，直接融资。

2015年9月14日，前海人寿在全国银行间债券市场公开发行10年期可赎回资本补充债券，发行规模不超过人民币58亿元。前海人寿已于9月29日、11月17日和12月17日分三期用完该额度，每期发行规模分别为25亿元、18亿元和15亿元，债券票息均为6.25%（见表5）。

表5 前海人寿债务发行

时　间	发行规模	债权票息
9月29日	25亿元	6.25%
11月17日	18亿元	6.25%
12月17日	15亿元	6.25%

数据来源：Wind。

同时，宝能在挟持资金的优势下，把握住了两个契机：一是2015年6月15日开始的中国A股股灾；二是万科长期的股权分散及“事业合伙人制”对“恶意收购”防范的不足。

根据Wind的行业分类，房地产开发企业指数从年初的9.43增加到6月5日19.6的巅峰，并开始震荡下跌，直至10月9日下跌到10.2，下跌了47.95%（见图10）。

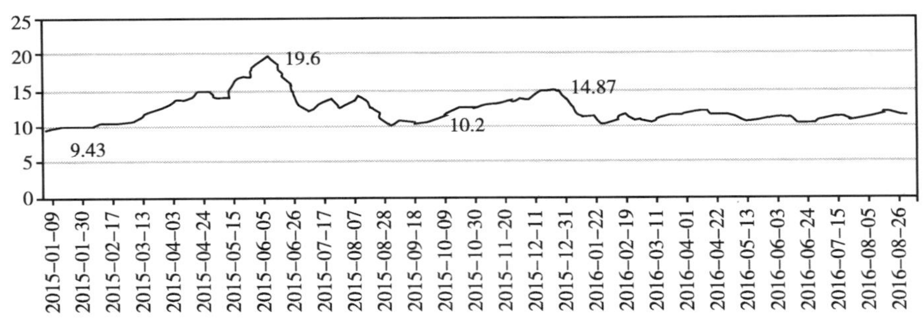

图10 房地产开发企业指数

数据来源：Wind。

2015年5月29日，万科公告称，代表公司1 320名事业合伙人的深圳盈安财务顾问企业通过证券公司的集合资产管理计划，于5月28日通过深圳证券交易所证券交易系统购入公司A股股份3 583.9231万股，占公司总股本的0.33%。这意味着讨论了一年多的，“事业合伙人制”终于落地成型。

从股权激励的角度来说，它是比职业经理人制更好的制度，每一位参与者不仅为公司，为中小股东，也为自己创造价值。具体来说，事业合伙人制有三种制度：一是跟投制度，即原则上要求项目所在一线公司管理层和该项目管理人员必须跟随公司一起投资。二是股票机制，200多人的经济利润奖金获得者相当于持有一个认购期权，未来 EP 奖金将转化为股票。三是事件合伙，即根据事件临时组织时间合伙人参与工作任务，鼓励跨部门“协同”找寻最优方案。

此项制度对王石来等管理来说，是一个“完美”的方案，因为它既能有效得激励经营层，又能维持管理层对公司经营的决策权。原因在于，他虽然鼓励公司员工入股，但设定了最高不超过5%的股权限制，但对于公司管理层则是设置了入股下限。从另一个角度来说，它更加类似于一个管理层收购方案，也许不失为王石、郁亮抵挡野蛮人的一种方法，但这一切的行动都太过缓慢了。

经过长达 8 个月的回购，直到 2015 年 1 月 27 日，盈安合伙集合计划才共持有公司 A 股股份 4. 94 亿股，占公司股本的 4. 48% （见表 6）。

表 6　　“盈安合伙”买入计划

买入时间	买入价格	持有股份	累计持股
2014 年 5 月 30 日	8. 52 元	23 188 124	1. 47%
2014 年 6 月 3 日	8. 55 元	26 476 551	1. 68%
2014 年 6 月 20 日	8. 4 元	23 969 613	1. 92%
2014 年 8 月 29 日	8. 83 元	46 299 716	2. 34%
2014 年 9 月 16 日	9. 36 元	57 011 386	2. 86%
2014 年 9 月 24 日	9. 24 元	44 356 875	3. 26%
2015 年 1 月 24 日	12. 79 元	101 187 211	4. 17%
2015 年 1 月 28 日	13. 26 元	34 054 269	4. 48%

数据来源：万科公告。

3. 2　白衣骑士不再，万科另谋出路

面对来势汹汹的宝能系，万科第一个能想到的“救星”无疑是多年来感情深厚的第一大股东华润。从 2000 年华润入股万科以来，一直保持着 11. 19%—14. 54% 的持股比例（见图 11）。华润一方给予了万科管理层充分的信任和自主权，奉行垂拱而治，是万科名副其实的财务投资者。

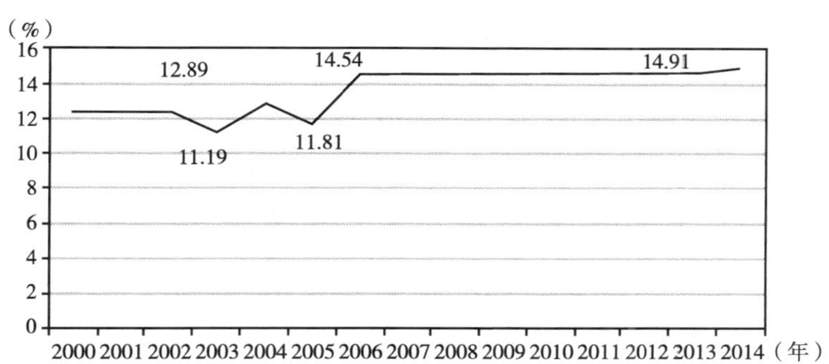

图 11　华润历史持股比例

数据来源：万科年报。

然而“白衣骑士”并不是天使，9 月 4 日，港交所最新权益信息披露显示，华润耗资 4.97 亿元，两次增持股份仅约 0.4%，使其总持股比例达到 15.29%，暂时稳住了第一大股东的地位，几个月后再度被反超。

回顾华润历史持股比例，有两次较为明显的增持，一次发生在 2004 年，一次发生在 2006 年，增持比例分别为 1.7% 和 2.73%。这两次增持，并非是华润拿出真金白银购买万科股份，仔细分析其增持原因：2004 年因万科实施送红股、公积金转增资本以及可转债转股而增加；而 2006 年是在股权分置改革的背景下，华润发行了万科 HRP1 的认股权证，至到期时行使了 15 953 份。由此我们可以猜测，曾经的大股东华润没有大举耗费资金增持万科的意愿，因为这位财务投资者并不掌握公司的控制权，反倒是宝能的数次举牌，让万科的股价从 2015 年 6 月的 13.81 元增加到 12 月停牌前的 23.44 元，抬升股价，同样获利。

在“白衣骑士”作壁上观的情况下，万科于 2015 年 12 月 18 日因公司筹划重大资产重组事项，申请停牌。这一场戏的暂停来得有点突然，但停牌这一反收购的手段，却不是王石第一次使用了。20 年前的“君万之争”，君安证券联合万科当时的前四大股东，发布《告全体股东书》，目标直指改组万科董事会、操纵万科股价。在这次野蛮人突袭中，王石利用“停牌”战术，让市场充分消化了重组信息，万科股价并未发生波动。

在万科 A 股股票停牌近三个月之后，万科筹谋许久的资产重组事项终于获得实质性进展：王石找到了一个“最强搭档”——深圳地铁。

万科在 2016 年 3 月 12 日与深圳市地铁集团有限公司签署合作备忘录，根据备忘录内容，万科将在本次重组中购买深圳地铁集团下属公司的全部或部分股权，由此实现地铁集团部分优质地铁上盖物业项目资产的注入。双方本次交易对价初步预计在 400 亿—600 亿元之间。王石的打算是极好的，与深圳地铁合作让在他领导之下的万科更快地从中国地产 1.0 时代飞向以“轨道 + 物业”为核心的大都市生活圈的中国地产 2.0 时代。如果单从长远战略发展的眼光看，这次合作于万科、于大股东、于中小股东都是极为有利的。

前海国际主要运营的资产为前海枢纽项目坐落的 T201－0074 号地块和安托山项目坐落的 T407－0026、T407－0027 号地块（见表 7 和表 8）。

表 7　　前海国际地块基本情况

地块名称	T201－0074	T407－0026	T407－0027
宗地面积	200 094.321m^2	162 478.89m^2	12 796.13m^2
土地用途	商业性办公用地，口岸设施用地，交通设施用地，铁路用地	二类居住用地、城市道路用地、水域、公园绿地、教育设施用地	商业服务业用地
使用年限	2012 年 12 月 28 日至 2052 年 12 月 27 日	2016 年 4 月 19 日至 2086 年 4 月 18 日	2016 年 4 月 19 日至 2056 年 4 月 18 日
权利类型	国有建设用地使用权	国有建设用地使用权/房屋（构筑物）所有权	国有建设用地使用权

表 8　　前海国际主要财务数据　　单位：万元

项　目	2016 年 5 月 31 日	2015 年 12 月 31 日	2014 年 12 月 31 日
总资产	4 610 156. 64	61 226. 32	161 092. 13
总负债	48 808. 27	60 075. 58	160 771. 94
所有者权益合计	4 561 348. 37	1 150. 75	320. 20
营业收入	—	1 420	—
经营活动产生的现金流量净额	61 758. 13	106 392. 16	－157 083. 93

3 月 17 日万科召开股东大会审议通过《关于申请万科 A 股股票继续停牌的议案》，A 股东对此审议的通过率达到 81. 98%，根据中国证监会的报道，无论是二当家华润还是宝能，当时都没有对此表露出丝毫的异议。至此，深圳地铁应该会成为狙击宝能入主的最有力的武器。

3. 3　华润的倒戈：6 月 17 日的董事会风波

2016 年 6 月，万科公布了《西南证券股份有限公司关于公司发行股份购买资产暨关联交易预案之核查意见书》，意见书中详细披露了本次重组的交易方案。万科拟以发行股份的方式购买地铁集团持有的前海国际 100% 股权，经交易双方协商确定的标的资产初步交易价格为 456. 13 亿元。初步确定对价发行价格为每股 15. 88 元，为定价基准日前 60 个交易日上市公司股票交易均价的 93. 61%，据此计算，将向地铁集团发行 2 872 355 163 股 A 股股份，交易结构如图 12 所示。

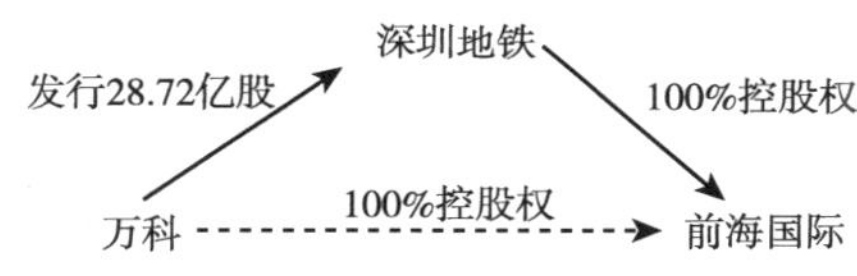

图 12　深圳地铁重组方案

数据来源：万科公告《西南证券股份有限公司关于公司发行股份购买资产暨关联交易预案之核查意见书》。

6 月 17 日停牌大限将至，万科就购买深圳市地铁集团持有的前海国际 100% 股权召开董事会会议进行表决时，原本理当通过并继续交由股东大会审议的草案却因为华润态度的 180 度大转变而变得一波三折。

董事会会议一开始，华润的代表人就宣读了为什么不支持这项收购议案的动因：

首先，万科增发股票的价格相对其净资产评估值折让较大。本次万科增发股票定价为 15. 88 元，比资本市场目前平均对万科每股净资产约 21 元的估值测算低约 24%，增发后现有股东的权益从 15. 24% 被摊薄至 12. 10%。华润变成了万科的第三大股东，自然不赞同。

第二个反对的理由指向了收购深铁的第二种可能性即债务融资。万科负债率是行业最低之一，净有息负债率仅 25. 5%，有较大债权融资空间。受益于当前相对宽松的货币信贷政策，万科债权融资成本持续下降，今年发行的 5 年人民币债券利息为 3. 2%，3 年港币债券为 2. 5%。万科通过现金或债权融资形式支付全部交易对价，其财务状况依然维持安全稳健，无需发行大量股票摊薄现有股东权益。从下表中可见，万科近年来的债务负担较轻，带息债务占总资产的比重在50%左右浮动，且从利息保障倍数等指标来看，万科的现金流量充裕，加上企业商誉好，融资成本低，完全有能力通过举债融资进行资产收购（见表9）。

然而，近500亿元的举债即使对于万科这样的地产王来说也不是一个小数目，如果全部通过债务融资，那将会使万科马上接触到70%的负债比率红线，这对万科之后的业绩和营收都将是一个不小的挑战。

表9　　万科的资本结构和偿债能力

报告期	2016-06-30	2015-12-31	2014-12-31	2013-12-31
流动比率	1.25	1.30	1.34	1.34
现金流量利息保障倍数	9.75	3.31	6.10	0.29
带息债务/总资产	0.51	0.49	0.51	0.54
EBIT/利息费用	5.38	9.83	4.38	4.29

数据来源：万科年报。

最后，华润的代表指出，本次万科发行新股购买的资产是2个地产项目的股权，而不是地铁整体业务的权益，不能自动锁定未来万科与深圳地铁在其他项目的开发合作，未能形成对万科的持续性支持。反而，万科与重庆、东莞等城市地铁拟通过PPP方式在项目层面展开合作的方式在分红方面灵活度更高，更符合地铁用开发物业反哺地铁建设的目标。三个理由摆上台面，华润的态度已经很明晰：反对深圳地铁资产收购案。

华润的目的究竟是什么？三个理由看起来说得过去，但实则较为牵强。万科的独立董事华生在6月24日于《上海证券报》谈了自己的看法，连续发问反驳了华润给出的三个理由："不说华润自己当年入股成本之低，就是宝能去年抢了万科第一大股东位置，也只不过花了包括保险资金和杠杆融资的几百亿，现在深圳地铁以更货真价实的几百亿土地，也换个大股东位置，怎么就是损害和不公呢？华润嫌深圳地铁这两块地太贵，主张万科举债融资去买，就是没有竞拍，谁都明白没有高得多的价格根本买不来。花更大的价钱又没有与深圳地铁结盟，落个里外两头亏，不是对公司和股东利益的更大损害吗？如果真重视与深圳地铁这样的轨道交通'大拿'长期稳定合作、占据下一波房地产2.0时代'轨道加物业'的先机和优势，股权当然是最好和最能锁定的结盟方式。按照重组预案，深圳地铁成为万科新晋第一大股东，这不是全面合作还有什么是全面合作？"①

醉翁之意不在酒，在乎山水之间也。在宝能过高的杠杆融资触及政策红线而偃旗息鼓之后，华润的意图从原来的坚持维护第一大股东地位发展到要彻底控制万科的经营，使其服从华润的领导，一改之前华润作为第一大股东却又说话不作数的局面。要实现这个目标，华润只能"清算"万科的"内部人控制"，改变现行万科治理架构，赶走长期实际控制的公司管理层。"这是为什么华润可以容忍'野蛮人'宝能，但绝不能让深圳地铁进来的原因"，华生一针见血地指出了华润背后的意图。在王石就要把野蛮人扫出家门的时候，华润对这项至关重要的资产收购案的反对无疑使万科内部的委托—代理关系激化到前所未有的程度。

然而，这场6月17日的董事会好戏并未就此终结。参会的四名万科董事投了赞成票，

① 华生．我为什么不支持大股东意见［N］．上海证券报，2016-06-24.

三名华润董事代表投了反对票，这次重组预案的命运出人意料地被独立董事把握在手里，这在上市公司的董事会会议里是极其罕见的。根据万科在6月18日发出的公告，独立董事张利平任职的美国黑石集团正在与万科洽售在中国的一个大型商业物业项目，带来潜在的关联与利益冲突，因此回避表决，而其他三位独立董事均投了赞成票，因此收购议案最终以7票赞成，3票反对，0票弃权获得通过。这次万科董事会的表决，以独立董事实际全部支持和放行重组预案而结束，阻止了持股仅15%左右的二股东华润出尔反尔，利用其在董事会的话语权否决已经在今年3月全体股东大会通过的推进与深圳地铁重组的决定，把决定重组命运的权利再次交回给不久将召开的股东大会，保护和捍卫了绝大多数股东的权益。独立董事投票的合法合规和正义性不言而喻，他们在这次预案的审议中起到了至关重要的作用（见图13）。

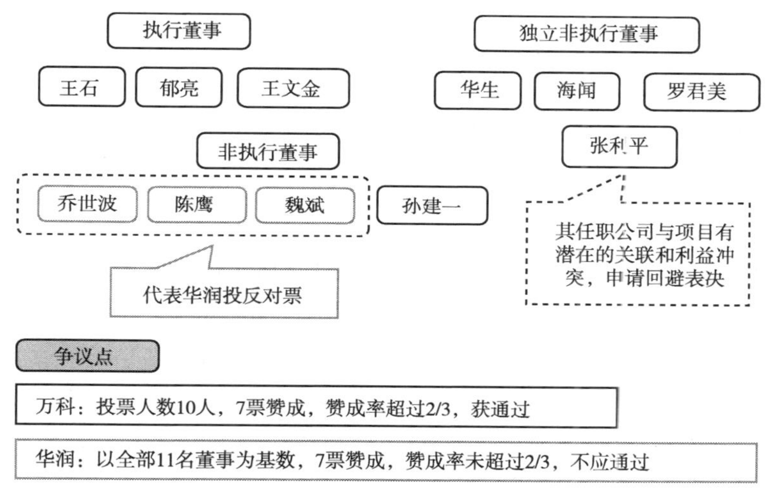

图13　万科董事会表决结果

数据来源：深圳晚报。

独立董事张利平原本是华润推荐的，张利平若投弃权票，他这一票便会计入总票数之内，深圳地铁资产收购预案也就会被扼杀在摇篮里。然而，张利平表示自己因有利益关联而要“回避表决”而非“弃权”，两者在董事会议程里的含义有着天壤之别：选择了前者，就意味着没有了表决权，2/3的通过条件中，计数的分母就不计入回避表决的董事人数；而选择了后者，表决权还是存在的，计数的分母要记入弃权的董事人数，选择弃权实际上就是在投反对票。

在万科公告发布后，华润方面又于次日发表声明，质疑表决结果，认为独董张利平的回避表决理由不成立，因此应计入未赞成预案的董事人数。华润援引《公司法》第124条规定：上市公司董事与董事会会议决议事项所涉及的企业有关联关系的，不得对该项决议行使表决权。同时，华润还搬来了《万科公司章程》第152条第2款：公司董事与董事会会议决议事项所涉及的企业有关联关系的，不得对该项决议行使表决权。华润认为：本次董事会决议事项“所涉及的企业”是深圳地铁，张利平没有充足证据证明自己所在的黑石与深圳地铁有关联利益，因此回避表决是不合法且无效的。

华润的这个举动实在是令人费解。首先，搬起石头砸了自己的脚：重组预案所涉及的企业不只是深圳地铁一家，当然还有交易对手万科，而张利平任职的黑石公司与其中之一的万科因正新近策划合作一大型商业物业合作项目而产生关联，因此回避表决合理合法。其次，法规要求有利益冲突的投票人回避，有利益冲突的人不回避是违法违规。投票人本着安全谨慎的原则，对自己认为可能引起利益冲突的某项议案要求回避表决，是保护自己的合法权利。即便当场有人提出异议，只要当时董事会没有通过决议认为他不存在利益冲突并为其参与投票表决免责背书，张利平先生均可拒绝任何个别人的不同意见，坚持回避。而实际情况是，当张利平提出回避时，在场没有董事提出异议，更无董事会决议为其参与投票免责，因此张利平要求回避，本人一点错误和责任都没有。至于事后任何一方因自己认为张利平的回避理由不足而否定董事会表决的合法性，当然是绝对不行的①。历史不容改写，在法理的框架下，公司治理需要依照章程和规则，否则便毫无秩序可言。

3.4 宝能再战万科，看姚王如何出招?

6 月 23 日，宝能一致行动人前海人寿深夜发布声明，指控万科董事会在表决程序上不合法、独立董事丧失独立性、购买资产定价不公允、股份发行定价不合理、万科监事会未能尽监督和纠正的职责等多项“罪名”，明确反对此次收购深圳地铁的预案，并称将在股东大会上行使股东权利。而就在宝能系发声数十分钟后，华润在微信上也发布了消息，重申反对万科进行重组的预案。就在 2015 年底还为万科第一大股东相互争夺的宝能和华润竟然开始协同作战。同时，宝能在 6 月 27 日向万科提交了申请召开临时股东大会的通知，审议提请罢免万科全体董事、独立董事和监事的议案：对外宣称的是，宝能一来看不惯万科“内部人控制”、压榨中小股东利益的局面；二来看不惯王石长期脱离工作岗位、到处游学仍然领着一份高薪。实际上，宝能的目标是尽可能快地把手中握有的万科股票转成实实在在的控制权和决策权。而在同日下午在深圳万科中心举行的 2015 年度股东大会上，华润和宝能对 2015 年度万科的《董事会报告》和《监事会报告》均投了反对票，宝能系更是对《年度报告》和《财务报告》投了反对票。新一轮的猛攻，剑指万科的控制权和决策权，王石再一次体会到了资本的力量（见表 10）。

然而王石面对宝能发起的再一轮攻势，他也做好了充足的应对准备。针对宝能罢免全体董事、独立董事和监事的议案，万科在 7 月 1 日下午召开了董事会会议，董事会全体成员全票否决宝能提请召开临时股东大会的诉求，但不排除宝能也可以利用自己是 10% 以上的股东身份，自行召开股东大会进行表决，但王石还有奇招：同日晚间，万科发布了《董事会议事规则（修订稿）》，其中第五条明确规定：“董事由股东大会选举或更换，每届任期三年，任期从股东大会通过之日起计算……董事在任期届满前，股东大会不得无故解除其职务。”这基本上就堵死了宝能重新洗牌的念想，在制度上给王石等人加了一层“金钟罩”。

① 华生．我为什么不支持大股东意见［N］．上海证券报，2016－06－24.

表 10　　前十大股东对各议案的表决情况

股东名称	2015 年度董事会报告	2015 年度监事会报告	2015 年度报告及经审计财务报告	2015 年度利润分配及分红派息方案	关于 2016 年度续聘请会计师事务所的议案
华润股份有限公司	反对	反对	同意	同意	同意
深圳市钜盛华股份有限公司	反对	反对	反对	同意	同意
前海人寿保险股份有限公司—海利年年	反对	反对	反对	同意	同意
安邦财产保险股份有限公司—传统产品	同意	同意	同意	同意	同意
安邦人寿保险股份有限公司—保守型投资组合	同意	同意	同意	同意	同意
西部利得基金—建设银行—西部利得金裕 1 号资产管理计划	反对	反对	反对	同意	同意
前海人寿保险股份有限公司—聚富产品	反对	反对	反对	同意	同意
前海人寿保险股份有限公司—自有资金	反对	反对	反对	同意	同意
南方资本—广发银行—广钜 1 号资产管理计划	反对	反对	反对	同意	同意
西部利得基金—建设银行—西部利得宝禄 1 号资产管理计划	反对	反对	反对	同意	同意

资料来源：万科公告。

王石打出的好牌还不止这一些。在 6 月 27 日举行的股东大会上，王石面对华润和宝能对《董事会报告》和《监事会报告》的否决，面对中小股东和媒体的质问，王石显得泰然自若，十分淡定。这个以硬汉著称的人，就如本文开头描述的那般几次三番地鞠躬致歉，王石的诚意显然使在场的投资者们买了账。王石在这次股东大会上的举动与之后 6 月 30 日万科员工上访维权，以一封《保卫万科请愿书》提请深圳市委市政府介入万科股权之争似乎有着异曲同工之妙。再加上网络上各种舆论造势，声称万科的未来全在管理层，罢免管理层等于抹杀万科的前途——王石和他的战友们已然占据了舆论的上风，这张情感牌打得甚是及时。再有，7 月 1 日万科就实时公布了 6 月的公司业绩：实现销售面积 326.4 万平方米，销售金额 424.0 亿元，销售金额同比增长 68%，环比增长 16.5%，1—6 月累计实现销售面积 1 409.0 万平方米，销售金额 1 900.8 亿元。铁板钉钉的数据再次证明了万科管理经营层的实力（见表 11）。

表 11　　万科 2016 年上半年经营业绩　　单位：元（人民币）

项　　目	2016 年 1—6 月	2015 年 1—6 月	比上年同期增减
营业收入	74 795 294 306.29	50 266 797 992.53	48.80%
营业利润	9 904 605 249.00	8 718 934 358.80	13.60%
利润总额	9 980 342 845.59	8 777 007 697.39	13.71%
归属于上市公司股东的净利润	5 351 309 986.08	4 846 279 065.45	10.42%
扣除非经常性损益后归属于上市公司股东的净利润	5 335 845 153.10	4 814 204 105.35	10.84%
基本每股收益	0.48	0.44	10.39%
稀释每股收益	0.48	0.44	10.39%
净资产收益率（全面摊薄）	5.49%	5.55%	-0.06%

续表

项　　目	2016 年 1—6 月	2015 年 1—6 月	比上年同期增减
净资产收益率（加权平均）	5.20%	5.41%	-0.21%
扣除非经常性损益后的加权平均净资产收益率	5.19%	5.38%	-0.19%
经营活动产生的现金流量净额	25 797 213 427.97	-6 808 355 734.53	478.91%
每股经营活动产生的现金流量净额	2.34	-0.62	477.42%

数据来源：万科年报。

王石一边在抵御宝能的再次进攻，一边也在说服华润。7 月 2 日，针对深交所关于万科的重组问询函，万科做出了有力的回复：对之前的重组预案进行了六大修订，包括对交易标的资产的预估值、交易价格、定价依据、新增发行股份的定价依据等进行了补充说明，一一答复华润在 6 月 17 日的董事会上提出的质疑。

王石更大的招还在后面。7 月 4 日，万科沪市股票在停牌半年多之后终于复牌。复牌后连续两个跌停，之后万科股价一路飘绿，在半个月内股价竟然下跌了 30%。总之，股价的应声下跌给砸下 400 多亿元的宝能添了不少压力。宝能的资金来源是两层的杠杆资金，杠杆率有 4 倍多，这样的杠杆只能"受涨不受跌"，市场开始引发对宝能爆仓的担忧。这时万科管理团队做出进一步行动：7 月 19 日，万科向证监会提交了《关于提请查处钜盛华及其控制的相关资管计划违法违规行为的报告》，指出姚老板的 9 个资管计划信息披露不到位，涉嫌非法从事股票融资业务，涉嫌计划拉高股价为前海人寿输送利益，未提示举牌可导致的股票锁定风险等。随后，股价接近 16 元的低位，宝能"爆仓"在即（见图 14）。

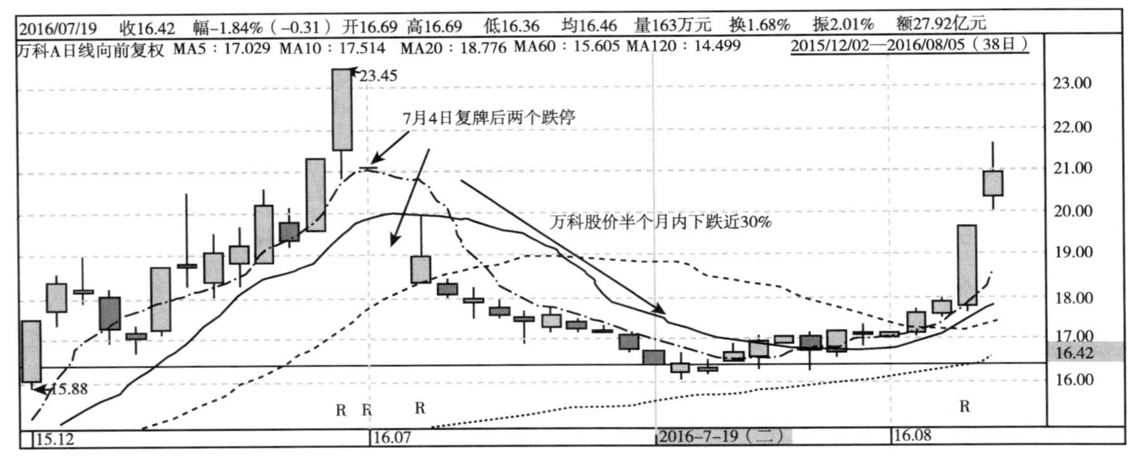

图 14　万科 A 在 2016 年 7 月 4 日复牌后的 K 线图

数据来源：Wind。

然而，宝能下的钜盛华、前海人寿和 9 个资管计划最终都没有"爆仓"，根本原因还是宝能底子足：2015 年钜盛华和前海人寿共计盈利 232.6 亿元，账面拥有货币资金高达 458 亿元（见表 12）。而宝能此次掌管的 9 个资产管理计划，耗资 207.7 亿元，其中宝能旗下钜盛华以自有资金 69.23 亿元撬动了 138.46 亿元的杠杆资金，杠杆比率为 1:2，这 9 个资管计划共买入万科10.98亿股，占万科总股本的9.95%（见表13和表14）。根据合同约定，资产管理计划将份额净值0.8元设置为平仓线，份额净值低于或等于平仓线时，钜盛华需按照管理人要求及时追加保障金。然而，宝能通过资本运作，使9个资管计划的平仓线均处于万科股价之下，巧妙地躲避了“爆仓”的危机。

表12　2015年度宝能系财务主要指标　单位：万元

	总资产	净资产	净利润	货币资金
钜盛华	26 033 970.66	6 386 045.42	2 016 559.78	2 678 301.53
前海人寿	15 594 355.81	2 203 501.60	309 805.80	1 909 296.68
合计	41 628 326.47	8 589 547.02	2 326 365.58	4 587 598.21

数据来源：Wind，公司公告。

表13　宝能持有万科股份的平均成本

	规模（亿元）	持股比例	买入成本（元）	平均成本（元）
钜盛华	150	8.38%	12.66—15.99	14.01
前海人寿	110	6.67%	12.7—15.47	14.94
9个资管计划	207	9.95%	16.3—19.6	18.89
合计	467	25.00%	—	—

数据来源：Wind，公司公告。

表14　宝能的9个资管计划持股情况

资管计划名称	管理人	托管人	备案初始规模（亿元）	购买股票使用金额（亿元）	持股股价（元）	平仓价（元）
安盛1号	南方资本	平安银行	15	14.95	15.31	12.25
安盛2号			15	14.95	16.66	13.33
安盛3号			15	14.95	17.68	14.14
广钜1号		广发银行	30	30.00	18.35	14.68
广钜2号			30	14.00	22.06	17.65
泰信价值1号	泰信基金	民生银行	37.5	33.74	20.24	16.19
金裕1号	西部利得基金	建设银行	45	45.00	19.95	15.96
宝禄1号			30	29.98	19.18	15.34
东兴信鑫1号	东兴证券	民生银行	18.75	18.15	19.19	15.35
总计			236.25	215.7	18.89	—

资料来源：搜狐财经。

3.5　监管方适时干预，资本也要遵守规则

在资本角逐资本的市场上，除了合作亦或是竞争的资本方外，还有一个十分重要的角色，即监管方。从2015年下半年开始的万科股权之争，深圳证券交易所就一直作壁上观这场资本大战，仍由市场的力量发挥作用。然而，这些竞购者们——万科、宝能、华润，包括

后来的恒大开始利用自身在市场获取信息的优势，利用规则的漏洞，为了达到目的甚至不择手段。最令人诟病的当属上市公司信息披露不够及时和完整，达不到决策者和投资者之间的信息对称，导致市场对企业的资本运作反应滞后，而知晓信息的相关人就从中获取巨利，这严重扰乱了市场秩序，阻碍了资本市场的健康发展。从表 15 中关于深交所发函询问的情况可以看出，监管方是维护这场游戏的裁判，也是游戏较为弱势的一方——中小股东的利益维护者。深交所对这场竞购的介入意在提醒各方：不要自恃资本而忘却规则！

表 15　　万科股权之争期间深交所的发函监管摘要（截至 2016 - 08 - 31）

发函日期	发函方	发函理由	回复方	回复理由
2016 - 06 - 22	深交所	张利平回避表决的具体原因；发行股份对 H 股的影响；土地作价的合理性，发行股票定价的合理性	万科	张利平所在黑石与万科有关联利益，回避表决合理合法；发行股份使 H 股低于联交所批准豁免的最低比例 10% 并非确定事项；土地作价差价已经国资委批准，差价会计处理方法合理；发行股价处在合理区间
2016 - 06 - 27	深交所	是否与华润为一致行动人；提出罢免董监事及不提名的原因	钜盛华	与华润不形成一致行动人关系；罢免万科全体董监事是为了改变万科混乱的公司治理结构，同时给予万科高管更多准备的时间
2016 - 06 - 27	深交所	是否与钜盛华为一致行动人	华润	与钜盛华不构成一致行动人，这点可以由华润否决钜盛华提请罢免万科全体董监事的议案等事实佐证
2016 - 07 - 08	深交所	华润、深铁将溢价收购宝能持有万科股份，万科将成为国有控股企业，是否属实	万科、华润、深铁	华润、深铁均没有溢价收购宝能持有万科股份的意向，媒体传言不属实
2016 - 07 - 21	深交所	万科在指定媒体披露前对非指定媒体披露了《关于提请查处钜盛华及其控制的相关资管计划违法违规行为的报告》，披露流程违规，决策程序不审慎	万科	接受深交所的诫勉谈话
2016 - 07 - 21	深交所	在增持万科公司股份期间，未将权益变动报告书等备查文件置于上市公司住所	钜盛华	接受深交所的诫勉谈话
2016 - 08 - 05	深交所	是否提前泄露恒大拥有万科股权的消息；是否与恒大为一致行动人	万科	经自查，没有提前泄露；与恒大不构成一致行动人关系
2016 - 08 - 05	深交所	是否向市场发布否认公司持有万科股权的不实消息；是否与万科为一致行动人	恒大	没有发出不实消息，不知道传言的来源；与万科不构成一致行动人关系

7 月 22 日，中国证监会曾就万科事件谴责万科股东方和管理层，称“万科相关股东与

管理层本应成为建设市场、维护市场、尊重市场的积极力量，带头守法，尽责履职。但遗憾的是，至今没有看到万科相关股东与管理层采取有诚意、有效的措施消除分歧，相反通过各种方式激化矛盾，置资本市场稳定于不顾，置公司可持续发展于不顾，置公司广大中小股东利益于不顾，严重影响了公司的市场形象及正常的生产经营，违背了公司治理的义务。”

华生说：“信息披露是证券市场的生命。”在6月17日的那场董事会会议中，他以独立董事的身份向华润和万科的态度和行动方向提出疑问，这才知道华润和万科在背后的一系列商讨和方案的失败导致了华润在宝能增持时毫无反应的局面。这么多重要的信息，有的并非不可披露，但完全不披露使得连华生这个独立董事也在开会前没搞清楚华润和万科的意图，更别说广大的中小投资者了。而对于宝能来说，从万科股票停牌起到复牌前夕，基本上保持沉默；在3月份审议延长停牌时间议案的股东大会上，宝能也竟然投了赞成票。为了达到目标，某些事情不应在事前披露，但对于前后矛盾的事实，最起码当事人要有个基本的交代，是不是态度转变了？下一步打算怎么办？与其竞购者有没有什么沟通？沟通的结果是什么？这些全都应当在事后进行及时披露，让市场和投资者们不但要“看到”这场大戏，更重要的是要“看清”这场大戏。

3.6 恒大登场，上演多方标购

当万科、宝能和华润争得不可开交的时候，市场又增加了一位新的竞争者。恒大集团分别在8月4日和15日分别发出公告，截至8月15日，恒大共持有752 663 291股万科A股，占万科已发行股本总额约6.82%，恒大已超越安邦成为万科第三大股东。恒大收购总代价约为145.7亿元，持有平均成本为19.36元。恒大披露购买万科股份的原因是万科为中国的最大房地产开发商之一，其财务表现强劲，此次收购是恒大的财务投资。恒大表示，此次收购所使用的资金全部来源于销售收入，从其财务报表来看，截至6月末，恒大现金余额2 120亿元，较2015年底增29.3%，达到公司上市以来最高水平。截至6月30日，公司总资产规模为9 999.2亿元（见表16），成为国内首家万亿总资产的房地产企业，土地储备高达1.86亿平方米，也是全国第一。2016年上半年度就已经实现了800多亿的营收，可见此次购买万科股权对于恒大来讲也是小意思。同时，恒大的进场让万科的股票一路飘红，不到一个月内的涨幅竟高达55%（见图16），恒大无形之中帮助宝能系的9个资管计划摆脱了“爆仓”的担忧。恒大收购之后，万科的股权结构就变得更加集中了（见图15）。

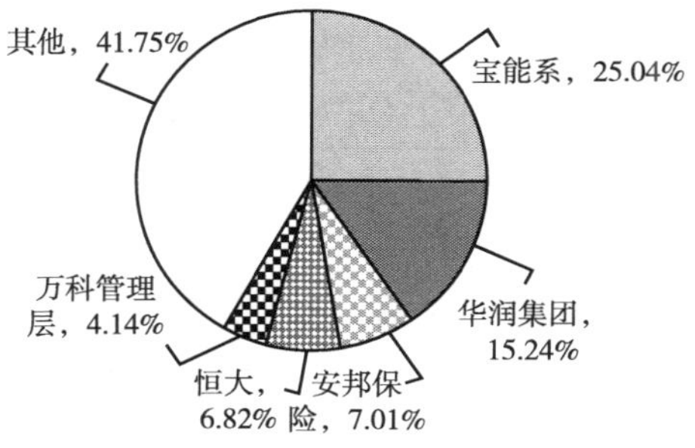

图15　万科股权结构（截至2016-08-31）

数据来源：Wind。

表 16　　**恒大集团财务主要指标**　　单位：万元

	2016－06－30	2015－12－31	2014－12－31	2013－12－31
总资产	99 991 500	75 703 500	47 446 209	34 814 819
净资产	18 204 800	14 214 200	11 237 800	7 934 263
营业收入	8 804 900	13 395 500	11 197 465	9 417 700
净利润	201 700	1 046 000	1 260 405	1 261 178
现金及现金等价物	11 824 800	10 309 000	2 984 677	4 011 845

数据来源：Wind。

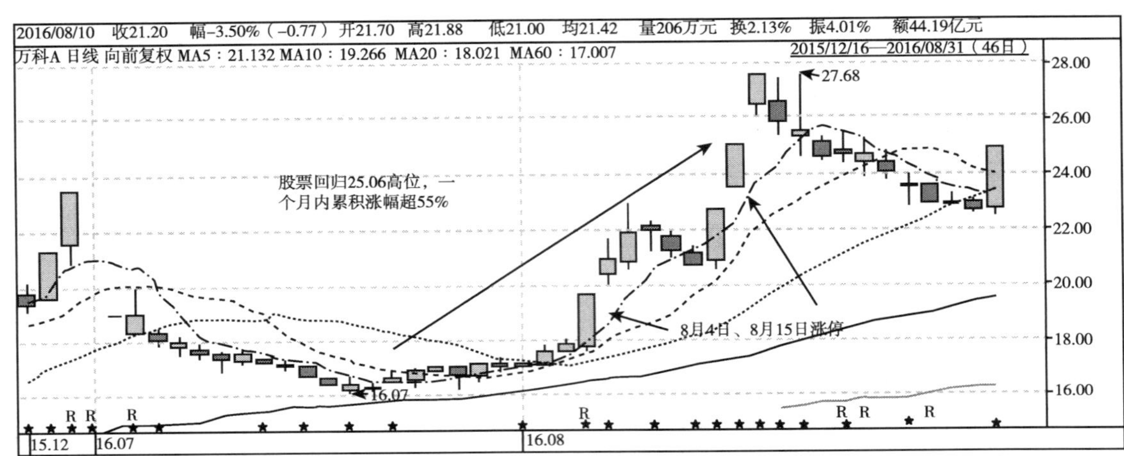

图 16　万科 A 由于恒大进场大涨

数据来源：Wind。

恒大购买万科股权实际上是其产业布局的一步棋。恒大买入的地产股，其实主要都集中在目前房地产市场相对活跃的地区，而这些地区近两年的房价都出现了比较明显的上升：嘉凯城布局主要在浙江上海的长三角经济区，粤宏远更多布局深圳旁边的东莞及周边，恒大自己和万科则是主要在华南经济中心的广州、深圳，金科股份则在西南最重要的直辖市重庆，再加上京津冀一体化潜在受益的廊坊发展，中国最活跃的四个经济区域，恒大通过“买买买”已经做出了全面布局。

比起万科的股权在各家间竞购，这次事件中暴露出的信息披露涉嫌违规更值得警惕。就在一年之前，万科还被普遍看作是中国公司治理的“模范生”，可在之后，控制权之争爆发，人们发现这原来仍是一块资本藐视规矩的“狂野西部”。此次恒大“入伙”万科，一个按规则不必立刻披露的动作，却被迅即曝光。8 月 4 日，恒大公告称收购了万科其 4.68% 的股份，而根据《证券持有人名册服务业务指引》，恒大持有的比例没达到 5% 的举牌点位，并没有披露的法定义务。因此，必定是有在信息披露上违规的机构或个人存在。具体是谁，要由监管部门在调查后来回答。但万科之争延绵至今，已一再暴露出该企业公司治理上存在漏洞。对此番涉嫌违规违法的行为，监管者实在不能不了了之。

4. 万科股价如何被低估？

4.1 相对估值法

相对估值法的基本思路：可比公司法分为3个步骤，一是筛选可比公司；二是选择合适的交易乘数（使用得较多的有企业价值/EBITDA、P/E），本案例选择的乘数是市盈率；三是计算企业价值。可比性要求可比公司之间的未来现金流量具有较高的相关性，同时从资产规模、资本结构、流动性比率、经营效率比率、偿债能力比率、盈利能力比率等方面进行分析，剔除在这些方面差别过大的公司。

（1）万科可比公司筛选。

首先选取2015年6月30日过去一年营收规模超过100亿元的A股房地产行业上市公司建立可比公司备选库，共计14家（见表17）。因为招商蛇口即当时的招商地产处于停牌中，故不作为可比公司。

新城控股2015年12月才完成B转A，站在2015年7月初的时点上，也不将其作为可比公司。

选取规模、增长率、盈利能力、杠杆率四个维度的财务指标如下，各基于利润表的指标均以2014.6.30—2015.6.30为统计区间，资产负债率为2015年半年报数据。根据以下财务指标对可比公司进一步筛选，剔除指标值差异过大的公司，最后确定3家可比公司（见表18）。

表17　　可比公司备选库

代码	简称	营业收入（亿元）	营业收入增长率（%）	销售利润率（%）	销售毛利率（%）	资产负债率（%）
600606.SH	绿地控股	860.2761	−26.7078	3.8403	14.9468	88.2115
000002.SZ	万科A	1 457.8513	22.7160	13.0629	29.3233	78.0608
600048.SH	保利地产	1 131.2907	24.5465	13.7505	33.3050	77.4653
600340.SH	华夏幸福	270.2085	48.2298	13.5753	37.0299	86.5889
600383.SH	金地集团	461.4250	−10.9684	15.0298	27.6306	67.4822
600376.SH	首开股份	220.5427	−23.7451	10.4246	39.8455	84.8269
002146.SZ	荣盛发展	229.3958	−10.0156	10.6730	28.4180	81.6985
000671.SZ	阳光城	137.7478	46.1217	7.7686	25.4240	84.2841
000656.SZ	金科股份	170.8384	50.5475	6.2961	26.5422	84.3507
000402.SZ	金融街	208.9948	13.9338	12.0808	33.1692	69.0333
000540.SZ	中天城投	125.7487	54.8293	17.1172	37.0437	79.7441
600823.SH	世茂股份	131.1893	39.3871	18.2904	34.5057	65.5697

续表

代码	简称	营业收入（亿元）	营业收入增长率（%）	销售利润率（%）	销售毛利率（%）	资产负债率（%）
600177. SH	雅戈尔	171. 4496	14. 9915	40. 2367	46. 2046	58. 2922
002244. SZ	滨江集团	113. 1610	36. 8860	11. 5115	30. 9857	74. 5065
600208. SH	新湖中宝	113. 3105	73. 7530	8. 1957	26. 2011	71. 3248

数据来源：Wind。

注：各基于利润表的指标均以2015年6月30日为基准前溯12个月，TTM（Trailing Twelve Months）。资产负债率为2015年半年报数据。

表18　最终可比公司及对应PE值

简　称	PE（TTM）	PE（2015E）
保利地产	8. 7278	6. 9897
金地集团	14. 0641	11. 5158
荣盛发展	11. 2776	9. 6988

数据来源：Wind咨询。

注：PE基于2014－6－30至2015－6－30自由流通市值加权平均值。

筛选的标准是营收规模超过200亿元，营收增长率不要超过30%，否则和万科增长速度不相符；且销售净利率、销售毛利率和资产负债率相差不大。

（2）万科财务数据。

万科2014－6－30—2015－6－30摊薄EPS计算结果见表19。

表19　万科每股收益计算

关键指标	2013年	2014年	2014. 6. 30—2015. 6. 30
营业收入（亿元）	1 354. 19	1 463. 88	1 457. 85
增长率（%）	31. 33	8. 1	22. 72
净利润（亿元）	151. 19	157. 45	157. 82
期末股本（亿股）	110. 35	110. 37	110. 48
基本/摊薄EPS	1. 3726	1. 4265	1. 4285

注：万科的基本EPS和摊薄EPS相同。

（3）相对估值结果（见表20）。

表20　万科P/E估值计算表

EPS	乘数平均值	目标股价
过去一年EPS（1. 4285）	11. 3565	16. 22
2015E EPS（1. 6848）	9. 0681	15. 84

注：EPS1. 6848元基于2015年7月初当时的一致预期数据。

结论：两种口径估值结果稍有差异，平均来看，可认为短期内的目标股价是16元。与

2015 年 7 月 3 日股价 13.7 元相比较，万科的价值被低估。

4.2 绝对估值法

万科的主营业务较为稳定，未来收益可以进行合理的预测。因此，可以用绝对估值法来评估万科的企业价值。采用企业自由现金流折现模型来确定企业自由现金流价值，并分析货币资金、长期股权投资的价值，确定企业整体价值，然后扣除付息债务后确定股东全部权益价值。该方法假设公司能够永续存在，同时将未来分为两个阶段：未来 9 年为可明确预测的时间段和之后不可明确预测的永续时间段。对于不可明确预测的永续时间段，综合万科的企业实力和中国地产业的发展前景，我们假定万科拥有永续增长率 1.5%。

在对每一子科目进行详细的估算和分析后，得出企业每年的自由现金流如附表所示。

$$\text{企业自由现金流评估值} = \sum_{t=1}^{n} \frac{\mathrm{FCFF}_t}{(1+\mathrm{WACC})^t} + \frac{P_n}{(1+\mathrm{WACC})^n}$$

式中：n 为明确的收益预测年限；FCFF_t 是第 t 年的企业现金流；WACC 是加权平均资本成本；t 是明确的收益预测年限中的第 t 年；P_n 是第 n 年以后的永续价值在第 n 年的折现值。

在求得企业每年的自由现金流后，我们需要计算加权平均资本成本（WACC），从而得到折现率，进一步求出公司价值。

$$\mathrm{WACC} = K_e \times \frac{E}{E+D} + K_d \times \frac{D}{E+D} \times (1-T)$$

式中：WACC 是加权平均资本成本；K_e 是权益资本成本；K_d 是债务资本成本；T 是所得税率；$\frac{D}{E+D}$为资本结构，即资产负债率。我们假设万科的负债平均成本为 7.5%，目标资产负债率为 77%，企业 Beta 值从 Wind 计算器获得，为 0.95，市场溢价假设为 12%，据此用 CAPM 模型可以得出万科股权要求收益率为 14.9%。将上述结果带入 WACC 的公式中可以得出万科的加权平均资本成本是：14.9% ×（1 −77%）+7.5% ×77% ×（1 −25%）=7.76%。

将 WACC 代入折现，可以得到企业自由现金流的折现值为 202 676.43 百万元，加上 2015 年末的货币资金和长期股权投资价值，可以得到万科的总体资产价值，之后减去付息债务价值，即得到万科股权总体价值为 228 885.16 百万元，除以万科 11 039.15 百万股的发行量，我们得到万科每股内含价值为 20.73 元。参考万科股价走势（见图 17），可以发现万科股价在 2015 年间基本上在 10—15 元区间波动，相较于 20.73 元的评估值，万科股价至少被低估了 27.6%。

4.3 净资产估值法（Net Asset Value，NAV）

NAV 估值是以 DCF 法为理论基础，结合房地产企业自身以项目为基础的特点产生的估值方法。其估值逻辑是对企业所拥有的已完工尚未预售、在建物业、土地及投资型物业资产按照各项目开发销售流程进行现金流模拟然后按一定折现率折现，最后按公司所占各项目权益计算出项目汇总价值，再扣减（加上）公司的净债务（净现金），然后得到公司的净资产

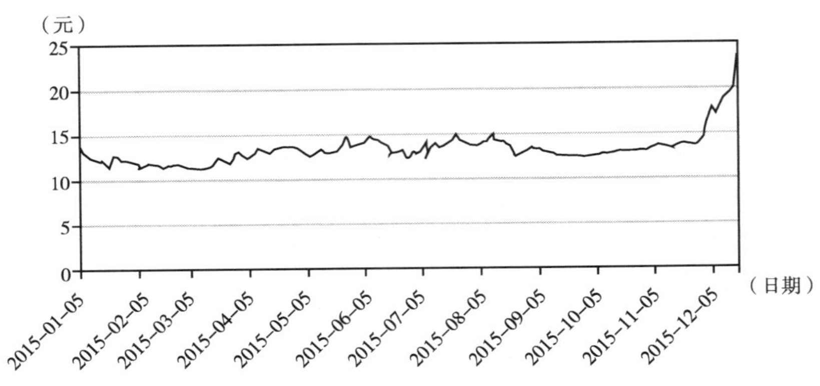

图 17　万科 A 在 2015 年的股价走势

数据来源：Wind。

值（NAV）。

常规的 NAV 方法是根据上市公司的不同项目进行计算的。但是由于万科资产规模庞大，难以精确计算其 NAV，这里采用一个简化的方法来进行估算。如表 21 所示，万科在 2015 年末的资产总额是 6 112 亿元，其中货币资金和存货两项就占到了资产总额的 69%，而万科的存货基本上是已经完工的、正在建造的或者即将开工的地产项目，以及土地储备。这些资产不仅流动性强，且不断增值。万科的资产如此轻，基本上没有机器设备等周转期较长（10 年或以上）的资产，主要是现金、土地和房产，所以可以认为万科是一家轻资产公司，这一点也可以从万科的营运能力指标看出：无论是营业周期、存货周转天数还是净营业周期，都为 2—3 年，符合轻资产企业的营运特点（见表 22）。

表 21　　万科 2015 年度财务指标　　单位：万元

货币资金	存货	资产总计	负债合计	所有者权益合计
5 318 038. 10	36 812 193. 05	61 129 556. 77	47 498 595. 04	13 630 961. 73

数据来源：Wind。

表 22　　万科营运能力指标

	2016 - 06 - 30	2015 - 12 - 31	2014 - 12 - 31	2013 - 12 - 31
营业周期（天）	1 305. 38	897. 58	1 144. 99	1 143. 68
存货周转天数（天）	1 299. 64	893. 52	1 138. 88	1 137. 08
存货周转率	0. 14	0. 40	0. 32	0. 32
流动资产周转率	0. 13	0. 39	0. 32	0. 34
总资产周转率	0. 11	0. 35	0. 30	0. 32
应付账款周转天数（天）	323. 56	206. 51	229. 93	211. 08
净营业周期（天）	981. 82	691. 07	915. 06	932. 60
营运资本周转率	0. 59	1. 59	1. 26	1. 25

数据来源：Wind。

由于会计报表是历史成本计量法，结合中国地产业的实际情况，万科的存货具有快速增值的特点，其增值的部分应当归属于股东权益。为了估计万科存货的增值情况，我们做出如下假设：从万科财务报表中关于存货的明细，可以估算出万科在一线、二线、三线城市拥有项目的比例大约分别是 40%、40% 和 20%。参考 Wind 房地产业投资收益指数，假定计算增值周期为 3 年，那么可以估算出一线、二线、三线城市房地产增值幅度大约分别是 50%、35% 和 20%，存货的加权平均增值率为 38%（见表 23）。

表 23　关于地产增值的假设

	增值幅度	项目所在地区占比
一线城市	50%	40%
二线城市	35%	40%
三线城市	20%	20%
平　均	—	38%

这样，考虑存货的增值后，万科的净资产就是 1 363 + 3 681 × 38% = 2 762 亿元。最后剔除少数股东权益，归属于上市公司母公司股东的净资产为 2 762 × 76. 08% = 2 101 亿元，折合股价为 2 101 亿元 ÷ 110. 5161 亿股 = 19. 01 元/股。与 2015 年万科股价在 10—15 元区间徘徊进行对比，发现万科股价被低估了至少 20%。

参考文献

［1］宝能九大资管计划大起底［EB/OL］. 搜狐财经，2016 – 07 – 22. http：//business. sohu. com/20160722/n460440900. shtml.

［2］宝能 9 个资管计划首曝光，哪个被平仓的风险最大?［EB/OL］. 21 世纪经济报道，2016 – 07 – 07. http：//money. 163. com/16/0707/21/BRDE338A00253B0H. html.

［3］宝能欲罢免整个万科董事会，万科重组神秘 B 计划浮出水面［N］. 广州日报，2016 – 06 – 27.

［4］陈龙. 中国房地产泡沫的历史及现状［J］. 经济体制改革，2005（02）.

［5］华润宝能同投反对票，王石四度道歉“示好”［N］. 每日经济新闻，2016 – 06 – 27.

［6］华生. 我为什么不支持大股东意见［N］. 上海证券报，2016 – 06 – 24.

［7］姜汝祥. 像万科一样思考［R］. 商业评论. 2011.

［8］柯恩. 从建造到制造——专访万科公司总经理［R］. 商业评论. 2007.

［9］李维安. 万科控制权之争：被遗忘的“上帝”［J］. 南开管理评论，2016（01）.

［10］李勇. 以宝能收购万科为例分析企业的股权结构问题［J］. 财经界（学术版），2016（04）.

［11］刘宝. 从宝能系举牌万科股票谈上市公司的反收购策略［J］. 中国商论，2015（34）.

[12] 毛蓉蓉. 中国房地产企业标杆——万科的品牌建设战略 [J]. 上海交通大学学报, 2007 (S1).

[13] 万科股权战大事回顾 [EB/OL]. 中国证券网, 2016-06-24.

[14] 魏润卿. 中国房地产周期与宏观调控 [J]. 中国房地产, 2008 (01).

[15] 吴强, 侯廷娴. 经济过热与我国房地产发展周期 [J]. 经济问题, 2004 (12).

[16] 巫月娥. 万科品牌核心价值研究 [J]. 企业经济, 2008 (12).

[17] 晓雯. 北京万科住宅产业化之路 [J]. 住宅产业, 2010 (04).

[18] 叶雷. 万科 VS 宝能: 实业与资本的姿态 [J]. 城市开发, 2016 (04).

[19] 叶雷. 万科 VS 宝能 实业与资本各应有什么样的姿态? [J]. 住宅与房地产, 2016 (Z2).

[20] 张平, CFP. "宝能系" 收购万科究竟图个啥 [J]. 企业观察家, 2016 (01).

[21] 邹备战. 中国房地产发展状况及原因分析 [J]. 时代金融, 2007 (09).

Why Would Barbarians Be at Vanke's Gate?

Abstract: As the leading enterprise in the industry of real estate in China, Vanke has long been underestimated in its stock price. Although Vanke's operating income has grown steadily over years, its stock price still staggers around 10 to 15 yuan. In July 2015 when Vanke was at 13, a hostile takeover was undertaken by BaoNeng, another distinguished enterprise in China, and this takeover was honored as *Barbarians At the Gate* in Chinese version. From July 2015 to July 9th 2016, Vanke's anti – takeover measures confronted with BaoNeng's aggressive attacks for over 15 times in no more than one year, which triggers a heated debate among shareholders and investors of Vanke, the supervision department of security and social media. On considerate and meticulous research, we find that the price underestimation of Vanke is due to a blind spot of capital market, which can be a bias against asset light real estate companies such as Vanke. This underestimation not only deals with the industrial environment and blueprints of development in real estate, but also has something to do with ownership structure, manager stock ownership plan, dividend policy, capital structure as well as the costs and investments of capital.

Key Words: Vanke's Shareholder Fight; Valuation for Asset Light Companies; Ownership Structure; Enterprise Governance

附录

附表 1

万科自由现金流预测

单位：百万元

项目	2016 年	2017 年	2018 年	2019 年	2020 年	2021 年	2022 年	2023 年	2024 年
一、营业收入	246 574.90	310 612.00	368 873.59	414 388.87	446 516.82	473 592.57	502 311.38	502 311.38	502 311.38
减：营业成本	177 964.64	227 289.45	273 780.49	315 717.02	348 927.83	379 438.18	402 441.44	402 441.44	402 441.44
营业税金及附加	22 191.74	26 402.02	30 985.38	34 394.28	35 721.35	37 887.41	40 184.91	40 184.91	40 184.91
销售费用	7 397.25	9 007.75	10 697.33	11 602.89	12 502.47	13 260.59	14 064.72	14 064.72	14 064.72
管理费用	6 410.95	7 144.08	8 484.09	9 530.94	10 269.89	10 892.63	11 553.16	11 553.16	11 553.16
财务费用	1 718.09	2 166.20	2 262.85	2 281.52	2 523.42	2 632.10	2 786.61	2 780.78	2 598.91
资产减值损失	98.70	94.70	79.69	110.78	78.20	65.90	69.90	—	—
加：公允价值变动损益	—	—	—	—	—	—	—	—	—
投资收益	1 698.21	1 698.21	1 698.21	1 698.21	1 698.21	1 698.21	1 698.21	1 698.21	1 698.21
二、营业利润	32 491.76	40 206.02	44 281.96	42 449.66	38 191.88	31 113.98	32 908.86	32 984.59	33 166.46
加：营业外收入	—	—	—	—	—	—	—	—	—
减：营业外支出	—	—	—	—	—	—	—	—	—
三、息税前利润总额	32 491.76	40 206.02	44 281.96	42 449.66	38 191.88	31 113.98	32 908.86	32 984.59	33 166.46
减：所得税费用	8 122.94	10 051.51	11 070.49	10 612.41	9 547.97	7 778.49	8 227.21	8 246.15	8 291.61
四、息前税后利润	24 368.82	30 154.52	33 211.47	31 837.24	28 643.91	23 335.48	24 681.64	24 738.44	24 874.84
加：折旧和摊销	485.86	500.63	533.88	567.29	600.84	634.48	668.16	683.89	699.67
减：运营资金的追加	14 952.28	21 672.87	3 623.45	22 179.53	14 042.07	12 349.83	13 579.27	10 153.50	10 379.47
资本性支出	586.81	589.77	589.56	588.98	588.02	586.70	585.00	582.92	30.67
FCFF	9 315.58	8 392.51	29 532.34	9 636.03	14 614.66	11 033.43	11 185.54	14 685.91	15 164.38
EBIT YOY	—	23.7%	10.1%	-4.1%	-10.0%	-18.5%	5.8%	0.2%	0.6%

附表 2

万科企业价值折现和股权价值评估

单位：百万元

项　目	2016 年	2017 年	2018 年	2019 年	2020 年	2021 年	2022 年	2023 年	2024 年
折现年份	1	2	3	4	5	6	7	8	9
折现因子	0.93	0.86	0.80	0.74	0.69	0.64	0.59	0.55	0.51
折现现值	8 644.89	7 227.55	23 601.86	7 146.54	10 058.56	7 047.05	6 629.84	8 077.86	7 740.52
终值计算									245 944.87
终值折现年份									10.00
终值折现因子									0.47
终值现值									116 501.76
企业价值	202 676.43								
加：货币资金	53 180.38								
长期股权投资	33 503.42								
总资产价值	289 360.23								
债务价值	60 475.07								
股权价值	228 885.16								
总股数（百万）	11 039.15								
每股价值（元）	20.73								

K_d	7.50%	WACC	7.76%
$D \div (D+E)$	77.00%	永续增长率	1.50%
无风险利率	3.50%		
β	0.95		
市场溢价	12.00%		
K_e	14.90%		

附表 3

万科合并资产负债表

单位：万元

项　目	2010 年	2011 年	2012 年	2013 年	2014 年	2015 年	2016 年中报
流动资产：							
货币资金	3 781 693	3 423 951	5 229 154	4 436 540	6 271 525	5 318 038	7 186 798
交易性金融资产							
应收账款	159 402.46	151 481.38	188 654.85	307 896.98	189 407.18	251 065.33	226 238.91
预付款项	1 783 800.35	2 011 621.90	3 337 361.19	2 865 366.51	2 943 312.56	3 964 697.28	4 614 282.33
其他应收款	1 493 831.32	1 844 061.42	2 005 792.18	3 481 531.72	4 892 446.37	7 548 564.30	8 078 008.76

续表

项　目	2010 年	2011 年	2012 年	2013 年	2014 年	2015 年	2016 年中报
存货	13 333 345. 80	20 833 549. 36	25 516 411. 30	33 113 322. 33	31 772 637. 85	36 812 193. 05	42 752 027. 43
其他流动资产					407 600. 00	795 660. 00	624 010. 00
流动资产合计	20 552 073. 22	28 264 665. 49	36 277 373. 73	44 204 658. 52	46 480 569. 75	54 702 437. 59	63 489 675. 03
可供出售金融资产	40 476. 36	44 126. 16	476. 36	246 618. 59	13 318. 00	113 881. 27	115 336. 82
长期股权投资	449 375. 16	642 649. 45	704 030. 65	1 063 748	1 923 365	3 350 342	4 283 421
投资性房地产	12 917. 62	112 610. 55	237 522. 84	1 171 047	798 087. 96	1 076 505. 11	1 337 348. 65
固定资产	121 958. 19	159 586. 27	161 225. 72	212 976. 79	230 835. 17	491 747. 92	517 631. 40
在建工程	76 428. 21	70 555. 26	105 111. 88	91 366. 68	183 348. 06	59 835. 89	76 859. 72
无形资产	37 395. 19	43 547. 43	42 684. 69	43 007. 42	87 754. 75	104 499. 11	111 358. 45
商誉			20 168. 98	20 168. 98	20 168. 98	20 168. 98	20 168. 98
长期待摊费用	3 216. 14	4 099. 94	4 231. 67	6 351. 05	33 899. 90	44 788. 34	59 806. 87
递延所得税资产	164 315. 80	232 624. 19	305 485. 79	352 526. 21	401 620. 03	516 654. 08	618 339. 97
其他非流动资产	105 599. 27	46 379. 28	21 849. 20	508 061. 92	667 907. 20	648 696. 13	600 721. 81
非流动资产合计	1 011 681. 95	1 356 178. 52	1 602 787. 77	3 715 873. 83	4 360 305. 80	6 427 119. 18	7 740 994. 09
资产总计	21 563 755. 17	29 620 844. 00	37 880 161. 51	47 920 532. 35	50 840 875. 54	61 129 556. 77	71 230 669. 12
短期借款	147 800. 00	172 444. 65	993 240. 02	510 251. 46	238 306. 97	190 008. 80	285 096. 64
交易性金融负债	1 505. 45	1 704. 18	2 576. 10	1 168. 70			
应付票据		3 125. 00	497 713. 14	1 478 389. 99	2 129 189. 39	1 674 473. 29	834 092. 57
应付账款	1 692 377. 78	2 974 581. 34	4 486 099. 57	6 395 845. 91	6 704 719. 98	9 144 645. 84	10 670 555. 98
预收款项	7 440 519. 73	11 110 171. 81	13 102 397. 75	15 551 807. 14	18 174 933. 70	21 262 570. 56	27 833 316. 12
应付职工薪酬	141 575. 88	169 035. 17	217 774. 89	245 167. 44	183 083. 00	264 265. 72	106 842. 93
应交税费	316 547. 64	407 861. 82	451 558. 89	457 820. 52	512 417. 29	737 398. 05	435 765. 97

续表

项　目	2010 年	2011 年	2012 年	2013 年	2014 年	2015 年	2016 年中报
应付利息	12 780.65	27 229.88	64 968.79	29 124.36	33 650.98	23 157.59	43 805.80
其他应付款	1 681 402.93	3 021 679.26	3 604 531.58	5 470 428.53	4 544 172.97	6 235 022.43	8 133 134.10
一年内到期的非流动负债	1 530 569.08	2 184 582.93	2 562 495.92	2 752 179.16	2 044 928.83	2 474 640.41	2 644 136.67
流动负债合计	12 965 079.15	20 072 416.03	25 983 356.67	32 892 183.22	34 565 403.10	42 006 182.69	50 986 746.76
长期借款	2 479 049.93	2 097 196.20	3 603 607.04	3 668 312.84	3 453 671.21	3 382 858.42	3 678 718.62
应付债券	582 114.45	585 039.70		739 839.19	1 161 223.18	1 901 581.23	2 538 294.85
长期应付款							
预计负债	4 110.73	3 867.79	4 429.23	4 687.68	5 342.28	14 322.06	10 962.59
递延所得税负债	73 899.34	77 890.61	73 381.28	67 271.57	59 029.93	55 843.08	54 910.11
其他非流动负债	881.61	1 179.82	1 567.80	4 295.50	6 844.14	137 807.56	143 631.39
非流动负债合计	3 140 056.06	2 765 174.12	3 682 985.34	4 484 406.79	4 686 110.75	5 492 412.35	6 426 517.56
负债合计	16 105 135.21	22 837 590.15	29 666 342.01	37 376 590.01	39 251 513.85	47 498 595.04	57 413 264.33
实收资本（或股本）	1 099 521.02	1 099 521.02	1 099 555.31	1 101 496.89	1 103 750.72	1 105 161.23	1 103 915.20
资本公积金	878 934.40	884 346.41	868 386.07	853 222.29	849 363.22	817 481.26	807 875.60
减：库存股						16 016.31	
其他综合收益					56 181.50	45 063.52	27 307.79
盈余公积金	1 058 770.63	1 364 872.75	1 701 705.14	2 013 540.97	2 607 877.58	2 806 876.67	2 806 876.67
未分配利润	1 347 028.43	1 893 461.74	2 668 809.86	3 670 688.89	4 199 283.97	5 259 785.41	5 000 097.46
外币报表折算差额	39 013.19	54 577.58	44 099.02	50 649.29			
归属于母公司所有者权益合计	4 423 267.68	5 296 779.50	6 382 555.39	7 689 598.33	8 816 456.99	10 018 351.78	9 746 072.73
少数股东权益	1 035 352.29	1 486 474.35	1 831 264.11	2 854 344.01	2 772 904.70	3 612 609.95	4 071 332.07
所有者权益合计	5 458 619.96	6 783 253.85	8 213 819.50	10 543 942.34	11 589 361.69	13 630 961.73	13 817 404.80

附表 4

万科合并利润表

单位：万元

项　　目	2010 年	2011 年	2012 年	2013 年	2014 年	2015 年	2016 年中报
营业总收入	5 071 385.14	7 178 274.98	10 311 624.51	13 541 879.11	14 638 800.45	19 554 913.00	7 479 529.43
营业收入	5 071 385.14	7 178 274.98	10 311 624.51	13 541 879.11	14 638 800.45	19 554 913.00	7 479 529.43
营业总成本	3 958 184.29	5 671 637.95	8 302 317.31	11 216 206.85	12 557 892.09	16 598 826.08	6 623 309.12
营业成本	3 007 349.52	4 322 816.36	6 542 161.43	9 279 765.08	10 255 706.37	13 815 062.87	5 511 748.79
营业税金及附加	562 410.88	777 878.61	1 091 629.75	1 154 499.81	1 316 674.59	1 798 042.68	628 456.24
销售费用	207 909.28	255 677.51	305 637.77	386 471.36	452 188.95	413 827.36	204 522.11
管理费用	184 636.93	257 821.46	278 030.80	300 283.76	390 261.77	474 524.98	217 646.63
财务费用	50 422.77	50 981.30	76 475.72	89 171.51	64 083.95	47 773.58	42 712.45
资产减值损失	-54 545.10	6 462.72	8 381.83	6 015.34	78 976.46	49 594.61	18 222.89
其他经营收益	76 287.67	69 684.64	91 996.87	100 461.58	417 027.52	356 190.81	134 240.21
公允价值变动净收益	-1 505.45	-286.86	-871.92	-57.20	1 101.33		
投资净收益	77 793.12	69 971.50	92 868.80	100 518.78	415 926.20	356 190.81	134 240.21
其中：对联营企业和合营企业的投资收益	29 170.30	64 398.78	88 978.76	99 939.79	184 036.92	239 309.25	127 233.10
营业利润	1 189 488.53	1 576 321.67	2 101 304.08	2 426 133.84	2 497 935.89	3 312 277.73	990 460.52
加：营业外收入	7 172.72	7 618.67	14 464.52	11 896.96	35 186.64	85 543.15	11 450.61
减：营业外支出	2 585.99	3 352.10	8 750.08	8 929.67	7 886.20	17 559.12	3 876.85
其中：非流动资产处置净损失	121.18	114.43	606.89	682.01	317.14	184.05	274.70
利润总额	1 194 075.26	1 580 588.24	2 107 018.51	2 429 101.12	2 525 236.32	3 380 261.76	998 034.28
减：所得税	310 114.21	420 627.62	540 759.67	599 346.14	596 483.92	785 317.96	288 571.22
加：未确认的投资损失							
净利润	883 961.05	1 159 960.62	1 566 258.84	1 829 754.99	1 928 752.40	2 594 943.80	709 463.06
减：少数股东损益	155 648.35	197 473.09	311 140.60	317 900.05	354 206.99	783 003.18	174 332.06
归属于母公司所有者的净利润	728 312.70	962 487.53	1 255 118.24	1 511 854.94	1 574 545.41	1 811 940.62	535 131.00
加：其他综合收益	657.73	18 301.73	-13 215.91	4 859.20	6 460.08	-10 472.17	-16 207.48

续表

项　　目	2010 年	2011 年	2012 年	2013 年	2014 年	2015 年	2016 年中报
综合收益总额	884 618.78	1 178 262.36	1 553 042.93	1 834 614.19	1 935 212.48	2 584 471.63	693 255.58
减：归属于少数股东的综合收益总额	155 648.35	197 473.09	311 140.60	317 900.05	353 443.79	783 648.98	175 880.31
归属于母公司普通股东综合收益总额	728 970.43	980 789.26	1 241 902.33	1 516 714.14	1 581 768.69	1 800 822.65	517 375.27
每股收益							
基本每股收益	0.6600	0.8800	1.1400	1.3700	1.4300	1.6400	0.4800
稀释每股收益	0.6600	0.8800	1.1400	1.3700	1.4300	1.6400	0.4800

附表 5

万科合并现金流量表

单位：万元

项　　目	2010 年	2011 年	2012 年	2013 年	2014 年	2015 年	2016 年中报
经营活动产生的现金流量：							
销售商品、提供劳务收到的现金	8 811 969.45	10 364 887.30	11 610 883.96	15 343 706.74	16 830 906.76	19 190 827.18	12 734 937.11
收到其他与经营活动有关的现金	297 604.72	689 466.80	548 058.63	2 223 968.35	1 701 854.95	1 915 676.30	1 401 875.08
经营活动现金流入小计	9 109 574.17	11 054 354.10	12 158 942.59	17 567 675.09	18 532 761.71	21 106 503.48	14 136 812.19
购买商品、接受劳务支付的现金	6 664 589.53	8 491 824.36	8 732 365.23	12 865 695.28	9 523 183.23	12 997 942.48	7 656 026.43
支付给职工以及为职工支付的现金	184 882.78	248 084.80	290 887.69	347 269.57	513 263.27	504 630.00	449 726.63
支付的各项税费	938 158.53	1 469 812.73	1 808 156.77	2 121 391.65	2 304 018.68	2 504 007.11	2 047 406.31
支付其他与经营活动有关的现金	1 098 217.79	505 689.75	954 937.04	2 040 931.70	2 019 814.63	3 495 321.82	1 403 931.48
经营活动现金流出小计	8 885 848.62	10 715 411.64	11 786 316.74	17 375 288.20	14 360 279.80	19 501 901.41	11 557 090.85
经营活动产生的现金流量净额	223 725.55	338 942.46	372 595.85	192 386.89	4 172 481.91	1 604 602.07	2 579 721.34
投资活动产生的现金流量：							
收回投资收到的现金	28 245.43	20 789.45	1 200.00	74 644.08	8 749.93	71 861.98	9 363.87
取得投资收益收到的现金	36 776.93	1 875.80	16 717.59	73 452.24	28 816.60	109 467.86	21 045.08
处置固定资产、无形资产和其他长期资产收回的现金净额	46.22	111.58	153.35	179.99	65.93	427.52	19 920.32
投资活动现金流入小计	270 072.23	86 537.00	117 950.89	227 778.56	680 954.38	364 566.60	454 441.02

续表

项目	2010年	2011年	2012年	2013年	2014年	2015年	2016年中报
购建固定资产、无形资产和其他长期资产支付的现金	26 193.86	26 156.09	15 066.76	243 939.19	183 074.56	206 300.13	77 603.24
投资支付的现金	218 384.81	119 506.81	50 045.00	655 418.72	261 246.52	1 171 343.40	914 065.08
取得子公司及其他营业单位支付的现金净额	136 405.62	407 584.23	286 084.30	123 862.37	68 320.78	516 258.33	658 696.03
支付其他与投资活动有关的现金	108 253.88	98 546.64	12 100.00		517 049.61	565 412.86	356 759.66
投资活动现金流出小计	489 238.16	651 793.77	363 296.06	1 023 220.28	1 029 691.47	2 459 314.72	2 007 124.00
投资活动产生的现金流量净额	-219 165.93	-565 256.77	-245 345.17	-795 441.72	-348 737.09	-2 094 748.12	-1 552 682.98
筹资活动产生的现金流量：							
吸收投资收到的现金	197 902.14	390 494.40	299 112.35	318 353.58	242 238.48	429 604.62	275 625.00
其中：子公司吸收少数股东投资收到的现金	197 902.14	390 494.40	299 112.35	318 353.58	242 238.48	405 351.09	275 623.00
取得借款收到的现金	2 707 009.06	2 357 457.63	4 747 733.32	4 446 777.12	3 088 480.56	2 291 009.95	2 227 973.44
发行债券收到的现金				747 679.25	420 836.77	792 419.00	604 304.75
筹资活动现金流入小计	2 904 911.20	2 747 952.03	5 046 845.67	5 512 809.94	3 751 555.81	3 513 033.58	3 107 903.20
偿还债务支付的现金	1 198 537.47	1 997 461.34	2 686 441.75	4 843 025.68	4 293 620.98	2 502 857.64	1 795 003.79
分配股利、利润或偿付利息支付的现金	403 920.76	669 804.85	731 853.02	875 548.82	1 099 721.87	1 318 100.74	393 512.75
其中：子公司支付给少数股东的股利、利润	63 854.10	142 644.91	156 892.35	65 534.19	34 639.55	242 440.36	171 005.64
筹资活动现金流出差额（特殊报表科目）					319 938.11	202 466.27	37 042.97
筹资活动现金流出小计	1 602 458.22	2 667 266.20	3 418 294.77	5 718 574.50	5 713 280.96	4 023 424.65	2 225 559.52
筹资活动产生的现金流量净额	1 302 452.98	80 685.83	1 628 550.91	-205 764.56	-1 961 725.15	-510 391.08	882 343.68
汇率变动对现金的影响	2 403.46	-2 653.90	-5 190.34	-2 788.09	2 897.38	9 967.27	6 576.94
现金及现金等价物净增加额	1 309 416.05	-148 282.39	1 750 611.24	-811 607.48	1 864 917.05	-990 569.85	1 915 958.98
期初现金及现金等价物余额	2 200 277.49	3 509 693.54	3 361 411.15	5 112 022.40	4 300 414.92	6 165 331.97	5 174 762.12
期末现金及现金等价物余额	3 509 693.54	3 361 411.15	5 112 022.40	4 300 414.92	6 165 331.97	5 174 762.12	7 090 721.10

附表 6　　万科发行股份购买深圳地铁资产前的股份结构

主要股东	持股总数（股）	占总股本比例
华润股份有限公司	1 682 759 247（A 股）	15.24%
HKSCC NOMINEES LIMITED	1 314 926 555（H 股）	11.91%
深圳市钜盛华股份有限公司	926 070 472（A 股）	8.39%
国信证券—工商银行—国信金鹏分级 1 号集合资产管理计划	456 993 190（A 股）	4.14%
前海人寿保险股份有限公司—海利年年	349 776 441（A 股）	3.17%
中国证券金融股份有限公司	330 361 206（A 股）	2.99%
招商财富—招商银行—德赢 1 号专项资产管理计划	329 352 920（A 股）	2.98%
安邦财产保险股份有限公司—传统产品	258 167 403（A 股）	2.34%
安邦人寿保险股份有限公司—保守型投资组合	243 677 851（A 股）	2.21%
西部利得基金—建设银行—西部利得金裕 1 号资产管理计划	225 494 379（A 股）	2.04%
A 股股本	9 724 196 533	88.09%
H 股股本	1 314 955 468	11.91%
总股本	11 039 152 001	100%

数据来源：公司公告。

注：根据上市公司 2015 年年报披露，截至 2015 年 12 月 31 日，深圳市钜盛华股份有限公司及其一致行动人合计持有公司 A 股股份 2 681 395 724 股。上市公司 A 股自 2015 年 12 月停牌以来，深圳市钜盛华股份有限公司及其一致行动人持股未发生变化。截至 2016 年 5 月 31 日，深圳市钜盛华股份有限公司及其一致行动人持股数占公司股份总数的 24.29%，为公司的第一大股东。

附表 7　　万科发行股份购买深圳地铁资产后的股份结构

主要股东	持股总数（股）	占总股本比例
深圳市地铁集团有限公司	2 872 355 163（A 股）	20.65%
华润股份有限公司	1 682 759 247（A 股）	12.10%
HKSCC NOMINEES LIMITED	1 314 926 555（H 股）	9.45%
深圳市钜盛华股份有限公司	926 070 472（A 股）	6.66%
国信证券—工商银行—国信金鹏分级 1 号集合资产管理计划	456 993 190（A 股）	3.29%
前海人寿保险股份有限公司—海利年年	349 776 441（A 股）	2.51%
中国证券金融股份有限公司	330 361 206（A 股）	2.37%
招商财富—招商银行—德赢 1 号专项资产管理计划	329 352 920（A 股）	2.37%
安邦财产保险股份有限公司—传统产品	258 167 403（A 股）	1.86%
安邦人寿保险股份有限公司—保守型投资组合	243 677 851（A 股）	1.75%
西部利得基金—建设银行—西部利得金裕 1 号资产管理计划	225 494 379（A 股）	1.62%
A 股股本	12 596 551 696	90.55%
H 股股本	1 314 955 468	9.45%
总股本	13 911 507 164	100%

数据来源：公司公告。

注：假设 H 股未进行增发。本次交易后，深圳市地铁集团有限公司将持有上市公司 A 股股份 2 872 355 163 股，占上市公司本次交易完成后总股本的 20.65%。而深圳市钜盛华股份有限公司及其一致行动人合计所持 A 股股份将占上市公司本次交易完成后总股本的 19.27%。

附表 8　　深圳地铁前海国际发展有限公司资产负债表　　单位：万元

项　目	2016 年 5 月 31 日	2015 年 12 月 31 日	2014 年 12 月 31 日
资产总计	4 610 156. 64	61 226. 32	161 092. 13
负债合计	48 808. 27	60 075. 58	160 771. 94
所有者权益合计	4 561 348. 37	1 150. 75	320. 2

数据来源：公司公告。

附表 9　　深圳地铁前海国际发展有限公司利润表　　单位：万元

项　目	2016 年 1—5 月	2015 年度	2014 年度
营业收入	—	1 420. 00	—
营业利润	－209. 50	897. 41	－679. 10
利润总额	－209. 50	897. 41	－679. 1
净利润	－209. 5	830. 55	－679. 1

数据来源：公司公告。

附表 10　　深圳地铁前海国际发展有限公司现金流量表　　单位：万元

项　目	2016 年 1—5 月	2015 年度	2014 年度
经营活动产生的现金流量净额	61 758. 13	106 392. 16	－157 083. 93
投资活动产生的现金流量净额	—	—	－4. 74
筹资活动产生的现金流量净额	－59 049. 68	－107 503. 93	157 776. 18
现金及现金等价物净增加额/减少额	2 708. 45	－1 111. 77	687. 51

数据来源：公司公告。

案例使用说明

为什么野蛮人会敲万科的大门？

一、教学目的与用途

1. 本案例主要适用于资产评估之企业投资价值评估、兼并与收购，也适用于公司治理、融资相关课程。

2. 本案例的教学目的。

在过去的一年里，中国资本市场最令人瞩目的事件莫过于万科股权之争，这次事件的精彩程度前所未有，不仅受到业内人士的热切关注，就连广大媒体也争相报道。对万科股权之争的关注，不仅仅是出于万科和其掌门人王石的知名度，更是由于这次事件体现了中国资本市场日趋完善的态势：即资本引领市场，企业战略投资价值引领资本。在这个事件中，宝能的举牌、华润的倒戈、恒大的掺和，让这次事件在平添一波三折的趣味性之外，还充满着惊心动魄的发展情节。在这其中，资本市场的各种运作手法体现得淋漓尽致，各种公司治理的问题和方式也同样得到了凸显，而这次股权之争则是这两者之间关系的一本最好教科书。

万科之争，表面上是股权控制权之争，实质是资本嗅到了“企业投资价值”这块肥肉被低估的诱人味道，如何突破房地产业轻资产估值的“盲区”，将企业微观层面的一般估值方法与公司所面临的产业大发展、公司控制权溢价等宏观分析结合起来，在当前中国资本市场和经济发展大环境下，是我们资产评估行业对企业投资价值评估革新的一大挑战！

我们以公司治理的视角切入此次事件，以资产估值为方式进行评价，形成了一个具有典型意义的案例分析，能让学生和广大投资者在实际应用中体会到整个公司治理和资产评估之企业投资价值宏微观集成战略评估视角，形成一般的有普遍价值的分析框架。

因此本案例的教学目的有：

（1）了解在我国房地产业发展与经济政策一体化的大背景下公司战略的重要性；

（2）了解万科股权之争的前因后果，体会资本运作方式的多样性和灵活性；

（3）了解恶意收购策略和常用的反收购防御策略；

（4）了解股权结构、股利政策与公司治理框架之间的联系；

（5）了解“轻资产”企业的含义，思考此类企业的战略估值思路与视角。

二、启发性思考题

以下几个思考题可以预先布置给学生，让学生在阅读案例中进行思考：

1. 万科的股权结构是怎样的？这样的股权结构导致了怎样的公司治理问题？

2. 万科针对上题中的公司治理问题采取了哪些措施？

3. 万科针对宝能的频频举牌，采取了哪些接管防御手段？

4. 参考万科的治理结构，谈谈中国上市公司的治理目标？

5. 公司治理主要有哪些内容？万科此次在这些内容方面分别有怎样的举措？

6. 参考《公司法》和万科的《董事会议事章程》，谈谈 6 月 17 日董事会的投票结果，在法理上预案是通过还是没有通过？

7. 在万科的治理结构中，经理人的职能是什么？与董事会和股东大会的关系是怎样的？

8. 根据国家政策和地产行业发展背景，万科在历史上做出哪几项重大的业务调整？

9. 宝能在此次举牌中使用了哪些融资手段？

10. 随着恒大的加入，万科的股权结构变成怎样？万科还有哪些手段可以实现对外部资本的防御？

11. 参考三种估值方式（相对估值、绝对估值、净资产估值），思考万科股价为什么会被低估？这与万科的股权结构、股利政策、公司治理结构、地产行业发展背景有什么联系？

三、分析思路

教师可以根据自己的教学目标（目的）来灵活使用本案例。这里提出供参考的案例分析思路，主要是依照思考题的顺序进行。

1. 分析万科的股权结构，参考前10名股东持股比例总和等指标，可以发现万科是一家股权分散的企业，这样的股权结构导致了公司治理I型问题，即委托—代理问题。

2. 万科采取了诸如提高管理层薪酬、进行管理层持股计划（事业合伙人计划）、提高股利发放比率等措施缓解上述问题，降低代理成本。

3. 万科采取了停牌、寻找白衣骑士（安邦、华润、深圳地铁）、毒丸计划（发行股票收购资产）、修改董事会议事章程等接管防御手段。

4. 万科的治理结构可以参考一般的公司治理框架，主要有股东大会、董事会和经营管理层三个方面，此外还有监事会和独立董事；中国上市公司治理的目标是利益相关者最大化（而非股东利益最大化），可以让学生思考为什么？

5. 公司治理主要分为外部治理和内部治理，万科在此次事件中充分运用了媒体舆论，这属于外部治理的一方面；而在内部治理上，万科没有治理好与大股东华润的关系，这也是导致宝能能够频频举牌的重要原因。

6. 我国《公司法》对利益相关者有回避表决的权利有明确规定，而在万科的《董事会议事章程》中，也对此有相关规定。注意回避表决和弃权在董事会议程中是两个不同的概念，因而收购深铁的议案在董事会上应当获得了通过。

7. 在万科的治理结构中，职业经理人享有对企业的实际控制权、决策权和经营权，这在大股东为国企的上市公司中是很少见的。与董事会和股东大会的关系可以参考第四题的分析。

8. 国家自1981年来对房地产的调控历史可以分为7个阶段，在这些阶段中万科抓住了发展商品住宅房的时机，并在此次股权之争中体现了向地产2.0时代和“轻资产”发展的趋势。

9. 宝能在此次举牌中的融资事实上是一场中国LBO的平方，除了最常见的债券融资之外，还包括融资融券和收益互换、资产管理计划等，这些融资手段使宝能撬动了4倍多的杠杆，使其有能力通过举牌成为万科的第一大股东。

10. 随着恒大的加入，万科的股权结构变得更加集中，但仍处于较为分散的状态，这也导致了公司治理II类问题，即剥夺型问题的初现端倪，这可以从深交所的切入监管情况中看出来。除了万科使用的接管防御手段，还可以利用管理层持股计划进行MBO收购（股票回购）等方式夺回实际控制权。

11. 梳理万科的股权结构、治理架构、股利政策等背景信息，就会发现：万科股价低估，与其股权结构、股利政策、公司治理结构和地产行业发展背景不无关系。可以参考第五部分的案例具体分析。

四、理论依据

1. 管理层堑壕假说和股东权益假说①。

管理层堑壕假说（management entrenchment hypothesis）指出，当管理层采取行动阻止控制企业的企图时，没有参与行动的股东的财富减少了。该理论假定公司的管理层会努力采取主动性的和预防性的公司防御措施来维护他们的地位。根据这个观点，股东财富会因市场对公司股票的再次评估而减少。

股东权益假说（shareholder interests hypothesis），有时也称作利益收敛假说，是指当管理层采取行动防止控制权变化时，股东的财富会增加。延伸股东权益假设也可以认为，反收购防御可以通过竞价过程来实现股东价值最大化。

2. 修改公司章程②。

修改公司章程（corporate charter amendments）是指目标公司可以在公司章程中实施各种修正条款以加大敌意收购方改变目标公司管理控制的难度。修改公司章程的手段包括绝大多数条款（supermajority provision）、轮换董事会（staggered board）、公平价格条款（fair price provision）、双重资本化（dual capitalization）等。

其中，轮换董事会也称分级董事会（classified boards），轮换董事会的防御策略是改变董事会的任期，以便在给定年份中只需要选举一小部分（如三分之一）董事。当收购方已经获得目标公司绝大多数的控制权时，轮换董事会就可以防止收购方通过选举管理层来实现自己的目标，如以销售资产来偿付收购过程中产生的债务。

双重资本化是指对股权进行重组，将股票分为拥有不同投票权的两种类型。双重股票的一个例子是福特汽车公司，它同时拥有 A、B 两类股票，与 A 类股票的一股一权相比，B 类股票每股拥有 16.561 份投票权。B 类股票的更多投票权就使得这些持有者获得了公司 40% 的投票权。从反收购的角度看，双重资本化的目的是赋予那些可能与管理层持相同意见的股东以更大的投票权。

3. 白衣骑士③。

当一家公司成为敌意收购的目标或者受到潜在收购方的收购威胁时，它可以寻求白衣骑士的帮助，白衣骑士就是另一家目标公司更加愿意接受的买家。然后，白衣骑士就会以比最初的出价者更优惠的条件来购买目标公司的全部或部分股票。这些优惠条件可能是更高的收购价格，也可能是不会解散公司或者不会辞退管理层及其他员工的承诺。

4. 毒丸计划④。

毒丸（poison pill）计划，又称“股权摊薄反收购措施”或“股东权益计划”，是目标公司抵御恶意收购的一种防御措施，1982 年由美国 Wachtell，Lipton，Rosen & Katz 律师行的并购律师马丁·利普顿（Martin Lipton）发明。在美国经过 1985 年特拉华州大法官法庭（Delaware Chancery Court）判决，毒丸计划才被合法化，由于它具有不需要股东的直接批准就可以实施的特性，在 20 世纪 80 年代后期被广泛采用。

实施毒丸计划的公司，由公司董事会事先通过一项股权摊薄条款，一旦敌意方达到收购公司一定比例的股份（通常是 10%—20% 的股份），即触发该条款生效，使公司原有股东可以较低的价格获得公司大量股份，从而抬高收购方的可能成本。毒丸计划一经采用，至少会

---

①②③④ Patrick A. Gaughan. 兼并、收购与公司重组［M］. 北京：中国人民大学出版社，2010.

产生两个效果：其一，对恶意收购方产生威慑作用；其二，对采用该计划的公司有兴趣的收购方会减少。

在过去的20年里毒丸计划一直是最受欢迎的反收购措施之一，在美国曾先后有2 000多家公司采用毒丸计划，2001年搜狐就通过实施毒丸计划成功击退北大青鸟的恶意收购，搜狐在2001年8月3日收盘时的市值只有4 867.1万美元，但通过实施毒丸计划，使得北大青鸟的收购成本高达27.812亿美元。

5. 委托—代理问题和剥夺问题①。

早在1932年，Berle和Means就对美国公司两权分离后所产生的公司治理问题进行了研究，他们发现，股权分散会导致管理层大量滥用剩余控制权。由于公司的所有权和经营权相分离，因此，股东必须通过选举产生公司董事，再由董事组成的董事会聘用管理者（代理人），管理者代表股东行使公司经营权，董事会受托监督管理者并保护股东利益。在所有权和经营权高度分散的情况下，股东和管理者之间的冲突在所难免。

公司所有者和管理层的利益冲突几乎发生在所有公司金融活动中，例如，为了追求好的"政绩"，管理者乐意投资回收期短的项目，宁愿牺牲正值NPV项目。为了避免还款压力，他们偏好内部资金，宁愿放弃低成本的外部资金。为了粉饰账面利润，对有助于抬升会计利润的项目乐此不疲。因此，公司所有者和管理层的利益冲突会导致公司的投资决策、融资决策、资产管理不再最大化股东财富或最大化公司价值。

如果按照现金流权（cash flow rights）来定义股东的所有权，那么，公司股东只能按照现金流量的一定比率来分享公司利益，或是说，股东只能按其出资比例分享公司利益。在这种情况下，公司的现金流权和控制权是匹配的，任何股东不会超过现金流权的控制权，股东之间（包括大股东和小股东之间）也就不会发生冲突。然而，事实上，公司治理中还存在着另一类控制者：他们拥有的控制权超过了现金流权，尽管持股数不多，但是他们却是公司的实际控制者。控制股东与非控制股东之间必然发生冲突，这就是公司治理的II型问题即剥夺型问题。

6. 轻资产企业②。

20世纪80年代，麦肯锡管理咨询公司首次提出"轻资产运营模式"概念，即企业凭借其品牌、客户关系、专利技术、产业链等轻资产，以最低的资本投入实现企业价值最大化的管理运营模式。轻资产是指相对于占用企业大量资金的重资产而言的，企业拥有或控制的没有实物形态的非货币资产，具体包括品牌、专利权和非专利技术、特许经营权、客户关系、人力资源、供应链、流程管理、快速整合能力、技术研发能力等。

7. 管理层股权激励计划。

管理层股权激励计划是随着公司股权分散和管理技术复杂化，公司为了激励公司管理人员，推行股票期权等形式的股权激励机制。股权激励（Stockholder's rights drive）是一种通过经营者获得公司股权形式给予企业经营者一定的经济权利，使他们能够以股东的身份参与企业决策、分享利润、承担风险，从而勤勉尽责地为公司的长期发展服务的一种激励方法。

由于存在股东和经理层的一种委托代理关系，而股东为了鼓励经理层为股东们创造更多剩余价值，给予的一种激励措施。有业绩股票、股票期权、虚拟股票、股票增值权、限制性股票、延期支付、经营者/员工持股、管理层/员工收购、账面价值增值权这几种激励措施。

① 朱叶. 公司金融［M］. 上海：复旦大学出版社，2013.
② 张晶如. 轻资产企业价值评估风险及其控制［J］. 赤峰学院学报，2016（7）.

五、案例分析

询问以下问题，让学生深入思考，从公司治理的角度解读万科股权之争，理解企业治理问题、收购与反收购的手段、企业估值在实际案例中的具体应用。仔细阅读案例中涉及的公司公告，以案例为引子，思考万科公司治理中存在的问题。

1. 从万科的股权结构分析万科的治理结构，公司的控制权、决策权、经营权掌握在谁手中？这导致了什么样的公司治理问题？万科对此有何措施？

一家企业的治理与其股权结构的安排有着推不清的干系。从万科 1992 年上市初到万科股权之争的前夕，其股权结构一直处在较为分散的状态，这可以从万科前十大股东的持股比例总和看出来：在华润成为第一大股东之前的 20 世纪 90 年代，万科前十大股东持股比例总和只有 25% 左右；华润入主万科之后，前十大股东持股比例总和也始终保持在 20%—30% 的区间，只有在 2015 年股权争夺战开始之后，万科的前十大股东持股比例总和才突增至 55. 36% ，但较于普通的股权集中的企业（前 10 名股东持股比例总和达到 70% 以上），股权仍然徘徊在较为分散的状态（见图 1）。

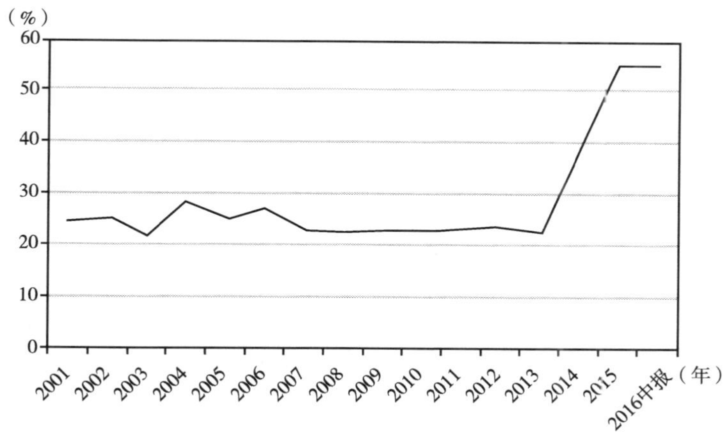

图 1　万科前 10 名股东持股比例总和

数据来源：Wind，公司年报。

一家股权分散的企业会有怎样的治理问题？早在 1776 年，古典主义经济学的开创人亚当·斯密就已经在《国富论》中写下了具有无比先见之明的一句话："作为他人资金的使用者或经营者，不要期望他会像使用自己的金钱一样精心照顾他人的资金"。1932 年，Berle 和 Means 在现代公司制度的背景下，将这种现象概括为"所有权和控制权的分离"。他们认为，这种方式下，美国市场中现代公司分散的股权可自由转让，以及股东之间的免费"搭车"，使股东对经理人实施有效的监督十分困难，经理人与股东利益将尖锐对立，据此，他们十分悲观，认为这种问题是"对过去三个世纪美国赖以生存的经济次序构成的威胁"。在现代公司制的条件下，公司的所有权和经营控制权发生分离，股东虽然有公司经营利润的剩余索取权，但他们已经不经营企业，而是设定一个契约将资产委托给职业经理人管理，真正控制公司的是最高层的经理。所有权分离的状况导致了代理问题的产生，尤其是分散的股权会导致管理层大量滥用职权，造成一系列公司治理问题，如卸职、过度投资、巩固地位、自我交易等。

作为一家股权分散的公司，万科毫无例外地在企业治理上有着代理问题，即大股东华润与万科的管理层之间的冲突。在万科多年来的治理框架下，华润虽然是万科的第一大股东，却只享有企业利润的剩余索取权，其通过一系列的契约安排将万科的控制权和决策权赋予董事会，董事会的决议进而影响着万科管理层的日常经营方针和策略。在中国的诸多上市企业中，存在企业管理层进入董事会的事例，万科就是典型的一个例子：董事会共 11 人，有三个席位（王石、郁亮、王文金）来自万科的日常经营管理团队，他们虽然在股权控制方面不是多数，但在董事会的日常决策中往往发挥着至关重要的作用，因为他们最了解企业的经营现状、运营困境，最知道公司未来应当向哪方面发展。而其余非执行董事和独立董事则几乎是站在“外部人”的角度看待董事会的提案，他们不参与企业的日常经营，在决策上只能相信执行董事的意见（见图 2）。这样看下来，万科的整个经营一直被几乎没有股权的职业经理人们垄断，在这次的万科股权之争中，宝能一直叫嚣万科的“内部人控制”正是印证了这个问题。在这种治理结构中，按照理性人的假设，企业管理层将滥用职权，将企业经营的利润纳入自己的囊中，从而与股东产生利益上的冲突，而董事会制度原本的初衷——控制并监督经理人的行为也因为“内部人控制”在万科的治理结构中失灵了。

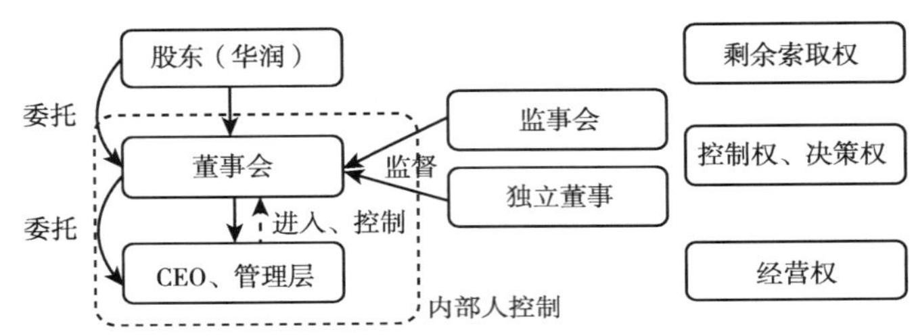

图 2　万科的企业治理结构

然而，从一名外部投资者的角度来看万科，似乎并没有上文所述的代理问题。万科的经营一直做得很好，这也是为什么到最后恒大掺进一脚的原因：万科的发展战略一直以“稳健”出名，即使是在 2008 年地产贷款引发的金融危机的背景下，万科在 2009 年的营业收入都有近 20% 的增长，净利润也增长了近 38%，以“万科”打头的地产项目遍布全国一二三线城市。万科的管理层为万科带来了不可估量的贡献，可以说“没有王石，就没有万科的今天”。万科究竟采取了什么措施，让这家股权分散应有的代理问题产生的冲突得以化解，让万科的全体管理层和员工如此为股东创造价值而卖命呢？

答案主要有三个：万科管理层的高薪资、管理层的持股计划，也就是万科的“事业合伙人计划”以及万科的股利政策。经理报酬是英美企业解决代理问题的常用方法，也是“第一道防线”，经理人拿了企业的高薪，就容易产生“管家”（stewardship）的心态。根据企业有效规模经济理论，较大规模企业的管理者可以获得更高的薪酬，也就激励他们为企业做出与这份薪酬匹配的贡献，产生精神满足感，并为此而继续努力经营，扩大企业规模。这就像一个正反馈机制。根据公司年报的披露，王石在 2015 年拿了 998.8 万元的薪酬，而 2015 年上市公司董事长的平均薪酬约为 100 万元，这一差距也差点让王石背了“尸位素餐”的“罪名”。其次是万科的事业合伙人计划，在这个计划中，包括在公司任职的全部 8 名董事、监事、高级管理人员在内的 1 320 位员工自愿成为公司首批事业合伙人。事业合伙人签署《授权委托与承诺书》，将其在公司经济利润奖金集体奖金账户中的全部权益，委托给深圳盈安财务顾问企业（有限合伙）的普通合伙人进行投资管理，包括引入融资杠杆进行投资；同时承诺在集体奖金所担负的返还公司的或有义务解除前，该部分集体奖金及衍生财产统一封闭管理，不兑付到具体个人①。把管理层和员工的福利和企业的经营状况联系起来，是这个计划的最大特点，就相当于万科和它的管理团队签了一个对赌协议一样，对赌标的就是万科的经营业绩。管理层赢，其所拥有的股票、期权等必将得到资本增值；管理层输，他们将为此付出薪酬和奖金以股票和期权的形式被套牢的代价。同时，这个计划和万科原本的治理结构，即管理层拥有实际控制权和决策权是紧密联系的，它让管理层由“职业经理人”的角色开始向股东的角色转变，使他们的“自利心”变得和公司的发展目标相容。经营管理团队的工作热情和创造力、经营管理团队与股东之间不断强化的紧密联系、他们对公司成功和伟大的不懈追求、与时俱进的应变和创新以及为了企业的辉煌而自我激励自我约束的持续动力，使得万科从当初一个不起眼的地方小企业发展成为中国乃至世界上最大的房地产公司。这就如亚当·斯密说市场经济一样，正是因为依靠人的自利心，社会上千千万万的人才尽心尽力自愿地为满足他人的需要而劳作，辛勤地提供别人需要的产品和服务以换取自己的利益，结果反而达到了资源配置最优的境界②。

还有一点，便是万科的股利政策缓解了大股东和管理层之间的矛盾。一般而言，私人或股权集中的公司几乎不发股利，而股权分散的公司通常将其利润的一部分作为股利发放给投资者。根据股利政策的代理成本理论，发放股利能够有效降低代理成本，一是其减少了公司经营者对自由现金流的支配权，减少或使其失去了谋求自身利益的“免费午餐”；二是高股利政策减少了留存收益，为了满足新投资所需的资金，公司必然通过举债或者发放新股方式融通资金。一旦新资本进入公司，公司将面临来自新债权人和新股东更加严格的监督和检查③。万科在上市初十年每年都发红股，之后除了五次股票转增和一次股票红利外，没有发放过其他股票股利，而现金红利发得很勤：自上市以来就保持着每年10%—40%的现金股利，与同行业可比公司比较可以发现，万科的现金红利发放率在同行业中处于较高的水平(见表1和图3)。一般来说，发放现金红利不会对股东总体财富造成影响，因为股利的发放只是股东权益科目之间金额的简单转移。然而，这却把相应的价值从企业经理人转移到了股东手中，减少了管理层对公司留存现金的控制权和处置权，减少了职业经理人的道德风险。王石将现金股利受让给股东，不仅与他“两袖清风”的个人作风有关，也是为了“喂饱”股东的胃口，避免发生代理战替换管理层，维持两方微妙的平衡关系。

表1　　同行业可比公司上市以来累计分红率

万科集团	保利地产	金地集团	荣盛发展
20.54%	15.60%	15.51%	16.43%

数据来源：Wind。

不容忽视的是，在万科股权之争使得万科的股权结构变得愈发集中时，除了游戏的参与方战得正酣外，另一类的企业治理问题即剥夺型问题便体现了出来。当企业股权集中在少数大股东手中时，就极易引发企业股东和管理层联合剥夺中小股东利益的情形。在典型的剥夺型治理问题中，企业往往通过“金字塔”形股权结构或交叉持股，实现控制权（或投票权）和现金流权的分离，使拥有实际控制权的“小股东”拥有企业大部分利润的索取权，这样便侵害了其他市场投资者的利益。而在万科事件中，虽然直接看不到这样典型的剥夺型股权结构，但注意到在这期间，中小投资者的利益并未得到有效保障，这是剥夺型问题的重要表

① 万科集团2014年年度报告。

② 华生．我为什么不支持大股东意见［N］．上海证券报，2016－06－24.

③ 宋叶．公司金融［M］．上海：复旦大学出版社，2013.

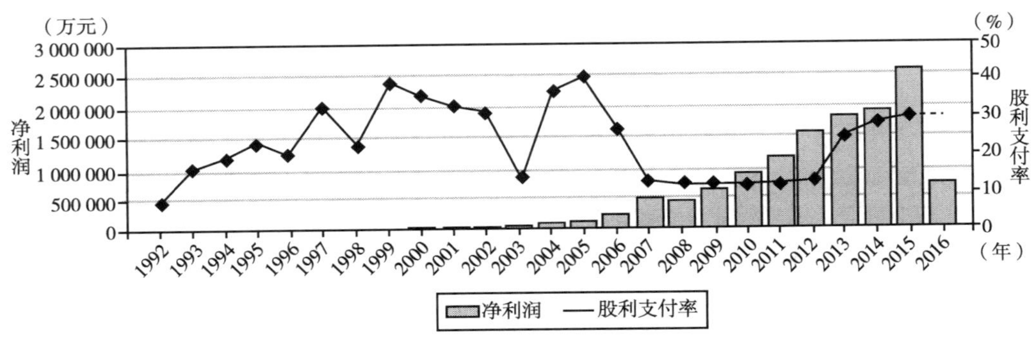

图 3　万科上市以来的股利支付率

数据来源：Wind。

现。最重要的原因在于万科、宝能、华润甚至后来的恒大在信息披露上都存在着问题，要么披露不及时，要么披露不充分，要么根本不予披露：万科在披露深圳地铁的资产收购预案时没有就土地作价合理性做出充分解释；宝能在 3 月 17 日股东大会上支持万科继续停牌的表决与前面要入主万科的态度截然相反，而其并未就此做出说明；华润则对宝能要抢第一大股东位置的态度一直闪烁其词；恒大则没有守住已经持有万科股份的内幕消息……深交所作为这场游戏的裁判，虽然在信息披露的监督治理上下了不少功夫，但是终究到底，信息披露应当是“从内而外”的自发性市场行为，而非“从外向内”的督促甚至逼迫。

2. 为什么野蛮人会敲万科的大门？这些原因与万科的治理结构和治理方式有何联系？

“野蛮人”宝能会敲万科的大门，除了宝能自身的资金优势使其有能力去敲万科的门之外，也与万科自己没有把“门”看紧有关。从万科的股权结构来看，王石并没有做好反收购的抵御措施：不仅股份极为分散，容易让恶意收购者通过市场上大量的流通股频频进行举牌；万科的管理层持股计划也没能起到其应当起到的防御“野蛮人”的作用：直到大敌当前，万科的事业合伙人计划持股比例还不到 5%，只能怪王石的动作太慢，虽然有布局反收购架构的意图，却没有布局好这个架构的意识，使宝能乘虚而入，夺得立足时机，进而拓展领地。相比之下，刘强东和马云就做得成功得多。京东、阿里巴巴与万科都是创始人作为企业前进的灵魂，但前两者的创始人不但有经营权，同时把绝对控股权也掌握在自己手中：京东是典型的双级股票制度，刘强东通过“同股不同权”把企业的投票权牢牢握在手里；阿里巴巴的“湖畔合伙人制”则是将提名和罢免董事会的权力交给了由企业内部管理层组成的合伙人组织，通过这样的制度安排，实际上就把企业的投票权和控制权交由内部人来管理，而合伙人本身是流动可替换的，这就具有自我监督的功效。反观王石手中的控制权，远远不如刘强东和马云来得坚固：与其说王石的控制权是其作为创始人争取而来的，不如说是华润“大股不控股，支持不干预”的行为给王石的。这样的控制权随时会有被夺去的危险。

这种危险就在宝能打算“易主”万科时得到了应验。万科遭外部“野蛮人”的敲打，看起来是王石没有注重外部控制权市场的防御，实际上是因为王石忽视了内部股东关系的处理，说到底就是以王石为首的万科管理层对自己原来赖以生存的生态即与华润集团的关系处理不当。代理问题表面上看起来是通过薪酬、持股计划和股利政策得到了缓解，但这些都抵挡不了华润取得万科实际控制权的能力。华润对万科的“不管不问”事实上与国家发展市场经济、国有企业混合制改革的大背景有关，也与前几任华润掌门人的个人性格、判断和偏好取向直接相关，这样的管理结构在国内的第一大股东为国企的公司中几乎是个孤例。然而，以王石为代表的万科管理层却把控制权习惯成自然，觉得过去的惯例也就是今天的必然，埋头干业务，忽视了公司政治在企业治理中的重要性。

当前，国有企业改革很重要的一点便是产权制度的落实，其大背景在于：过去，国有企业是全民所有制的企业，而一个企业不可能让全国人民一起管，缺位的所有者由代表人民利益的政府官员担当。这样，一家国企开门要对上级领导负责，关起门来就是人人要对本企业的领导负责，这样就极易形成了内部人控制。因此，需要引入民间资本进行竞争，需要把所有者的控制权落实到真正的管理者身上；否则，管理层一和上级领导搞坏了关系，就被人穿起了小鞋。在这种具有中国特色的行政化管理体制下，企业业绩只是管理层能力的体现，但对领导的态度就要上升到立场问题。万科和华润之间的关系莫不如此。万科独董华生在他的文章中写道："万科待人接物完全是从现代企业冷冰冰的成本和效率考虑，自诩自己是治理结构和文化独特的现代企业，显得既不懂国企的规矩，又没有私企的殷勤。以王石的高调做派，与现任大股东新领导关系搞僵并不奇怪。特别是新一届华润领导并没有与万科长期交往的经历和相互理解，其对万科管理层各种也许不大但令人恼怒的不恭和轻慢的反感难免会日积月累，这就会动摇万科治理结构的根基。①" 王石不玩公司政治，与个人清高的性格有关，这从他再三拒绝万科股份一事便可窥探，但殊不知在中国社会泛政治化的背景下，搞好人脉关系恰恰是企业治理的一步要棋。

王石既然已经在内部治理上错失一步，就要想办法在宝能发动进攻后弥补回来。王石延续"君万之争"使用过的停牌招数，暂时遏制宝能的进攻态势，同时也让市场冷静和消化，另一方面则饥不择食地寻找白衣骑士，包括在停牌前寻找的华润、安邦，和在停牌后寻找到的深圳地铁。在这里，王石有几方面的打算：首先，无论找到谁作为最终的白衣骑士，都通过发行股份购买资产，使宝能股份大为稀释，增加其继续持有的成本，这等于是在放一个毒丸计划；其次，当王石逐渐知晓宝能甚至华润此次剑指实际控制权时，只能另寻大靠山——能与华润抗衡的国有企业且不觊觎管理层手中的控制权，这也是深圳地铁得以入选的重要原因；最后，找到的白衣骑士还要有能与万科进行业务整合、协同发展的能力，这在长远上来看有利于王石把万科业绩做得更大，使门外的潜在"野蛮人"望而却步，而深圳地铁恰好也能满足这方面的要求，因为"轨道 + 地产"的确是在环渤海、长三角和珠三角等大城市圈的形成下未来地产的发展趋势。

总的看来，王石的战略似乎能够抵挡得住"野蛮人"的进攻，然而往深处想，发现其依然没有跳出"过去的惯例便是今天的必然"的思维惯式。暂且先把华润和宝能会在股东大会上联合反对这一收购议案的可能性放在一边，即使王石能够把深铁拉入万科的怀抱，万科的股权结构仍然是分散的——根据万科的收购预案，收购后前十大股东持股比例总和为62.26%。王石手中依然没有绝对控股，他所享有的控制权还是大股东赋予他的。只要某一天深圳地铁变成了下一个华润，王石还是要陷入如今这般被动的局面。王石既想"两袖清风"，又不想手中的控制权被人夺走，这在如今的公司治理结构中是多么可笑的一种想法！王石若想把控制权牢牢地掌握在手中，可能的一种方法就是通过事业合伙人制度进行管理层收购，但难度非常大：在宝能、华润、恒大等资本力量已经加入的情况下，管理层持股若想要增加，不仅难过董事会这一关，收购成本也会随着企业的增长而不断增加。王石若要放手一搏，必定造成万科 MBO 后债务高企，影响企业的日常运营，因此这在王石稳健的资本运作风格中是不太可能发生的事情。

除了在资本运作上的战略，王石在此次股权争夺战中充分诉求了媒体舆论和中小股东的

① 华生．我为什么不支持大股东意见［N］．上海证券报，2016－06－24．

关切，把以自身为象征的万科企业文化上升到能决定万科前景是生是死的高度，这样“亡羊补牢”式的外部治理最多只是充当喊话的效果。实际上，万科多年来的企业架构已经成形，企业文化和经营策略并不会因为控制权的变化而发生巨大的改变——毕竟谁也不会亲手毁掉到手的一块好蛋糕！

“野蛮人”敲万科大门的另一个重要原因是万科的股价被严重低估，也就是王石没有做好把万科的企业业绩、发展蓝图、未来收益反映到市场的工作，没有做好与市场投资者们的沟通，这才使得“野蛮人”抓住机会、乘虚而入。从上文的三种估值方式可以看出（见表2），万科的股价被低估15%—30%不等；从万科的市场表现来看，作为地产行业的龙头股，万科长时间没有跑赢大盘：除了2007—2008年稍微跑赢市场外，其余时间段一直徘徊在原点附近，特别是在2014年牛市启动以来，万科累积涨幅始终弱于深证成指（见图4）。再看万科的市盈率和EV/EBITDA等估值指标，与地产行业相应指标的中位数比较，也可以看出万科的市场价值被一定程度上地低估（见表3和表4）。万科的股价被低估，与万科的股权结构、经营策略与市场预期、市场对如万科这样轻资产企业的估值误解不无关系。

表2　三种估值方法均显示万科股价被低估

	P/E 估值法	WACC 估值法	RNVA 估值法
预期股价（元）	16.00	20.73	19.01
实际股价（根据估值时间点不同而变化）	13.70	14.00	14.00
股价低估程度	14.38%	32.47%	26.35%

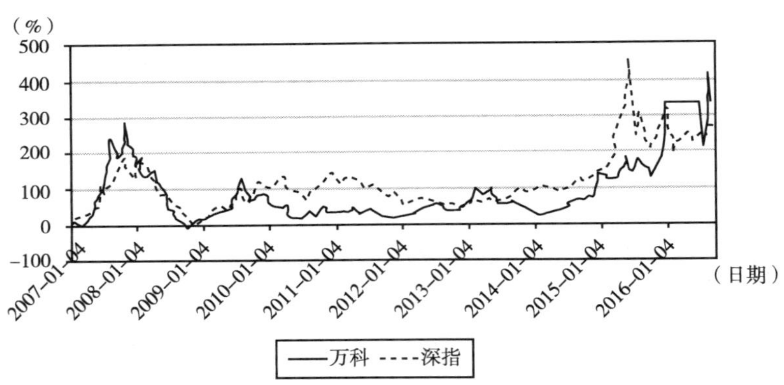

图4　万科与深证综指较2007－01－04累积涨幅

数据来源：Wind。

表3　万科估值比率与地产行业的比较（中国大陆市场）

	市盈率 PE		市净率 PB (MRQ)	市现率 PCF (TTM)	市销率 PS (TTM)	企业价值/EBITDA（倍）
	TTM	16E				
万科	14.09	12.69	2.69	9.67	1.19	9.17
行业最高值	1 490.38	667.38	45.61	8 233.65	1 220.05	2 301.69
行业中位值	28.38	24.48	2.46	10.79	3.82	26.52

数据来源：Wind。

表 4　　万科估值比率与地产行业的比较（中国香港市场）

	市盈率 PE			市净率 PB (MRQ)	企业价值/收入（倍）	企业价值/EBITDA（倍）
	TTM	16E	17E			
万科企业	10.07	8.97	7.81	1.92	3.99	24.62
行业最高值	369.76	15.43	15.98	19.85	4 580.18	664.30
行业中位值	7.36	6.79	5.34	0.67	5.39	17.27

数据来源：Wind。

首先，正如前文分析，万科的股权结构较分散，大股东持股比例较小，形成了众多中小散户持股，而作为获取差价为主的散户来说，很难有价值投资者长期持有的耐心，因此卖盘也会相对很多，所以除非有超大资金接盘，否则很难形成强有力的上涨。相较于成熟理性的投资市场（如以机构为主导的 H 股），A 股仍是散户主导，投机心态浓厚的散户，更愿意博取高风险高收益，这也佐证了万科 H 股较 A 股溢价：从万科在 H 股市场的表现来看，与同行业公司比较，估值比率如 P/E，EV/EBITDA 都处在一个合理的区间内。

其次，万科作为中国地产业的巨头，其所在行业在市场投资者看来很难再有较大的发展空间：自 2010 年中央对房地产调控力度加强以来，一二线城市地产市场趋于饱和，三四线城市又受到库存积压的压力，再加上中国的人口红利正在逐渐消失，老龄化问题加剧，投资者很难相信万科能够再次创造一个“2 000 亿”的神话。伴随着如今热火朝天的供给侧改革，中国经济正在向新兴行业如高端制造、“互联网 +”、环保等行业发展转型，地产行业作为过去 30 年拉动中国经济增长的一驾马车，如今显得疲惫不堪，使众多投资者对其持观望态度，不敢贸然进入。

3. 在万科是轻资产型的企业框架下，分析万科的估值思路，这些思路与万科的股权结构和治理问题有什么联系？

万科的股价被低估的另一重要原因便是市场对如万科这样轻资产企业的估值误解。20 世纪 80 年代，麦肯锡管理咨询公司首次提出“轻资产运营模式”概念，即企业凭借其品牌、客户关系、专利技术、产业链等轻资产，以最低的资本投入实现企业价值最大化的管理运营模式。轻资产是指相对于占用企业大量资金的重资产而言的，企业拥有或控制的没有实物形态的非货币资产，具体包括品牌、专利权和非专利技术、特许经营权、客户关系、人力资源、供应链、流程管理、快速整合能力、技术研发能力等。根据能否在财务报表中体现，可将轻资产划分为两类，可以看到，多数可能成为“企业价值主要驱动力”的轻资产未能在资产负债表中被列示出来（见表 5）。

表 5　　轻资产的分类

可在财务报表中体现的轻资产	资产负债表	著作权、商标权、专利权和非专利技术等无形资产以及品牌影响力（企业合并时以“商誉”表示）
	利润表（以“费用”列支）	客户关系、研发能力、人力资源、营销渠道和网络、品牌影响力（以广告费支出的部分）等
无法在财务报表中体现的轻资产	营销能力、流程管理、运营经验、企业文化、供应链等	

资料来源：张晶如. 轻资产企业价值评估风险及其控制［J］. 赤峰学院学报，2016（7）.

根据运营模式的发展和资产结构的角度，可以把所有轻资产企业分成两大类：第一类为采用轻资产运营模式的企业，这类企业过去多为传统重资产企业，因经营管理及发展阶段需要，进行运营模式转变，使得企业在财务特征及管理结构等方面符合轻资产企业特征；第二类是指因企业经营业务的特性，其本身就具备轻资产多，固定资产、存货占用企业资金少等财务特征，无需通过转变运营战略以实现企业“轻资产化”（见表6）。

表6　　轻资产企业的分类

分类		企业举例
第一类	类金融型	阿里巴巴、国美、苏宁、格力、华联等
	知识产权型	同仁堂、默克制药、微软等
	品牌型	万科、中国动向、PPG、VANCL、Apple、Nike 等
第二类	互联网类	网易、雅虎、Google 等
	文化娱乐类	华谊兄弟、巨人网络、千橡互动、博杰广告等

资料来源：张晶如. 轻资产企业价值评估风险及其控制［J］. 赤峰学院学报，2016（7）.

过去，房地产行业的运营模式多为“重资产”。所谓重资产运营，是指开发商依靠大量的自有资金投入支持商用物业，一般持股占到50%以上，甚至部分达到100%。重资产的模式受制于房地产的周期，在房地产火热时，卖得很快，现金流回得很快。如今，房地产进入紧缩周期，单纯依靠原有的重资产模式，已经很难快速扩大规模。重资产模式不但影响企业的扩大再生产，更不符合当下高周转、高杠杆的生存原则。正因如此，以万科为首的一大批地产企业开始向“轻资产”运营模式进行探索：2014年8月，万科与世界最大的投资公司凯雷投资集团签署商业地产战略合作平台意向书，该平台将收购万科拥有的9个商业物业并长期持有，两者分别持股80%和20%，未来会以资产证券化的方式退出。随后，万科又相继将深圳龙岗万科商场和北京金隅万科广场的大部分股权售予领汇基金和麦格理。2014年12月25日，深圳东方藏山资产管理有限公司与万科联手宣布进行商业资产管理的合作。东方藏山将以收购物业产权和股权形式，收购万科旗下涉及一二线城市共计5个社区商业物业……①万科巧用资产证券化退出重资产运营带来的困境，逐步推升运营杠杆，发挥其多年来积累的品牌优势和管理经验，而把资金的问题外包给其他公司解决。这样一来，万科已经成功转型成一家“品牌类”的轻资产公司，这可以从其资产结构中固定资产占比不断下降的变化趋势中看出来。

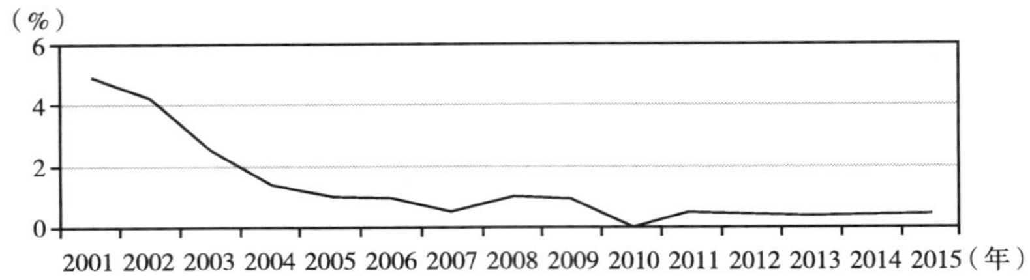

图5　万科固定资产占总资产的比重

数据来源：Wind。

① 地产“轻资产”化是何逻辑［N］. 国际金融报，2015-04-27.

对于像万科这样的轻资产企业，其估值思路主要是以收益法为主，因为资产法（成本法）只能反映企业资产负债表上项目的重置成本，忽略了未在财务报表上反映的其他轻资产，而且没有将这些资产的增值潜力纳入计算范围，而这些恰恰是轻资产企业的价值所在。而市场法则较难找到匹配合适的企业作为比较对象，尤其是在中国仍不完善的资本市场中，很难找到两家同行业企业在营销渠道、管理经验、企业文化、品牌影响等方面相似，况且两家企业未来有向不同路径发展的可能性。而对于收益法本身来讲，未来现金流受到国家政策、行业前景、企业未来增长能力等诸多不确定因素的影响，这些因素对于轻资产企业的影响相较于重资产企业要重得多。另一方面，轻资产企业如万科所拥有的品牌优势组成的无形资产难以量化，其在未来给企业带来的潜在项目和投资机会在理论上可以用实物期权的方式量化，但由于量化过程假设多，因此很难精准衡量，易发生高估或低估的情况。

一般而言，市场对一家企业的估值是通过股利折现模型（Dividend Discount Model）或者市盈率估值。对于万科这样股权分散的企业来说，管理层持股比例小，经营层控制权不稳定，使市场对其未来的现金流预测偏低、净利润增长预测偏低；加上万科相比同行业其他企业的高股利政策，企业现金留存收益低，导致市场对万科的未来增长率持谨慎偏悲观的态度。在轻资产估值模型中，这些因素则都需要进行调整，并考虑企业的文化、品牌的市场价值，从而真正反映公司的实际价值。市场对万科的估值误解，导致了其股价被低估。

在上文对万科进行估值的三种方法中，如果要执行轻资产企业的估值思路，应当还要考虑万科强大的品牌力和负债率低带来的强大的融资能力，因此要在最后的计算结果添加一定的溢价，如20%。溢价的程度受到不同行业和不同企业的影响，在具体估值时要具体分析企业的轻资产为公司创收的能力。轻资产的运营模式是未来我国地产行业的发展趋势，在对地产企业进行估值的时候，市场投资者应当考察企业的运营模式转型程度，改进以往的估值模式；而对于万科这样步入轻资产阵营的地产公司来说，经营管理层应当及时披露企业发展战略和方向，做好与投资者的沟通，使市场对企业的定价能够据此做出适当的调整，从而完善中国资本市场的信息传导机制。

六、关键要点

本案例的关键知识点是公司治理、兼并与收购中的收购和接管防御手段、轻资产企业估值。尤其要关注轻资产企业估值与企业股权结构和治理方式之间的重要关系。

七、建议的课堂计划

建议本案例计划安排课堂讨论时间120分钟。建议教学计划安排见表7。

表7 **教学计划安排**

课前阅读（120分钟）	将学生分组，了解相关背景知识，阅读案例，搜集资料，结合专业知识回答启发思考题。
课堂安排（120分钟）	（1）案例回顾：简要概括事件始末（20分钟）； （2）学生报告：从各个出发点和不同专业层面角度解读案例细节（40分钟）； （3）集体讨论：根据思考题引导学生从不同角度进行思考，并从案例和资料中找到依据（30分钟）； （4）知识梳理：总结讨论结果，回顾要点（20分钟）； （5）问答与机动：在前期讨论基础上提出新问题，引导学生进一步思考（10分钟）。

本案例的教学课堂讨论启发式提问可以包括如下几例：

1. 万科为什么会找到深圳地铁作为白衣骑士？白衣骑士有哪些特点？

2. 分析宝能融资安排的合理性，列举资本市场上融资的常用手段？这些手段在兼并与收购中起到怎样的作用？

3. 你认为宝能为什么会在3月17日的股东大会上赞成万科继续停牌？宝能有什么其他的意图？

4. 如何评价华润作为万科原第一大股东在这次事件中的作用？华润一开始有什么反击措施？后来反对深铁收购预案有何考虑？

5. 在恒大举牌后，这场股权之争正式演变成多方并购，简述多方并购对我国资本市场发展完善的意义？

6. 如果你是王石，从一开始你会怎么设计接管防御的策略？用万科的财务数据佐证你的看法。

7. 继续跟进万科股权之争的后续进展，重点关注万科的股权结构与治理结构的变化，控制权仍然掌握在以王石为代表的经营管理层的手中吗？

参考文献

[1] Patrick A. Gaughan. 兼并、收购与公司重组 [M]. 北京：中国人民大学出版社，2010.

[2] 地产“轻资产”化是何逻辑 [N]. 国际金融报，2015-04-27.

[3] 华生. 我为什么不支持大股东意见 [N]. 上海证券报，2016-06-24.

[4] 万科集团2014年年度报告.

[5] 张晶如. 轻资产企业价值评估风险及其控制 [J]. 赤峰学院学报，2016 (7).

[6] 朱叶. 公司金融 [M]. 上海：复旦大学出版社，2013.

| 案例正文 | ①

Z 水务公司：以水权资产证券化为目的的基础资产评估

王娟娟　毛　博

（中南财经政法大学工商管理学院）

摘　要：本案例描述的是Z水务公司委托M证券公司成立的资产证券化项目中的基础资产评估问题。评估对象是Z水务公司下属三家子公司的能够作为资产证券化基础资产的供水合同5年的收益权。评估目的是衡量Z水务公司所拥有的其下属三家子公司5年的供水合同收益权作为资产证券化基础资产的价值是否满足其所需要募集的金额，并为M证券公司设计资产支持证券的结构和利率、风险测量、证券定价提供参考。所选用的评估方法是收益法。案例介绍了该专项资产计划项目的基本情况、基础资产的基本情况、水务供水行业的基本情况、以水权资产证券化为目的的基础资产评估要点以及该基础资产的具体的评估过程。

关键词：基础资产评估；资产证券化；水权评估；供水合同

1. 引言

2014 年 3 月，M 证券公司的项目经理 M 已经在这个 Z 水务公司供水合同专项资产管理计划项目上耗费了两个多月的时间。该项目是受到 Z 水务集团有限公司的委托计划通过资产证券化的方式募集 7.85 亿元人民币，Z 水务有限公司计划将其下属 HZ 水务有限公司、HY 水务有限公司和 Z 水务有限公司三家子公司的部分供水合同 5 年的收益权打包作为基础资产进行资产证券化。

项目经理 M 是一个非常有责任感的券商从业者，他必须为资产支持证券的认购方负责，作为基础资产的 Z 水务有限公司的三家子公司 5 年的供水合同收益权到底能不能够价值 7.85 亿元人民币呢？其供水合同的每年的收益是否能够保证对证券还本付息呢？怎么设计资产支持证券的结构和利率呢？项目经理 M 所带领的团队已经在三家子公司尽职调查了一段时间，手上的资料也已经堆满了整个办公室。

---

① 本次选用的案例是根据中国民族证券有限责任公司《中国水务供水合同债权专项资产管理计划》真实案例撰写的，为保护北京中天华资产评估有限责任公司和中国水务供水合同债权专项资产管理计划的商业机密，分别以字母代替其公司全称，而且案例中所涉及的相关真实地名均以字母替代，并不影响读者对本案例的理解。作者对案例中公司名称、人名、现场情景，以及涉及的相关数据做了适当的掩饰。本案例仅供课堂讨论，而无意说明对某一管理问题处理的有效或是无效。

根据以往的经验，项目经理M联系了一家对水权评估比较有经验的评估机构，聘请这家评估机构的评估师L对这三家的供水合同收益权进行评估，由于评估师L对资产证券化不是很熟悉，项目经理M和评估师L进行了一番交流，针对具体问题具体分析，该项目评估的对象是作为基础资产的供水合同收益权，而且以资产证券化为目的的水权评估与一般的水权评估也有所不同。

在评估师L所带领的团队进行评估的过程中，发现了HZ水务有限公司（地处广东省惠州市大亚湾区）的收益来源主要在于工业用水，HY水务有限公司（地处广东省惠州市大亚湾区）和ZY水务有限公司（地处河南省周口市）的收益来源主要是城市居民用水。HY水务有限公司为HZ水务有限公司的子公司。不同用水的水价不同，不同用水的需水量的影响因素也不同。为了确定该收益权的收益期限、收益额、折现率等参数，评估师L进行了更多的调查，新的问题不断出现，以水权资产证券化为目的的基础资产到底该如何评估呢?

2. Z水务公司供水合同专项资产管理计划项目概况

Z水务公司供水合同专项资产管理计划项目是由M证券公司受Z水务公司委托成立，该项目属于企业资产证券化（也称专项资产管理计划）的范畴。该业务是指以专项资产管理计划为特殊目的载体，以计划管理人身份面向投资者发行资产凭证，按照约定用受委托资金购买原始权益人能够产生稳定现金流的基础资产，将该资产的收益分配给受益凭证持有人的专项资产管理业务。该项目的监管方是中国证券监督管理委员会，简称证监会。

Z水务有限公司计划将其下属HZ水务有限公司、HY水务有限公司和Z水务有限公司三家子公司的部分供水合同收益权打包作为基础资产，目的在于筹集7.85亿元人民币。该项目的资产池建设、结构重组、信用增级、证券销售、交易管理和证券支付等环节被委托给M证券公司。其中涉及更多的环节不是本案例的重点，不在这里一一赘述，仅对基础资产的资产评估环节做重点分析。

该项目存在一定风险，M证券公司采用的信用增级方式主要是两种，一种是采用结构分层的方式，将资产支持证券分成优先级和次级两种资产支持证券，其中次级证券由Z水务有限公司认购，当证券到期日出现证券无法偿付的问题时，优先支付优先级资产支持证券。另一种是设定差额补足义务人的方式，在专项计划存续期间，如果根据托管人在初始核算日发出的报告，专项计划账户内资金余额按专项计划约定的分配不足以支付优先级资产支持证券预期支付额，则差额补足义务人应以自有资金对专项计划账户进行差额补足。

该项目所涉及法务处理、会计处理、基础资产评估、信用评级、证券登记等一系列问题由M证券公司委托第三方中介机构进行处理。整个项目涉及参与主体包含原始权益人、计划管理人、托管人、差额补足义务人、监管银行、登记机构、推广机构、律师事务所、会计师事务所、资产评估机构、评级机构等（见图1）。

本案例的主体是该项目的基础资产评估环节。从基础资产的类型上来看，它属于资源类资产中的水权资产，也属于无形资产中的收益权无形资产，还属于长期投资性资产的金融衍生品资产。因此，以资产证券化为目的的基础资产评估是一种新型复合型评估业务，随着资产证券化业务备案制的开始，通过资产证券化进行融资、出售资产的需求将越来越大，对该案例的研究有助于对资产证券化业务中的控制风险、合理定价以及方案设计。

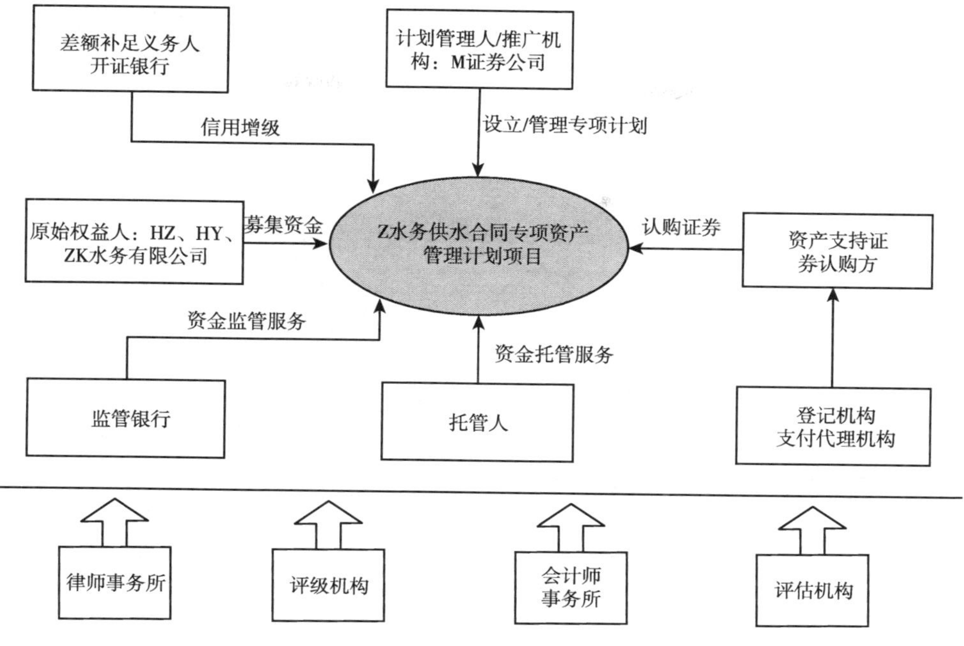

图 1　专项计划的交易结构图

3. 基础资产概况

3.1　HZ 水务有限公司及其拥有供水合同收益权概况

（1）HZ 水务有限公司基本介绍。

HZ 水务有限公司是 Z 水务有限公司与 H 投资有限公司共同成立的中外合资公司。其中 Z 水务有限公司持股 20%，H 投资有限公司持股 30%，S 水务发展有限公司持股 50%，实际控制人为 Z 水务有限公司。HZ 水务有限公司是惠州市大亚湾区唯一的原水供应企业，拥有的水库总容量达 2 543.5 万立方米，集雨面积 17.24 平方公里。目前公司日供水量达 16 万吨，月供水量近 500 万吨。主要供水客户包括：HY 水务有限公司、中海壳牌石油化工有限公司、广州惠州天然气发电有限公司、中国神华能源股份有限公司国华惠州热电分公司等。

（2）HZ 水务有限公司经营情况。

惠州大亚湾区是国务院于 1993 年 5 月批准设立的国家级经济技术开发区，现有人口 12.2 万人，总辖区面积 273.68 平方公里，海域面积 488 平方公里。地理位置优越，距深圳市中心 60 公里，东莞市中心 120 公里，距离香港陆路 60 公里，海路 47 海里。产业基础良好，依托中海油 1 200 万吨炼油和中海壳牌 95 万吨乙烯两大龙头项目，目前石化区已落户项目共计 78 宗，总投资 1 618 亿元，石化上中下游产业格局初步形成；加上比亚迪、东风本田等一批电子、汽车企业的带动，大亚湾区已发展成为石油化工、电子信息、汽车等装备制造业等优势产业集聚发展的珠江口东岸重要的临港工业基地。2012 年，全区生产总值达到440.8亿元人民币，增长10.5%；2013年，全区生产总值468.6亿元人民币，增长11%。目前，大亚湾区正按照中央、省、市对大亚湾发展的定位和要求，力争到2020年，全区经济总量达1 050亿元。

大亚湾经济开发区2006年到2013年地区生产总值如图2所示。

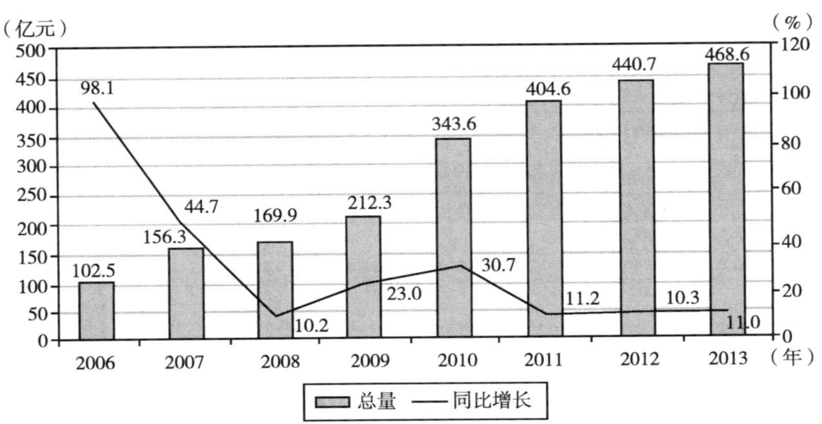

图2 大亚湾经济开发区生产总值及同比增长

作为基础资产的供水合同客户是以下三家。HY水务有限公司：HZ水务有限公司全资子公司，为自来水供水企业，在下一节会详细介绍。广州惠州天然气发电有限公司：年发电量约35亿千瓦时，已成为广东电网骨干电厂。该电厂二期工程在建设之中，预计2015年建成投产，待二期工程投产后，公司产能有望进一步提升，用水量将大幅度上升。中国神华能源股份有限公司国华惠州热电分公司：成立于2007年12月。2010年5月开始向大亚湾石化区企业供热。二期工程被列入《广东省能源发展“十二五”规划》（见表1）。

表1　2010—2013年HZ水务对主要客户售水情况　单位：万吨

公司名称	2013年	2012年	2011年	2010年
HY水务有限公司	3 965.36	3 950.12	3 887.75	3 623.16
广州惠州天然气发电有限公司	125.1	129.9	148.7	180.45
中国神华能源股份有限公司	228.3	190.78	192.91	142.57
合　计	5 996.94	59 958.82	6 042.17	5 672.99

（3）HZ水务有限公司财务情况。

截至2013年12月30日，公司资产总计35 253.63万元，净资产（不含少数股东权益）11 545.56万元。2013年公司主营业务收入8 318.92万元，净利润1 276.22万元。2012年公司主营业务收入8 265.35万元，净利润1 278.25万元（见表2）。

（4）HZ水务有限公司拥有供水合同收益权。

2006年4月19日，惠州大亚湾供水有限公司与广州惠州天然气发电有限公司签署《原水供水合同》，合同期25年，水价1.36元/吨，按月收取水费，合同有效期内遇政府物价部门调整水价时，按照调价文件执行。2008年11月10日，HZ水务有限公司与惠州大亚湾供

表2　　2010—2013年HZ水务主营业务收入及毛利情况　　单位：万元

项　目	2013年		2012年		2011年		2010年	
	金额	占比	金额	占比	金额	占比	金额	占比
原水主营业务收入	8 318.91	99.5%	8 265.34	99.4%	8 043.12	99.5%	6 447.05	99.9%
原水主营业务毛利润	2 867.19	98.6%	2 760.96	98.5%	2 394.52	98.4%	1 156.64	99.1%
原水主营业务毛利率	34.47%		33.40%		29.77%		17.94%	

水有限公司与广州惠州天然气发电有限公司签署《原水供水合同之补充合同》，约定《原水供水合同》变更为HZ水务有限公司，其他条款不变，即HZ水务有限公司与广州惠州天然气发电有限公司合同期自2009年4月19日起还有22年。2009年1月1日，HZ水务有限公司与HY水务有限公司签署《原水供水合同》，约定HZ水务有限公司按照HY水务有限公司按照实际用水量按月收取水费。2010年4月30日，HZ水务有限公司与中国神华能源股份有限公司国华惠州热电分公司签署《原水供应合同》，约定HZ水务有限公司按照中国神华能源股份有限公司国华惠州热电分公司按照实际用水量按月收取水费。以上三份供水合同作为该项目的基础资产。

3.2　HY水务有限公司及其拥有供水合同收益权概况

（1）HY水务有限公司基本介绍。

HY水务有限公司与HZ水务有限公司一样在广东省惠州市大亚湾区，主营业务是自来水供应，是HZ水务有限公司全资子公司。目前大亚湾区内除镇级霞涌自来水厂供应霞涌和村级妈庙水厂供应妈庙区域外，其余自来水市政供水主要由HY水务有限公司负责供应，且负责其供水区域内供水设施的建设、经营、维护等业务。

（2）HY水务有限公司经营情况。

HY水务有限公司现有中心区水厂和石化区水厂2座水厂供水，设计日供水规模达21万吨/天，用户达1.4万多户，供水范围约120万平方公里。其中心区水厂的设计规模为9万吨/天，现已基本处于满负荷运行状态，主要供水区域为大亚湾中心区、大亚湾西区和大亚湾港区；石化区的设计规模为12万吨/天，主要供水区域为大亚湾石化区。HY水务有限公司的用户为14 066户，其中85%为居民用水用户。M证券公司选取其中9 857户居民用水用户的供水合同作为基础资产，被选取供水合同在工商业较集中地区，用水量大，占总用水量约80%，随着大亚湾石化区的持续发展和众多投资者项目落户区内，HY水务有限公司最近三年供水量与供水收入一直持续增长（见表3）。HY水务有限公司自来水水质多年来也保持稳定，近3年，HY水务有限公司供水业务从未出现产品质量纠纷，不存在因违反国家水质标准和环保标准而受到重大处罚或行政处罚的情况。

表3　2010—2013年HY水务有限公司供水合同基础资产收入、供水量、售水量及产销率

项　目	2013年	2012年	2011年	2010年
水费收入（万元）	10 137.36	10 125.69	9 735.90	8 475.19
供水量（万吨）	4 365.30	4 296.80	4 251.38	3 752.50

续表

项　目	2013 年	2012 年	2011 年	2010 年
售水量（万吨）	3 698.44	3 681.21	3 533.40	3 239.14
产销差率	15.28%	14.33%	16.89%	13.68%

（3）HY 水务有限公司财务情况。

截至 2013 年 12 月 30 日，公司资产总计 48 671.09 万元，净资产（不含少数股东权益）24 810.48 万元。2013 年公司主营业务收入 12 671.17 万元，净利润 31.36 万元。2012 年公司主营业务收入 12 657.11 万元，净利润 49.32 万元（见表 4）。

表 4　　2010—2013 年 HY 水务主营业务收入及毛利情况　　单位：万元

项　目	2013 年		2012 年		2011 年		2010 年	
	金额	占比	金额	占比	金额	占比	金额	占比
主营业务收入（自来水）	12 671.17	79.8%	12 657.11	71.9%	12 169.87	87.8%	10 593.98	82.1%
主营业务毛利润（自来水）	1 962.49	71.9%	1 741.61	69.0%	1 931.35	78.9%	2 013.91	73.8%
主营业务毛利率（自来水）	15.33%		13.76%		15.87%		19.01%	

（4）HY 水务有限公司拥有供水合同收益权。

HY 水务有限公司与部分用户签署了书面的《城市供用水合同》，约定 HY 在合同有效期内向用户供应自来水，并按照惠州大亚湾经济技术开发区物价局批准的供水分类价格收取水费，如遇水价调整时，按照调价文件规定执行，HY 水务有限规定周期查验表并结算水费。其中 HY 水务有限公司的用户为 14 066 户中的 9 857 户居民用水用户的供水合同作为基础资产。

3.3　ZY 水务有限公司及其拥有供水合同收益权概况

（1）ZY 水务有限公司基本介绍。

ZY 水务有限公司由 Z 供水集团有限公司和周口市城市基础设施开发建设有限公司共同出资设立。其中 Z 供水集团有限公司持股 70%，周口市城市基础设施开发建设有限公司持股 30%，实际控制人是 Z 供水集团有限公司。ZY 水务有限公司供水业务包括从水源取水，净化到管网输送，已形成完整的供水业务流程。

（2）ZY 水务有限公司经营情况。

ZY 水务有限公司位于中国河南省东南部，总面积 1.19 万平方公里，2012 年年末人口 1 125 万人，2012 年全市实现地区生产总值 1 592.38 万元，同比增长 10.7%（见图 3）。

周口市在其“十二五”规划中提出到 2016 年，中心城区建成区面积 100 平方公里，人口达 100 万人。随着城市规模和人口的增加，供水需求量也会相应地增加。

ZY 水务有限公司现有供水厂 2 座，供水覆盖面积 50 平方公里，用水人口 20 万人，现

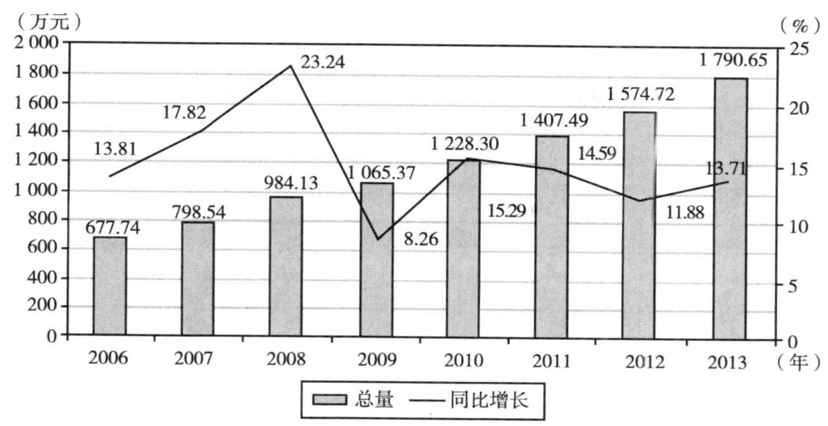

图 3　周口市 2006—2013 年地区生产总值

有注册户 9.3 万户，其中 90% 以上为城市居民用户。ZY 水务有限公司 2010—2013 年售水量及收入情况见表 5。

表 5　　2010—2013 年 ZY 水务有限公司供水合同基础资产收入及售水量

项　目	2013 年	2012 年	2011 年	2010 年
水费收入（万元）	1 293.10	1 315.48	1 274.33	1 267.75
售水量（万吨）	862.07	876.98	849.55	845.17

（3）ZY 水务有限公司财务情况。

截至 2013 年 12 月 30 日，公司资产总计 11 493.61 万元，净资产（不含少数股东权益）4 817.18 万元。2013 年公司主营业务收入 4 098.44 万元，净利润 103.58 万元。2012 年公司主营业务收入 3 536.75 万元，净利润 321.38 万元（见表 6）。

表 6　　2010—2013 年 ZY 水务主营业务收入及毛利情况　　单位：万元

项　目		2013 年		2012 年		2011 年		2010 年	
		金额	占比	金额	占比	金额	占比	金额	占比
主营业务收入	自来水	1 917.12	44.4%	1 950.31	50.1%	1 889.29	54.1%	1 879.53	59.3%
	供水设施	2 181.31	50.5%	1 586.45	40.8%	1 322.81	37.9%	1 217.95	38.4%
主营业务毛利润	自来水	-210.52	-13.1%	135.03	10.6%	327.41	26.0%	480.11	44.8%
	供水设施	1 643.29	102.4%	952.54	75.1%	775.36	61.6%	548.73	51.3%
主营业务毛利率	自来水	-10.98%		6.92%		17.33%		25.54%	
	供水设施	75.33%		60.04%		58.61%		45.05%	

（4）ZY 水务有限公司拥有供水合同收益权。

ZY 水务有限公司与部分用户签署了书面的《城市供用水合同》，约定 ZY 在合同有效期内向用户供应自来水，并按照周口市物价局批准的供水分类价格收取水费，如遇水价调整时，按照调价文件规定执行，ZY 水务有限规定周期查验表并结算水费。其中 ZY 水务有限公司的用户为 105 834 户中的 71 380 户居民用水用户的供水合同作为基础资产。

3.4 基础资产情况说明

基础资产是原始权益人依据基础资产合同的约定所享有的按期收取水费的合同收益权。作为资产证券化的基础资产要求权属明确并且能够产生稳定现金流的基础资产。因此，部分供水合同被予以剔除，其中筛选标准为：（1）筛选截止日欠费；（2）不继续履行合同用户；（3）过往 3 年存在 1 次（工业用水）或 4 次（城市居民用水）及以上逾期缴费记录；（4）权属转让存在障碍。

按照以上筛选，基础资产供水合同数量为 81240 户，占全部用户比例为 68%。该部分用户供水合同历史付费记录良好，权属转让无障碍。

基础资产合同数量与基础资产合同收入情况如表 7 所示。

表 7 基础资产合同数量

原始权益人	合同类型	全部用户合同数量	基础资产用户数量	基础资产合同占比
HZ 水务有限公司	原水供水合同	4	3	75%
HY 水务有限公司	自来水供水合同	14 066	9 857	70.08%
ZY 水务有限公司	自来水供水合同	105 834	71 380	67.54%
总　计		119 904	81 240	68%

4. 水务供水行业概况

水务行业是指由原水、供水、节水、排水、污水处理及水资源回收利用等构成的产业链。供水行业作为水务行业至关重要的一个环节已经成为社会进步和社会发展的重要的基础性行业。

4.1 我国水务行业概况

（1）我国水务行业发展现状。

我国水务行业的主体公司以城市供水作为起点逐步发展起来，然后才是污水、废水处理，再接着完善水环境修复、水源地保护、回用水等环节，让整个链条越来越完整。每个环节又会根据类型、目的的不同，不断进行细分和深化发展，形成特色鲜明的子行业。这些主体公司以从事方向的不同，又分为工程、设备、耗材等方向。水务行业发展至今，其基本框架的搭建已完成，能体现出循环化的思路，这也是水务行业在将来发展所追求的方向，但各个环节都还有需要发展和完善的增长点。

（2）我国水务行业未来趋势。

第一，未来供水的新增产能有限。我国水资源的缺乏，事实上我国对水资源的利用已经达到了合理利用的上限，但是因为城镇化的推进，城镇用水人口不断增加，城市用水普及率也在提升，几个因素共同使生活供水的量增长。两部分的一增一减，使得供水总量相对平稳。但是随着我国生活用水卫生标准的不断提高以及我国居民对更高生活用水质量的需求会促进我国自来水供水系统的改善。供水综合能力得到较大提升，从2004年到2013年提升了一倍，供水能力的提升避免了设施超负荷运行，保证了供水质量。

第二，环保要求对工业污水治理更加严格。随着我国对环保越发的重视，我国对治理工业污水的投资比例不断提高，使得工业污水治理的市场不断扩大。

第三，城镇化率的提高使生活污水治理需求变大。由于我国城市居民人口的不断增加，生活污水治理的总量不断提高，预计我国水务行业的发展重心会不断向污水治理偏移。

4.2 我国供水行业概况

（1）我国供水行业发展现状。

第一，城镇供水发展迅速，公共供水占主导地位。2009—2013年，我国城市供水发展迅速，且保持持续稳定地增长（见图4）。根据《全国城镇供水设施改造与建设“十二五”规划及2020年远景目标》，扩大公共供水范围，争取2020年城市公共供水率达95%。因此，城镇公共供水有较大的发展空间。

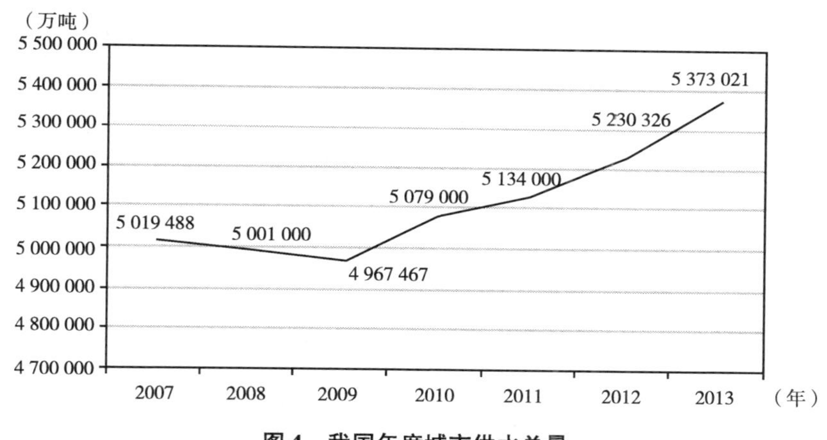

图4 我国年度城市供水总量

第二，供水行业经营环境得到一定的改善。近年来，供水行业经营环境有一定的改善，国家推行特许经营制度，引入市场竞争机制并逐步建立了供水定价成本的监审制度，同时，政府也在积极探索，这将会给今后的供水行业带来利好发展。

第三，供水效率偏低。供水效率一般由产销差率来衡量，产销差率指的是衡量管网漏损控制水平的指标。根据中国水网编制的《中国城市供水市场专题分析报告》，2009年我国供水行业平均产销差率达23.3%。而在发达国家，产销差率可以降低在8%以内。我国供水行业产销差率较大的主要原因在于：一是输配水管网陈旧老化，漏失严重；二是制水计量管理不严，出厂水计量不准确；三是供水市场不尽规范，偷盗水现象较多。随着供水行业市场化程度的提升，供水企业的管理水平持续提高，对管网改造升级投入逐步增加，产销差率将会逐步降低。

（2）我国供水行业市场容量。

供水行业的市场容量最主要的影响因素是城镇化率，随着城镇化作为我国推进的重要方向，预计2030年我国的城镇化水平将达到70%。目前，我国城镇化水平处于一个稳步增长的态势（见图5）。

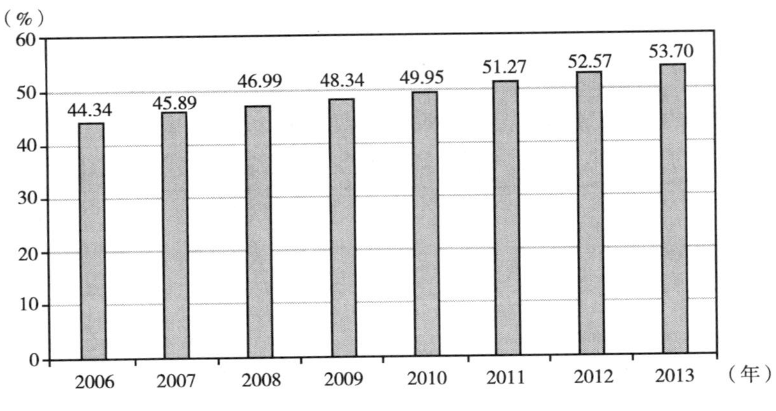

图5 我国2006—2013年度城镇化率

（3）我国供水行业技术水平现状。

我国在供水方面的制水过程中，通常采用混凝、沉淀、澄清、过滤、消毒等应用广泛且技术成熟的工艺。对于有机物污染比较严重的水源，需要采用深度处理以进一步提高自来水水厂的水质。深度处理技术工艺主要包括：生物预处理、臭氧生物活性炭处理。

近年来，供水行业的信息化技术的发展和应用较为迅速，现代化管理系统在水务行业逐渐得到了应用。系统通过大量的数据采集和分析，实现实时在线监控管理流量、压力等主要生产运行参数和主要进出水质的指标。大大提高了行业技术、服务标准和水务行业的经营管理的系统化、标准化和自动化水平。

5. 供水合同收益权基础资产评估的基本参数

5.1 以资产证券化为目的的基础资产评估收益期限的确定

供水合同收益权的评估的收益期限的确定一般按供水合同书面上的合同期限计量。合同期限分两种：一是固定期限合同，在工业供水合同中较常见，则供水合同收益权的评估的收益期限按供水合同书面上的合同期限计算；第二种是无固定期限合同，在城市居民供水合同中较常见，这种情况下的收益期限根据调查视情况而定。

当供水合同的收益权作为资产证券化的基础资产时，其评估的收益期限参数将会发生变化。当基础资产被证券化时，已经实现基础资产的“真实出售”，即该资产的产权已经被转移，但这种转移是一种不完全的转移。本案例中，Z供水集团有限公司只转移了该基础资产5年的权属。一般情况下，资产证券化项目在5—8年，因此以资产证券化为目的的基础资产评估收益期限按资产证券化项目存续年限计量。

在这里要提出的是，如果供水合同书面期限有效期无法覆盖资产证券化项目的存续年限，则该资产无法作为资产证券化的基础资产。同时，如果供水合同的权属无法实现转移，则该资产同样无法作为资产证券化的基础资产。

5.2 以资产证券化为目的的基础资产评估收益额的确定

供水合同收益权的收益来源是供水合同客户所支付的水费，由客户的用水量和物价局制定的水价直接决定。我国主要的用水类别可以分为城市居民生活用水、工业用水、行政事业用水、经营服务用水、城市消防用水、环卫绿化用水和特种行业用水。不同类别的用水其用水量的影响因素和水价都不相同，对供水合同收益权未来预期收益的判断需要对用水类别进行判断，根据影响用水量的各个因素对用水量的分析以及根据区域影响、政策变化所引起的水价变化进行调查和分析。

当供水合同的收益权作为水权评估的对象时，收益额的对象是原始权益人所拥有的全部供水合同所带来的收益。在情况说明清晰时，该收益权还包含潜在客户的所带来的收益。

当供水合同的收益权作为资产证券化的基础资产时，由于基础资产确认的限制，只有能够产生稳定现金流以及权属明确的供水合同才可以作为基础资产，部分符合筛选标准的供水合同被予以剔除。本案例中，所选取的历史付费记录良好、权属转让无障碍的供水合同占全部供水合同比例为 68%。

5.3 以资产证券化为目的的基础资产评估折现率的确定

折现率由无风险报酬率和风险报酬率组成，无论是水权评估还是以资产证券化为目的的基础资产评估，无风险利率的确定是相同的，但是风险报酬率的确定有所区别。

当供水合同的收益权作为水权评估的对象时，其风险报酬率的估测方法一般有两种：风险累加法和 β 系数法。所考虑的因素一般包含水务行业以及其细分行业的风险、企业经营风险、财务风险、通货膨胀等。

当供水合同的收益权作为资产证券化的基础资产时，由于该基础资产经过了结构重组、风险隔离等信用增级的处理，其风险已经被降低，因此其风险报酬率的测定应该在水权评估中所确定的风险报酬率基础上有所减少，其程度应该根据其信用增级的过程来决定。

6. 结束语：建议的评估思路

L 评估师的评估团队经过尽职调查与专业分析，并与 M 证券公司的项目经理 M 进行了探讨后认为，以水权资产证券化为目的的基础资产评估要以满足作为资产证券化基础资产的要求为前提，在此基础上采用水权评估的基本思路与基本方法对该项目的基础资产进行评估。因此，评估时点是 2015 年 1 月 1 日，评估收益期限被限定为 5 年，被评估对象被限定为被选定的占全部供水合同 68% 的部分符合基础资产要求的供水合同，在确定折现率的过程中要考虑其中的信用增级情况。

评估目的是衡量 Z 水务公司所拥有的其下属三家子公司 5 年（2015—2019 年）的供水

合同收益权作为资产证券化基础资产的价值是否满足其所需要募集的金额。并为 M 证券公司设计资产支持证券的结构和利率、风险测量、证券定价提供参考。

为了实现上述目的，L 评估团队考察了 HZ、HY 水务有限公司所在的大亚湾经济开发区和 ZY 水务有限公司所在的周口市以及这三家水务公司所拥有的客户情况，并就水务供水行业进行了市场调研和分析，明确选择了收益法作为该项目的主要评估方法，并确定了以下评估思路：

（1）确定 2015—2019 年 HZ 水务有限公司的 3 份供水合同客户工业用水需水量，对其可能产生影响的因素是其客户的经营状况、全国生产总值、大亚湾经济开发区生产总值等。

（2）确定 2015—2019 年 HY 水务有限公司的 9 857 份供水合同城市居民用水需水量，对其可能产生影响的因素是大亚湾区人均用水量、大亚湾区消除价格因素的平均水价、大亚湾区家庭平均人口、大亚湾区受教育人口比例、大亚湾区年总降雨量、大亚湾区年均温、全年供水总量、全国生产总值、大亚湾经济开发区生产总值等。

（3）确定 2015—2019 年 ZY 水务有限公司 71 380 份供水合同城市居民用水需水量，对其可能产生影响的因素是周口市人均用水量、大亚湾区消除价格因素的平均水价、周口市家庭平均人口、周口市受教育人口比例、周口市年总降雨量、周口市年均温、全年供水总量、全国生产总值、周口市生产总值等。

（4）通过对水务的行业分析，对相关水务政策、法规、规划的解读，以及根据当地的实际情况预测 2015—2019 年大亚湾经济开发区的工业用水和城市居民用水以及周口市城市居民用水水价。

（5）通过对水务行业以及其细分行业的风险、企业经营风险、财务风险、通货膨胀等影响因素以及资产证券化过程中的信用增级过程的分析来测算风险报酬率，并据此确定折现率。

上述评估思路可用下面公式 1 表示：

$$P = \sum_{i=1}^{m=3} \sum_{j=1}^{n=5} \frac{W_{ij} C_{ij}}{(1+r)^j} \qquad \text{（公式 1）}$$

式中：

P——基础资产评估值；

i——子公司序号；

j——年序号（从 2015 年起）；

W_{ij}——未来第 i 家子公司第 j 年的基础资产供水合同水价；

C_{ij}——未来第 i 家子公司第 j 年的基础资产供水合同需水量；

r——折现率（$i=1$ 指 HZ 水务有限公司，$i=2$ 指 HY 水务有限公司，$i=3$ 指 ZY 水务有限公司）。

附录

本附录主要包含评估过程中所涉及主要经济指标和技术参数的分析与计算过程，评估结果的计算过程以及评估结论的分析和使用说明。

附录 1　2015—2019 年水价预测

水价的调整需要经过供水企业申请、成本审计、政府核查、价格听证、政府审批等过程，并需要依据《城市供水价格管理办法》《政府制定价格听证办法》等相关法律制度以及职能监管部门、中立机构审计的规定程序来进行。调整水价需要考虑的因素一般有两个：一是售水的成本；二是城市居民收入水平。

1. HZ 水务有限公司工业用水水价预测

目前 HZ 水务有限公司 3 份原水合同的水价是 2010 年惠州大亚湾区经济技术开发区物价局调整的水价。《关于调整大亚湾区原水价格的通知》规定大亚湾区供应自来水公司的原水价格由 0.88 元/吨调整为 1 元/吨，大亚湾工业区原水价格由 1.28 元/吨调整为 1.71 元/吨（见表 1）。

表 1　HZ 水务有限公司目前已执行的水费价格标准　单位：元/吨

客户名称	2008—2010 年	2010 年至今
HY 水务有限公司	0.88	1
广东惠州天然气发电有限公司	1.28	1.71
中国神华能源股份有限公司国华惠州热电分公司	1.28	1.71

HZ 水务有限公司原水的来源主要是东江，东江水量充沛，是广东省重要的饮用水来源和重点水质保护区，其水质一直受到广东省的严密监控。虽然大亚湾区的居民收入一直在持续增长，但是考虑到工业用水的价格直接影响到该区域对工业企业的吸引力，以及该水务公司原水来源稳定，水务行业发展相对稳定，国家水价控制严格等因素，根据谨慎性原则，预测 HZ 水务公司 2015—2019 年对 HY 水务有限公司、广东惠州天然气发电有限公司、中国神华能源股份有限公司国华惠州热电分公司三份供水合同客户水价不变（见表 2）。

表 2　HZ 水务有限公司 2015—2019 年预测水费价格标准　单位：元/吨

客户名称	2010—2014 年	2015—2019 年
HY 水务有限公司	1	1
广东惠州天然气发电有限公司	1.71	1.71
中国神华能源股份有限公司国华惠州热电分公司	1.71	1.71

2. HY水务有限公司城市居民用水水价预测

目前，HY水务有限公司的城市居民用水水价根据惠州大亚湾区物价局2010年15号文件《关于调整大亚湾区自来水价格的通知》而定。通知规定大亚湾区自来水综合销售价格由2.52元/吨调整为2.94元/吨，居民生活用水调整为2.68元/吨。居民生活用水到户价格实际为3.82元/吨，包含0.65元/吨的污水处理费和0.49/吨的垃圾处理费。

根据广东省物价局官网查询到的资料，迄今为止广东省目前所使用的基准水价如图1所示。

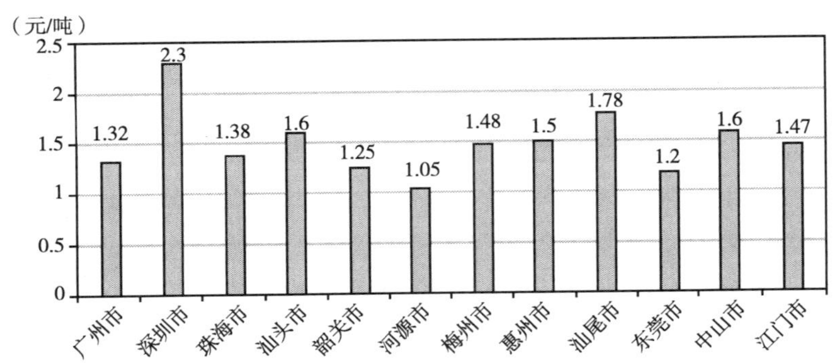

图1 广东省部分地区城市居民用水水价情况

根据图1的情况所示，大亚湾区的城市居民水价在广东省处于一个比较高的水平，并未没有太大的上涨空间。因此，预测HY水务公司2015—2019年水价保持2.68元/吨不变。

3. ZY水务有限公司城市居民用水水价预测

目前，ZY水务有限公司的城市居民用水水价根据周口市物价局2009年593号文件《关于调整周口市城市供水价格的批复》而定。通知规定周口市城市居民生活用水价格调整为1.5元/吨。城市居民生活用水到户价格实际为2.4元/吨，包含0.65元/吨的污水处理费、0.15/吨的水资源费和0.1/吨的城市公共附加费。

根据河南省物价局官网查询到的资料，迄今为止河南省目前所使用的基准水价如图2所示。

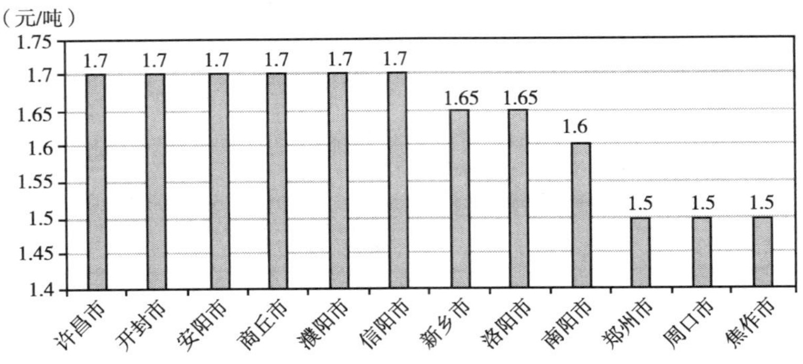

图2 河南省部分地区城市居民用水水价情况

根据图 2 情况所示，周口市的城市居民用水水价处于河南省较低水平，而周口市地区生产总值成稳定增长的局势，且周口市沿用的一直是 2009 年制定的水价。因此，预测周口市城市居民用水在 2015—2019 年水价增长为 1.7 元/吨，上下浮动为 0.05 元/吨。

附录 2　2015—2019 年需水量预测

1. 2015—2019 年 HY 水务有限公司城市居民用水需水量预测

根据基础资产分析得出的结论，HY 水务有限公司可作为基础资产的供水合同的历史售水量及其影响因素如表 1 所示。

表 1　2010—2013 年 HY 水务有限公司供水合同基础资产售水量及其影响因素

项　目	2013 年	2012 年	2011 年	2010 年
Y：售水量（万吨）	3 698.44	3 681.21	3 533.40	3 239.14
x_1：大亚湾区 GDP（亿元）	468.6	440.7	404.6	343.6
x_2：大亚湾区 GDP 增长率	11%	10.3%	11.2%	30.7%
x_3：中国城镇化率	53.7%	52.57%	51.27%	49.95%
x_4：中国城市供水总量（万吨）	5 373 021	5 230 326	5 134 000	5 079 000
x_5：惠州市常住人口（万人）	470.0	467.4	463.4	460.1
x_6：惠州市人口密度（人/平方公里）	414	412	408	405
x_7：惠州市城市居民人均日生活用水量（升）	255.12	245.32	231.67	229.83
x_8：惠州市城市用水户数（户）	406 789	345 677	265 968	185 433

HY 的售水量 2010—2013 年的增长率分别为 9%、4%、0.4%，呈逐年递减趋势，其他指标也显示这一状况。因此，对其 2015—2019 年的增长率预测结果为 3%。各年度售水情况预测见表 2。

表 2　2014—2019 年 HY 水务对主要客户售水情况　　单位：万吨

客户名称	2014 年	2015 年	2016 年	2017 年	2018 年	2019 年
HY 水务	3 809.39	3 923.67	4 041.38	4 162.62	4 287.50	4 416.12

2. 2015—2019 年 ZY 水务有限公司城市居民用水需水量预测

根据基础资产分析得出的结论，ZY 水务有限公司可作为基础资产的供水合同的历史售水量及其影响因素如表 3 所示。

表 3　2010—2013 年 ZY 水务有限公司供水合同基础资产售水量及其影响因素

项　目	2013 年	2012 年	2011 年	2010 年
Y：售水量（万吨）	862.07	876.98	849.55	845.17
x_1：周口市 GDP（亿元）	1 790.65	1 574.72	1 407.49	1 228.30

续表

项目	2013 年	2012 年	2011 年	2010 年
x_2：周口市 GDP 增长率	13.71%	11.88%	14.59%	15.29%
x_3：中国城镇化率	53.7%	52.57%	51.27%	49.95%
x_4：中国城市供水总量（万吨）	5 373 021	5 230 326	5 134 000	5 079 000
x_5：周口市常住人口（万人）	878	881	895	893
x_6：周口市人口密度（人/平方公里）	945	1 027	1 036	1 023
x_7：周口市城市居民人均日生活用水量（升）	158.35	143.74	129.98	115.54
x_8：周口市城市用水户数（户）	81 434	80 795	74 278	64 974

ZY 的售水量 2010—2013 年的增长率分别为 0.5%、3.2%、-1.7%，呈递减趋势，其他指标也显示这一状况。因此，对其 2015—2019 年的增长率预测结果为 1.5%。各年度售水情况预测结果见表 4。

表 4　2014—2019 年 ZY 水务对主要客户售水情况　单位：万吨

客户名称	2014 年	2015 年	2016 年	2017 年	2018 年	2019 年
ZY 水务	875.00	888.13	901.45	914.97	928.69	942.62

3. 2015—2019 年 HZ 水务有限公司工业用水需水量预测

HZ 水务有限公司三份供水合同的 2010—2013 年售水情况如表 5 所示。

表 5　2010—2013 年 HZ 水务对主要客户售水情况　单位：万吨

客户名称	2013 年	2012 年	2011 年	2010 年
HY 水务有限公司	3 965.36	3 950.12	3 887.75	3 623.16
广州惠州天然气发电有限公司	125.1	129.9	148.7	180.45
中国神华能源股份有限公司	228.3	190.78	192.91	142.57

其中，HY 水务有限公司工业用水的需水量和其供水合同居民用水需水量是相关的，因此其预测增长值为 3%。

广州惠州天然气发电有限公司工业用水呈下降趋势，但基于其未来发展状况，预计未来需水量保持 2013 年值不变。

中国神华能源股份有限公司工业用水呈上升趋势，且据其发展情况分析未来增长趋势明显，其 2011—2013 年增长率分别为 35.3%、-1.1%、19.6%。预测其未来增长量为 20%（见表 6）。

表 6　2014—2019 年 HZ 水务对主要客户售水情况　单位：万吨

客户名称	2014 年	2015 年	2016 年	2017 年	2018 年	2019 年
HY 水务	4 084.32	4 206.85	4 333.06	4 463.05	4 596.94	4 734.85
惠州天然气	125.1	125.1	125.1	125.1	125.1	125.1
中国神华	273.96	328.75	394.50	473.40	568.08	681.70

附录3　折现率的估测

1. 折现率的测算方法

折现率是将未来有限期收益还原或转换为现值的比率，由无风险报酬率和风险报酬率组成。在该基础资产评估的过程中，由于资产属性和地域的不同，三类供水合同的风险报酬率有所不同。由于以水权资产证券化为目的的基础资产评估与一般水权的资产评估的过程不同，其中风险报酬率的测算也有所不同。

无风险利率取决于资金的机会成本，这个机会成本通常以政府发行的国库券利率或者银行储蓄利率作为参考依据。

风险报酬率的测算主要考虑的是在该基础资产经营过程中的经营风险、财务风险、行业风险、通货膨胀风险等。在资产证券化的过程中，事实上已经实现了“真实出售”，即资产产权的转移，但是资产的经营者并没有被转移。一方面，资产的原始权益人破产的情况下，被证券化的基础资产无法被清算，因为该基础资产的部分产权已经被转移；另一方面，基础资产本身经营不善引起的基础资产本身的贬损，无法还本付息，资产的债权人无法对资产的原始权益人进行追索，只能够向差额补足义务人进行追索，如果差额补足义务人破产，则债权人无法向原始权益人追索。

因此对风险报酬率的测量考虑的不是原始权益人的风险，而是基础资产本身的风险以及信用增级方式所引起的风险的变化。一般风险报酬率测算采用的方式是风险累加法和β系数法，而在以资产证券化为目的的基础资产评估中的折现率测算中，β系数法是不适用的。整个行业的风险系数无法代替该基础资产的风险，基础资产从某种意义上来说是一种精挑细选的优质资产，而且它代替的是某行业中的一个很小的细分业务。而资产支持证券的利率是基于整个基础资产的情况考虑，作为折现率是合适的，但是由于每个资产支持证券的证券化过程中的信用增级方式不同，所以需要有对资产支持证券信用增级方式的分析。一般资产支持证券的利率在3%—8%之间。

2. 基础资产的信用增级分析

该项目的基础资产信用增级的方式主要有两种，一种是采用结构分层的方式，将资产支持证券分成优先级和次级两种资产支持证券，其中次级证券由Z水务有限公司认购，当证券到期日出现证券无法偿付的问题时。优先支付优先级资产支持证券。另一种是设定差额补足义务人的方式，在专项计划存续期间，如果根据托管人在初始核算日发出的报告，专项计划账户内资金余额按专项计划约定的分配不足以支付优先级资产支持证券预期支付额，则差额补足义务人应以自有资金对专项计划账户进行差额补足。

差额补足义务人的主体是重庆侨立水务有限公司，是中国水务下属全资子公司。成立于1976年，由2001年被中国水务购入全部股权，注册资本4 220万元，截至2013年，总资产达35 234万元，现有员工138万人。重庆侨立水务有限公司主营业务是生活饮用水供应，是重庆市永川区唯一的自来水供应企业。公司现有水厂5座，供水管网长度380多公里，日供水能力19万吨，供水人口达42万余人，水质综合合格率达99%。该差额补足义务人情况较整体基础资产规模良好，因此对折现率下调0.8%。一般水权资产支持证券预期收益率均值为6.8%，根据调整设定该基础资产的折现率为6%。

附录4 评估结果的计算

将以上预测的结果汇总到以下表格，并根据公式进行计算得出基础资产的评估值（见表1—表5）。

表1　2014—2019年水价预测结果　　单位：元/吨

水价	2014年	2015年	2016年	2017年	2018年	2019年
HZ水务	1	1	1	1	1	1
	1.71	1.71	1.71	1.71	1.71	1.71
HY水务	2.68	2.68	2.68	2.68	2.68	2.68
ZY水务	1.7	1.7	1.7	1.7	1.7	1.7

表2　2014—2019年需水量预测结果　　单位：万吨

需水量	2014年	2015年	2016年	2017年	2018年	2019年
HZ水务	4 084.32	4 206.85	4 333.06	4 463.05	4 596.94	4 734.85
	125.1	125.1	125.1	125.1	125.1	125.1
	273.96	328.75	394.50	473.40	568.08	681.70
HY水务	3 809.39	3 923.67	4 041.38	4 162.62	4 287.50	4 416.12
ZY水务	875.00	888.13	901.45	914.97	928.69	942.62

表3　2014—2019年折现系数（折现率：6%）

年份	2014年	2015年	2016年	2017年	2018年	2019年
折现系数	0.9433	0.8899	0.8396	0.7921	0.7472	0.7050

根据以上结果计算出基础资产2014—2019年的收益额如表12所示。

表4　2014—2019年基础资产收益额预测结果及评估值　　单位：万元

收益额	2014年	2015年	2016年	2017年	2018年	2019年
HZ水务	4 766.71	4 982.93	5 221.58	5 486.49	5 782.58	6 123.44
HY水务	10 209.17	10 515.44	10 830.91	11 155.82	11 490.50	11 835.20
ZY水务	1 487.50	1 509.82	1 532.47	1 555.45	1 578.77	1 602.45
总计	16 463.38	17 008.19	17 584.96	18 179 76	18 851.55	19 561.13
折现系数	0.9433	0.8899	0.8396	0.7921	0.7472	0.7050
评估值	15 529 91	15 135.59	14 764.33	14 400.19	13 991.62	13 790.61

故该基础资产的评估值为 2015—2019 年评估值的累加值，即 72 082. 34 万元（见表 5）。

表 5　　2015—2019 年基础资产评估值　　单位：万元

收益额	2015 年	2016 年	2017 年	2018 年	2019 年	总计
评估值	15 135. 59	14 764. 33	14 400. 19	13 991. 62	13 790. 61	72 082. 34

附录 5　评估结论的分析和使用说明

1. 评估结论的敏感性分析

为了检验上述评估结果的合理性，需要进一步对上述评估结论进行敏感性分析。通过对现阶段的资产支持证券的预期收益率的统计发现，大多为 3%—8%，评估人员假定折现率也在此区间内，则该区间内的评估值结果见表 1。

表 1　　2014—2019 年基础资产评估值　　单位：万元

折现率	3%	4%	5%	6%	7%	8%
评估值	80 921. 28	78 092. 20	74 941. 51	72 082. 34	69 554. 73	67 060. 83

故该供水合同收益权作为基础资产的评估值在 6. 7 亿元到 8 亿元之间，以 6% 为折现率时评估值为 7. 2 亿元。Z 水务公司募集的资金金额为 7. 85 亿元，由于有信用增级中 Z 公司自己所认购的 0. 5 亿元次级资产支持证券，以及差额补足义务人 3 亿元以上的资产保证。该基础资产的价值满足其所募集的资金金额。

2. 评估结论的适用范围和限制条件的分析和说明

（1）评估的适用范围。

①该评估结论是以水权资产证券化为目的的资产评估，仅作为资产证券化的基础资产的评估结果，以其他目的的该资产的评估结论将会有较大变化。

②该评估结论的基础资产收益期限为 5 年，如果资产支持证券期限发生变化，则该基础资产的价值将会发生变化。

③该评估报告不仅作为基础资产评估结论的说明，还可以为资产支持证券的定价、利率涉及以及结构重组方案设计提供辅助作用。

（2）评估结论成立的条件。

①本评估结论是根据评估原则、依据、前提、方法和程序得出的，只有在评估原则、依据、前提、方法和程序不变的条件下成立。

②本评估报告书用于本次评估的目的，不得用于其他目的。

③本评估结果是依据本次评估目的，以持续经营和公开市场为前提确定的市场价值，没有考虑将来可能承担的抵押、担保事宜，以及特殊的交易方等对其评估值的影响，也未考虑国家宏观经济政策发生变化以及遇有自然力和其他不可抗力对资产价格的影响。

④本评估说明不考虑评估行为以外的法律问题，也不考虑评估基准日后的资产市场变化情况。

⑤本评估中涉及的有关资料、数据均以委托方和资产占有方提供的数据、报表及有关资料为准，委托方和资产占有方对其提供资料的真实性、完整性负责。

（3）评估结论的瑕疵事项。

①本次评估范围及采用的由Z水务公司提供的数据、报表及有关资料，Z水务公司对其提供资料的真实性、完整性负责。

②评估报告中涉及的有关权属证明文件及相关资料由Z水务公司提供，并对其真实性、合法性承担法律责任。

③本次评估对于需水量、水价的预测与折现率的判断，主要是根据评估师的经验以及所查询的资料而进行的主观判断，存在因资料收集不完全以及资料的真实性对评估结论的影响。

④本次评估仅考虑Z水务公司所提供5年部分供水合同收益权作为基础资产的价值，其中被剔除的供水合同以及该供水合同剩余期限的价值不予评估，而对于需水量影响因素的考虑是作为供水合同收益权整体予以分析。

（4）评估结论的效力、使用范围与有效期。

①本评估咨询报告系为报告中所载评估目的所涉及的相关经济行为提供价值参考依据，不得用于其他目的。未经委托方许可和本公司同意，本评估咨询报告的全部或部分内容不得向其他单位和个人提供，也不得见诸于公开媒体。

②按现行有关规定，本评估咨询结果的使用有效期为一年，即评估结果的使用有效期为2014年10月1日至2014年12月31日。当本次评估目的在有效期内实现时，可以本评估结论作为与评估目的所对应的经济行为的作价参考依据；同时，应根据行为实现日实际已发生的对评估结论有影响的事项和特殊交易的实际情况，对评估结论做适当调整，合理使用。超过本评估咨询报告使用的有效期，本报告自动失去效用，如需继续实现原目的，需重新进行评估。

Z Company: Underlying Asset Valuation for Water Right Securitization Purpose

Abstract: This case describes Z Water entrusted asset securitization project M securities companies established in the underlying asset assessment. Water is Z evaluation objects can be used as three subsidiaries under five - year supply contract asset securitization underlying assets. Purpose of the assessment is to measure the Z Group, owned by the water company of three subsidiaries under its five - year as a water supply contract asset securitization of the underlying assets they need to raise the amount of meets, and securities for the M and interest rate structure designed asset - backed securities, risk measurement, securities pricing reference. The chosen method of assessment is the income approach. Case introduced the basic situation of the special assets of the project, the basic situation of the underlying assets, the basic situation of water supply industry, water rights asset securitization asset valuation basis points and the specific purpose of the evaluation process of the underlying asset.

Key Words: Underlying Asset Valuation; Asset Securitization; Water Rights Assessment; Supply Contract

Z水务公司：以水权资产证券化为目的的基础资产评估

一、案例教学目的与用途

本案例适用于选修《资产评估》《资产评估理论与方法》等课程的高年级本科生、研究生和MBA等学生的课堂教学与讨论，也适用于从事有关资产证券化业务的资产评估实务工作的研究人员和其他对资产评估实务问题感兴趣的读者。

本案例的教学目标主要是通过对于现实中复杂评估问题的全方位、多角度、多层次分析，帮助学生理解资产评估的主要思路和基本方法，进而提高其学以致用的知识运用能力和社会实践能力。

二、启发思考题

1. 以水权资产证券化为目的的基础资产评估与一般的水权评估有何区别？
2. 该案例的评估对象、评估目的是什么？
3. 该案例中供水合同收益权的收益来源是什么？受什么因素的影响？
4. 资产证券化的信用增级过程对折现率的估测产生了什么影响？
5. 经过这个评估案例的讨论，如何使用最终的评估结果？

三、分析思路

本案例分析的逻辑路径如下：

1. 界定评估对象与评估范围。

首先要从复杂的现实问题中抽丝剥茧，明确案例的评估对象和评估范围。在本案例中，评估对象实际上指可以作为资产证券化基础资产的供水合同收益权，是综合型评估问题，涉及资源类资产、无形资产、金融衍生品资产评估。其评估范围则包括了以M证券公司和Z水务公司所提供的资料为基础的一般水务供水行业的平均收益水平、大亚湾经济开发区的工业用水和城市居民用水需水量和水价、周口市的城市居民用水需水量和水价等诸项指标，并明确评估的主要方法为（假设）收益法。

2. 确定评估的基本思路和方法。

以水权资产证券化为目的的基础资产评估首先要考虑的是基础资产的特性，然后需要考虑到资产证券化基础资产确定的要求。对于本案例中Z水务有限公司的作为基础资产的供水合同收益权的评估，基于一般水权评估的特性以及供水合同收益权评估的合理性首选收益法。

在进行收益法进行评估过程中，需要根据资产证券化对于基础资产的要求对收益法的各个评估参数的限制如下：

（1）收益期限：对于评估期限的限定指一般情况下以资产证券化为目的的基础资产评估收益期限按资产证券化项目存续年限计量。本案例的收益年限被确定为5年（2015—2019年）。

（2）收益额：当供水合同的收益权作为资产证券化的基础资产时，由于基础资产确认的限制，只有能够产生稳定现金流以及权属明确的供水合同才可以作为基础资产，部分符合筛选标准的供水合同被予以剔除。本案例中，所选取的历史付费记录良好、权属转让无障碍的供水合同占全部供水合同比例为68%。

（3）折现率：当供水合同的收益权作为资产证券化的基础资产时，由于该基础资产经过了结构重组、风险隔离等信用增级的处理，其风险已经被降低，因此其风险报酬率的测定应该在水权评估中所确定的风险报酬率基础上有所减少，其程度应该根据其信用增级的过程来决定。

3. 构建基本假设，合理确定评估参数。

基于资产证券化基础资产和水权评估的要求，收益法中需要确定的各个参数如下：

（1）确定2015—2019年HZ水务有限公司的3份供水合同客户工业用水需水量和水价；

（2）确定2015—2019年HY水务有限公司的9 857份供水合同城市居民用水需水量和水价；

（3）确定2015—2019年ZY水务有限公司的71 380份供水合同城市居民用水需水量和水价；

（4）基于信用增级后折现率确定等。

4. 合理陈述评估结论。

为了提高评估结论的合理度，建议在评估报告中增加以下两方面的分析，以降低评估风险。

（1）评估结论的敏感性分析；

（2）评估结论的适合范围和限制条件的分析和说明。

四、理论依据与分析

1. 资产证券化的相关理论。

资产证券化指的是将缺乏流动性但能够依据已有信用记录可预期其能产生的稳定现金流的资产，通过对资产中风险与收益要素进行分离和重组并进行一定结构上的安排，进而转化为金融市场上可以出售、流通的证券过程。不同的专业书籍对资产证券化的定义各不相同，笔者认为这个定义的描述比较详细，但总而言之，资产证券化是一种发起人放弃资产的现金流权益换取资金的行为，本质上就是一种融资行为或者资产出售行为。

一个完整的资产证券化交易通常包括3步：

（1）由发起人成立特殊目的机构（SPV），并将需要证券化的资产转移给SPV，该转移一般需要构成“真实出售”；

（2）SPV通过对资产池的现金流进行重组、分割和信用增级，并以此为基础发行有价证券，出售证券所得作为SPV从发起人处购买资产的资金；

（3）服务机构负责资产池资金的回收和分配，主要用以归还投资者的本金和利息，剩余部分则作为发起人的收益。

在整个资产证券化的过程中，资产证券化中的最重要的三个特征是：风险隔离、真实出售、结构化重组。这三个环节相辅相成，才实现了资产证券化的独有优势。风险隔离是指通过资产证券化实现将基础资产的风险和发起人/原始权益人所有的其他资产的风险隔离开来的效果。换句话说，资产的卖方对已出售的资产没有追索权，即使卖方破产，卖方及债权人也不能对证券化的资产进行追索；同样，当资产处出现损失的时候，资产支持证券的投资者的追索权也只限于资产本身，而不能追溯至资产的卖方或原始所有人。因此要实现风险隔离，必须实现真实出售，而风险隔离后的资产支持证券仅依赖资产的信用而非发起人的信用。真实出售是指当事人在合同明确表示交易性质的资产（债权）销售且该资产（债权）相关的所有权益和风险都按照公平市场的价格转让给受让人的金融资产转让行为，即必须实现资产权属的转让。结构化重组是针对资产池的资产而言，目的是增加资产池资产的信用，主要方式是分层和增信，通过分层和增信，资产的信用得到进一步提升，所以发起人可以借此获得比发起人本身信用级别更高的评级，从而获得更高的流通性、售价或更低的融资成本。

2. 水权评估的相关理论。

水权评估是对以水资源实体为标的的无形资产评估，具有资产的特性，既属于资源类资产，又属于无形资产。所以，与一般资产相似，水权评估方法从理论上讲同样有收益法、成本法和市场法三种类型。

在水权评估的过程中应该区分各种情况，例如，从需水的角度来讲，生活用水、农业用水、工业用水、生态用水如何评估？从供水水源的角度来看，地表水（包括水库水、湖泊水和河道径流）、地下水，主水、客水如何确定不同的水价？从水资源总量的角度来考虑，当地的降雨、流域的降雨、水库的存水、地下水的水位等因素如何进行不同考虑？水权的评估受到需水、供水、水资源总量三个因素的影响，需要不断地调整和变动不同的用水户，在不同的地区的不同时间，使用不同水源的不同量的水，其资源水价是不同的。

成本法是水权评估中的一个重要途径，资产的形成是与形成资产的成本有一定内在联系的。与普通资产相比，水资源资产虽然具有一定的天然性，但水资源的稀缺性、有用性等特性说明了水资源是有价值的。在水权交易时，由于水资源的稀缺性与地域性，水权交易会涉及一系列的节水工程和引水工程等取水租金。另外，由于水的用途的改变和水资源区位的改变，会引起一定的生态环境的变化，因此水权的评估必须考虑一定的补偿费用。基于上述思路，水权交易的价值应该包括：水资源价值、工程费用、行维护费用以及补偿费用，其中补偿费用包括风险补偿、生态补偿和经济补偿。

收益法是指通过估算水资源资产未来预期收益并折算成现值，借以确定评估资产价值的一种方法。收益法所确定的水权交易价值是水权投资人为获得预期收益的权利所应支付的货币总额。由于水资源资产不同于一般的商品资产，不能作为一般商品来对待，而需要把水权交易作为一种获利能力进行评估。所以，水权交易最适合采用收益现值法进行评估。从表面上看，水权交易评估是对水权交易后预期收益的测算，但其中包含许多的决策问题，因为要估算水权的未来市场交易情况，需要对投资方的经营状况进行模拟。按照水权交易评估的资产最佳利用原则、均衡原则对投资方的经营策略的模拟绝不是对其历史经营状况的简单重复，而要综合考虑水资源的利用情况、成本、产品结构以及水产品的市场供求状况等。在确定水权交易后收益的确定中最重要的是对预测收益的利润分成，合理地确定在水资源所创造的价值。因此，模拟投资方未来利用水资源的生产过程，预测全期间的投入产出和相关的主要经济参数，确定合理的生态补偿和转换成本，并以选定的折现率将收益折现到规定的基准日，求得净现值，即为水权交易价值。在水权交易市场上有众多的水权卖方和买方，同时，水权的转换还必须受到国家宏观调控的影响，即水权交易的方向，水权交易的费用征收等要受国家政策的影响。因此，水权交易的过程就是水权市场上众多的买者和买者之间的博弈，同时也是水权交易双方与政府的博弈。当然，基于收益现值法的水权交易价值评估就是买方和卖方关于在未来收益预测方面的博弈，同时，水权交易评估价值的高低与政府的政策也是紧密相连的，例如，收益折现率的大小、转换年限的确定以及水资源费的多少都与政府的决策有关。

市场法是通过将评估对象与近期完成的水权交易做一系列的对比，再调整某些参数，从而确定评估对象水权交易价值的一种评估方法。由于我国水权交易市场才刚刚起步，交易市场发育极不完善，目前我国还没有在市场经济体制指导下进行的水权交易。

五、背景信息

1. 我国水权交易的发展以及水权融资的强烈需求。

我国“十三五”规划明确提出“健全自然资源资产产权制度和国家自然资源资产管理体制”“探索编制自然资源资产负债表”，要求对“水流等自然生态空间进行统一确权登记”，推行“水权交易制度改革”等。2011年国务院发布《中共中央国务院关于加快水利改革发展的决定》明确指出加强对水利建设的金融支持。综合运用财政和货币政策，引导金融机构增加水利信贷资金。在水权融资政策性文件方面，2012年财政部、2015年国务院均发布政策文件支持水资源产权通过直接、间接融资方式，拓宽投融资渠道。随着我国水权融资的强烈需求和各项资产证券化的逐步推进，水权资产证券化也成为一种融资工具。

2. 我国资产证券化进程加快所引起的基础资产评估的大量需求。

自2012年5月起，中国人民银行宣布重新启动资产证券化的进程，此后中国资产证券化的发展速度明显加快，2014年，中国资产支持证券的发行量达3 247亿元，超过2005年到2013年的总和。2014年11月，我国资产证券化开始实行备案制。2015年，全国共发行1 386只资产证券化产品，总金额5 930.39亿元，同比增长79%，市场存量为7 178.89亿元，同比增长128%。2016年，资产证券化市场将呈现多元发展趋势。目前，资产证券化业务主要分为信贷资产证券化（CAS）、企业资产证券化（ABS）。在资产证券化的过程中，需要评估机构的参与，对基础资产进行评估，以维护市场稳定、控制项目风险，并为资产证券化项目的设计以及定价提供参考。

六、关键要点

1. 对评估对象与评估范围的界定，需要对资产证券化和水权评估的理论与实践有足够的认识。

2. 对评估方法中假设收益法所涉及的主要经济指标的理解和确定过程，要求学生具有较为全面的资产评估知识基础和方法的运用能力，其中需水量的预测是难点。

3. 折现率的估测，需要考虑到资产证券化过程中信用增级环节对该项目的风险所产生的影响，对金融衍生品的相关理论与实践要求比较高。

七、建议的课堂计划

本案例教学建议的学时安排为4—8学时。

1. 开场白（1—2学时）。

主要介绍案例的背景，组织学生讨论以水权资产证券化为目的的基础资产评估的Z水务有限公司案例中的评估对象、评估范围、评估方法等基本要点。

2. 理论分析（1—2学时）。

主要对资产证券化和水权评估的相关理论进行学习，引导学生对以水权资产证券化为目的的基础资产评估与一般的水权评估的区别有一定的认识。

3. 小组讨论（1—2 学时）。

组织学生做小组陈述和讨论，可以开展小组之间的答辩与争论，引导学生通过比较、讨论、分析、总结等多种方式来加深对本案例的认识。

4. 案例讨论和总结分析（1—2 学时）。

进一步加深学生对复杂现实问题的价值评估思路和方法的理解，并就该案例如何进一步深入提出建议。